介護福祉用語辞典

中央法規出版編集部 編

中央法規

はしがき

　高齢化の進展や介護保険制度の定着に伴い"介護のある暮らし"が日常の風景になってきました。誰もが住み慣れた地域で安心して暮らすために、いま"介護福祉"は国民生活に欠かすことのできないものになっています。

　そうした中で、2012（平成24）年1月、新教育カリキュラムに応じた最初の介護福祉士国家試験が行われました。この試験では、新たに再編された教育体系の3領域（「人間と社会」「介護」「こころとからだのしくみ」）を横断した総合問題が出題されました。今後も、介護が実践の技術であるという性格を踏まえ、幅広い知識と専門的技術、倫理的態度が介護福祉士には求められることとなります。

　また、2011（平成23）年6月の社会福祉士及び介護福祉士法の改正では、一定の要件の下で、介護福祉士や介護職員等によるたんの吸引及び経管栄養の実施が可能となりました。

　世界に例をみない速度で進行する高齢化に対応するため、介護福祉士を取り巻く環境とその役割が大きく変化しつつあります。

　本辞典は、1989（平成元）年に初版が刊行されて以来、介護・福祉の最新の動向を適宜反映させながら改訂を重ね、長年多くの方々から好評と信頼を得てまいりました。

　項目の選択・記述内容については、現場の介護職が日々の業務や国家試験対策の中で関わる用語に絞りこみ、できるだけ簡潔で分かりやすいものとなるよう心がけたつもりです。

七訂版においては、過去3回の介護福祉士国家試験で出題された用語を大幅に追加し、福祉に関する用語だけでなく、コミュニケーションや生活支援に関する技術的な用語、医学、心理学、家政学に関する用語など多領域の用語についても介護の視点に立って収載しました。法令用語に関しては、効率的かつ質の高い医療提供体制の構築と、「地域包括ケアシステム」の構築をめざす、「地域における医療及び介護の総合的な確保を推進するための整備に関する法律」の改正等を反映させるなど、最新の法制度の動向にも対応したものとなっています。

　なお、不十分な点は読者の皆さんのご叱正をいただき、後日を期してより一層の努力を重ねていきたいと思います。

　本辞典が、現場の介護福祉士はもちろん、これから介護福祉士を目指す方にとって良き参考書となり、一人でも多くの方々に活用していただければ幸いです。

平成27年2月

中央法規出版編集部

七訂版編集協力者 (五十音順)

秋山　昌江	聖カタリナ大学教授
石橋　真二	公益社団法人日本介護福祉士会会長
板原　和子	大阪体育大学教授
上原千寿子	尾道福祉専門学校校長
大塚　順子	日本女子大学学術研究員
小澤　　温	筑波大学大学院教授
久保田トミ子	広島国際大学教授
黒澤　貞夫	群馬医療福祉大学大学院教授
小池　和幸	仙台大学教授
是枝　祥子	大妻女子大学名誉教授
柴田　範子	特定非営利活動法人楽理事長
白井　孝子	東京福祉専門学校教務主任
高橋龍太郎	東京都健康長寿医療センター研究所副所長
田﨑　裕美	静岡福祉大学教授
内藤佳津雄	日本大学教授
中川　英子	宇都宮短期大学教授
野村　豊子	日本福祉大学教授
平野　方紹	立教大学准教授
藤井　　智	横浜市総合リハビリテーションセンター理学療法士
眞鍋　誠子	今治明徳短期大学教授
宮島　　渡	高齢者総合福祉施設アザレアンさなだ総合施設長
百田　裕子	宇都宮短期大学教授
矢原　隆行	広島国際大学教授
吉田　節子	ユマニテク医療福祉大学校副校長
渡邉　愼一	横浜市総合リハビリテーションセンター課長

六訂版編集協力者 (五十音順)

石橋　真二	社団法人日本介護福祉士会会長
板原　和子	大阪体育大学教授
上原千寿子	尾道福祉専門学校校長
大塚　順子	日本女子大学学術研究員
小澤　　温	筑波大学大学院教授
久保田トミ子	新見公立短期大学教授
黒澤　貞夫	群馬医療福祉大学大学院教授
小池　和幸	仙台大学教授
是枝　祥子	大妻女子大学教授
柴田　範子	東洋大学准教授
白井　孝子	東京福祉専門学校教務主任
高橋龍太郎	東京都健康長寿医療センター研究所副所長
田﨑　裕美	静岡福祉大学教授
内藤佳津雄	日本大学教授
中川　英子	宇都宮短期大学教授
野村　豊子	東洋大学教授
平野　方紹	日本社会事業大学准教授
眞鍋　誠子	今治明徳短期大学教授
宮島　　渡	高齢者総合福祉施設アザレアンさなだ総合施設長
百田　裕子	宇都宮短期大学教授
矢原　隆行	広島国際大学准教授
吉田　節子	元愛知新城大谷大学短期大学部教授
渡邉　愼一	横浜市総合リハビリテーションセンター課長

(注　職名・職位等は六訂版発行時のもの)

五訂版編集協力者 （五十音順）

阿部　幸子	青山学院女子短期大学名誉教授
阿部　實	日本社会事業大学教授
岩橋　成子	元山形短期大学教授
上村　協子	東京家政学院大学教授
大塚　俊男	東京武蔵野病院名誉院長
奥野　英子	筑波大学特任教授
小田　兼三	東京福祉大学教授
川嶋　幸江	元共栄学園短期大学教授
木之瀬　隆	日本医療科学大学教授
是枝　祥子	大妻女子大学教授
澤田　信子	神奈川県立保健福祉大学教授
柴尾　慶次	特別養護老人ホームフィオーレ南海施設長
薗田　碩哉	実践女子短期大学教授
高橋龍太郎	東京都老人総合研究所副所長
内藤佳津雄	日本大学教授
中島　健一	日本社会事業大学教授
菱沼　典子	聖路加看護大学教授
二見　大介	新潟県立大学客員教授
松谷美和子	聖路加看護大学教授
宮永　和夫	ゆきぐに大和病院院長

（注　職名・職位等は五訂版発行時のもの）

四訂版編集協力者 (五十音順)

阿部　幸子	青山学院女子短期大学名誉教授
阿部　實	日本社会事業大学教授
岩橋　成子	元山形短期大学教授
上村　協子	東京家政学院大学教授
大塚　俊男	東京武蔵野病院名誉院長
奥野　英子	筑波大学大学院教授
小田　兼三	東京福祉大学教授
川嶋　幸江	元共栄学園短期大学教授
木之瀬　隆	首都大学東京准教授
是枝　祥子	大妻女子大学教授
澤田　信子	神奈川県立保健福祉大学教授
柴尾　慶次	特別養護老人ホームフィオーレ南海施設長
薗田　碩哉	実践女子短期大学教授
高橋龍太郎	東京都老人総合研究所研究部長
内藤佳津雄	日本大学助教授
中島　健一	日本社会事業大学教授
菱沼　典子	聖路加看護大学教授
二見　大介	社団法人日本栄養士会専務理事
松谷美和子	聖路加看護大学教授
宮永　和夫	群馬県こころの健康センター所長

(注　職名・職位等は四訂版発行時のもの)

三訂版編集協力者 (五十音順)

阿部　幸子	青山学院女子短期大学教授
阿部　實	日本社会事業大学教授
岩橋　成子	静岡県立大学短期大学部教授
上村　協子	東京家政学院大学助教授
大塚　俊男	東京武蔵野病院院長
奥野　英子	筑波大学助教授
小田　兼三	龍谷大学教授
川嶋　幸江	共栄学園短期大学教授
是枝　祥子	大妻女子大学助教授
澤田　信子	埼玉県立大学助教授
薗田　碩哉	実践女子短期大学教授
高橋龍太郎	東京都老人総合研究所看護・ヘルスケア研究室長
内藤佳津雄	日本社会事業大学社会事業研究所専任講師
中島　健一	日本社会事業大学助教授
菱沼　典子	聖路加看護大学教授
二見　大介	女子栄養大学教授
松谷美和子	東京大学大学院研究科博士課程

（注　職名・職位等は三訂版発行時のもの）

改訂版編集協力者 (五十音順)

阿部　幸子	青山学院女子短期大学教授
阿部　實	日本社会事業大学教授
大塚　俊男	国立下総療養所所長
大森　正英	東海女子大学教授
小田　兼三	川崎医療福祉大学教授
亀高　京子	東京家政学院大学教授
川嶋　幸江	共栄学園短期大学教授
佐藤　忠	国立身体障害者リハビリテーションセンター研究所障害福祉研究室長
島田　陽子	東京医科歯科大学医学部附属病院看護部
薗田　碩哉	日本レクリエーション協会人材開発本部長
田村やよひ	厚生省健康政策局看護課課長補佐
菱沼　典子	聖路加看護大学助教授
二見　大介	女子栄養大学助教授
松谷美和子	元聖路加看護大学講師

(注　職名・職位等は改訂版発行時のもの)

初版編集協力者 (五十音順)

浅沼アサ子	東京家政学院短期大学助教授
阿部　幸子	青山学院女子短期大学教授
阿部　實	厚生省社会局庶務課社会福祉専門官
石田みさ子	国立身体障害者リハビリテーションセンター病院眼科医師
太田喜久子	聖路加看護大学非常勤講師
大塚　俊男	国立精神・神経センター精神保健研究所老人精神保健部長
小田　兼三	大阪市立大学教授
亀高　京子	東京家政学院大学教授
川嶋　幸江	共栄学園短期大学助教授
河野　康徳	国立身体障害者リハビリテーションセンター更生訓練所指導部長
北村　彰	厚生省健康政策局計画課課長補佐
木村　哲彦	国立身体障害者リハビリテーションセンター第一機能回復訓練部長
京極　髙宣	日本社会事業大学教授
小林　泰子	青山学院女子短期大学講師
佐藤　忠	厚生省社会局更生課専門官
三東　純子	横浜国立大学教授
関　育子	国立身体障害者リハビリテーションセンター言語訓練専門職
薗田　碩哉	日本レクリエーション協会レジャー・レクリエーション研究所主任研究員
高屋　通子	東京都立府中病院主事
茅野　宏明	武庫川女子大学講師
千葉　和夫	日本社会事業大学講師
鶴田　恵子	聖路加看護大学
鶴田　憲一	厚生省保険局医療課指導監査官
馬場　紀子	共立女子短期大学助教授
菱沼　典子	聖路加看護大学助教授
藤田　郁代	国立身体障害者リハビリテーションセンター言語治療専門職
二見　大介	女子栄養大学助教授
巻内　優子	元聖路加看護大学講師
松谷美和子	日本ルーテル神学大学非常勤講師
松本　紀子	日本女子大学
山口　昇	国立身体障害者リハビリテーションセンター主任作業療法士

(注　職名・職位等は初版発行時のもの)

凡　例

1　出版意図

　　介護福祉士は、多くの分野の幅広い知識や専門的技術を学ばなければならない。本書は、これらの学習の利便を図るため、介護福祉士養成施設等の授業において使用する用語や、現場の介護職が日々の業務の中で関わる用語を、簡潔に説明した辞典である。

2　項目の収録範囲

　　小社発行『新・介護福祉士養成講座』を中心として項目を抽出し、項目総数は約 3600 である。

3　配　列

(1)　〈現代かなづかい〉による五十音配列とした。
(2)　促音、拗音などの小文字は、直音と同様に扱った。清音、濁音、半濁音の配列については同格に扱った。
(3)　長音記号は、直前文字の母音として読み取って配列した。
　　　例：「ショートステイ」は「シヨオトステイ」と読んだ。

4　見出し項目

(1)　外国語・外来語などで、必要と思われるものには、見出し項目の次の〔　〕の中に原語を付した。
(2)　日本人名は、姓名を見出しとし、〔　〕の中に読みがな、生没年を付した。
(3)　外国人名は、姓と名の頭文字を見出しとし、〔　〕内に原語で姓を先にし、コンマをうって名を続け、生没年を付した。
　　　例：**コノプカ，G.**〔Konopka, Gisela　1910 ～ 2003〕
(4)　法令については、〔　〕内に公布年、番号を付した。
　　　例：**介護保険法**〔平成 9 年法律 123 号〕

5　表　記

⑴　人名、医学用語などの専門用語を除いて、常用漢字、現代かなづかいとした。

⑵　暦年は、外国の事象については西暦を、日本の事象については日本年号を用いた。

⑶　⇨、↔、→印は、「見よ項目」を示し、⇨印は記述のない見出し項目に使い、同義語あるいは極めて関連の深い項目を掲げ、文末に記した↔印は反対語を、→印は関連の深い項目を示す。

⑷　文献の表示は、『　　』が図書と雑誌、「　　」が論文等であることを示す。

6　根拠法令等

法令、通知等の根拠のある項目については、（　　）を付して、その根拠条数等を掲げた。

⑴　法律名は、次頁の略語で示した。なお、○○令、○○則とあるのは○○法の施行令、施行規則を示す。

⑵　告示及び通知等は、告示年（発簡年）及び番号を掲げた。

法令名略語 (五十音順)

略語	法令名
育　介	育児休業、介護休業等育児又は家族介護を行う労働者の福祉に関する法律
医　薬	医薬品、医療機器等の品質、有効性及び安全性の確保等に関する法律
医　療	医療法
介　護	介護保険法
学　教	学校教育法
感　染	感染症の予防及び感染症の患者に対する医療に関する法律
検　疫	検疫法
健　保	健康保険法
高　医	高齢者の医療の確保に関する法律
高　住	高齢者の居住の安定確保に関する法律
厚　年	厚生年金保険法
高　年	高年齢者等の雇用の安定等に関する法律
厚労設	厚生労働省設置法
厚労組令	厚生労働省組織令
国　年	国民年金法
国　保	国民健康保険法
裁　判	裁判所法
自　治	地方自治法
児　扶	児童扶養手当法
児　福	児童福祉法
社　福	社会福祉法
障　基	障害者基本法
障　雇	障害者の雇用の促進等に関する法律
障差別	障害を理由とする差別の解消の推進に関する法律
障総合	障害者の日常生活及び社会生活を総合的に支援するための法律
身　障	身体障害者福祉法
生　保	生活保護法
精保士	精神保健福祉士法
精保福	精神保健及び精神障害者福祉に関する法律
地介促	地域における医療及び介護の総合的な確保の促進に関する法律
知　障	知的障害者福祉法
地保健	地域保健法
特児扶	特別児童扶養手当等の支給に関する法律
番号法	行政手続における特定の個人を識別するための番号の利用等に関する法律
福祉士	社会福祉士及び介護福祉士法
保助看	保健師助産師看護師法
ホ自立	ホームレスの自立の支援等に関する特別措置法
母父福	母子及び父子並びに寡婦福祉法
母　保	母体保護法
民　委	民生委員法
予　接	予防接種法
老　福	老人福祉法

あ

　ＡＲＩ　⇨国際リハビリテーション協会
　ＲＳＷ　⇨リハビリテーション・ソーシャルワーカー
　ＲＭＲ　⇨エネルギー代謝率
　ＲＯ　⇨リアリティ・オリエンテーション
　ＩＡＤＬ〔instrumental activity of daily living〕　手段的ADLと訳される。ADLが食事、入浴、排泄等の日常生活の基本動作であるのに対し、IADLはバスに乗って買い物に行く、電話をかける、食事の支度をする、家計を管理する等のように、より広義かつADLで使用する動作を応用した動作（ADLより複雑な動作）を指す。　→ADL
　ＩＬ　⇨自立生活
　ＩＬ運動　⇨自立生活運動
　ＩＬプログラム　⇨自立生活プログラム
　ＩＱ　⇨知能指数
　アイコンタクト〔eye contact〕　他者と視線を合わせること。自閉症児は、他者と目を合わせることを嫌うことが多い。効果的な援助を行うことによって、視線が合うようになったとき、「アイコンタクトがとれるようになった」という。なお、自閉症児の場合、プレイセラピーのように物を媒介とする援助方法の場合はアイコンタクトがとれるようになるまでに時間がかかるが、動作法のように直接的な身体接触を行う援助方法の場合は比較的すぐにアイコンタクトがとれるようになる。　→プレイセラピー、動作法
　ＩＣ　⇨インフォームド・コンセント
　ＩＣＩＤＨ　⇨国際障害分類
　ＩＣＦ　⇨国際生活機能分類
　ＩＣＤ-10　⇨国際疾病分類
　アイスパック　局所を冷却して消炎・鎮痛を期待する寒冷療法の一種。最近では冷蔵庫で冷却できるゲル状のアイスパック専用の素材が市販されている。
　アイデンティティ〔identity〕　アメリカの精神分析学者E.H.エリクソンが提唱した概念で、自我同一性、主体性などと訳される。アイデンティティとは、社会生活の中で、ある個人が変化・成長しながらも基本的には同一で連続しているという感覚、つまり、自分は自分であり真の自分は不変であるとする感覚を意味する。
　愛の手帳　⇨療育手帳制度
　ＩＶＨ〔intravenous hyperalimentation〕　中心静脈栄養若しくは経静脈的高カロリー輸液のこと。　→中心静脈栄養法、高カロリー輸液
　あえ物　魚介、肉、野菜などの材料を、ゆでるなどの下調理をして、それらと味の調和のよい衣であえたもの。具とあえ衣の組み合わせによって多種多様な料理がつくり出せ、献立に変化を与える一品となる。一般に具はあえ衣よりも薄味にし、具も衣もよく冷やして、食べる直前にあえるとよい。高齢者にはゴマなどはよくすって用いることや酢は少し量をひかえめにし、むせることがないようにするなどの配慮が必要である。
　アカウンタビリティー〔accountability〕　一般的な英語としては「責任（のあること）」と訳されるが、税財源の予算を公正に執行すべき行政機関の「会計責任」を指す用語として使われるようになり、その後社会福祉サービスを含めた種々の行政活動について、その理由や根拠を政府及び地方公共団体が議会や国民・住民に対して弁明する「説明責任」として用いられるようになった。今日では情報公開や消費者保護、インフォームド・コンセント等への市民、利用者の関心の高まりを受け、各種社会福祉サービスの供給主体でも官民を問わずこれに努力を払うことが望まれるようになってきた。　→インフォームド・コンセント
　アカシジア〔akathisia〕　抗精神病薬の副作用である錐体外路症状の一つ。着座不能、静座

あくしつし

不能とも呼ばれる。落ち着きがなく、じっと座っていることができず、足を踏みならす、徘徊等の症状を示す。抗パーキンソン剤の投与により症状の予防・治療が可能。

悪質商法 国民生活センターの「高齢者の消費者被害」によると、高齢者がもつ不安は、「お金」「健康」「孤独」だという。高齢者が消費者被害にあいやすい悪質商法とは、このような高齢者の不安をあおり、親切にして信用させ、大切な財産（貯金や年金など）をねらって、商品やサービスを売りつける悪質な商法のことである。平成25年度の契約当事者70歳以上の相談件数を販売方法・手口別にみると、1位：電話勧誘販売（24.6％）、2位：家庭訪販（12.4％）、3位：劇場型勧誘（6.0％）、4位：代引配達（6.0％）、5位：利殖商法（5.7％）、6位：インターネット通販（3.8％）、7位：被害にあった人の勧誘（二次被害）（3.2％）、8位：かたり商法（身分詐称）（3.0％）、9位：次々販売（2.5％）、10位：ネガティブ・オプション（2.4％）となっている。高齢者は自宅にいることが多いため、訪問販売や電話勧誘販売などによる悪質商法にあいやすい。特に一人暮らしや認知症の高齢者などには、注意が必要である。

アクション・リサーチ〔action research〕 実践との結びつきを重視した調査研究のあり方。特定の調査方法を意味するものではなく、さまざまな手法を用いたデータの収集、知識の蓄積のみならず、実践的な問題解決や社会の変革を目的とする。福祉領域においては、福祉サービスの改善を目的とする時などに有用な手段となる。　→社会福祉調査法

悪性関節リウマチ 関節リウマチのうち、全身の小・中血管に血管炎を生じ、特に内臓器官に重篤な症状を来す予後不良の疾患をいう。

悪性腫瘍 腫瘍（新生物と同義語）とは、生体内の細胞や組織が自律的に発育したものをいう。腫瘍は生物学的・臨床的に良性腫瘍と悪性腫瘍に区分される。悪性とは、病変が局所に止まらず全身に影響を及ぼし、生体を死に至らしめ得るものをいう。また発生組織のうえから上皮性腫瘍と非上皮性腫瘍に分別できる。悪性の上皮性腫瘍ががん、悪性の非上皮性腫瘍は肉腫と総称される。通常"がん"といった場合は悪性腫瘍すべてを指す。がん細胞は無制限に増殖するため周囲の組織を破壊、浸潤し、また他の部位へ転移する。原因としては、ウイルスや特定刺激等による遺伝子の変化が考えられる。治療法は外科手術、放射線、化学療法剤等によるがん細胞の排除であるが、早期発見、早期治療により長期生存率も高まっている。

悪性新生物　⇨悪性腫瘍

アクセシビリティ〔accessibility〕 高齢者や障害者を含む広汎な人が、さまざまな製品や建物、サービスなどを支障なく利用できるかどうかをあらわす概念、あるいはその度合いのこと。

アクセス・フリー〔access free〕 公共の建築物等で、身体障害者の利用にも配慮した設計のことをいう。その基本は、①目的の建物に容易に近づくことができる、②建物の入口に容易に到達できる、③建物内部の目的部局に容易に到達できることとされている。具体的には道幅、段差、警告床材、手すり、点字の案内図等がチェックポイントとなる。

アクティビティ〔activity〕 心身の活性化のための手助けとなるさまざまな活動をいう。入所施設やデイサービスセンター等で実施され、内容は、趣味、生きがい活動、歌、ゲーム、手芸、陶芸等多岐にわたる。　→アクティビティ・サービス

アクティビティ・サービス〔activity service〕 利用者の日常生活における心身の活性化のための、さまざまな活動（アクティビティ）を提供するサービス。アメリカではアクティビティ・サービスの名のもとに、専門的なワーカーによる活動提供が行われている。近年、我が国でもアクティビティという用語を使う例が増えてきている。

あく抜き 食品材料（特に植物性の食材）の不味成分を抽出することをいう。あくは水溶性であり、水、湯、食塩水、重曹水、酢水などに浸しておくと除去できる。

アクリル アクリロニトリル単位（-CH2・CHCN-）を主成分として形成された長鎖状合成高分子から作られる合成繊維。耐光性、熱安定性、耐薬品性、染色性、発色性がよく、比重も小さく軽い。バルキー性、保温性があり、弾力性に富み、しわになりにくいなど毛に類似した性質をもつ。かびや虫によっても侵されない。摩擦により、ピリング（毛玉）ができやすいのが欠点である。羊毛代替繊維として冬物衣料、毛布、ふとん綿、カーテン・カーペットなどに用いられている。

アグレッシブ・ケースワーク〔aggressive casework〕 問題をもち社会福祉施設・機関の援助が必要であるにも関わらず、援助を求めない対象者に対して、援助側が積極的に働きかけ、家庭訪問などによって問題解決に取り組む個別援助活動のこと。

揚げ物 高温の油（摂氏150℃以上）の中で食品を加熱する調理方法をいう。高温で調理するので加熱時間が短くてすみ、材料の変化やビタミンなどの損失が少ない。ただし、表面が焦げやすいので、材料は火の通りやすいものが適している。また、油の温度変化が著しいので、火加減には十分注意が必要である。

麻 麻繊維を採取する植物は多数知られているが、衣料用として使用されるのは、アマ科の亜麻（リネン）とイラクサ科の苧麻（ラミー）で、茎の靭皮から採取する。繊維は単繊維が集まった繊維束として得られる。繊維の側面には縦方向に条線があり、横方向には節がある。綿に比べて繊維が長く、強度があり丈夫である。また、熱の良導体で体温を奪って冷感を伴うので、夏用の衣料に適する。しかし、伸びにくく、伸長弾性が小さいので、しわになりやすい。

朝日訴訟 生活保護法上、最も著名な行政訴訟。岡山県津山市福祉事務所長の朝日茂氏に対する保護変更の行政処分に対し、朝日氏はそれを不服とし、当時の岡山県知事に審査請求、厚生大臣に再審査請求の不服申立を行ったが、いずれも却下。その後、厚生大臣裁決の取消しを求めて行政訴訟が行われた。一審では勝訴したが、控訴審では国が勝訴、最高裁判所に上告したが途中で本人が死亡、昭和42年5月に訴訟終了、決着した。昭和31年当時の生活扶助費月額600円が、健康で文化的な最低限度の生活水準を維持するに足りるかが問われた。

味の相互作用 調味料を複数使用することで味が変化することをいう。①少量を加えることで一方の味が強くなる（対比作用）、②異なる2種以上の混合で一方又は両方が弱くなる（相殺作用）、③異なる2種の混合で単独の味より強くなる（相乗作用）がある。

アスペルガー症候群 発達障害の一種であり、ＤＳＭ－Ⅳでは「アスペルガー障害」と呼ばれている。知能と言語の発達は保たれているが、対人関係の障害、コミュニケーションの障害及び行動と興味の範囲が局限的で常同的であることを特徴としている。ＤＳＭ－5では「自閉症スペクトラム」に包括され、同一の診断基準のもとで診断されることになった。 →広汎性発達障害、発達障害者支援法

アセスメント〔assessment〕 事前評価、初期評価。一般的には環境分野において使用される用語であるが、福祉分野においては、利用者が直面している生活上の困難を解決するために、必要な情報を収集し、情報の分析、解釈、関連づけを行い、課題を明らかにすることをいう。 ↔エバリュエーション →課題の明確化、情報の解釈、情報の関連づけ、情報の収集、情報の統合化

アセテート 良質の木材パルプやリンターパルプ（実綿の種子に付いている短い繊維）を主原料にし、これに酢酸を作用させて酢酸繊維素を作る。これをアセトンで溶かして紡糸原液をつくり、乾式紡糸してできた繊維。半合成繊維の一つである。光沢があり、柔軟で弾性に富み、しわになりにくい。熱可塑性があるのでひだをつけやすい。また、耐水性があり、水につけたときの縮みが少ない。フィラメント（長繊維）は、イブニングやアフタヌーンドレスに、ステープル・ファイバー（紡績糸）は裏地、レイン

コート、エアフィルターなどに使われる。

遊　び〔play〕　楽しむことを主目的として、心身を解放して自由に行う活動。子どもにとっては成長に欠かせない活動であり、大人にとっても人生を楽しみ、生きる力を獲得するために遊びは重要な意味をもっている。かつては、遊びを罪悪視する道徳観が支配していたが、生活水準の向上とともに遊びを生活の主要課題の一つとして位置付け、福祉サービスの一環としても遊びの保証が必要であるとする見方が浮上してきた。

遊びリテーション　遊びとリハビリテーションを組み合わせた造語。風船を使ったバレーボール等の遊びをとおした仲間との交流の中で、心と身体が動き、老いに適応したリハビリテーションの効果を得る方法論。

アダムス，J.〔Addams, Jane　1860～1935〕アメリカのイリノイ州の生まれ。中部開拓者であった父親の影響を受け、クエーカー教徒となる。1889年、アダムスはシカゴでハル・ハウスという名称のセツルメントを創設した。彼女はセツルメントを単なるスラム教化事業と考えず、あらゆる文化、宗教、さらには労使のかけ橋となるように運営した。したがって、ハル・ハウスを婦人運動、人種差別反対運動、反戦運動の拠点としてとらえ、幅広く活動した。1931年、ノーベル平和賞を受けた。　→ハル・ハウス

圧　搾　物を押し縮める、又はしぼること。調理の場合、固形物と液体の分離や、成型（押しずし、茶巾しぼり等）などを意味する。

圧迫骨折　骨の長軸方向への圧迫による骨折。脊椎椎体や踵骨（かかと部）に多い。

アテトーゼ　上肢や下肢を随意的に動かそうとするときに、本来の目的に関係のない異常動作が不本意に起こり、さらに顔面筋や頸部の筋にまで不随意な運動が起こるため、顔が目的物に関係のない方向に向いたり、顔面が笑っているように見えたりする。緊張を伴うときや動作を始めようとするときに強く現れる。発語の時には、咽頭や発語に関係する筋にも異常動作が現れるために、発語がなめらかでなく、聞き取りにくくなる。脳性麻痺者に認められることが多いが、脳出血や脳軟化の後遺症としてみられることもある。

アテトーゼ型　脳性麻痺病型分類の一つで、錐体外路系の障害により、顔面、四肢筋の不随意運動、無制御運動を主症状とし、協調運動ができないもの。

アトピー性皮膚炎　アレルギー疾患の一つ。アトピー素因、すなわちダニや花粉、食べ物などありふれたものに対して先天的な過敏反応を示すものや食生活・住環境の変化、ストレス、大気汚染などを引き金として発症し、再発を繰り返す湿疹として現れる。湿疹は左右対称性に額、眼の周り、頸部、四肢の関節内側、体幹などに生じ、持続性の痒みを伴う。たいてい乳幼児期に発症し、症状は10歳ごろまでに軽快することが多いが、成人期まで症状が持続したり、成人期以降に発症することもある。近年、アトピー性皮膚炎を含めアレルギー疾患が増加しており、その原因究明と対策が必要となっている。治療薬として副腎皮質ステロイド剤が広く用いられているが副作用の危険も大きいため、現在では原因物質の検出、生活指導などを中心とした治療法が重視されている。

アドボカシー〔advocacy〕　⇨権利擁護

アドミニストレーション〔administration〕　⇨社会福祉運営管理

アドレナリン　副腎髄質から分泌されるホルモンの一つ。エピネフリンともいう。緊張した状況下で分泌が増加し、心拍出量の増加、血圧の上昇、血糖値の上昇を来す一方、気管支や腸を弛緩させる。　→ノルアドレナリン、副腎髄質

アニサキス　元来クジラやイルカ類の腸管の寄生線虫をいう。海水中へ便とともに排出された虫卵が、甲殻類を経て海産魚類の腹腔内で成長する。ヒトは感染魚類の生食によって感染する。ヒトに侵入した幼虫はそれ以上成長せず、胃腸粘膜に侵入して障害を起こす。感染源の多くはサバ、アジ、ニシンなどである。なお、冷

凍処理により死滅する。

アニマル・セラピー 動物介在療法。こころのケア技術の一つ。ヒューマン・アニマル・ボンドの理念に基づき、動物と触れあったり世話をすることで、心身の活性化を図る手法。アニマル・セラピストは動物を連れて高齢者施設等を訪問するが、高齢者等が自ら動物を飼うことでもこの効果を得ることができる。

アフターケア〔aftercare〕 社会福祉援助の過程において、援助終結後も利用者の状態によって引き続き対応する活動のこと。フォロー・アップという用語が使われることがあるが、意味は異なる。　→フォロー・アップ

油の疲れ 油脂の長時間加熱により、小さな泡がたくさんでき、揚げ物等の油の切れが悪くなる。また、温度が下がったとき、粘りが出てきた状態を油の疲れた状態という。また、疲れた油は180℃くらいで煙が出るが、新鮮な油は230～240℃までは煙が出ない。

油焼け 脂肪含量の多い食品が貯蔵中に酸化して、黄褐色や赤褐色になる現象をいう。主に魚介類を原料としたものに多く、これを食用にした場合、下痢、嘔吐、腹痛などの障害を起こすこともある。

アポクリン腺 ⇒汗腺

亜　麻 アマ科に属する1年性植物で、茎の表皮の内側にある靱皮を採取し繊維をとる。亜麻繊維は繊維束の形で得られ主成分はセルロースで、ペクチン・リグニン・ろう質等の不純物を含むが、漂白により除去される。丈夫で堅くて腰があり、平滑で接触冷感があるので夏用衣料に使用される。テーブルクロス・ナプキン・芯地・縫い糸等に用いられる。

アミトロ ⇒筋萎縮性側索硬化症

アミノ酸 アミノ酸はたんぱく質を構成する単位成分で、一つの分子内にアミノ基（―NH_2）とカルボキシル基（―COOH）をもつ有機化合物である。体内で必要とするアミノ酸や窒素化合物をつくるために、人体は20種類のアミノ酸を必要とする。このうち、体内で合成されない、又は合成量が不十分であるため、食物から摂取しなくてはならないのが必須アミノ酸で、イソロイシン、ロイシン、リジン、メチオニン、フェニルアラニン、スレオニン、トリプトファン、バリン、ヒスチジンの9種類である。一方、人体で合成されるものは「非必須（可欠）アミノ酸」といい、アルギニン、アスパラギン酸、セリン、グルタミン酸、グルタミン、グリシン、アラニンなどがある。　→たんぱく質

編　物 糸をループ状にして、その中に他のループをくぐらせ、ループを互いに絡ませながら連結していき布状にしたもの。手編みと機械編みがある。機械編みは、糸でループを編成していく方向により、よこ編みとたて編みがある。よこ編みは一本の糸がよこ方向に進んでループをつくり、そのループをたて方向に連続させて編地を形成するもので、基本組織に平編み、ゴム編み、パール編みがある。たて編みはたて方向に隣接する経糸と互いに絡み合ってよこ方向に編地を形成するもので、トリコット編みがある。編物は伸縮性に富み、靴下編みから始められたが、現在では、下着から外衣、日常着から外出着、ファウンデーションからスポーツウェアまであらゆる服種に使われている。　→メリヤス

アミラーゼ でんぷん（ブドウ糖の重合体）を分解する酵素をいう。α‐アミラーゼとβ‐アミラーゼがあり、植物や細菌などの微生物、動物の消化液に含まれる。人体では、食物中のでんぷんを、口腔内では唾液の消化酵素プチアリン（唾液アミラーゼ）によって、デキストリンやマルトースに分解し、小腸では膵液のα‐アミラーゼ（膵アミラーゼ）によって、二糖類や単糖類になる。

アミロイドーシス アミロイド（類澱粉質とも呼ばれるタンパク）が全身又は局所に沈着することにより、さまざまな症状を来す。特に肝、脾、腎に蓄積しやすい。原発性アミロイドーシス、続発性アミロイドーシス（他の慢性疾患に続発する）に分類される。

アメニティ〔amenity〕 快適な環境。生活の快適さ。一般的には「静けさ」「美しさ」「プ

「新たな高齢者医療制度のあり方について」
平成9年に医療保険制度抜本改革として、診療報酬体系、薬価基準制度、高齢者医療制度、医療提供体制の4点について見直しを行うとされ、このうち、高齢者医療制度の見直しについて医療保険福祉審議会の制度企画部会が平成11年8月13日に提出した意見書。①独立型の高齢者健康保険制度、②退職者健康保険制度、③リスク構造調整方式、④医療保険制度の一本化の4つの改革案を提示した。平成18年6月に成立した「健康保険法等の一部を改正する法律」において、老人保健制度が廃止され、65歳から74歳の前期高齢者については国民健康保険・被用者保険間の財政負担不均衡を是正するための財政調整制度が、75歳以上の後期高齢者については平成20年4月に独立した医療制度がそれぞれ創設された。 →医療制度改革大綱、後期高齢者医療制度、高齢者の医療の確保に関する法律

「新たな高齢者介護システムの確立について」
平成7年の老人保健福祉審議会による中間報告。本報告において、高齢者介護問題が普遍的・深刻な問題であり、今後の社会情勢の変化から、新たな高齢者への社会的支援を行うシステムの確立が急務であることが示された。所得調査等により措置制度を利用することへの心理的抵抗感が伴うこと、高齢者介護が福祉と医療に分かれていることによりサービスの利用がしにくいこと、また介護サービスが量・質的に不十分であることなどから、介護を要する高齢者やその家族に対し適切な社会的支援を行うシステムの確立が必要であるとした。

アルコール依存症 長期にわたる大量の飲酒により、心身の健康を害し、円滑な社会生活が著しく困難になった状態をいう。主な症状はアルコールに対する強い欲求（精神的アルコール依存）、飲酒行動に関する抑制能力の喪失、耐性増加に伴う飲酒量の増加、離脱症状（身体的アルコール依存）などであり、しばしば飲酒行動上の異常も伴う。「アルコール依存症」は従来のいわゆる「アルコール中毒」に相当するもので、長期にわたる大量のアルコール摂取をめぐるさまざまな有害作用を含む概念として推奨されている。その他、「アルコール症」といういい方もあり、これはアルコールによる健康障害から社会的対応への障害性をも含む上位概念であるが、名称が漠然としすぎているということで「アルコール依存症」への統一が図られたものである。

アルコール飲料 アルコールは脂肪族の水酸基をもつ化合物又はエチルアルコールをいう。アルコール飲料には、清酒・ビール・焼酎・ワインなどがあり、糖蜜や穀物、でんぷん等を原料として発酵法により製造される。アルコール含有量（約1〜50％）は種類により異なる。アルコールは、体内で消化を必要とせず、胃や小腸で吸収される。飲酒後5分位で血中に現れ、約1時間後に96％が吸収される。適量のアルコールは食欲を亢進させ、消化能力が高まるほか、血管を拡張し血流がよくなり、気分が高揚するなどの効果がある。ストレス解消等の目的で、アルコール類の多飲が習慣化すると依存症になる場合がある。

アルコール精神病 アルコール依存症を基盤として発生する、急性若しくは慢性の器質精神病を指す包括的な病名。原因は、飲酒に伴う代謝障害のため中間代謝産物が中枢神経系に作用するためと考えられる。振戦せん妄、アルコール幻覚症、コルサコフ精神病、アルコール性認知症、嫉妬妄想等がある。

アルコール性認知症 多年の大量飲酒により、中枢神経系、特に大脳に器質性変化を生じた結果、認知症となること。

アルコホリックス・アノニマス（酒害者匿名会）〔Alcoholics Anonymous ; AA〕 アルコール依存症を自ら認めている人々から成る相互援助団体の一つ。アメリカで結成され、互いの名前、身分などを伏せたまま（匿名）、独特のプログラムに従って体験の共有、相談、援助活動を行っている。日本にもAAの支部がある。 →断酒会

アルツハイマー型認知症 これまでアルツハイマー病、老年痴呆、アルツハイマー型老年痴呆と呼ばれていた疾患の総称である。65歳前に発症したものは早発性、65歳以上で発症したものは晩発性と分けている。　→アルツハイマー病、老年痴呆

アルツハイマー病〔Alzheimer's disease〕若年性認知症疾患の一つ。1906年、A.アルツハイマーによって報告された、認知症を主症状とする原因不明の脳の器質性疾患である。脳の組織所見では、全般的な脳萎縮、神経細胞の脱落、神経原線維変化等がみられる。発病年齢は50歳前後で女性に多い。中心症状は認知症で、記憶障害、見当識障害、視覚失認等がみられる。今日では老年期に発症する老年性認知症と同一の疾患と考えられ、一括してアルツハイマー型認知症と呼び、その早発型（初老期発症型）といわれている。　→アルツハイマー型認知症

α-でんぷん でんぷんを水の中で加熱すると、でんぷんの結晶構造が崩壊し、水と交わって粘度の高い透明な糊状態になる。このような変化をα化（糊化）といい、α化したでんぷんをα-でんぷんと呼ぶ。α化は、でんぷんの種類、水分量等で異なる。炊飯は米に水分と熱を加えることで、でんぷんをα化する調理方法であり、米が米飯となる。この状態のでんぷんをα-でんぷんといい、消化が良い。α-でんぷんは急激に熱乾燥したり、凍結して水分を除くと、でんぷんの状態を保つことができる。

アルブミン 分子量が比較的小さく、水に溶けやすいたんぱく質の一種をいう。アルブミンには、血清アルブミン、オボアルブミン（卵アルブミン）、ラクトアルブミン、大豆のレグメリンなどがある。血清アルブミンは、肝臓で合成されて、血液、リンパ液などに含まれている。高齢者の栄養評価に用いられ、1 dlの血中アルブミン量が3.1〜3.4gが軽度、2.1〜3.0gが中度、2.0g以下が高度の栄養障害と診断される。加齢により肝臓での合成が低下し、血清中の濃度も低下する。

アレルギー〔allergy〕 植物の花粉、ダニ、鶏卵等に対する個体の異常な過敏症。最も一般的なアレルギーは、気道と皮膚に生じるが、他の部分、例えば消化管、神経系、関節、腎等にもみられる。皮膚のアレルギーには、じん麻疹（発疹）、あるいはかゆみを伴った腫脹及び湿疹、かゆみのある発疹が含まれる。不安、恐怖、怒り、興奮等の情動因子もアレルギー発作を強くすることが知られている。人体が反応する異物を抗原、身体側がそれに対抗して産生するものを抗体というが、抗原と抗体との反応（抗原抗体反応）の結果、ヒスタミン、アセチルコリン、ブラディキニンなどが過剰に遊離すると組織を障害し、アレルギー反応を引き起こすとされる。　→抗原抗体反応

アレルギー性皮膚炎 衣服による皮膚障害には、皮膚と衣服の摩擦や衣服などの圧迫によって起こる物理的なものと、化学物質が原因で起こるものとがある。化学物質による皮膚障害は、一般に接触性皮膚炎といわれるが、衣料品による接触性皮膚炎の大部分はアレルギー性皮膚炎である。

アレルギー表示 食物アレルギー患者を中心とした消費者の健康被害防止のために、アレルギー物質を含む加工食品について義務付けられているアレルギー物質を含む旨の表示。えび、かに、卵、乳、小麦、そば、落花生については、法令で表示が義務付けられており、いか、牛肉、オレンジ、まつたけなど20品目については、通知により表示が推奨されている。

アレルギー様食中毒 ある種の魚類（赤身魚が多い）及びその加工品等に異常に蓄積したヒスタミンが原因で起こる軽症の食中毒をいう。症状としては、じん麻疹、下痢、顔面紅潮等が挙げられる。抗ヒスタミン剤が治療効果があり、症状の類似性からアレルギー様食中毒と呼ばれている。

安静時狭心症 夜間睡眠時などの安静時に起こる狭心症。　↔労作時狭心症　→狭心症

アントシアニン 野菜や果物の主要な天然色素で、酸性では赤色、中性で紫色、アルカリ性で青色を呈する配糖体をいう。みょうばんを入

れたナスの漬物の色が美しく安定しているのは、これを利用したものである。

アンビバレンス〔ambivalence〕 両面価値の感情。愛情と憎悪、独立と依存、尊敬と軽べつなどの全く相反する感情を同時にもつことをいう。対人関係を扱うときは、この両面的な感情を十分理解する必要がある。　→両価性

アンフェタミン　覚せい剤の一種。中枢神経興奮作用、交感神経興奮作用、食欲抑制作用をもっている。依存性の強い薬物で、乱用により幻覚妄想状態や人格変化を来す。　→覚せい剤依存

あん法　患部（病変部）に、熱を加えたり冷やしたりして刺激を与えることにより、炎症を和らげたり、充血や疼痛を除去する治療法。温あん法と冷あん法に大別される。　→温あん法、冷あん法

あん摩　古代中国より伝えられたという東洋流あん摩は、体幹及び四肢の末梢神経や血管の走行に沿って、指先を使用して遠心性に手技を施し、自律神経に作用を及ぼす。西洋流マッサージは、主として手掌を使用して求心性に手技を行うため、あん摩とマッサージは区別して用いられる。医師以外の者であん摩を業とする者は、あん摩マッサージ指圧師、はり師、きゅう師等に関する法律に基づく国家試験に合格し「あん摩マッサージ指圧師免許」を受けなければならない。

あん摩マツサージ指圧師、はり師、きゆう師等に関する法律〔昭和22年法律217号〕　医師以外の者で、あん摩、マッサージ若しくは指圧、はり又はきゅうを業としようとする者の資格、免許、試験、業務などについて定めた法律。あん摩マッサージ指圧師等の資格は、視覚障害者の職業自立に重要な役割を果たしている。

安眠　安らかに睡眠すること。安眠を妨げるものとして、騒音等の環境上の要因もあるが、不安、ストレス等の心理的要因も大きく関わっている。また、さまざまな疾病も安眠を妨げる。人が日々の活力を回復するためには安眠することが極めて重要であるので、これらの要因を可能な限り排除し、安眠を確保する必要がある。

安楽　身体的にも精神的にも苦痛や不安のない満足した状態。要介護者は身体的、精神的、社会的な障害から不安や心配が常につきまとっている。介護者は、習慣の変更、身体的違和感、騒音、精神的不安等、安楽を阻害する因子を取り除き、精神面及び身体面に十分配慮して、安楽を確保しなければならない。

安楽死　死期の迫った患者を肉体的・精神的苦痛から解放するため人為的に死をもたらすこと。その要件として、死への転帰が確実なこと、苦痛が堪えがたいこと、本人の意思によること、苦痛の少ない手段で死を迎えさせること等が考えられるが、医学的、法律的、宗教的、経済的なさまざまな問題が内在している。　→尊厳死

い

EBM〔Evidence-based medicine〕　「根拠に基づく医療」のことで、個々の患者の問題点に対して、妥当性・信頼性のある知見を踏まえた上で、効果的で質の高い臨床判断を行うことを重視する医療をいう。エビデンスとは、臨床的、学問的な根拠、裏付けを指す。臨床疫学を基本とした考え方で1990年代にSackettが主張した。その考え方は医学だけにとどまらず、薬学、看護学、健康政策などヘルスケア全般に応用されている。EBMの方法とプロセスは、①患者の問題の定型化、②問題についての情報検索、③情報の批判的吟味、④患者に特有の臨床状況と価値観に配慮した判断、⑤評価から構成されている。

胃液　胃腺から分泌される消化液で、正常な胃液は無色透明の強酸性の液体である。99％近くが水分で、塩酸、たんぱく質分解酵素の前駆物質、粘液などが含まれている。胃液の

分泌は頭相（食物を見る、味わうなど）と胃相（胃の伸展、ガストリンの分泌）によっている。

胃潰瘍　十二指腸潰瘍と併せ、胃液の消化作用がその発生に関わっていることから、消化性潰瘍という。成因は、胃粘膜に生じた組織抵抗の減弱部位に、胃液の過剰分泌が影響したと考えられる。上腹部痛、悪心、嘔吐、胸やけ、胃部膨満感等を症状とする。治療法としては、心身ともに安静にし、食事療法を主体に薬物療法を行うが、手術が必要な場合もある。

医学的判定　リハビリテーション計画を設定する際に、障害者の全身的状態、機能障害の程度等について知るために行う医学的診断・評価のことをいう。

医学的リハビリテーション　リハビリテーションの中の医学的側面をいう。狭義にはリハビリテーション医学の裏付けによりその専門性が認められる部分、すなわち理学療法、作業療法、言語療法、義肢装具製作、心理指導等により治療・訓練を施す分野を指すこともあるが、広義には、障害者のリハビリテーション過程における保健、治療等の医学的側面全般を含む。

医学モデル　医師が患者を診断・治療するように、利用者を社会適応上問題のある人と捉え、援助者は社会診断に基づき、長期間の面接で利用者に社会治療的個別援助を行う。ここでは利用者の弱点や否定的側面に着目する傾向が強く、専門職がさまざまな方法を使って、社会適応のためのパーソナリティの強化を図ることをめざした。こうした人格的・治療的側面を重視する伝統的理論を医学モデルと呼ぶ。　⇔生活モデル

生きがい　生きるためのはりあいのこと。生きがい感は主観的なものであり、ゲートボールを生きがいとする人もいれば、見ることすら嫌だと感じる人もいる。また、自己実現に関することだけではなく、庭の花の成長等の事象を生きがいと感じる人もいる。行政は、生きがい対策として、老人クラブの支援や娯楽・スポーツ・教養等の場の提供等を実施している。

生きがいとしてのレクリエーション　レクリエーションを単なる休養や気晴らしとみるだけではなく、人々の生きがいに結びつく課題としてとらえる新しいレクリエーション観。福祉サービスを受ける高齢者や障害者の場合、多くの「余暇時間」をもっており、これを生きがいのある時間とするためのレクリエーション・プログラムの展開に取り組む必要がある。

生きがい保障　すべての人が生活をいきいきと楽しみ、生きがいをもって生きられるように援助すること。従来の社会福祉が「生活保障」を重点に考えてきたことに対して、これからの社会福祉は、さらに一歩進めて「生きがい保障」の課題に取り組むことが求められている。

閾値（いきち）　生体の反応を起こすために必要な最小の刺激量。

医業　医行為を、反復継続する意思をもって行うこと。医行為とは、「医師の医学的判断及び技術をもってするのでなければ人体に危害を及ぼし、又は危害を及ぼすおそれのある行為」と解されている。医師、歯科医師、看護師等の免許をもたない者による医業は、それぞれ、医師法、歯科医師法、保健師助産師看護師法によって禁止されている。

生きる喜びづくり　生きがいづくりを目指すレクリエーション活動の目標。生きていることの喜びを実感できるように、一人ひとりの個性に適合した楽しいプログラムを展開すること。そのためには、個人の自由が保障され、さまざまな人とのふれあいが行われ、さらに一人ひとりの心の底にある願いや夢が解放され、実現へ向かって歩み出すことが必要である。

育児・介護休業法　⇨育児休業、介護休業等育児又は家族介護を行う労働者の福祉に関する法律

育児休業、介護休業等育児又は家族介護を行う労働者の福祉に関する法律〔平成3年法律76号〕　子の養育又は家族の介護を行う労働者等の雇用継続及び再就職の促進を図ることにより、これらの者の職業生活と家庭生活との両立を支援していく法律。当初は「育児休業等に関する法律」として制定されたが、平成7年に介

護休業制度の導入などを内容とする法律の一部改正が行われ、現在の名称となった。法律に基づき、育児休業や介護休業、子の看護のための休暇、時間外労働及び深夜業の制限、勤務時間の短縮等の措置が講じられている。平成21年には、3歳までの子を養育する労働者について、短時間勤務制度を設けることを事業主の義務とすること、父母がともに育児休業を取得する場合の休業取得可能期間を延長すること、介護のための短期の休暇制度を創設すること、等を内容とする法律改正が行われている。　→介護休業制度、看護休暇制度

育成医療　身体に障害のある児童の健全な育成を図るため行われる生活能力を得るために必要な医療（障総合令1条の2）。障害者総合支援法による自立支援医療の一つであり、実施主体は市町村である。

医行為　人の疾病の診断、治療、予防等を目的とする行為。また、「医師の医学的判断及び技術をもってするのでなければ人体に危害を及ぼし、又は危害を及ぼすおそれのある行為」と解されている。医行為であるか否かは、個々の行為の態様に応じ個別具体的に判断されるが、医師、看護師等の免許を持たない者が医行為を行うことは禁止されている。厚生労働省は平成17年に、高齢者や障害者の介護の現場で判断に疑義が多い行為で、原則として医行為ではないと考えられるものを列挙した。体温測定や自動血圧測定器による血圧測定、一定の条件下での軟膏の塗布、座薬の挿入などが挙げられている（平17医政発0726005）。　→医業

医行為でないもの　原則として医行為ではないと考えられるものは、①体温測定、②血圧測定、③新生児以外で入院治療の必要がない者に対するパルスオキシメータ装着、④軽微な切り傷、擦り傷、やけどなどについて専門的な判断や技術を必要としない処置、⑤一定条件下での医薬品の使用介助とされる。⑤の「医薬品の使用」は具体的には、皮膚への軟膏の塗布、皮膚への湿布の貼付、点眼薬の点眼、一包化された内服薬の内服、肛門からの座薬挿入、鼻腔粘膜への薬剤噴霧が挙げられる。

遺言　遺産の処分について、被相続人（故人）の生前の最終意思を文書で表したもの。遺言を正式な文書とするためには、定められた形式で書かれなければならない。その他、遺言を書くことのできる年齢は15歳以上、未成年者や成年被後見人などが遺言をする場合であっても、その保護者が遺言についての同意権や取り消し権を行使することはできないなど、民法の規定に従った法定相続として、相続が行われる。また、遺言によって、法定相続人以外が相続することも可能である。　→相続

椅座位（いざい）　座位の一つ。いすに座った姿勢。正しい座り方は、深く腰かけて足底を床につけた状態である。

医師　医業をなすことを国により許可された者。医業の独占者であるがゆえに、医師法に基づき、診療義務（応招義務）、処方せん等交付義務、保健指導を行う義務、診療録の記載及び保存義務など、さまざまな義務を負う。医師となるには国家試験に合格し免許を受けた後、2年間の臨床研修を受けなければならない。また、戒告、業務停止等の処分を受けた医師や再免許を受けようとする者は、厚生労働大臣による再教育研修を受けなければならない。

意識混濁　意識の清明さが低下した状態。うとうとしており刺激があれば覚醒する状態（傾眠）、かなり強い刺激で反応するが覚醒しない状態（昏眠）、外界の刺激には全く反応がなく、精神活動が停止している状態（昏睡）がある。→昏睡

意識障害　対象の知覚や認知、周囲への注意、思考や判断、物事に対する反応などの精神活動の障害された状態をいう。一般に自分が今どこにいてどんな状態か分からず、あとになってもその間の記憶が存在しない。意識障害の種類としては、意識の清明度の異常である意識混濁、意識の視野が狭まる意識狭窄、意識混濁に加えて幻覚、錯覚、不安、夢幻状態、興奮等を伴うせん妄や妄想状態などの意識変容がある。　→意識混濁

意識変容　複雑な意識の障害で、意識の混濁に加えて、幻覚、錯覚、思考の混乱、不安、興奮等を伴う。意識狭窄と共存する場合が多い。

意思疎通支援事業　聴覚、言語機能、音声機能、視覚等の障害のため、意思疎通を図ることに支障がある障害者等に、手話通訳、要約筆記等の方法により、障害者と他者との意思疎通を仲介する手話通訳者、要約筆記者等の派遣等を行い、意思疎通の円滑化を図ることを目的とする事業。市町村地域生活支援事業の必須事業の一つ（平18障発0801002）。

意思伝達装置　スイッチ入力により合成音声による出力を行い、発声困難な人とのコミュニケーションを可能にする電子機器のこと。

医師法〔昭和23年法律201号〕　医師の任務、免許、試験、臨床研修、業務、罰則などについて定めた法律。　→医師

いじめ　正当な理由なく、力の強い者（あるいは集団）が、抵抗する力の弱い者を攻撃すること。近年、学校現場でみられる学童のいじめは、集団化、陰湿化、理不尽化の傾向があり、被害者に不登校や対人恐怖などの神経症を誘発させることも少なくない。限度を超えた内容のいじめを受け自殺する学童も増加している。→スクールカウンセラー

移乗動作　ベッド−車いす、車いす−便器等の乗り移りの動作。移動前と移動後の平面が変わるときに用いる。日常生活活動の分類、訓練などで重要なものの一つ。トランスファーともいう。　→ADL、移動動作

異常歩行　障害が生じたことにより歩行パターンに異常を来すこと。原因には、脚長差や関節の異常、身体構造上の異常、神経・筋系の異常、疼痛等が考えられる。

異　　食　認知症によるBPSD（行動・心理症状）の一つ。普通食べているものと異なるものを食べることをいう。例えば紙くず、土、ごみ、便などを口に入れる行為をいう。本人は本気で食べたいと思っているわけではなく、「目につくもの＝口に運ぶ行動」に結びついてしまう。　→BPSD

移送サービス　自力で移動が困難な高齢者や障害者（児）、患者等のための輸送・運搬サービス。高齢者や障害者（児）が、各種通園・通所施設の利用や社会参加をするためには、他の在宅福祉施策と並行して移送サービスの充実が望まれる。

遺族基礎年金　国民年金法に基づく年金給付の一種。①被保険者、②被保険者であった者であって、日本国内に住所を有し、かつ、60歳以上65歳未満である者、③老齢基礎年金の受給権者、④保険料納付済期間と保険料免除期間を合算した期間が25年以上の者、が死亡した時、死亡した者によって生計を維持していた子のある配偶者又は子に支給される。ただし、①、②の場合は、加入期間のうち3分の1以上保険料滞納がないか、平成38年4月1日前の死亡については死亡日の属する月の前々月までの1年間に保険料滞納がないことが要件となっている（国年37条〜42条）。

遺族年金　国民年金の被保険者等が死亡した場合に子のある配偶者又は子に支給される遺族基礎年金と、厚生年金、共済組合の被保険者（組合員）等が死亡した場合に一定の要件を満たす遺族に支給される遺族厚生（共済）年金の総称。厚生年金等の被保険者は同時に国民年金の被保険者であるため、子のある配偶者又は子が受給権者となった場合は、遺族基礎年金に遺族厚生（共済）年金が上乗せして支給される。　→厚生年金保険法、国民年金法、公的年金制度

依存性薬物　依存を起こす薬物をいう。WHOは、精神依存、身体依存、耐性の三項目によって依存性薬物を分類している。主な物質は、アルコール、バルビツール酸もしくは類似作用をもつ鎮静・催眠剤、アヘン類、コカイン、アンフェタミンもしくは類似作用をもつ交感神経興奮剤、幻覚剤、有機溶剤、向精神薬、大麻などである。　→薬物依存

委　　託　一定の行為を自己責任で他人に依頼すること。特に、社会福祉においては、国及び地方公共団体が行う措置を民間社会福祉事業を経営する者に依頼し対価を支払う行為を指

す。委託を受けた場合は、正当な理由がない限りこれを拒んではならないとされている。また、委託を受ける社会福祉施設を委託施設と呼び、対価として社会福祉事業経営母体に支払われる措置費を中心とした費用を(措置)委託費と呼ぶ。

炒め物 空焼きにした鍋や鉄板に、少量の油を用いて強火で短時間で材料を加熱し、調味し仕上げる料理。材料は適当な大きさに切っておくことや調味料はきちんと用意しておくことなどが注意点である。適度な歯ごたえが炒め物の身上であるが、高齢者の場合、中まで火が通りにくく硬いこともあるため、一度軟らかくゆでたものを炒めるといった工夫も必要である。

1ケア1手洗い 1回のケアを終えるたびに手を丁寧に洗うこと。例えば、利用者が大便を排泄した後に自分でお尻を拭き取れなかった場合、介護職が利用者に代わってその行為を行うことがある。その際、便に直接触れなくても、お尻を拭き取った介護職の手には、何らかの菌が付着していると考えられる。1ケア1手洗いは感染対策の基本であり、習慣化が大切である。

一次障害 人間の身体的・精神的な機能が何らかの理由で十分に働かない状態で、器質的に不可逆な場合、「障害」があるという。その障害のうち、病気、ケガ、あるいは先天的な理由で生じた最初の障害を一次障害といい、一次障害の結果として生じる二次障害と区別する。　→二次障害

一次性(本態性)てんかん 明白な脳病変が認められず、遺伝素因が大きく関与しているてんかん。

一次的動機 ⇨動機づけ

一次判定 介護保険制度において、介護の必要度に関して市町村により行われる最初の判定。サービスを受けようとする者の居宅を訪問して聞き取りによる基本的な調査を行い、その結果をコンピューターに入力して測定された介護に要する時間(要介護認定等基準時間)をもとに、要介護(要支援)状態区分が判定される。一次判定の結果を受けて、介護認定審査会により、特記事項や主治医意見書などを勘案した二次判定が行われる。また、障害者総合支援法に基づく障害支援区分の認定においても同様の手続きが導入されている。　→二次判定、要介護認定等基準時間

一次妄想 ⇨真性妄想
一次予防 ⇨第一次予防

1日許容摂取量 [Acceptable Daily Intake; ADI] 食品添加物や農薬の化学物質の安全な摂取量を示す数値をいう。対象の物質について動物等を使用した急性毒性試験、慢性毒性試験等で安全性が得られた最大無作用量に一定の安全率を乗じて求める。人が毎日食べ続けても、健康に問題がない量。

一部負担金 保険給付や福祉サービスを受けた場合の利用者の自己負担金をいう。健康保険や国民健康保険等の医療保険各法による一部負担金は定率となっており、健康保険と国民健康保険の70歳未満の者は原則3割(義務教育就学前2割)、平成26年4月1日以降70歳となる者は2割(現役並み所得者は3割)、平成26年3月31日以前に70歳になった者及び高齢者医療確保法による75歳以上の者は1割(現役並み所得者は3割)、介護保険の場合は1割(平成27年8月1日より、一定以上の所得のある第1号被保険者は2割)を負担する。同一の医療機関で1か月間の自己負担が限度額を超えた場合は超えた分が高額療養費として健康保険等から支給される。　→高額療養費

一類感染症 感染症法によって定められた、エボラ出血熱、クリミア・コンゴ出血熱、ペスト、マールブルグ病、ラッサ熱、南米出血熱、痘そうをいう。感染力、罹患した場合の重篤性等に基づく総合的な観点から見た危険性が極めて高い感染症である(感染6条、平10厚生省発健医346・10畜A2227)。

一過性脳虚血発作 [transient cerebral ischemic attack; TIA] 脳の虚血による一過性の脳卒中様の症状を呈する発作。脳への血流障害の原因は、剝離した小血栓による末梢動脈の小閉塞が主要なものと考えられているが、その他、

頸椎による椎骨動脈の圧迫や血流異常なども原因となり得る。発作は急激で（数秒から5分位）、回復も速く（多くは数分間）、遅くとも24時間以内に症状は消滅する。発作が反復して起こる場合は、脳血栓症へ移行することもある。治療には血液を凝固しにくくするための抗血小板療法が主に行われる。　→脳血栓（症）、脳梗塞

一般診療所　診療所のうち、医師が公衆又は特定多数人のため医業をなす場所。　→歯科診療所、診療所

一般相談支援事業　障害者総合支援法に基づく相談支援事業において、基本相談支援及び地域相談支援のいずれも行う事業をいう（障総合5条16項）。　→基本相談支援、地域相談支援

一般病院　病院のうち精神科病院、結核療養所を除いたものをいう。　→病院

溢流性尿失禁　膀胱に尿が溜まっているのにうまく出せず残尿が増え、自分で出せず溢れ出すように尿が漏れる。排尿時に膀胱の出口から尿道にかけて物理的な圧迫など抵抗があり尿が出にくくなる前立腺肥大症など、排尿しようとしても膀胱が十分収縮しないためにうまく出ない脊髄疾患や末梢神経障害などの場合がある。前立腺肥大、骨盤内（子宮・大腸）の手術を受けた人、糖尿病、脊椎の病気の人に多い。　→失禁

遺伝子　遺伝情報を親から子へ伝える最小の単位。その本体はDNA（デオキシリボ核酸）である。

遺伝子組み換え食品　遺伝子組み換え技術を用いて作られた生物をもとに、新たに作られた食品のことである。遺伝子を組み換えた生物そのものを食する場合とその一部を食する場合に分けられる。また、食品としての生物に新たな別の遺伝子を導入したものと食品自身の遺伝子を導入したものに分けられる。日本では、除草剤耐性のダイズやナタネ、テンサイのほか、害虫などに強いジャガイモやトウモロコシ、ワタなどが遺伝子組み換え食品として認可されている。これらは食品以外の生物の遺伝子を組み込んだ生物を育て、これを直接食するものである。

遺伝（子）病　遺伝子の欠陥や異常などが原因となって発症する疾患のこと。　→伴性遺伝病

移転所得　生産に関与した対価として受け取った所得ではなく、政府又は企業が反対給付もなく無償で支払う所得。生活保護、社会保険、児童手当等の社会保障給付がその代表的な例である。

イ　ド〔id〕　S.フロイトが用いた精神分析の概念。無意識の段階にある欲望や衝動などの本能的エネルギーの貯蔵庫。快楽原則に従っているため、自我、超自我と葛藤を起こしやすい。そこでそれを解決するため、自我は防衛機制を働かせる。エス（es）ともいう。　→自我、超自我

移動介助　自力での移動が不能（困難）な患者や高齢者、障害者の移動を助ける行為。

移動支援事業　屋外での移動が困難な障害者等について、外出のための支援を行うことにより、地域における自立生活及び社会参加を促すことを目的とする事業。市町村地域生活支援事業の必須事業の一つ。移動支援を実施することにより、社会生活上必要不可欠な外出及び余暇活動等の社会参加のための外出時の移動を支援する。対象者は、障害者等であって市町村が外出時に移動の支援が必要と認めた者である。各市町村の判断により地域の特性、個々の利用者の状況やニーズに応じた柔軟な形態で実施することとされている（平18障発0801002）。

移動動作　日常生活活動の概念のうちの一つ。移乗動作と異なり同一平面またはスロープや階段などで行われる動作で、具体的には歩行等が挙げられる。　→ADL、移乗動作

移動用リフト　自力での移動が困難な者の移動補助や介助者の負担軽減などを目的として使用される。固定式リフト、据置式リフト、床走行式リフトがある。つり具の部分を除き、介護保険の福祉用具貸与種目の一つである。

糸賀一雄〔いとがかずお　1914～1968〕　知的障害児（者）福祉の理論と実践により、戦後

社会福祉に足跡を残した。鳥取県に生まれ、昭和15年に滋賀県の吏員となる。戦後の昭和21年に近江学園、昭和38年にびわこ学園を創設し、その生涯を知的障害児（者）福祉の実践に捧げた。代表的な著作として『この子らを世の光に』（昭和40年）、『福祉の思想』（昭和43年）がある。昭和41年度に朝日賞（社会奉仕）を受賞した。

意図的な感情表現　個別援助の原則の一つ。援助者が援助を行う上で、サービス利用者が自己の感情（特に憎悪、敵意等の否定的感情）を自由に表現することを認め、援助につながる方向で感情表出を助け、その本音の思いを引き出していくことをいう。　→バイステックの七つの原則

胃の蠕動運動　胃の筋層の収縮により連続した波状の収縮運動が起こる。これを胃の蠕動運動という。蠕動運動は、胃の中央付近より起こり、幽門（胃の出口）に向かって進み、次第に強くなる。これによって食物を胃液と混ぜ、十二指腸へ送り出す。

衣　服　日本工業規格（JIS規格）では、かぶりもの、はきものなどを除いた被服としている。すなわち、身体の胴部と、手・足を除く体肢を覆う服を「衣服」としている。「着物」は、着るものを指していたが、幕末の西洋服移入に伴い、西洋服に対する和服の意味で用いられるようになり、現代では長着だけを意味することもある。また、「衣類」は着るものの総称である。

衣服圧　静止時や動作時に着用した衣服によって身体が受ける垂直方向の圧力が衣服圧である。静止時に重い衣服や窮屈な衣服を着用したり、ベルトや帯、ファウンデーションなどで身体を締め付けると、高い衣服圧を生じる。また、動作時では身体の動作変形に対する衣服の変形・追従がない場合に、引きつれが生じ、衣服圧も高くなる。適度な衣服圧は整容効果を高め、快適な着用感を与えるが、過度の衣服圧は血行障害や心臓への負担が大きくなる。高齢者や障害者用のゴムなし靴下、車いす生活者のダーツやタックを入れたズボン、伸縮性素材の使用などは衣服圧による不快感を軽減するものである。

衣服気候（被服気候）　人体と衣服あるいは重ね着した衣服の各層間に形成される、外界とは異なった気候を衣服気候という。人体の皮膚表面と衣服最内層の衣服気候は、気温32±1℃、湿度50±10%、気流15±10cm/secのとき、暑くも寒くもなく、快適と感じるといわれている。衣服気候は、着ている衣服の材料（保温性、熱伝導性、通気性、透湿性、吸水性など）、衣服形状（被覆面積、開口部、ゆとりなどのデザイン）、重ね着の方法などが影響する。高齢になると体温調節機能が低下するため、周りの人の着装支援が必要になる。

衣服の修繕　衣服が破れたり、縫い目がほつれたり、ボタンやスナップがとれたり、ゴムひもが緩んでしまったりした場合に繕うことをいう。一般には、手縫いによることが多い。衣服の破れやズボン・スカートの裾のまつり縫いのほつれ等には、アイロン接着による簡単な修繕用品が開発され、市販されている。

衣服の保温性　⇨保温性（衣服の）

異物収集　認知症によるBPSD（行動・心理症状）の一つ。木ぎれや石ころなどを集めてきてはいつも冷蔵庫に入れるような、周囲の者には不可解な物を不可解な場所に収集すること。本人には本人なりの理由やこだわりがあるので、いきなり説得したり、叱りつけるのではなく、本人の気持ちを推察し受容することから援助が始まる。　→BPSD

イベント〔event〕　「出来ごと」が原義。一般的には「行事」と解釈されている。しかし、この言葉はもう少し拡大したニュアンスをもっている。季節ごとの行事の他、スポーツ、音楽、野外活動等の単発の催しやそれらを総合的に行う催し等も含まれる。

意味記憶　単語の意味や、「消防車は赤色」「日本の首都は東京」などといった、一般的な知識や情報の記憶をいう。

医薬品、医療機器等の品質、有効性及び安全性の確保等に関する法律〔昭和35年法律145

号〕医薬品・医薬部外品・化粧品・医療機器・再生医療等製品の品質、有効性、安全性の確保並びにこれらの使用による保健衛生上の危害の発生及び拡大の防止のための規制を行うとともに、指定薬物の規制に関する措置や、医療上特に必要性の高い医薬品や医療機器、再生医療等製品の研究開発を促進するための措置を講ずることによって、保健衛生の向上を図ることを目的とする法律。医薬品等の定義、地方薬事審議会、薬局、製造、販売、取扱い等に関して規定している。旧・薬事法。

医薬品副作用被害救済制度 医薬品の副作用による疾病、障害又は死亡に関して、医療費、障害年金、遺族年金等の救済給付を行うこと等により、医薬品の副作用による健康被害の迅速な救済を図ることを目的とする制度。医薬品の使用が適正であったにもかかわらず発生した副作用による疾病、障害、死亡を対象とする。医薬品の製造販売業者から拠出金を徴収し、事業に必要な費用に充てる。救済に関する業務は、独立行政法人医薬品医療機器総合機構において行われている。

意　欲 何かを積極的にしようとする意志や気持ちのこと。学習意欲、勤労意欲など、目標を達成しようとする達成動機に関係している。意欲を高めるためには、目標に価値があることとその目標が達成できるという期待が必要である。例えば、機能回復に取り組むリハビリテーションへの意欲を高めるには、単に励ますだけでなく、機能回復後の生活像を目標として共有した上で、実施計画を示すことで達成への見通しを明らかにするなど、意欲を高めるはたらきかけをすることが必要である。

イリゲーション　⇨洗腸法

遺留分 法定相続人以外の者であっても、個人の遺言によって全財産を遺贈することが可能であるが、それでは残された家族が生活できなくなるという事態も生じかねない。そこで、民法において相続財産に対して各相続人が相続分として、遺留分を次の通り定めている。子と配偶者が相続人の場合、子が4分の1、配偶者が4分の1、父母と配偶者が相続人の場合、配偶者が6分の2、父母が6分の1、配偶者のみの場合、配偶者が2分の1、兄弟姉妹と配偶者が相続人の場合、配偶者が2分の1、兄弟姉妹の遺留分はなしなどである。

医療・介護関係事業者における個人情報の適切な取扱いのためのガイドライン　平成16年に厚生労働省が策定したもので、個人情報保護法の趣旨を踏まえ医療・介護関係事業者による個人情報の適正な取扱いが確保されるよう、遵守すべき事項及び遵守することが望ましい事項を示したガイドライン。ガイドラインの対象事業者は、①病院、診療所、助産所、薬局、訪問看護ステーション等の患者に対し直接医療を提供する事業者、②介護保険法に規定する居宅サービス事業、介護予防サービス事業、地域密着型サービス事業、地域密着型介護予防サービス事業、居宅介護支援事業、介護予防支援事業及び介護保険施設を経営する事業、老人福祉法に規定する老人居宅生活支援事業及び老人福祉施設を経営する事業その他高齢者福祉サービス事業を行う者である。

医療介護総合確保方針　⇨地域における医療及び介護を総合的に確保するための基本的な方針

医療関係者 医療従事者に同じ。広く医療に従事する人々の総称。医師、歯科医師、薬剤師、保健師、助産師、看護師、診療放射線技師、臨床検査技師、衛生検査技師、歯科衛生士、歯科技工士、理学療法士、作業療法士、視能訓練士、臨床工学技士、義肢装具士、救急救命士、言語聴覚士などをいう。コメディカルスタッフ、パラメディカルスタッフという場合は、医師、歯科医師以外のスタッフをいう。　→コメディカルスタッフ

医療計画 都道府県が地域の実情に応じて定める医療提供体制の確保を図るための計画。厚生労働大臣が定める基本方針に即して定められ、6年（居宅等における医療の確保の達成状況等については3年）ごとに評価・検討を行った上で必要に応じて変更される。計画に記載さ

いりょうけ

れる事項は、①地域住民の医療需要に対応していくための医療圏の設定及び基準病床数、②医療提供施設相互間の機能分担及び業務連携、③へき地・小児救急・災害・周産期医療等の確保に必要な事業及び事業達成のための目標、④生活習慣病等の治療又は予防に係る事業及び事業達成のための目標、⑤居宅等における医療の確保の目標及び医療連携体制に関する事項、⑥医療従事者の確保など、多岐にわたっている。病床などの量的整備の充実に寄与するほか、地域住民・患者の尊重に重点を置き、急性期から回復期、在宅療養に至るまで、適切な医療サービスが提供されることを目指している（医療30条の4）。 →医療圏

医療圏 医療計画において設定される地域住民の医療需要に適切に対応するための区域をいい、一次・二次・三次医療圏に分けられる。一次医療圏は医院、診療所などで通常の病気の診療・相談を行う最も身近な区域をいい、「かかりつけ医」がその役割を担う。二次医療圏は入院医療が可能な一般病院が配置される区域、三次医療圏はその区域で特殊な医療を受けるための区域をいう（医療30条の4）。 →医療計画、プライマリケア

医療従事者 ⇨医療関係者

衣料障害 衣料品の着用により生ずる、かゆみ、チクチク、水疱等の皮膚障害を衣料障害という。衣料障害には皮膚刺激、接触アレルギー、化学やけどなどがある。皮膚刺激では、合成繊維などが皮膚へ継続的に刺激を与えた場合や、酸・アルカリその他の化学物質による一次刺激で発疹する場合がある。接触アレルギーは、衣料品の加工処理剤の中で、特に防しわの目的で行われる樹脂加工の遊離ホルムアルデヒドによるものが多く報告され、現在は使用を規制されている。化学やけどは、ドライクリーニングの残留溶剤によるものである。子どもや高齢者では、直接皮膚に接触する新品のものは水洗いしてから着用すること、またドライクリーニングされたものは、袋から出して揮発成分を揮発させてから収納することが推奨されている。

医療制度改革大綱 平成17年12月に政府・与党医療改革協議会が示した医療制度改革の方針。①安心・信頼の医療の確保と予防の重視、②医療費適正化の総合的な推進、③超高齢社会を展望した新たな医療保険制度体系の実現、④診療報酬等の見直しの4つの改革が盛り込まれている。この方針を具体化する医療制度改革関連法（健康保険法等の一部を改正する法律、良質な医療を提供する体制の確立を図るための医療法等の一部を改正する法律）が平成18年6月に成立した。

医療専門職 健康の保持増進という共通の目標をもったさまざまな職種の専門家のこと。医師、歯科医師、薬剤師、看護師、保健師、助産師、診療放射線技師、臨床検査技師、理学療法士（PT）、作業療法士（OT）、視能訓練士（ORT）、言語聴覚士（ST）等が医療専門職にあたる。

医療ソーシャルワーカー〔medical social worker；MSW〕 保健・医療機関等に従事するソーシャルワーカーをいう。疾病や心身障害等によって生じる患者や家族の諸問題、具体的には経済、職業、家庭生活等の問題を調整・解決するために社会保障、社会福祉サービス等の社会資源を紹介・活用して、患者・家族が安心して療養生活を送り、その先の生活設計が立てられるように援助するのが役割である。

医療的ケア 医療的ケアとされている、喀痰吸引及び経管栄養は、原則として医行為であると整理されている。これまでは、医療の資格に関する法律によって、免許をもたない者が医行為を行うことは禁止されていた。しかし、高齢化などの社会的背景から医行為が必要な多くの人々を支援するなかで、介護福祉士や介護職員等が喀痰吸引や経管栄養を行う必要性が生じ、このことに対する問題が顕在化し、その制度化が検討されて、社会福祉士及び介護福祉士法の改正に至った。法改正後も、喀痰吸引や経管栄養は医行為と整理されているが、介護福祉士等は法令で定められた行為についてのみ、一定の教育や環境条件のもとに業として行えることになった。 →喀痰吸引、経管栄養法

医療廃棄物 医療処置に伴い発生する廃棄物のこと。具体的には、医療行為の際に使用した後の注射器や針、ガーゼや脱脂綿、チューブ類などがある。医療廃棄物の処理については、原則として市町村のルールに従う。

医療福祉 病院や保健所といった保健・医療機関において、保健・医療制度に取り入れられた社会福祉援助の方法と技術を活用し、医療効果を最大限に有効なものにするために行われる福祉実践の総体。保健・医療機関や施設あるいは在宅で派生する患者の社会的、経済的、精神的、家庭的なさまざまな生活障害や困難を、その原因を探究し、それを除去・改善・緩和して、患者の主体性を重んじ、その療養生活を支えることによって医療の効果を高めることを目的としている。

医療扶助 生活保護法による保護の一種。困窮のため最低限度の生活を維持することのできない者に対して行われる医療給付をいう。扶助の範囲は、①診察、②薬剤又は治療材料、③医学的処置、手術及びその他の治療並びに施術、④居宅における療養上の管理及びその療養に伴う世話その他の看護、⑤病院又は診療所への入院及びその療養に伴う世話その他の看護、⑥移送である。給付内容に医療保険との差異はほとんどないが、受給に当たっては、福祉事務所で手続をとった後、指定医療機関で医療を受けることとなっている。医療扶助は、原則として現物給付である（生保15条・34条）。また、医療扶助の適正化を図るため、平成25年の生活保護法の改正により、指定医療機関の指定（取消）要件の明確化や指定の更新制の導入が行われるとともに、後発医薬品の使用促進について法律上明確化された。　→生活保護の種類、生活保護法

医 療 法〔昭和23年法律205号〕　我が国の医療供給体制の基本となる法律。医療を受ける者の利益保護と良質で適切な医療を効率的に提供する体制の確保を図ることにより、国民の健康の保持に寄与することを目的としている。医療に関する選択の支援、医療の安全確保、病院、診療所及び助産所の開設等、医療を提供する体制の確保、医療法人の設立など、について必要な事項を定めている。　→病院、診療所、助産所

医療法人 医療法に基づき、病院、医師・歯科医師が常時勤務する診療所、介護老人保健施設を開設しようとする社団又は財団で、都道府県知事の認可を受けて設立される法人。公益性は要求されないものの、その営利性は否定されており、剰余金の配当は禁止されている（医療39条〜69条）。

医療保険 社会保険の種類の一つ。業務外の事由による疾病、傷病等を保険事故として、医療サービスの提供を主に行う。我が国の医療保険制度は大きく、被用者保険と自営業者を対象とする国民健康保険とに分けられる。さらに被用者保険は職域により健康保険、船員保険、各種共済に分類される。我が国の医療保障制度の中核である。平成20年4月からは、従前の老人保健制度の趣旨を継承し、75歳以上の者を対象とする後期高齢者医療制度が導入された。

医療保険者 医療保険制度の運営主体をいい、健康保険では全国健康保険協会、健康保険組合等、国民健康保険では市町村又は国民健康保険組合である。介護保険法第6条では医療保険者の責務として、介護保険事業が健全かつ円滑に運営されるよう医療保険者の協力が義務づけられている。医療保険者は、介護保険の第2号被保険者から介護保険料を医療保険料と一体的に徴収し、社会保険診療報酬支払基金に介護給付費・地域支援事業支援納付金として納付する（介護7条7項・150条〜159条）。

医療保護入院 精神保健福祉法に基づく入院形態の一つ。精神保健指定医による診察の結果、精神障害者であり、かつ医療及び保護のための入院が必要である者であって、当該精神障害のために任意入院が行われる状態にないと判定された者、移送されてきた者について、家族等（配偶者、親権者、扶養義務者、後見人または保佐人）のうちいずれかの者の同意により行われる入院のこと。なお、該当者がいない場合

等は、市町村長が同意の判断を行う（精保福33条）。

医療保障 医療に関する社会保障のこと。我が国の医療保障制度は、①一般公共保健サービス、②医療保険、③後期高齢者医療、④医療扶助、⑤公衆衛生関係法・社会福祉関係法等による公費負担医療、等がある。　→公費負担医療

衣料用防虫剤 毛織物等をイガ、コイガ、ヒメマルカツオブシムシ、ヒメカツオブシムシ等の幼虫による食害から守るために使用する。防虫剤には昇華性の樟脳、パラジクロルベンゼン、ナフタリン、揮散性の合成ピレスロイド系（エムペントリン）がある。昇華性防虫剤は常温で昇華し、ガスの毒性により害虫を殺害する。2種以上の防虫剤を混合使用すると、溶融してしみをつくる。揮散性防虫剤は殺虫剤として開発されたが、無臭のため、急速に普及している。衣服の食害は汚れが付着していると栄養源として好条件になるため、保存前には汚れを除去しておくことが大切である。

イレウス　⇨腸閉塞

イレオストミー（回腸人工肛門） 回腸の末端部分を腹壁に固定して便を体外に排泄するようにした人工の排泄口（ストーマ）のこと。身体障害者福祉法の適用を受け、程度により4級以上の障害等級となる。

胃ろう経管栄養 経管栄養法のうち、腹部から胃にろう孔（チューブの挿入部）をつくり、チューブを留置して栄養剤を注入する方法のこと。嚥下障害や変形拘縮が強く、胃食道逆流現象があり、誤嚥性肺炎が繰り返し起こる場合に用いられる。　→経管栄養法

インシュリン（インスリン）〔insulin〕 膵臓のランゲルハンス島のβ細胞から分泌され、血糖値を降下させるホルモン。反対に血糖値を上昇させるホルモンとして、α細胞から分泌されるグルカゴンがある。　→糖尿病

陰性症状 J.H.ジャクソンの説による用語。中枢神経系の高次機能が失われることによって生じる症状で、正常機能の減少ないし欠如をいう。統合失調症では、意欲の欠如、感情鈍麻などを指す。　→陽性症状

インターネット通販 パソコンによるオンラインショッピングなど、インターネットを利用して商品やサービスを購入するという通信販売の一種。自宅に居ながらにして買い物ができるので便利だが、国民生活センターの「相談事例・判例」によれば、トラブルも多くなっている。

インターベンション〔intervention〕　⇨介入

インテーク〔intake〕　⇨受理

インテグレーション〔integration〕 社会福祉の対象者の支援に当たり、対象者が他の人と差別なく地域社会と密着した中で生活できるように援助すること。また、地域の中でハンディキャップをもった者が日常生活に支障を来さないように、地域住民、関連機関・団体が中心になって問題解決に当たること、という二つの意味をもつ。現在の社会福祉推進の上での基本的な理念といえる。ただし、本人の状態、環境、援助体制等に対する十分な配慮が必要であることはいうまでもない。

咽　頭 鼻腔・口腔と喉頭の後ろにある約13cm長の筋膜性の腔。咽頭は、多くの個々の器官を含んでいて、咽頭鼻部（項）、咽頭口部（中央で口腔の背部）、咽頭喉頭部（瘤）の三つに区分される。鼻腔と連絡している咽頭鼻部は呼吸時に空気の通路となる。咽頭口部と咽頭喉頭部は食物と空気の両方の通路である。咽頭はまた、喉頭にある声帯からの発声を響鳴させる器官（構音器官）としても機能している。

院内感染 病院内で新たな感染症に罹患し、その感染源が院内に存在する場合を院内感染と呼ぶ。このような感染が介護施設で起こった場合を施設内感染という。感染経路はさまざまであるが、感染症に罹患している患者からその処置に当たった医療従事者などを介して別の患者に感染する場合が多く、医療従事者の手洗いの励行、感染患者の使用寝具・食器類の処理などが重要であり、多くの医療施設で院内感染予防委員会などを通して職員教育を行っている。メチシリン耐性黄色ブドウ球菌（MRSA）や結核

菌による院内感染が代表的なものである。　→MRSA

インフォーマル・ケア〔informal care〕　近隣や地域社会、ボランティア等が行う非公式的な援助のことをいう。公的機関が行う制度に基づいた社会福祉サービスをフォーマル・ケアと呼ぶが、その対語として使われる。インフォーマル・ケアでは利用者の置かれた環境、状況に応じた柔軟な取り組みが可能である点が特徴といえる。専門職は利用者に対し、フォーマル・ケアとインフォーマル・ケアの両方からの支援を検討することが重要である。　→NPO、ボランティア

インフォームド・コンセント〔informed consent ; IC〕　患者が病気について十分な説明を受け、了解した上で、医師とともに治療法などを決定していくことをいう。「説明に基づく同意」とか「知らされた上での同意」などと訳されている。

インフォームド・チョイス〔informed choice〕　「説明に基づく選択」を意味する。医師による説明を受けた上で、患者自身による選択を行うこと。介護分野においても、介護サービス決定時など、利用者の自己決定を尊重する上で、重要な概念である。なお、インフォームド・コンセントよりも患者の選択を重視した概念といえる。

インフォメーション・サービス　情報提供による福祉サービス。生活に関わるさまざまなサービス・システムと福祉利用者を結び合わせる役割を果たす。福祉利用者にある程度の自立性があれば、情報提供によって行動選択の幅を広げ、自由に新しい活動を選んで生活の充実に役立てることができる。

陰部潰瘍　大陰唇、小陰唇等の外陰部に生じた皮膚若しくは粘膜組織表面が欠損した病変のこと。外傷、熱傷等の局所的損傷によるもの、外陰癌等の局所的疾患による症状として、又はベーチェット病、性病等の全身疾患の一部症状として起こることがある。

インフルエンザ〔influenza〕　流行性感冒。インフルエンザウイルスによる急性伝染性疾患。高熱、衰弱を伴い、鼻・咽頭炎、頭痛、筋肉痛、関節痛等のほか、下痢や嘔吐等の消化器症状が認められることもある。乳児や高齢者では肺炎などを併発する場合があるので、感染後も手指や口腔の清潔を心がける。　→インフルエンザ・ウイルス

インフルエンザ・ウイルス〔influenza virus〕　ウイルス（ビールス）とは、現在最小の生物とされる病原体のこと。インフルエンザ・ウイルスには、A型、B型、C型の3種があり、インフルエンザの大流行を招くのはA型である。　→インフルエンザ

インペアメント〔impairment〕　⇨機能障害

う

WISC　⇨**WAIS**（ウイスク／ウェイス）

WPPSI（ウイプシ）　ウェクスラー式知能検査のうち、3歳10か月～7歳1か月の低年齢児を対象とするもの。言語性、動作性の検査問題により構成される個別検査である。

ウイルス〔virus〕　ビールス、バイラスともいう。ラテン語で毒を意味し、疾患の原因となる。細菌よりも小さく、20～300ナノ・メートルの粒子で、それ自身で物質代謝やエネルギー代謝ができず、他の生物に寄生してそのタンパク質合成系を利用する。中心は核酸とタンパクからなり、これをカプシドというタンパクが囲み、さらに脂質で覆われたものと、そのままのものがある。病原性のウイルスの付着した手はウイルスが細胞内に入ってしまう前にできるだけ早く石けんでよく洗う。口腔や眼の粘膜についても、うがいや流水による洗浄を行う。

ウイルス性肝炎　ウイルス感染が原因で起こる肝炎。起因ウイルスによって、A型肝炎（流行性肝炎）、B型肝炎、C型肝炎、D型肝炎、E型肝炎に分類できる。A型とE型は経口感染し、

B型、C型、D型は血液を介して感染する。→肝炎、A型肝炎、B型肝炎、C型肝炎

ＷＡＩＳ〔Wechsler Adult Intelligence Scale〕 D.ウェクスラーにより考案された成人向け知能検査法。言語性検査と動作性検査からなり、それぞれのIQが算出できるようになっており、臨床的・診断的に利用できる。16歳以上の成人に適用され、約60分の実施時間を必要とする。日本版も作成され、現在はWAIS－Ⅲが使用されている。なお、児童用としてはWISC（Wechsler Intelligence Scale for Children）が考案されている。　　→知能検査

ウェクスラー・ベルビュー知能検査 ⇨ WAIS

ウエルシュ菌　人や動物の腸管、土壌、水中など自然界に広く分布する嫌気性菌で、熱に強い芽胞を作るため、高温でも死滅しない。食品では、食肉（牛、豚、鶏肉など）の汚染が高く、これらを使用した煮物料理（カレー等）を食べる日の前日に大量に加熱調理し、大きな器のまま室温で放冷しておくと、翌日、大量に増殖したウエルシュ菌が食中毒を引き起こすケースが多い。潜伏時間は約6～18時間で、主な症状は腹痛や下痢である。

ウェルナー症候群〔Werner syndrome〕 ⇨ 早老症

ウェルニッケ失語 ⇨感覚性失語

ウェルビーイング〔well-being〕　ウェルビーイングは、1946年に世界保健機関（World Health Organization；WHO）の草案の中に初めて登場したとされる。「健康とは身体的・精神的及び社会的に良好な状態（well-being）であって、単に病気でないとか、虚弱でないということではない」。このウェルビーイングを「安寧」、「良好な状態」、「福祉」などと訳して用いられるようになってきた。ウェルビーイングは、「個人の尊重」、「自己実現」という意味で用いるようになっており、近年ではウェルフェア（welfare）よりも「個人の尊重」を重視しているという見方もある。

ウォーカーケイン　つえの一種で、歩行器型つえとも呼ぶ。歩行器並みのフレームを持ち、多点つえよりも安定性に優れたもの。しかし、重量が重く支持面も大きいため、狭い家屋では使いにくい。　　→多点つえ

ウォームアップ〔warm up〕　運動などを始めるときに、事故を未然に防止したり体調を悪くすることのないように、あるいは運動の成績がより良いものとなるように、軽く身体を動かして調子を整えておくこと。高齢者の場合は、ゆっくりとしたテンポで体操を行うことなどが効果的である。

ヴォルフェンスベルガー，Ｗ．〔Wolfensberger, Wolf　1934～2011〕　カナダ、アメリカで知的障害者福祉分野の研究者、行政官として活躍した。ドイツ生まれ。1950年にアメリカに移住。ノーマライゼーションの理念をアメリカに導入したのち、「社会的役割の実践」〔ソーシャルロールバロリゼーション（Social Role Valorization）〕という概念を用い、障害のある人たちの人間としての固有の価値の大切さを主張した。また、サービスシステムにおいてこの概念の質を測定するプログラム分析「PASSING」を開発したことでも有名である。

うがい　咽頭や口腔内を洗浄したり、消毒したりする目的で、水や薬液を口内に含み、よくすすぎ、吐き出すことをいう。

うっ血性心不全　局所の静脈や毛細血管内に静脈血が増加している状態をうっ血という。心不全により、肺循環系にうっ血を生じたものを左心不全、体循環系にうっ血を生じたものを右心不全という。左心不全の症状には呼吸困難、起座呼吸、心臓喘息発作、乏尿等が、右心不全の症状には浮腫、腹水等がみられる。　　→心不全

うつ病　抑うつ状態を主症状とする情動性の精神障害である。気分障害（躁うつ病）の疾患概念に含め、躁病と対比されてきた。ＤＳＭ－5では双極性障害と明確に区別し、抑うつ障害に含めている。内因性うつ病、反応性うつ病に区別される。病前性格はテレンバッハのメランコリー好発型、下田光造の執着気質が挙げら

れている。症状には、抑うつ気分、思考の抑制、意欲の低下、不眠、微少妄想等がある。

うま味 甘味、酸味、鹹味（塩辛い味）、苦味などと同様、五つの基本的な味の一つである。うま味成分としては、こんぶのグルタミン酸やかつお節のイノシン酸、しいたけのグアニン酸などが有名である。うま味の相乗効果の応用例として、日本料理のだし（グルタミン酸を多く含む昆布とイノシン酸が多いかつお節）がある。

うま味成分 食品に含まれるうま味成分としては、遊離アミノ酸類（グルタミン酸など）とヌクレオチド類（5'-イノシン酸、5'-グアニル酸など）がよく知られているが、これらのほかに有機酸類、ペプチド類、有機塩基類、糖類、無機塩基類なども関与することが明らかになっており、うま味の強さだけでなく、これらのバランスがおいしさを形成すると考えられる。アミノ酸とヌクレオチドが共存すると、うま味を強く感じる相乗効果を呈する。かつお節とこんぶの混合だしは、かつお節に含まれる5'-イノシン酸とこんぶ中のグルタミン酸による効果を利用したものである。

羽毛布団 羽毛を中綿にしたふとんのこと。羽毛は水鳥の羽で、ダウン（胸に生えている極細の産毛）とフェザー（羽根）とを混合して用いている。いずれも極めて細い繊維からできていて、ふとんに求められる性能のうち、吸湿性はやや劣るが、保温性、透湿性、フィット性、圧縮回復性は優れている。軽さは、ふとん綿の中で最も軽い。高価であるが、高齢者用の掛け布団には最適である。

うらごし 液体や固体をこし、材料を均一化したり、分離したりすること。裏ごし器には、枠に張った網の種類により金ごし、毛ごし、絹ごしなどがある。最近では、離乳食や介護食に多く活用されている。

ウレタンフォーム〔urethane foam〕 ポリウレタンを主成分とし、これを泡立て硬くさせたスポンジ状になっているものをいう。硬さも硬めのものから軟らかいものと自由に得られるため、いす張りの中身に使ったり、クッション材として使われる。クッション材としては、寝心地を良くするために体圧分布を考慮した低反発マットレスや枕などに使用されている。また、空気を多く含んでいるため、建物の周壁などの断熱材としても使用されている。

ウロストミー ⇨人工膀胱

上乗せサービス 介護保険制度では、居宅サービスの利用に対する保険給付にはサービス区分ごとの支給限度額が設けられ、サービスの組み合わせにもよるが、各サービスの利用回数には上限がある。上乗せサービスは介護保険の対象となっているサービスについて、利用回数の上乗せ分として行われるサービスを指す。全国的に決められる区分支給限度基準額を条例で上乗せし、居宅サービス全体としての利用量を増やすことや、サービス種類を限定して一定回数以上の利用を可能にするなどの方策が考えられる。　→横出しサービス

運営適正化委員会 都道府県の区域内において、福祉サービス利用援助事業の適正な運営を確保するとともに、福祉サービスに関する利用者等からの苦情を適切に解決するため、都道府県社会福祉協議会に置かれる機関。人格が高潔であって、社会福祉に関する識見を有し、かつ、社会福祉、法律又は医療に関して学識経験を有する者で構成される（社福83条）。　→福祉サービス利用援助事業

運動許容量 運動は、それを行う人の身体の能力に合わせて実践されれば、精神的解放感や充実感を得られるほか、体力面の低下を防止したり強化したりすることが可能となる。しかし、逆にその人の能力を超えて行われた場合には、心身の健康を損なうことになる。このように運動の許容される範囲を「運動許容量」と称している。その要素として「運動の強さ」「運動の頻度」「運動の継続時間」の三要素が挙げられる。

運動工学 リハビリテーション工学の一つ。運動計測法、運動分析法、運動シミュレーション技術、運動機能の客観的評価法等がその内容である。

運動失調症 個々の筋の運動には障害がないが、脊髄、小脳、大脳などの失調により、筋肉群の協調運動が障害され、複雑な動作を円滑に遂行することができない状態。

運動処方 人間が健康を維持増進していこうとするときに、「身体運動」が極めて重要な役割を果たすことはいうまでもない。しかし、その条件としてその人の運動能力に適合したプログラムを実施しなければ、健康の維持増進には貢献していかない。そこで、運動を行おうとする人の医学的検査を事前に実施してデータを収集分析し、その人が安全にしかも効果的に運動できるプログラムを算定・処方することが大事である。このことを「運動処方」と称している。

運動性失語 大脳皮質の特定部位の障害により生じ、言語理解はできるが、自発的に話すことが困難な言語障害。言語表現は断片的で非流暢である。ブローカ失語とも呼ぶ。　↔感覚性失語

運動麻痺 神経細胞が集まっている脳の運動中枢からその指令を実行する筋線維に至るまでの間に障害があり、筋肉の随意運動が困難又はできなくなった状態。脳血管障害、脳の外傷、脳性麻痺、脊髄の障害、末梢神経損傷においてみられる。障害の現れ方により、完全に脱力してしまう完全麻痺、部分的な不完全麻痺に分けられ、またその性状により痙性麻痺、弛緩性麻痺、障害部位によって単麻痺、片麻痺、対麻痺、四肢麻痺などと呼ばれる。　→肢体不自由

運動療法 理学療法の一分野で、身体に障害のある者に対し、主としてその基本的動作能力の回復を図るため、治療体操その他の運動を科学的に用いる治療法をいう。運動療法は、①筋力増強、筋耐久力増大を図ること、②短縮した筋、腱、関節包を伸長し関節可動域の改善を図ること、③筋群相互の機能平衡の改善を図ること、④活動に不必要な筋を抑制すること、⑤正しい肢位を保持するために筋・神経機能の改善と再訓練を行うこと、などを目的として実施される。

え

エアマット〔air mat〕 ビニール製のチューブが多数おさめられたマットレスに空気が注入され、時間によりチューブが交互に膨らんだりしぼんだりして、身体の同一部位が圧迫されないようにした体位変換が困難な人に用いる褥瘡(じょくそう)予防マット。マットレス部と空気を出し入れするポンプ機械部とに分かれている。マットレス部の材質が熱に弱い場合があり、あんか等の使用に注意を要する。また通気性や吸湿性が悪い。マットレス表面から空気が噴出して通気をよくしたものもある。

ＡＥＤ ⇨自動体外式除細動器

ＡＡＣＤ〔Aging-Associated Cognitive Decline〕 加齢に伴い認知機能が自然に低下してくる老化現象で、認知症でない状態を指す。しかし、認知症ではないが記憶など全般的な認知機能の低下が確認でき、AACDの約30％が認知症に移行するとみられる。　→軽度認知機能障害

ＡＬＳ ⇨筋萎縮性側索硬化症

Ａ型肝炎 流行性肝炎ともいう。糞便中に排泄されたA型肝炎ウイルスの感染による肝炎。汚染した飲料水、食べ物等による経口感染で、潜伏期2〜6週間の後、黄疸、発熱、嘔気等を生じるが、多くは2〜6か月で治癒する。症状が非常に軽い場合もあるが、高齢者では劇症肝炎の原因ともなり得る。　→ウイルス性肝炎、B型肝炎、C型肝炎

エイコサペンタエン酸（ＥＰＡ） 脂肪酸の一種でn‐3系の多価不飽和脂肪酸。主として魚脂に含まれ、さば、さんま、いわしなど青魚に多い。VLDLコレステロール合成抑制作用及びVLDLコレステロール低下作用があり、動脈硬化を予防する働きが認められている。不飽和結合が多く不安定な脂肪酸であるため過酸化を

受けやすい。

A／G比 血清たんぱく質中のアルブミン（A）量に対するグロブリン（G）量の比率。

エイジズム 年齢を理由に個人や集団を不利に扱ったり、差別したりすること。特に高齢者に対して向けられる場合が多い。「高齢者は記憶があやふやである」「高齢者の大多数は裕福である」といった単純化された理解は、高齢者を高齢者であるという理由だけで類型化した否定的、あるいは肯定的な固定観念であり、それに基づいて不当に否定的、あるいは優遇された扱いは差別とみなされる。

エイズ〔acquired immunodeficiency syndrome；AIDS〕 後天性免疫不全症候群。ヒト免疫不全ウイルス（HIV）感染によって免疫機能が低下する疾患。感染後、無症候性の状態を数か月から数年経過したのち、発熱、下痢、リンパ節腫脹などの症状の発現と寛解を繰り返し、免疫不全状態が進み日和見感染やカポジ肉腫（悪性腫瘍の一種）あるいは、HIV脳症等を起こし、高い致死率を示す。主な感染経路は、性的接触、血液、母子感染の三つである。 →ヒト免疫不全ウイルス

衛生教育 広義には、健康教育を意味することが多いが、狭義には、衛生状態等の教育を指す。衛生教育は、すべての国民がその必要性、重要性を認識しなければならない。保健・生活指導、栄養指導・食品衛生の監視指導等の活動を通じ国民の啓蒙を行っている。なお、医師、保健師、栄養士、食品衛生監視員等がこの中心を担っている。

HIV ⇒ヒト免疫不全ウイルス、エイズ

HOT〔home oxygen therapy〕 ⇒在宅酸素療法

HDS-R ⇒長谷川式認知症スケール（改訂版）

AT ⇒聴能訓練士

ADA ⇒障害をもつアメリカ人法

ADHD〔Attention-Deficit Hyperactivity Disorder〕 注意力の障害と多動・衝動性を特徴とする行動の障害をいい、注意欠陥・多動性障害と訳される。①注意力の障害（注意が持続できない、気が散りやすい、必要なものをよくなくす等）、②多動性（じっと座っていられない、常にそわそわ動いている等）、③衝動性（順番を待つことが苦手、人の会話に割り込む等）を特徴とし、知的な遅れはほとんどみられない。DSM-Ⅳまでは行動障害に分類されていたが、DSM-5では、神経発達障害に分類された。

ADL〔activity of daily living〕 人間が毎日の生活を送るための基本的動作群のことであり、具体的には、①身の回り動作（食事、更衣、整容、排泄、入浴の各動作）、②移動動作、③その他の生活関連動作（家事動作、交通機関の利用等）、がある。通常、ADLという場合は①及び②を指す。ADLの自立はリハビリテーション医学の治療目標の一つとして重要視されている。③はIADLやAPDLといわれる。 →IADL、APDL、TDL

ADL訓練 障害により遂行できなくなった日常の生活に必要な基本動作を再び可能にするための訓練。訓練方法には、残存能力を十分に活用して障害された機能を代償・補完しながら行う動作訓練のほかに、残存機能で代償しきれない場合に自助具を使って練習する方法もある。

ADLテスト 障害者が日常の生活に必要な基本的動作をどの程度行いうるかを評価するために作成された検査。一定の形式は定まっていないが、食事、更衣、起居、移動（歩行）、入浴、排泄、整容、手先の動作（書字、スイッチの扱い等）等にわたって評価し、ADL訓練のための指針とする。

APDL〔activities parallel to daily living〕 日常生活関連動作、生活関連活動などと訳される。食事、排泄、整容といった日常生活の基本的動作をADLと呼ぶのに対し、APDLは、調理、掃除、洗濯などの家事動作や買い物、交通機関の利用など、ADLよりも広い生活圏での活動を指す。 →ADL

栄養 生物が体外から物質を取り入れて処理し、生命の維持、成長、発育及び生活活動

に利用することをいう。　→栄養素

栄養改善法　⇨健康増進法

栄養機能食品　高齢化や食生活の乱れなどにより、通常の食生活を行うことが難しく1日に必要な栄養成分が摂れない場合に、その補給・補完のために利用するための食品。特定保健用食品とは異なり個別に消費者庁長官の審査・許可を受ける必要はない。したがって、特定保健用食品などに付されるようなマークについてもその規定はない。

栄養ケアマネジメント　介護保険施設において、高齢者の低栄養状態の改善のために、管理栄養士が利用者ごとに栄養状態の把握などの栄養アセスメントを行い、医師や介護支援専門員などと共同で栄養ケア計画を作成し、その計画に基づき食事の提供や栄養管理などを行うこと。介護報酬において、栄養マネジメント加算として評価される。

栄養剤（経管栄養）　経管栄養で使用される栄養剤の種類は、食品タイプと医薬品タイプに分けられる。食品タイプは、濃厚流動食とミキサー食がある。注入する内容は医師によって決められ、医薬品タイプでは、医師の処方が必要である。経管栄養で使用される栄養剤は、利用者の消化器の状態や嚥下の状態により、下痢や便秘に注意しながら、からだに合ったものを選択する。

栄養サポートチーム〔Nutrition Support Team；NST〕　病院内で医師や看護師、管理栄養士、薬剤師、臨床検査技師などさまざまな職種がそれぞれの専門知識を持ち寄って行われる、栄養管理のための専門チームのこと。入院早期から栄養アセスメントにより栄養状態を把握して、栄養管理が必要な患者に適切な栄養投与（経口・経腸・静脈栄養）法を検討し、栄養補給を行う。これにより栄養状態が改善し、免疫力の向上による院内感染の減少、入院日数の短縮などの成果が現れている。

栄養士　栄養士法に基づき、栄養士の名称を用いて栄養の指導に従事することを業とする者。厚生労働大臣の指定した栄養士養成施設において2年以上栄養士として必要な知識及び技能を修得し、都道府県知事の免許を受けなければならない。　→管理栄養士

栄養失調（栄養欠乏症）　栄養素の量的不足や質的不足による栄養障害をいう。症状としては、初期に空腹感を訴え、無力感、頭重、四肢の冷感、性欲減退、体重減少、貧血、消化吸収機能の低下、血清たんぱく質の減少等が挙げられる。高齢者の場合は、加齢及び嗜好的にも肉類が食べにくくなることが多く、相対的にたんぱく質の摂取量が低くなり、いわゆる低たんぱく性の栄養失調に陥ることが多い。また、特に高齢者の場合は、栄養失調のほか、脱水にも注意が必要である。　→脱水

栄養所要量　⇨日本人の食事摂取基準

栄養摂取量　摂取した食品の種類と量を求め、それを基としてその人が摂取した栄養素等の量を示したものをいう。一般に各栄養素等含有量は「食品成分表」を用いて算出されるが、その人が摂取した食品と同一のものではないことから、より正確に求めるためには摂取した食物を直接分析しなくてはならない。

栄養素　成長や生命の維持、健康の増進など正常な生理機能を営むために必要な栄養成分をいう。五大栄養素として、たんぱく質、炭水化物（糖質、食物繊維）、脂質、ミネラル（無機質）、ビタミンがあるが、水分も各栄養素がその使命を果たすために大変重要な役割をしている。

栄養表示　消費者の健康づくりに資するような食品選択を支援することを目的として定められた食品の栄養成分等の表示基準に基づき行われる表示。エネルギーやビタミン等の栄養成分について何らかの表示を行う場合は主要栄養成分に関する標準的な表示が行われるとともに、低・減・無、強化等の強調表示を行う場合は国が定める一定の基準値を満たす食品について表示が行われる。

栄養表示基準　販売に供する食品の国民の栄養摂取の状況からみて重要な栄養成分又は熱量に関する情報を容器包装への表示によって提供

することにより、健康の保持・増進を図り、食品の選択に資するために導入された制度。

腋窩検温（えきか）　体温計を通常約10分間わきの下に挟んで体温を測定する方法。測定時の注意点としては、①腋窩の汗を拭き取る。②食事、入浴、運動直後の測定は避ける。③腋窩部に炎症や疼痛等のある場合は反対側で測定する。片麻痺のある場合は健側の腋窩で測る（麻痺側の腋窩温は健側のそれより低い）。④測定時には体温計の先端を腋窩前下方から後上方に向かって挿入する。

腋窩支持クラッチ　通常、松葉づえと呼ばれているつえのこと。腋当てがあり、腋を締めることでつえを安定させ、体重はつえの握りに置いた手掌で支える。免荷と安定にすぐれていて、骨折後の下肢の免荷などによく用いられる。

エクリン腺　⇨汗腺

エ　ゴ〔ego〕　⇨自我

エコマップ〔eco-map, ecological-map〕　社会福祉援助において、利用者と家族やさまざまな社会資源との関係を、地図のようにシステム的、図式的に描き出すこと。この作成によって、利用者を取り巻く人間関係や社会関係が明確に把握できるという利点がある。また、エコマップの作成に当たっては、援助者とともに利用者が参加することによって、効果を上げることができる。　→エコロジカル・アプローチ

エコロジカル・アプローチ〔ecological approach〕　エコロジーとは生態学のことで、人間と環境（自然環境、社会環境等）の関係のシステムを研究する学問である。社会福祉実践においては、対象者を環境と切り放した個人としてではなく、家族、近隣、職場、地域といった集団の一員として、環境との相互作用関係でとらえ、援助を行おうとするアプローチである。→生活モデル

壊　死（え）　生体の一部の組織・細胞が死滅すること。血流の途絶によって起こる虚血性壊死としては、終動脈の閉塞による脳梗塞等や、長期臥床や寝たきり高齢者で問題となる褥瘡（じょくそう）がある。また第三度の熱傷や凍傷も壊死である。

エ　ス〔es〕　⇨イド
Ｓ Ｓ Ｔ　⇨生活技能訓練
Ｓ Ｃ Ｔ　⇨文章完成テスト
Ｓ　 Ｔ　⇨言語聴覚士

エスニシティ〔ethnicity〕　共通の出自・慣習・言語・地域・宗教などによって特定の集団に帰属している状態。ただし、この集団は客観的な指標のみでは定義できず、主観的な帰属意識が重要な意味をもつ。

Ｘ線検査　1895年にW.C.レントゲンにより発見されたX線を用い、人体の内部構造を撮影する検査の総称で疾病診断に重要な役割を果たしている。特別の装置、器具を用いない胸部、腹部の単純撮影法、生体の任意の部位を撮影する断層撮影法、造影剤を用いた消化管、腎・尿路、血管の造影撮影法等、種々の撮影法がある。レントゲン線検査ともいう。

Ｎ Ｓ Ｔ　⇨栄養サポートチーム

Ｎ Ｇ Ｏ〔non-governmental organization〕　非政府組織。本来は政府機関でない民間組織を指す用語であり概念的にはNPOと重なるが、我が国でいう場合は、国際連合との関連で非政府国際組織を指すことが多い。非政府間国際組織としては、国際社会福祉協議会、国際赤十字連盟、国際社会保障協会、国際リハビリテーション協会、国際ソーシャル・ワーカー連盟等がある。　→NPO

Ｎ Ｐ Ｏ〔non-profit organization〕　広義には民間非営利組織といわれるもので、社会福祉協議会、ボランティア団体、福祉公社、協同組合等営利を目的としない団体を指す。法的には、特定非営利活動促進法により、特定非営利活動を行う団体に法人格が付与され、その活動の推進が図られている。特定非営利活動促進法により設立された法人を特定非営利活動法人（NPO法人）という。　→NGO、特定非営利活動促進法

ＮＰＯ法　⇨特定非営利活動促進法

エネルギー代謝　生物が活動を営むためのエネルギーを引き出す過程を指す。生体の物質代謝をエネルギーの面よりみたもので、生体にお

けるエネルギーの出入り及び形態、分布の変化をいう。成人の場合、エネルギー代謝量は基礎代謝、活動代謝、食物摂取による特異動的作用に分けて考えられる。基礎代謝は体温の維持、呼吸・循環機能、中枢神経機能など生命維持に必要な覚醒安静時の最小エネルギー代謝量である。

エネルギー代謝率〔Relative Metabolic Rate; RMR〕 筋肉労働の強さを表す指数で、ある仕事をしたとき、それに必要なエネルギー量が基礎代謝量の何倍かを示したもの。次式で求められる。

$$RMR = \frac{作業時消費熱量 - 安静時消費熱量}{基礎代謝量} = \frac{純労働代謝量}{基礎代謝量}$$

安静時消費熱量とは静かにいすに腰かけた状態の消費熱量である。主な動作のRMRは読書0.3、食事0.4、炊事1.1、洗濯1.5、買い物1.6、掃除2.2。睡眠中の消費エネルギー量は基礎代謝量の約10%減である。　→基礎代謝量

エバリュエーション〔evaluation〕 事後評価。福祉的援助の終了時又は一段落したときに、今までの援助過程について、目標への達成度、援助内容・方法の適切さ、将来の予測及び今後の改善策を当事者とともに検討することをいう。援助計画（ケアプランや個別援助計画）の修正の必要性も検討する。　↔アセスメント

エピソード記憶 昨日は何をしたか、今朝は何を食べたかのような生活での経験や出来事に関する記憶。出来事の細かい内容や登場人物の名前等は思い出せないが大筋何をしたのかは覚えている場合でも、エピソード記憶は保持されているという。

エピネフリン ⇨アドレナリン

MRI〔magnetic resonance imaging〕磁気共鳴断層撮影のことで、生体に障害の少ない磁場の中で核磁気共鳴現象を利用し、生体内の原子核の状態を映像化し、任意の断面を表示するものである。画像診断法の一つとして最近よく利用されている。

MRSA〔methicillin resistant staphylococcus aureus〕 メチシリン耐性黄色ブドウ球菌。細菌感染に対して抗菌剤が用いられるようになって久しいが、抗菌剤に対して抵抗力を持つ耐性菌が出現し、それに対する抗菌剤が次々と開発され高度の耐性力を持つ菌も現れている。メチシリンはペニシリン耐性黄色ブドウ球菌用のペニシリン剤として開発されたが、このメチシリンに対しても耐性を持つ黄色ブドウ球菌が出現、増加している。MRSAの感染力自体は弱く、健康体では発症せず、保菌者となる。病弱者が感染すると、これまでの抗菌剤が無効なため重篤になりやすい。病院などの施設では、感染経路を断つ感染予防対策が一層重要視されてきている。在宅で療養中の高齢者など抵抗力の低下している人々が感染しやすいため、介護者はもちろん、要介護者もうがいと石けんによる手洗いを励行するほか、衣服は、清潔でよく乾燥したものを着用する。さらに、菌の増殖しやすい湿気のある場所はこまめに清掃し、消毒することが必要である。

MSW ⇨医療ソーシャルワーカー

MMSE〔Mini-Mental State Examination〕諸外国で広く使用されている認知症の簡易検査法。施行時間は約10分で短く、判定は満点が30点で、23点以下は認知症が疑われる。教育歴と年齢（高齢）に注意をすることが指摘されている。　→HDS-R

MCI ⇨軽度認知機能障害

MDS〔minimum data set〕 アメリカのナーシングホームで使用されているケアプラン作成のためのアセスメント方式の一つ。在宅版としてMDS-HC（Home Care）がある。

エリクソン，E.H.〔Erikson, Erik Homburger 1902～1994〕 自我心理学的精神分析の代表的理論家。同一性又は自我同一性理論を提唱した。これは単なる精神分析理論にとどまらず、精神医学、心理学、社会科学などの分野にも影響を与え同一性という用語が一般用語となった。また主な著書に『幼年期と社会』があるが、この書の中で八つの年代の発達図式を提唱した。『自我同一性の問題』の論文では彼の同一性理論が組織づけられ、アイデンティティ拡

散症候群を記載し、青年期後期の精神発達の病理の解明に貢献した。また、青年期の自我同一性の危機の中で、法律用語の執行猶予という意味のモラトリアムを精神分析用語として最初に用いた。

エリザベス救貧法 イギリス絶対王政期、エリザベスⅠ世の統治のもとで1601年に集大成された貧民の救済等を目的とした立法をいう。法制定の社会的背景としては、修道院の解散、土地囲い込み運動や凶作による貧民の増大があった。その実態は、労働能力のある貧民への就労の強制と労働能力のない貧民に対する扶助、児童に対する徒弟としての就労の強制等の方策により、貧民を抑圧的に管理することにより社会秩序の維持を目指すものであった。　→新救貧法

ＬＤ　⇨学習障害

エルボークラッチ 体重を支持する構成として、握り部以外に、前腕支持部がある歩行補助具で、プラットホームクラッチやロフストランドクラッチなどがある。　→プラットホームクラッチ、ロフストランドクラッチ

嚥下 食物が口腔から咽喉部へ送られ、食道を下って胃の噴門に至ることをいう。食物が咽頭粘膜に触れると、反射的に飲み込む運動が起こるが、このとき食物が気管に入らないように口蓋帆が上がり、鼻腔への通路をふさぐとともに、喉頭の壁が気管の通路を保護するために持ち上げられる。続いて食道に蠕動が起こって食物は胃に送られる。

園芸療法 近年、高齢者施設や病院、あるいはデイサービス等での実践が広がっている高齢者のためのこころのケア技法。アニマル・セラピー同様、植物という生き物の成長に関わることにより、精神的な癒しの効果が期待できる手法である。

嚥下困難者用食品 特別用途食品の分類の一つで、嚥下を容易にし、かつ、誤嚥及び窒息を防ぐことを目的とする食品のこと。従来、「高齢者用食品」として「そしゃく困難者用食品」「そしゃく・嚥下困難者用食品」が分類されていたが、平成21年4月の特別用途食品制度の改正において「嚥下困難者用食品」として見直された。この見直しは、①そしゃく機能に関しては食品の硬さが基準であり、製造業者で対応できること、②嚥下困難者用食品を利用するのは高齢者だけに限らず、さまざまな疾患による障害のある人が利用する等の理由から行われた。表示を行う場合は、「硬さ」「付着性」「凝集性」の三つが新たな認可基準として定められた。　→特別用途食品

嚥下障害 飲食物がうまく飲み込めない、むせる、飲み込んだものが食道でつかえるといった障害をいう。口腔から胃までの消化管の異常のみならず、食道周囲の諸臓器の食道圧迫、神経疾患でも生じうるので原因の鑑別が必要である。認知症高齢者や寝たきり高齢者、特に脳卒中等により運動障害や失行をもつ人に多く、また舌がんや食道潰瘍などによっても起こる。嚥下障害時には誤飲による嚥下性肺炎に注意する。

嚥下性肺炎 嚥下機能が障害されている時に、胃・口腔の分泌物や食物などの異物を肺内に誤飲や誤嚥することにより生じる肺炎。脳血管障害や意識障害がある高齢者や障害者に食物や飲料を与える場合に生じやすい。急激な経過をたどり重症例では死亡する。

エンゲルの法則 ドイツの統計学者エンゲル（C.E.Engel.）は、その著書『ベルギー労働者家族の生活費』（1895年）の中で、19世紀後半のベルギーの労働者家族の家計調査から、「収入の低い家計ほど、支出総額に占める食費の割合が高くなる」という法則を導き出した。この法則のことを「エンゲルの法則」といい、食料費を消費支出で割った割合を「エンゲル係数」という。一般的には、このエンゲル係数は生活水準をみる場合の一つの指標となる。例えば、総務省の「家計調査」（全国・総世帯）のエンゲル係数は、終戦直後の1947年には63.0％であったが、その後は、生活水準の向上とともに低下（1962年は39％、1979年は29.2％）し、2013年では23.6％となっている。ただし、所得が極

端に低い場合は、固定的な支出に圧迫されて、収入が低いのにもかかわらず食料費の割合が低くなる「エンゲルの法則の逆転現象」が生じることもある。なお、高齢者無職世帯のエンゲル係数は、2013年では25.0%となっている。

遠　視　無調節状態の眼に平行光線が入ったとき、網膜に結像せず、網膜の後方に像を結ぶ屈折状態をいう。凸レンズで矯正をする。

炎　症　ある種の刺激（外傷、酸、アルカリ、細菌等）に対する生体組織の呈する一種の防衛的反応であり、臨床的には急性期に発熱、発赤、腫脹、疼痛（炎症の4主徴）が認められ、その部分の機能障害を伴うこともある。炎症は時間的経過により急性、亜急性、慢性に分けられる。

延　髄　脳の最下部、脊髄のすぐ上にあたる部分。生命の維持に不可欠な心臓中枢、呼吸中枢、血管運動中枢、嚥下中枢等があるほか、脳神経（舌下神経、副神経、舌咽神経、迷走神経）が出ている。

エンゼルケア　死後、故人の尊厳を大切に、希望・習慣・宗教などを踏まえながら、身体を清潔にしたり、外見を整えたり、化粧（エンゼルメイク）や更衣（着物は左前合わせに、ひもは縦結びにする）などを行ったりすること。基本的に死後硬直（死後2～3時間）が始まる前に行う。

エンゼルメイク　死化粧ともいう。エンゼルケアにあたり、最期の顔を大切なものと考えた上で、女性の場合は薄化粧を、男性の場合はひげを剃り、その人らしい容貌・装いに整えるケアのこと。

塩　蔵　食品を食塩を用いて貯蔵する方法をいう。塩蔵には、「立て塩法」や「振り塩法」があり、食品中の水分を脱水させて微生物の発育を抑制する。立て塩法は食塩の浸透が均一で油脂の酸化が遅い。振り塩法は食品が直接空気に触れるため油焼けを起こしやすいが、長期保存が可能である。漬物、梅干し、魚の塩漬け、いかの塩辛等がある。

エンテロトキシン〔enterotoxin〕　ブドウ球菌やコレラ菌やウエルシュ菌などが産生する腸管毒をいう。エンテロトキシンは熱抵抗性が強く、食品中においては100℃、30分間の加熱でも完全に失活できない。これを含んだ食品を摂取すると食中毒を起こす。特異的症状として嘔吐反応がある。

円　背　正常な胸椎は軽く後方に出るカーブを描くが、これが強いものを円背（ねこ背）という。その多くは骨粗鬆症の進行に伴うことを原因とする。骨粗鬆症でもろくなった背骨は、転倒などによる圧迫骨折や変形を起こしやすい。そのため変形や後湾が強くなり円背となる。高齢女性に多い。背筋が弱くなることや、長期間の不良姿勢も円背を強くする。円背では、既製服が体型的に不適合になるため、着心地が悪くなり、快適な衣服生活も難しくなる。変形を戻すことは不可能であるが、変形の進行を防ぐためには、カルシウム摂取や運動がある。

エンパワメント〔empowerment〕　1960年代のアメリカでの公民権運動や公的扶助受給者による福祉権運動、また1970年代に入っての障害者の自立生活運動を通して、当事者自らの問題提起や社会変革への力に注目し、「無力な状態にさらされてきた人たちの潜在的可能性・能力・人間としての尊厳を引き出し、取り戻すこと」、さらに「弱い力」が束になり、一つの「強い力」になるという考え方。さらに、エンパワメントという視点での援助は、利用者の可能性や生きる力を引き出すだけでなく、それを通じて援助者自身もエンパワメントされると考えられるようになっている。

延命医療　致命的な疾患をもつ患者に対して、その生存期間を少しでも延長させようと努力する医療をいう。最近では、無為な延命をさせる行為をいう場合が多い。

お

おいしさの要因 食品の要因としては、①化学的要因（主に味と香りに関係している化学成分の刺激。味の感覚は、食品中の甘・酸・苦・塩味とうま味などの化学成分が、舌の感覚器官に達することで引き起こされる）と、②物理的要因（食物のテクスチャー、形、色などの外観、温度、咀嚼するときの音）がある。食べる人の側の要因としては、①生理的要因（年齢、性別、栄養状態、病気などの身体的状態のほか、一時的な身体状況である空腹感の強さや、のどの渇きなど）と、②心理的要因（食べる人の心理状態がおいしさに関係する）、③環境・文化による要因（生育した地域の食習慣、受けた教育、宗教、情報などによる影響）がある。

ＯＲＴ ⇨視能訓練士

Ｏ157 ⇨腸管出血性大腸菌

応益負担 応能負担の対語。福祉サービス等を利用する場合、費用徴収という形で本人負担が行われるが、所得に関係なくその利用から得られる便益の対価として、利用料等を負担する場合、応益負担という。例えば、介護保険の本人の1割負担は、応益負担といえる。　↔応能負担

横隔膜 胸腔と腹腔を境する筋板で、上面は胸膜、下面は腹膜に被われている。上下させて胸腔の容積を変えることにより、内外肋間筋とともに呼吸活動をつかさどる。　→呼吸運動

応急手当 けが人や急病人が発生した場合に、医師による本格的な治療を受けるまでの間に、その場に居合わせた人が行う一時的な手当のこと。その目的は、救命、悪化防止、苦痛の軽減である。特に、反応がない、呼吸停止、気道異物などの生命に関わる症状を認めた場合には、救命を目的とした応急手当が必要である。

応急入院 精神保健福祉法に基づく入院形態の一つ。精神保健指定医の診察の結果、直ちに入院させなければならないとされたが、本人及び家族等の同意が得られない場合に、応急入院指定病院へ72時間に限り行われる入院のこと。特定医師の場合は12時間を限りに行われる（精保福33条の7）。

黄色ブドウ球菌 ⇨ブドウ球菌

黄体ホルモン 排卵後の卵胞は卵巣で黄体に変化し、黄体ホルモンを分泌する。子宮内膜を妊娠可能なまでに肥厚・充血させ、卵胞ホルモンとともに月経周期をつかさどる。体温上昇作用がある。　→卵胞ホルモン

黄　疸 血液中のビリルビン（胆汁色素）が増加し、皮膚や粘膜、排泄物が黄色になることをいう。黄疸は、赤血球が多量に壊れた場合、肝臓に炎症がある場合や胆道系の閉塞によって引き起こされる。

Ｏ　Ｔ ⇨作業療法、作業療法士

嘔　吐 胃の内容物が逆流して、食道・口腔を経て外に排出されること。幽門の閉鎖と胃壁の収縮とにより起こる一種の反射運動である。

応能負担 応益負担の対語。福祉サービス等を利用する場合、費用徴収という形で本人負担が行われるが、応能負担はその所得（経済的能力）に応じて負担額を決定するという考え方である。通常、本人の所得とその扶養義務者の前年度の所得税額等により決定される。　↔応益負担

黄斑部変性症 広義には遺伝性黄斑部変性症（黄斑ジストロフィー）と近年急増している加齢性黄斑部変性症をいう。黄斑は眼球の網膜の中心部で、最も視覚に関わる部分である。その黄斑の病変の程度により種々の視力低下、色覚異常、中心暗点（視野の中央が暗くみえる）、羞明（まぶしく感じる）を訴える。

Ｏ　Ｊ　Ｔ〔On the Job Training〕　仕事を通して、職場の上司や先輩が部下や後輩に対して行う指導育成活動のこと。仕事に必要な知識・技能・態度の育成を目的とするものであり、職場研修の基本的な形態といえる。　↔ Off-JT

オーダーメイド ⇨注文服

オーバーベッドテーブル〔over bed table〕ベッド上で座位をとって、食事をしたり、読書をしたりするときに使用するテーブルのこと。簡単に取り外しができる。

オーブン 食品を周囲からの放射熱と食品から出る水蒸気によって蒸し焼きにする調理機器をいう。熱源としてはガス又は電気で、コンロにのせて使う上置式と熱源が組み込んであるものがある。またファンによって熱風を循環させ加熱速度を速くし、均一な焼き上がりになるコンベクションオーブンもある。

オールド・オールド ⇨後期高齢者

置き換え 適応機制の一つ。自分の要求を本来の目標に向けず、他の目標に向け換えること。会社の上司に対する不満などを、上司にぶつけるのでなく、その直属の部下にぶつけるようなケースが挙げられる。

オストメイト 人工肛門・人工膀胱保有者のこと。

おたふくかぜ ⇨流行性耳下腺炎

音環境 音には、空気伝達音及び固体伝達音がある。人が耳で感じる音の大きさ（dB：デシベル）で表現され、音源からの距離や風向き、遮蔽物の状況によって変わる。音の感じ方には、個人差があるため、不快に感じる音（騒音）は、遮音（外部の騒音を防ぎ、内部の騒音を外部に漏らさないこと）の工夫をする。集合住宅などでは不特定多数の住人が生活音などを出すため、トラブルが発生しやすい。音に関するルールやマナーの確認が重要である。また、加齢に伴い高い音ほど聞き取りにくくなり、音の聞こえる範囲（可聴域）が狭くなることが多い。電話や玄関チャイム、非常用のブザーの音などが聞こえにくくなると日常生活に支障を来すので、吸音性のある床材の利用やカーテンなどのインテリアファブリックを利用して、明瞭度の高い聞き取りやすい環境づくりが望まれる。聴覚言語障害がある場合は、音情報を得にくいので、音を光や振動に変えるなど視覚的情報提供が必要である。

落としぶた 鍋の口径よりも小さいふたで材料の上に直接のせて使用する場合をいう。落としぶたには通常木ぶたが用いられるが、和紙やパラフィン紙なども用いられる。落としぶたをすると、煮崩れを防ぎ、調味料の浸透もよくなる。

Ｏｆｆ－ＪＴ〔Off the Job Training〕 一定期間、職務を離れて行う指導育成活動のこと。職場内で実施する場合と、職場外の研修会への派遣などにより実施する場合とがある。集合研修の形態で行われることが多く、知識や技能を体系的に習得するのに効果的である。 ↔OJT

オプタコン ⇨盲人用読書器

オプチスコープ ⇨拡大読書器

オペラント条件づけ レスポンデント条件づけが古典的条件づけと呼ばれるのに対応して、オペラント条件づけは、道具的条件づけともいわれる。前者が環境からの刺激に受動的に反応する条件づけであるのに対し、生活体が環境に自発的・能動的に働きかける反応の条件づけであるところから能動的条件づけとみなすこともできる。ネズミがレバーを押すとエサが出てくることを発見し、レバーを押すようになるのは、正の強化子によるオペラント条件づけである。→レスポンデント条件づけ

おむつカバー おむつ、またはパッドを身体に固定するものであり、汚れと漏れを防ぐための防水性と、蒸れを防ぐ通気性が求められる。多くの場合、前上部から前股部にかけて、マジックテープあるいはスナップボタンによる前開き式のデザインになっている。

オリエンテーション〔orientation〕 ものごとの進路・方向を定めること。また、それが定まるよう指導すること。具体的には、会議、行事などのはじめに司会者が参加者に諮って進行方針を決め、参加者全員が共通の認識をもつようにしむけることである。

織物組織 縦糸と横糸が一定の方式に従い、上下に交錯し合ってつくられた布が織物である。織物の組織を図示したものを組織図とい

い、方眼紙を利用する。縦糸と横糸が上下入り交じっている点が組織点で方眼の1マスに対応する。縦糸が横糸の上にある組織点を黒くぬり、縦糸が横糸の下にある組織点を白く残す。繰り返しの基本単位を完全組織という。織物の基本となる組織には平織、斜文織（綾織）、朱子織があり、これを三原組織という。

オレンジプラン ⇨認知症施策推進5か年計画

おろし器 果物や野菜などをおろす用具をいう。材質としては、銅やステンレス、アルミニウム、プラスチック、木、陶器などがある。用途により目の大小を使い分ける。

温あん法 乾熱によるものと湿熱によるものがある。温熱の刺激で身体を温めることは、血液の循環をよくし、痛みを和らげ、運動を楽にする効果がある。湯たんぽ、電気あんか、電気毛布、かいろ、温湿布等があり、多くは保温の目的で用いられる。　↔冷あん法　→温湿布

音楽療法 音楽を媒体とする心理療法・こころのケア技法のこと。単に心地よい音楽を聴くことによりリラックス効果を目指すものから、楽器の演奏や合唱等集団療法として実施されるものまで、その理論や技法にはさまざまなものがある。

恩　　給 恩給法に基づき、公務員等を対象に、社会保険方式ではなく税金によって行われる退職・障害・遺族給付等をいう。国家公務員は昭和34年10月、地方公務員は昭和37年12月から共済組合に移行したため、恩給の適用は、これら共済組合制度以前に退職・死亡した公務員及びその遺族、旧軍人軍属及びその遺族に限られている。

温湿布 局所を皮膚から温め、循環を促進することによって痛みを緩和する療法。高温の湯に浸した布（薬剤も用いられる）を皮膚表面に当て、上から油紙や綿で防水・断熱する。　↔冷湿布

音声器官 言語音声を出す働きに直接関係する器官で、横隔膜、肺、気管、気管支、喉頭、咽頭、口腔、鼻腔とそれに付属する諸器官よりなる。このうち声帯より上の器官を構音器官という。

音声障害 音声を構成する四つの要素（声の高さ、声の強さ、音質、声の持続）のいずれかに障害が生じること。音源の障害であって発語に必要な運動経路や器官の障害である構音障害とは異なる。器質的障害と機能的障害に分けられ、器質的なものには喉頭の炎症・腫瘍・麻痺等があり、機能的なものは喉頭に器質的変化がないにもかかわらず音声に異常のある場合をいい心理的原因が考えられる。　→構音障害

温熱環境 人は、身体の中でエネルギー（熱）を生産し、それを放出して体温調節をし、周囲の自然環境や室内温度に対して暑い、寒いといった判断をしている。人の体温調節には、温度、湿度、気流、輻射熱（周囲の表面温度）の4要因が関連している。特に室内環境は、四季や時刻、建物の建て方や周囲の自然環境にも影響を受けるため、冷暖房と適切な換気によって快適にする必要がある。要介護者に適した室内環境は、一般に温度は22±2℃、湿度は50〜60%、気流は0.5m/sec以下で、冬は18〜22℃、夏は22〜25℃程度、外気温との差が5〜7℃以内が望ましい。また、清拭等を行っているときは24±2℃の温度が必要である。室内温度の変化に気付きにくい高齢者などが、夏の猛暑によって熱中症になる場合が増加しているので注意が必要である。

温熱療法 温熱を利用して局所又は全身の治療を行う方法の総称。伝導熱（ホットパック、パラフィン）、伝導・対流熱（水、蒸気）、輻射熱（赤外線）、高周波によるもの（ジアテルミー、超音波、極超短波）、機械的振動によるもの（超音波）等各種のものがある。疼痛や知覚過敏、血行の改善、筋や組織の軟化をねらいとして用いられる。

オンブズパーソン 「護民官」を意味するスウェーデン語。不正、不当な行政執行や施設処遇に対する監視・観察、又は苦情処理等を行う組織や任意団体のこと。

か

臥　位　体位の基本形の一つで、基底面を広くした静止位のこと。立位、座位に比べ最も安定した姿勢である。臥位には仰臥位（仰向けに寝た状態）、側臥位（横を向いて寝た状態で、右を下にして横になるのを右側臥位、左を下にして横になるのを左側臥位）、腹臥位（うつ伏せになって寝た状態で顔は横を向ける）等がある。

外　因　外部から、対象となるもの（物体、生命体）に影響を与える因子。病原体、環境因子、外力等がある。　↔内因

外因型喘息　外因性喘息又はアトピー型喘息ともいう。気管支喘息の原因が、異物に対するアレルギー反応によるもので、ある種の粒子、蒸気、ガス等の吸引や、飲食物、薬物を摂取した場合に発作が起きるものをいう。原因が証明できないものは、内因性過程のアレルギーによるものと考えられ、内因型喘息という。　→内因型喘息、気管支喘息

外因性精神障害　遺伝、素質などの内因や、心理的、環境的、社会的なものの精神影響によるもの（心因性）ではなく、その精神病が頭部外傷、中枢神経の感染症、脳血管障害、脳腫瘍など脳の器質性変化によるもの（脳器質性精神病）、脳以外の身体疾患が原因で生じるもの（症状精神病）、薬物などの中毒によるもの（中毒性精神病）を総称していう。　→内因性精神障害、心因性精神障害

介　護　加齢や障害に伴って、自分らしい生活に不都合が生じた人に対し、社会で自立したその人らしい生活が継続できるように支援すること。介護の実践にあたっては、介護に関する知識や技術の基本を土台としたうえで、利用者一人ひとりの状況に応じた生活支援の応用が求められる。また、介護過程に基づいて、介護の必要性を導き出し、具体的な根拠に基づいて支援を行うことが大切である。　→介護過程

介護過程　介護は意図的・計画的に行う行為であり、介護過程は介護を提供するまでの道筋を科学的思考と問題解決思考に基づいて説明していくものである。アセスメント、計画の立案・実施・評価で構成されている。

介護技術講習（会）　介護福祉士国家試験において平成17年度から新たに導入された制度。従来の介護福祉士国家試験では、筆記試験の合格者全員に実技試験の受験が義務づけられていたが、新制度では受験申込時に実技試験を受験するか、実技試験の免除を希望して筆記試験前に介護技術講習を受講するかが選択できるようになった。一般的には4日間、計32時間で講習が行われるが、実施施設によっては日程が異なる。なお、修了認定は、総合評価の評点や受講態度などを総括的に判定して行われる。修了後に申請を行えば、修了した日以後に行われる3回の介護福祉士国家試験で実技試験が免除される。

外呼吸　肺におけるガス交換のこと。肺内の肺胞に入った外気と、肺胞周囲の毛細血管中の血液との間で行われる。外呼吸により肺毛細血管中の血液は、酸素が多い動脈血になる。　→ガス交換、内呼吸

介護休業制度　育児・介護休業法に基づく制度で、労働者が家族の介護のために休業を取得することができるというもの。負傷、疾病又は身体上若しくは精神上の障害により、2週間以上の期間にわたり常時介護を必要とする状態にある家族を介護する労働者は、事業主に申し出ることにより、対象家族1人につき、要介護状態に至るごとに1回、通算93日を限度として介護休業を取得することができる。事業主は原則として申出を拒否することも、介護休業を理由に解雇等不利益な取扱いをすることもできない（育介11条・12条・16条）。平成21年には、仕事と介護の両立支援を図るための短期休暇制度が創設された。

介護休業法　⇨育児休業、介護休業等育児又は家族介護を行う労働者の福祉に関する法律

介護給付 要介護認定を受けた被保険者に対する保険給付。①居宅サービスの利用（居宅介護サービス費・特例居宅介護サービス費）、②地域密着型サービスの利用（地域密着型介護サービス費・特例地域密着型介護サービス費）、③特定福祉用具の購入（居宅介護福祉用具購入費）、④住宅の改修（居宅介護住宅改修費）、⑤居宅介護支援の利用（居宅介護サービス計画費・特例居宅介護サービス計画費）、⑥施設サービスの利用（施設介護サービス費・特例施設介護サービス費）、⑦定率1割の自己負担の合計額が高額になった場合の払い戻し（高額介護サービス費・高額医療合算介護サービス費）、⑧低所得者に対する食費・居住費の自己負担額の軽減（特定入所者介護サービス費・特例特定入所者介護サービス費）について、保険給付が行われる。⑤、⑦、⑧以外は、サービス種類ごとに定める基準額の9割が保険給付され、残りの1割が自己負担となる（介護18条・40条〜51条の4）。なお、平成27年8月1日より、所得が一定以上である第1号被保険者については、2割が自己負担となる。　→予防給付

介護給付等費用適正化事業 地域支援事業のうち、任意事業の一つ。介護給付および予防給付にかかる費用の適正化を図る事業。具体的には、認定調査状況チェック、ケアプランの点検、住宅改修等の点検、医療情報との突合・縦覧点検、介護給付費通知が挙げられる。

介護給付費 障害者総合支援法による自立支援給付の一つ。給付対象となる障害福祉サービスは、障害に起因する、日常生活上、継続的に必要な介護支援であり、居宅介護や施設における生活介護などが該当する（障総合29条）。また介護保険法では、保険給付の対象となる各種サービスの費用のことをいい、その額は、厚生労働大臣が定める基準により算定することとされている。この基準は、事業所等が所在する地域や、サービスに要する平均的な費用の額を勘案して定められ、決定にあたってはあらかじめ社会保障審議会の意見を聴かなければならない。　→自立支援給付

介護給付費・地域支援事業支援納付金 介護給付・予防給付等の費用にあてる第2号保険料として、医療保険の各保険者が、医療保険料（医療分と介護分が合算されている）の一部として被保険者から徴収し、社会保険診療報酬支払基金に納付するもの。各保険者に割り当てられる納付金の額は、全国平均の第2号被保険者1人当たり負担額に当該保険に加入している第2号被保険者数をかけた額（介護150条〜153条）。支払基金は、納付金から、介護給付費等の第2号被保険者負担割合分を、各市町村に介護給付費交付金及び地域支援事業支援交付金として交付する（介護125条・126条）。

介護給付費等審査委員会 介護給付費請求書及び介護予防・日常生活支援総合事業費請求書の審査を行うため、国民健康保険団体連合会に設置される機関。審査委員会は、それぞれ同数の介護給付費等対象サービス担当者又は介護予防・日常生活支援総合事業担当者代表委員・市町村代表委員・公益代表委員により構成される。委員は国民健康保険団体連合会が委嘱し、任期は2年である。また、部会を置き、部会の審査をもって審査委員会の審査とすることも可能である（介護179条〜182条）。

介護記録 多数の介護者及び医療専門職等が、要介護者に関わる情報を共有し、協力して効率よく質の高い介護を行うための、定型化された記録をいう。介護の記録には、その書式の相違から「利用者台帳」「介護記録」「ケース記録」等の名称が付けられている。介護記録には、利用者の心身の状況や援助内容などを経過がわかるように記録する。　→問題志向記録

介護計画　⇨個別援助計画

介護研究 介護福祉に関わる諸現象について、実験や社会福祉調査等の方法を用いて明らかにする知的営み。介護福祉職の質の向上と有効な介護実践の科学的基盤を確立するために重要な役割を果たす。介護福祉研究ともいう。

介護サービス計画 要介護者等や家族の希望を取り入れ、サービス担当者会議での専門家の協議で作成される、利用者のニーズと生活上の

課題解決のための具体的なサービス計画。介護保険は、本人のニーズに適応したサービスを効率的、かつ計画的に提供する観点から、「介護サービス計画を作成して、サービスを受給する」ことを給付の基本としている。在宅では「居宅サービス計画」や「介護予防サービス計画」、施設では「施設サービス計画」が作成され、それに基づいてサービスが提供される。在宅では本人が自ら作成するか、居宅介護支援事業者や介護予防支援事業者に作成を依頼することができる。居宅介護支援事業者等に依頼した介護サービス計画の作成の費用は10割給付される。要介護者等の状態変化に伴って、随時サービス計画は変更される（介護46条）。 →介護予防サービス計画、ケアプラン

介護サービス情報　介護保険法では、「介護サービスの内容及び介護サービスを提供する事業者又は施設の運営状況に関する情報であって、介護サービスを利用し、又は利用しようとする要介護者等が適切かつ円滑に当該介護サービスを利用する機会を確保するために公表されることが必要なものとして厚生労働省令で定めるもの」と定義されている。具体的には、①事業者及び事業所の名称・所在地・電話番号等、サービス従事者に関する情報、事業所の運営方針、介護サービスの内容・提供実績、苦情対応窓口の状況、利用料等に関する事項、②利用者等の権利擁護等のために講じている措置、介護サービスの質の確保のために講じている措置、相談・苦情等の対応のために講じている措置、介護サービスの内容の評価・改善等のために講じている措置、適切な事業運営確保のために講じている措置、安全管理及び衛生管理のために講じている措置、情報管理・個人情報保護のために講じている措置などが公表すべき情報とされている（介護115条の35）。

介護サービス情報の公表　利用者が適切に介護サービスを選択することができるよう、すべての介護サービス事業者にサービス内容や運営状況等に関する情報の公表を義務づける制度。介護サービス情報は、職員体制、利用料金、サービス提供時間など事業者が自ら記入する「基本情報」と、調査員が事業所を訪問してサービスに関するマニュアルの有無、提供内容・時間の記録など事実かどうかを客観的に調査する「調査情報」とで構成され、都道府県が指定する情報公表センターから公表される（介護115条の35）。

介護サービス調査票　⇨認定調査票
介護支援サービス　⇨ケアマネジメント
介護支援専門員　介護保険制度で、要介護者又は要支援者からの相談に応じるとともに、要介護者等がその心身の状況等に応じ適切なサービスを利用できるよう、市町村、サービス事業者、施設などとの連絡調整等を行う者で、要介護者等が自立した日常生活を営むのに必要な援助に関する専門的知識及び技術を有するものとして介護支援専門員証の交付を受けた者をいう。都道府県知事が行う介護支援専門員実務研修受講試験に合格し、介護支援専門員実務研修の課程を修了して、都道府県知事の登録を受けることが必要である。平成17年の介護保険法の改正により、介護支援専門員証に5年の有効期間が設けられるとともに、更新時の研修の義務づけが行われたほか、名義貸しの禁止、信用失墜行為の禁止などに関する規定が置かれた（介護7条5項・69条の7・69条の8等）。 →ケアマネジャー、主任介護支援専門員

介護支援専門員資質向上事業　介護支援専門員に対する研修を、養成の段階から現任者まで体系的に実施することにより、利用者本位、自立支援、公正中立等の理念を徹底し、その専門性の向上を図ることにより適切なケアマネジメントの実現に資することを目的とする事業。実施主体は都道府県又は都道府県知事の指定した研修実施機関であり、①介護支援専門員実務研修、②介護支援専門員実務従事者基礎研修、③介護支援専門員専門研修、④介護支援専門員再研修、⑤介護支援専門員更新研修、⑥主任介護支援専門員研修がある。なお、平成28年度からは上記②実務従事者基礎研修が①実務研修に統合される（平26老発0704第2号）。

介護支援専門員実務研修　介護支援専門員実務研修受講試験に合格した者について、介護支援専門員として必要な専門的知識及び技術を修得させることを目的として行われる研修。居宅サービス計画、施設サービス計画及び介護予防サービス計画に関する専門的知識及び技術の修得のほか、要介護認定及び要支援認定に関する専門的知識及び技術等の修得もその内容に含めることと規定されている。実施主体は、都道府県又は都道府県知事の指定した研修実施機関で、合計44時間以上の講義と演習からなる（介護69条の2）。平成28年度からは、研修時間は87時間以上となる（平26老発0704第2号）。→介護支援専門員実務研修受講試験

介護支援専門員実務研修受講試験　介護支援専門員となるために必要な実務研修受講の資格を得るための試験。実施主体は都道府県又は都道府県知事の指定した法人。対象者は医師、歯科医師をはじめ、保健師、看護師、社会福祉士、介護福祉士等の保健・医療・福祉の専門業務、施設等において相談援助の業務及び介護等の業務に従事したものであって、その期間が5年以上等であるもの。試験の内容としては、介護保険制度、要介護認定及び要支援認定、居宅サービス計画・施設サービス計画・介護予防サービス計画、保健医療サービス及び福祉サービスに関しての基礎的知識及び技術について出題される（介護69条の2）。

介護事故　介護保険施設や利用者居宅内等において、事業者のサービス管理下にある利用者に対して、介護サービス提供時間内に発生した事故のこと。具体例として、転倒・転落、誤嚥、窒息、誤薬等が挙げられる。

介護実習　介護福祉士の養成教育においては、座学を通じて基礎知識を身につけ、その基礎知識を演習の場で応用的に訓練し、具体的な技術を習得する。そして、それらを実践的に体験し、学びを深める機会が介護実習である。介護実習では、実習生が的確な目標を持つことが大切である。介護実習でどのような力や技術を身につけるのかという具体的な目標を持って実習に臨む主体的な人と、資格を取るために何となく実習に行くような消極的な人との間には、実習中の行動や実習後の成果に大きな違いが生まれる。

介護従事者　高齢者や障害者などが生活する施設や居宅において、介護業務に従事する者。介護従事者は介護保険施設や訪問介護事業所、障害者支援施設等で、利用者の食事、入浴、排泄などの介護や日常生活援助などを業務としている。なお、介護の現場で働くための要件は特にないが、「ホームヘルパー」や「介護福祉士」などの資格がある。　→介護

介護職員初任者研修　訪問介護事業に従事しようとする者もしくは、在宅・施設を問わず介護の業務に従事しようとする者が、業務を遂行する上で最低限の知識・技術とそれを実践する際の考え方のプロセスを身につけ、基本的な介護業務を行うことができるようにすることを目的としている。実施主体は、都道府県又は都道府県知事の指定した者である。

介護相談員派遣等事業　介護サービスの提供の場を訪ね、サービスを利用する者等の話を聞き、相談に応じるなどの活動を行う者（介護相談員）を派遣し、利用者の疑問や不満、不安の解消を図るとともに、サービス担当者と意見交換を行うことにより、介護サービス事業所における介護サービスの質的な向上を図る事業をいう。実施主体は市町村（平18老計発0524001）。

介護付有料老人ホーム　有料老人ホーム設置運営標準指導指針において示された有料老人ホームの一類型。入浴、排せつ、食事の介護、食事の提供等のサービスが付いた高齢者向けの居住施設であり、入居後介護が必要となっても、その有料老人ホームが提供する特定施設入居者生活介護を利用しながら居室で生活を継続することが可能なものをいう（平14老発0718003）。→住宅型有料老人ホーム、健康型有料老人ホーム、特定施設入居者生活介護

介護認定審査会　介護保険制度において要介護認定・要支援認定の審査判定業務を行うために市町村が設置する機関。審査会の委員は、公

正性、専門性の確保のため、保健・医療・福祉に関する学識経験者から市町村長が任命した者で構成され、任期は2年である。実際の審査判定業務は、5名の委員によって構成される合議体において、認定調査票の「基本調査」と「特記事項」及び「主治医意見書」に基づき、要介護状態又は要支援状態に該当するか否か、該当する場合には、どの要介護状態区分又は要支援状態区分に相当するのかについて行われる。複数市町村が共同設置することや都道府県介護認定審査会に業務を委託することができる（介護14条～17条、平21老発0930第6号）。

介護認定調査員 ⇨認定調査員

介護服 介護服の定義はないが、多くは介護ショップで売られているものを指し、衣服を製作する側、販売する側で分類したものである。介護する家族や周囲の人々が個々に工夫してオーダーしたものやリフォームされたものが、既製品化されたものと考えられている。介護される人が着やすい服とは、誰が、どのような身体状況で、どのような病気の後遺症で、いつ、どのような目的でなどの条件が、デザイン性も含めて満たされて初めて確立するものと考えられている。

介護福祉士 社会福祉士及び介護福祉士法によって創設されたケアワーク専門職の国家資格。介護福祉士の登録を受け、介護福祉士の名称を用いて、専門的知識及び技術をもって、身体上又は精神上の障害があることにより日常生活を営むのに支障がある者に心身の状況に応じた介護（平成28年度からは喀痰吸引等を含む）を行い、並びにその者及びその介護者に対して介護に関する指導を行うことを業とする者をいう（福祉士2条）。資格取得のためには、介護福祉士養成施設を卒業するか介護福祉士国家試験等の合格が必要となる（平成28年度からは養成施設卒業者も国家試験合格が必要）。　→社会福祉士及び介護福祉士法、名称独占

介護福祉士国家試験 介護福祉士となるために合格しなければならない国家試験。受験資格者は、特別養護老人ホームの介護職員、ホームヘルパーなど一定の介護等の業務に3年以上従事した者、学校教育法に基づく高等学校又は中等教育学校において一定の教科目（福祉、家庭等）を修めて卒業した者である。試験は毎年1回、筆記及び実技の方法により行われ、実技試験は筆記試験に合格した者に限り受けることができる。また、受験前にあらかじめ定められた介護技術講習を受けた者については、実技試験が免除される（福祉士40条、福祉士則21条～23条）。なお、平成28年度の国家試験から、受験資格が一部変更され、実務経験者については、3年以上の実務経験に加えて、実務者研修の受講が義務付けられる。介護福祉士養成施設等の卒業者については、新たに、国家試験の受験が必要になる。　→介護技術講習（会）

介護福祉士登録証 介護福祉士国家試験合格者や介護福祉士養成施設の卒業者が、厚生労働大臣の指定登録機関である社会福祉振興・試験センターに登録の申請を行い、登録簿に登録されたときに、その証として交付されるもの。介護福祉士の名称を使用するには、社会福祉振興・試験センターに、氏名、生年月日、登録番号、登録年月日、本籍地都道府県名、合格年月の登録を受けなければならない。

介護福祉士養成施設 介護福祉士の業務遂行にとって最小限要求される科目を備え、2年ないし1年の専門教育を行う養成施設のこと（福祉士39条）。施設の指定、設置、運営に係る指針については、厚生省令、社会・援護局長通知に示されている（昭62厚令50、平20社援発0328001）。卒業した者は、登録を受け介護福祉士の資格を取得することができる。ただし、平成28年度からは養成施設卒業者も国家試験の合格が必要になる。　→社会福祉士及び介護福祉士法

介護扶助 生活保護法による保護の一種。介護保険法に規定する要介護者・要支援者・居宅要支援被保険者等である被保護者に対し、居宅介護、介護予防、介護予防・日常生活支援、福祉用具、住宅改修、施設介護など、介護保険と同等のサービスを現物給付するもの。被保護者

が介護保険の被保険者である場合は、保護の補足性の原理によって介護保険給付が優先され、自己負担分が介護扶助の支給対象となる（月々の介護保険料は生活扶助の介護保険料加算によって充填される）。介護保険の被保険者以外の者（40歳以上65歳未満の被保護者）が介護サービスを受けた場合は、その実費が介護扶助として給付される（生保15条の2・34条の2）。→生活保護の種類

介護放棄　⇨ネグレクト

介護報酬　介護保険制度において、サービス提供事業者や介護保険施設が介護サービスを提供した場合や、居宅介護支援事業者が居宅介護支援（介護サービス計画の作成等）を行った場合等にその対価として支払われる報酬。その基準額については、サービスに要する平均的な費用の額を勘案して厚生労働大臣が定める。原則として利用者はその1割を自己負担し、残りの9割については保険者から事業者に支払われる。医療保険における診療報酬に対応する語。

介護保険　主として、加齢に伴い介護を要する状態に陥ることを保険事故とする保険制度の総称。介護保険法に基づく公的介護保険と、民間運用の私的介護保険があるが、近年では、介護保険法に基づく制度を指す場合が多い。なお、介護保険法でいう介護保険とは、被保険者の要介護状態や要支援状態に関して必要な保険給付を行うことである。その際、保険給付は要介護状態や要支援状態の軽減又は悪化の防止のために、医療との連携に配慮し、被保険者の選択に基づき、適切なサービスが総合的かつ効率的に提供され、その内容及び水準は、可能な限り、その居宅で自立した日常生活を営むことができるように配慮されなければならないとされている（介護2条）。

介護保険事業計画　介護保険事業に係る保険給付の円滑な実施を図るために、国の基本指針に即して、市町村及び都道府県が定める計画をいう。「市町村介護保険事業計画」、「都道府県介護保険事業支援計画」があり、計画は3年を一期として定める（介護117条・118条）。→介護保険事業に係る保険給付の円滑な実施を確保するための基本的な指針、都道府県介護保険事業支援計画、市町村介護保険事業計画、老人福祉計画

介護保険事業計画基本指針　⇨介護保険事業に係る保険給付の円滑な実施を確保するための基本的な指針

介護保険事業に係る保険給付の円滑な実施を確保するための基本的な指針　地域における医療及び介護の総合的な確保の促進に関する法律に規定する総合確保方針に即して、厚生労働大臣が定める。具体的には、①介護給付等対象サービスを提供する体制の確保及び地域支援事業の実施に関する基本的事項、②介護保険事業計画の作成に関する事項、③その他介護保険事業に係る保険給付の円滑な実施を確保するために必要な事項が定められている（介護116条〜118条）。　→介護保険事業計画

介護保険施設　介護保険法による施設サービスを行う施設で、指定介護老人福祉施設と介護老人保健施設がある。介護保険施設はいずれも施設サービス計画を作成してサービスの提供を行い、指定介護老人福祉施設は日常生活上の世話や健康管理を、介護老人保健施設は医学的管理の下における介護や日常生活上の世話を主な目的としている（介護8条24項・26項・27項）。なお、介護保険施設として規定されていた介護療養型医療施設については、平成23年の同法の改正によって規定が削除されたが、平成30年3月までの間は、従来どおり運営することができるとされている。

介護保険条例　介護保険法によって、市町村条例で定めることとされている事項について、市町村が制定する条例。主な事項としては、①介護認定審査会の委員の定数、②居宅介護（介護予防）サービス費区分支給限度基準額等の上乗せ、③居宅介護（介護予防）サービス費種類支給限度基準額、④市町村特別給付、⑤保健福祉事業、⑥第1号被保険者に対する保険料率の算定等賦課徴収に関する事項、⑦普通徴収に係る保険料の納期、⑧保険料の徴収猶予及び減免、

⑨罰則、等がある。厚生労働省では各市町村における条例作成の参考となる条例案を示している。なお、地方分権改革により、サービスの人員、設備及び運営に関する基準の一部を市町村が制定する条例に委任することとなった。

介護保険審査会 介護保険における保険給付に関する処分（被保険者証の交付の請求に関する処分、要介護認定又は要支援認定に関する処分を含む）又は保険料等の徴収金に関する処分への不服申立てについて審査する機関。各都道府県に設置され、都道府県知事の任命により、①被保険者代表委員3人、②市町村代表委員3人、③公益代表委員3人の委員で構成される。審査請求事件の取り扱いは、審査会の中に設置される合議体において行われるが、要介護認定又は要支援認定に関する処分に対する審査請求事件は、公益代表委員のみによって構成される合議体が取り扱う。審査請求の期間は、処分があったことを知った日の翌日から起算して60日以内（行政不服審査法の施行に伴う関係法律の整備等に関する法律（平成26年法律第69号）の改正により、行政不服審査法（平成26年法律第68号）の施行の日から3月以内）であり、文書又は口頭で行うこととされている（介護183条～185条・189条・192条）。

「介護保険制度の見直しに関する意見」 平成27年度から始まる第6期介護保険事業計画に向けて、当面必要となる法改正事項を中心に、社会保障審議会介護保険部会が平成25年12月にとりまとめた意見書。①医療、介護、予防、住まい、生活支援サービスが切れ目なく、有機的かつ一体的に提供される「地域包括ケアシステム」の構築、②介護保険制度の持続可能性の確保を基本的考えとし、地域ケア会議の推進、地域支援事業の見直し、地域支援事業の見直しに併せた予防給付の見直し、一定以上所得者の利用者負担の見直し等が挙げられている。

介護保険特別会計 市町村及び特別区が介護保険事業の収支を経理するために設けなければならない会計。保険事業勘定と介護サービス事業勘定に区分される（介護3条2項）。

介護保険法〔平成9年法律123号〕　加齢に伴って生ずる疾病等により要介護状態となった者等が尊厳を保持し、その有する能力に応じ自立した日常生活を営むことができるよう、国民の共同連帯の理念に基づき、必要な保健医療サービス及び福祉サービスに係る給付を行うことを目的とする法律。利用者の選択により、保健・医療・福祉にわたる介護サービスを総合的に利用できる仕組みとなっている。平成17年の改正により、①予防給付の給付内容の見直し、②食費、居住費に係る保険給付の見直し、③新たなサービス類型の創設、④サービスの質の確保と向上、⑤負担の在り方、制度運営の見直し等の措置が講じられた。また、平成23年の改正では、①地域包括ケアの推進、②認知症対策の推進、③24時間対応の定期巡回・随時対応型サービスや複合型サービスの創設、④指定地域密着型サービス事業者の公募指定、⑤事業者に対する労働法規遵守の徹底、⑥介護サービス情報公表制度の見直し、⑦介護予防・日常生活支援総合事業の創設、⑧介護保険事業（支援）計画の見直し等の改正が行われた。平成26年の改正では、①総合確保方針に即した介護保険事業計画等の作成、②地域支援事業の充実、③予防給付の見直し、④特養の機能重点化、⑤低所得者の保険料軽減の強化、⑥介護保険事業計画の見直し、⑦サービス付き高齢者向け住宅への住所地特例の適用、⑧一定以上の所得のある第1号被保険者の自己負担の引上げ、⑨補足給付の支給に資産等を勘案、⑩地域密着型通所介護の創設、⑪居宅介護支援事業所の指定権限の市町村への移譲等の改正が行われた。

介護保険法施行法〔平成9年法律124号〕　介護保険法と同日に公布された介護保険関連三法の一つで、介護保険法の施行に当たっての経過措置と老人福祉法や健康保険法等の関係法律の一部改正について定められている。具体的には、介護保険法の施行前から特別養護老人ホームに入所している者の利用者負担額を据え置く制度等について根拠規定を置いている。

介護保険料　介護保険事業に要する費用に充

てるために拠出する金額で、市町村（保険者）が被保険者から徴収する。第1号被保険者の保険料は、一定の基準により算定した額（基準額）に所得に応じた率を乗じて得た額となる。第2号被保険者の保険料は、加入している医療保険の算定方法に基づき算定した額となり、医療保険の保険料と一括して徴収される。　→第1号保険料、第2号保険料

介護マンパワー　高齢者や障害者などの介護を担う人的資源をいう。高齢者や障害者の生活する施設や居宅において、食事、入浴、排泄などの介護、生活援助サービスなどを担う人材であり、介護の専門職として「介護福祉士」という国家資格がある。我が国は高齢化の進展によって今後多くの介護マンパワーが必要となる。→介護福祉士

介護目標　介護計画に基づいて、具体的な援助を実践するための目標であり、利用者が望む状態、あるいは期待される結果を意味する。介護目標の設定にあたっては、利用者の望む生活を踏まえ、利用者本人による選択を基本とする。一般的には、長期目標と短期目標に整理される。また、介護支援専門員が作成する介護サービス計画（居宅サービス計画、施設サービス計画）の援助目標を踏まえ、両者の間で整合性が保たれることが重要である。　→長期目標、短期目標

介護予防　高齢者が要介護状態になることをできるかぎり防ぐ（発生を予防する）こと、あるいは要介護状態であっても、状態がそれ以上に悪化しないようにする（維持・改善を図る）こと。前者を事業化したものが地域支援事業であり、後者を制度化したものが予防給付である。高齢者の有する能力に応じ、自立した日常生活を営むことができるよう支援するという介護保険の基本理念を徹底するものである（介護8条の2）。

介護予防サービス　介護保険制度において、居宅要支援者に対して介護予防を目的として提供されるサービス。平成17年の介護保険法の改正により新たに設けられた。介護予防訪問入浴介護、介護予防訪問看護、介護予防訪問リハビリテーション、介護予防居宅療養管理指導、介護予防通所リハビリテーション、介護予防短期入所生活介護、介護予防短期入所療養介護、介護予防特定施設入居者生活介護、介護予防福祉用具貸与と特定介護予防福祉用具販売がある。介護予防サービスを行う事業を「介護予防サービス事業」という（介護8条の2　1項）。平成26年の介護保険法改正により、介護予防訪問介護と介護予防通所介護は、地域支援事業の介護予防・日常生活支援総合事業に移行された。

介護予防サービス計画　居宅の要支援者が介護予防サービス、特定介護予防・日常生活支援総合事業を適切に利用することができるように、指定介護予防支援事業者として指定を受けた地域包括支援センターの職員により作成される利用計画。居宅要支援者の依頼を受け、本人の心身の状況、置かれている環境、本人や家族の希望などを勘案したうえで、利用する介護予防サービス等の種類や内容、目標、その達成時期、サービス等が提供される日時、サービス等の担当者、負担する費用の額などが定められる（介護8条の2　16項）。　→介護予防支援

介護予防サービス費　居宅要支援被保険者が、指定介護予防サービス事業者から指定介護予防サービスを受けたときに要する費用について市町村から支給される予防給付。その額は、指定介護予防サービス介護給付費単位数表で算定した単位数に、1単位単価を乗じた額の9割であり、残りの1割は利用者の負担となる。利用者は1割負担を事業者に支払ってサービスを利用し、市町村が事業者に対して介護予防サービス費を支払う代理受領が行われている。なお、食事の提供に要する費用、滞在に要する費用その他の日常生活に要する費用（おむつ代、理美容代など）については、給付の対象とならない（介護53条）。

介護予防支援　居宅の要支援者が、指定介護予防サービス、指定地域密着型介護予防サービス、特定介護予防・日常生活支援総合事業及び

その他介護予防に資する保健・医療・福祉サービスなどを適切に利用することができるよう、地域包括支援センターの保健師などが介護予防サービス計画を作成し、その計画に基づくサービスの提供が確保されるよう、サービス事業者、特定介護予防・日常生活支援総合事業を行う者などとの連絡調整その他の便宜の提供を行うことをいう（介護8条の2　16項）。　→介護予防サービス計画

介護予防支援事業　地域支援事業のうち、介護予防・日常生活支援総合事業の一つ。居宅要支援被保険者等の介護予防を目的として、その心身の状況、その置かれている環境その他の状況に応じて、その選択に基づき、適切な事業が包括的かつ効率的に提供されるよう必要な援助を行う事業をいう（介護115条の45）。

介護予防通所リハビリテーション　介護保険の給付対象となる介護予防サービスの一つ。居宅要支援者に対して、介護老人保健施設、病院、診療所などに通わせ、理学療法、作業療法その他必要なリハビリテーションを行う。平成17年の介護保険法の改正に伴い、日常生活支援などの共通的サービスに加え、運動器の機能向上、栄養改善、口腔機能向上といった利用者の選択により利用できるサービスが新たに設けられ、居宅要支援者の状態の改善と生活の自立を目指す（介護8条の2　6項）。

介護予防・日常生活支援総合事業　市町村が地域支援事業として、被保険者が要介護状態等となることの予防、要介護状態等の軽減又は悪化の防止や、地域における自立した日常生活の支援のための施策を総合的かつ一体的に行う事業。具体的には、①訪問事業、②通所事業、③生活支援事業、④介護予防支援事業、⑤第1号被保険者に限る介護予防、要介護状態等の軽減又は悪化の防止のために必要な事業を行う。上記①、②又は③の事業を特定介護予防・日常生活支援総合事業という（介護115条の45　1項）。

介護療養型医療施設　療養病床又は老人性認知症疾患療養病棟を有する病院又は診療所であって、それらの病床に入院しており病状が安定期にある要介護者に対して、施設サービス計画に基づき、療養上の管理、看護、医学的管理の下における介護等の世話、機能訓練その他の必要な医療を行うことを目的とした施設をいい、提供されるサービスを「介護療養施設サービス」という。施設利用者の中でも医療重視の長期療養者への対応を行うことが基本となり、心身の状態にふさわしいケア、療養環境、医学的管理を提供することが求められる。療養病床の再編に伴い、平成24年3月までに廃止される予定であったが、平成23年の法改正によって、平成24年4月1日の時点で指定を受けている場合は、平成30年3月まで廃止期間が延長されることとなった。

介護老人福祉施設　老人福祉法に基づき設置されている特別養護老人ホーム（入所定員が30人以上であるものに限る）であって、入所している要介護者に対して、施設サービス計画に基づいて、入浴・排せつ・食事等の介護その他の日常生活上の世話、機能訓練、健康管理、療養上の世話を行うことを目的とする施設をいい、提供されるサービスを「介護福祉施設サービス」という。自宅での生活の継続が困難な要介護者への長期の生活施設としての役割をもち、医学的管理下における介護など医療的ケアを中心に置く介護療養型医療施設や介護老人保健施設との役割は異にしている。平成26年の介護保険法の改正により、新規に入所する要介護者については、厚生労働省資料によると原則として要介護3以上の者に限定することとされている（介護8条26項）。

介護老人保健施設　介護保険法に規定されている介護保険施設の一つ。病状が安定期にある要介護者に対し、施設サービス計画に基づいて、看護、医学的管理下における介護、機能訓練その他必要な医療、日常生活上の世話を行う施設として、都道府県知事の許可を受けたもの。入所者の有する能力に応じて自立した日常生活を営むことができるようにするとともに、居宅における生活への復帰を目指す。介護老人福祉施

設は、介護保険法に基づく指定を受けるのに対して、介護老人保健施設は介護保険法に基づき設置されるため指定を受ける必要はなく、名称にも「指定」はつかない。従来は老人保健法に規定されていた老人保健施設について、介護保険法に規定が移されたものであり、医療法上の病院や診療所ではないが、医療法や健康保険法上同様に取り扱われ、例えば、管理者や開設者の規定は医療法を準用することが定められている。なお、介護保険法施行時に現存した老人保健施設については、介護老人保健施設の開設許可があったものとみなされている（介護8条27項・94条～106条）。

介護労働安定センター 介護労働者の雇用管理の改善等に関する法律第4章に基づき、介護労働者の福祉の増進を図ることを目的として設立された財団法人。厚生労働大臣によって、全国に一つだけ指定される。①介護労働者の雇用及び福祉に関する情報、資料の収集・提供、②介護労働者の福祉増進を目的とした援助事業の運営、③国の給付金の支給、④調査研究、⑤相談援助、⑥介護労働者に対する教育訓練、⑦職業紹介事業者に関する情報提供、等の業務を行っている。

介護労働者の雇用管理の改善等に関する法律
〔平成4年法律63号〕 急速な高齢化の進行等に伴い、介護業務に係る労働力への需要が増大していることにかんがみ、介護労働者について、雇用管理の改善、能力の開発・向上等に関する措置を講ずることにより、介護関係業務に係る労働力の確保と介護労働者の福祉の増進を図ることを目的とする法律。厚生労働大臣が策定する介護雇用管理改善等計画をはじめ、介護労働者の雇用管理の改善、職業訓練の実施、厚生労働大臣が指定する介護労働安定センターの設置、等について規定している。

概日リズム 約24時間周期の体内活動のリズムをいう。人はおおよそ同じ時間に眠くなり、同じ時間に目が覚めるが、これは体内時計によって体温の変化やホルモンの分泌などがほぼ24時間周期で繰り返されるためである。
→サーカディアンリズム

外出介護員 ⇨ガイドヘルパー

介　助 介護の目標に基づき、利用者のニーズを満たすために、そばにいて起居・動作などを助けること。例えば、入浴の介護における個々の利用者の目標と計画に基づいて、ある利用者にはシャワーチェアの介助をし、ある人には背部を洗うことを介助する。また、歩行レベルにおける介護目標に基づく介護計画に従って、車いすに移動するまでの動作を介助するなど。　→介護

外傷神経症 外傷受傷後に起こる種々の身体的愁訴、意欲低下、集中力低下、記憶力低下、刺激的気分などを示す状態をいう。原因として、外傷体験や自覚症状に対する心理的反応や賠償などの目的反応が考えられる。　→心的外傷後ストレス障害

介助犬 肢体不自由により日常生活に著しい支障がある身体障害者のために、物の拾い上げや運搬、着脱衣の補助、体位の変更、起立及び歩行の際の支持、扉の開閉、スイッチの操作、緊急の場合における救助の要請その他の肢体不自由を補う補助を行う犬。特に、厚生労働大臣が指定した法人から認定を受けている犬をいう。身体障害者補助犬法に基づき育成が図られている。盲導犬、聴導犬とともに、身体障害者補助犬と呼ばれる。

介助バー サイドレールの取り付け穴に差し込む、電動ベッド用の手すりのこと。ふだんはサイドレールとして使用できるが、つかみやすい位置に手すり部分を回転させることで、起き上がりや立ち上がり、移乗動作などを容易にすることができる。

改正救貧法 ⇨新救貧法

疥　癬 ダニの一種である疥癬虫（ヒゼンダニの別称）の皮膚寄生によって起きる伝染性皮膚病。淡紅色の丘疹が指間、腋の下、下腹、内股などに多発し、かゆみが強い。夜間の激しいかゆみが特徴的であり、そのため不眠になったり、搔き傷のため湿疹のようになることもある。罹患者との直接接触及び布団や下着からの

間接的な接触により伝染する。病院や施設で集団発生することがある。治療には硫黄含有軟膏、クロタミトン（オイラックス）の湿布や服薬などがある。

回想法　回想とは、過去に経験したことを思い出すこと。グループアプローチの言葉では、計画的な時間、回数の会合の中で、人生経験を高齢者に話し合わせることで彼らの記憶の回復や日常生活の関心、コミュニケーションを深めることを目的としたテクニックのこと。レミニッセンスともいう。厳密にいうと、ライフレビューと一般的階層の二つの方法がある。→リアリティ・オリエンテーション、再動機づけ、ライフレビュー

階　段　階段は、段を昇降しながら身体の向きを変える複雑な動作が連続する場所であるため、形状、階段幅、蹴上げ（階段の一段の高さ）、踏み面（足をのせる平らな面）について検討し、安全な勾配にする必要がある。建築基準法では、最低の基準寸法が定められており、住宅の場合は、階段幅および踊り場の幅は人間の身体の幅より多少余裕をみて、75cm 以上、蹴上げは 23cm 以下、踏み面は 15cm 以上と決められている。しかし、この最低基準ではかなり急な勾配になる。また、物を持って階段を上下したり、手すりをつける場合なども、危険を防止し安全性を考慮した寸法を確保する必要がある。

階段昇降機　座るためのシートや、車いすのまま乗り込むことができるプラットホームが、階段部分に取り付けられたレールに沿って昇降する機器のこと。

回腸人工肛門　⇨イレオストミー

回腸導管　膀胱を通さずに、尿を体外に排泄する尿路変向（更）術の一つ。回腸の末端の一部を切り離して遊離させ、そこに、二つの尿管を接続し、口側は閉じ、肛門側を腹壁に固定した人工の尿の排泄口（ストーマ）のこと。身体障害者福祉法の適用を受け、障害等級 4 級以上となる。　→人工膀胱

外的適応　⇨適応

解凍（法）　冷凍されていた食品を凍結前の状態に戻すことをいう。解凍の方法は食品によって異なるが、空気解凍（自然解凍）や流水解凍、電子レンジ解凍、加熱解凍などがある。なお解凍後の食品は、品質劣化が速いので温度の低い状態で調理をする。

ガイドヘルパー　主に、障害者に対し外出時の移動の介護等外出時の付き添いを専門に行うホームヘルパー。重度の視覚障害者や脳性まひ者等全身性障害者、知的障害者、精神障害者であって、社会生活上外出が不可欠なとき、余暇活動等社会参加のための外出をするときにおいて、適当な付き添いを必要とする場合に派遣される。なお、障害者総合支援法では、重度の肢体不自由者又は重度の知的障害もしくは精神障害により行動上著しい困難を有する障害者であって常時介護を要するものを対象とする重度訪問介護、視覚障害により移動に著しい困難を有する障害者等を対象とする同行援護、知的障害又は精神障害により行動上著しい困難を有する障害者等であって常時介護を要するものを対象とする行動援護、常時介護を要する障害者等であって、意思疎通を図ることに著しい支障があるもののうち、四肢の麻痺及び寝たきりの状態にあるもの並びに知的障害又は精神障害により行動上著しい困難を有するものを対象とする重度障害者等包括支援、地域生活支援事業として地域の特性や障害者の状況に応じて柔軟に実施される移動支援事業がガイドヘルプサービスとして位置付けられている。

介　入〔intervention〕　1970 年代のソーシャルワークの統合化以降、伝統的な「処遇」や「社会的治療」に代わって、積極的に出向いて行く、分け入っていく「介入」という言葉が用いられるようになった。その背景には、問題をもつ個人ではなく、利用者の生活を重視し、利用者を取り巻く環境や両者の相互関係に注目し、その問題解決や自立支援のために、第三者として関わり、地域にも働きかけるなどの積極的役割が求められるようになったことがある。

回復期リハビリテーション　急性期を過ぎ、

症状が安定したところで行われる運動機能の回復をめざしたリハビリテーション。座位バランスの獲得や歩行の自立など、在宅での実践的な生活動作の獲得を目標として実施される。

外部サービス利用型特定施設入居者生活介護 特定施設入居者生活介護におけるサービス類型の一つ。特定施設サービス計画の作成、利用者の安否の確認、利用者の生活相談などの基本サービスは特定施設の従業者が行い、特定施設サービス計画に基づく入浴、排せつ、食事等の介護などの日常生活上の世話、機能訓練や療養上の世話は外部の指定居宅サービス事業者に委託して行う。委託できるサービスは、訪問介護、訪問入浴介護、訪問看護、訪問リハビリテーション、通所介護、通所リハビリテーション、福祉用具貸与、認知症対応型通所介護である。
→特定施設入居者生活介護

開放骨折 骨折を骨折部と外界の交通の有無により分けたもので、皮膚が外傷や骨折端で損傷されて、骨折部と外界が直接交通するものをいう。骨髄炎になる等の感染の危険が高く又骨折の修復過程が妨げられ易い。　　↔閉鎖骨折

開放性損傷 創傷が体外に向って開いたものを指す。切創、刺創、割創、挫創、咬創、銃創等がある。出血並びに損傷部の感染に対する注意が必要である。　　↔非開放性損傷

界面活性剤 ある物質が液体に溶け、二つの相の界面、気ー液、液ー液、固ー液の界面に集まり、界面エネルギーを著しく低下させる現象を界面活性といい、界面活性を示す物質を界面活性剤という。活性剤分子は水になじみやすい部分（親水基）と油になじみやすい部分（親油基）をもち、湿潤、乳化、分散、発泡、可溶化、洗浄等の作用を行う。親水基のイオン性により陰イオン、陽イオン、両性及び非イオン界面活性剤に分類される。陰イオン系と非イオン系の一部が衣料用洗剤として用いられる。

潰　　瘍 皮膚、粘膜等に生ずる深部（皮膚では真皮）にまで及んだ組織の欠損。通常、炎症を伴う。欠損の浅いものはびらんという。
→胃潰瘍

解離性障害 心理的誘因で意識・人格・行動の解離が生じる病態をいう。この中には、心因性健忘、心因性とん走、多重人格が含まれる。以前はヒステリーの中に転換性障害とともに含められていた。

カウンセラー〔counselor〕　個人の問題に対して相談、助言をするカウンセリングの専門家のこと。来談者とカウンセラーの間の信頼関係を通じて問題解決への援助を行う。具体的には個人の心理、性格上の諸問題への解決が中心となる。

カウンセリング〔counseling〕　カウンセリングは、非常に幅広い概念であり、基本的には健康的な人が心理的な苦痛を感じていたり、葛藤状態にある場合に提供される心理支援としての相談援助行為のほか、進路相談や英会話教室における学習進捗状況の確認・指導等もカウンセリングという。カウンセリングを心理療法に含める考え方と区別する考え方とがあるが、前者の場合においてもカウンセリングの対象は神経症圏域までであり、会話のやりとりによって症状が改善される前向きのエネルギーを持つ者が対象となる。我が国では、受容と共感、非指示的を基本とするC.ロジャーズの来談者中心療法が広く知られているが、指示的なカウンセリング等その技法にはさまざまなものがある。
→来談者中心療法

下顎呼吸 呼吸困難時に下顎を動かして少しでも空気を吸入しようとする、補助呼吸筋を用いた呼吸。死の直前を意味する状態とされる。

化学繊維 セルロースやたんぱく質等の天然の高分子物質や化学的に合成した高分子物質を人工的に繊維の形にしたものである。天然物質を再配列し繊維の形にした再生繊維、天然分子に化学的な変化を与え繊維にした半合成繊維、人工的に合成し繊維の形にした合成繊維、金属・ガラス等を原料とした無機繊維とに分類される。人工的に作り出すため繊維はフィラメント（長繊維）になるが、用途に応じて変えることができる。

化学的消化 消化管内において消化酵素によ

って行われる消化作用をいう。　↔機械的消化

化学物質食中毒　飲食物に混入した化学物質によって起こる食中毒である。我が国の食中毒統計による食中毒の分類は、細菌によるもの、化学物質によるもの、自然毒によるものに分けられる。化学物質による食中毒は①メタノールによるもの、②その他（鉛、水銀、ヒ素、有機リン剤などの汚染物質）によるものに分けられ、①については食品衛生法が制定された頃には頻発した。記憶に残るものとして、昭和30年森永ヒ素ミルク事件、昭和43年カネミ油症事件、平成20年中国冷凍餃子事件がある。

かかりつけ医　類語として主治医があるが、かかりつけ医については明確な定義はなく、何らかの診療を継続している医師はすべて「かかりつけ医」ということができる。すべての国民に対して担当医を定めたかかりつけ医制度を持つ国もあるが、我が国ではまだ制度化されてはいない。　→主治医

蝸牛神経　内耳神経のうち、聴覚を伝える知覚神経線維の束のこと。蝸牛の骨軸の中でラセン神経節をつくり、蝸牛のラセン器に分布してそこから脳の聴覚中枢へとつながる。

顎下腺　唾液腺の一つで、左右の下顎骨の下に位置するウメの実大の腺である。粘液が混じった粘稠（ちゅう）な唾液を分泌する。　→唾液

核家族〔nuclear family〕　夫婦と未婚の子からなる家族を基本として、片親と未婚の子からなるもの、夫婦のみからなるもの、を含む。核家族という語はアメリカの文化人類学者G.P.マードックがその著書『社会構造』（1949年）で初めて用いたが、人類社会に常に普遍的に存在する基礎単位としてとらえている。我が国では、昭和30年代から急激に「核家族化」の傾向が進展し、厚生労働省の国民生活基礎調査（平成25年）によると、核家族世帯数は全世帯数の60％を占める。　↔拡大家族

かくし包丁　材料の目立たないところに包丁で切り込みを入れることをいう。忍び包丁ともいう。かくし包丁をすることによって、火の通りや味のしみこみをよくし、食べやすくする。

学習　生活体の経験に基づいて生じる比較的永続的な行動の変容のこと。行動の変容とは、新しい行動の獲得と既存の行動の消去を指す。この行動の変容によって環境の変化に適応した社会生活を営むことができる。

学習障害〔learning disorder；LD〕〔learning disabilities；LD〕　学習環境の不備等とは関わりなく、一般知能は普通レベルにある者が、特定の能力の修得と使用に著しい困難を示すこと。計算だけができない、文章を読むことだけができない、推論することだけができない、などのように、限定的なアンバランスさがみられる。その原因としては微細な脳損傷が推測されている。DSM-5では、「発達障害」を「神経障害」という分類名に改め、その中の「学習障害」を「特異的学習障害（Specific Learning Disorder）」と名称変更している。

覚せい剤依存　覚せい剤にはアンフェタミンとメタンフェタミンがあり、中枢神経興奮作用をもっている。日本ではメタンフェタミンの使用が多い。注射後は、眠気、疲労感がなくなり、気分の高揚や多幸感、性感が高まる。4～6時間後に抑うつ気分や倦怠感が起こるので不快気分を取り去るために反復使用する。長期間（2～3か月）にわたり、1日30～40mg使用すると、人格変化を起こし、易怒的となり、猜疑心が強くなり、統合失調症と類似した幻覚妄想状態を呈する。

拡大家族〔extended family〕　家族をその構成により分類したときの、核家族以外を総称している。子どもたちが結婚後も親と同居する大家族の形をとったもので、二つ以上の核家族の集合からなり、①直系家族（夫婦と1人の子の家族との構成で、未婚子が同居する場合もある）、②複合家族（夫婦と複数の既婚子の家族との構成で、未婚子が同居する場合もある）とがある。　↔核家族　→複合家族

拡大読書器（オプチスコープ）　弱視者の補助機器の一種。テレビのモニター画面に、本や書類などの文字を拡大して映し出す装置。

喀痰（かくたん）　気道内の分泌物をいう。性質は漿

液性、粘液性、膿性、血性に分けられる。その性状や、喀痰中に含まれる物質や細菌などを分析することにより疾患の診断などが行われる。喀痰が充満すると呼吸障害となり、嚥下力（えんげ）が低下した高齢者では嚥下障害となり、除去せずに食事介助を行うと危険である。自力で喀出できない場合は、巻綿子や吸引器によって除去する。特に終末期には注意を要する。

喀痰吸引 喀痰は気道からの分泌物で、通常は咳や咳払いで口から出される。しかし、高齢者で脱水症状や慢性気管支炎のため喀痰が粘稠となり、喀出が困難になった場合や、人工呼吸器を使用している場合など、自力で喀痰を出せない場合には、吸引器を使用して喀痰を吸引する必要がある。特に気管カニューレ内部の吸引は無菌操作で行う必要がある。

拡張期血圧 ⇨最低血圧

かくはん（撹拌） 液体や固体などをかき混ぜることをいう。調理操作では目的に応じて、しゃもじやミキサー、泡立て器などを用いる。かくはんをする目的としては、材料の均一化や熱伝導の均質化、泡立て等がある。かくはんから生まれる食品の例として、牛乳からバター、アイスクリーム等がある。

角膜移植 眼球の前方正面部分にある眼球壁を構成する透明組織を角膜といい、いろいろな角膜炎のあとの瘢痕形成によって角膜に濃い混濁を来し、視力障害が強い時に、視力改善を目的に行う角膜の移植のこと。角膜全層に行う全層移植と表層のみに行う層状移植、移植片の大きさにより全角膜移植と部分角膜移植とに分けられる。日本では眼球提供者の登録、眼球の斡旋はアイバンクで実施されている。

学力検査 個人が教育的経験から、その学習の成果としてどれだけのことを学びとったかを測定する検査法で、論文体検査や客観的検査などがある。

家　　計「家計」には、"生計"としての家計と、"国民経済の三主体のうちの一主体としての家計"という二つの意味がある。生計としての家計は、個人や家族が生活するための収入と支出の総体のことで、一般的には、世帯単位で把握されるものである。一方、国民経済の三主体の一つとしての家計は、他の経済主体である企業や政府と経済的に密接不可分な関係をもちながら、経済活動を行っていく。具体的には、家計は消費活動の主体として、企業との関係では労働力を提供するとともに、その対価を得ることで、企業から財・サービスを購入する。政府との関係では、労働力（公務員等）を提供しその対価を得るとともに、各種の税金などを納めることで、多様な行政サービスを受けることになる。家計は人々が経済生活を維持するために最も身近なもので、その実態は総務省「家計調査」などで把握することができるものである。

家計調査 日本の家計調査には、現在、総務省統計局による「家計消費状況調査」（世帯を対象として購入頻度が少ない高額商品・サービスやICT関連消費を調査）、「全国消費実態調査」（世帯を対象として家計の収入・支出及び貯蓄・負債、耐久消費財、家計資産を5年に一度調査）、「全国単身世帯収支実態調査」（単身世帯の家計の収支及び貯蓄・負債、耐久消費財、住宅・宅地などの家計資産を総合的に調査）などの他に「家計調査」がある。この「家計調査」は戦前にもあったが、一貫して実施されるようになったのは、戦後昭和21年の「消費者価格調査」からで、以来、時代によって調査項目を更新しながら行われてきたものである。調査は、統計上の手法により抽出された全国約9,000世帯を対象として、家計の収入・支出、貯蓄・負債などを毎月調査し、その結果を公表しているほか、毎年『家計調査年報』としても発刊している。これらの貴重な資料は、国民生活の実態を把握するために利用されているもので、国や地方公共団体の施策、消費者物価指数算定の基礎資料として、また、大学や研究機関、企業など広く一般にも使用されている。なお、高齢者世帯の家計の実態についても、この「家計調査」から把握することができる。

加工食品 基本的には食品の品質保存、有効利用、安定供給を目的として種々の手段・方法

を用い原材料を加工処理したもの。大別すると、一次、二次、三次加工食品に区分けされる。一次加工食品は農・畜産物を直接の原料にして、その食品的性格を著しく変更することなく物理的又は微生物的な処理・加工をしたもの（精米・味噌など）。二次加工食品は一次加工によって製造された業務用製品を1・2種以上用いて加工したもの（製パン・マーガリンなど）。三次加工食品は一次又は二次加工食品の2種以上の業務用製品を組み合わせて、在来のものとは異なる形にしたもの（製菓製品など）である。数次加工食品として冷凍食品、レトルト食品などの、いわゆる「調理済み食品」があるが、一般的な加工食品のとらえ方としては、この考え方が浸透している。

過呼吸発作〔hypervantilation attack〕　一般には、過呼吸によって引き起こされるてんかん発作あるいは身体的発作性麻痺をいうが、過換気症候群による手足のしびれ、硬直、痙攣発作をもたらす過呼吸発作のことも指す。過換気症候群の場合はペーパーバッグ法が行われていた。現在は、口をすぼめて、口からゆっくり吐く方法が用いられる。

家事援助　⇨生活援助

下肢装具　下肢に用いられる装具。股装具、内反足装具、短下肢装具、長下肢装具、膝装具、足底装具等さまざまな種類がある。　→装具

可処分所得　実収入から非消費支出（税金、社会保険料など）を引いた額が、個人で処分可能な所得という意味で、可処分所得という。いわゆる天引きされたあとの「手取り収入」ということになる。数式にすると、可処分所得＝実収入－非消費支出となる。この可処分所得を平成24年の総務省「家計調査」における高齢無職世帯の家計でみると、実収入180,808円、非消費支出23,844円で可処分所得156,964円となっている。また60歳以上の単身無職世帯の実収入は123,308円、非消費支出は12,133円、可処分所得は111,175円となっている。

家事労働　労働には収入労働と家事労働の2種類があり、この二つの労働によって、家族の生活を維持していくことになる。そもそも家事労働は、有償の収入労働と比較して、無償労働（アンペイドワーク）である。家事労働の無償性とは例えば、家族によって担われる家事（掃除、洗濯、料理、育児、介護など）については、通常、その労働に対して対価が支払われることはない。そのことが家事労働に対する評価を低くしてきた要因の一つともなってきた。平成9年、経済企画庁経済研究所（現・経済社会総合研究所）が無償労働の貨幣評価（価値）についての報告書をまとめ、平成3年における日本の無償労働の評価額は、最大で国内総生産の21.6％、99兆円にあたることを試算した。その一方で、女性が社会進出するようになって家事労働の外部化（外食産業、調理済み食品、育児・介護サービスの利用など）も進むようになってきた。

下垂体　⇨脳下垂体

ガス交換　生体の活動に必要な酸素の取り入れと、活動によって生じた不要な二酸化炭素（炭酸ガス）の排出をいう。つまり、このガス交換の機能が呼吸である。

仮性球麻痺　発語障害、嚥下（えんげ）障害、痙性麻痺が認められ、笑い病とも呼ばれる特徴的な痙性の陰気な笑いが認められる球麻痺に類似した疾患。球麻痺と違い延髄の病変によるものではない。

仮性認知症　真の認知症でなく、一過性にあたかも認知症のような状態を示すもの。高齢者の意識障害やうつ状態の際にみられるが、治療によって改善される。うつ病では、自発性や注意力の低下が起こり、認知症と似た状態を示す。

家政婦　多くは民営職業紹介事業所と契約し、そのあっせんで、家事の手伝いや病人の身の回りの世話・介護等を行う職業人。家政婦の中には、利用者との個人契約で仕事をする者以外に、行政委託のホームヘルプサービスを行っている者もいる。家政婦で介護等の業務に3年以上従事している者は、介護福祉士受験資格を得ることができる。ただし、平成28年度以降に介護福祉士国家試験を受験する場合は、実務

者研修を修了しなければならない。

画像診断 ⇨ CT スキャン、MRI

過疎化 都市への人口移動の結果として、農山漁村等の地域からの人口流出が急激に起こり、その地域における社会生活の諸機能が麻痺し、地域の生産の縮小、生活の困難が生じること。

家　族 基本的には「夫婦を中核とし、親子、きょうだいなどの近親者を構成員とする血縁的小集団」をいう。同一戸籍ないし同一居住、生計を共にする、生活福祉追求の集団。家族員は共通家族意識をもち、相互の感情的結びつきが深いといえる。家族は人間社会の基本的単位である。

家族介護支援事業 地域支援事業のうち、任意事業の一つ。介護方法の指導など、要介護者を介護する家族などを支援するための事業。

家族形態 現に存在する家族の規模や構成を指す。家族形態の分類方法には、家族規模（家族を構成する家族員の数による分類）と、家族構成（同居する家族の続柄による分類、又は同居する世代の数による分類）とがある。

家族ケースワーク〔family casework〕　家族ソーシャルワークの一つの手法といえるが、歴史的には家族ケースワークとして発達してきたという経過がある。一人の家族成員に対する個別援助において、「全体としての家族」を視野に入れた援助活動を行う。　→家族ソーシャルワーカー

家族構成 どのような続柄の成員によって家族が構成されているかということ。これにより、核家族、拡大家族、あるいは夫婦家族、直系家族、複合家族、等に分類される。

家族ソーシャルワーカー〔family social worker〕　家族の構成員を家族に適応させたり、また、その家族全体の問題を援助するなど、家族単位で問題を扱う援助者のこと。我が国では福祉事務所、児童相談所等の公的機関で家族中心の援助を行うソーシャルワーカーが主にこれに当たる。家族ソーシャルワーカーが必要となる背景として、産業構造の変化のもとで家族機能の縮小に伴う家族関係の弱体化が主な要因となっている。

家族と世帯 家族と世帯の違いとしては、家族は社会の単位として、世帯は家計・消費の単位や行政用語として使われることが多いこと、また、家族には、同居の親族（親・子・孫など）の他に他出した家族（他県に嫁いだ娘、他県で下宿している息子など）が含まれることである。その一方、世帯には、同居の親族の他に同居の非親族（使用人など）が含まれることである。5年ごとに実施されている国勢調査は、この世帯を対象として行われる。

家族福祉 家族の構成員である個人だけではなく、家族そのものの関係性に注目し、働きかけ援助しようとする社会福祉の一分野。高度経済成長以後、人口の高齢化、核家族化の進行、子どもの出生数の減少、離婚数の増加とそれに伴う母子家庭の増加等、家族の構造、価値は著しく変化している。特に児童福祉の分野と関連が深く、近年、家族福祉は重要視されてきている。

加速歩行 パーキンソン病にみられる歩行障害。歩き出すと早足になり、止まることができにくくなる歩行のこと。　→パーキンソン病

家族類型 我が国の国勢調査における一般世帯（「施設等の世帯」以外の世帯）の家族類型では、「単独世帯」、「核家族世帯（「夫婦のみの世帯」、「夫婦と子供から成る世帯」、「ひとり親と子供から成る世帯」）」、「その他の世帯」に分類している。平成22年の国勢調査から今日の家族類型の変化をみると、「単独世帯」が32.4％、「夫婦と子供から成る世帯」が27.9％、「夫婦のみの世帯」が19.8％、「ひとり親と子供から成る世帯」が8.7％、「その他の世帯」が11.1％となっており、「単独世帯」が「夫婦と子供から成る世帯」を上回り、最も多い家族類型となった。ちなみにこの「単独世帯」の割合が最も高いのは、男性は20〜24歳、女性は80〜84歳である。

課題中心アプローチ〔task-centered approach〕　1970年代に形成された個別援助

技術の実践モデルの一つ。まず利用者が直面している問題から、当面取り組んでいく標的となる問題を確認し、その課題を選択する。その課題解決のために、実施するサービス内容（到達目標・期間・接触の期間・参加する者・費用など）について、利用者と援助者との間で合意し、契約を結んで進める。設定期間が来たらその内容を評価し、必要であればサービス内容の修正・見直しを行う。この方法は今日のケアマネジメントにもつながるものだといえる。

課題の明確化（介護過程） 介護過程を展開するにあたっての段階の一つである、アセスメントのこと。面接や記録類に基づいて収集した複数の情報を矛盾なく関連づけ、統合化することができれば、利用者にとっての生活課題が明らかになる。生活課題とは、利用者本人が望む暮らしを続けていくうえでの具体的な困りごとであり、場合によっては介護上の問題と位置付けることもできる。生活課題が明らかになっていなければ、その後の支援の内容や方法が場当たり的なものになってしまう可能性がある。

片麻痺 身体の右片側又は左片側に神経の麻痺のある場合をいう。麻痺側の反対の脳の血管障害や外傷（脊髄にも生じ得る）によって起こることが多い（脳性片麻痺）。運動麻痺、知覚麻痺のいずれか、又は両方の麻痺の場合がある。

カタレプシー〔catalepsy〕 自分の意志ではなく他者にとらされた姿勢を戻そうとせず長く保ち続ける症状をいう。上肢を挙げさせたり、首を曲げさせるとそのままにしたりと、一定の姿勢をとらせるとそのままの状態をいつまでも続けている。緊張型統合失調症、ヒステリー、催眠状態でみられる。　→ヒステリー

渇感 水を飲みたいという感覚などの口内乾燥感をいう。体内の脱水に伴う咽頭の乾燥感で起こることが多い。また血液浸透圧の上昇、血液量の減少等が要因となって摂食中枢付近に存在する渇感の中枢がその刺激を受けて起こる場合もある。

脚気 ビタミンB_1の欠乏症で、白米を主食とする地方に多発した疾患。多発性神経炎による神経・筋症状や食欲不振などの消化器症状、動悸・息切れなどの循環器症状を示す。食事中のビタミンB_1含有量が十分であれば予防できる。食生活の改善に伴い、近年、姿を消したと言われてきたが、最近、偏食のある人、ファストフードの類を好む人の間に散発する傾向がみられる。

喀血 気管支あるいは肺から鮮紅色の泡沫を混ぜる血液を喀出すること。喀血の多くは空洞を伴う肺結核による。処置の方法としては、心身及び局所の安静を図り、鎮静剤及び鎮咳剤を投与し、止血あるいは必要に応じ輸血を行う。　→肺結核、吐血

活動（ICF） 2001年5月にWHOが採択した国際生活機能分類（ICF）の中の構成要素であり、課題や行為の個人による遂行のこと。生活機能の個人的な観点を表す。具体的には、学習と知識の応用（注意の集中、思考、書かれている言語の理解、書く、計算、問題解決、意思決定等）、一般的な課題と要求（本を読む、手紙を書く、ベッドを整える、家具の配置、他者との協力、ストレス対処、危機対処等）、コミュニケーション、運動・移動、セルフケア（自分の身体を洗って拭き乾かすこと、身体各部の手入れ、排せつ、更衣、食事、自分の健康管理等）、家庭生活（住居、家事等）などがある。

活動記録 個人及びグループの活動内容や成長・発達過程について記録したもの。活動記録をつくる目的は、明確化されている援助目標に照らして分析・評価することにある。その内容は、記録者の個人的関心や主観的判断で書かれたものでなく、あくまでも専門的立場から客観的に記述する努力が求められる。

葛藤（コンフリクト） 二つ以上の欲求が同時にあり、そのいずれも満足させたいが同時にはかなえられないで、どれを選択するか決めかねている心理的緊張状態。

活動制限（ICF） 国際生活機能分類（ICF）の中の構成要素である「活動」は肯定的な側面であるが、その否定的な側面のことを「活動制限」という。具体的には、個人が活動を行うと

きに生じる難しさを意味し、トイレに行けない、調理や掃除等の生活行為ができないといった状況を指す。

活動と参加 2001年5月にWHOが採択した国際生活機能分類（ICF）のなかの構成要素であり、「活動（activities）」とは課題や行為の個人による遂行のことであり、「参加（participation）」とは生活・人生場面への関わりのことである。活動や参加は肯定的な側面であるが、その否定的な側面はそれぞれ「活動制限（activity limitations）」と「参加制約（participation restrictions）」の用語が使われている。活動制限とは個人が活動を行うときに生じる難しさを意味し、参加制約とは個人が何らかの生活・人生場面に関わるときに経験する難しさを意味している。　→国際生活機能分類

活動理論 老化の社会学的側面に関する理論の一つ。老年期においても中年期と同様の社会的関係を維持することが可能であり、高齢者自身も活動的であることを望んでいるので、社会的活動性を維持することが老化への良い適応であるという考え方。　↔離脱理論

合併症 ある病気が進行した場合にしばしば起こりやすい病態・症状という意味と、手術や検査を施行した後に偶発した病態・症状という意味がある。前者の代表例として、糖尿病に併発することのある糖尿病性網膜症など、後者の代表例として術後の深部静脈血症などがある。

括約筋 肛門、瞳孔、胆管等の中腔のある器官を取り巻き、閉じたり狭めたりする筋肉。肛門括約筋は不随意筋の内肛門括約筋と随意筋の外肛門括約筋で構成され、排便をつかさどっている。

家　　庭 家族の日常的な生活が営まれる場。介護活動の場としての家庭は、高齢者や障害者にとって長年住み慣れた場所であり、気を遣う必要がないこと、自分の責任で生活が送れる等の点で非常に優れた面をもっている。しかし、介護者の不足、設備体制の不備等、病院・施設等とのギャップも多い。家庭の中ばかりで閉鎖的に生活するようになると、意欲の低下から廃用性の障害を生じることにもなりかねないので、注意が必要である。また、子どもにとっての家庭は、両親の愛情を受けてその生き方や生活の諸技術を学び、家族集団のなかでの役割分担をとおして、将来、新しい家庭をつくるための基礎的能力を形成するところである。

家庭裁判所 家庭裁判所は、①家庭に関する事件の審判及び調停、②人事訴訟の第一審の裁判、③少年の保護事件の審判の権限を有し、この他にも各法律で特に定める権限を有する（裁判31条の2～31条の5）。成年後見制度においては、後見・保佐・補助開始の審判等を行うことができる（民法7～19条）。　→成年後見制度

過程叙述体 記録の文体の一つである叙述体のなかでも、介護従事者と利用者との関係過程を記述するものを過程叙述体という。面接過程や人間同士の相互作用の過程を記録する際に用いられる。

家庭生活の意義 家族は個人・家族と社会に対してさまざまな働きをしている。家族の機能は①性的機能、②社会化の機能、③経済機能、④情緒安定機能、⑤福祉機能（保健・医療機能）だといわれてきた。そして、社会学者のパーソンズは、社会システムの変化によって家族機能が縮小しても、家族には①子どもの社会化の機能のほかに、②成人のパーソナリティの安定化の機能が残るとしている。確かに平成25年の内閣府「国民生活に関する世論調査」においても、人々が日頃の生活の中で充実感を感じるのは、主にどのようなときか聞いた質問では、「家族団らんの時」を挙げた割合が最も高くなっている（49.9%）。ここからは、家庭生活の意義が、家族の情緒面の安定にあることがわかる。また、施設で生活する高齢者にとっては施設が家庭であり、その意味で施設で家庭のような情緒面の安定を図るよう努力することは必要なことといえる。

家庭訪販 国民生活センターの「高齢者の消費者被害」によれば、販売業者が家庭を訪問し、

商品やサービスを販売することをいう。販売業者が勝手に訪問して、長時間にわたり強引に勧誘するなどの問題が発生している。

家庭用品品質表示法〔昭和37年法律104号〕　家庭用品の品質に関する表示の適正化を図ることによって、一般消費者の利益を保護することを目的とした法律。「家庭用品」とは、通常の生活に使用する繊維製品、合成樹脂加工品、電気機械器具、雑貨工業品であって、一般消費者が購入に際し、品質を識別することが著しく困難であり、かつ識別することが特に必要であると認められるものとされている。また、その成分、性能、用途、貯法等の品質に関し表示すべき事項や、表示方法等に関して製造・販売・表示業者が遵守すべき事項を、「表示の標準」として内閣総理大臣が定めている。　→繊維製品品質表示規程

果　糖　単糖類の一種でフラクトースとも呼ばれている。果汁やハチミツなどに多く存在し、糖類の中で最も強い甘味をもつ。水に溶けやすく、フェーリング液やアンモニア性硝酸銀を還元する。また酵母によって発酵し、エチルアルコールと炭酸ガスを生じる。

寡　動　麻痺、筋力低下、運動失行がないにもかかわらず、日常の習慣的動作も、随意運動も極めて緩徐で、じっとしていることが多くなり、表情の動きに乏しく、動きが極端に少なくなること。特にパーキンソン病でよく見られる。そのほか、精神障害や心因反応としても起こることがある。

カナタイプライター　視覚障害者の意思伝達手段の一つとして使用される。点字はそれを知る人にしか伝わらないため、仮名で意思表示をする。打たれた文章の訂正には盲人用読書器（オプタコン）を用いることもできる。　→盲人用読書器

加熱調理　加熱調理には、乾式加熱（焼く、炒める、揚げる）と湿式加熱（ゆでる、蒸す、煮る）、誘電・誘導加熱（誘電加熱はマイクロ波加熱の電子レンジ、誘導加熱は電磁調理器）がある。

可搬型スロープ　車いすを利用して段差を昇降するときに使用する、取り外し可能なスロープのこと。車いすの車輪に合わせて2本のレールを敷くレールタイプと、板状のフラットタイプとがある。

下半身麻痺（対麻痺）　下半身の運動と知覚をつかさどる神経の障害によって生ずる麻痺。主に脊髄損傷の人に起こるが、脳性麻痺の人にもみられることがある。車いすが移動手段となり、排尿・排便のコントロール障害が生じ、褥瘡に罹患しやすい。男性の場合には性的機能に不安をもつこともある。

寡　婦　母子及び父子並びに寡婦福祉法第6条によれば、配偶者のない女子であって、かつて母子家庭の母であった者をいう。すなわち、かつて母子家庭の母であってその扶養する児童が20歳に達し、独立し、又は死亡した等の配偶者のない女子がこれに含まれ、児童を扶養したことのない配偶者のない女子や現在母子家庭の母である配偶者のない女子はこれに含まれない。

カフェイン　コーヒーや茶の中に含まれる覚醒作用をもつ物質をいう。白色の結晶、無臭で味はやや苦い。中枢神経を刺激し、利尿や強心などの薬理作用がある。しかし、適量以上に摂取すると、めまいや胃痛を来たり、不眠や頭痛も起こる。

寡婦（夫）期　家族周期からみると、結婚して子どもを産み育て、やがてその子どもが巣立ち、第二の新婚期といわれる夫婦二人だけの時期が再び来る。しかし、その夫婦も一方が死亡し、妻（あるいは夫）が一人残されることになる。この時期のことを寡婦（夫）期という。平均寿命が延びたことで、この寡婦期はかつての時代より長くなった。またこの時期は、多くの女性が夫の死亡後、経済的にも身体的にも生活基盤が弱くなることが予想され、介護の必要性も一層高くなることが考えられる。若いころからこの寡婦期に備えた生活設計を立てておくことは、今日の時代には重要なことである。

寡婦福祉資金貸付制度　母子及び父子並びに

寡婦福祉法に基づく福祉の措置の一つ。都道府県が寡婦（当該寡婦が扶養している20歳以上の子を含む）及び母子・父子福祉団体に対し、その経済的自立の助成と生活意欲の助長を図るために行う貸付制度。貸付資金の種類は、事業開始資金、事業継続資金、修学資金、技能習得資金、修業資金、就職支度資金、医療介護資金、生活資金、住宅資金、転宅資金、就学支度資金及び結婚資金である。母子家庭に対する母子福祉資金貸付制度に準じて設けられた（母父福32条、母父福令32条～38条）。

貨幣的ニード　操作概念の一つ。金銭給付によって充足することができる福祉ニードを指す。主に対人福祉サービスによって充足される非貨幣的ニードの対語として使われる。第二次世界大戦以後昭和30年代までは公的扶助が主流で、低所得者が主な福祉の対象であり貨幣的ニードの充足に重点が置かれていた。　↔非貨幣的ニード

仮面うつ病　うつ病（内因性）で、抑うつ状態がかくれていて、身体的症状が前景に現れるものをいう。例えば、睡眠障害、食欲不振、全身倦怠など各種の身体的症状を訴え、そのために精神科以外を受診することが多くみられる。

仮面様顔貌　パーキンソン病やパーキンソン症候群の特徴の一つである無動、寡動（動きが乏しいこと）が顔の症状として現れたもの。顔貌は目を見開いてまばたきが少なく、表情が乏しい。発語は緩慢な感じでかすれて聞き取りにくい。このような顔貌と同時に緩慢な動作や歩行開始困難といった全身の無動、寡動症状もみられる。進行性全身性硬化症（強皮症）において顔面の皮膚の硬化により生じる同様の顔貌についても仮面様顔貌と呼ぶ。

ガラクトース　普通は遊離の状態で存在することなく、乳糖や糖たんぱく、海藻に含まれる多糖類ガラクタンなどの構成成分として存在する。ガラクトースは脳や神経組織に多い糖脂質の構成成分で、乳幼児の脳中に存在し、大脳の発育を促進させる重要な成分である。甘味はショ糖の3分の1である。

空の巣症候群　子どもが成長、自立して家を出ていったあとの時期のことで、家庭を鳥の巣に例えたもの。この時期に、子育てを終えた40歳代後半から50歳代の女性が空虚感、孤独感、喪失感などにおそわれ、抑うつ症状がみられることがよくある。このような症状のことを「空の巣症候群（empty-nest syndrome）」と呼ぶ。それまで子育てのみを生きがいとしてきた母親にとって、子育てに替わる新たな生き方や自立が問い直される時期でもある。

カリウム　すべての動植物体に広く存在する。その働きは細胞内の酸・塩基平衡の調節、筋肉の伸縮、糖代謝などの重要な役割を担っている。食物中のカリウム量の大部分が30分以内に小腸で吸収され、体内のカリウム量は排泄量の調節によって維持されている。カリウムは体重1kg当たり2g程度含まれ、体内の総カリウム量の大部分は細胞内液に存在している。カリウムはリン酸又はたんぱく質と結合して存在しており、海藻類、豆類、いも類、穀類、肉類、魚介類、野菜、果物など日常摂取する食品に広く含まれている。日本人の食事摂取基準（2015年版）では1日の目標量を成人の男性で3000mg、女性で2600mgとしている。

カルシウム　生体及びその細胞のほとんどすべての機能に関与している。①細胞の分裂・増殖・分化、②精子、貪食細胞の運動、③貪食、④外分泌（唾液、胃液、膵液など）、⑤内分泌（各種ホルモン）、⑥抗原の認識と抗体の分泌、⑦網膜細胞の感光、⑧神経細胞の興奮、⑨骨格筋、心筋、平滑筋の収縮、⑩血液の凝固。このように広い範囲の生理機能に不可欠な役割を果たしている。カルシウムは人体の1.5～2％を占め、大部分は骨に無機リンとともに存在し、カルシウムとリンの比は2：1に近い。血液中のカルシウムはほとんど血漿中にあり、9～10mg／dlの一定の値である。カルシウムの腸管からの吸収はビタミンDにより促進され、大量のリン酸・シュウ酸により抑制される。カルシウムを多く含む食品は牛乳・乳製品、小魚、海藻、野菜、大豆製品等で、牛乳・乳製品から

の摂取が多い。

加　齢　年をとり、年齢を加えていくこと。加齢による身体的・精神的変化を老化という。→老化

カロテノイド（カロチノイド）　動植物に存在する赤色や橙色、黄色の色素で、水に溶けにくく脂に溶ける性質を持っており、カロテン類とキサントフィル類の2種類がある。強い抗酸化作用があり、活性酸素の発生を抑え、取り除く作用を持っているため、動脈硬化を予防したり、老化やがんの発生に対する効果等があると考えられている。植物に含まれるカロテノイドには、にんじんやほうれんそうなどに含まれるβ-カロテンやα-カロテン、トマトやスイカに含まれるリコピン、かぼちゃなどに含まれるゼアキサンチンなどがある。動物性食品には、卵黄に含まれるゼアキサンチン、エビやカニに含まれるアスタキサンチンなどがある。

カロテン　カロテンはにんじんなどに含まれる黄赤色のカロチノイド色素の一種でα、β、γ-カロチンなどがあり、体内で酸化されてビタミンAとなる。食品中にはβ-カロチンが最も多く、脂溶性で、脂質を同時に摂取することによって吸収が良くなる。効力は、ビタミンAの3分の1とみなされている。カロチノイドの多くは、水に溶けやすく、光に不安定であり、酸化分解を受けると変色しやすく、熱には比較的安定という特徴がある。

が　ん　⇨悪性腫瘍

眼　圧（眼内圧）　角膜と強膜といった眼球壁によって包まれた眼球の内圧のこと。通常は大気圧よりも10〜20mmHgほど高い圧をもち、そのもとで眼内各組織は正常な機能を営んでいる。眼圧が正常より高くなり、正常の視機能を営むことが不適当となり視野に変化を伴うに至ったものを緑内障という。また、逆に眼圧が低くなると網膜剥離、外傷による眼球破裂、眼球萎縮等が起こる。眼圧の異常は、重篤な視機能異常を招くことがある。

がん遺伝子　細胞のがん化を発令する遺伝子で、以前はがん細胞に特有のものと考えられていたが、正常な細胞にもその存在が確認されるに至り、がん遺伝子という名称は必ずしも適切ではない。これらの遺伝子は正常な細胞においては、たんぱく質の合成、細胞増殖などに関与しており、統一的な細胞機能の下にがん抑制遺伝子などにより、その発現が制御されている。がん細胞はその制御から逸脱した場合に生じると考えられる。すなわちがんは、細胞増殖に関する遺伝子発現のコントロール機構に異常が生じた場合に発生する。　→がん抑制遺伝子

簡易浴槽　入浴に介助が必要で自宅浴槽では対応できない人のための浴槽。巡回入浴車積載の移動浴槽や、折り畳み式、分割式、エアポンプで膨らませるビニール製等があり、組み立てて使用する。

肝　炎　肝臓の炎症疾患をいう。炎症の結果、肝実質細胞の変性、壊死を生じる。病因によって、ウイルス性、中毒性、薬物性、アルコール性等に分類され、経過によって、急性、慢性に分類できる。症状は全身倦怠感、頭痛、悪心、食欲不振等で、黄疸を伴うことが多い。→劇症肝炎

肝炎対策基本法〔平成21年法律97号〕　肝炎対策に関する基本理念を定め、国、地方公共団体、医療保険者、国民及び医師等の責務や、肝炎対策基本指針の策定、肝炎対策の基本事項（予防及び早期発見の推進、療養に係る経済的支援、肝炎医療を受ける機会の確保等）、肝炎対策推進協議会等について定めた法律。

感音性難聴　内耳より大脳皮質にいたる感音器の病変により発症する。　→伝音性難聴

寛　解　統合失調症において、幻覚、妄想、興奮などの精神症状が消失し、病気の進行が一時停止したとみえる状態をいう。その程度によって完全寛解、不完全寛解と呼んでいる。また社会生活や家庭生活が可能となった状態を社会的寛解と呼んでいる。病気の性質上、再発の可能性をひめていることからこのように呼んでいる。

感覚記憶　見たもの、聞いたものなど知覚した情報を非常に短時間だけ記憶する仕組み。短

期記憶に移されないとそのまま消えてしまう。見ることに関する感覚記憶をアイコニックメモリーと呼ぶ。　→短期記憶、長期記憶

感覚性失語　主として言語の了解面が侵される失語であって、言語は表出されるが、高度になると意味のわからぬ音を羅列する。本人はまちがった話し方をしているという自覚がなく、語音の把握と語義の把握が共に悪化するために他者の話も理解できない。ウェルニッケ失語とも呼ぶ。　→失語症

感覚代行機器　視覚、聴覚等の感覚の障害に対し、その感覚から得られる情報入手機能に代わって（代行して）、情報入手や伝達等を行う機器や装置のことをいう。視覚障害者にとっての白杖、超音波歩行誘導装置、聴覚障害者にとってのサウンドマスター（振動変換による音声伝達装置）やパトライト（光変換による音声伝達装置）等をいう。

感覚麻痺　神経又は筋肉が障害を受け、冷覚、痛覚、触覚など感覚機能が侵され働かなくなった状態をいう。

換　気　風の流れを作り、新鮮な空気を保つこと。窓などを利用した自然換気と換気扇などの人工的に風の流れを作る機械換気がある。建築基準法では、床面積の1/20以上の大きさの換気に有効な窓の設置が義務付けられている。室内を正常な空気状態に保つためには、1時間当たり20〜30（m³／人）の換気量を必要とする。屋内換気型暖房機の場合は、1時間に1回、5分程度窓を開けるのが目安である。機械換気は、2か所以上の窓を排気口（出口）と給気口（入口）を考えて対角線になるようにあける。近年、窓・扉・戸などが隙間なく閉まり、外部との間に空気の流れがない気密性の高い住宅が多い。そのため、暖房器具の使用による一酸化炭素中毒や洗剤等から発生する刺激臭による健康被害も増加している。特に、高齢者は換気の必要性を感じにくいので注意が必要である。住み手の健康を守り、カビや結露などの予防の意味でも重要である。

眼球振盪（眼振）　眼球の不随意的、律動的運動で、運動の様式により振子様眼振、衝動的眼振、方向により水平・垂直・回転眼振等に分けられる。特殊な条件下では、健康者にもみられる生理的眼振と眼球・神経・脳等の病変による病的眼振がある。

環境因子（ICF）　2001年5月にWHOが採択した国際生活機能分類（ICF）の中の構成要素であり、人々が生活し、人生を送っている物的な環境や社会的環境、人々の社会的な態度による環境を構成する因子のこと。具体的には、物的環境（住居、食品、薬、福祉用具等）、人的環境（家族・同居者・友人等の支援や態度）、自然環境（動物と植物、気候、光、音、振動等）、サービス・制度・政策などがある。

環境基本法〔平成5年法律91号〕　我が国の環境保全についての基本理念と施策の基本となる事項等を定めた法律。「環境への負荷」「地球環境保全」「公害」について定義しているほか、環境の日（6月5日）、環境基本計画・環境基準の策定、公害防止計画の作成、環境影響評価の推進、地球環境保全等に関する国際協力、中央環境審議会の設置等について定めている。環境保全に関する施策の策定及び実施の指針として、①環境の自然的構成要素が良好な状態に保持されること、②生態系の多様性の確保等を図るとともに、自然環境が地域の自然的社会的条件に応じて体系的に保全されること、③人と自然との豊かな触れ合いが保たれること、の3点が示されている。

環境ホルモン　正式名は外因性内分泌かく乱化学物質といい、生体内ホルモンの合成、分泌、生体輸送、結合、作用あるいは分解に介入することによって、生体内の恒常性の維持、生殖あるいは行動に影響を与える外来性の化学物質である。経口摂取では、食品と飲料水が環境ホルモンの主な曝露源となるが、飲料水からの摂取は少ない。魚介類中の環境ホルモン濃度は、生体濃縮により海水中の濃度に比べて高くなっている。また、土壌に残留するDDTやダイオキシンなどは、直接農産物に移行する場合と、飼料を経て乳や乳製品に移行する場合があり、後

者では生物濃縮がなされている。

含気量・含気率（被服の） 被服材料の大部分は織物や編物等の繊維製品であるが、これらは織目や編目、糸間等の布地組織内に多量の空気を含んでいる。布地の一定面積当たりに含まれる空気の量を含気量、一定体積中に空気の占める体積割合を含気率という。織り方や編み方等の布地の構成により含気量（含気率）は大きく変わるが、かなり目のつまった布地でも50％以上の含気率を示す。空気は熱伝導率が低く、一般に含気量（含気率）の大きい布地は、保温性や通気性に優れている。

関係妄想 自分とは全く関係ないことを自分と関係づけて考える妄想をいう。例えば、通りすがりの人たちが話しているのをみて自分の悪口を言っているにちがいないと関係づけてしまうなど、多くは被害的な内容を示す。

緩下剤 便通を促す下剤には、大腸での水分吸収を抑え、便の水分含量を増やすことによって作用する緩下剤（緩徐に効く下剤、酸化マグネシウムなど）、腸の蠕動運動を亢進させる刺激性下剤（センナなど）などがある。

間欠性跛行 閉塞性動脈硬化症や脊柱管狭窄症にみられる歩行障害。しばらく歩いていると、足に痛みやしびれを感じ、歩き続けることが困難になり、少し休息すると再び歩行が可能になること。　→閉塞性動脈硬化症、脊柱管狭窄症

看　　護 保健師助産師看護師法第5条によれば、「傷病者若しくはじょく婦に対する療養上の世話又は診療の補助を行うこと」とされている。また、同法第37条には、医師の指示がなければ医療行為をしてはならない旨が定められている。

肝硬変 ウイルス性肝炎やアルコール性肝炎が治癒せずに慢性化して、肝細胞の再生が追いつかず、徐々に線維性の組織が増え、肝臓全体が硬く萎縮している状態。さまざまな物質の代謝の中心である肝機能がはたらかず、出血傾向や意識障害が出現する。

看護覚え書き〔『Notes on Nursing』〕　看護の原理と実際について一般家庭婦人に向けて記されたF.ナイチンゲールの代表的著書。1859年発行（翌年改訂）。各国語に訳され、イギリスをはじめ世界各国の看護学校でも使用されて、看護師養成に大いに貢献した。　→ナイチンゲール, F.

看護過程 看護活動を進める基盤となるもので、看護の目的を果たすため、看護上の諸問題をどのように解決すべきか、その道筋を示すもの。看護過程の要素としてアセスメント（情報収集と看護診断）、看護計画、看護の実施、評価の四つがある。この構成要素は、介護過程における構成要素でもある。　→介護過程

看護休暇制度 育児・介護休業法に基づく制度で、小学校就学前の子を養育する労働者が、事業主に申し出ることにより、1年に5日（小学校就学前の子が2人以上の場合にあっては10日）を限度として、負傷もしくは疾病にかかった子の世話等を行うための休暇を取得することができる。事業主は申出を拒否することや、看護休暇を理由に解雇等不当な取扱いをすることはできない（育介16条の2～16条の4）。

看護計画 個々の患者の看護を適切に、また能率的に行うために、看護の目標をたて、具体的に看護ケアを実施する方法を考えて記載した計画をいう。一人ひとりの患者の問題点や将来予測される問題に対して、情報の収集・分析、問題点の抽出と確認、目標の設定とその根拠、具体的な解決策の決定等が記される。

看 護 師 厚生労働大臣の免許を受けて、療養上の世話又は診療の補助を行うことを業とする者。看護師となるには国家試験に合格し免許を受けなければならない。看護師の活躍の場は、従来の病院、診療所だけでなく、介護老人福祉施設や介護老人保健施設、グループホーム、訪問看護ステーションなど、老人福祉や在宅看護などの場へと広がっている。

看護師等の人材確保の促進に関する法律〔平成4年法律86号〕　病院等、看護を受ける者の居宅等看護が提供される場所に、高度な専門知識と技能を有する看護師等を確保することを目

看護師等の確保を促進するための措置に関する基本指針を定めるとともに、看護師等の養成、処遇の改善、研修等による資質の向上、就業の促進等を図るための措置が講じられる。なお、この法律にいう看護師等とは、保健師、助産師、看護師、准看護師である。

観　　察　対象を正しく知る方法であり、物事の実態を理解するために注意してみること。眼（視覚）・耳（聴覚）・鼻（嗅覚）・舌（味覚）・皮膚（触覚）の五つの感覚器官のすべてを働かせて、利用者の客観的状態・主観的状態を的確に把握する。

観 察 法　社会福祉調査における資料収集方法の一つで、質問紙による方法、面接による方法と並んで用いられる。介護福祉利用者のニーズを調査するときなどに用いると有効である。観察法ではプログラムに参加している参加者の表情、態度、行動などを十分に観察し、そこから参加者のニーズや意向を読み取る。　→社会福祉調査法

乾式加熱　加熱調理の一種で水を媒体とせずに高温で加熱する方法である。焼く、炒める、揚げるなどがある。　↔湿式加熱

乾式洗濯（ドライクリーニング）　揮発性の有機溶剤を使用し、油性汚れを除去する洗浄法である。湿式洗濯で変形、型くずれ、脱色のおそれのある毛・絹等でできた繊維製品の洗浄に適している。溶剤としては石油系溶剤のスタンダードソルベントと合成溶剤のパークロロエチレンが多く使用されている。溶剤に油溶性の洗剤を加え、少量の水を可溶化し、油性汚れとともに水溶性汚れも除去する方法をチャージシステムという。安全性の点から家庭で行うことはできない。

カンジダ食道炎　エイズなど免疫力の低下した患者に発症する日和見感染症の一つ。カンジダ属は、酵母様真菌類の一種で、最も病原性の強いカンジダ・アルビカンスは、ヒトの口腔、咽頭、消化管、気道、外陰部、皮膚に常在している。体力、抵抗力の低下や抗生物質の長期使用などにより、感染症を起こす。　→エイズ

患 者 会　⇨セルフヘルプ

患者調査　医療施設を利用する患者について、その傷病の状況等の実態を明らかにすることを目的としたもので、傷病の状況、診療科名、入院外来等の別、入院期間、診療費の支払方法、等を調査事項としている。昭和28年以降毎年行われていたが、昭和59年から3年に1度の実施となった。

感情失禁　わずかな情動的刺激で泣いたり、笑ったり、怒ったりする現象で、感情の調整がうまくいかないものをいう。脳動脈硬化症や認知症にみられる。

感情転移　ケースワークなどの個別援助の過程において、利用者（クライエント）の過去の生育歴上の諸問題や体験が、援助者（ケースワーカー）との人間関係に移し変えられて感じられることをいう。診断主義ケースワークにおいては、この過程を援助の重要な段階とみなしている。　→診断主義

冠状動脈（冠動脈）　大動脈の付け根（大動脈洞）から分岐して心臓の表面を冠（かんむり）のように取り囲んで走行する左右一対の動脈のこと。心筋への血液供給を行う栄養血管である。心臓から送り出される血液の10％以上がこの冠状動脈に流れ、心臓それ自体に供給される。左冠状動脈は左心室と心室中隔前部に、右冠状動脈は右心室と心室中隔後部にそれぞれ血液を送る。動脈間の吻合が少ないため、狭窄や閉塞が生じるとその部分より先の心筋に血液を送ることができなくなる。狭心症とはこの血管が狭窄した状態であり、心筋梗塞とはこの血管が閉塞した状態である。二つの疾患を合わせて虚血性心疾患という。

感情鈍麻　外界に無関心で感情の表出がなくなる状態をいう。統合失調症でみられる感情障害の一つ。倫理感情、道徳感情などの高等感情が鈍麻している場合は高等感情の鈍麻と呼ぶ。

眼　　振　⇨眼球振盪

間接援助技術　社会福祉援助技術では、利用者の問題把握と問題解決を図るに当たり、利用者に直接的に働きかけるのではなく、地域社会の

支援を広げたり、福祉施設の運営の改善、再編成等に計画的に取り組んだりするなど、利用者に対して間接的に援助する技術を総称して間接援助技術という。直接援助技術に対して間接援助技術と呼び、社会福祉援助技術を便宜的に両者に分類する場合に使われる。間接援助技術の代表的なものとして、地域援助技術、社会福祉調査法、社会福祉運営管理、社会福祉計画技術、社会活動法等が挙げられる。　↔直接援助技術

関節可動域〔range of motion；ROM〕　個々の関節は、それぞれの関節構造・形状によって固有の動く方向と可動の範囲がある。関節可動域に異常がみられるのは動く範囲が関節を構成している骨・軟骨の病変（変形、破損、変性）や筋系等、軟部組織の拘縮、痛み等による運動制限及び長期に及ぶギプス固定等の結果、可動域の減少を来している場合と、外傷や筋の麻痺によって二次的に起こる異常の二つが多い。

関節可動域訓練　関節を自動・他動等の力で動かすことにより、①関節運動に関与する筋力を保持、強化する訓練（筋の運動覚の確保のためにも必要）、②関節軟骨部組織の拘縮を予防する訓練（許される範囲での関節の慎重な他動、又は自動運動）、③関節軟骨の栄養確保及び再生等を目的に行う治療法。関節可動域の評価と機能回復のために、主として理学療法士がこの訓練を担当する。

関節可動域テスト〔ROM検査〕　四肢を動かすことによって各関節が動く範囲を測定するための評価法。生理的な、本来あるべき関節の運動範囲より狭い場合は可動制限があるといい、正常範囲を超えて動く場合は動揺関節という。自動と他動は分けて測定する。日常生活活動にどの程度障害があるかを調べ、その後の機能回復訓練の指針とする。

関節拘縮　関節の可動域が正常な場合より制限された状態をいう。関節を構成する筋肉などの組織に短縮などが生じてみられる。この場合骨や軟骨には変化はない。関節拘縮は下肢に生じやすく、高齢者や介護を必要とする場合では、寝たきりの状態や関節を動かさない状態が続くことで生じる。可動域訓練で改善する場合もあるが、重度の場合には外科的治療が行われる場合もある。下肢関節拘縮予防のためには座位の保持が有効である。

間接焼き　焼き板や天火によって食品を焼く方法。フライパンやオーブンを使用することにより、流動性のものなども焼くことができる。
↔直火焼き

関節リウマチ　結合組織に炎症を来す全身的な疾患であり、主に関節の滑膜に非化膿性の非特異的炎症を起こし、全身の多発性関節炎の病像を示す膠原病の一つ。女性に多くみられ、手足の小関節より漸次大関節が侵される。起床してから一定の時間、四肢の関節がこわばってよく動かない症状が特徴的である。　→特定疾病

汗　腺　汗は汗腺から皮膚の表面に分泌されるが、汗腺には、アポクリン腺とエクリン腺の2種がある。アポクリン腺は皮膚表面にある毛孔に開口していて、腋窩、乳輪、肛門周辺に分布し、思春期以降急激に分泌を増す。また、アポクリン腺からの汗には体臭に関係する成分が含まれる。エクリン腺は毛孔と関係なく皮膚表面に開口し、体温調節のためのうすい汗を分泌する。汗腺の数は全身で200〜500万といわれ、部位により差があるが、手のひら、足の裏、顔面等には汗腺数が多い。

感染経路　感染が起きる三つの要因（感染源、生体の防御機能、感染経路）のうちの一つ。主な感染経路としては、経口感染（細菌やウイルスなどが水や食物に混ざって口から入り感染する場合）、飛沫感染（咳やくしゃみで唾液や喀痰が空中に飛散し、それを吸引して感染する場合）、空気感染（飛沫粒子よりも小さい飛沫核となって空中を漂っている病原微生物を吸引して感染する場合）、接触感染（皮膚や粘膜の接触、手や器具、手すりなどの物に接触することで感染する場合）がある。

感染源　感染が起きる三つの要因（感染源、生体の防御機能、感染経路）のうちの一つ。病気の原因となる微生物をもち、それをほかの人に感染させる人や物のことをいう。具体的に

は、感染者やその人の身体から出される尿、便、血液のほか、菌で汚染された器具や物（感染者が使用したタオルや食器など）がある。

感染症　病原性微生物が体内に侵入し、生育増殖することを感染という。感染により個体の組織を変化させたり生理的機能を障害するような疾病を感染症という。個体の抵抗力が強ければ、一定の症状を起こさないので、不顕性感染という。

感染症対策　我が国の感染症対策は、感染症法に代表される感染源への対策、予防接種による感受性者への対策、環境衛生面からの感染経路の対策に大別できる。従来の発生時中心の対策に加えて、発生及びまん延を防止する対策を含め、総合的な対策を推進している。　→感染症の予防及び感染症の患者に対する医療に関する法律、予防接種法、検疫

感染症の予防及び感染症の患者に対する医療に関する法律〔平成10年法律114号〕　伝染病予防法等に代わり、感染症の予防及び感染症の患者に対する医療に関する総合的な施策の推進を図ることを目的として制定された法律。感染症をめぐる状況の変化や感染症の患者等が置かれてきた状況を踏まえ、感染症について類型を設けて見直し、感染症予防のための基本指針等の策定、情報の収集及び公表、健康診断、就業制限及び入院、消毒等の措置、入院患者への良質かつ適切な医療の提供等について定めている。平成18年の改正で、結核予防法が廃止され、結核についてもこの法律で対応することとなった。また、生物テロによる感染症の発生及びまん延を防止する対策を含め、総合的な感染症予防対策を推進するため、病原体等の所持を規制する制度が創設され、入院、検疫等の措置の対象となる感染症の種類が見直された。平成20年の改正では、感染症の類型に新型インフルエンザ等感染症が追加された。平成26年の改正では、二類感染症に中東呼吸症候群が追加され、新感染症のまん延を防止するため必要があると認められるときは、都道府県知事の権限として、患者や医療機関に検体の採取や提出に応じるよう要請できると規定された。

感染症法　⇨感染症の予防及び感染症の患者に対する医療に関する法律

感染性胃腸炎　ウイルスや細菌が原因で起こる胃腸炎の総称。小児期に多発するロタウイルス、近年集団発生が多発しているノロウイルス、食材を介して感染することの多い大腸菌やサルモネラ菌、カンピロバクターなどが代表で、下痢や嘔吐、発熱を主症状とする。

感染予防　病原体が体内に侵入して発育ないし増殖することを予防すること。予防法の第一は、感染の原因となる病原体が含まれているもの（感染源）との接触を絶つことである。消毒や滅菌はこのために行われる。感染源は感染症によって異なり、血液、便、痰、汚染された食品や水、罹患した人、動物などさまざまである。第二の方法は、感染を受けないように抵抗力を高めることである。ふだんの健康管理に気をつけ、予防接種を受けることなどがこれに当たる。

肝臓　右の横隔膜直下にある1200〜1400g程度の大きい実質臓器。右葉、左葉、方形葉、尾状葉に分かれる。肝臓には栄養分に富んだ門脈が入り、肝細胞は糖・たんぱく・脂質代謝の中心である。また、胆汁を生成し、有害物質を解毒、不用なホルモンを壊す働きもある。

乾燥・防湿剤（被服の）　高湿度下において繊維製品は、変質・変色などの損傷や虫害、かびが発生しやすくなるため、被服の保管には防湿が重要である。繊維製品には、シリカゲルが繊維への影響が少ない。塩化カルシウム系の乾燥剤は、吸湿すると液化して衣服を損傷することがあるので注意する。また、脱酸素剤も酸素を必要とする生物全般の防除には有効である。

患側　脳卒中後遺症等の片麻痺において、障害を受けて不自由である半側を指す。患っている側という意味で疼痛やけがの場合にも用いられることがある。　↔健側

がん対策基本法〔平成18年法律98号〕　がん対策に関し、①基本理念、②国、地方公共団体、医療保険者、国民及び医師等の責務、③がん対策推進基本計画の策定、④がん対策の基本

的施策について定めた法律。我が国において、がんは疾病による死因の第1位であり、国民の生命及び健康にとって重大な問題となっていることから、がん対策を総合的かつ計画的に推進することを目的としている。

浣腸 肛門から直腸に液体を注入し、腸の内容物を排除する方法。浣腸は一気に便が出るので血圧の変動を起こしやすく、高血圧や心臓疾患のある人、身体の虚弱な人には注意が必要となる。必ず医師の指示を受けなければならない。

寒天 てんぐさなどの紅藻類を煮たところてんを、凍結・乾燥させたもの。寒天は製法により大きく分けて天然寒天と工業寒天の2種類があり、天然寒天には棒寒天、糸寒天があり、工業寒天には粉末寒天等がある。主成分は多糖類で、アガロース、アガロペクチンからなり、栄養価は0キロカロリーで、食物繊維を豊富に含む。調理では、分量の水を加え、煮溶かした後、冷やし固める。常温でも固まる。嚥下障害がある人の料理に加えるなど、濃度をつけるとろみ剤としても利用される。

冠動脈疾患 ⇨虚血性心疾患

眼内圧 ⇨眼圧

観念奔逸 思考が異常に促進される現象で、次々に考えが浮かんでくる状態。目的から離れた考えが次々と生じ、統一はあまりないが表面的な結びつきがみられる。躁病のときにみられる。

間脳 大脳の底部中央にあり、視床と視床下部からなる。視床で各種の感覚神経がニューロンをかえて大脳皮質へいく。視床下部は自律神経の中枢、ホルモン分泌の中枢として、生体機能の維持に大切な働きをしている。

カンピロバクター 食中毒を起こす病原菌の一つで、家畜やペット、野生動物など、あらゆる動物や水中に存在し、少量の菌でも食中毒を起こす。肉類（特に鶏肉）や二次汚染された食品、飲料水などを介して人に感染するが、近年では、集団給食による感染事例が多い。潜伏期間は2～7日で、下痢、腹痛、発熱、嘔吐などの症状がある。予防法は、生肉と調理済み食品を別々に保存する、十分な加熱などである。

カンファレンス〔conference〕 ⇨ケアカンファレンス

鑑別診断 ある症状・所見が認められる患者に対し、その症状・所見がどのような疾患に由来するのか、原因となる疾患を見極める診断。"吐血を来す疾患の鑑別診断としては胃・十二指腸潰瘍、食道静脈瘤があるのように使われる。

甘味 砂糖などを口にしたときの味をいう。鹹味（塩辛い味）や酸味、苦味、うま味と並ぶ基本味の一つで、乳幼児が最初に感じる味である。最近は甘味料を使い人工的に甘味をつけていることも多い。

がん抑制遺伝子 がん遺伝子の発現を抑制し、細胞のがん化を抑制する作用を持つ遺伝子。→がん遺伝子

管理栄養士 栄養士法に基づき、管理栄養士の名称を用いて、①傷病者に対する療養のための必要な栄養指導、②個人の身体状況や栄養状態等に応じた高度の専門的知識及び技術を要する健康の保持増進のための栄養指導、③特定多数人に対して継続的に食事を供給する施設における利用者の身体状況、栄養状態、利用状況等に応じた特別の配慮を必要とする給食管理と栄養改善上必要な指導等を行うことを業とする者。管理栄養士になるには、栄養士免許を取得後、国家試験に合格し、厚生労働大臣の免許を受けなければならない。 →栄養士

関連痛 内臓疾患の場合、皮膚の特定の部分に感じる痛みをいう。これは内臓と皮膚からの求心性神経が同じ脊髄の節に入り、信号がその間にある程度伝わるため、内臓からの痛みが皮膚の痛みとして感じられるものである。内臓と皮膚節の間には一定の関連があるので、皮膚の症状から内臓疾患を診断することも可能である。連関痛、投射痛ともいう。

緩和ケア 主にがん患者に対して、痛みや呼吸困難などの身体的症状やうつなどの精神的症状、死の恐怖など全人的苦痛（霊的苦痛を含む）を和らげるケア。

き

キーパーソン 一般には「鍵をにぎる人物」のことである。利用者本人の家族や親族などといった関係者で、最も力になってくれる支え手を意味する場合と、社会福祉サービスの提供場面では、介護福祉士、看護師、理学療法士（PT）、ボランティア、近隣の人々などが関与するなかで、利用者本人と最も信頼関係の築かれている人物をキーパーソンと呼ぶ場合がある。　→ケアカンファレンス、信頼関係

記　憶 過去の経験や思考などを蓄えておき、必要に応じて思い出すこと。経験を蓄える作業（符号化または記銘）、持ち続ける作業（貯蔵または保持）、それを意識にのぼらせる作業（検索または想起）という三つの過程が考えられている。なお、過去に経験したり、学習した行動などを思い出すことができなくなることを忘却という。

記憶障害 生理的、精神的原因によって記銘や保持、想起といった記憶機能の働きが減退、消失した状態をいう。中毒、感染症、頭部外傷による意識障害、認知症や知的障害、コルサコフ症候群などに認められることが多い。　→記憶、健忘、コルサコフ症候群

機械的消化 口腔におけるそしゃくと胃腸の蠕動（ぜん）運動により行われる消化作用をいう。　↔化学的消化

機械浴 特別養護老人ホーム等の施設に設置された重度障害者用入浴機器を利用した入浴のこと。障害の程度等に応じて、さまざまな機種がある。機械浴は、身体の麻痺や拘縮が強く、立位や座位の保持が困難な利用者の場合に、ストレッチャーを利用して入浴する方法である。

気　管 喉頭から続く部位で、肺へ空気を運ぶ約10cmから12cmの半円筒状の細長い路。第6頸椎に始まり第4～5胸椎の前で、左右の気管支に分岐する。　→気管支

義　眼 眼球摘出術や眼球内容除去術を行った後に装飾的に装着する人工的眼球。普通義眼、特殊義眼、コンタクト義眼がある。これを必要とする視覚障害者に対しては、補装具の一種として公費が支給される制度がある。　→補装具

気管カニューレ 気管カニューレは切開した気管内に挿入するもので、長期に人工呼吸による管理が必要な場合に挿入される器具である。気道の役割と気管内分泌物を出す役割がある。カニューレには、カフ付き、カフ無し、気管ボタンなどの種類がある。カフには医師の指示による量の空気を入れる（成人は通常5～7ml）。カニューレ挿入部には切り込みガーゼをはさむ。カニューレは外れないように綿テープ（カニューレホルダー）等で固定し、その結び目は首の横にくるようにする。

気管支 気管に続く部位で、左右に分かれており、肺門から肺に入り、樹枝状に分岐し肺胞となる。気管支には左右があり、左右差がある。右気管支は左気管支に比べて、太く、短く、肺門に入る傾斜が急である。そのため、異物は右に入ることが多い。

気管支喘息 発作的に生ずる気管支平滑筋の攣縮（れん）（瞬間的に起こる痙攣性収縮）による呼吸困難。呼気が苦しく、喘鳴や咳がみられる。激しい発作では起座呼吸となる。気管支の攣縮はアレルギー反応によるが、外因となるアレルゲンが不明な場合も多い。誘因として、感染、運動、精神的ストレス、大気汚染等がある。治療としては、原因、誘因となっているものを除き、感染には抗生物質を与え、気管支拡張薬、ステロイド薬を用いる。　→外因型喘息、内因型喘息、喘鳴

気管切開 なんらかの原因により気管が狭窄し、呼吸困難を生じた場合に行われる処置である。この処置により気道が確保され、酸素の供給が行われる。原因として、外傷・アレルギー等による気道粘膜の浮腫による気道の狭窄、異物等による気道閉塞、長期間の気管挿管を必要

きかんそう

とする場合等がある。一時的又は永久的に頸部正中を切開する方法である。切開部は消毒による感染予防が行われる。

基幹相談支援センター 地域における相談支援の中核的な役割を担う。総合相談・専門相談、権利擁護・虐待防止、地域移行・地域定着の促進、地域の相談支援体制の強化を四つの柱として業務を行っている。市町村又はその委託を受けた者が基幹相談支援センターを設置することができる（障総合77条の2）。

危機介入 危機に直面している個人や家族に対して積極的に働きかけることによって、その危機状態を脱することを目的とする援助方法で、それまでの援助関係を大きく改善したり、危機に陥る原因を探って、それを未然に防止したりすることができる。危機理論に基づいて実践の体系が構築され、多領域で応用されるようになった。「危機」には、発達に伴う予期できる危機、死別や事故などの予期できない危機、自然災害等による危機に分類できる。クライエントの問題状況によっては極めて有効な援助方法となる。　→介入

企業年金 従業員が退職・死亡した場合に、企業が本人又はその家族に対して終身又は一定期間支給する年金。適格退職年金、調整年金、企業独自の年金の三つがあり、従来の退職一時金に代わって大企業を中心に拡大をみたが、バブル経済の崩壊とともに存立の厳しい年金制度も出てきている。

起居様式 住宅の中で行われる基本的な生活の仕方（立ち居振る舞い）のこと。日本では畳の上に布団を敷いて寝たり、床に座って生活するユカ座が従来の様式だったが、ベッドやイスなどの洋風家具の導入に伴って、床から離れた位置で生活するイス座も取り入れられた。足腰が虚弱な高齢者などには、イスに座っての食事やベッドの利用により身体負担が少なくてすみ、介護者の負担軽減にもつながるイス座様式が推奨されている。機能性や趣味嗜好によってユカ座様式とイス座様式を組み合わせた様式が一般的になっている。

起座位 胸痛時や呼吸困難時等に背を90度にし、オーバーテーブルや机などの上に枕やクッションを置き、それを抱えうつ伏せにする体位である。心臓疾患の人に心臓の位置を高くして血液の循環の負担を少なくしたり、また喘息発作では呼吸がしやすくなる。上体を挙げ、背もたれを背面に当て、肘を机の上に置き、肩が緊張しないよう調整し、膝の下・足底に枕やクッションをあて安楽な姿勢にする。

きざみ食 咀嚼力（食物を歯で咬み、粉砕する力）が弱い人のために、食物を小さく刻んで食べやすくした食事。どんな料理を食べているかがわかる方が食欲も高まり、摂食量も増えるため、細かく刻んでも盛り付けのときに料理の原型がわかるようにするとよい。ただし、料理によっては、細かく刻んだだけでは、飲み込むときに食塊をつくることができず、むせやすくなる。そのため、きざみ食をつくる場合は、単に食物を細かく切るだけでなく、食塊をつくりやすくする工夫が必要になる。

義　歯 一般的には人工歯をもった、歯の欠損を補うもの。通常は自分で着脱できる有床義歯（全部床義歯・部分床義歯）をいう。インプラント義歯は、骨に穴を開ける手術が必要であり、自分で着脱はできない。

義　肢 四肢の欠損部分に装着し、人工的に補てんするための器具。上肢切断に用いる義手と下肢切断に用いる義足に大別される。義手は、その使用目的から外観を主とした装飾用義手、作業を主とした作業用義手、残存筋や肩の運動等を力源として、日常生活、軽作業に適する能動式義手に分けられ、切断部位により上腕義手、肩義手、肘義手、前腕義手、手部義手及び手指義手がある。義足は、その使用目的から通常用いる常用義足と特定の作業に用いる作業用義足に分けられ、切断部位により股義足、大腿義足、膝義足、下腿義足、果義足、足根中足義足及び足指義足がある。障害者総合支援法に基づく補装具の交付品目として指定されている。　→補装具

義肢装具士 義肢装具士法に定められた国家

試験に合格し、厚生労働大臣の免許を受けた者で、医師の指示の下、義手、義足、体幹装具等の義肢装具を製作し、身体に適合させることを業とする者。医学的知識に加え、高度で複雑な工学的技術を必要とする専門性の高い職種である。近年、手術直後の患者に義肢装具を装着して訓練を行う早期リハビリテーションが定着し、その役割は臨床の場において重要なものとなっている。

義肢装具士法〔昭和62年法律61号〕　義肢装具の製作及び適合に係る知識・技術を併せ持つ者の法定資格としての義肢装具士について、その業務の適正な運用と資質の向上を図り、医療の普及・向上に寄与することを目的として定められた法律。この法に基づき国家試験によって義肢装具士の資格が与えられる。

気　　質〔temperament〕　心理学や精神医学では、暗い、もの静かな、気短な、明るいといったような感情的傾向を気質と呼んでいる。気質はかなり素質的なもので、乳幼児期にすでにその特徴を見いだすことができる。寝つきのよい温和な子や、癇の強い過敏な子などがそれである。この気質に、加齢や生後の境遇、教育などの影響が加わって性格という特徴が形成される。

器質精神病　脳の病変により発生する精神障害を、器質精神病もしくは器質性脳症候群という。脳組織の外傷、炎症、変性等によって発生する。症状は、せん妄、認知症、健忘症候群、器質性妄想症候群、器質性幻覚症、器質性感情症候群、器質性パーソナリティ障害等がある。

器質性精神障害　⇨器質精神病
義　　手　⇨義肢

基準該当介護予防サービス　介護予防サービス事業者としての指定を受けるべき基準のうち、一部の要件は満たさないが、一定の水準を満たすと認められた事業所により行われる介護予防サービス。介護予防訪問入浴介護、介護予防短期入所生活介護、介護予防福祉用具貸与について基準が定められており、指定介護予防サービス事業者の基準より緩和されている。市町村が認めた場合に特例介護予防サービス費として支給され、原則として償還払いにより行われる（介護54条）。

基準該当居宅介護支援　介護保険制度において、指定居宅介護支援事業者以外の、一定の基準を満たす事業者により行われる居宅介護支援又はこれに相当するサービスをいう。その人員や運営の基準については、指定居宅介護支援事業者と同様であるが、事業者が法人でなくてもよいという点で異なる。保険給付としては、特例居宅介護サービス計画費として支給されるため、原則として償還払いによる給付となるが、利用者がその基準該当居宅介護支援を受けることを市町村に届け出ている場合には、現物給付の対象となる（介護47条）。

基準該当居宅サービス　介護保険法に基づく、指定居宅サービス事業者の人員、設備及び運営の基準の一部を満たしていない事業者のうち、一定の水準を満たす事業者が行う居宅サービス。居宅サービスのうち、訪問介護、訪問入浴介護、通所介護、短期入所生活介護、福祉用具貸与について基準が定められており、指定居宅サービス事業者の基準を緩和した基準となっている。保険給付としては、保険者が認めた場合に特例居宅介護サービス費として支給され、原則として償還払いにより行われる（介護42条）。

基準該当サービス　居宅サービス事業者、居宅介護支援事業者、介護予防サービス事業者又は介護予防支援事業者として都道府県等の指定を受けるためには、法人格を有することや人員・設備および運営基準を満たす必要があるが、これらのうち一部を満たしていない場合であっても、一定水準を満たすサービスの提供を行うものについて市町村の判断により保険給付の対象とすると認められたサービスをいう。

基準該当障害福祉サービス　指定障害福祉サービス事業者や指定障害者支援施設等の基準の一部を緩和した基準を満たしている事業者により行われる障害福祉サービスのこと。基準該当居宅介護、基準該当重度訪問介護、基準該当同

行援護、基準該当行動援護、基準該当生活介護、基準該当短期入所、基準該当自立訓練（機能訓練）、基準該当自立訓練（生活訓練）、基準該当就労継続支援Ｂ型がある。支給決定を受けた障害者（児）が基準該当障害福祉サービスを受け、市町村が必要であると認めた場合等に、特例介護給付費、特例訓練等給付費、特例特定障害者特別給付費が支給される（障総合30条・35条）。

寄生虫 ある動物が他の動物（宿主）の体表又は体内に寄居するようになり、栄養や代謝を宿主に依存している場合、この動物を寄生虫という。寄生虫の種類は原虫類、吸虫類、条虫類、線虫類、昆虫類、ダニ類と多い。寄生虫は宿主に対して寄生虫病を起こす。日本における寄生虫病は、毎年1～5人程度と少なく、寄生虫病予防法が廃止された。しかし、学校等の虫卵検査では陽性者数が近年増加している。

既製服 すぐに着用できるように幾種類ものサイズに応じて仕立てられた服のこと。戦前の衣服製作は家庭での女性の仕事であったが、戦後、女性の社会進出とともに分業が始まり、既製服が多くなった。既製服は工業製品である。デザインや色柄は、不特定多数の消費者のニーズに対応し、売れ筋のものが作られる。サイズは、衣服を作るための人体計測データに基づいて展開される。素材の選択から縫製、仕上げまですべて工業規格の下で生産され、最後に検品され、規格をパスしたものが市場に出荷される。サイズ表示も日本工業規格（JIS規格）により決められている。アパレル産業のグローバル化に伴い、生産地域と販売地域が異なることや通信・ネット販売による返品の問題などから、JISによるサイズ表示も国際標準化機構（ISO）との整合性が求められている。ISOでは、サイズシステムと表示及び計測方法などが検討されている。

義　足 ⇨義肢

基礎代謝量 生命維持に必要な、覚醒時の最低熱量。食後10～18時間後に安静横臥状態で測定する。年齢・性別・体質等で個人差がある

が、1日の基礎代謝量は59～69歳男性が1400kcal、女性が1110kcal、70歳以上では男性が1280kcal、女性が1010kcalである。

基礎縫い 衣服を製作、繕いするうえで必要な基礎となる縫い方のことをいう。手縫いでは、ぐし縫い、返し縫い、まつり縫いがある。ぐし縫いと返し縫いは2枚の布を縫い合わせるための縫い方であり、まつり縫いはズボンやスカートの裾、袖口など縫い代の始末に用いる縫い方である。糸の渡し方によって、斜めまつり、たてまつり、千鳥掛けなどがある。

基礎年金 国民年金法に基づく年金給付。老齢基礎年金、障害基礎年金及び遺族基礎年金の3種類がある。昭和61年4月から実施された年金制度の改正によって、すべての国民に共通する年金給付として導入された。従来、日本の公的年金制度は、被用者年金制度（厚生年金・共済年金）と国民年金制度に分かれていたが、制度間の格差、産業構造等の変化に伴う制度基盤の不安定化等の問題が生じていたため、被用者年金の被保険者とその配偶者にも国民年金を適用することとした（国年15条～42条）。
→老齢基礎年金、障害基礎年金、遺族基礎年金

ギックリ腰 体位の変換や物を持ち上げようとした瞬間などに、急に腰部に激痛を発するもので、疼痛による腰椎の前・後屈が障害され寝返りも困難になる。　→腰痛

キットウッド, T．〔Kitwood, Tom 1937～1998〕イギリスの臨床心理学者。本名はトム・キットウッド。イギリス・ブラッドフォード大学で教鞭を執っていた1986年ごろ、近所の認知症の人と知り合い、認知症の人の置かれている状況に興味をもち、研究を始める。その人を中心としたケア（パーソンセンタードケア）の提唱者であり、ケアの質を評価する「ディメンシア・ケア・マッピング（DCM）」を発案した。　→パーソンセンタードケア

気道確保 意識のない被介護者が舌根沈下や分泌物の貯留によって気道閉塞を起こし窒息するのを防止すること。気道確保の方法には、頭部後傾法や下顎押し出し法、エアウェイの挿入、

気管内挿管等がある。

気道閉塞 意識消失による舌根沈下や分泌物の貯留、気道狭窄、咽頭浮腫などによって気道がふさがれ、十分な呼吸ができなくなる状態のこと。

絹 蚕がつくるまゆからとった繊維（生糸）である。1本の生糸は2本のフィブロインとこれを囲むセリシンとからなる。生糸を精練しセリシンを取り除くと、三角形の断面をもつ細いフィブロインとなり絹特有の光沢としなやかさが現れる。フィブロインは16種のアミノ酸から成るたんぱく質であるが、日光に当たると、この中のチロシンやトリプトファンが紫外線を吸収し、黄変して弱くなる。光沢やドレープ性がある。染色性・吸湿性に富んでいるが摩擦に弱い。高級衣料に使われる。アルカリに弱く、洗剤は中性洗剤を用いる。

機能訓練 損なわれた身体機能の回復や維持を図るための訓練。麻痺などにより失われた機能の回復を図る運動療法、残された健全な機能の開発を図る日常生活活動訓練などをいう。→作業療法、理学療法、リハビリテーション

機能訓練指導員 日常生活を営むのに必要な機能の減退を防止するための訓練を行う能力を有する者。具体的には、理学療法士、作業療法士、言語聴覚士、看護職員、柔道整復師又はあん摩マッサージ指圧師の資格を有する者である。特別養護老人ホームや通所介護事業所等に配置が義務付けられている。

機能主義 利用者は自らの意思で問題解決できる能力をもつという、フロイト.Sの弟子であるランク.Oの意思心理学を拠りどころとしている。中心はあくまでも利用者におき、援助者は所属する機関の提供可能な機能（制度・サービス等）を利用者に提示し、利用者はそこから自ら必要なものを選択することを通して、自己洞察し、自我の自己展開が図られると考えられた。 ↔診断主義

機能障害 WHOの「国際障害分類（ICIDH）」（1980年）では、これを「心理的、生理的又は解剖的な構造又は機能のなんらかの喪失又は異常である」としており、形態異常を含む概念である。障害の三つのレベル（機能障害→能力障害→社会的不利）という考え方を示しており、日常生活や社会生活上の困難をもたらす心身そのものの障害状況であると理解される。なお、国際障害分類は2001年に国際生活機能分類に改定され、機能障害は「心身機能・身体構造」という肯定的表現に変更された。 →国際障害分類、能力障害、社会的不利、国際生活機能分類

機能性精神障害 器質的病変の認められない精神機能の変化のみの精神障害をいう。統合失調症、気分障害、非定型精神病などの内因性精神障害や心因性精神障害が含まれる。

機能性成分 生体の生理防御系、例えば神経系、内分泌系、消化系、循環系、免疫系の変調を修正し、病気の発症を未然に防ぐ食品の働きのもととなる成分のこと。機能性成分を機能別に分類すると、体調リズムの調節機能、生体防御機能、老化抑制機能、疾病予防機能にかかわる成分に分類することができる。

機能性尿失禁 膀胱、尿道、直腸機能に障害があって漏れるのではなく、排泄に関する判断や動作がスムーズにいかないために起こる失禁の総称。認知症でトイレの分からない人、麻痺などがあり身体が不自由でトイレに行くまでに時間がかかり漏れてしまう人や寝たきりの人もこのタイプになる。対応は尿・便意がない場合はサインを見つけ、トイレ誘導や時間誘導を行う。衣類の着脱が難しい場合は服装の工夫が、トイレが遠い場合はポータブルトイレの活用や環境整備等の工夫が必要である。 →失禁

気晴らし 疲労したり退屈したりした精神を活気づけるために用いられる楽しい活動。通常はあまり努力をしなくても楽しめる受け身の娯楽（テレビ鑑賞、肩の凝らない読み物、散歩、軽い運動など）が気晴らしとなる。気晴らしは一時的なものであり、長く続けると飽きてしまい、さらにまた別の気晴らしが必要になる。フランスの社会学者デュマズディエは、余暇の機能を「休息」「気晴らし」「自己開発」であると

説明している。　→自己開発、休息

気分障害　内因性精神障害の一つ。情動の異常を示すものとして、躁状態のみ、あるいはうつ状態のみを繰り返すもの（単相性）と、躁うつとを交互に繰り返すもの（両相性）を「気分障害」という名称で呼んできたが、DSM－5では気分障害という名称をなくし、「双極および関連障害」と「抑うつ障害」とに分け、明確に区分した。

気分変調性症　うつ病ほどではない抑うつ気分が、長期間続く症状をいう。食欲減退、不眠、気力の低下、集中力低下、絶望感を伴うことが多い。DSM－Ⅳでは気分障害の一種とされてきたが、DSM－5では、持続性抑うつ障害となっている。

基本指針（障害者総合支援法）　障害福祉サービス、相談支援及び地域生活支援事業の提供体制を整備し、自立支援給付及び地域生活支援事業の円滑な実施を確保するために国が定めた基本的な指針（平18厚労告395）。市町村及び都道府県が障害福祉計画を策定するに当たっては、この基本指針に即すこととなっている。基本指針では、障害福祉計画の基本理念として、①障害者等の自己決定と自己選択の尊重、②市町村を基本とした身近な実施主体と障害種別によらない一元的な障害福祉サービスの実施等、③地域生活移行や就労支援等の課題に対応したサービス提供体制の整備を掲げている。さらに、この基本的理念を踏まえ、①必要な訪問系サービスの全国保障、②日中活動系サービスの保障、③入所から地域生活への移行、④福祉施設から一般就労への移行、に配慮した数値目標を計画に設定し、その計画に沿った整備を行うとしている。　→障害福祉計画

基本相談支援　障害者総合支援法において、地域の障害者等の福祉に関する問題について、障害者等、障害児の保護者又は障害者等の介護を行う者からの相談に応じ、情報の提供及び助言を行い、これらの者と市町村及び指定障害福祉サービス事業者等との連絡調整その他の便宜を総合的に供与することをいう（障総合5条17項）。

基本的人権　人間としてもっている当然の基本的な権利のこと。我が国では、憲法の下で基本的人権を尊重することが根本的な原理とされており、「公共の福祉」に反しない限り、法律によっても制限されるものではない。具体的には思想・信教・集会・結社・言論の自由、健康で文化的な最低生活の保障、教育を受ける権利の保障、勤労の権利についての保障等がこれに当たる。　→公共の福祉

記銘力障害　新しく知覚し、体験したことを記憶にとどめておく能力の障害。

逆説睡眠　脳波上では入眠時とほぼ同様あるいは覚醒時類似の波形を呈していながら、行動上は深い睡眠状態にあるものをいう。この時期は入眠後約90分の周期で出現し20分間位持続する。急速眼球運動を伴うことからレム睡眠とも呼ばれる。この時期は夢が多く、心拍・呼吸のリズムの乱れ、抗重力筋の緊張の低下、各種自律神経機能が不安定となる。　→レム睡眠

虐　　待〔abuse〕　力の強い者が、抵抗する力がないか極めて弱い者に対して、身体的あるいは精神的な攻撃を加えること。虐待の内容には、直接的な身体的虐待、心理的虐待、性的虐待、経済的虐待のほか、ネグレクト（無視：食事を与えない、病気になっても病院に連れていかない等）がある。従来の児童虐待に加え、近年、高齢者虐待、障害者虐待も問題となっており、これらを防止することを目的とした法律が定められている。　→ネグレクト、高齢者虐待、児童虐待、障害者虐待

逆転移　ケースワークなどの個別援助の過程において、援助者（ケースワーカー）が利用者（クライエント）のなかに自己の過去の生育歴上の出来事を移し変えて反応すること。感情転移の一種であるが、このような心理機制は利用者に対する処遇によくない影響を与えるとされ、援助者がスーパービジョンを受ける、交代する等の方法によって、援助関係を良好に継続させる必要がある。　→感情転移、スーパービジョン

客観的情報 利用者の身体や行動などを、介護者が測定したり、観察したりすることで得られる情報のこと。「朝の体温が37.5度で高めだった」「主食を半分、副食を全量摂取した」「休むことなく廊下を3往復した」などが、その例となる。

逆向健忘 記憶障害の一種で、障害を受けた時点からそれ以前の健全な時期にさかのぼって、ある一定期間の記憶が失われていることをいう。頭部外傷、一酸化炭素中毒、尿毒症、てんかん、心因反応でしばしばみられる。　←→前向健忘

キュア〔cure〕 ラテン語で「注意・世話」「病気・病人を治す」「いやす、治療する」の意味をもつ。ケア（介護、世話）とキュアが比較される場合、キュアは治療を意味することが多い。　→ケア

きゅう 漢方療法の一つで、もぐさを肌の局部、経穴・灸穴にのせてこれに火を点じて焼き、その熱気によって病を治療することをいう。医師以外の者できゅうを業とする者は、あん摩マツサージ指圧師、はり師、きゅう師等に関する法律に基づく国家試験に合格し「きゅう師免許」を受けなければならない。

吸引器 分泌物、血液、浸出液などを排除する目的で用いる器械で、電気によって陰圧となったチューブで吸引をする。一時的吸引と持続的吸引を行うものがある。介護場面で用いる吸引器は、一時的に喀痰（かくたん）などを吸引するためのものが多い。持続的吸引は手術後などに用いられることが多い。吸引用チューブは汚れやすいので清潔に注意が必要である。

ＱＯＬ　⇨クオリティ・オブ・ライフ

嗅覚 五感のうち、においをつかさどる感覚。鼻の粘膜の嗅神経が、においの刺激に反応し、脳に伝える。

救急救命士 救急救命士法により定められた国家試験に合格し、厚生労働大臣の免許を受けた者で、医師の指示の下に救急救命処置を行うことを業とする者をいう。この場合の「救急救命処置」とは、症状が著しく悪化するおそれがあり、又は生命が危険な状態にある傷病者に対して、病院又は診療所に搬送されるまでの間に行われる気道の確保、心拍の回復その他の処置であって、症状の著しい悪化を防止し、又はその生命の危険を回避するために緊急に必要なものをいう。救急隊員が行う応急処置を拡大し、救命率の向上を図る目的で平成3年に法定化された。

救急処置 災害や事故が発生した場合、人命及び人体への危険をなるべく少なくするためにとられる処置。①周囲の人々に協力を求め、医療機関への連絡や救急車の手配をする、②事故の内容と傷害の程度を判断する、③状況に応じて止血、人工呼吸、ＡＥＤの使用、心臓マッサージ等を行う、④完全な手当てのできる場所へ患者を運ぶ、等がある。

救急蘇生 病気やけがにより、突然に心停止、もしくはこれに近い状態になったときに胸骨圧迫や人工呼吸を行うことにより、急変した人の命を守り救うための知識や手技のこと。

救護施設 生活保護法の規定に基づき設置される保護施設の一種。身体上又は精神上著しい障害があるために日常生活を営むのが困難な要保護者が入所し、生活扶助を受けるための施設で、設置主体は、都道府県、市町村、地方独立行政法人、社会福祉法人及び日本赤十字社に限られている。入所者の多くは、複合した障害のある者や精神障害の寛解者である。また、救護施設は保護施設通所事業の対象施設であり、保護施設退所者を通所させて、指導訓練等を行う（生保38条〜48条、昭41厚令18、平14社援発0329030）。

救護法〔昭和4年法律39号〕 昭和4年制定（施行は昭和7年1月）の総合的な救貧法。市町村長を救護の実施主体とし、「65歳以上ノ老衰者」「13歳以下ノ幼者」「妊産婦」「不具廃疾、疾病、傷痍其ノ他精神又ハ身体ノ障碍ニ因リ労務ヲ行フニ故障アル者」のうち扶養義務者が扶養することができない者を対象としていた。「救護施設」としては、地方長官の認可を受けた「養老院」「孤児院」「病院」が挙げられ、

救護の種類としては「生活扶助」「医療」「助産」「生業扶助」の四つが挙げられていた。また、救護は、居宅救護を原則とし、居宅がないか居宅では不適当な場合は施設入所により保護することができるとしていた。昭和21年、旧生活保護法の制定により廃止された。　→旧生活保護法

吸湿性（被服地の）　繊維が水蒸気を吸収する性質を吸湿性という。繊維は、周囲の空気が水蒸気を多く含み、湿度が高いときは多量の水分を吸収するが、湿度が低下すると、水分を放出して乾燥する。繊維の吸湿性は水分率で表し、各種繊維の吸湿性を比較する場合は、ふつう標準状態（温度20℃、湿度65％RH）の水分率を用いる。綿、毛、絹等の天然繊維やレーヨン等の再生繊維は親水性で吸湿性が大きいが、合成繊維類は疎水性で吸湿性が乏しいものが多い。

吸　収　栄養学においては、消化管内で消化された物質が胃腸粘膜を経て体内に取り込まれることをいう。吸収にはアミノ酸等の低分子の物質が物理的作用によって濃度勾配に従って起こる細胞膜透過の受動輸送と、特定の物質のみを消化管内の濃度に関係なく選択的に吸収する能動輸送とがある。

吸水性（被服地の）　布類が水と接触した場合に、水を吸収する性質を吸水性という。繊維自身は疎水性で吸湿性が乏しい場合でも、布では糸や繊維の隙間が毛管の作用をし、毛管現象により次第に水が布の中に浸入して吸水する。したがって、布の吸水性は布や糸の構造と密接な関係があり、一般に含気率の高い布は吸水性が大きい。

急性灰白髄炎　⇨ポリオ

旧生活保護法〔昭和21年法律17号〕　この法律の施行に伴い、戦前の救護法等の救貧を目的とした法律は廃止された。旧生活保護法の最も重要な点は、要保護者に対し無差別平等に国家責任によって保護を実施することを初めて明文化したことである。すなわち、我が国のこれまでの救済制度とは異なる近代的な公的扶助制度が成立したわけである。しかし、個々の要保護者に積極的な保護請求権は存在しないという解釈がとられており、また、民生委員（旧・方面委員）が実施機関たる市町村長を補助して保護事務に当たることなどの点に、旧生活保護法の限界があったと考えられている。昭和25年、現在の生活保護法の公布により廃止された。　→救護法、生活保護法

急性期リハビリテーション　発症直後に治療と併行して開始するリハビリテーション。安静によって生じる廃用症候群を予防し、早期離床を促すうえで重要となる。医師、理学療法士、作業療法士、看護師などによるチームアプローチが実施される。

急性心筋梗塞　⇨心筋梗塞

急性膵炎　胆石・胆道疾患、アルコールなどによるもの、特発性（原因不明）のものなどがあるが、成因は複雑。まず、何らかの要因により膵内のトリプシノーゲンが活性化され、それによってトリプシンが活性化されて膵が自家消化される。また、膵の壊死組織から蛋白分解酵素が、膵の隣接臓器や組織のみならず遠隔の臓器へも作用を及ぼす。自覚症状は、腹痛、殊に心窩部や季肋部などの上腹部痛で、持続的で背部へ放散し、背臥位で増強する。軽症の場合は予後も良く、アルコール性のものを除き再発はまれである。

急性脳症候群　⇨せん妄

休　息　一切の活動をやめて安静にし、それによって心身の疲労を癒し、生き生きとした活動エネルギーを取り戻すこと。フランスの社会学者デュマズディエは、余暇の機能として「休息」「気晴らし」「自己開発」をあげている。　→気晴らし、自己開発

吸入薬　噴霧状、又はガス状にして直接気道に送る薬剤。喘息や慢性気管支炎において去痰作用を図るほか、肺の疾患に対し抗生物質を送るのにも用いられる。喘息の際の簡単な吸入器具や卓上ネブライザー等の装置で薬液を鼻腔から噴霧する。

9の法則　やけどの面積を簡単に測定する方

法。大人の体表面積を体の区分ごとに9％の11倍（1％を陰部）として、やけどの部分の比率を測定する。成人ではやけど部分が体表面積の3分の1を超えると致命的となる。　→熱傷

キューブラー・ロス〔Kübler-Ross, E.〕　アメリカの精神科医。死の直前の重症患者から直接、面接や聴き取りをして、その心理過程を『死ぬ瞬間』などにまとめた。そのなかで、死を受容するまでに5段階のプロセスがあることを示している。

球麻痺　延髄の麻痺症状を呈する疾患の総称。延髄の運動核の障害による、舌、口唇、口蓋、咽頭、喉頭の各筋を支配する神経の進行性萎縮により、筋肉の進行性萎縮と麻痺を起こす。このため嚥下、咀嚼、言語が障害される。延髄出血による急性卒中様球麻痺と進行性球麻痺とに分けられる。

キュプラ　銅アンモニア法により製造された再生セルロースを主成分とする繊維。セルロース液を紡糸口金より水中に押し出し、延伸しながら凝固させて繊維にする。断面は丸く細く、レーヨンに比べて光沢が弱く強度は大きい。また湿潤強度の低下も小さい。滑りがよく摩擦帯電もないので裏地として利用される。

教育扶助　生活保護法による保護の一種。被保護世帯に小学校・中学校在学児童・生徒がいる場合に支給される。一定の基準額に加え、教科書その他学用品費、通学のための交通費、学校給食費などが主に金銭給付によって行われる（生保13条・32条）。　→生活保護の種類

教育リハビリテーション　心身障害児の教育面のリハビリテーションについて、特別支援教育とほぼ同じ意味で用いられることもある。障害者のリハビリテーションにおける教育的側面は特別支援教育に限定されるものではないので、本質的には学校教育のみならず、社会教育、生涯教育など、教育的手法を用いる各種の専門的領域を包含するものといえる。　→特別支援教育

仰臥位　仰向けのこと。背臥位ともいう。休息時、就寝時、一般内科診察時に多く用いられる体位。仰臥位の姿勢を長く続けると仙骨部に褥瘡ができやすいので注意が必要である。　→側臥位、腹臥位

境界域高血圧　⇨高血圧

共感（共感的理解）〔sympathy〕　他者の心情等を我が身のことのように感じること。他者を共感的に理解しようと努力する姿勢は、対人援助の基本であり、極めて重要な援助姿勢であるが、一方、共感も理解もあくまでも援助者自身の経験や知識というフィルターをとおして得られるものであり、「人は他者のすべてがわかるということはあり得ない」という視点をもつことも重要である。

協議会　障害者の地域における自立生活を支援していくため、関係機関・団体、障害者等とその家族、障害福祉サービス事業者や医療・教育・雇用を含めた関係者が、地域の課題を共有し、地域の支援体制の整備について協議を行う場。障害者総合支援法の規定に基づき、地方公共団体が単独又は共同して設置する。協議会を設置した都道府県及び市町村は、障害福祉計画を定め、又は変更しようとする場合、あらかじめ協議会の意見を聴くよう努めなければならない（障総合89条の3）。

恐慌性障害　⇨パニック障害

共済年金　国家公務員、地方公務員、私立学校教職員を対象とする年金制度。給付の種類には、退職共済年金、障害共済年金、遺族共済年金があり、いずれも基礎年金に上乗せして支給される報酬比例年金である。

胸式呼吸　⇨呼吸運動

行事食　特別な目的のために用意される食事の中で、行事の際に供される食事をいう。例えば正月のおせち料理や彼岸に食べるおはぎ等が日本古来のものとして挙げられる。

狭心症　心筋が一過性の虚血（局所性の貧血）から酸素欠乏に陥ったために生じる胸痛症候群。冠動脈の内腔が動脈硬化のため、あるいは冠動脈の攣縮により狭窄を生じると、運動などの負荷による心筋の酸素需要の増大に血液が応じきれず虚血状態となる。心臓部の疼痛発作

を主訴とし、持続は数分以内が普通である。安静にしているか亜硝酸剤（ニトログリセリン等）を舌下に投与すれば発作は消失する。なお、心筋に壊死が生じた場合は心筋梗塞という。 →心筋梗塞

強心薬 心臓に作用して、その機能を強める薬物をいう。強心配糖体といわれ、ジギタリス等がある。

共生社会 障害の有無、性差、年齢、エスニシティ等にかかわらず、だれもが相互に人格と個性を尊重し支え合う社会のあり方。障害者福祉の基本理念である、リハビリテーション、ノーマライゼーションと並ぶ理念の一つ。

矯正視力 眼鏡、あるいはコンタクトレンズによって補正された視力。裸眼による視力（非矯正視力）に対しての呼称。

行政手続における特定の個人を識別するための番号の利用等に関する法律〔平成25年法律27号〕 行政機関、地方公共団体その他の行政事務を処理する者が、個人番号及び法人番号の有する機能を活用し、①効率的な情報の管理及び利用並びに迅速な情報の授受を行うことができるようにするとともに、これにより、②行政運営の効率化及び公正な給付と負担の確保を図り、かつ、国民が、手続の簡素化による負担の軽減、本人確認の簡易な手段その他の利便性の向上を得られるようにすることを目的とする法律。個人番号をその内容に含む特定個人情報の保護、その適正な取り扱いを確保するための特定個人情報保護委員会の設置等を規定している。 →個人番号、法人番号

強直間代発作 てんかんの大発作で、突然の意識消失に続いて起こる全身筋肉の収縮を起こす強直痙攣（上肢は屈曲、下肢は伸展）と、四肢及び躯幹を大きく振わせる間代痙攣をいう。発作終了後は、呼吸は回復し、睡眠に移行するが、まもなく覚醒する。

胸　痛 胸部に感じる痛み。原因は多岐にわたる。胸郭によるもの、肺、心臓に起因するもの、他臓器由来のもの等がある。心臓由来の、狭心症や心筋梗塞等の場合は特徴的な痛み方をする。衣服を緩め安静にして呼吸を楽にさせるとともに、痛みの持続時間を観察し、時には緊急に医師の診察を受けられるように対応しなければならない。

協同組合 資本力の弱いものが協力して、生産上、消費上の利益を守るための組合組織。組合員の出資金によって形成される互助的な組織である点が特徴といえる。農業、漁業、生活等の協同組合がある。今日、非営利での在宅福祉サービス活動の展開や福祉生活協同組合等の発足が注目されている。 →生活協同組合、NPO

共同作業所 ⇨小規模作業所

共同生活援助 地域で共同生活を営むのに支障のない障害者等につき、主として夜間において、共同生活を営むべき住居において相談その他の日常生活上の援助を行う障害者総合支援法の給付対象サービス。訓練等給付に分類される（障総合5条15項）。共同生活を行う住居でのケアが柔軟に行えるよう、平成26年4月より共同生活介護（ケアホーム）が共同生活援助（グループホーム）に一元化され、共同生活援助に介護機能が付与されている。

共同生活介護 ⇨共同生活援助

共同募金 社会福祉法の規定に基づき、毎年行われる寄付金の募集。寄付の募集は都道府県の区域単位で行われ、集めた寄付金は、区域内で社会福祉を目的とする事業を経営する者に配分される。赤い羽根共同募金として知られ、共同募金事業を行うことを目的として設立される社会福祉法人である共同募金会が行い、第一種社会福祉事業とされている（社福112条・113条）。 →第一種社会福祉事業

強度行動障害 激しい不安や興奮、混乱の中で、多動、自傷、異食、こだわり等生活環境に対する極めて特異な行動を頻回に示し、日常生活に著しい困難を生じる状態をいう。知的障害や自閉症を有する者の福祉の立場から定義された概念。「強度行動障害判定基準表」により判定されている。対応方法として、行動障害を生み出している要因を分析し、その要因の解消を図る視点に立って、それぞれの障害の状態に応

じた日常生活の支援、暮らしやすい生活環境の整備が求められている。

強迫観念 内容が理屈に合わない無意味なこととわかっていながら、そのことが頭から離れず払いのけることができない考えをいう。疑惑癖、質問癖などがある。強迫性障害でみられる。

強迫行為 内容が理屈に合わない無意味なことと知りつつも実行しないではいられない行為。例えば、不潔だと考え頻回に手を洗う行為など。強迫性障害にみられる。

強迫性障害（強迫神経症） 強迫観念と強迫行為を主症状とする神経症をいう。青年期に発病することが多く、症状は加齢とともに軽減することもあるが、長期に持続することもある。強迫性格が基礎にあるといわれる。　→神経症

恐怖症 ある物体、状況に対して不合理な恐怖をいだき、それを回避する行動をとるもの。ネズミ、ヘビ等の動物や雷、高所等が恐怖の対象となる単一恐怖、人前で話せない、食事ができない社会恐怖、突発事故から逃げることが困難である状況を回避しようとする広場恐怖がある。

胸部痛 ⇨胸痛

業務独占 国家資格において、資格を取得した者がその根拠法で定められた業務について独占することをいう。無資格者がその業務を行ったり、資格名称を名乗ることは禁じられる。具体的には医師、弁護士等がこれに当たる。↔名称独占　→介護福祉士、社会福祉士

共有スペース 特別養護老人ホーム等の入所施設においては、個人の居室面積と共有スペースの面積等の基準が定められている。ユニット型施設やグループホームにおいては、共有スペースを取り囲むように居室を配置し、居室を出ると皆が集うリビングがある。このように、共有スペースは、単に面積を確保するだけではなく、建物の全体構造の中で快適な生活を実現するための配置が検討されなければならない。

虚　血 局所性貧血の中で、特にその程度が強く、局所への血液供給が極端に減少するものをいう。動脈の狭窄や動脈循環不全により起

きる。

虚血性心疾患 心筋を養う冠状動脈の循環が障害され（狭窄、閉塞、攣縮などにより）、ある範囲の心筋が虚血状態（血液供給の不足あるいは停止）となり病変を来す疾患。狭心症、心筋梗塞などをいう。冠状動脈硬化が原因となることが多い。　→狭心症、心筋梗塞、動脈硬化（症）

虚弱高齢者 心身の障害や疾病によって、常時介護を要する状態ではないものの、日常生活の各場面において独力で行うことに困難があるため、何らかの援助を必要としている高齢者。

居住環境整備 介護の必要な状態になっても生活する意欲を持ち、本人の持つ残存能力を使って自立できるように促すことを目的として、心身の状況に応じて安全に行動できる物理的な環境を整備し、自立支援に結び付く居住環境の整備をすること。家具の移動や部屋の模様替え、福祉用具の利用、住宅改修など利用者の身体状況や住宅の状況、家族や介護者の状況を考慮して段階的に進めていくことが重要である。身体状況は変化していくものなので、定期的に状況を確認して、居住環境の整備に反映させることが必要である。

居住空間 日常の住まいの場とそれを取り巻く庭などの環境。人間の日常生活が営まれる場所であり、安全で衛生的で快適であることが生活の充実にとって欠かせない条件である。

居住サポート事業 ⇨住宅入居等支援事業

居住、滞在及び宿泊並びに食事の提供に係る利用料等に関する指針〔平成17年厚労告419〕介護保険施設等の利用に伴う居住（滞在）・食費の利用者負担に関する施設と利用者の間の契約について、適正な手続きや利用料の水準等について定めた指針。手続きについては、契約内容を利用者とその家族に文書により説明し同意を得ること、利用料等を事業所の見やすい場所に掲示することなどが定められ、利用料の設定については、個室、多床室など居住環境の違い、施設の建設費用、近隣の類似施設における費用などを勘案して定めることとされている。

居住地特例 特に、障害者総合支援法におけ

る居住地原則（利用者の居住地により支給決定の実施主体を判断する原則）の特例。施設等所在地の支給決定等事務や費用負担が過大とならないよう、特定の施設入所（入居）者について、入所等の前の居住地市町村を支給決定の実施主体とする配慮（障総合19条3項・52条2項・76条4項）。介護保険制度など、住民基本台帳と直結している制度では、住所地特例という。
→住所地特例

拒食症 ⇨神経性無食欲症

拒絶症 はっきりした理由もなく、指示や命令に対して拒絶することをいう。統合失調症の緊張病型で多く認められる。例えば、拒食、拒薬の形で現れる。

居宅介護 居宅において、入浴、排せつ及び食事等の介護、調理、洗濯及び掃除等の家事並びに生活等に関する相談及び助言その他の生活全般にわたる援助を行う障害者総合支援法の給付対象サービス。障害支援区分が区分1以上（障害児にあってはこれに相当する心身の状態）である者を対象とし、介護給付に分類される（障総合5条2項）。単にホームヘルプサービスの総称として用いられる場合もある。

居宅介護サービス計画費 居宅要介護被保険者が、指定居宅介護支援事業者から指定居宅介護支援を受けたときに要する費用について市町村から支給される介護給付。指定居宅介護支援介護給付費単位数表で算定した単位数に1単位単価を乗じた額が基準額となる。居宅介護サービス計画費については、利用者の負担はなく、基準額の全額について保険給付される。利用者が市町村にあらかじめ利用する指定居宅介護支援事業者の届出をしている場合には代理受領が認められ、市町村から事業者に直接、居宅介護サービス計画費を支払うことができる（介護46条）。　→居宅介護支援

居宅介護サービス費 居宅要介護被保険者が、指定居宅サービス事業者から指定居宅サービスを受けたときに要する費用について市町村から支給される介護給付。その額は、指定居宅サービス介護給付費単位数表で算定した単位数に、1単位単価を乗じた額の9割であり、残りの1割は利用者の負担となる。利用者は1割負担をサービス事業者に支払ってサービスを利用し、市町村が指定居宅サービス事業者に対して居宅介護サービス費を支払う代理受領が行われている。なお、食事の提供に要する費用、滞在に要する費用その他の日常生活に要する費用（おむつ代、理美容代など）については、給付の対象とならない（介護41条）。

居宅介護支援 要介護者であって居宅において介護を受けるものが指定居宅サービス、指定地域密着型サービス及びその他居宅において日常生活を営むために必要な保健・医療・福祉サービスなどを適切に利用できるよう、要介護者や家族の依頼を受けて、居宅サービス計画を作成するとともに、その計画に基づくサービスの提供が確保されるよう指定居宅サービス事業者などとの連絡調整を行うなどの支援を行うこと。また、要介護者が介護保険施設等への入所を要する場合にあっては、施設への紹介やその他の便宜の提供を行う。「居宅介護支援事業」とは、居宅介護支援を行う事業をいう。要支援者に対しては、平成17年の改正により、介護予防サービス計画の作成や指定介護予防サービス事業者などとの連絡調整を行う「介護予防支援」が新たに設けられた（介護8条23項）。　→居宅サービス計画、ケアマネジメント、介護予防支援

居宅介護支援費 利用者に対して指定居宅介護支援を行い、かつ、月の末日において市町村又は国民健康保険団体連合会に対し、給付管理票を提出している指定居宅介護支援事業者について算定する。要介護度別に単位数が設定されており、居宅介護支援事業所の介護支援専門員1人あたりの1月の取扱い件数が40件を超える場合は超えた部分の単位数が引き下げられる。初回加算、特定事業所加算、認知症加算などがあるほか、運営基準を満たしていない場合や正当な理由なくケアプランに位置づけられている事業所が偏っている場合は減算される。

居宅介護住宅改修費 居宅要介護被保険者が

現に居住する住宅について、①手すりの取付け、②段差の解消、③滑りの防止及び移動の円滑化等のための床または通路面の材料の変更、④引き戸等への扉の取替え、⑤洋式便器等への便器の取替え、⑥①〜⑤に付帯して必要な住宅改修を行ったとき、利用者からの申請によって市町村が居宅要介護被保険者の心身の状況や住宅の状況等から必要と認める場合に支給する介護給付。支給額は、実際の改修費の9割であり、総額は、支給限度基準限度額（20万円）の9割（18万円）を上限とする。利用者は、住宅改修が必要な理由書を事前に提出する必要がある。なお、転居した場合、又は要介護状態区分が3段階以上高くなった場合には、改めて支給限度額までの支給を受けることができる（介護45条、平11厚告95）。

居宅介護福祉用具購入費　居宅要介護被保険者が、特定福祉用具（腰掛便座、自動排泄処理装置の交換可能部品、入浴補助用具、簡易浴槽、移動用リフトのつり具）の販売を行う指定居宅サービス事業者から、特定福祉用具を購入したとき、市町村がその用具を日常生活の自立を助けるために必要と認める場合に支給される介護給付。支給額は実際の購入費の9割に相当する額。なお、毎年4月からの12か月を管理期間とした支給限度基準額（10万円）が定められ、管理期間内の支給総額は、基準額の9割が上限となる。また、同一種目で用途や機能が類似の用具については、管理期間内で1回の支給が原則となる（介護44条）。　→特定福祉用具

居宅サービス　在宅の利用者に対して提供されるサービス。利用者宅への訪問、施設への通い、短期入所といった形態がある。特に介護保険においては、訪問介護、訪問入浴介護、訪問看護、訪問リハビリテーション、居宅療養管理指導、通所介護、通所リハビリテーション、短期入所生活介護、短期入所療養介護、特定施設入居者生活介護、福祉用具貸与及び特定福祉用具販売をいう（介護8条1項）。

居宅サービス計画　介護保険制度において、居宅介護支援事業所の介護支援専門員により介護支援サービス（ケアマネジメント）の過程で作成される要介護者の在宅生活を支援するための介護サービス計画。居宅サービス計画の作成には、課題分析（アセスメント）とともに、要介護者の生活上の課題やニーズを明らかにし、在宅での生活維持・向上のためにどのようなサービスを提供すれば自立支援につながるのかを明確にする。具体的には、要介護者の健康上・生活上の問題点や解決すべき課題、利用する居宅サービス等の種類や内容、サービス担当者、目標とその達成時期、提供される日時、利用者が負担する金額等を定めた原案を作成する。その後、サービス担当者会議で専門的な立場から計画を検討し、要介護者の同意を経て作成される（介護8条23項）。　→介護サービス計画、介護予防サービス計画、施設サービス計画

居宅保護　主に生活保護において、被保護者をその自宅で保護すること。生活保護は、居宅保護が原則とされているが、居宅保護では保護の目的を達しがたいとき又は被保護者が希望したときは、救護施設及び更生施設等の施設に入所させて行うことができる。施設に入所させて保護を行うことにより、サービス利用者の自由、人権等がしばしば問題になるのに対して、居宅保護は利用者の自由意思に委ねられる比重が大きいのが特徴である。

居宅療養管理指導　介護保険の給付対象となる居宅サービスの一つ。居宅の要介護者に対して、病院、診療所又は薬局の医師、歯科医師、薬剤師、歯科衛生士、管理栄養士、看護職員が居宅を訪問して行う療養上の健康管理や保健指導サービス。具体的には、医師又は歯科医師は、サービス事業者に対して居宅サービス計画の策定等に必要な情報提供を、要介護者やその家族に対して居宅サービスを利用する上での留意点、介護方法等についての指導及び助言を行うほか、薬剤師は、医師又は歯科医師の指示に基づき薬学的な管理及び指導を、歯科衛生士は、歯科医師の指示に基づき口腔内の清掃又は有床義歯の清掃に関する指導を、管理栄養士は医師の指示に基づき栄養指導を、看護職員は療養上

の相談や支援を行う。要支援者に対しては、介護予防居宅療養管理指導が行われる（介護 8 条 6 項）。

起立性調節障害　立ち上がったときや立っているときに生じるめまい。血圧調節機構の障害により、起立時に生じる血圧低下が防止できず、脳内の血流が不足して起こる。一般に、立ちくらみともいわれる。

起立性低血圧　臥位からの起立時に血圧が低下する状態で、立ちくらみや、時に失神を生じる。原因には自律神経障害と中枢神経障害とがあるが、ある種の薬剤や長期臥床が関わっていることもある。

記　　録　社会福祉援助活動において、その援助過程の事実を書き記すこと。性格上、専門的な知識・技術に基づく客観性が要求される。意義として、利用者をよく理解できること、記録を振り返ることで自らの理解を深められることが挙げられる。記録様式は項目記録、過程記録、要約記録が代表的なものであり、事例の内容、施設・機関の性格等によって使い分けられ、適宜併用される。　　→フェイス・シート、プロセス・レコード、要約記録

記録（介護の）　⇨介護記録

筋萎縮　筋細胞の集まりである筋組織が縮んで小さくなること。筋肉を支配している脊髄や末梢神経の障害によるもの、筋組織の病変によるもの、筋肉を使わない場合など原因はさまざまであるが、いずれも筋力の低下を来す。

筋萎縮性側索硬化症〔amyotrophic lateral sclerosis；ALS〕　運動筋が広範囲に障害される運動ニューロンの変性疾患。原因は不明で、難病に指定されている。通常、手や足などの筋力低下、けいれんにはじまり、疲労感、嚥下困難や発声障害、非対称性の筋萎縮の拡大等が起こり、やがて呼吸筋も麻痺し、人工呼吸器の装着が必要となる。感覚障害や意識障害は起こらず、意識は清明なまま寝たきり状態に陥る。治療法は確立されておらず、診断後 5 年以内に死亡する例が多い。近年では、人工呼吸器を装着し 10 年以上生存することもまれではなくなりつつある。40 〜 70 歳の男性に多く、日本では 10 万人あたり 4 〜 5 人が発症するといわれている。ルーゲーリック病と呼ばれることもある。なお、2003（平成 15）年より、ＡＬＳ患者に対するたんの吸引については、医師や看護職による適切な指導を受けるなどの条件を満たしたヘルパーにも認められている。

緊急通報装置　住居に関する各種センサー（検知器）が異常を感知すると、自動的に警備会社、その他の管理先に通報するシステムのこと。例えば、自動ロック、ガス、電気、水のコントロール等、防災や防犯により住空間の安全を確保しようとするものである。センサーの誤報や使用方法が正しく理解されず、有効に使用されていない場合もあるので、定期的な点検やメンテナンスをきちんと行うことが重要である。特に、高齢者が利用する場合は、システムの理解や使用上の注意を確認し、実際に通報された場合の対応や流れを予め把握しておく必要がある。

近　　視　眼の屈折異常で、無調節状態の眼に平行光線が入ったとき、網膜に結像せず、網膜の前方に像を結ぶ屈折状態をいう。凹レンズで矯正する。

筋ジストロフィー　筋そのものが侵される遺伝的疾患で、筋肉の拘縮、骨格の変形を来し、重症例では、歩行不能、呼吸機能障害、心筋障害を起こす。発病年齢や発病部位、進行度等から、6 型に分類されている。

金銭給付　⇨現金給付
禁断症状　⇨離脱症状

筋　　肉　人体を構成する組織の一つで、筋線維（筋細胞）からなる。骨格と共に運動をつかさどる骨格筋（横紋筋）、心臓の心筋、内臓の運動をつかさどる内臓筋（平滑筋）の 3 種に分類される。

筋肉内注射　筋肉内に薬液を注射する手法。静脈内注射や皮下注射に不適で、速効性が必要な場合等に用いられる。三角筋部、中臀筋部又は大腿四頭筋外側広筋に行うが、知覚・運動神経障害が発生することがある。介護職はこの行

為をしてはならない。

筋無力症 重症筋無力症ともいわれ、骨格筋の易疲労性、脱力を主症状とする神経・筋接合部の伝達異常に由来する疾患である。寛解・増悪を繰り返す。胸腺腫を高頻度に合併する。抗アセチルコリン剤が有効である。鑑別診断として進行性筋ジストロフィー等の各種の筋萎縮症がある。

金融商品の販売等に関する法律〔平成12年法律101号〕 金融商品販売業者等が商品を販売する際の、顧客に対する説明義務（元本欠損が生ずるおそれがある旨や権利行使期間の制限又は解約期間の制限等）の明確化、説明義務違反に対する損害賠償責任、金融商品販売業者等が行う金融商品の販売等に係る勧誘の適正の確保等について定めた法律。金融商品として預貯金、信託、保険、有価証券等が対象となっている。

筋力テスト 筋力を測定する方法。医学的リハビリテーションで一般的に用いられているのは徒手筋力テストである。

く

クアハウス 温泉を利用して、入浴やトレーニングを組み合わせた新しい形の総合的な健康増進施設。専門の指導員の下で、利用者に応じた指導が行われる。我が国では昭和54年に初めて開設された。クアハウスとはドイツ語で、治療の家、保養の家といったような意味。なお、ケアハウスとは全く違う概念なので区別が必要。

空間失認 ⇒空間認知

空間認知 物の位置、方向、大きさ、形、距離等を把握するための知覚。視覚、触覚、聴覚、運動感覚、平衡感覚、嗅覚等を介して空間の関係が認識される。後頭葉、頭頂葉や脳の右半球に損傷があると、この空間認知に障害を来す。

空腹感 食物に対する欲求が身体に現れた状態をいう。脳の視床下部に空腹感を促す摂食中枢と満腹感を促す満腹中枢がある。この両者の働きにより食欲は調節される。また視床下部付近に血中ブドウ糖濃度を感知する受容器があり、これも空腹感や食欲などの調節をしている。その他、胃の膨満感、血中の遊離脂肪酸濃度などの要因が総合して空腹感を生じさせているという。

クーリング・オフ制度 特定商取引に関する法律及び割賦販売法に基づき、購入者等が訪問販売など営業所以外の場所において、指定商品・権利等について契約の締結等をした場合に、一定の期間内であれば、購入者が販売業者に通知して無条件に契約の解除等をすることができる制度。 →特定商取引に関する法律

クオリティ・オブ・ライフ〔quality of life；QOL〕 「生活の質」「人生の質」「生命の質」などと訳される。一般的な考えは、生活者の満足感・安定感・幸福感を規定している諸要因の質。諸要因の一方に生活者自身の意識構造、もう一方に生活の場の諸環境があると考えられる。この両空間のバランスや調和のある状態を質的に高めて充足した生活を求めようということ。この理念は、医療、福祉、工学その他の諸科学が、自らの科学上・技術上の問題の見直しをする契機になった。社会福祉及び介護従事者の「生活の場」での支援も、生活を整えることで暮らしの質をよりよいものにするというクオリティ・オブ・ライフの視点をもつことによって、よりよい支援を求めることができる。

苦情解決 利用者の立場に立った保護のために必要な仕組みの一つ。社会福祉の制度としては、平成12年の「社会福祉の増進のための社会福祉事業法等の一部を改正する等の法律」により、苦情解決の仕組みが導入された。具体的には、福祉サービス利用者の苦情や意見を幅広く汲み上げ、サービスの改善を図る観点から、①社会福祉事業経営者の苦情解決の責務を明確化、②第三者が加わった施設内における苦情解決の仕組みの整備、③前記方法で解決が困難な

事例に備え、都道府県社会福祉協議会に運営適正化委員会を設置、という3点を整備することになった。

屈曲拘縮 関節が屈曲位で固定したままの状態になって、他からの働きかけで伸展できなくなった状態。脳卒中による四肢麻痺、寝たきり状態の際に放置すると生じやすい。

クックチル 加熱調理した製品を急速冷却させて、チルド状態で保存し、必要時に再加熱して提供する方法をいう。介護福祉施設や障害者施設などで、この調理方法の料理が使われるようになってきている。

くも膜下出血 くも膜下腔内の出血。くも膜下腔又は隣接する脳実質の血管の病変(脳動脈瘤が多い)が原因となる。症状は、突然の激しい頭痛、嘔吐、意識障害、けいれん等である。症状は他の脳血管障害と類似するが、脳脊髄液が血性であればくも膜下出血を疑う。脳出血、脳梗塞等と並ぶ日本人に好発する脳血管障害の一つ。脳脊髄は、外側から硬膜・くも膜・軟膜の3層で被われ、くも膜下腔には脳脊髄液が流れている。

クライエント〔client〕 援助対象者を、医療分野では患者(ペイシェント)、臨床心理分野では来談者(クライエント)と呼ぶことが多い。なお、福祉分野ではサービス利用者と呼ぶのが一般的である。

クライシス・インターベンション ⇨危機介入

クリアランス〔clearance〕 1分間に腎臓がある物質を完全に浄化したときの血液の最小限度量を表すもの。腎臓の機能が低下すると尿の生成が行われにくくなり、クリアランスは減少する。

グリーフケア(遺族ケア) 利用者(患者)が亡くなった後の遺族を対象としたケア。死別後の遺族がグリーフワーク(悲嘆作業、喪の作業)を十分に行い、新しい出発ができるよう支援することが重要である。

繰入金 総務省「家計調査」の収支項目分類によると、「繰入金」は、前月から持ち越した世帯の手持ち現金のことである。

グリコーゲン〔glycogen〕 動物細胞内に顆粒の状態で貯蔵されている多糖類のこと。摂取された糖質はブドウ糖からグリコーゲンに変えられ、肝臓に貯蔵される。

繰越金 総務省「家計調査」の収支項目分類によると、「繰越金」は、当月末における世帯の手持ち現金のことである。

グリセミック・インデックス(指数) 食品が体内で糖に変わり血糖値が上昇する早さを計ったもので、糖質量や消化のスピードなどで決まる。ブドウ糖を摂取した時の血糖値上昇率を100として、相対的に表される。指数が低いほど食後の血糖値の上昇が遅く、インシュリンの分泌も抑えられる。指数の高い食品は消化吸収が早く、血糖値の変動を来しやすい。

グルーピング〔grouping〕 集団的なレクリエーション・プログラムを展開しようとするときには、メンバーの日常生活能力や知的・社会的能力等を考慮し、メンバー個々の目標達成に効果的なグループづくりが大切である。そのために、メンバー間の相互作用等を意図してグループづくりを行うことをグルーピングという。

グループ・アプローチ〔group approach〕 精神機能を維持させたり、日常生活での関心を高めさせたり、他の人々とのコミュニケーションを深めるための集団療法的なテクニック。認知症高齢者や障害者に対してよく用いられる。→回想法、リアリティ・オリエンテーション、再動機づけ

グループ・インタビュー〔group interview〕 複数の対象者を集め、集団で話し合いながら回答を得る面接法。グループ・ダイナミックスを利用することで各々の発言が促進され、個別の面接では得られない多様で詳細なデータを収集することができる。 →面接法、グループ・ダイナミックス

グループ・スーパービジョン〔group supervision〕 スーパーバイザーが複数のスーパーバイジーを対象に行うスーパービジョンのこと。スーパーバイザーが個々にスーパービジョ

ンを行うことが時間等の制約から不可能な場合等や、集団でのスーパービジョンの方が効果的な場合に、この形態がとられる。グループ・スーパービジョンの長所は、参加したメンバーの感想や意見を学習することができる点である。→スーパービジョン、スーパーバイザー、スーパーバイジー

グループ・ダイナミックス〔group dynamics〕 小集団の場に働くさまざまな心理的力動性を研究して、人間関係や社会現象を解明しようとする科学のこと。集団力学と訳される。社会福祉の援助においては、施設、在宅のいずれであっても集団援助の形態をとることが多いので、集団援助技術を進めるための分析や方法としても活用されることが多い。

グループホーム 認知症高齢者や障害者等が、家庭的な環境と地域住民との交流の下、住み慣れた環境で、自立した生活を継続できるように、少人数で共同生活を営む住居またはその形態。これらの居住者に対する日常生活援助等のサービスを指す意味でも用いられる。介護保険法及び障害者総合支援法において、給付対象サービスとして位置づけられている。 →認知症対応型共同生活介護、共同生活援助、認知症対応型老人共同生活援助事業

グループワーク〔group work〕 ⇨集団援助活動、集団援助技術

グルテン 小麦のたんぱく質の主要成分で、小麦粉を水でこねたときに形成される。グルテンは網状組織で、粘弾性をもっているのでパンや菓子、めん類などの加工上重要な役割をしている。グルテンの含量によって、12％前後が強力粉、10％前後が中力粉、8〜9％が薄力粉に分類される。このため、粘弾性の違いにより、強力粉はパン等、中力粉はうどん等、薄力粉はお菓子やてんぷらと用途が異なる。

車いす 身体上の機能障害等で歩行が困難な者が使用する補助具で、シートと駆動輪、キャスタ、ブレーキ等からなっている。手で車輪を動かす手動式の車いす、手の筋肉が弱い等手動式車いすの使用が困難な者が使用する電動式の車いす、移動に必要な操作を介助者が行う介助用車いすなどがある。障害者総合支援法に基づく補装具として、車いすと電動車いすが指定されている（平18厚労告528）。介護保険法では自走用標準型車いす、普通型電動車いす、介助用標準型車いす、介助式電動車いすが福祉用具貸与の対象となる。 →補装具、電動車いす

クレアチニン〔creatinine〕 腎から尿中に排泄される不要物で、筋肉中のクレアチンの代謝産物である。腎臓に障害があると排泄量が減少し、血中のクレアチニン値が上昇するので、腎機能の指標となる。

クレープ 強撚糸（撚り数が800回/m以上の糸）を精練すると収縮が大きくなることを利用し、例えば縦糸に単糸、横糸に強撚糸を使用して平織にし精練を行い、縦糸を収縮させしぼを表した織物である。縮緬ともいう。素材が綿のものは軽くて薄く、透湿性や通気性に優れ、かつ、肌にべたつかないので夏用和服地、肌着、シャツ等に使用される。絹のものは着物、羽織、帯地等に用いる。しわになりにくい。

呉 秀三〔くれしゅうぞう 1865〜1932〕 精神医学者。ウィーン、ハイデルベルク、パリに学ぶ。1901〜1925年まで東京帝国大学教授。精神病者慈善救治会の創始者。1902年に日本神経学会を創立。精神障害者の人道的な扱いを主張した精神医療の先駆者である。

クレペリン，E．〔Krepelin, Emil 1856〜1926〕 ドイツの精神医学者。ドルパド、ハイデルベルク、ミュンヘンの各大学精神科教授を歴任。現代精神医学の基礎を築いた人で、疾病単位の確立と疾病分類の基礎をつくった。

クロイツフェルト・ヤコブ病（CJ病、CJD）〔Creutzfeldt-Jacob's disease〕 H.G.クロイツフェルトとA.ヤコブによって報告された疾患。初老期に発症し急速に進行する認知症で、錐体路、錐体外路系の神経症状を伴う。経過は亜急性で、数か月から1年内外に死亡に至る。原因は不明であるが、最近、感染因子が認められた。脳波では、周期性同期性放電がみられる。

グローバリゼーション〔globalization〕 通信や輸送手段の発達により、人、モノ、情報、資本等が国境を越えて大量に移動するようになり、地球上における各地域の相互関係が緊密化していくこと。

クロタミトン製剤 疥癬(かいせん)に有効な外用薬、クロトノトルイジン誘導体。掻痒感を鎮める作用もある。

クロックポジション〔clock position〕 視覚障害者に対して、食卓上にある物等の位置関係を把握し、記憶しやすいように時計の文字盤にたとえて説明する方法が用いられる。時計の文字盤の数字の位置関係をクロックポジションという。

くん煙 食品にナラやサクラ、カシなどを不完全燃焼させた煙を付着・浸透させて、香気のある特有の風味と保存性を付与する加工法をいう。煙でいぶすとも言う。

訓練等給付費 障害者総合支援法による自立支援給付の一つ。給付の対象となるものは、障害者が地域で生活を行うために、一定期間提供される訓練的支援であり、具体的には、自立訓練、就労移行支援、就労継続支援、共同生活援助が該当する(障総合29条)。

け

ケア〔care〕 「ケア」の用語を使って語られている諸現象は非常に多様である。しかし福祉分野においては、現在のところ「介護」とほぼ同意語であると考えてさしつかえない。→介護

ケアカンファレンス〔care conference〕 事例の援助過程において、的確な援助を行うために援助に携わる者が集まり、討議する会議のこと。個別援助においては、スーパーバイザーが担当の援助者に対して行う教育・指導の場であることが多い。援助が複数の機関・施設にまたがる場合は、関係する担当者が出席し、チーム対応を展開する場ともなる。介護関係者が行う場合には、介護計画の立案や評価の目的のために開かれる。 →スーパービジョン、サービス担当者会議

ケア計画 ⇒ケアプラン

ケアサービスの三つの基本理念 自己決定、残存能力の活用、サービスの継続性のこと。自己決定は、選択性の確保のことであり自己責任を持つということでもある。残存能力の活用は、残された機能を最大限に活用し本人が主体的・能動的に生きる姿勢を失わないように援助することである。サービスの継続性は、施設サービスと在宅サービスの連携や保健・医療・福祉サービスの連携など、本人の生活の一貫性・連続性を重視した援助を提供することである。→自己決定、残存能力、サービスの継続性

ケアチーム〔care team〕 一人の人に対してサービスがばらばらに提供されることは、サービスの重複や欠落を生む。したがって、保健・医療・福祉の各サービス提供者がチームを組んでサービスを提供し、頻繁なカンファレンスを持つことは極めて重要である。このようなチームケアの目的で寄り集まったチームをケアチームという。

ケア付住宅 ひとり暮らし高齢者、高齢者単独世帯、又は身体障害のある人々が安心して生活できるよう設備・構造等が配慮されているとともに、緊急時の対応やホームヘルパーの派遣等による介護サービスの提供など一定の福祉サービスが確保された住宅。シルバーハウジングやケアハウスといった形で整備されている。

ケアの個別化 さまざまな生活課題をもつ利用者一人ひとりに応じた介護を提供すること。一人ひとりに応じた支援を行うためには、標準的な方法・手順に準じた、統一的な介護サービスの提供だけでは十分とはいえない。標準的な方法・手順に加え、利用者一人ひとりの生活習慣や価値観を尊重した個別化の視点を加えることにより、その人にふさわしい尊厳を支える支援を実践することが可能になる。

ケアの標準化 組織（施設や事業所など）が定める標準的な介護の方法をマニュアル化し、業務手順として統一化すること。移動、食事、排泄、入浴などといった介護場面において、準備や後片付け、介助方法などの業務を標準化することにより、提供される介護サービスのばらつきを抑えることができる。その結果、利用者の不安や混乱が軽減するとともに、業務の効率化にもつながるというメリットがある。

ケアハウス ⇨軽費老人ホーム

ケアプラン〔care plan〕 個々人のニーズに合わせた適切な保健・医療・福祉サービスが提供されるように、ケアマネジャーを中心に作成される介護計画のこと。ケアプランは、①利用者のニーズの把握、②援助目標の明確化、③具体的なサービスの種類と役割分担の決定、といった段階を経て作成され、公的なサービスだけでなく、インフォーマルな社会資源をも活用して作成する必要がある。なお、ケアプランは、一定期間の計画であり、利用者の生活ニーズ等に変化がある場合には、新たな援助目標を設定し、ケアプランを作成することになる。　→ケアマネジャー、ケアマネジメント、介護サービス計画

ケアホーム ⇨共同生活援助

ケアマネジメント〔care management〕 生活困難な状態になり援助を必要とする利用者が、迅速かつ効果的に、必要とされるすべての保健・医療・福祉サービスを受けられるように調整することを目的とした援助展開の方法。利用者と社会資源の結び付けや、関係機関・施設との連携において、この手法が取り入れられている。なお、介護保険においては、ケアマネジメントは「介護支援サービス」と呼ばれる。→介護予防支援、居宅介護支援、施設介護支援

ケアマネジャー〔care manager〕 援助のすべての過程において、利用者と社会資源の結び付けや関係機関・施設との連携など、生活困難な利用者が必要とする保健・医療・福祉サービスの調整を図る（ケアマネジメント）役割をもつ援助者をいう。主に、利用者とのインテークから利用者のニーズの把握、ケアプランの作成、サービス調整、利用者の自己決定の支援、利用者のエンパワメントの強化、モニタリングと権利擁護などの役割を果たす。なお、介護保険においては、ケアマネジャーは「介護支援専門員」と呼ばれる。　→介護支援専門員

ケアワーカー〔care worker〕 介護（ケア）を業とする専門職種。国家資格としては介護福祉士があるが、他にも多くのケアワーカーが存在する。単に生活援助や身体介護の技術をもつだけではなく、援助対象者の心身両面にわたる把握や家族・地域を含む環境面の把握及びその援助技術、そして高い職業倫理等が求められる。

計画相談支援 障害者総合支援法において、サービス利用支援及び継続サービス利用支援をいう（障総合5条16項）。　→サービス利用支援、継続サービス利用支援

計画相談支援給付費 障害者総合支援法による自立支援給付の一つ。①障害者等が市町村長が指定する指定特定相談支援事業者から指定サービス利用支援を受けた場合であって、当該障害者等が支給決定等を受けたとき、②支給決定障害者等が指定特定相談支援事業者から指定継続サービス利用支援を受けたとき、それに要した費用が市町村から支給される（障総合51条の17）。

計画の実施（介護過程） 介護過程を展開するにあたっての段階の一つであり、目標達成のために立案された介護計画（個別援助計画）に従って支援を実施することをいう。その際、「自立支援」「安全と安心」「尊厳の保持」という観点から実施することが大切である。

計画の修正（介護過程） 介護過程を展開するにあたっての段階の一つである、評価のなかで行うこと。介護過程を展開するなかで、介護計画（個別援助計画）を実施した後に介護目標や具体的な支援内容を評価した結果、利用者が抱えている生活課題がすべて解決されていれば、そこでその人への生活支援は終了する。一方で、評価の結果、このまま同じ形で介護を続けても生活課題の解決につながらないことが明

らかになった場合は、計画の修正が求められる。

計画の立案（介護過程） 介護過程を展開するにあたっての段階の一つであり、アセスメントによって明確にされた生活上の課題を解決するために、利用者一人ひとりの個別援助計画を立案することをいう。その際、援助内容・方法について、「いつ、どこで、誰が、何を、何のために、どのように」行うか、5W1Hの視点に基づいて検討することが大切である。

経管栄養法 腸管機能障害などの原因により経口栄養摂取ができない患者か、経口栄養摂取が著しく困難な患者に実施する栄養法。経管栄養法導入に際しては、可能な限り経口栄養摂取を続けることが条件であり、どうしても食事摂取量が確保できない場合や嚥下障害が重症な場合に行うようにする。経鼻・経腸・胃ろう（PEG）・食道ろうからの経管栄養法があり、経口摂取が可能な場合には経口と経管を併用することがある。経管栄養食には、通常食をミキサーにかけたものや少量で高カロリー高たんぱくの摂取が可能な流動食が用いられる。

経口感染症 感染症のうち、病原体が食品や水とともに口から侵入し、体内で増殖して種々の疾患を起こすものをいう。赤痢、腸チフス、パラチフス、コレラ、腸管出血性大腸菌（O157）感染症などがある。

蛍光増白 漂白では純白に見えず、幾分黄色味を帯びている白布を、蛍光増白剤により処理することで、白く見せる処理法をいう。蛍光増白剤は紫外線を吸収し、青紫色の蛍光を発する物質で、繊維に親和性を有する一種の染料である。塩素系漂白剤によって蛍光を失うことが多い。合成洗剤にも配合されているものがある。おむつなどは蛍光増白剤無配合の洗剤がよいとされている。

経口的投与法 薬の投与方法のうち、経口的に投与する方法。飲み込むもののほか、口腔内や舌下に入れて溶かすものもある。また、錠剤やカプセル剤の服用時は必ず十分な量の飲料水とともに服用し、食道の憩室などにひっかかったままにならないようにする。自ら服用するものだけに、正しい与薬の時間と量に注意する必要がある。

芸術療法 絵画、音楽、詩歌、陶芸、舞踏、写真等のいわゆる芸術を活用した心理療法の総称。音楽療法、絵画療法、ダンスセラピー等がこれに含まれる。

痙性麻痺 上位ニューロンである脳や脊髄などの中枢神経が損傷した場合に生じる運動障害。筋肉の緊張度が増強し、つっぱった硬い麻痺。

継続看護 病院、中間施設、家庭での看護を中断させることのないよう看護職間の連絡調整を密にし、また、退院患者の居宅に看護職が出向いて、本人及び在宅看護をする家族に看護を提供するシステムをいう。

継続サービス利用支援 障害者総合支援法において、継続して障害福祉サービス等を適切に利用することができるよう、サービス等利用計画が適切であるかどうかを一定期間ごとに検証し、その結果等を勘案してサービス等利用計画の見直しを行い、その変更等を行うことをいう（障総合5条21項）。　→計画相談支援

継続性理論 老化の社会学的側面に関する理論の一つ。人は成長とともに習慣、一定の選り好み等を発展させつつ全体としてのパーソナリティを形成するが、老年期においても、可能な限りこれを維持しようとする傾向があるとし、生理的・心理的な能力の低下による変化を適応であると考える。老年者一人ひとりのパーソナリティを認めていこうとする考え方である。

形態異常 外見的に正常から著しく逸脱した状態をいう。短縮、肥大、変形、醜状瘢痕、欠損、過多等が含まれる。しかし、身体障害者福祉法の上では、欠損を除いて、単なる形態異常のみでは身体障害とは認めていない。典型的形態異常に小人症があるが、機能障害を伴っていない者は障害者として認めない。

形態認知 視覚障害者が物の形を触覚を用いて理解すること。

傾　聴 個別援助活動等の面接において、サービス利用者に自由に話をしてもらい、援助

者はその話をじっくりと聴くという面接の基本的な姿勢のこと。　→受容

頸椎後縦靱帯骨化症　頸椎の後縦靱帯に異所性の骨化が起こるために生じる疾患。肥満型の中年男性に多発する。脊椎管に占拠性病変が形成されるので脊髄が圧迫されて、下肢の痙性歩行、知覚障害、膀胱直腸障害等の脊髄圧迫症状を示す。単純X線検査、断層撮影及び脊髄造影で椎間孔の狭小化を認める。治療法として牽引等の保存的療法と手術療法がある。胸椎では、黄色靱帯に骨化が起こる黄色靱帯骨化症がみられる。　→後縦靱帯骨化症

頸動脈　頭部及び脳を養う血液が送られる首を通る動脈。総頸動脈と、これが分かれる内頸動脈、外頸動脈がある。比較的浅いところを通っており、心臓に近いことから微弱な拍動の観察に用いられる。ことに呼吸停止時などの救急時に、頸動脈の脈拍を診て心停止のチェックをする。

軽度認知機能障害〔Mild Cognitive Impairment；MCI〕　正常と認知症の境界にある状態。日常生活には支障を来しておらず、全般的な認知機能は正常に保たれている。経年経過のある一定の割合でアルツハイマー型認知症を発症することから、アルツハイマー型認知症の前駆症状とみられている。　→AACD

経鼻経管栄養　経管栄養法のうち、鼻腔から胃までチューブを挿入して、栄養剤を注入する方法のこと。

経皮酸素飽和度モニター（パルスオキシメーター）　動脈血酸素飽和度（SpO_2）を非侵襲的に測定する機器で、パルスオキシメーターによって測定された動脈血酸素飽和度を、経皮的動脈血酸素飽和度という。指先あるいは耳たぶなどの体表面にセンサーを取り付けるだけで血中の酸素飽和度を測定できる。

軽費老人ホーム　老人福祉法に規定する老人福祉施設の一つ。無料又は低額な料金で、老人を入所させ、食事の提供その他日常生活上必要な便宜を供与することを目的とする施設。入所対象者は、自炊ができない程度の身体機能の低下等が認められ、又は高齢等のため独立して生活するには不安が認められる者であって、家族による援助を受けることができないものである。施設は食事サービス付き、全室個室化、車いすの利用可能など、自立した生活を継続できるように構造や設備の面で工夫されている。介護保険法ではその居室は居宅とみなされ、要介護者等に該当すれば訪問介護等の居宅サービスが受けられる。また、特定施設入居者生活介護の対象となる特定施設とされており、人員、設備及び運営に関する基準を満たすことにより指定居宅サービス事業者の指定を受けることができる。なお、A型、B型の施設形態については現に存する施設のみに適用される基準が示されている。平成22年4月より、居室面積の最低基準を下げる等により地価の高い都市部の実情に合わせた「都市型軽費老人ホーム」が設置された（老福20条の6、平20厚労令107、平20老発0530002）。

軽費老人ホームの設備及び運営に関する基準〔平成20年厚生労働省令107号〕　老人福祉法第20条の6に規定する軽費老人ホームについての設備及び運営の基準を定めたもの。基本方針、構造設備等の一般原則を示し、設備、職員の配置及び資格要件、入所者に対する処遇方法等の管理規程、食事、健康保持、衛生管理等の基準が定められている。あわせて都市型及び附則においてA型・B型の軽費老人ホームについての基準が定められている。

傾　眠　意識混濁の軽い状態で、うとうとしている状態。刺激に対して覚醒するものの放置すると再び入眠してしまう。

契　約　一般的には、相対する複数の者の意思表示が合致して成立する法律行為のことをいう。社会福祉援助においては、援助者が利用者と取り交わす最初の約束を指す。ここで契約というのは、援助を必要とする者が、ただ単に申請するというのではなく、自らの意志で自己決定し、援助機関のサービスを利用していく役割をもつという個別援助技術等の理論に基づくものである。

契約施設 養護老人ホームのような、行政が決定する「措置施設」に対応する言葉。措置によらず施設長との直接契約によって入所する施設をいう。軽費老人ホーム、有料老人ホーム、介護老人福祉施設、介護老人保健施設、病院等がこれにあたる。　→措置施設

ケースカンファレンス〔case conference〕
⇨ケアカンファレンス

ケース記録 提供した援助の記録で、ケア記録ともいう。記録は、援助記録として5W1Hが明確に記述される必要があるが、さらに、そのときの利用者の（必要に応じて家族等の）様子や行動に対する客観的描写を可能な限り行う必要がある。一方、ケア実施前に自分が行おうと思っていたことや実施後に感じたこと、次回行おうと思うこと等の主観的記録も重要であり、これらの記録があってはじめて事例検討会における詳細な事例報告も可能となる。また、他職種等に対する申し送り事項は、記録するだけではなく確実に伝達しなければならない。
→事例検討

ケース・スタディ〔case study〕　⇨事例研究

ケース・ヒストリー〔case history〕　⇨生活歴

ケースマネージメント〔case management〕
⇨ケアマネジメント

ケースワーカー〔case worker〕　社会生活の中で困難や問題をかかえ、専門的な援助を必要としている人に対して、社会福祉の立場から、個別事情に即して課題の解決や緩和のために助言、支援する援助者をいう。

ケースワーク〔case work〕　⇨個別援助活動、個別援助技術

外科的特殊感染症 外科領域でみられる感染症を分類する際に破傷風、ガス壊疽（えそ）、炭疽、鼠咬症（こう）、狂犬病を外科的特殊感染症ということがある。一般的には、炎症を特異性炎と非特異性炎に分類する。病原体に対して特徴のある組織所見を示すもので、肉芽形成に特徴のある結核、ハンセン病、梅毒を特異性感染症、炎症の形態学的所見では原因が特定できないものを非特異性感染症という。

劇症肝炎 肝炎ウイルスや薬物中毒による急性肝炎の中で、肝臓が急激かつ広範囲に侵され、2週間〜2か月以内に死亡あるいは重篤な肝硬変に移行するもの。

下　血 胃や腸管内に出血したものが、肛門より排出されるもの。排便に混ざってみられることが多い。普通、空腸上部までの出血は黒色調のタール便となり、下部腸管よりの出血は鮮血色の血便となる。　→吐血

下　剤 腸内容物の排出、便秘の改善のために用いられる薬剤。作用機序から分類すると、腸内容量を増加させる膨張性下剤（寒天類等）、塩類下剤（硫酸マグネシウム等）、粘膜と糞便の粘滑性を高める粘滑性下剤、界面活性剤、腸粘膜を刺激して運動を活発にする刺激性下剤（ヒマシ油、テレミンソフト、ラキソベロン等）がある。また作用の強さから軟下剤、緩下剤、峻下剤の3種に分けられる。

ゲゼルシャフト〔独：Gesellschaft〕　ドイツの社会学者F.テンニースが設定した社会類型の概念。「利益社会」と訳され、対をなすものとしてゲマインシャフト（自然社会）がある。集団の成員がどのような意志に基づいて結び付くかに着目したとき、自己の利益を得るために意識的に関係を結ぼうとする選択意志に基づく社会をいう。具体的には国民国家や会社等であり、人為的、観念的な結び付きといえる。　↔ゲマインシャフト

血　圧 心臓から送り出された血液が血管壁を押し広げる圧力で、普通は上腕動脈の圧力を体外から測定したものをいう。末梢神経及び中枢神経に血圧調節機能があり、各臓器の血液循環を保つ。血圧値は、主に末梢血管の抵抗性と心拍出量のバランスで決まり、運動、食事、飲酒、入浴、精神状態等の影響を受け、多少変動する。動脈血圧は心拍動ごとに変動し、心臓が収縮した時に最も高く（最高血圧）、拡張した時に最も低く（最低血圧）なる。　→高血圧、低血圧、バイタルサイン

血　液 人体の体重の12分の1〜13分

の1を占める。酸素を多く含む動脈血の色は鮮紅色で、二酸化炭素を多く含む静脈血は暗赤色を呈する。その働きには、酸素・二酸化炭素の運搬、栄養分を全身に送る、ホルモンの運搬、老廃物の運搬、体温調節作用、体液PHの維持などがある。血液の成分は、血漿（約55％）と血球（約45％）に大別できる。血漿は液体成分で血清と繊維素原（フェブリノーゲン）が含まれる。血球は有形成分で赤血球・白血球・血小板が含まれる。

血液中酸素濃度　血液中に含まれる酸素の量を表したもの。酸素は肺で血中の赤血球に取り込まれるが、これが障害されると値が低くなるので、肺機能の指標とされる。通常分圧で表し、動脈血では95mmHg、静脈血では40mmHgである。

結核　結核菌の感染による炎症性疾患。主に気道からの飛沫感染による。肺結核症が多いが、肺以外には、骨・関節結核、腎・尿路結核、生殖器結核、リンパ節結核、腸・腹膜結核などがある。肺結核の主症状は、咳、痰、血痰、全身倦怠感などである。胸部X線検査は早期発見に有効。また結核に感染するとツベルクリン反応が陽性となる。結核は、治療法と予防対策の進歩や生活の向上などにより、減少してきた。このため危機感が薄れていたが、近年、病院や学校での集団感染が散発的に発生し、再興の兆しをみせており、結核緊急事態宣言が出された。最近では、多剤耐性菌の出現、患者の高齢化、免疫低下者の感染等の問題もある。二類感染症として定められている。

欠格条項　資格・免許制度又は業の許可制度について、障害者を表す身体又は精神の障害を欠格事由等として掲げている法令の規定。「障害者に係る欠格条項の見直しについて」（平成11年8月9日障害者施策推進本部決定）により、欠格条項の必要性の検討・見直しが図られ、絶対的欠格から相対的欠格への改正、障害者を表す規定から障害者を特定しない規定への改正のほか、資格・免許等の回復規定の明確化等が進められた。障害のある人等を取り巻くバリア（障壁）は、大きく分けて物理的バリア、情報のバリア、心理的バリア、制度的バリアの四つのバリアがあるといわれている。欠格条項はそのなかで制度的バリアといえる。

結核対策　ツベルクリン反応・X線検査などによる健康診断、BCGによる予防接種、保健所で作成する結核登録票等による患者管理、就業制限・入院等の措置によるまん延防止、医療費の公費負担制度などが感染症予防法により定められており、他に発生動向調査事業、対策特別促進事業などが我が国の結核対策である。最近、集団感染件数や新規患者数が増加しており、咳が続く場合は早期に受診することが必要である。

結核対策特別促進事業　定期の健康診断及び予防接種の着実な実施を図りつつ、地域の実情に応じ、重点的に効率的・効果的な予防措置を講じることにより、結核対策の推進に資することを目的とする事業。都道府県、政令市及び特別区が実施主体となり、特に政策を必要とする地域において、高齢者等に対する結核予防総合事業、大都市における結核の治療率向上（DOTS）事業等が行われている（平20健発0331001）。

血管性認知症　脳梗塞や脳出血等の脳血管障害（脳卒中）を原因とする認知症をいう。予防策を講じることにより、ある程度発生を防止することができる。　→多発梗塞性認知症

血管造影　血管を穿刺し、造影剤を注入し、X線撮影するもので動脈造影、静脈造影がある。血管の走行異常、血栓の部位診断、腫瘍の部位診断に有用である。

血球　血液中の細胞成分の一つで、赤血球と白血球に大別される。　→赤血球、白血球

血色素　ヘモグロビンのこと。赤血球中の鉄を含む複合たんぱく質で、酸素運搬機能を果たしている。酸素を取り入れた酸化ヘモグロビンは鮮紅色（動脈血の色）を示し、組織で酸素を放出した還元ヘモグロビンは暗赤色（静脈血の色）を示す。

血漿　血液中の液体成分。血漿の90％

は水で、たんぱく質、ブドウ糖及びナトリウム、カリウム、塩素などのイオンや、老廃物などが含まれている。なお、血清は血漿から線維素を除去したものである。

結晶性知能 言語性知能の概念と重なる。一般的常識や判断力、理解力等のこれまでに経験、学習したことに基づいて日常生活の状況を処理する能力。一般的に60歳位まで上昇し、70代位までは緩やかに低下する。　→流動性知能

血小板 血液中の細胞成分の一つ。血液凝固に欠かせない働きがある。血液1mm^{3}中に20～50万個ある。

欠神発作 てんかん発作の一種で、数秒から数十秒間、意識が突然消失する発作をいう。それまでの動作が停止され、発作が終われば先の動作を再開する。その間、ときに口唇や眼瞼の軽い筋の攣縮を伴うこともある。

血清アルブミン値 ⇨低たんぱく血症

血清肝炎 ⇨B型肝炎

血清コレステロール 血清中に存在するコレステロールのこと。日本人の血清コレステロール値の適正域は200mg/dl未満、境界域は200～219mg/dlで、年齢とともに上昇傾向を示す。

結石 生体中の無機・有機物が析出し出来た硬い固形物。結石は一般にその生じた臓器の名、又は石の成分の名に石をつけて歯石、尿石等と呼ぶ。臨床的に頻度の高いものは胆石、尿石である。尿石は生じた部位により腎結石、尿管結石、膀胱結石等に分類される。

血栓 血管内で血液が凝固したもの。血栓には赤血球を主体とする赤色血栓と白血球を主体とする白色血栓がある。血栓が血流を阻害し、組織に重大な障害をもたらしたものを血栓症といい、脳では脳血栓、心臓では心筋梗塞を起こす。　→脳血栓（症）、心筋梗塞

欠損家庭 家族の構成員として父、母のいずれか、あるいは両者のいない家庭をいう。欠損の事由として死別ないし離婚等による生別が挙げられる。こうした母子家庭、父子家庭の増加は新たな福祉課題を発生させており、児童・家族福祉における重要なテーマとなっているが、最近では父子家庭、母子家庭を単親家庭（ワンペアレント・ファミリー）という中立的な概念でとらえる見方が有力である。　→単親家庭、家族福祉

結腸人工肛門 ⇨コロストミー

血糖 血液中には一定量の糖質が含まれ、これを血糖と呼んでいる。血糖値は食事の後に増加するが、空腹時にはほぼ一定に保たれ、主として肝臓がその調節に関与し、いくつかのホルモンによって支配を受けている。空腹時の血糖を測定して、血糖値が140mg/dl以上、又は血糖検査を食前食後を問わず行った場合の血糖値が200mg/dl以上であれば糖尿病と診断される。

血糖値 血液中のグルコース（ブドウ糖）の量のこと。血糖は組織細胞へエネルギー源を補給する役目を果たしており、正常時（空腹時）の血糖値は約70～110mg/dlとされている。

血尿 尿中に通常は見られない赤血球が見られる場合をいう。肉眼的には識別できず、顕微鏡下で発見される程度のものを顕微（鏡的）血尿といい、肉眼的に血尿と判断できるものを肉眼的血尿という。肉眼的血尿はやや混濁のある肉汁様紅色を呈する。

結露 空気の温度が下がるにつれて、空気中の水蒸気の一部が凝縮して建築材の表面や内部に露を結ぶことをいう。特に冬など外と内の温度が著しく違うと、ガラスなどに水滴がつくことがある。結露はカビや腐食の原因となり、壁内部で吸湿性の材料を使った断熱材の性能を低くすることもある。

ゲマインシャフト〔独：Gemeinschaft〕ドイツの社会学者F.テンニースによる社会類型の概念。「自然社会」又は「共同社会」と訳され、ゲゼルシャフトと対をなす。成員の愛情や信頼といった、本質意志による結び付きをもつ社会である。家族や村落等、血縁や地縁等による自然的、実在的な結び付きである。　↔ゲゼルシャフト

ケミカルスコア たんぱく質の栄養価を、必須アミノ酸組成から判定しようとする化学的評

価法をいう。体たんぱく質の合成に理想的なアミノ酸組成と比較して、最も不足する必須アミノ酸の割合を求め、食品たんぱく質の栄養価を算定する方法である。食品たんぱく質の必須アミノ酸組成をアミノ酸評点パターンと比較したものを、アミノ酸価（アミノ酸スコア）という。アミノ酸価を人乳の組成にして求めた値を人乳価といい、卵の組成にして求めた値を卵価という。

下　痢　液状、液状に近い半流動状、あるいは不消化物などの固型物を含む糞便を排泄すること。腸管自身の疾患による原発性下痢と、他の疾患の部分的症候として起こる続発性下痢とに分けられる。大腸での水分の吸収が何らかの原因で障害されたり、消化管分泌液の異常亢進によって起こる。

ケリー・パッド〔Kelly pad〕　ケリーパッド又は洗髪パッドともいわれる。寝たきり高齢者の洗髪に用いられるゴム製の用具で、頭をパッド内に入れて洗髪し、汚水を一定方向に流すよう工夫されている。

検　疫　国内に常在しない感染症の侵入を防ぐため、海港、空港などにおいて、人や物に対し、病原体の有無を検診・検査すること。我が国が現在検疫の対象としている感染症は、感染症予防法で規定する一類感染症、新型インフルエンザ等感染症、鳥インフルエンザ（H5N1・H7N9）、デング熱、マラリア、チクングニア熱及び中東呼吸器症候群である（検疫1条・2条）。→一類感染症

限界集落　65歳以上の高齢者が集落人口の半数を超え、冠婚葬祭をはじめとする田役、道役などの社会的共同生活の維持が困難な状態におかれている集落。

幻　覚　対象のない知覚。外からの感覚刺激がないのに、あたかもあったかのように知覚されること。脳器質性精神病、症状精神病、中毒性精神病、統合失調症、てんかんなどにみられる。幻覚の種類としては、幻視、幻聴、幻嗅、幻触、幻味などがある。

衒奇症　緊張病症候群の一つ。意志の発動が歪曲され、奇矯な、わざとらしい、異様な、奇怪なことをすることをいう。表情、着衣、態度、結髪などに現れる。

幻　嗅　幻覚の一種。実際には外からの刺激がないのに、臭いを感じること。「変な臭いがする」などの訴えのもの。　→幻覚

現金給付　社会保険や社会福祉における給付形態の一つ。サービス利用者が抱えもつ問題や障害による経済的不足を補うとともに、減免・控除により負担の軽減を図り、生活の安定と向上を目的としている。現金給付は、①直接金銭の給付、②各種年金や手当のような特定の問題や障害等への給付、③税制上の減免、控除、④各種の技能・技術等の習得に必要な資金の給付等の種別に分類される。　↔現物給付　→社会福祉の給付形態

健　康　一般的には、身体に悪いところがなく、健やかなことをいう。1948年に定められた世界保健機関（WHO）の憲章では、「健康とは、単に病気でない、からだが弱くないというだけでなく、肉体的、精神的及び社会的にも完全に調和のとれた良好な状態をいう」と定義されている。これは人間の健康を幅広い観点からとらえたものであり、人間として理想的な状態ではあっても、条件を完全に満たす人は極めてまれであり、現実的でない。より現実味をもたせた定義としては「健康とは、環境の変動に適応し、自分の能力を充分発揮できる状態をいう」との考え方もある。

健康型有料老人ホーム　有料老人ホーム設置運営標準指導指針において示された有料老人ホームの一類型。食事等のサービスが付いた高齢者向けの居住施設であり、介護が必要となった場合には、契約を解除し退去しなければならない（平14老発0718003）。　→介護付有料老人ホーム、住宅型有料老人ホーム

健康寿命　日常的に介護を必要とせず、健康で自立して暮らすことができる生存期間。

健康状態（ICF）　2001年5月にWHOが採択した国際生活機能分類（ICF）のうち、障害（生活機能低下）を起こす要因のこと。具体的には、

病気（急性あるいは慢性の疾患）、変調、傷害、けが（外傷）、妊娠、加齢、ストレス、先天性異常、遺伝的素質のような状況がある。例えば、妊娠はむしろ喜ばしいことではあるが、生活機能にはいろいろな問題が起こり得るものなので、「健康状態」に含められた。このことからみても、ICFが障害のある人（障害者）のみに関係する分類ではなく、すべての人に関する分類になったことが理解できる。

健康状態の把握　高齢者や障害者の中には、外見的に把握しにくい慢性疾患や障害をもっている人がいる。したがって、身体機能や精神的に負荷が加わるような活動を行う際には、それを行おうとする人たちの「健康状態」を事前に把握しておくことが必要である。一般的な把握の方法としては、顔色・表情・姿勢・行動などの観察や、体調についての質問などがある。また、体温、脈拍、呼吸、血圧などの客観的なデータを参考に健康状態を把握する方法もある。

健康診査（診断）　医師による各種の検査によって、健康状態の把握や疾病の早期発見を目的とする医学的方法をいう。法律により制度化されている健康診査（診断）は、地域保健の立場で行われるものと、学校保健並びに職域保健の立場のものがある。地域保健によるものとしては、母子保健法に基づく妊産婦及び乳幼児、1歳6か月児、3歳児のそれぞれに対する健康診査、感染症予防法等に基づく健康診断等がある。学校保健によるものとしては、学校保健安全法に基づく児童・生徒や職員等の健康診断が定期又は臨時に行われる。職域保健によるものとしては、労働安全衛生法に基づく定期健康診断、特殊健康診断のほか、じん肺法に基づくじん肺健康診断等がある。また、生活習慣病予防の対策として、医療保険者による40歳以上の被保険者及び被扶養者を対象とする特定健康診査が、平成20年度から実施されている。　→特定健康診査

健康増進　各自の健康を、よりよい状態に移行させること、及びそのための努力と実践をいう。WHOが1986年、オタワでの国際会議で採択した健康増進に関する憲章（抄）は以下のとおりである。「健康増進とは、人々が自らの健康を管理し、改善できるようにするためのプロセスである。健康は肉体的な能力であると同様、個人的、社会的な資質であることを強調する積極的な概念である。したがって、健康増進は、ただ単に保健の領域の責任にとどまらず、健康なライフスタイルの問題であり、さらに良好な生活の問題にまで至るのである。」　→健康、健康増進の三原則

健康増進センター　地域の健康増進対策の拠点として設置された施設。個人の健康度を測定するために生活状況調査、医学的検査、体格、体力測定等を行い、それに基づき個人の身体的・社会的態様に応じた食生活、運動、休養等に関する生活プログラムを提供し、健康増進の実地指導を行っている。

健康増進の三原則　運動、栄養、休養をいう。人間の健康に影響を及ぼす因子は数多いが、健康増進の三原則として提唱されているものは、生活習慣を構成する要素のうち、個人が比較的容易に実践できる部分を取り上げたものである。

健康増進法〔平成14年法律103号〕　急速な高齢化の進展及び疾病構造の変化にかんがみ、国民の健康増進に関する施策を総合的に推進していくことを定めた法律。厚生労働大臣による国民健康・栄養調査の実施、市町村又は都道府県による栄養指導、特定給食施設における栄養管理のほか、受動喫煙の防止、特別用途表示の許可などについて定められており、これらの施策をとおして国民保健の向上を図ることとしている。

健康チェック　デイサービスや訪問看護等で行われる血圧測定等の日常的な健康確認のこと。血圧や体温等の客観的数字のほか、顔色や行動の様子など日頃接している援助者が感じる変化も重視しなければならない。

健康日本21　⇨ 21世紀における第2次国民健康づくり運動

健康保険　狭義においては健康保険法に基づ

いて実施される被用者保険のことであり、主に大企業の被用者が加入する組合管掌健康保険と、主に中小企業の被用者が加入する全国健康保険協会管掌健康保険に大別される。広義においては被保険者とその家族の疾病、負傷、分娩、死亡に対して、その損害と医療を保障する公的な保険をいう。したがって、健康保険法の他に国民健康保険法、船員保険法、国家公務員共済組合法等に基づいて実施される保険のことを指す。医療保険と同義に使われることが多い。
→医療保険

健康保険法〔大正11年法律70号〕 労働者の業務外の事由による保険給付を定めた法律。労働者災害補償保険法（昭和22年法律50号）成立以前は業務上の災害も含んでいた。被保険者、保険者、保険給付、費用の負担、不服申立、罰則等を定めている。

言語機能 言葉の働きのことであり、言葉を話す、聞く、書く、読む、及び言葉を使って思考する側面がある。これらは中枢及び末梢の神経系によってつかさどられており、それが障害を受けると種々の言語障害が現れる。

言語障害 言語によるコミュニケーション等の障害をいう。言語障害の種類としては、失語症、言語発達遅滞、機能的構音障害、運動障害性構音障害、口蓋裂言語、吃音、脳性麻痺言語、聴覚障害、音声障害などがある。　→失語症、構音障害、聴覚障害（者）、音声障害

言語性ＩＱ 知能検査を構成している言語性検査で得られるIQ。言語性検査は、知識問題（「あなたの耳はいくつありますか」）、類推問題（「夏みかんはすっぱいが、砂糖は──」）など問題内容の多くに言語を用いている。

言語中枢 右利きの人の場合、言語機能をつかさどるのは脳の左大脳半球皮質を中心とする。そのうち、言葉を話すことに関わる運動言語中枢は左半球の下前頭回後部にあり、言葉を理解することに関わる感覚言語中枢は左半球の上側頭回後部にある。ただし、最近の研究によれば、脳の言語機能に関する部分はもっと広い範囲にわたっているという。

言語聴覚士〔speech therapist；ST〕 言語聴覚士法に定められた国家試験に合格し、厚生労働大臣の免許を受けた者で、音声機能、言語機能又は聴覚に障害のある者の機能の維持向上を図るため、言語訓練その他の訓練、これに必要な検査及び助言、指導その他の援助を行うことを業とする者をいう。言語障害には多くの原因があり、それに応じた適切な治療を行うには、医師、歯科医師、心理学、精神医学、福祉関係等の専門職との連携が重要である。

言語聴覚士法〔平成9年法律132号〕 言語聴覚士の資格を定めるとともに、その業務が適正に運用されるように規律し、もって医療の普及及び向上に寄与することを目的として定められた。総則、免許、試験、業務等、罰則の5章から成る。

言語的コミュニケーション 人類特有の表現行為である言葉を通じて、思想・感情の伝達をして受容する行為のこと。文字・音声という2種類に大別され、地域、社会、文化によって大きく異なる。社会福祉援助活動におけるコミュニケーションの手段として、言語は重要な手段となる。　↔非言語的コミュニケーション　→コミュニケーション

言語療法 言語に障害のある小児や成人に対して、言語機能の発達や回復を促進させるために行う療法。言語行動そのものへの働きかけ、言語環境への働きかけ、言語障害を心理的に受容させるための働きかけ等があり、言語聴覚士によって行われる。　→言語聴覚士

顕在的ニーズ 潜在的ニーズの対語。福祉ニーズ等のニーズを二つに大別した場合、依存状態及びその解決の必要性を本人が自覚し感得しているニーズ。つまり、現実的なサービス需要として顕在化しているニーズ。例えば、家族介護によって在宅で生活している高齢者が、家族介護の限界を感じ、特別養護老人ホーム等の福祉施設への入所を希望したような場合、施設福祉サービスを必要とするニーズは顕在化し、顕在的ニーズとなる。　↔潜在的ニーズ

幻　視 幻覚の一種。実際に存在しないの

に物体、景色、人の姿や顔などがみえること。
→幻覚

現実性の原理 利用者の社会生活上の基本的要求が、実際に実施されているサービスや諸施策と利用者との社会関係のなかで充足されないことがある。しかしながら生活は、休止したり、停止したりすることがない絶対的で、かつ現実的なものであり、利用者にとって基本的要求は、時間的余裕のないものである。したがって、社会福祉の援助は一定の効率や能率を求められながらも、現実に利用し得る社会資源との関わりで解決していかねばならない。このような現実性を重視するのが、現実性の原理である。

幻　肢（ファントム・リブ） 既に切断されたがあるように感じられる手・肢を幻肢という。まだあるように感じることを幻肢感といい、幻肢痛といわれるひきつけるような、突き刺すような痛みを訴えることがある。

幻　触 幻覚の一種。実際に触れていないのに、あたかも触れたり、触れられたように感じるもの。「虫が皮膚をはいまわる」とか「電気をかけられビリビリする」といった訴えの内容のものをいう。　→幻覚、体感症

健　側 脳卒中後遺症等の片麻痺において、障害を受けていない半側を指す。　↔患側

建築基準法〔昭和25年法律201号〕 建築物の敷地、構造、設備及び用途に関する最低の基準を定めて、国民の生命、健康及び財産の保護を図ることを目的とする法律。特殊建築物等大建築物の建築には、着工前にその計画について建築主事の確認が必要となる。違反建築物等については特定行政庁が一定の是正措置を命ずることができる。

幻　聴 幻覚の一種。実際に外からの刺激がないのに、何か音や声が聞こえること。「悪口を言われている」などと訴えるもの。　→幻覚

見当識 自分が今、どんな状況にいるかという認識。自分と家族の関係や自分が誰かという人間的関係の認識、今が何月何日なのかという時間的関係の認識、今自分がどこにいるのかという地理的関係の認識等をいう。　↔失見当識

見当識障害 認知症の中核症状の一つ。現在の時刻や年月日、季節（時間の見当識）、あるいは場所（場所の見当識）などの基本的な状況を感覚的に把握できなくなること。また、人の顔（人物の見当識）の識別や関係性がわからなくなること。アルツハイマー型認知症の場合、「時間の見当識障害」→「場所の見当識障害」→「人物の見当識障害」の順で症状が進行する。時間の見当識障害では、日時がわからず時間、曜日、日にちを何度も人に尋ねる、あるいは昼夜逆転する、季節にそぐわない服装をする、といった生活障害の原因となる。また、場所の見当識障害では、初期は慣れない場所で迷子になり、進行すると慣れた場所でも迷子になることで、自宅に戻ることができない、徘徊するなどの行動障害を引き起こす。

現物給付 社会保険や社会福祉における給付形態の一つ。利用者のニーズ充足に必要な生活財及びサービスを現物の形態で提供すること。医療保険制度における療養の給付、生活保護法による介護扶助等がこれにあたる。現物給付は、①現品給付、②施設利用のサービス給付、③介護、家事援助、相談等の労役サービスに分けられる。　↔現金給付　→社会福祉の給付形態

健　忘 記憶障害の代表的なもので、全般性健忘、部分的健忘、周期性健忘に大別される。全般性健忘には、新しい記憶を獲得できないものやいったん獲得した記憶を想起できないもの、及びそれら二つが合併したものがある。部分的健忘には、一定の期間だけ記憶が全く脱落したものや一定の情景ないし特定の人物、場所のみが想起できないものがある。周期性健忘は、異なる人格が周期的に生じ、それらが互いに全く記憶の連続性を有しないものであり、二重人格といわれることもある。　→記憶、記憶障害

健忘失語 物は分かっているが正しい言葉が思い出せず、説明的に言ったり、身振り等で表

現しようとする。正しい言葉を言われれば思い出すことができる。

憲法第13条 国民を個人として尊重し、その幸福追求権を保障した憲法の条文。「すべて国民は、個人として尊重される。生命、自由及び幸福追求に対する国民の権利については、公共の福祉に反しない限り、立法その他の国政の上で、最大の尊重を必要とする。」と規定されている。近年、この条文は、新しい人権を導き出す論拠ともされている。

憲法第25条 国民の生存権及び国の社会保障的義務について保障した憲法の条文。「すべて国民は、健康で文化的な最低限度の生活を営む権利を有する。」「国は、すべての生活部面について、社会福祉、社会保障及び公衆衛生の向上及び増進に努めなければならない」と規定されている。　→生存権保障

幻　味 幻覚の一種。実際には何も味を感じないのに「変な味がする」などと感じること。被害妄想に結びついて現れることがある。　→幻覚

権利擁護〔advocacy〕 社会福祉の分野では、自己の権利や支援のニーズを表明することの困難な障害者等に代わって、支援者が代理としてその権利やニーズ獲得を行うことをいう。ソーシャルワーカーによる社会福祉援助技術の一つとされる。　→代弁的機能

権利擁護業務 介護保険法に基づく地域支援事業のうち、包括的支援事業の一つ。被保険者に対する虐待の防止及びその早期発見のための事業その他の被保険者の権利擁護のため必要な援助を行う事業。日常生活自立支援事業、成年後見制度などの権利擁護を目的とするサービスや制度を活用するなど、ニーズに即した適切なサービスや機関につなぎ、適切な支援を提供する。

こ

誤　飲 飲食物以外の物を誤って口から摂取してしまうこと。

広域連合 多様化した広域行政需要に対応するとともに、国等からの権限や事務の受け皿を整備する目的で、平成7年6月から施行されている制度のこと。都道府県、市町村及び特別区で構成されるが、同じく特別地方公共団体である一部事務組合とは、次のような点において異なっている。①都道府県が加入する広域連合は国に、その他の広域連合は都道府県にその権限に属する事務の一部を広域連合が処理することとするよう要請できる、②広域連合の議会の議員及び広域連合の長を、住民の直接選挙で選ぶことができる、③広域連合の条例の制定・改廃、議会の解散、長の解職等について、住民が直接請求をすることができる（自治291条の2～291条の6）。

後遺症 病気又は傷害の初期の急性症状が治癒したあとも、長く残存する機能障害をいう。身体障害者福祉法に定める程度の障害が永続すると認められる場合は、身体障害者手帳の交付対象となる。また、その障害の程度によっては障害基礎年金や障害厚生年金が給付される。→身体障害者手帳、障害基礎年金、障害厚生年金

抗うつ薬 うつ病のほか、パニック障害、恐迫性障害等にも使用される薬物をいう。三環系抗うつ薬、四環系抗うつ薬、SSRI（選択的セロトニン再取り込み阻害薬）、SNRI（選択的セロトニン・ノルアドレナリン再取り込み阻害薬）等がある。

公営住宅 住宅に困っている低所得者に低家賃の住宅を提供するため、公営住宅法によって地方公共団体が国庫補助を受けて建設する賃貸住宅。入居に当たっては、①収入が一定の範囲

内にあること、②住宅に困窮していることが条件となるが、高齢者・障害者世帯については入居収入基準等の緩和措置がとられている。新設される公営住宅はすべて、高齢者・障害者等に配慮した長寿社会対応となっている。

公益事業 収益事業の対語。①広く一般の便益に供する事業（各種の福祉財団が、基金をもとに国民の福祉の増進や向上を図るため、調査研究や先駆的事業活動に助成金を出す事業等）や、②社会福祉法人が行う事業の一つで、社会福祉事業以外に実施する公共サービス（医療や地方公共団体の独自事業等）をいう。 ↔収益事業

構音障害 正しく発音できない状態。種類としては、①支配神経（中枢を含む）や筋の異常のために構音器官の運動が障害される麻痺性構音障害、②構音器官の形態の異常による口蓋裂等、③構音の習得が順調でなく、いくつかの音の誤りが習慣化した状態となる機能的構音障害がある。

高温やけど 高熱に触れることによって生じる皮膚、粘膜の障害である。深さにより、①表皮熱傷、②真皮浅層熱傷、③真皮深層熱傷、④皮下熱傷に分類される。

高額医療合算介護サービス費 要介護被保険者の介護サービス利用者負担額と、健康保険法に規定する一部負担金等の額その他の医療保険各法または高齢者医療確保法に基づく利用者負担額の世帯合計額が著しく高額であった場合に、要介護被保険者の負担を軽減するために支給される介護給付。居宅要支援被保険者に対しては、同様に高額医療合算介護予防サービス費が支給される（介護51条の2・61条の2）。

口角炎 口角びらん症ともいう。ビタミンB_2の不足などにより、口角部が赤くただれたり深い亀裂を生じたりする。治療としてはビタミンB_2、B_{12}の内服や抗菌物質軟膏塗布を行う。

高額介護合算療養費 健康保険、国民健康保険等の医療保険制度において、1年間に被保険者（組合員）又はその被扶養者が療養に際して支払った一部負担金等の額及び介護保険の介護サービス利用者負担額の合計が著しく高額となった場合に支給される給付。75歳以上（一定の障害状態は65歳以上）の者は、後期高齢者医療制度より同様の給付がなされる（健保115条の2、国保57条の3、高医85条）。

高額介護サービス費 要介護被保険者が居宅サービス、地域密着型サービス又は施設サービスを利用して保険給付を受け、1月に支払った自己負担額が一定額を超えた場合に、自己負担軽減のために支給される介護給付。この場合の自己負担には、福祉用具購入・住宅改修にかかる1割負担や、食費・居住費などの自己負担は含まれない。その支給要件や支給額等の必要な事項は、負担額が家計に与える影響を考慮し、所得の状況に応じて定められており、一般には利用者負担額が世帯合算で月額3万7200円を超えた場合に、超えた分の金額が支給されるが、低所得者にあっては2万4600円（市町村民税世帯非課税の場合）、1万5000円（老齢福祉年金受給者等の場合）との配慮がなされている（介護51条）。

高額障害福祉サービス等給付費 障害福祉サービス（介護保険法サービスを含む。）の利用並びに補装具の購入又は修理による世帯単位の費用負担が重くなった場合に支給される費用。負担能力に応じて負担限度額が設定され、超過額が給付費として支給される。自立支援給付の一つ（障総合76条の2）。

高額療養費 健康保険、国民健康保険等の医療保険制度において、被保険者（組合員）又はその被扶養者が療養に際して支払った一部負担金等の額が高額となった場合に支給される現金給付。具体的には、同一の月に同一の保険医療機関等において受けた療養に係る一部負担金等の額が高額療養費算定基準額を超える場合に支給される。75歳以上（一定の障害状態は65歳以上）の者は、後期高齢者医療制度より同様の給付がなされる。外来療養については、保険者から医療機関に高額療養費を支給することで、窓口での支払いを自己負担限度額までにとどめる現物給付の取扱いとなる（健保115条、国保

57条の2、高医84条)。

高カリウム血症 血漿中のカリウム値が正常値3.5～5.0mEq/Lを超えた状態をいう。血漿カリウム濃度は腎機能及び副腎皮質ホルモンによってよく調節されているので、高カリウム血症を起こすことはまれであるが、値が高くなると心臓に影響し不整脈が出現する。口唇や手指のしびれ、両上下肢が鉛のように重くなる、言葉がもつれてうまくしゃべることができないなどの症状があれば危険で、直ちに治療を行う必要がある。速やかに医師又は医療機関に連絡する。

高カロリー輸液 経口摂取が不能であったり、経管栄養が困難な患者若しくは手術前後の栄養管理のために、中心静脈へカテーテルを挿入し、経静脈的にブドウ糖、アミノ酸、ビタミン剤、微量元素を含むカロリーの高い輸液を行うこと。長期間カテーテルを留置すると静脈血栓、敗血症が起こりうる。IVHと同義語。 →IVH、中心静脈栄養法

交感神経 副交感神経とともに内臓の運動や分泌を調節する自律神経系を構成する神経系で、副交感神経とは拮抗する作用をもつ。ノルアドレナリンやアドレナリンの分泌を介して、心拍数の増加、末梢血管の収縮、汗腺の分泌増加などを行い、身体の活動性を高め、エネルギーを発散する。交感神経の作用が副交感神経に比べ優位になるのは、痛み・出血などの外傷、精神的なストレスや興奮、脱水・低血糖といった身体ストレスなどである。 →自律神経、副交感神経

後期高齢者 高齢者を65歳以上とする場合、90歳、100歳に至るまでの幅広い年齢層を包含することになる。しかし、65歳と100歳ではその社会的活動や健康度も大きく異なるため、単一的に高齢者として把握することはできない。このため、65歳以上75歳未満を前期高齢者、75歳以上を後期高齢者として区分している。三段階に区分する場合は、65歳以上75歳未満を前期高齢者、75歳以上85歳未満を中期高齢者、85歳以上を後期高齢者という。

後期高齢者医療広域連合 後期高齢者医療の事務を処理するため、都道府県の区域毎に区域内の全ての市町村が加入する広域連合。保険料の決定、医療給付等の事務を処理し、財政責任をもつ運営主体という意味では、後期高齢者医療の保険者であるといえる。なお、保険料の徴収事務や各種申請・届出の受付、被保険者証の引渡し等の窓口事務については、被保険者の便益に資するものとして、市町村が処理する(高医48条)。

後期高齢者医療制度 高齢者の医療の確保に関する法律に基づき、高齢者の疾病、負傷、死亡に関して必要な医療給付を行う制度。老人保健制度の問題点を踏まえ、①75歳以上の者の心身の特性に応じた新たな医療給付を提供すること、②老人医療に係る給付と負担の運営に関する責任を負う主体を明確化すること、③これまでの保険者間の共同事業から独立した新たな制度とし、高齢者に応分の負担を求めるとともに、老人医療費の負担関係を明確化することを趣旨として創設された。運営主体は都道府県ごとにすべての市区町村が加入して設立された後期高齢者医療広域連合であり、被保険者は75歳以上の高齢者及び65歳以上75歳未満で一定の障害の状態にある者となっている。患者の一部負担金の割合は、原則として1割(現役並み所得者は3割)。保険料は、被保険者均等割(頭割)と所得割(応能割・所得比例部分)を合計した額であり、被保険者個人を単位として算定・賦課される。低所得者については、収入に応じて、被保険者均等割が一定の割合で軽減される。

高機能自閉症 一般的には、明らかな知的障害を伴わない(おおむねIQ70以上)自閉症のことをいう。

公共職業安定所 職業安定法に基づき、労働市場の実情に応じて労働力の需給の適正な調整を行うために、全国的体系で組織・設置される総合的雇用サービス機関。ハローワークともいう。求職者にはその有する能力に適合した職業に就く機会を与え、求人者にはその雇用条件に

こうきょう

かなった求職者の斡旋を行う。その業務は、求人・求職の申込みの受理、職業指導、職業相談、職業斡旋等の職業紹介サービス、雇用保険に関する業務であり、無料で行われている（職安8条等）。

公共の福祉　社会一般の幸福のこと。公共の福祉が問題になるのは、憲法における基本的人権との相互の関係においてである。すなわち人権は無制限に有するものではない。人権が他の人権との関係で制限されることがある。この基本的解釈については一致しているが、その細部については学説が分かれている。　→基本的人権

抗菌防臭加工　着用した靴下や肌着は、付着した汚れや汗を栄養源として微生物が増殖し、皮膚刺激や悪臭の原因になりやすい。不快な臭いの元である微生物の増殖を抑制するように薬剤で処理し、悪臭の発生を防ぐ加工を抗菌防臭加工という。繊維に直接加工剤を練り込む方法と、糸・生地製品に加工剤を処理する方法とがある。この加工は、従来、衛生加工と称していたが、現在では抗菌防臭加工に統一している。

口　腔　消化器の入り口にあたる部分。口（上唇・下唇）と頬に囲まれた内腔をいう。上方を口蓋（軟口蓋・硬口蓋）、下方を舌と口腔底に囲まれている。口腔内に取り込まれた食物は、歯や舌で咀嚼される。口腔は、咽頭を介して喉頭、気管とも交通しているので呼吸器の副路でもある。

口腔ケア　広義の口腔ケアとは、口腔のもつ機能（摂食・発音・呼吸など）の維持と向上、口腔疾患や障害の治療、リハビリテーションなどを指す。また、狭義の口腔ケアとは、歯の清掃、口腔粘膜の清掃、義歯の清掃などを指す。なかでも介護職が行うのは、主に口腔清潔の介助（狭義の口腔ケア）となる。

口腔検温　検温方法の一つで、舌下の温度を測定する方法である。他に腋窩検温、直腸検温等がある。消毒済の体温計を、口唇の中央から左右どちらかに30〜40°斜めから挿入、口を軽く閉じ、約5分間測定する。腋窩よりも体内温度に近い値が出るが、意識のはっきりしない人や、理解力のない人の場合には使用しない。

口腔疾患　歯の欠損及び歯肉の炎症等の総称で、そしゃく力（食物をかみ砕く力）の低下を来す。歯の欠損は義歯の装着により補えるが、そしゃく力が落ちるので調理上の配慮が必要である。

合計特殊出生率　一人の女性が生涯（15〜49歳の間）に何人の子どもを産むかを示す値をいう。総人口が増えも減りもしない均衡状態の合計特殊出生率は2.07だといわれているが、平成17年には1.26となり、過去最低を記録した。平成25年は1.43であり、平成8年の水準にまで回復している。　→少子・高齢化

攻　撃　適応機制の一つ。欲求不満に陥った際に、妨害になっていると思う人や物に反抗や攻撃を示すことで、一時的に緊張を解消するもの。直接妨害物に攻撃できない場合は、八つ当たり、いじめ、かんしゃくといった行動をとる。

高血圧　一過性でなく血圧が高い状態をいう。日本高血圧学会の基準では、最高血圧（収縮期血圧）130mmHg未満かつ最低血圧（拡張期血圧）85mmHg未満を正常血圧とし、最高血圧140mmHg以上、かつ／または最低血圧90mmHg以上を高血圧という。心疾患や脳血管障害等高血圧を症状とする原因疾患は多く、また高血圧状態が長時間持続するとさまざまな臓器に合併症を起こす。降圧療法として、食塩摂取の減量、適度な運動、薬物療法等がある。→血圧、低血圧

抗原抗体反応　生体内に侵入した異物である抗原と、その抗原にのみ結合能力のある抗体との間の反応で、一般には生体にとって中和・防御的作用を及ぼす。　→アレルギー

後見制度　⇨成年後見制度

後見人　適正な財産管理や法律行為を行使できない者に対して、財産管理や監護をする人。後見人には、親権者等がいない未成年者を保護するための未成年後見人と判断能力が不十分な成年者（認知症高齢者、知的障害者、精神障害

者等）を保護するための成年後見人の二つがある（民法859条）。　→成年後見人

膠原病　1942年、クレンペラーらにより提唱されたもので、全身の結合組織に線維素様変性のみられる急性又は慢性の疾患をいう。全身性エリテマトーデス、多発性動脈周囲炎、皮膚筋炎、強皮症、リウマチ熱、関節リウマチなどが含まれる。

咬合異常　上下の顎を閉じたとき、上下の歯が咬み合う際の位置関係を咬合といい、上顎の切歯が下顎の切歯の歯冠の3分の1を覆って咬み合っている状態を正常と考え、異常な場合を不正咬合という。

高脂血症　⇨脂質異常症

高次脳機能障害　外傷性脳損傷、脳血管障害等により脳に損傷を受け、その後遺症として生じた記憶障害、注意障害、社会的行動障害などの認知障害等のこと。これらは、日常生活において大きな支障をもたらす場合があるが、一見してその症状を認識することが困難であり、周囲に十分な理解を得られないことが多い。これまで制度間の狭間にあるとされた高次脳機能障害者については、平成13年度より高次脳機能障害者支援モデル事業として、診断基準や標準的訓練プログラム等の確立のための研究等が行われてきた。また、障害者総合支援法により、都道府県地域生活支援事業において、高次脳機能障害支援普及事業が新設され、高次脳機能障害者への相談支援及び支援体制の整備が図られている。

高次脳機能障害及びその関連障害に対する支援普及事業　都道府県に高次脳機能障害者への支援を行うための支援拠点機関（リハビリテーションセンター、大学病院等）を置き、高次脳機能障害者に対する専門的な相談支援、関係機関との支援ネットワークの充実、高次脳機能障害の正しい理解を促進するための普及・啓発事業、高次脳機能障害の支援手法等に関する研修等を行い、高次脳機能障害者に対する支援体制を整備することを目的とする事業。都道府県地域生活支援事業の必須事業の一つ。支援拠点機関に配置された支援コーディネーター（社会福祉士、保健師等）による専門的な相談支援などが行われる（平18障発0801002、平19障発0525001）。

公私分離の原則　国家が国民の最低生活を保障する責任のあることを前提にして、公私社会福祉事業の関係や在り方を規定した原則のこと。昭和20年の連合国軍最高司令部の救済福祉計画に関する覚書により、公的扶助制度に関する公的責任を民間に転嫁することを禁じ、公私の責任の明確化を図った。これが日本国憲法第25条・第89条の規定へとつながっていく。
→生存権保障

口　臭　口から呼気とともに発する悪臭を口臭という。口臭の原因には、水分不足の状態で唾液分泌量が少なくなって発生する生理的な口臭、にんにく・にら・喫煙などによって発生する食物等による口臭、虫歯・歯周病・消化器疾患等で発生する疾患による口臭、舌苔・不完全な歯磨きによる歯垢による口臭がある。多くの原因は口腔内にあるとされる。疾患からみられる特徴的な口臭に、尿毒症や重度の肝臓病によるアンモニア臭、重症糖尿病によるアセトン臭がある。

公衆衛生　疾病を予防し、生命を延長し、身体的・精神的な健康と能率の増進を図る科学と技術の総称。公衆衛生活動の主体は地域社会であって、その組織的努力によって行われる。また広義として、これに社会福祉、社会保障の内容を包括して捉えることもある。

後縦靱帯骨化症　頸椎の背側にある後縦靱帯が骨化、肥厚することによって脊椎管腔が狭められ、脊髄、神経根が圧迫されて起こる原因不明の疾患。頸部の疼痛やこわばり、四肢のしびれ、両下肢の対麻痺や四肢麻痺を呈する進行性の疾患で、40歳代以降に発症し、我が国に多くみられる。黄色靱帯の骨化症もある。軽度の外傷をきっかけに悪化することも多く、進行した場合は頸椎椎弓形成術を行う。　→頸椎後縦靱帯骨化症

抗重力姿勢　重力に抗して起立した姿勢。つ

こうしゅく

まり起立姿勢や座位姿勢を指す。

拘　　縮　固まって動かなくなること。人は身体を使わないことによって廃用症候群が現れ、筋の萎縮（縮むこと）や関節の拘縮などが起こる。　→廃用症候群、廃用性萎縮、廃用性拘縮、廃用性機能低下

恒 常 性　⇨ホメオスタシス

甲 状 腺　頸部前面にある内分泌器官。甲状腺ホルモン（サイロキシンとトリヨードサイロニン）とカルシトニンという3種類のホルモンを分泌している。カルシトニンは血中のカルシウム濃度を下げる働きがある。　→甲状腺ホルモン

甲状腺機能亢進症　甲状腺ホルモンの分泌過剰による疾患。20〜40代の女性に多く発症する。バセドウ病ともいう。症状は、頻脈、動悸、ふるえ、倦怠感、体重減少、食欲亢進、神経過敏、高血圧、不整脈、眼球突出など。治療は、甲状腺ホルモンの分泌を抑制するため、抗甲状腺薬の長期投与、放射性ヨウ素療法（ヨウ素の放射性同位元素^{131}Iを経口的に投与）あるいは手術が行われる。

甲状腺機能低下症　甲状腺ホルモンの生産が減少した状態で、どの年齢層にも発症する（先天性のものにはクレチン症などがある）。原因は、甲状腺の萎縮、下垂体の甲状腺刺激ホルモンや視床下部の甲状腺刺激ホルモン放出因子の欠乏、甲状腺機能亢進症に対する過度の治療などである。症状は、無気力、動作緩慢、体重増加、浮腫などがあり、重症なものは粘液水腫といい昏睡に陥ることもある。治療は甲状腺ホルモンの投与であるが、一生続けなければならない。

甲状腺疾患　甲状腺は頸部前面に位置する内分泌器官で、甲状腺ホルモン（サイロキシン。作用は基礎代謝上昇、水・カルシウムその他の塩類の排泄促進など）が分泌され貯留される。その調節は、脳下垂体より分泌される甲状腺刺激ホルモンにより行われる。甲状腺疾患には、甲状腺ホルモンの分泌過剰（甲状腺機能亢進症）と分泌不全（甲状腺機能低下症）の他、ヨウ素含有食品の摂取不足に関係する（単純性）甲状腺腫、急性あるいは慢性の甲状腺炎、甲状腺癌などがある。　→甲状腺機能亢進症、甲状腺機能低下症

甲状腺ホルモン　甲状腺から分泌されるホルモンで、全身の細胞における酸化作用（ブドウ糖などを燃やしてエネルギーを得る）を促進する。下垂体からの甲状腺刺激ホルモンによって分泌が調節されている。　→甲状腺

口唇・口蓋裂　発生の初期における癒合不全による口唇から一次口蓋を経て硬口蓋、口蓋垂に至る全領域が破裂したもので先天性奇形の一つ。癒合不全の程度により口唇裂、口蓋裂等がある。哺乳障害、感染、音声・言語障害を起こすため生後4か月頃より3段階に分けて形成手術が必要。

香 辛 料　植物の種子、果実、花、蕾、葉茎、根茎、樹皮などから得られる刺激性の香味を持ち、食物に風味を加え、着色し、嗜好性を高めるものである。香辛料には腐敗の原因となる菌類の繁殖を抑えるとともに、食品に含まれる脂質の酸化をブロックして風味の低下を抑制し、長期の保存を可能とする抗酸化作用も備わっている。調味づけにおける香辛料の働きは、におい消し、香りづけ、辛みづけ、色づけの4つである。

更　　生　一般的には、生き返ること、よみがえることを意味するが、身体障害者福祉法においては、身体障害者の職業的経済的自立はもちろん、広く日常生活の安定を含み、身体障害者が人間としての尊厳を保つことを可能とすることと解釈し、リハビリテーションと同義語として用いている。なお、この語は、知的障害者福祉法、生活保護法などの法文の用語にも使われている。

厚　　生　中国の古典から引用された言葉で、生活を重厚に、豊かにするという意味。この語は昭和13年にスタートした「厚生運動」と、同年新たに作られた「厚生省」において初めて用いられた。現在では休養娯楽、保健衛生、社会福祉等を含む幅広い語として理解されてい

る。

更生医療 身体障害者の自立と社会経済活動への参加の促進を図るために行われる更生のために必要な医療（障総合令1条の2）。障害者総合支援法による自立支援医療の一つであり、実施主体は市町村である。

向性検査 心理検査の一つ。質問紙法により外向性・内向性という性格特性を検査しようとするもの。多くは結果を向性指数によって表す。

抗精神病薬 神経遮断剤ともいう。精神病、主に統合失調症の治療に使用される薬物をいう。催眠、鎮静作用のほか幻覚、妄想等の精神症状の軽減と抗自閉作用がある。

向精神薬 精神状態に作用する薬物をいう。精神治療薬、精神異常発現薬、アルコール、覚せい剤、幻覚剤など（メスカリン、LSDなど）が含まれるが、狭義には治療薬を指し、抗精神病薬、抗うつ薬、抗不安薬、中枢刺激薬をいう。

合成繊維 化学繊維の一種で、天然繊維をまったく使わず、石油・天然ガス等を原料として化学的に合成した物質を用いている。分子量の小さい低分子化合物を重合し、得られた高分子化合物を紡糸して繊維にしたものである。天然繊維よりも軽いものが多く、摩擦に強く、水中強度も変わらない。かび、虫の害を受けずに薬品にも強い。吸湿性が少なく静電気を帯びやすいため、汚れがつきやすいのが欠点である。ポリエステル、ナイロン、アクリルが主流を占め、これらは三大合成繊維と呼ばれている。

更生相談 身体障害者福祉法に基づく更生援護。市町村は生活や就業等各種の福祉施策に関する相談を行い、必要に応じ、①医療又は保健指導を必要とする者に対しては医療保健施設に紹介する、②公共職業能力開発施設の行う職業訓練又は就職あっせんを必要とする者に対しては公共職業安定所に紹介する等の指導を行う（身障17条の2）。また、更生相談を行う身体障害者社会参加支援施設として身体障害者福祉センターA型があり、身体障害者の更生相談に応ずる事業とともに、第二種社会福祉事業とされている。

更生相談所 身体障害者福祉法、知的障害者福祉法に基づいて、都道府県が設置する障害者の更生援護に関する専門的相談・判定機関。身体障害者更生相談所、知的障害者更生相談所がこれに当たる（身障11条、知障12条）。なお、指定都市については任意に設置できることとされている。　→身体障害者更生相談所、知的障害者更生相談所

厚生年金基金 国の行う老齢厚生年金の一部を代行で運用し、給付するとともに、企業の実情に合った一定割合の給付を上乗せして、被用者の老後の所得をより手厚く保障することを目的とする制度、又はそれを行う法人。平成24年に多くの基金で、代行部分の運用難が明らかとなったことから、平成26年度より新たな基金の設立が認められなくなり、運用難に陥った多くの基金が解散することとなった。

厚生年金保険法〔昭和29年法律115号〕　厚生年金保険について定めた法律。労働者の老齢、障害又は死亡について保険給付を行い、労働者及びその遺族の生活の安定と福祉の向上に寄与することを目的としている。昭和60年の基礎年金導入により、基礎年金の上乗せ給付を行う制度となった。常時5人以上の従業員を使用する（法人組織の場合は常時従業員を使用する）事業所又は事務所に使用される者、船員等を被保険者とする。

合成ピレスロイド　⇨衣料用防虫剤

厚生労働省 国家行政組織法に基づく国の行政機関。平成13年1月の中央省庁再編により従来の厚生省と労働省の機能を基本的に受け継ぐ機関として新たに設けられた。国民生活の保障と向上を図り、経済の発展に寄与するため、①社会福祉、社会保障、公衆衛生の向上と増進、②労働条件、労働環境の整備と職業の確保、③引揚援護、戦傷病者、戦没者遺族等の援護を行うことを任務とする。11の内部部局、中央労働委員会の外局、その他各種審議会、施設機関等が置かれている。このうち、社会・援護局、雇用均等・児童家庭局、老健局等が社会福祉事務

を担当する（厚労設3条、厚労組合2条）。

酵素 生体が産生するたんぱく質の一種で、生体内で行われる化学反応を触媒する働きをもっている。消化液には消化酵素が含まれている。三大栄養素である糖質やたんぱく質、脂質は口腔から小腸までの消化器内で消化酵素によって消化され、体内に吸収される。

拘束 ⇨身体拘束

叩打法（こうだほう） マッサージの方法の一つ。手掌、こぶし、手の小指側、指先等を用いて、弾力的、規則的に両手を交互に上下させるか、片手で皮膚、筋群をたたく方法。

交通バリアフリー法 ⇨高齢者、障害者等の移動等の円滑化の促進に関する法律

公的年金制度 政府や公法人が法律に基づいて実施する年金制度のこと。老齢、障害、死亡による所得の喪失を補うことで、国民生活の安定化と福祉の向上を図ることを目的としている。企業による企業年金、生命保険会社・郵便局等による個人年金に対して公的年金と呼んでいる。国民すべてが加入する国民年金と被用者を対象とする被用者年金に大別され、被用者年金はその職域の違いにより、企業に勤務する者に適用される厚生年金保険、国や地方の行政体に勤務する者等に適用される各種共済年金の五つの制度からなる。平成27年10月からは、各種共済年金は厚生年金に統一されることとなっている（被用者年金一元化）。 ⇨国民年金法、厚生年金保険法、国家公務員共済組合、地方公務員共済組合、私立学校教職員共済

公的扶助 保険料等の負担を要件とせず、国又は地方公共団体が、すべて公費により、現実に生活困窮の状態にある者に対し、その者の資力と所得を調査（ミーンズ・テスト）したうえで、その必要に応じて行う公的救済をいう。公的扶助制度は、資産や収入が最低生活水準に満たない場合に、その水準までの不足分を必要に応じて補うものであり、対象者の生活困窮に陥った原因を問わず、最低生活水準を下回るという現状だけに着目して無差別平等に必要に応じた給付を行うものである。国家扶助、国民扶助、社会扶助と表現されることもある。我が国の公的扶助の柱は、生活保護制度である。 ⇨ミーンズ・テスト、生活保護法

抗てんかん薬 痙攣発作や精神発作を抑える薬物をいう。てんかんの治療薬を指す。てんかんの発作の軽減のみならず、随伴の精神症状に対しても使用される。

後天性障害 出生以後に外的要因により生じた身体的、精神的障害をいう。具体的には労働災害による四肢切断、戦傷による失明、交通事故による脊髄損傷といった事故に起因するもの、脳卒中による片麻痺、脳炎後遺症による失聴、大腸炎による直腸切除といった各種の疾病に起因するもの等がある。 ⇔先天性障害

後天性免疫不全症候群 ⇨エイズ

行動援護 知的障害又は精神障害により行動上著しい困難を有し常時介護を要する障害者（児）につき、行動する際に生じ得る危険を回避するために必要な援護、外出時における移動中の介護、排せつ及び食事等の介護その他の行動する際に必要な援助を行う障害者総合支援法の給付対象サービス。介護給付に分類される（障自立5条5項）。

喉頭蓋 喉頭を被う、弁状の突起物。舌根の後方、甲状軟骨の上部に位置し、軟骨からなる。嚥下（えんげ）の際、喉頭をふさいで食物が喉頭に入るのを防ぐ働きをする。

喉頭がん 前頸部中央にあり、上は咽頭、下は気管に連なる三角漏斗状の器官に発生するがん。男性に多く、嗄声（させい）、乾性咳、呼吸困難等が認められる。40歳以上で原因不明の嗄声が認められたら喉頭がんを疑う。声門の上か下かで症状、治療法、予後が異なる。

行動障害 認知症の人の徘徊、異食、暴力、妄想等のBPSD（Behavioral and Psychological Symptoms of Dementia：行動・心理症状）や自閉症の人の強いこだわり行動、自傷・他害行為等を指す言葉である。従来は「問題行動」と呼ばれていたが、誰にとって問題なのかという観点から「問題行動」という言葉は使用されなくなってきている。行動障害は、認知症や自閉症

等の医学的原因に不適切な環境や不適切な対応によるストレス等の心理学的原因が加わって発生していると考えられる副次的（二次的）症状なので、中核症状に対して周辺症状とも呼ばれ、環境や対応の仕方を変えることにより改善できる。そのような意味で、「障害」という表現を不適切とする研究者もいる。　→ BPSD

行動・心理症状　⇨ BPSD

行動評価スケール　レクリエーション・プログラムを教育や治療といった視点から有効活用していこうとするときに、その効果測定と評価をしていくことが大切な作業となる。その一つの方法として、参加者の日常行動がレクリエーション・プログラムによってどう変容してきたのかを観察し、評価スケールに記入していくやり方。

行動変容モデル　条件付けの理論から発展した学習理論をケースワークのモデルとして適用すること。利用者の行動の変容を、正や負の刺激を与えることによる消去や強化などの手法によって促進させる手法である。行動修正モデルともいう。

行動目標　人間行動の評価の指針となるものの一つで、抽象的な表現を用いず、より具体的な動作・行為を通じて、ある特定の行動を示すような目標である。具体的な行為を表す言葉として、書く・言う・示す・指す・歩く・走る・まねる・取る・持つ・つかむ・食べる・飲む・投げる・跳ぶなど、実際に見える動作を表す言葉を使うことである。そして、この行動が実際に行われたか否かで評価を下すことが可能となる。

行動療法〔behavior therapy〕　ある生活体もしくは集団の不適応状態（問題となる特定の行動）に対して、その具体的行動の側面を重視し、すでに実証されている行動理論に基づいて、その行動を持続させている条件に対して、組織的にコントロールしながら対象の行動を望ましい方向へ改善する諸技法の総称。　→行動理論

行動理論〔behavioral theory〕　従来の精神分析的手法に対して、外部から対象者を観察できる「行動」を客観的に研究するという心理学の研究方法であり、現代心理学の主流の一つである。　→グループ・ダイナミックス

口内炎　口腔粘膜の炎症。原因は細菌、ウイルス、真菌等の感染、歯や歯肉の病気、ビタミンの欠乏等が挙げられる。病型によってカタル性、アフタ性、潰瘍性等に分けられる。

高尿酸血症　血液中の尿酸濃度が増大している状態。尿酸は、核酸代謝産物の一つであるプリンの最終分解産物であり、血中及び尿中に一定量存在する。高尿酸血症は、痛風発作、腎不全、心筋梗塞などを導きやすい。治療としては、プリンを多く含む食品を避け、尿酸の生成抑制や排泄促進の薬物を用いる。

更年期　女性において性成熟期と老年期との間に位置し、女性生殖機能が消失する月経停止（閉経）前後の時期をいう。年齢としては40歳すぎから55歳ごろまでの時期で、症状には個人差がある。月経停止に引き続き卵巣からの女性ホルモン分泌が急速に減少し、自律神経失調症に似たホルモン欠落症状が現れる。代表的な症状としては一過性熱感（ほてり、のぼせ）、発汗、冷え性、心悸亢進、めまい、耳鳴、胃腸障害などである。うつ状態になることもあり、更年期精神病と呼ばれる。更年期類似の症状は更年期の女性だけでなく、更年期以前の女性あるいは同年代の男性にもみられることがある。　→更年期障害

更年期うつ病　⇨初老期うつ病

更年期障害　更年期とは、閉経（平均年齢50歳）の前後5年、45〜55歳頃の期間をいい、この時期に自覚される症状で、心身の乱れ、不調などの不定愁訴（多様で漠然としており一定せず、そのときどきによって変化する自覚症状）を主体とする症候群をいう。原因としては、卵巣から分泌される女性ホルモンであるエストロゲンの減少により、器官がこの減少状態に慣れないために自律神経症状が生じ、環境や精神的要因が複雑にからみ合うことによって起こるとされている。症状としては、顔のほてり、のぼせ、多汗、めまい、動悸、四肢冷感、頭痛、肩

こり、倦怠感、不安感などがみられる。治療としてはホルモン補充療法、漢方療法、精神安定剤の服用、心理・精神療法がある。

高年齢者等の雇用の安定等に関する法律〔昭和46年法律68号〕　継続雇用制度等による高年齢者の安定した雇用の確保の促進、高年齢者等の再就職の促進、定年退職者等の高年齢退職者に対する就業の機会の確保等の措置を総合的に講じ、高年齢者等の職業安定その他福祉の増進を図るとともに、経済及び社会の発展に寄与することを目的とする法律。65歳までの雇用機会の確保、多様な形態による雇用・就業等に重点を置き、高年齢者等職業安定対策基本方針の策定、中高年齢失業者等求職手帳の発給、高年齢者雇用確保措置、シルバー人材センターの設置等について定めている。

後発医薬品　従来使われてきた医薬品の特許が切れたあと、新薬と同等の品質で製造・販売される医薬品。新薬に比べ、開発に時間と費用がかからないので、低価格での販売が可能となる。さまざまな病気や症状に対応しており、カプセル、錠剤、点眼剤など形態も豊富である。

広汎性発達障害〔Pervasive Developmental Disorder：PDD〕　対人的相互関係、コミュニケーション、限局した反復的な行動といった三つの領域に発達上の異常が認められるものをいう。自閉症やアスペルガー症候群などが含まれる。DSM-5では、自閉性障害、アスペルガー障害等の分類をなくし、「自閉症スペクトラム」に変更された。

公費負担　ある事業に対して、国、都道府県、市町村が事業費の一部あるいは全部を負担することを指す。

公費負担医療　国や地方公共団体が、医療受益者に代わってその医療費を負担する制度。①生活保護法による医療扶助、障害者総合支援法による更生医療、育成医療、精神通院医療の福祉的なもの、②戦傷病者特別援護法による療養の給付・更生医療、原子爆弾被爆者に対する援護に関する法律による医療等の国家補償的なもの、③精神保健福祉法による措置入院、感染症予防法による入院患者医療・結核患者医療等の社会防衛的なものに分けられる。公費負担医療には、全額公費負担によるもの、対象者の負担能力に応じて費用の一部又は全部を徴収するもの、対象者の負担能力にかかわらず一定割合を負担するもの、医療保険による給付を優先しこれにより給付されない部分について負担するものがある。　→医療保障

公費負担医療制度と介護保険　感染症の予防及び感染症の患者に対する医療に関する法律などに基づく保険優先の公費負担医療制度による給付と、介護保険による医療に関する給付を受けることができる場合は、介護保険からの給付が優先し、公費負担医療制度からの給付は介護保険の利用者負担分について行われることになる。例えば、感染症予防法に基づく「結核患者の医療」は給付率95％、介護保険の保険給付が90％、保険優先90％と公費負担の5％となり、残り5％（100－90－5＝5）が利用者負担となる。

抗不安薬　⇨精神安定剤

幸福追求権　憲法第13条に規定されている「生命、自由及び幸福追求に対する国民の権利」のこと。昭和30年代後半以降の社会・経済の変動によって生じた諸問題に対して法的に対応する必要性が増大したことに伴い、個人尊重の原理に基づく幸福追求権は、憲法に列挙されていない新しい人権の根拠となる一般的かつ包括的な権利であり、この幸福追求権によって基礎づけられる個々の権利は、裁判上の救済を受けることができる具体的権利である、と解されるようになった。

交付税　地方交付税交付金のこと。国から地方公共団体に給付される、地方財政の安定運営を目的とした交付金。地方公共団体には、収入額と需要額がある。住民がたくさんいれば住民税が、企業がたくさんあれば事業税が入ってくるので収入額が大きくなる。そのような地方公共団体は収入額が需要額を上回るので、地方交付税不交付団体となる（例：東京都）。補助金がその使途を限定されているのに対し、交付税

高分子吸水体（吸水性ポリマー）　自重の数百倍から数千倍もの多量の水を吸収するものを高分子吸水体という。水溶性高分子を共有結合やイオン結合で橋かけすることで不溶化、すなわち、いったん吸収した水を放出しないで保水することができる。医療・衛生材料、土木・建築材料、農・園芸材料に利用されているほか、紙おむつにも高分子吸収材として白色〜淡黄色の無臭の粉末であるポリアクリル酸塩が使用されている。尿の場合で30〜70倍と、極めて高い吸水能力を持っている。

公募指定　市町村長は、定期巡回・随時対応型訪問介護等の地域密着型サービスの見込量の確保及び質の向上のため特に必要があるとき、その定める期間中、定める区域に所在する事業所に係る地域密着型サービス事業者の指定を公募により行う。公募指定はサービスの種類及び事業所ごとに行い、その有効期間は6年を超えない範囲で市町村長が定める期間（介護78条の13〜78条の15）。

硬膜下血腫　⇨慢性硬膜下血腫

香　味　⇨香辛料

合理化　心理学においては適応機制の一つ。自分の不満や矛盾をもっともらしい理由づけ正当化すること。　→適応機制

合理的配慮　障害者の権利に関する条約の主旨として、合理的配慮により、障害者に実質的な平等を保障することが挙げられている。障害者の権利に関する条約第2条において、合理的配慮とは、「障害者が他の者との平等を基礎として全ての人権及び基本的自由を享有し、又は行使することを確保するための必要かつ適当な変更及び調整であって、特定の場合において必要とされるものであり、かつ、均衡を失した又は過度の負担を課さないものをいう」と定義されている。　→障害者の権利に関する条約

高齢化社会　総人口に対して高齢者（65歳以上の者）の割合が高くなっている社会をいう。国際連合の分類では65歳以上人口の比が7%を超えた社会を「高齢化した（aged）社会」としている。我が国の65歳以上人口の割合は23.0%（平成22年10月国勢調査）であり、平成32年には29.2%、平成42年には31.8%、平成62年には39.6%になると推計されている。　→少子・高齢化、高齢社会

高齢化率　⇨老年人口比率

高齢者　老化は、生物学的、生理学的、心理学的側面において相当の個人差があり、一律に年齢で何歳から老人とするかを区分することは困難である。そのため、「老人」という語に対する抵抗感もあり、年齢が高いことを意味する「高齢者」という語が広く用いられるようになっている。ただし、法律上は「老人」という語が用いられている。老人福祉法でも、対象となる老人についての定義はされておらず、その解釈は社会通念にゆだねられているが、国際的には人口統計等で65歳を区切りとして用いていることが多く、我が国においても具体的な施策の対象となる老人の範囲については、65歳以上を原則としている。

高齢者医療確保法　⇨高齢者の医療の確保に関する法律

高齢者円滑入居賃貸住宅　高齢者住まい法において、高齢者の入居を受け入れる（拒まない）こととしている賃貸住宅とされ、都道府県知事の登録を受けたものをいう。この他に専ら高齢者世帯に賃貸する高齢者専用賃貸住宅、バリアフリー化などの条件を満たした高齢者向け優良賃貸住宅があったが、平成23年4月に行われた改正により高齢者を支援するサービスを提供する「サービス付き高齢者向け住宅」に一本化された。　→サービス付き高齢者向け住宅

高齢社会　65歳以上人口の比率が7%を超えた社会を高齢化社会と呼ぶが、さらにその倍化水準である14%を超えた社会を高齢社会と呼ぶ。我が国では、昭和45年に高齢化社会の水準を超え、平成6年には高齢社会の水準を超えており、平成25年10月時点での65歳以上人口の比率は25.1%となっている。　→高齢化社会

高齢社会対策基本法〔平成7年法律129号〕国をはじめ社会全体として高齢社会対策を総合的に推進するための法律。基本理念として、①国民が生涯にわたって就業その他の多様な社会活動に参加する機会が確保される公正で活力ある社会、②国民が生涯にわたって社会を構成する重要な一員として尊重され、地域社会が自立と連帯の精神に立脚して形成される社会、③国民が生涯にわたって健やかで充実した生活を営むことができる豊かな社会の3点が挙げられている。基本的施策として「就業・所得」「健康・福祉」「学習・社会参加」「生活環境」「調査研究等の推進」「国民の意見の反映」の施策について明らかにし、また、内閣府に特別の機関として高齢社会対策会議の設置を定めている。　→高齢社会対策大綱

高齢社会対策大綱　高齢社会対策基本法に基づき定められる、高齢社会対策の中長期にわたる基本的かつ総合的な指針。平成8年7月に公表され、平成13年12月及び平成24年9月の2回見直しが行われた。「就業・年金」「健康・介護・医療」「社会参加・学習」「生活環境」「調査研究等の推進」の分野にわたり、①65歳までの雇用確保、②公的年金制度の安定的運営、③介護保険制度の着実な実施、④高齢者医療制度の改革、⑤豊かで安定した住生活の確保等の基本的施策を提言している。　→高齢社会対策基本法

高齢者が居住する住宅の設計に係る指針〔平成13年国交告1301号〕　加齢等によって心身の機能が低下した高齢者が、そのまま住宅に住み続けることができるよう、一般的な住宅の設計上の配慮事項を示すとともに、現に心身の機能が低下し、又は障害が生じている居住者が住み続けるために必要とされる、居住者の状況に応じた個別の住宅の設計上の配慮事項を示したもの。部屋の配置や階段、手すり、便所、浴室など事項によっては、基本的な措置等に係る仕様を基本レベルとして示し、高齢者の移動等に伴う転倒・転落等の防止や、介助用車いす使用者が基本生活行為を容易に行うことに配慮した措置等に係る仕様を推奨レベルとして示している。

高齢者虐待　高齢者に対して、家族を含む他者から行われる人権侵害の行為。近年、家族やサービス提供者における虐待の事態が明らかにされ、その防止は大きな課題となっており、平成17年にはいわゆる「高齢者虐待防止法」が成立した。高齢者虐待防止法に定義されている虐待は、①傷害や拘束による身体的加害、②脅迫や言葉の暴力による心理的加害、③搾取や横領といった経済的加害、④性的虐待などの積極的・直接的な人権侵害だけではなく、⑤無視や保護の放棄（ネグレクト）といった消極的な行為による人権侵害も含まれる。　→虐待、ネグレクト、高齢者虐待の防止、高齢者の養護者に対する支援等に関する法律

高齢者虐待の防止、高齢者の養護者に対する支援等に関する法律〔平成17年法律124号〕65歳以上の高齢者の虐待防止、養護者に対する支援等を促進することにより、高齢者の尊厳を保持し、その権利利益を擁護することを目的とした法律。高齢者虐待にあたる行為として、家庭の養護者や施設従事者による①身体的虐待（暴行）、②養護の放棄（ネグレクト）、③心理的虐待、④性的虐待、⑤経済的虐待、を定めている。また、虐待の防止と養護者の支援のための国、地方公共団体、国民の責務を規定しているほか、虐待を受けたと思われる高齢者を発見した者には市町村への通報義務を課し、市町村には届出窓口の周知を義務付けている。

高齢者虐待防止法　⇨高齢者虐待の防止、高齢者の養護者に対する支援等に関する法律

高齢者、障害者等の移動等の円滑化の促進に関する法律〔平成18年法律91号〕　高齢者や障害者等の移動上及び施設の利用上の利便性、安全性の向上の促進を図り、公共の福祉の増進に資することを目的とする法律。従来の交通バリアフリー法とハートビル法を一本化し、旅客施設、特定建築物（学校、病院、劇場、ホテル、老人ホーム等）、建築物特定施設（出入口、廊下、階段、エレベーター、便所、敷地内の通路等）

などについて、高齢者や障害者等が移動等を円滑に行えるようにするための基準が定められている。

高齢者住まい法 ⇒高齢者の居住の安定確保に関する法律

高齢者生活福祉センター 介護支援機能、居住機能及び交流機能を総合的に提供することを目的に、居住部門を指定通所介護事業所等に合わせ、又はその事業所等の隣地に整備した小規模多機能施設（生活支援ハウス）。①高齢等のため居宅において生活することに不安のある者に対して必要に応じた住居の提供、②居住部門利用者に対する各種相談、助言、緊急時の対応、③居住部門利用者に対する介護サービス及び保健福祉サービスの利用手続きの援助等、④利用者と地域住民との交流を図るための各種事業及び交流のための場の提供等、を行う（平12老発655）。

高齢者世帯 厚生労働省が実施する国民生活基礎調査における世帯類型の一つで、65歳以上の者のみで構成されるか、もしくはこれに18歳未満の未婚の者が加わった世帯をいう。

高齢者世帯向公営住宅 ⇒老人世帯向公営住宅

高齢者専用賃貸住宅 高齢者住まい法に規定する高齢者の入居を受け入れる賃貸住宅（高齢者円滑入居賃貸住宅）のうち、専ら高齢者単身・夫婦世帯に賃貸するもの。平成23年4月の改正により高齢者向け優良賃貸住宅とともに廃止され、「サービス付き高齢者向け住宅」に一本化された。 →サービス付き高齢者向け住宅

高齢者総合相談センター（シルバー110番） いわゆるシルバー110番といわれるもので、高齢者及びその家族が抱える各種の心配ごと、悩みごとを解決するため各種情報を収集、整理し、電話相談、面接相談等に応じるほか、高齢者の居住環境の改善に関する啓発、研修、福祉機器の展示、情報誌の発行等も行っている。各都道府県に1か所設置されており、プッシュホンで「#8080（ハレバレ）」を押せば地域のセンターにつながるようになっている（昭62健政発330・健医発733・社老80）。

高齢者単独世帯 65歳以上の者が単独で生活している世帯。ひとり暮らし高齢者のこと。平成25年の高齢者単独世帯は、573万世帯で、65歳以上の者のいる世帯数の25.6％を占めている。

高齢者の安全な薬物療法ガイドライン 平成17年に日本老年医学会により高齢者の薬物有害作用を減らすことを目的に発表されたガイドライン。高齢者に対して特に慎重な投与を要する薬がリスト化されている。なかでも強心配糖体、抗不整脈薬、抗血小板薬、ベンゾジアゼピン系薬剤、ドパミンD_2遮断薬、血糖降下薬など45種類の薬剤（群）は、75歳以上の後期高齢者や75歳未満の日常生活機能の低下を有する虚弱高齢者にはできるだけ使用を避けることが望ましいとされている。

高齢者の生きがいと健康づくり推進事業 高齢者が健康で生きがいをもって社会活動ができるよう、社会の各層における高齢者観についての意識改革を図るとともに、各分野において高齢者の社会活動が活発に展開されるよう、①高齢者の社会活動についての国民の啓発、②高齢者のスポーツ活動、健康づくり活動及び地域活動等を推進するための組織づくり、③高齢者の社会活動の振興のための指導者等育成事業の推進、等の事業を実施する。その推進母体として中央に「長寿社会開発センター」、都道府県に「明るい長寿社会づくり推進機構」が設置されている（平元老福187）。

高齢者の医療の確保に関する法律〔昭和57年法律80号〕 平成18年の「健康保険法等の一部を改正する法律」により、老人保健法を改称し、高齢期における適切な医療の確保について定めた法律。①医療費適正化推進のための計画を作成し、②保険者による健康診査・保健指導の措置を講じるとともに、高齢者の医療について、国民の共同連帯の理念等に基づき、③前期高齢者に係る保険者間の費用負担を調整するとともに、④後期高齢者に対し、適切な医療を行う制度を創設し、国民保健の向上及び高齢者

福祉の増進を図ることを目的としている。

高齢者能力開発情報センター　高齢者の能力の開発や向上を図るため、各種の相談に応じるとともに、その能力等に応じた就労の機会の確保及び高齢者が積極的に社会に参加するための各種の福祉情報等を提供することを目的とする施設。具体的には就労相談、職業の斡旋、福祉情報の提供等が行われている。利用料は無料である。

高齢者の居住の安定確保に関する法律〔平成13年法律26号〕　国による居住の安定の確保に関する基本的な方針及び都道府県による高齢者居住安定確保計画の策定について定め、①高齢者世帯の入居を拒まない賃貸住宅（高齢者円滑入居賃貸住宅）の登録制度、②高齢者向け優良賃貸住宅の供給促進、③高齢者が安心して住み続けることのできる終身建物賃貸借権の確立を柱に、高齢者が安心して生活できる居住環境を実現しようとするもの。平成23年4月に一部改正され、高齢者円滑入居賃貸住宅、高齢者向け優良賃貸住宅等を一本化し、高齢者の生活を支援するサービスを提供する「サービス付き高齢者向け住宅」の登録制度が創設され、介護保険法の「定期巡回・随時対応型訪問介護看護」などのサービスを組み合わせた仕組みを構築し、介護保険法との連携が図られた。

「高齢者のための新たな医療制度等について（最終とりまとめ）」　後期高齢者医療制度廃止後の新たな制度の具体的なあり方について、高齢者医療制度改革会議が平成22年12月にとりまとめたもの。これまでの問題点を改めるとともに、現行制度の利点はできる限り維持し、後期高齢者医療制度廃止を契機として国民健康保険の財政運営の都道府県単位化を実現することを改革の基本的な方向とし、①加入する制度を年齢で区別することなく、現役世代と同じ制度に加入する、②国保の財政運営を第一段階で75歳以上、第二段階で全年齢について都道府県単位化を図る、③75歳以上の医療給付費は公費、75歳以上の高齢者の保険料、75歳未満の加入者数・総報酬に応じて負担する支援金で支える、④70歳から74歳の患者負担は70歳到達時から段階的に本来の2割負担とする等を挙げている。

「高齢者保健福祉推進十か年戦略」（ゴールドプラン）　21世紀の高齢化社会を国民が健康で生きがいをもち安心して生涯を過ごせる社会としていくため、高齢者の保健福祉の分野における公共サービスの基盤整備を図ることとし、平成元年12月に厚生・大蔵・自治3大臣の下で策定された在宅福祉・施設福祉等の事業について新たな整備目標や上乗せなどを盛り込んだ平成2年度から11年度までに実現を図るべき具体的目標を掲げた十か年計画。その後、平成6年12月に、整備目標量の上方修正、新規施策の追加等を行った「新・高齢者保健福祉推進十か年戦略（新ゴールドプラン）」が策定され、平成11年12月には新たな計画として「今後5か年間の高齢者保健福祉施策の方向（ゴールドプラン21）」が策定された。　→「新・高齢者保健福祉推進十か年戦略」、「今後5か年間の高齢者保健福祉施策の方向」

高齢者向け優良賃貸住宅　高齢者専用賃貸住宅のうち、バリアフリー化など高齢者にとって良好な居住環境を備えているとして都道府県知事の認定を受けたもの。平成23年4月の改正により高齢者専用賃貸住宅とともに廃止され、「サービス付き高齢者向け住宅」に一本化された。　→サービス付き高齢者向け住宅

高齢者無料職業紹介所　⇨高齢者能力開発情報センター

高齢者問題　高齢者に関わる個別的あるいは社会的な問題をいうが、その対象となる時代、地域、個人等によって異なった内容をもつこととなる。現代における高齢者問題は、急激な人口の高齢化に起因しており、老後の長期化による生きがい保障、後期高齢者の増加による健康問題、寝たきり高齢者や認知症高齢者を介護する家庭介護者の不足等が大きな問題として指摘されている。

誤嚥（ごえんげ）　食物や異物を気管内に吸い込んでしまうこと。嚥下痛、嚥下に関する神経・筋の

障害、意識状態が低下している場合等に起きやすく、特に高齢者では誤嚥性肺炎を起こしやすいので注意が必要である。誤嚥した場合は窒息の危険性があるので、食物又は異物をすみやかに取り除くのが先決である。また、誤嚥の予防には、食事姿勢を適切にすることが重要となる。　→誤嚥性肺炎

誤嚥性肺炎　本来気管に入ってはならないものが気管に入り、そのために生じた肺炎。口腔咽頭粘膜において繁殖した病原菌を多量に含む喀痰や唾液などを反復して微小吸引によるものから、病原菌と食塊が気道内に入り肺炎を起こす場合までさまざまな程度のものがある。高齢者の肺炎の特徴は、一般に数日の経過をとって増悪するが、意識障害・ショックなどの症状の急変がみられたり、食欲低下、全身倦怠感など非特異的な初発症状が多いといえる。また、38℃以上の高熱が出たり、せん妄や傾眠傾向など精神神経症状が前面に出る場合がある。重要な初期症状として、呼吸数増加、呼吸パターンの変化があげられる。　→沈下性肺炎

誤嚥と食品　誤嚥とは食道狭窄や口腔機能の低下により、飲食物が嚥下しにくくなり、気管に入ってしまう事をいう。誤嚥しやすい食品としては、①水のように流動性があり、粘度がないもの、②バラバラになりやすいもの、③咽頭を通過するときに変形しにくいもの、④もちのようにべたついたり、粘膜につきやすいものがある。一方、誤嚥をまねきにくい食物として、①ヨーグルト状やゼラチン状のもの、②とろみのついたソフト食などが挙げられる。

コーディネーター　仕事の流れを円滑にする調整者。社会福祉の援助においては、他の職種とのチームワークが不可欠であるが、その際にその人たちとの調整が必要となる。特に地域援助活動においては、地域内の施設、機関、団体間を統合的に調整することが重要な役割となっている。また、個別援助活動においては、ケアマネジメントを推進する上での調整の役割をもつ。

コーホート　コーホート（cohort）とは、同時集団をいい、例えば同じ年次に生まれた人々の集団を同時出生集団すなわち出生コーホート、同時期に結婚した人々の集団を結婚コーホートという。

氷　枕　冷あん法の用具。ゴム製の袋で、氷と少量の水を入れ、口金で締め、タオルを巻くなどして、枕の上に置いて用いる。熱を下げる効果はないが、頭痛を和らげ安楽な気分をもたらす。長時間使用の際は凍傷に注意する。

ゴールドプラン　⇒「高齢者保健福祉推進十か年戦略」

ゴールドプラン21　⇒「今後5か年間の高齢者保健福祉施策の方向」

コカイン型依存　代表的な薬物依存の一種。コカの葉から抽出したアルカロイドであるコカインは鎮痙剤として使用されている。乱用により、疲労感は減じ、気分の昂揚、不眠、食欲不振、幻覚等の症状がみられる。

小刻み歩行　パーキンソン病にみられる歩行障害。姿勢反射障害によって生じる特徴的な歩行である。全体的には姿勢が前屈気味になり、歩幅が小さく、手の振りも少なくなる。　→パーキンソン病

呼　吸　生体が外界から酸素を取り入れ、代謝の結果生じた二酸化炭素を排出すること。肺に外気を吸い込んで血液と行うガス交換を外呼吸と呼び、血液と生体組織間のガス交換である内呼吸と区別することもある。（外）呼吸は、横隔膜や肋間筋を動かして胸腔の容積を変えることで行われ、自分の意志で一時的に速くしたり遅くしたりできる。呼吸数は年齢や体格によって異なり、姿勢や気温、運動、感情にも影響される。

呼吸運動　外呼吸。胸郭の容積は、骨格筋の収縮、弛緩及び重力によって広げられたり縮小したりする。この際、肺自身は運動能力をもたないため、ただ胸郭の運動によって受動的に伸縮し、そのたびに胸の空気が出入りする。このような運動を呼吸運動という。人は、胸式と腹式の呼吸運動を自然に行っている。胸式は主に肋間筋を動かす呼吸であり、腹式は横隔膜と腹

筋によって行われる呼吸である。　→呼吸

呼吸器　呼吸にかかわる身体の器官をいう。気管は空気の流れから、口・鼻→咽頭→喉頭→気管→気管支→肺→肺胞となる。空気中の酸素は肺胞から血液中に入り赤血球から身体の中の細胞に送られる。細胞からの二酸化炭素は赤血球により肺に送られ、口・鼻から吐き出される。

呼吸器機能障害　呼吸器機能障害には、肺胞のガス交換に障害がある場合や、胸郭や横隔膜の動きによって肺を膨張させたり収縮させたりする動作、また、空気の通り道である気道などが狭まるために空気の通過が難しくなる換気の障害などがある。呼吸器機能障害の基礎疾患としては、慢性閉塞性肺疾患（COPD）、脳出血、脳梗塞、喘息、筋萎縮性側索硬化症などが挙げられ、主な症状には、呼吸困難感、咳や痰の増加、喘鳴などがある。

呼吸器疾患　呼吸をつかさどる器官の疾病の総称。普通は、気管、気管支、肺の急性及び慢性疾患をいう。代表的なものに、肺炎、肺結核、肺がんがあり、慢性疾患では、肺気腫、慢性気管支炎、気管支喘息などがある。いずれの場合にも注意すべき症状として、発熱、痰、血痰、咳、異常呼吸、胸痛、倦怠感、食欲不振等の全身状態が挙げられる。　→呼吸困難

呼吸困難　体の組織への酸素供給の必要性から、呼吸数が増加したり、息苦しさを訴える状態。気道の狭窄、喘息、気管支炎、肺炎等、呼吸器系に問題がある場合のほか、心不全や心因性の呼吸困難等、原因はさまざまである。脳の酸素不足により、意識障害、けいれん等が出現し、呼吸停止や心停止を招くので、早期の適切な処置が不可欠である。

呼吸不全　肺において酸素と炭酸ガスの交換が十分行われないために、動脈血中の酸素濃度が低下し、組織や細胞の機能が発揮できなくなった状態。急性の呼吸不全は、重症の呼吸器感染症や慢性肺疾患の末期に意識障害や傾眠、不穏などの症状を呈して発症する。慢性呼吸不全の多くは慢性閉塞性肺疾患や肺線維症などに伴うもので、在宅酸素療法（HOT）の適応となる原因疾患の大半を占める。医学的には動脈血の酸素分圧が60torr以下を示す異常な状態を呼吸不全と診断する。

国際家族年〔International Year of the Family ; IY〕　1994年を国際家族年とすることが、1989年の国連総会で決定された。「家族：変化する世界における資源と責任」をテーマに、「社会の中心に最小単位としての民主主義を築く」をスローガンとした。七つの「原則」、六つの「目的」により示された取り組みでは、家族がその責任を果たすために多くの支援が与えられたが、家族の機能を代替する支援・施策ではなく、機能の遂行を援助するものとされた。

国際高齢者年　『高齢者のための国連原則』（高齢者の「自立」「参加」「ケア」「自己実現」「尊厳」）の具体化を目的として、1992年の国連総会において1999年を「国際高齢者年」とすることが決定された。

国際疾病分類〔International Classification of Disease ; ICD〕　WHOが定めた国際的に統一した疾病、傷害及び死因の統計分類。各国に行政上の目的の諸統計に使用することを勧告している。我が国で使用されている疾病、傷害及び死因統計分類表は、これを採用している。適時、改訂が行われており、現在、第10版であるICD-10（2003年版）が適用されている。

国際障害者年〔International Year of Disabled Persons ; IYDP〕　国際連合では、1971年に「知的障害者の権利宣言」、1975年に「障害者の権利宣言」を採択し、障害者の権利に関する指針を示した。さらに、これらの障害者の権利宣言を単なる理念としてではなく、社会において実現するという意図のもとに、1976年の総会において1981年を国際障害者年とすることを決議した。そのテーマは「完全参加と平等」であり、具体的には、①障害者の身体的、精神的な社会適合の援助、②就労の機会の保障、③日常生活への参加の促進、④社会参加権の周知徹底のための社会教育と情報の提供、⑤国際障害者年の目的の実施のための措置と方法の確立、

であった。国際障害者年の成果をもとに検討されてきた「障害者に関する世界行動計画」が、1982年の総会において決議され、本計画の実施に当たって1983～1992年までを「国連・障害者の十年」と宣言し、各国が計画的に課題解決に取り組むこととなった。　→国連・障害者の十年

国際障害分類〔International Classification of Impairments, Disabilities, and Handicaps；ICIDH〕　1980年に世界保健機関（WHO）は国際疾病分類の補助分類として「国際障害分類」を発表し、障害を三つのレベルに分け、機能障害（impairment）、能力障害（disability）、社会的不利（handicap）とした。しかし、各国でこの障害分類が利用されるにつれ問題も指摘され、検討が行われた。その結果、2001年に国際生活機能分類（ICF）として、WHO総会で決定された。改定版では、健康状態、心身機能・身体構造、活動、参加、背景因子（環境、個人）などの双方向の関係概念として整理された。→国際生活機能分類

国際身体障害者スポーツ大会　⇨パラリンピック

国際生活機能分類　1980年にまとめられた「WHO国際障害分類（ICIDH）」からほぼ20年近く経過し、ICIDHが各国で利用されるにつれ問題点も指摘され、国際的な検討作業の結果、2001年5月に国際生活機能分類（International Classification of Functioning, Disability and Health；ICF）がWHO総会において採択された。ICFは健康状態、機能障害、活動、参加、背景因子（環境因子と個人因子）の双方向の関係概念として整理され、これまでの否定的・マイナス的な表現から、中立的・肯定的な表現に変更された。

国際婦人年〔International Women's Year〕男女間の平等について認識し、世界平和の強化における婦人の貢献を目的として、国連総会は1975年を国際婦人年とした。平等・発展・平和というテーマのもとにメキシコ市で国際会議が開催され、世界行動計画206項目が採択された。

国際リハビリテーション協会〔Rehabilitation International；RI〕　障害者のリハビリテーションのための国際組織。1922年設立。本部はニューヨーク。日本では、公益財団法人日本障害者リハビリテーション協会と独立行政法人高齢・障害・求職者雇用支援機構が加盟している。4年ごとに世界会議を開催するほか、各国の障害者リハビリテーション情報の収集と交換、障害原因や障害の除去の研究などの活動を行っている。

国際レクリエーション協会　⇨世界レジャー・レクリエーション協会

国際連合〔the United Nations；UN〕　国際平和の安全と維持、経済・社会・文化面における国際問題の解決、人権及び自由の尊重等を目的として、1945年6月に設立された。人権と福祉の増進のために経済社会理事会が設けられている。

国勢調査　人口の静態統計を把握するために実施される全数調査（悉皆調査）。我が国の国勢調査は、第1回が大正9年に実施され、その後は10年ごとに大規模調査が、その中間の5年目に簡易調査が行われている。人口の基本的属性、配偶関係などの社会的属性、仕事の種類などの経済的属性、居住状況に関する事項など、多面的に調査が行われることから、国の最も重要な統計調査といえる。　→人口静態、全数調査

国民医療費　国民全体が1年間に支払った医療費の総額。正常な分娩、健康診断、差額ベッド代等は含まない。

国民皆年金　すべての国民を、何らかの年金制度によりカバーした社会保障制度。我が国では自営業者や無業者を含め、基本的に20歳以上60歳未満の国民すべてが公的年金制度に加入している。昭和32年の社会保障制度審議会の「国民年金制度に関する基本方策」の答申の中で方向が示され、昭和34年の国民年金法の成立により、昭和36年に国民皆年金が実現した。その後、昭和40年代の改正を経て、昭和60年には大改革が行われ、従来の制度を総合

的・統一的な視点でとらえ直した。　→国民皆保険

国民皆保険　すべての国民を、何らかの医療保険でカバーした社会保障制度。昭和33年の国民健康保険法の全文改正により、昭和36年より実施された。その段階で、各種医療保険が適用されなかったものはすべて国民健康保険に強制加入されることになった。　→国民皆年金

国民健康・栄養調査　従来は「国民栄養調査」の名称で、栄養改善法に基づいて厚生労働省が毎年実施していたが、平成14年に栄養改善法が廃止され、健康増進法が施行されたのに伴い、国民の身体の状況、栄養素等摂取量及び生活習慣の状況を明らかにすることを目的として拡充された。国民の健康増進の推進を図るための基礎資料となるもの。

国民健康保険団体連合会　国民健康保険の保険者が、共同してその目的を達成するために設立している法人。各都道府県ごとに設置されている。その業務は、①保険者の事務の連絡、②診療報酬の審査・支払、③保健施設事業、④国民健康保険運営資金の融資等がある。このほか、介護保険法において、①介護給付費の請求に対する審査・支払、②介護サービスの質の向上に関する調査とサービス事業者・施設に対する指導・助言（オンブズマン的業務）が国民健康保険団体連合会の業務とされている。介護給付費請求書及び介護予防・日常生活支援総合事業費請求書の審査を行うために、国民健康保険団体連合会には介護給付費等審査委員会が置かれる（国保83条〜86条、介護176条・179条）。

国民健康保険法〔昭和33年法律192号〕　国民健康保険事業の健全な運営を確保し、社会保障及び国民保健の向上に寄与することを目的とする法律。国民健康保険は、健康保険等被用者保険の被保険者及びその被扶養者以外の者を対象とし、これらの者の疾病、負傷、出産又は死亡に関して必要な給付を行うもので、保険者は市町村又は国民健康保険組合である。法定給付としては、療養の給付、入院時食事療養費、入院時生活療養費、保険外併用療養費、療養費、訪問看護療養費、高額療養費、高額介護合算療養費等がある。任意給付としては、条例又は組合規約に定めるところにより出産育児一時金、葬祭費の支給が行われている。健康保険とともに、我が国の医療保険制度の中核をなしている。→国民皆保険

国民生活基礎調査　世帯の構造分析に必要な事項及び国民の保健、医療、福祉、年金、所得等、国民生活の基礎的な事項を調査し、厚生行政の企画・運営のための資料とする。昭和61年度を初年として発足した調査で、厚生労働省大臣官房統計情報部が実施している。

国民生活センター　国民生活に関する情報の提供及び調査研究を行うことを目的として、昭和45年、国民生活センター法（現・独立行政法人国民生活センター法）により設置された。設置目的を果たすために、調査研究、商品テスト、消費者相談業務、苦情・危害情報などの生活情報の収集と提供、普及啓発、行政・企業の消費者問題担当者の研修、消費生活専門相談員資格試験などを実施している。

国民年金基金　厚生年金保険等の被用者年金に加入できない自営業者などの第1号被保険者にも、基礎年金への上乗せ年金を支給するため組織される法人。同じ都道府県に居住する1000人以上の第1号被保険者により各都道府県に一つ設立される「地域型国民年金基金」と、3000人以上の同職種者により全国に一つ設立される「職能型国民年金基金」の2種類がある。平成3年に創設された（国年115条〜137条の2の4）。

国民年金法〔昭和34年法律141号〕　国民年金制度を定める法律。国民年金制度は、老齢、障害又は死亡によって国民生活の安定がそこなわれることを国民の共同連帯によって防止し、健全な国民生活の維持及び向上に寄与することを目的としている。当初、厚生年金保険等の被用者年金制度に加入していない農業者、自営業者等を対象として発足し、これにより国民皆年金の体制が確立された。その後、昭和61年4月から実施された制度改正によって、国民年金

制度は、すべての国民に共通する基礎年金を支給する制度に位置づけられ、20歳以上60歳未満の者はすべて被保険者とすることとし、被保険者の老齢、障害、死亡について老齢基礎年金、障害基礎年金、遺族基礎年金を支給することとなった。ほかに付加年金、寡婦年金及び死亡一時金の給付がある。　→国民皆年金

国民負担率　国民所得に占める税、社会保険料の比率のこと。この比率が高ければ高いほど、個人は自分の収入における実質的な手取りが減少する。我が国は、平成26年度見通しでは国民負担率41.6％であるが、北欧では、我が国における消費税にあたる付加価値税が25％を超え、国民負担率が60％を超える国もある。

国連・障害者の十年　国際障害者年の目的を計画的に達成していくために、1982年に国際連合が「障害者に関する世界行動計画」とともに決議採択したもので、1983年から1992年までの10年間をいう。同計画をガイドラインとして、各国において障害者の福祉、自立援助、教育等の諸施策を計画的に充実させていくよう要請した。　→国際障害者年

誤見当　⇨失見当識

こころのケア　ケア（Care）という言葉は「お世話をする」という意味を持つ言葉であり、こころのケアは「精神科医等による治療、すなわちキュア（Cure）ではなく、日常生活における心理的安定と心身の活性化を目的とする働きかけ」と定義される。より具体的には、心理的な余裕と穏やかさのある落ち着いた・安定したこころの形成、物事に積極的に関心を寄せ関わることのできる前向きなこころの形成、明日を楽しみにできる張りのあるこころの形成などを目指す働きかけといえる。こころのケアは、医師との連携は必要なものの、医師でなければ行ってはならない、あるいは必ずしも医師の指示が必要な行為ではなく、これからの介護福祉士等福祉職がその専門性として身につけていく必要のある技術である。　→カウンセリング、園芸療法、アニマル・セラピー、動作法、音楽療法

腰掛便座　①和式便器の上に置いて腰掛式に変換するもの、②洋式便器の上に置いて高さを補うもの、③電動式またはスプリング式で便座から立ち上がる際に補助できる機能を有しているもの、④便座、バケツなどからなり、移動可能である便器（ポータブルトイレ）のいずれかに該当するもの。　→ポータブルトイレ

個室化　介護保険施設では従来4人1室などの多人数部屋における集団生活が中心であり、個室は処置上必要な者に限定されていた。しかし現状では、特に特別養護老人ホームを中心として、入居者の生活を重視し、個々のプライバシーの保護とQOLの向上のために、居室は個室とし、施設形態は10人程度をユニット（生活単位）としたユニットケアを原則とする小規模生活対応型の整備が積極的に進められている。　→ユニットケア

孤食　孤独食の意味で、一人で食事をすることをいう。これまで、子どもの場合、家族のコミュニケーションがとれないため教育上問題とされてきた。近年では、高齢者の単身世帯等においても、低栄養状態を招いたり、コミュニケーションの減少など、生活の質（QOL）の低下につながるなどの問題がみられる。同音で個食という言い方もあるが、これは家族が一緒に食事をするとしても、嗜好などの違いから別々の料理を食べる個人本位の食事のことをいう。

個人因子（ICF）　2001年5月にWHOが採択した国際生活機能分類（ICF）の中の構成要素であり、個人の人生や生活の特別な背景のこと。具体的には、性別、人種、年齢、体力、ライフスタイル、習慣、生育歴、教育歴、職業、過去及び現在の経験、行動様式、困難への対処方法、価値観などがある。

個人情報の保護に関する法律〔平成15年法律57号〕　高度情報通信社会の進展に伴い、個人情報の利用が著しく拡大していることから、個人情報を取り扱う事業者の遵守すべき義務等を定めることにより、個人情報の有用性に配慮しつつ、個人の権利利益を保護することを目的とした法律。個人情報を取り扱う事業者の遵守

すべき義務として、①利用目的の特定、②利用目的による制限、③適正な取得、④取得に際しての利用目的の通知等、⑤第三者提供の制限等が規定されている。社会福祉事業を実施する者は、多数の利用者やその家族について他人が容易には知ることができない個人情報を詳細に知ることができる立場にあることから、社会福祉事業者が行う個人情報の適正な取扱いの確保に関する活動を支援するための指針として、平成16年11月に厚生労働省より「福祉関係事業者における個人情報の適正な取扱いのためのガイドライン」、平成25年3月には「福祉分野における個人情報に関するガイドライン」が示されている。

個人番号 行政手続における特定の個人を識別するための番号の利用等に関する法律では、「住民票コードを変換して得られる番号であって、当該住民票コードが記載された住民票に係る者を識別するために指定されるもの」としている。個人番号は、個人番号のほかに氏名・住所・生年月日・性別等が記載された通知カードによって、市町村長から通知される（番号法2条・7条）。　→行政手続における特定の個人を識別するための番号の利用等に関する法律

五大栄養素 人間が生きていく上で必要とする栄養素のうち、水分を除く糖質（炭水化物）、脂質、たんぱく質、ビタミン、ミネラル（無機質）の五つをいう。これらの栄養素は機能面から、熱量（エネルギー）素である糖質と脂質、構成素であるたんぱく質、脂質、ミネラル、調整素であるビタミンとミネラルの三つの要素に分類される。その他、人体に必要な物質としての水や食物繊維を加えて六大栄養素という場合もある。

誇大妄想 自分を過大に評価する誤った確信をいう。これに関連する妄想には、高貴な生まれであるという血統妄想、偉大な発明をしたという発明妄想等がある。統合失調症や躁病でみられる。

5W1H ケース記録の基本は、いつ（When）、どこで（Where）、だれが（Who）、なにを（What）、何のために（Why）、どのように（How）行ったのかを明確に記述することであるが、これを記録の5W1Hという。　→ケース記録

骨萎縮 成長し終わった骨が萎縮すること。骨髄腔や骨膜面から骨が吸収され、萎縮する。

国家公務員共済組合 国家公務員共済組合法により、国家公務員とその被扶養者の疾病、負傷、出産、死亡等に対して給付を行うための共済組合。各省庁単位で共済組合をもち、療養の給付等の短期給付及び退職共済年金等の長期給付を行っている。業務上の災害、傷病については国家公務員災害補償法による。

骨髄 骨の中心部をなす軟らかい部分で、赤色骨髄と黄色骨髄（加齢により脂肪におきかわる）に分類される。赤色骨髄には造血作用があり、赤血球や白血球、血小板を産生している。細胞分裂が盛んな部位なので、放射線や強力な薬物による損傷を受けやすい。

骨折 骨組織の連続性が部分的（不完全骨折）あるいは完全（完全骨折）に離断された状態をいう。骨折は強い外力や骨に異常がある場合にはわずかな力で生じる。疼痛、腫脹、皮下出血、異常運動、変形・転位が認められ、X線検査が診断に有用である。高齢者ではベッドの上り降りの際のわずかな力でも大腿頸部骨折等の病的骨折が起こる。

骨粗鬆症 骨質の組成は正常であるが、骨量が減少した状態で、骨の変形や骨折を起こしやすい。高齢者、特に閉経後の女性に好発する。オステオポローシス、骨多孔症ともいう。カルシウム代謝の変化、女性ホルモンの分泌低下などが因子として考えられている。治療には卵胞ホルモン、ビタミンD、骨からのカルシウム放出を抑制するカルシトニン等の薬物療法がある。食物からのカルシウム摂取と運動の併用は、予防としても大切である。

骨粗鬆症検診 老人保健事業の一部として実施されてきたが、平成20年度からは、健康増進法に基づく市町村による健康増進事業に位置

づけられている。自らの骨塩量を把握し、骨粗鬆症の早期発見・予防に効果がある。

骨軟化症　ビタミンDの欠乏等から生じるくる病が、骨の成長期以降に発症したものをいう。病的骨折が多発し、骨痛、筋力低下、脊椎・胸郭・骨盤等の変形、腰痛等が起こる。ビタミンDの摂取不足のほか、腎臓等での代謝異常による場合もあり、原因により治療を行う。

骨盤底筋訓練法（ケーゲル法）　失禁を改善・防止するため骨盤底の支持組織の強化を図る訓練法。高齢女性に多くみられる腹圧性尿失禁の場合に有効である。骨盤底筋とは肛門挙筋、肛門括約筋、尿道括約筋などの筋群の総称である。骨盤底筋の筋力低下は子宮脱、膀胱脱の原因ともなる。患者自身が肛門や膣を繰り返し収縮させたり、排尿を意識的に中断する訓練でこれらの筋力を強くする。しかし、この訓練法だけで失禁を改善・防止することは容易でなく、薬物療法との併用や手術を考慮することも必要になる。

古典的条件づけ　⇨レスポンデント条件づけ

言葉かけ（レクリエーションでの）　レクリエーション活動の実践場面などで、活動している人に対して、励ましの言葉などをかけて、その人を援助すること。また、ゲームなどの進行に合わせて掛け声をかけたりして、会の雰囲気を盛り上げていくこともある。このような場面の援助者は、こうした言葉かけを意図的に、しかもタイミングよく行うことが大切であり、重要な援助技術の一つとして位置付けられる。

コノプカ, G.〔Konopka, Gisela 1910～2003〕　グループワークの研究者。ベルリン生まれで、アメリカに亡命後、児童相談、非行少年等を対象に実践的研究を重ね、グループワークの発展に貢献した。著書に『ソーシャル・グループワーク』『収容施設におけるソーシャル・グループワーク』等がある。

小振り歩行　両側に松葉つえを利用して歩行することがある対麻痺のある人に特徴的にみられる歩行。引きずらずに、小さく跳躍するような形で、つえの位置まで足を持っていく歩き方のこと。

個別援助活動　個別援助技術を活用して行われる社会福祉援助活動。援助を必要としている個人や家族が援助対象となり展開される。歴史的には1869年のイギリスの慈善組織協会の活動に端を発し、アメリカの慈善組織協会の指導者M.リッチモンドによって理論化が試みられ、発展した。　→慈善組織協会、リッチモンド,M.

個別援助技術　社会福祉援助技術の一つ。通常、援助者とサービス利用者との間で結ばれる援助関係によって成立し、生活問題解決という目的のために、社会資源を活用するなど、サービスを提供する形をとる。個別援助技術は、こうした援助を円滑に展開するための専門的な技術である。

個別援助計画　ケアマネジャーが作成するケアプラン（介護サービス計画）の目標を実現するために、専門職ごとに立案された利用者に関わるより詳細な計画のこと。利用者一人ひとりの状態を踏まえ、よりふさわしい支援が提供できるように各専門職の視点からアセスメントを行い、課題の解決に向けた目標や具体的な支援内容・方法を決定する。介護従事者が立案する個別援助計画は、介護過程を展開して作成するもので、一般に介護計画と呼ばれる。　→計画の実施、計画の修正、計画の立案

個別化〔individualization〕　個別援助及び集団援助の原則の一つ。援助者が援助を行う上で、サービス利用者の独自性、個性に注目して、個々人に即した援助を行うことをいう。人間は能力、個性、性格、思想等の個体差がある。したがって、同じ環境で同じ問題を抱えていても、利用者のニーズはさまざまであり、対処の仕方も異なったものが必要となる。また、同じ人間であっても、いつも同じ状況とは限らない。バイステックの七つの原則の一つとしても位置づけられている。　→バイステックの七つの原則

個別ケア　人間は一人ひとり、それぞれ異なる生活背景や価値観をもって生活している。こ

のことは、当然、介護が必要になっても同様である。したがって、個別ケアとは、施設・在宅を問わず、その人の生活の仕方に視点を合わせて支援する方法をいう。その人がもつ生活のこだわりや、価値観、能力を適切にアセスメントし、個別援助計画を作成して支援を行うことが大切である。

個別支援計画 サービス管理責任者が、サービス等利用計画における総合援助方針等を踏まえ、当該事業所が提供するサービスの適切な支援内容等について検討し、作成したもの。サービス等利用計画は相談支援専門員が作成するトータルプランであるのに対して、個別支援計画はそれを構成する一つの専門分野の支援計画である。

コミュニケーション〔communication〕 言語、文字、身振り等の記号を媒体として、情報を相互に伝達する行為をいう。コミュニケーションの対象により、個人相互間で行われるパーソナル・コミュニケーションとメディアを使用したマス・コミュニケーションに分類される。また、使用する記号の面から、言語的コミュニケーションと非言語的コミュニケーションに分類される。社会福祉援助活動においては、言語的・非言語的コミュニケーションのいずれも積極的に用いられる。　→言語的コミュニケーション、非言語的コミュニケーション

コミュニケーションエイド〔communication aid〕 福祉機器の一種。言語障害者の発声代行機器、電話及びパソコン通信など社会参加に欠かせないコミュニケーションの手段を、重度肢体不自由者にも利用できるように機能補助をした装置のこと。また、視覚障害者と聴覚・言語障害者のための意思伝達のための機器等も指す。

コミュニケーション手段 種々の情報網が整備される以前の時代には、個人とのコミュニケーションは基本的に対面に限定されていた。やがて、郵送することで個人にメッセージを送ることができるようになり、次第に固定電話、携帯電話、メールやインターネットなど、コミュニケーション手段は拡大してきた。介護場面における主なコミュニケーション手段は、声かけや傾聴であると考えられているが、介護従事者が利用者のそばに寄っていく瞬間からすでにコミュニケーションは始まっていること、また、介護技術そのものが重要なコミュニケーション手段に位置づけられていることも認識する必要がある。

コミュニケーション障害 コミュニケーションの過程において、何らかの支障のためにコミュニケーションが達成できない状態を意味する。介護の現場で遭遇する利用者にコミュニケーション障害が認められる場合には、①生活環境に問題があるため、情報が十分に授受できない場合、②利用者自身のコミュニケーション能力や関係する機能が何らかの原因で障害され、情報の授受が十分になされず、コミュニケーションが成立しない場合、などが考えられる。

コミュニケーションの構成要素 二者間のコミュニケーションの場合、コミュニケーションを始める人（送り手）と、二者間を伝わる情報（メッセージ）を受け取る相手（受け手）によって成り立つ。さらに、送り手の心や頭に浮かんだイメージを相手に送るために記号化した「送信」と、受け手が解読した「受信」も構成要素となる。メッセージを伝える伝達経路には、言語的チャンネルと非言語的チャンネルの二つがある。

コミュニケーションの阻害要因 コミュニケーションを阻害する要因としては、①情報収集の障害、②情報理解の障害、③情報伝達の障害、④情報管理・維持の障害、などが考えられる。これらを引き起こす原因として、生活環境、人間関係、心身の健康状態などが指摘されている。

コミュニケーション評価 リハビリテーション計画を設定していく上での評価の一つであり、聴覚・言語障害者の機能又はその回復の程度を見るために行われるもの。

コミュニティ〔community〕 地域社会、共同体、地域共同社会などと訳され、地域性と共同性という二つの要件を中心に構成されている

社会をいう。生産、風俗、習慣等に結び付きがあり、共通の価値観を所有している点が特徴である。現代では産業化、都市化等が進行し、地域社会としてのコミュニティの機能は大きく変容し、弱体化している。　→地域援助活動、地域援助技術

コミュニティ・オーガニゼーション〔community organization〕　⇨地域組織化活動

コミュニティケア〔community care〕　地域共同体内で、福祉の援助を必要とする人々に、在宅の形態でサービスを提供すること。その定義は諸説あり、必ずしも概念整理されてはいないが、地域特性に基づいた在宅福祉、在宅ケアと同義で使われることが多い。1950年代のイギリスに端を発しており、日本では1970年代から高まった地域福祉への関心とともに、コミュニティケアの理論は注目されるに至った。→地域福祉

コミュニティ・ソーシャルワーク　1982年、イギリスのバークレイ報告で公式に示された概念（しかしそのルーツはセツルメント運動から由来したソーシャルワーク実践にあると言われている）。我が国では1990年代に在宅福祉サービスが法制化され、2000年には社会福祉法に地域福祉の推進が明記されたことにより、今後の地域福祉の理念や方法のあり方として再概念化が試みられている。我が国の地域福祉は、社会福祉協議会の地域組織活動を中心に描かれることが多かったが、コミュニティ・ソーシャルワークは、地域で生活上の困難を抱える個人や家族に対する個別支援や公的サービス利用の調整に丁寧に取り組み、かつ、それらの人々が暮らす生活環境の整備や周囲の住民の理解や手助け、地域での支援活動を意識的に結びつけ、誰もがともに地域で安心して暮らしていける条件をつくり出していく活動をいう。

コミュニティ・ベイスド・リハビリテーション〔community based rehabilitation；CBR〕　地域の力を活用して行われるリハビリテーション。専門家が中心となって行うのではなく、障害者の家庭、他の障害者及び地域住民が中心となって行うものであり、1994年にはWHO、ILO、ユネスコが共同で次のような定義を採択した。「CBRとは、障害のあるすべての人々のリハビリテーション、機会の均等化そして社会への統合を進めるための方法である。CBRは障害のある人々とその家族、地域、さらに適切な保健、教育、職業及び福祉サービスが統合されたかたちで実践されるものである」。我が国では、地域リハビリテーションと同義語である。→地域リハビリテーション

コミュニティワーカー〔community worker〕　福祉倫理に基づく人格のもとに、社会福祉に関する専門的知識を有し、地域援助技術等を活用して、地域援助に当たる専門職者。その業務は、住民参加による地域組織化活動や地域間での連絡・調整、住民への福祉教育など地域援助に係る種々の活動である。具体的な職種としては社会福祉協議会の地域福祉活動指導員・専門員や福祉事務所の職員等が挙げられるが、近年では地域包括支援センターの職員も加えられる。→地域援助活動、地域援助技術

コミュニティワーク〔community work〕　⇨地域援助活動、地域援助技術

米　日本型食生活で、主食として用いられる。その成分は炭水化物（特にでんぷん）が多く含まれ、エネルギー源となるほか、主たんぱく質であるグルテリンは、穀類としてはリジンの含量が高い良質たんぱく質である。アミロースとアミロペクチンの含量の違いから、アミロペクチンを多く含むもち米とうるち米に分類できる。また、品種としては、インド型米はでんぷんのアミロース含量が高く、硬くて粘りの弱い米飯となり、日本型米はアミロース含量が低く、やわらかくて粘りの強い米飯となる。

コメディカルスタッフ〔comedical staff〕　病院職員のうち、診療補助部門の職員を総称したもの。看護師、臨床検査技師、薬剤師、診療放射線技師、その他の医療技術者。パラメディカルスタッフともいう。医師はメディカルスタッフと呼ばれる。

雇用保険法〔昭和49年法律116号〕　失業者

の救済及び失業の予防、雇用状態の是正、雇用機会の増大、労働者の能力の開発向上、労働者の福祉の増進など、国の雇用に関する施策を総合的に定めた法律。失業等給付のほか、雇用安定事業及び能力開発事業について定めている。

雇用率制度 ⇨障害者雇用率制度

娯　楽　楽しみ遊ぶこと。娯楽は楽しいものであり、人間なら誰でも好むものではあるが、しかし、その多くは高尚かつ優雅なものではない、という娯楽を一段低いものとする見方がこの用語にはこめられていた。大正時代には「民衆娯楽」、戦後は「大衆娯楽」という用語で、一般大衆の活発な娯楽活動が注目されてきた。

糊　料　食品に粘りや滑らかさを与えるために加えられる食品添加物。

五類感染症　感染症法によって定められた、インフルエンザ（鳥インフルエンザ及び新型インフルエンザ等感染症を除く。）、ウイルス性肝炎（E型肝炎及びA型肝炎を除く）、クリプトスポリジウム症、後天性免疫不全症候群、性器クラミジア感染症、梅毒、麻しん、メチシリン耐性黄色ブドウ球菌感染症等既に知られている感染性の疾病（四類感染症を除く。）であって、国民の健康に影響を与えるおそれがあるとされている46種である（感染6条、感染則1条）。

コルサコフ症候群〔Korsakov's syndrome〕S.S.コルサコフによって記載された症候群。記銘力障害、失見当識、作話、逆行健忘を主症状として示す。アルコール依存症、頭部外傷、一酸化炭素中毒、アルツハイマー型認知症などでみられる。

コレステロール〔cholesterol〕　動物性脂肪の一種で、コレステリンともいう。臓器の膜の保持に重要な働きをし、特に血管壁や赤血球の保護に欠くことができない。しかし、血管壁に多量に沈着すると、動脈硬化の原因となる。
→動脈硬化（症）

コレラ〔cholera〕　コレラ菌による急性消化器感染症。汚染された食物や水の摂取から感染する。激しい下痢、嘔吐、脱水を起こす。対症療法として、水と電解質を補給する。

コロストミー（結腸人工肛門）　結腸を腹壁に固定して便を体外に排泄するようにした人工の排泄口（ストーマ）のこと。固定される結腸の部位により、上行結腸人工肛門、横行結腸人工肛門、下行結腸人工肛門、S状結腸人工肛門などの種類がある。身体障害者福祉法の適用を受け、程度により4級以上の等級となる。

「今後5か年間の高齢者保健福祉施策の方向」（ゴールドプラン21）　新ゴールドプランに続き、高齢者保健福祉施策の一層の充実を図るために新たに策定された、介護基盤の整備を含む総合的なプラン。平成12年度を初年度とする5か年間の高齢者保健福祉施策の方向を示している。①活力ある高齢者像の構築、②高齢者の尊厳の確保、③支え合う地域社会の形成、④利用者から信頼される介護サービスの確立、の四つの柱を基本的な目標として掲げ、具体的には、①介護サービス基盤の整備、②認知症高齢者支援対策の推進、③元気高齢者づくり対策の推進、④地域生活支援体制の整備、⑤利用者保護と信頼できる介護サービスの育成、⑥高齢者の保健福祉を支える社会的基礎の確立、といった施策を実施することとしている。→「高齢者保健福祉推進十か年戦略」、「新・高齢者保健福祉推進十か年戦略」

今後の介護人材養成の在り方に関する検討会報告書　平成23年1月に、今後の介護人材養成の在り方に関する検討会がまとめた報告書。介護人材を取り巻く状況や介護福祉士の割合の目安、介護分野の現状に即した介護福祉士の養成体系の在り方（介護職員基礎研修と実務者研修の一本化、実務者研修の研修時間数の見直し等）、介護人材の今後のキャリアパス（認定介護福祉士（仮称）の仕組みの構築）について示している。

「今後の社会福祉のあり方について」（福祉関係三審議会合同企画分科会意見具申）　21世紀の長寿・福祉社会に向けての社会福祉のあり方の基本的方向性について、中央社会福祉審議会、身体障害者福祉審議会及び中央児童福祉審議会により昭和61年1月に設置された福祉関係三

審議会合同企画分科会が、平成元年3月30日に厚生大臣に提言した最終意見。新たな社会福祉の展開を図る基本的考え方として、①市町村の役割重視、②在宅福祉の充実、③民間福祉サービスの健全育成、④福祉と保健・医療の連携強化・総合化、⑤福祉の担い手の養成と確保、⑥サービスの総合化・効率化を推進するための福祉情報提供体制の整備、の六つを挙げている。また、老人、身体障害者の入所措置事務等の市町村実施、在宅福祉サービスの法定化等具体的な提言を多々行っている。これを受けて、平成2年6月に公布された「老人福祉法等の一部を改正する法律」により、福祉関係八法の改正が行われた。

今後の社会保障改革の方向性に関する意見—21世紀型の社会保障の実現に向けて— 高齢化がひとつのピークを迎える2025年頃を具体的に視野に置きながら、21世紀半ばにおいて社会保障制度の持続可能性が確保されるよう、社会保障審議会が、給付と負担の在り方を中心に、制度横断的な観点から議論を行い、平成15年6月にまとめた意見書。制度横断的改革の視点として、①社会経済との調和、②公平性の確保、③施策・制度の総合化が重要であるとし、給付と負担の在り方については、「高齢」関係給付の伸びをある程度抑制し、次世代育成支援の推進を図ること、財源は、保険料、公費負担、利用者負担の適切な組合せにより確実かつ安定的なものとすること等社会保障改革の方向性についての考え方を示している。これを受けて、平成16年に年金制度、平成17年に介護保険制度、平成18年に医療保険制度の改革がそれぞれ行われた。

今後の障害保健福祉施策について（改革のグランドデザイン案） 平成15年度より導入された支援費制度は、当初の予想をはるかに超える利用者の増加により、財政的困難を生じさせた。また地域間のサービス提供量の格差や、精神障害者が対象となっていないこと等の理由から、厚生労働省は、平成16年10月、障害者にかかる保健福祉施策の総合化を打ち出す「今後の障害保健福祉施策について」（改革のグランドデザイン案）を公表した。障害保健福祉の総合化、自立支援システムへの転換、制度の持続可能性の確保を基本的視点におき、制度的課題を解決し、新たな障害保健福祉施策体系の構築を基本的方向としている。これを受けて障害者自立支援法（現・障害者総合支援法）が平成17年10月に成立した。

コンサルテーション〔consultation〕 一般的には相談、助言指導といった意味で使われる。主に企業経営や自治体の計画策定等についての知識、経験、技術の相談を指す場合が多い。社会福祉援助場面でも、利用者が抱える生活問題に応じて、医師をはじめとする医療関係者や弁護士など、関連領域の専門職からコンサルテーションを受けることがある。

昏　睡 最も高度な意識障害。意識が全く消失し、精神活動が停止してしまう状態。刺激に対する反応や自発運動、筋の緊張などが消失する。失禁もみられる。　→意識障害、意識混濁

献立作成 献立は一汁三菜を基本に、主食、主菜、副菜（副々菜）、汁物、デザート等に分類して考える。「主食」は主に炭水化物を含み、エネルギーの供給源であり、米、パン、麺類などの料理から選ぶ。「主菜」は主にたんぱく質、脂質、エネルギーの供給源であり、肉、魚、豆、卵などを使った料理を選ぶ。「副菜」は主にビタミンや無機質、食物繊維の供給源であり、野菜、きのこ、いも、海藻などを使った料理から選ぶ。献立作成の際は、各食品群から一人分の目安量を基に、食材をバランスよく使うとともに、食べる人の好みや健康状態、季節感、調理方法を考慮する。訪問介護では、利用者の嗜好等に合わせて、自宅にある限られた食材から、複数の料理を考える場合もある。

コンチネンス〔continence〕 英語で「節制」「自制」「克己」の意であるが、転じて「失禁を克服する」という意味でも使われる。なお、「失禁」の英訳はインコンチネンス（incontinence）である。近年我が国でも、寝たきり、認知症と

同様に失禁問題は重要であるとの認識が高まり、失禁ケアは介護の基本といわれている。
→失禁

コンビネーションシステム 養護老人ホーム、特別養護老人ホーム、軽費老人ホームのほか、小規模特養、ケア付住宅、老人保健施設や医療機関等の組み合わせを考慮することで、高齢者の健康上の変化に同一敷地内の施設で素早く対応しようとする考え方。ワンセットプランともいう。

コンピュータ断層撮影〔computed tomography〕 ⇨CT スキャン

昏　眠 意識混濁の中で、強い刺激を与えれば反応するが、覚醒することはなく眠っている状態をいう。

昏　迷 意識は保たれ外界の状況は認識しているにもかかわらず、外界の刺激に対して反応しなくなり、自発行動が全く停止している状態をいう。欲動の障害による。統合失調症の緊張病症状群やうつ病の際にみられる。

混乱期 障害受容の過程に一般にみられる時期の一つ。治療効果がはかばかしくなく、そう簡単なものでないと気づき、失ったものが限りなく大きく感じられ、精神的に混乱する時期。自責や加害者への攻撃・非難等をはじめ、抑うつ状態に陥ったり、自殺企図がみられることもある。本人だけではなく、家族にとっても大変な時期である。　→障害受容

さ

サーカディアンリズム ⇨概日リズム

SARS SARS は重症急性呼吸器症候群の英語名の略称。SARS コロナウイルスという新種のウイルスを病原体とする新しい呼吸器系感染症であり、致死率の高さから注目されたが、平成 15 年以降は新たな発症はみられていない。患者の咳に含まれるウイルスを介して感染が広がり、10 日間程度の潜伏期間を経て 38 度以上の発熱、痰を伴わない咳、息切れ、呼吸困難などの呼吸器症状や倦怠感、頭痛が現れる。ウイルスを死滅させる治療薬はないが、全身状態の管理や呼吸管理などの治療が行われる。

サービス管理責任者 障害者総合支援法に基づく指定障害福祉サービスを実施する事業所及び指定障害者支援施設において、個々のサービス利用者の初期状態の把握や個別支援計画の作成、定期的な評価など一連のサービス提供プロセス全般に関する責任や、他のサービス提供職員に対する指導的役割を担う職員。主に療養介護、生活介護、自立訓練（機能訓練・生活訓練）、共同生活援助、就労移行支援、就労継続支援、施設入所支援を行う場合に配置される。

サービスコード 介護保険制度において、介護給付費等の請求の際に用いられる符号（コード）。費目の別、各種加算の有無等に応じ設定される。あらかじめ、個々のサービスコードに対応する単位数が計算されており、審査請求事務の簡素化につながる。なお、障害者自立支援制度においても、同様の仕組みが導入された。

サービス担当者会議 居宅サービス計画の策定に当たって介護支援専門員が開催する会議。要介護者・要支援者とその家族、介護支援専門員、利用者のサービス提供に関連する指定居宅サービス事業所の担当者から構成される。介護支援専門員によって課題分析された結果をもと

に、要介護者と家族に提供されるサービス計画を協議し、本人の了承を経てサービス提供につなげる。また、認定期間中であってもサービス担当者が介護サービス計画の見直しが必要と考えた場合には、担当者会議が要請され適宜開かれる。　→ケアカンファレンス

サービス付き高齢者向け住宅　高齢者住まい法において、高齢者生活支援サービスを提供することとしている賃貸住宅とされ、都道府県知事の登録を受けたものをいう。平成23年4月の改正により、これまでの高齢者円滑入居賃貸住宅制度を廃止し、国土交通省・厚生労働省共管の制度として創設された。居住部分の床面積25m²以上、バリアフリー、状況把握サービス及び生活相談サービスの提供、賃貸借契約等の居住の安定が図られた契約などの登録基準を満たす必要がある。有料老人ホームも基準を満たせば登録が可能であり、この場合登録を受けている有料老人ホームの設置者は、老人福祉法に定める有料老人ホームの届出等の規定は適用されないこととなっている（高住5条〜7条・23条）。

サービス提供責任者　訪問介護（ホームヘルプサービス）事業所の柱となる役職。サービス提供の安定的な質を確保するための中核を担う。利用者宅に出向き、サービス利用についての契約のほか、アセスメントを行って、必要な訪問介護計画の内容についての話し合いなどを行う。また、実際のサービス内容に関して訪問介護員（ホームヘルパー）への指導・助言・能力開発等の業務も行う。

サービスの継続性　適切なサービスの可能性を常に検討し、施設サービスと在宅サービスの連携をはじめ保健・医療・福祉の連携を積極的に進め、利用者の生活の連続性・総合性に配慮したサービスを提供すること。

サービス利用支援　障害者総合支援法において、障害者の心身の状況や環境等を勘案し、利用するサービスの内容等を定めたサービス等利用計画案を作成し、支給決定等が行われた後に当該支給決定等の内容を反映したサービス等利用計画を作成することをいう（障総合5条20項）。　→計画相談支援

サーモグラフィー〔thermography〕　体表面の温度分布を画像で表わしたもの。血流の状態、発汗の状態、自律神経の状態に関する情報が得られる。表層に比較的近い悪性腫瘍では、血流が豊富であるため良く描出される傾向にある。

座　位　上半身を90度あるいはそれに近い状態に起こした姿勢をいう。食事、洗面等のときに用いられる。座位の種類としては、①半座位（ベッド上の上半身を45度程度あげた体位）、②起座呼吸の体位（直起座位をとるか、前倒れで机上に枕等で上半身をすえる。呼吸器疾患患者によくとられる体位）、③端座位（ベッドの横に足を下ろした体位）、があり、その他、正座、あぐら、長座位、椅座位等がある。　→ファーラー位、端座位

再アセスメント　介護過程を展開するにあたっての段階の一つである、評価において、このまま同じ形で介護を続けても利用者の抱える生活課題の解決につながらないことが明らかになった場合には、介護計画（個別援助計画）の修正が求められる。特に評価の結果、情報の収集以降の作業が不十分だと判断された場合や、利用者の生活状態に大きな変化がみられた場合などには、介護過程の段階のうちのアセスメント（情報の収集、情報の解釈、情報の関連づけ、情報の統合化、生活課題の明確化）にまでさかのぼり、新たに情報を収集し直したり、生活課題を整理し直したりすることが必要になる。この作業が再アセスメントである。

災　害　日常生活において起こる事故を日常災害、主として自然現象によって起こされる事故を非常災害という。日常災害は、板の間で滑る、階段を踏み外すなどのことで、非常災害では、地震や風水害、火災による事故などがある。平成16年の消防法の改正により、住宅用火災報知器などの設置が義務付けられ、新築住宅は平成18年から、既存住宅は市町村条例で定める日から適用となった。防火・防災のため

には、さまざまな災害の際にどのように避難するか、また、その後の避難生活でどのような問題に直面するかを事前に考えて備えることや、居住地域の防災計画などの情報を収集し、安全な避難経路と避難場所を確認しておく必要がある。特に、日常的に介護サービスを利用している場合や医療機関での対応を要する場合は、どのような対応がどこで受けられるかを予め把握しておくことも必要である。

災害救助法〔昭和22年法律118号〕 災害に際して、国が地方公共団体、日本赤十字社その他の団体及び国民の協力の下に、応急的に必要な救助を行い、災害にかかった者の保護と社会の秩序の保全を図ることを目的とした法律。一定規模以上の災害が発生した場合、収容施設の供与、食品の給与などの救助が行われる。なお、都道府県知事は、救助の万全を期するために、常時から必要な計画、救助組織の確立等に努めることとされている。

サイキアトリック・ソーシャル・ワーカー〔psychiatric social worker；PSW〕 ⇨精神保健福祉士

細菌性食中毒 細菌によって汚染された食品や細菌の毒素を含む食品を摂取して起こる感染性疾患。細菌に汚染された食品を摂取して感染症を発症する感染型と、食品中に細菌の毒素が含まれていてその毒素が引き金となって発症する毒素型とがある。6月から9月に多く発生する。感染型の代表的な細菌には、サルモネラ、腸炎ビブリオ、病原性大腸菌などがあり、毒素型の代表は黄色ブドウ球菌、ボツリヌス菌である。毒素型のブドウ球菌による場合、症状は2～3時間で現れる。腹痛、吐き気、嘔吐、発熱などをともない、ボツリヌス中毒以外では補液を中心とした対症療法により自然治癒に向かうが、ボツリヌス中毒では抗毒素血清療法が必要である。平成8年、腸管出血性大腸菌O 157による集団食中毒が発生し、患者数が大きく増加した。　→自然毒食中毒

細菌性肺炎 肺炎球菌、緑膿菌、大腸菌等さまざまな細菌による肺の感染症。病変部位により、大葉性肺炎と気管支肺炎に分類される。発熱、咳、痰等の症状があるが、高齢者では倦怠感や食欲不振などの全身症状のみが発現することも多い。高齢者や、他の疾患の治療中に併発した場合には、重症となり死に至る例も多い。

再興型インフルエンザ かつて世界的規模で流行したインフルエンザであってその後流行することなく長期間が経過しているものが再興したものであって、一般に現在の国民の大部分が当該感染症に対する免疫を獲得していないことから、全国的かつ急速なまん延により国民の生命及び健康に重大な影響を与えるおそれがあると認められるものをいう（感染6条）。

再興感染症 ⇨新興・再興感染症

最高血圧 心臓収縮期の血圧で、最大血圧、収縮期血圧ともいう。　→血圧、高血圧

罪業妄想 自分が行ったとるに足りないことに対して、自分がとり返しがつかない罪深いことをしてしまったと確信し自らを責めることをいう。うつ病や統合失調症でみられる。

サイコドラマ〔psychodrama〕 ⇨心理劇

財政安定化基金（介護保険） 介護保険の保険者である市町村が、予定していた保険料収納率を下回ったり、保険給付費が見込み以上に増大するなどして保険財政に不足を生じた場合に、都道府県に置かれるこの基金が当該市町村に対して資金を交付または貸与して、その安定化を図るための基金。予定していた保険料収納額に対する不足分については、その2分の1を基準に交付金が交付される。また、赤字を回避するのに必要な資金の貸与を受けた市町村は、基金に対して3年間で分割償還しなければならない。基金の財源は国、都道府県、市町村（第1号保険料からの拠出金）がそれぞれ3分の1ずつ負担する（介護147条）。

財政安定化基金（高齢者医療確保法） 後期高齢者医療制度の運営主体である後期高齢者医療広域連合が、給付費増や保険料の収納不足により財政不足等に陥った場合に、都道府県に置かれるこの基金が当該広域連合に対して資金を交付または貸与して、その安定化を図る。保

料の収納不足分については、その2分の1を基準に交付金が交付される。残りの収納不足分と給付費増分については、不足分を基準に貸付金が貸付される。基金の財源は国、都道府県、広域連合（保険料）がそれぞれ3分の1ずつ負担する（高医116条）。

再生繊維　セルロースやたんぱく質等の天然の高分子を人工的に繊維の形にしたもので、成分が天然高分子と変わらないものをいう。原料から木材や綿に含まれるセルロースを利用したセルロース系再生繊維、大豆・牛乳・とうもろこし・落花生等のたんぱく質を利用したたんぱく質系繊維、昆布・わかめ等に含まれるアルギン酸を利用したアルギン酸繊維に分けられる。現在広く利用されているのは、セルロース系のレーヨンとキュプラである。

在宅医療　慢性疾患患者や寝たきりなどの要介護者の自宅療養に際して、病気や障害の影響を最小限にとどめるために提供される医療システムをいう。従来の施設中心の医療システムでは、在院日数や医療費の増大等の要因により十分な対応ができなくなったことから、在宅での療養を支援する機能や在宅医療の充実が求められている。医療だけでなく、保健・医療・福祉の総合的・効率的なサービスの提供が重要となる。　　→入院医療、通院医療

在宅介護　障害や老化のために生活を自立して行うことができない人が、自分の生活の場である家庭において介護を受けること。またはその人に対して家庭で介護を提供すること。家庭は利用者の持つ多面的なニーズに対応しやすく、ノーマライゼーションの観点からも重要な介護の場である。しかし、設備の不備や適切な介護者が得られないなどの課題も多く、専門家によるケアマネジメントが重要である。

在宅介護支援センター　老人福祉法に基づく老人福祉施設の一種で、法律上は老人介護支援センターとして規定されている。地域の老人の福祉に関する問題につき、在宅の要援護高齢者や要援護となるおそれのある高齢者又はその家族等からの相談に応じ、それらの介護等に関するニーズに対応した各種の保健、福祉サービス（介護保険を含む）が、総合的に受けられるように市町村等関係行政機関、サービス実施機関、居宅介護支援事業所との連絡調整等を行う（老福20条の7の2、平18老発0331003）。
→地域包括支援センター

在宅介護者リフレッシュ事業　「介護者のつどい」という名称で、原則として1泊2日の日程で行われる。家庭で寝たきりの高齢者や認知症である高齢者の世話をしている介護者を参加対象とし、①介護者の心身のリフレッシュ、②介護者や家族に対して地域に密接した機関から相談援助や情報提供を受けられる機会の提供、③同じ悩みや体験をもつ介護者同士の交流、等を目的としている。実施主体は原則として開催地の社会福祉協議会。

在宅サービス　居宅で生活する高齢者や障害者（児）等に対する援助サービスを施設サービスと対比させていう。在宅医療・訪問看護等の保健医療サービスと、訪問介護、配食、訪問入浴等の社会福祉サービスとがある。

在宅酸素療法〔home oxygen therapy；HOT〕肺繊維症、慢性気管支炎、肺気腫などの慢性呼吸器疾患あるいは難病などにより慢性呼吸不全状態にある患者が在宅で行う酸素吸入治療法。動脈血酸素圧が著しく低下するため医師が必要と認めたものに対して行われ、健康保険の適用を受ける。酸素供給器としては、酸素濃縮器、酸素発生器、酸素ボンベなどがある。実施に際しては、本人あるいは介助者がその取り扱いに習熟するだけでなく、救急時の対応を援助するためのネットワークが欠かせない。低酸素血症の苦痛や不安が改善され家庭で生活することが可能となり、生命予後の延長やQOLの向上を目指す立場から重要な意義をもつ治療法である。英語のhome oxygen therapyを略してHOTとも呼ばれる。

在宅人工呼吸療法　長期にわたり持続的に人工呼吸器を必要とし、かつ安定した症状にあるものについて在宅において実施する呼吸療法をいう。対象となるのは、筋萎縮性側索硬化症

（ALS）、パーキンソン病などの神経難病、長期の意識障害、重度の脳梗塞後遺症がある。異常の発見、緊急時の対応については、介護者の十分な理解とサポート体制が必要である。人工呼吸器（レスピレーター）、気道内分泌物吸引装置が最低限必要である。必要な器具・機材は患者に貸与される。

在宅ターミナルケア　⇨在宅ホスピス

在宅ホスピス　ホスピスとは、末期患者のための病院を意味するが、広い意味ではケアの哲学にのっとってケアを行う場所を指す。治療効果が期待できない末期患者に対して、苦痛の少ない状態で安らかに死を迎えられるように、在宅で援助することをいう。在宅ホスピス協会から在宅ホスピスケアの基準が公表されている。在宅ホスピスケアにおける医療の原則は、「生活」「自然」「安心」「安全」の四つのキーワードで表すことができる。　→ホスピス、ターミナルケア

在宅療養支援診療所　高齢者ができる限り住み慣れた家庭や地域で療養しながら生活を送れるよう、また、身近な人に囲まれて在宅での最期を迎えることも選択できるよう、平成18年度から新たに設けられた診療報酬上の制度。地域における在宅医療の提供に主たる責任を有するものとし、①24時間連絡を受ける医師または看護師を配置、②24時間往診・訪問看護が可能な体制を確保、③他の医療機関との連携により在宅療養患者の緊急入院を受け入れる体制を確保するなどの要件を満たす保険医療機関である診療所が対象となる。

在宅レクリエーション　レクリエーション活動は、外出をして屋外や施設で楽しんでくることばかりではない。家の中でお茶や会話を楽しむことなどもたいへん好ましいレクリエーション活動である。高齢者や障害者の場合には、健常者と比較してそのような楽しみが制限されていることも少なくない。食事やお茶、入浴、おしゃべりなどが楽しいということは、生活の質を向上するうえで大切なことである。

最低血圧　心臓拡張期の血圧で、最小血圧、拡張期血圧、弛緩期血圧ともいう。　→血圧、低血圧

最低生活保障　⇨ナショナル・ミニマム

再動機づけ（リイ・モティベーション）　グループアプローチのテクニックの一つ。15名以下の人が週に1回（30分〜1時間程度）、計12回程度の会合を行い、話し合いや読書、ゲーム等によってお互いのふれあいを高め、生活への意欲、関心を呼び起こすことを目標として行われる。　→グループ・アプローチ、リアリティ・オリエンテーション、回想法

採尿器（尿器）　術後の安静時、又は寝たきりの場合などの排尿の際に用いる容器。尿瓶。男性用は口が円筒型、女性用は朝顔型をしている。尿量を計る目盛りのついたものや、持ち運びができるように取っ手のついたものなどがある。材質はガラス、プラスチックなど。なかには、センサーで排尿を感知し、自動的に電動ポンプで吸引し、タンクに貯めることができる自動式のものもある。

催眠療法　一定の暗示操作によって、人為的に導入できる心理的に特殊な意識状態（トランス状態）を利用して行う治療である。その暗示により症状を除去したり、指示、説得ができる。

サイロキシン　⇨甲状腺

作業療法〔occupational therapy；OT〕　身体又は精神に障害のある者に対し、主としてその応用的動作能力又は社会的適応能力の回復を図るため、手芸、工作その他の作業を行わせることをいう。使われる作業活動には、①日常生活における個人的活動（日常生活活動；ADL）、②生産的・職業的活動、③表現的・創造的活動、④レクリエーション活動、⑤認知的・教育的活動、がある。これらの活動を用いて身体機能、精神・心理機能、高次脳機能、日常生活活動能力、職業復帰能力、社会生活適応能力等の諸機能・能力の改善を図る。

作業療法士〔occupational therapist；OT〕理学療法士及び作業療法士法に定められた国家試験に合格し、厚生労働大臣の免許を受けた者で、医師の指示の下に、作業療法を行うことを

業とする者。作業療法士の活躍する領域は、病院や診療所、リハビリテーションセンターなどの医療関連施設のほか、介護老人保健施設、障害者支援施設など、医療、保健、福祉分野の広範囲にわたっている。　→作業療法

サクセスフル・エイジング〔successful aging〕　老年期において年をとっていくことを受け入れ、よく適応していることをいう。良き老後を迎えていること。

錯　　乱　興奮のために思考が乱れ、まとまりが悪くなる状態をいう。ある程度、意識障害がある場合が多い。てんかん、ヒステリー、統合失調症に伴うことがある。

作　　話　実際に経験しなかったことを、自分があたかも経験したように話すこと。自分が追想の誤りをしていることが分からず、話す内容もその場によって変わってくる。コルサコフ症候群でよく認められる。また、アルツハイマー型認知症では、健忘による空白を埋めようとする当惑作話がみられる。　→コルサコフ症候群

坐骨神経痛　腰部から下肢に生じる神経痛の代表的なもので、腰痛や臀部から下腿の背側面を走行する疼痛がみられる。痛みは咳をしたり腰部に負荷がかかると増悪し、安静にすると軽減する。進行するとしびれ感や筋力低下をともなう。仰臥位で足を伸展したまま挙上すると痛みが誘発され、これをラセーグ徴候という。通常は片側性に生じ、原因としては腰椎椎間板ヘルニア、腰椎分離すべり症、変形性脊椎症、脊椎・脊髄腫瘍などがある。治療は背景となっている疾患の治療、ならびに硬膜外ブロックや鎮痛剤などによる対症療法である。　→神経痛

差し込み便器　ベッド上の生活が中心で、本人の移動能力が不十分であったり、移動に介助が得られなかったりする場合に、寝たままで腰上げができ、尿意や便意を伝えることができる利用者に対して使用する便器のこと。仰臥位で臀部の下に差し込んで使用する。大きなものは陰部洗浄の際の汚水受けとして使用することもある。

させられ思考　させられ体験の一つで、自分が誰かに考えさせられているという確信をもった体験をいう。統合失調症の自我障害の症状である。

させられ体験　他人によってさせられていると感じる病的な体験で、作為体験ともいう。統合失調症の自我障害の症状である。例えば「テレパシーによって動かされている」などと感じるもの。

錯　　覚　対象の知覚が特殊な条件のもとで、通常の場合と著しく食い違う現象、又は他の感覚による知覚と一致しない事実をいう。視覚的錯覚、触覚的錯覚、運動的錯覚に分類される。必ずしも病的な知覚ではない。

殺　　菌　微生物の生細胞を殺すこと。非病原菌、病原菌、細胞胞子もすべて殺すことを意味する滅菌とは区別される。

サテライト型施設　本体施設と密接な連携を確保しつつ、本体施設とは別の場所で運営される施設。地域密着型介護老人福祉施設、介護老人保健施設などの一形態である。

サテライト方式　特別養護老人ホーム等を運営する法人が、その周辺に地域密着型で小規模の通所介護や通所リハビリテーション等の拠点を設け、本体施設と密接な連携を確保しつつ、サービスを提供する方式。高齢者の在宅での暮らしを支える仕組みとして機能している。

座　　薬　鎮痛、消炎のため、肛門、膣等に挿入して用いる固形の外用剤。体温によって溶け、直腸や膣等の粘膜にある血管から吸収される。冷所に保存することが望ましい。

サルコイドーシス　肉芽腫による小結節が全身性（特に肺、リンパ節、皮膚、眼など）にできる原因不明の疾患。20歳代に好発し、部位により症状は異なる。急性型と慢性型がある。

サルモネラ菌〔Salmonella〕　細菌性食中毒を起こす腸内細菌のこと。サルモネラによる食中毒は、発熱や頭痛、腹痛、下痢などを起こす。主な原因食品としては魚肉練り製品、乳製品、魚介類等が多い。予防法はサルモネラの媒介であるネズミ、ハエ、ゴキブリなどを排除するこ

酸化 ある物質が酸素と化合することをいう。食品の場合は、野菜果物の褐変（黄色や褐色に変化）、肉類の変色、ビタミンAなどの損失がこれにあたる。

参加（ICF） 2001年5月にWHOが採択した国際生活機能分類（ICF）の中の構成要素であり、生活・人生場面への関わりのことをいい、生活機能の社会的な観点を表す。具体的には、対人関係、主要な生活領域（教育、仕事、経済生活）、コミュニティライフ・社会生活・市民生活（宗教とスピリチュアリティ、人権等）などがある。

参加制約（ICF） 国際生活機能分類（ICF）の中の構成要素である「参加」は肯定的な側面であるが、その否定的な側面のことを「参加制約」という。具体的には、個人が何らかの生活・人生場面に関わるときに経験する難しさを意味し、旅行に行けない、会議に出席できないといった状況を指す。

参加の原則 ⇨自己決定

産業化 近代化の一側面として、農業社会から産業社会へと移行し、その産業社会が一層の高度化を遂げていくプロセスをさす。この過程で経済活動人口の構成比における重心は、第一次産業から第二次産業へ、さらに第三次産業へと移行していく。

散剤 粉末状の薬剤。内服用では水（ぬるま湯）で飲むが、飲みにくい場合、オブラートに包んだりして投与する方法もある。

三叉神経痛 頭部・顔面に生じる神経痛の代表的なもので、三叉神経から出た三枝のうち第2枝、第3枝に始まることが多い。側頭部やこめかみ周囲、あるいは頬のあたりなど三叉神経の分布に従って痛みが生じる。40歳以降に発症し、痛みは、無意識に触ったり、食事や会話、あるいは風にあたるなどの刺激で誘発される。通常は片側性に生じる。特発性三叉神経痛の原因の多くは血管による三叉神経の圧迫であり、神経血管減圧術が有効である。帯状疱疹や歯・鼻疾患、多発性硬化症、腫瘍などが背景にあることもある。この場合、治療は薬物療法が中心となる。　⇨神経痛

三色食品群 食品に含まれる栄養成分の内容から、三つの色の食品群別に分類したものをいう。赤色群には肉類、魚介類、乳類などのたんぱく質性の食品、黄色群は穀類、いも類などのエネルギー源の食品、また緑色群は野菜類、果実類などのビタミンやミネラルの多い食品をいう。

三次予防 ⇨第三次予防

三世代世帯 世帯主を中心として、その親と子どもの三つの世代が同居している世帯の形態。統計調査では単身世帯、核家族世帯と対比される。都市部における核家族化によって65歳以上の高齢者がいる世帯の中では、昭和50年代には50％以上を占めていたのが、平成25年には13.2％に減少し、逆に高齢者の単身世帯や高齢者夫婦世帯が増加しており、高齢者介護問題の背景の一つとなっている。

酸素（経鼻）カニューレ 酸素吸入に用いる器具。両鼻腔に短いチューブを挿入して耳に掛け固定し、酸素を送る。安全で簡便であり、家庭での酸素療法にも用いられる。多くは使い捨てであり、分泌物で汚れやすいので定期的に交換する。

酸素療法（酸素吸入） 酸素欠乏による組織細胞の障害を防ぐ目的で、大気より高い濃度の酸素を医療用具を用いて投与すること。投与濃度と投与法は患者個々の状態で異なる。

残存感覚機能 視覚、聴覚、味覚、嗅覚、触覚、圧覚、痛覚、温度感覚、運動感覚、平衡感覚、内部感覚等の感覚のどれかに障害があった場合に、残りの感覚のもつ機能のこと。例えば視覚に障害があれば、聴覚、触覚、平衡感覚等の他の残存感覚を用いて代償し、自分の置かれた状況を把握して対処するようになる。

残存能力 障害等をもっている者が残された機能を用いて発揮することができる能力をいう。残存能力は可能性としての能力であるため、本人の意志により発揮されなくなることもある。援助を行ったり自助具等を導入する際に

三大栄養素 人間が必要とする栄養素のうち、エネルギー源となるたんぱく質、脂質、糖質（炭水化物）を三大栄養素という。普通これにビタミンとミネラル（無機質）を加えて五大栄養素と呼んでいる。

三大死因 我が国の死因順位のうち、上位三つを占めるもので、悪性新生物（悪性腫瘍、がん）、心疾患、脳血管疾患を指す。高齢化の影響もあり、平成24年には肺炎が脳血管疾患を抜いて死因の第三位になった。　→死因、悪性腫瘍、心疾患、脳血管障害

三団体ケアプラン策定研究会方式 全国老人保健施設協会、全国社会福祉施設協会、介護力強化病院連絡協議会（現・日本慢性期医療協会）の三団体による三団体ケアプラン策定研究会が開発した高齢者介護サービスのケアマネジメント用のアセスメント方式。要介護認定用のアセスメントの根拠データとなっている介護施設における1分間24時間タイムスタディの結果を、ケアプランの策定に活用することを基本としている。調査項目としては要介護認定用のアセスメントと同じ項目を用いることによってアセスメントの二重の手間を排していることが特徴である。

三動作歩行 杖歩行の一種で、①杖を一歩前に出す、②患側の足を一歩前に出す、③健側の足をそろえる方法である。速度は遅いが安定性があるので転倒しにくく、高齢者に適している。健側の足を出す程度により後ろ型、そろえ型、前型の三つの型に分けられる。一般的に、後ろ型がやさしく、前型は難しい。後ろ型は安定性は良いが歩くスピードは遅い。前型は安定性は悪いが歩くスピードは速い。その中間がそろえ型である。どの型の歩行パターンを選択するかは理学療法士に相談しながら行う。

酸　　味 食物の基本的な味の一つ。一般に「すっぱい」と形容されている。化学的には酸の解離による水素イオンの刺激によって感じる味であり、甘味や塩味に比べ低い濃度でも強い刺激を感じる。食品のおいしさに寄与したり、食欲増進や消化吸収を助ける。

三類感染症 感染症法によって定められた、コレラ、細菌性赤痢、腸チフス、パラチフス、腸管出血性大腸菌感染症をいう。感染力、罹患した場合の重篤性等に基づく総合的な観点から見た危険性が高くないが、特定の職業への就業によって感染症の集団発生を起こし得る感染症である（感染6条、平10厚生省発健医346・10畜A2227）。

し

指　　圧 東洋医学でいううつぼを指で押すことにより内臓、神経等、諸器官を整えるもので、民間療法がカイロプラクティックなどの影響を受けながら発達してきたものである。医師以外の者で指圧を業とする者は、あん摩マッサージ指圧師、はり師、きゅう師等に関する法律に基づく国家試験に合格し「あん摩マッサージ指圧師免許」を受けなければならない。

指圧法 マッサージの方法の一つで、東洋医学でいわれるうつぼに指圧を加える方法。体表に直角に、拇指あるいは両拇指を重ねて、体重をかけて強く押す。首筋、肩、脊椎の両側等は効果的。　→マッサージ

　　CIL　　⇒自立生活センター
　　COS　　⇒慈善組織協会
　　COPD　⇒慢性閉塞性肺疾患

C型肝炎 C型肝炎ウイルスの感染による肝炎。主に輸血を介して感染する。その他、夫婦間感染の例はあるが母子感染（母から子に伝わる感染＝垂直感染）は極めて少ない。急性肝炎の多くは慢性化する。慢性肝炎から肝硬変、肝がんへと進展する例も少なくない。従来、非A非B型肝炎といわれてきたものの大半はこのC型肝炎である。　→ウイルス性肝炎、A型肝炎、B型肝炎

ＣＣＵ〔coronary care unit〕　冠状動脈疾患集中治療室。心臓を養う栄養血管である冠状動脈の疾患あるいは重症心疾患により心停止の可能性のある患者を常時監視し、緊急時に備えて救命救急の設備をもつ治療病棟。

　ＣＤＲ〔Clinical Dementia Rating〕　認知症の本人における行動観察評価法のこと。健康（CDR：0）、認知症の疑い（CDR：0.5）、軽度（CDR：1）、中等度（CDR：2）、重度（CDR：3）の5段階に分けられる。記憶、見当識、判断力と問題解決、社会適応、家庭状況及び趣味、介護状況という6項目にわたって、該当する段階を評価する。　→FAST、認知症高齢者の日常生活自立度判定基準

　ＣＴスキャン〔computed tomography scan〕　X線検査法の一つ。人体の各断面を回転走査し、種々の方向からの透過X線の量を高感度の検出器で検出し、横断面の各点のX線透過性をコンピュータを用いてデジタル処理して各断面の吸収値（CT値）として再構成し、画像化したもの。組織分解能力に優れ、重なりのない断層面がえられる長所がある。

　シーティング　シーティング（seating）は座位保持と訳され、シーティング技術はいすや車いす上で適切な座位姿勢を確保することで、身体の変形や褥瘡を予防し、自立的な生活を支援することである。障害者の座位保持の重要性は国内でも認識されつつある。欧米ではアシスティブ・テクノロジー（assistive technology）の一領域として重要な位置付けにある。国内では平成元年に座位保持装置が身体障害者福祉法の補装具交付基準の対象品目に加えられたことで、重症心身障害児・者等での活用が積極的に行われるようになった。

　ＣＰ　⇨臨床心理士、脳性麻痺

　ＣＢＲ　⇨コミュニティ・ベイスド・リハビリテーション

　死因　死亡の直接の原因。統計資料上は、「悪性新生物」「心疾患」「脳血管疾患」「肺炎」「不慮の事故」「老衰」「自殺」「腎不全」「肝疾患」「糖尿病」などに分類されている。　→国際疾病分類

　ジェネリック医薬品　⇨後発医薬品

　ジェネリック・ソーシャルワーク〔generic social work〕　社会福祉援助のどの分野においても共通する技術、原理、活動のこと。ジェネリックとは「一般的」「包括的」等の意味で、スペシフィック（特殊の、特定の）に対して使われる。　↔スペシフィック・ソーシャルワーク

　ジェノグラム　代表的なマッピング技法の一つで、利用者を中心とした家族関係や、原則として三世代をさかのぼる世代関係を一つの図にあらわしたもの。利用者への支援は、その人のみならず、その家族の状況や関係も視野に入れて行うことが必要となる。家族の全体像をつかみ、その抱える問題を整理したり、誰にどうはたらきかけたらよいかなど、支援のあり方を検討するために役立つ。

　ジェンダー〔gender〕　1960年代以降、性に関する生物学的特性の違いを意味するセックスに対し、文化的・社会的意味づけをされた「女らしさ」「男らしさ」を示す用語として用いられるようになった。生物学的な性差が性差別につながるメカニズムを明らかにするうえでジェンダー概念は不可欠である。　→性役割

　支援費制度　障害者自らが、サービスを提供する指定事業者や施設を選び、直接契約を結んでサービスを利用する仕組み。サービスを利用した場合、障害の種別や居宅・施設の区分に応じた「支援費」が支給されたことから、このように呼ばれた。社会福祉基礎構造改革により、平成15年度から身体障害者福祉法、知的障害者福祉法、児童福祉法に導入されたが、障害者自立支援法（現・障害者総合支援法）による新しい障害保健福祉サービスの形成により、平成18年度には廃止された。

　塩抜き　塩漬けされた食品を真水又は薄い食塩水によって塩分を抜くことで、塩出しともいう。

　自我〔ego〕　S.フロイトにより考案された人の心の構造における一部分。自分に関する意識機能をもつものであり、意識する主体と

しての自我（自我意識）と、意識される客体としての自我（自己意識）とに分けられる。知覚、感情、思考などの精神機能における人格の中枢機関でもある。精神分析においては、超自我、イドと並んでパーソナリティを形成し、心的葛藤の調整機能、自立的機能をもつ心的機関とされる。　→イド、超自我、パーソナリティ

歯科医師　歯科医業をなすことを国により許可された者。歯科医業の独占者であるがゆえに、医師と同様、診療義務（応招義務）、処方せん等交付義務、保健指導を行う義務、診療録の記載及び保存の義務など、さまざまな義務を負う。歯科医師となるには国家試験に合格し免許を受けた後、1年間の臨床研修を受けなければならない。また、戒告、業務停止等の処分を受けた歯科医師や再免許を受けようとする者は、厚生労働大臣による再教育研修を受けなければならない。　→業務独占

自我意識　自己を認識する意識、すなわち自己と他者をはっきりと認識できる意識である。青年期頃までに形成される。

歯科医師法〔昭和23年法律202号〕　歯科医師の任務、免許、試験、臨床研修、業務、罰則などについて定めた法律。　→歯科医師

歯科衛生士　歯科衛生士法に定められた国家試験に合格し厚生労働大臣の免許を受けた者で、歯科医師の指導の下に、歯牙及び口腔の疾患の予防処置として、歯牙付着物の除去、薬物の塗布をすることを業とする者。歯科診療の補助、歯科保健指導を行うこともできる。

歯科技工士　歯科技工士法に定められた国家試験に合格し厚生労働大臣の免許を受けた者で、歯科医療の用に供する補綴物、充てん物、矯正装置を作成、修理、加工することを業とする者。

視　　覚　光のエネルギーが眼の網膜の感覚細胞に対して刺激となって生じる感覚で、五感の一つである。形態覚、運動覚、色覚、明暗覚等の総称でもあり、視覚の機能としては、視力、視野、光覚、色覚、両眼視機能、調節力等が挙げられる。

視覚障害　身体障害の一種。身体障害者福祉法では、障害が永続するものであって、①両眼の視力の和が0.01以下のもの、②一眼の視力が0.02以下、他眼の視力が0.6以下のもの、③両眼の視野がそれぞれ10度以内のもの、④両眼による視野の2分の1以上が欠けているものを指す（身障4条・別表、身障則別表5）。

視覚障害者用補助機器　歩行用としては白杖のほか、超音波を使用したうえ、メガネ等の電子機器補助具があり、また機器ではないが盲導犬も同様の役目を果たしている。コミュニケーション用としては、点字器、点字タイプライター、カナタイプライター、視覚障害者用ワードプロセッサー等がある。また、身辺補助具としては盲人用時計、盲人用テープレコーダー、音声電卓等があるが、一般に音声変換のものが増えている。　→白杖、盲導犬

視覚代行　通常は視覚から得られる情報を入手する機能を、機械・器具等が代行すること。→視覚障害者用補助機器

自我障害　自己を認識する意識を自我意識といい、自分が存在するとか、自分がするという体験に異常が生じることをいう。離人症、させられ体験、考想吹入、考想奪取、二重身等がある。

歯科診療所　診療所のうち、歯科医師が公衆又は特定多数人のため歯科医業をなす場所。→一般診療所、診療所

耳下腺　唾液腺の中で、最大の腺で、左右の耳のつけ根の部分にある。漿液性の唾液を大量に分泌する。　→唾液

自我同一性　⇨アイデンティティ

直火焼き　材料に直接火を当てて焼く方法のこと。金網や金串を用いて焼くことにより適度な焦げ目や独特の風味が出る。　↔間接焼き

時間預託制　有償ボランティアの一形態。サービスの利用者は運営主体に比較的低額の利用料金を支払うが、運営主体はサービスの提供者には介護切符等の名称で呼ばれる介護券を報酬として与える。この介護券は、将来自分に介護が必要になった場合には、自分が他者に提供し

た介護時間と同等の介護が提供されることを保証するもので、家族、親族あるいは友人が使用することも可能となっている。我が国でもお金が絡まないことでボランティアの本質を損なわない方式として広まったが、少子高齢化により需要が供給を上回ることによって、介護券を持っているのに介護が提供されないという現象が出現しており、すでに破綻解散した団体もある。
→有償ボランティア

磁気共鳴断層撮影 ⇨MRI

色　盲　先天性の色覚異常で、全部の色の要素が欠除して明るさのみを感じる全色盲と、一部の色が欠ける部分色盲がある。部分色盲には赤や緑の要素が欠けている赤緑色盲（大部分はこれである）、青と黄を混同する青黄色盲とがある。赤緑色盲は、交通標識などで危険を伴うため注意が必要である。

子宮がん　子宮の上皮性悪性腫瘍で、子宮頸がんと子宮体がんに分けられる。子宮頸がんは、子宮峡部から外子宮口までの子宮頸部の内腔の悪性腫瘍で、ヒトパピローマウイルス（HPV）が発生に強く関わっていると考えられ、日本人女性においては子宮がん全体の90～95％を占める。子宮体がんは、子宮体部内膜に発生するがん。いずれも、不正生殖器出血、帯下、疼痛などの局所症状がある。病期が進めば周囲臓器への浸潤や転移を生じる。治療法は、手術、放射線、及び抗がん剤やホルモン剤などの薬物療法がある。

刺激性皮膚炎　被服による皮膚障害には、皮膚と衣服の摩擦や被服などの圧迫によって起こる物理的なものと、化学物質が原因で起こるものがある。化学物質による皮膚炎は一般に接触性皮膚炎といわれるが、接触性皮膚炎には刺激性のものとアレルギー性のものとがある。刺激性皮膚炎は衣料品についている化学物質によって直接皮膚が障害されて起こるものであるが、刺激性皮膚炎単独というより、アレルギー性も関係していることが多い。

刺激ホルモン　下垂体前葉から分泌されるホルモンで、他の内分泌器官を刺激してホルモンの分泌を促進する働きがある。甲状腺刺激ホルモン、副腎皮質刺激ホルモンなど。

止　血　出血を止めること。止血の原則は、①心臓より高い位置に出血部位を位置させること、②出血部位より心臓に近い部位の止血点を圧迫あるいは縛ること、③血管を収縮させるために冷やすこと、である。一時的止血法には指圧法、緊縛法、圧迫包帯、止血剤の使用等があり、永久的止血法には結紮法等がある。

止血点　大きな動脈が通り、圧迫法や緊縛法に適した身体上の点のこと。出血部位が指先なら指の両側、前腕なら上腕というように、心臓に近い側のできるだけ近くの止血点を、心臓より高い位置にし、圧迫・緊縛する。　→止血

歯　垢　プラークとも呼ばれる。歯の表面に形成される沈着物。その食物残渣や微生物等に由来する物質などからなる。不十分な歯磨きにより歯に沈着すると虫歯（齲歯）、歯肉炎の原因となる。正しい歯磨きで取り除くことができる。歯垢が歯石になると歯磨きでは取り除くことはできない。

嗜好飲料　飲料にはアルコール飲料、炭酸飲料、果実飲料、コーヒー飲料、茶飲料などがある。これらは、栄養素の摂取を目的とするものではなく、食事における食欲増進や、味覚を満足させる効果、含まれる成分による疲労回復や気分転換を図る効果がある。

思考障害　判断力、推理力、批判力、分析力などの精神作用の総和の障害をいう。その障害は思考過程と思考内容に分けられる。前者は速さや連続性の異常であり、思考制止、観念奔逸、滅裂思考などがある。後者には強迫観念、妄想などがある。

思考制止　思考障害の一つ。考えの流れ（思路）が抑えられ遅くなり、着想も乏しくなることをいう。話し方が遅くなり、さらに制止が高度になると昏迷となる。うつ病でみられる。

耳垢塞栓　外耳道に耳垢が過剰にたまり、外耳道を閉塞させた状態のこと。

思考途絶　思考阻害ともいう。考えの流れ（思路）の障害であり、考えの流れが突然中断

してしまうこと。話をしていて急に黙ったり、また急に話をし出したりすることで観察される。統合失調症でみられる。

耳　垢（耳あか）　外耳道内にたまったもの。その内容は耳垢腺・皮脂腺・毛・ほこり等が混合したものとされる。耳垢は通常は咀嚼運動などにより自然に外耳孔から落ちる。耳垢が外耳道内で固まった状態は耳垢塞栓といわれる。　　→耳垢塞栓

自己開示　自分自身に関する情報を、本人の意思のもとに（強制されることなく）特定の他者に対して言語を介して伝達すること。介護従事者と利用者との間では、介護従事者が自分の自己開示の傾向を知らなければ、利用者の自己開示の傾向を知ることはできない。また、利用者の自己開示の傾向がわからなければ、その利用者に適した支援を提供することはできない。

自己概念　自分でとらえている自分の姿。外見的、内面的に自分が自分をどうみているかの評価。自己概念は自尊心や自己否定の感情と密接に結びついているため、心身に障害がある場合、どう取り込むかによって大きな影響を及ぼす。例えば「障害があっても自分は価値ある人間である」と考えるのと「障害があるから無能な人間である」と考えるのとでは、その人間の生き方が大きく違ってくる。

自己開発　自分自身の内にある可能性を引き出し、これまでとは違う新しい自分を生み出すこと。フランスの社会学者デュマズディエは、余暇の機能として「休息」「気晴らし」「自己開発」をあげている。　　→休息、気晴らし

自己覚知　援助者が、自らの能力、性格、個性を知り、感情、態度を意識的にコントロールすること。援助は援助者の価値観や感情に左右されがちであるが、利用者の問題に自らの価値観や感情を持ち込むことは、問題の状況を誤まって判断することに結び付く。そのために援助者は、自らを知り、コントロールする自己覚知が必要となる。

自己決定　個別援助の原則の一つであり、サービス利用者が自らの意思で自らの方向を選択することをいう。自己決定の原則は、利用者自身の人格を尊重し、自らの問題は自らが判断して決定していく自由があるという理念に基づいている。しかし、無制限に自由があるのではなく、自己決定能力の有無や「公共の福祉」に反しない限り、といった制限つきで自己決定権があるというのが一般的な見方である。また、「自己決定」は、利用者を個別援助の過程に積極的に参加させることが大切だという意味で、利用者の「参加の原則」として表すこともできる。
→バイステックの七つの原則

死後硬直　死後に起こる筋の硬化のこと。個体の死とともに血液循環が停止すると、筋肉に生じた乳酸が筋を構成するたんぱく質を凝固させるために筋は硬くなる。通常死後2～3時間で始まり、上肢5～6時間、下肢7～8時間を要する。

自己実現　現代の社会福祉において、正当とされる価値の一つである。人々はただ受動的に社会福祉サービスを受給する消極的な立場を越えて、人間としてさまざまな場において、自分の希望や、自分らしく生きることを追求してもよいし、あるいは追求するべきだとされる。一方、援助者は利用者の自己実現という価値を追求する活動を尊重すべきだとされ、福祉政策的にもそのような価値はしだいに認識されるようになっている。　　→自己決定

自己消化　食品の組織中に存在する酵素によって、食品を形成している組織が分解することをいう。生鮮食品などが収穫後直ちに品質低下するのは自己消化が原因である。

自己導尿　利用者自身がカテーテルを尿道から膀胱に入れて、一定時間ごとに導尿を行う清潔間欠導尿を実施すること。

死後のケア（死後の処置）　⇨エンゼルケア

事後評価　⇨エバリュエーション

自　殺　自らの意志によって自らを殺す行為をいう。我が国では、近年は自殺者が3万人を超えて推移してきた。2012年に3万人を下回ったものの、なお高率である。男性の方が女性よりも自殺死亡率が高いが、女性の自殺死亡

率が上がってきている。また、中高年において高率であるが、20歳代でも増加してきている。

死産率　年間死産（妊娠満12週以後の死児の出産）総数を年間出産総数（出生数＋死産数）で除し、1000倍したものを、出産千対の死産率という。我が国の平成25年の数値は22.9。

四　肢　身体の構成における名称。体肢ともいう。上肢・下肢がこれに含まれる。

支　持　個別援助において、サービス利用者の話を傾聴し受容することによって、利用者を緊張感から解放し、心理的に支え、回復を図るという面接上の技術。　→傾聴、受容

支持基底面積　身体を支持するための基礎となる、身体の底の面のこと。立位の場合、身体を支えるために床や地面と接している足を囲んだ面積のことをいう。支持基底面積が広いほど重心は安定する。

脂　質　一般にエーテルなどの有機溶媒に溶け、水に溶けない性質をもつ物質の総称。細胞膜の構成成分として重要であるとともに、エネルギーの貯蔵物質でもある。化学構造により、単純脂質、複合脂質、誘導脂質に分類される。　→脂肪

脂質異常症　血中の脂質（中性脂肪、コレステロール、リン脂質、遊離脂肪酸）の一つ又は複数のものが過剰、もしくは不足している状態をいう。従来は、「高脂血症」と呼ばれていたが、善玉のHDLコレステロールが低くても、動脈硬化を起こしやすいことから、近年では「脂質異常症」という名称が使われている。　→コレステロール

資質向上の責務　介護福祉士の義務規定の一つであり、社会福祉士及び介護福祉士法第47条の2で規定されているもの。具体的には、介護福祉士は「社会福祉及び介護を取り巻く環境の変化による業務の内容の変化に適応するため、相談援助又は介護等に関する知識及び技能の向上に努めなければならない」としている。つまり、介護福祉士の資格取得はスタートであって、資格取得後の自己研鑽こそ専門職として大切であることが法律のなかで明確化されている。

四肢麻痺　主として両上肢、両下肢の知覚、運動の麻痺、脳の障害、脊髄（頸髄）の障害、四肢の末梢神経障害、筋疾患等によって起こる。脳に障害がある場合は、他の障害との重複もあるので対応の困難さも大きい。

歯周病　歯肉や歯を支える歯槽骨など、歯の周囲組織に起きる疾患の総称である。歯周病の原因は歯の表面と歯肉の境界線に付着した歯垢（プラーク）である。歯垢（プラーク）は食べかすなどを栄養とし、細菌が増殖した塊でもある。歯周病の症状には、段階的に歯肉からの出血、排膿、歯の動揺、歯の欠落がある。歯と歯肉の間に生じるすき間を歯周ポケットといい、ポケットが進行すると歯肉は後退し、歯槽骨の吸収も生じる。予防には、正しい歯磨きと定期的な歯垢（プラーク）除去が有効である。

視床下部　脳底部にあり、下垂体がつながっている。自律神経系と内分泌系の二大調節機構の中枢である。　→間脳

自傷行為　自己の肉体の一部を傷つける行為。自殺未遂の場合も自傷行為といえることもあるが、自傷とはそれ自身が完結した行為である。抑うつ状態、躁状態、幻覚妄想状態、精神運動興奮状態、昏迷状態、意識障害、知能障害、人格の病的状態といった病状又は状態像において、起こしやすい。精神障害のために自傷行為を引き起こすおそれがある者は、精神保健福祉法による措置入院の対象となる。　→他害行為

自傷他害行為　自殺企図等、自己の生命、身体を害する行為（自傷行為）、殺人、傷害、暴行、性的問題行動、侮辱、器物破損、強盗、恐喝、窃盗、詐欺、放火、奔火等他の者の生命、身体、貞操、名誉、財産等又は社会的法益等に害を及ぼす行為（他害行為）をいう。精神保健福祉法に基づく措置入院、緊急措置入院の際の措置要件とされている（昭63厚告125）。　→措置入院

自助、共助、公助　自助（自らの努力でなすこと）、共助（地域等で助け合うこと）、公助（行

政等が公的な生活支援を行うこと）のバランスがとれた福祉の達成が望まれている。特に、自助を無視した過剰な援助は本人の自立を阻害すると考えられている。

自助具　片手ですくいやすい食事用の皿、吸盤付きのブラシなど、身体が不自由な人の生活動作を自らの力で容易にできるように工夫された道具のこと。食事、更衣、入浴、家事等さまざまな活動を支援する自助具が市販されており、これらを活用して自立を支援する。

自助グループ　⇨セルフヘルプ

視神経萎縮　種々の原因による視神経線維の消失、機能的死を意味する。視力低下、視野の異状が主症状であり、原因としては、視神経の外傷、炎症、変性、虚血、圧迫などがある。

ジスキネジア〔dyskinesia〕　長期間の抗精神病薬の服用により生じる持続的な不随意運動をいう。遅発性ジスキネジアとも呼ぶ。主に口部にみられるが、四肢や躯幹にもみられる。抗精神病薬による錐体外路症状で、難治性であるが、投薬の中止により消失するものもある。

JISサイズ表示（衣料の）　既製服はさまざまな体型をもつ人が対象となるが、広範にわたる被験者の身体計測の結果をもとに、体型分類を行い、衣料サイズのJIS規格を定めている。サイズ表示は、年齢・性別・服種によって異なる。規格では、衣料品の大きさを表すのに最も重要な身体部位の寸法を「基本身体寸法」として定め、バスト83、ヒップ91、身長158のように寸法を列記する方法、又は絵表示で表される。衣料の種類によっては、Y・A・AB・B等の体型区分や、P・R・T等の身長区分の組み合わせで、9ARなどの呼びサイズで表示する方法もある。

システム理論　全体は諸要素から成り立っており、その個々の要素は全体と乖離したものではなく、相互に作用しあって全体を構成しているという理論。システム（相互作用しあう諸要素の全体）の一般に共通する法則を体系化して、自然科学、社会科学のさまざまな分野で応用が試みられている。社会福祉においてはA.ピンカス、A.ミナハンの「四つのシステム」や、F.ホリス、H.ストレーン、A.ヴィッケリー等によって社会福祉援助との関係が指摘されている。

死生観　生や死に対する考え方や価値観、人生観。

施設介護サービス費　要介護被保険者が、介護保険施設（指定介護老人福祉施設、介護老人保健施設、指定介護療養型医療施設（療養病床の再編に伴い平成30年3月廃止））から指定施設サービス等を受けたときに要する費用について市町村から支給される介護給付。その額は、指定施設サービス等介護給付費単位数表で算定した単位数に、1単位単価を乗じた額の9割であり、残りの1割は利用者負担となる。利用者は1割負担を介護保険施設に支払ってサービスを利用し、市町村が介護保険施設に対して施設介護サービス費を支払う代理受領が行われている。食事の提供に要する費用、居住に要する費用その他の日常生活に要する費用（理美容代など）については、給付の対象とならない（介護48条）。

施設介護支援　施設サービスの利用者に対し、施設での自立的な生活の維持、生活の質の向上を目指して行われる一連の過程をいう。施設におけるケアマネジメントとして、高齢者ケア施設における生活のあり方とそれを支援する業務やケアの改善方策を示す。

施設サービス　介護保険施設において提供されるサービスをいい、介護福祉施設サービス、介護保健施設サービス及び介護療養施設サービス（療養病床の再編に伴い平成30年3月廃止）の3種類がある。施設に入所・入院する要介護者に対し、施設サービス計画に基づいて提供されるサービスである（介護8条25項〜27項）。　→居宅サービス

施設サービス計画　介護老人福祉施設、介護老人保健施設、介護療養型医療施設（平成30年3月廃止）の3施設において、提供するサービスが漫然かつ画一的なものとならないよう介護支援専門員が個別に作成する介護サービス計画。記載すべき事項としては、要介護者の氏名、年齢、認定日、要介護状態区分、サービス計画

作成日、担当者会議などの基本情報はもとより、要介護者等と家族の意向、要介護者等の抱える健康上、生活上のニーズと解決すべき課題、医学的管理の内容と留意点、サービスの目標や達成時期、具体的なサービス内容とスケジュール、要介護者等と家族の承諾、担当介護支援専門員の特定が挙げられる。介護保険施設にあっても、要介護状態改善のための努力や在宅での生活を念頭においた支援が求められる（介護8条25項）。　→介護サービス計画、居宅サービス計画

施設収容主義　自宅での扶養が困難な高齢者や障害者について、家庭に代わる長期滞在型の施設への入所が最も安全で確実であるとする考え方。かつては法の執行による措置との考え方から「収容」という用語が頻用されたが、福祉の一般化とともに現在は「入所」の表現が多くなってきている。　→老人福祉法、児童福祉法

施設内感染　⇨院内感染

施設入所支援　施設に入所する障害者につき、主として夜間において、入浴、排せつ及び食事等の介護、生活等に関する相談及び助言その他の必要な日常生活上の支援を行う障害者自立支援制度の給付対象サービス。介護給付に分類される。①生活介護を受けている者であって障害支援区分が区分4（50歳以上の場合は区分3）以上である者、②訓練等（自立訓練又は就労移行支援）を受けている者であって、入所させながら訓練等を実施することが必要かつ効果的であると認められるもの、③地域における障害福祉サービスの提供体制の状況その他やむを得ない事情により、通所によって訓練等を受けることが困難なものが対象となる（障総合5条10項）。

施設の社会化　老人福祉施設などの社会福祉施設を、入所者だけでなく地域における在宅の要援護高齢者なども利用できるように地域へ開放すること。各施設の人的・物的機能の充実が図られた今日、施設がもつ設備や職員等の資源を、地域住民に提供する等、地域福祉活動の多様なニーズにこたえるためにとられている。

慈善組織協会〔charity organization society；COS〕　19世紀末のイギリス、新救貧法の下で、資本主義の発展と人口の都市集中化によって増加した貧困者に対する慈善団体の救済事業の濫救・漏救防止を目的として設立された。地域内の慈善団体間の連絡調整と友愛訪問が開始され、この活動が社会福祉援助活動の出発点だと言われている。

自然毒食中毒　細菌や化学物質などによる食品汚染が原因の食中毒ではなく、元々の構成成分として毒性物質を含有している動植物を摂取することによって発生する食中毒のこと。動物ではふぐ、植物では毒きのこ、じゃがいもの芽などが代表的自然毒食中毒である。　→細菌性食中毒

事前評価　⇨アセスメント

自走式階段昇降機　階段などに固定されていない可搬式の階段昇降機のこと。　→階段昇降機

自走用標準型車いす　一般的には、後輪の外側についているハンドリムと呼ばれる輪を、自分の両手で回して進む車いすのこと。日本工業規格（JIS）の規定では、前輪はキャスタ、後輪の径は18インチ（約46cm）以上とされている。介護保険における車いすには、より屋内での取り回しスペースを考慮した六輪型車いすや、片側のハンドリムやレバーなどを操作して駆動する片手駆動型の車いすも含まれている。

下顎押し出し法（下顎挙上法）　手を用いて行う気道確保の方法の一つ。舌根沈下等により気道閉塞を起こした者に対し、頭の側に立ち、頭部を後傾させながら下顎角に左右の手をかけ、拇指で口を開きながら、下顎歯列が上顎歯列より前に出るくらいまで押し上げる。　→気道確保

肢体不自由　身体障害の一種。身体障害者福祉法では、四肢及び体幹の機能の障害を指し、①一上肢、一下肢又は体幹の機能の著しい障害で、永続するもの、②一上肢のおや指を指骨間関節以上で欠くもの又はひとさし指を含めて一上肢の二指以上をそれぞれ第一指骨間関節以上

で欠くもの、③一下肢をリスフラン関節以上で欠くもの、④両下肢のすべての指を欠くもの、⑤一上肢のおや指の機能の著しい障害又はひとさし指を含めて一上肢の三指以上の機能の著しい障害で、永続するもの、⑥①から⑤までに掲げるもののほか、その程度が①から⑤までに掲げる障害の程度以上であると認められる障害があるものを対象とする（身障4条・別表、身障則別表5）。

自治事務　地方自治法において、地方公共団体が処理する事務のうち、法定受託事務以外のものが自治事務とされている。国の関与は、助言又は勧告、資料の提出要求、是正の要求、協議の4類型である。具体的には、介護保険サービス、国民健康保険の給付、公共施設の管理、病院・薬局の開設許可等がある。　→法定受託事務

市町村介護保険事業計画　介護保険事業に係る保険給付の円滑な実施を図るために、国の基本指針に即して、保険者である市町村が定める3年を1期とする計画。①各年度における介護給付等対象サービスの種類ごとの量の見込み、②各年度における地域支援事業の量の見込み、が定めるべき事項とされ、③①②の見込み量の確保のための方策、④介護給付等対象サービスの種類ごとの量、保険給付に要する費用の額、地域支援事業の量・費用の額等に関する中長期的な推計、⑤サービス事業者の連携の確保等サービスの円滑な実施を図るために必要な事業、⑥認知症である被保険者の地域における自立した日常生活の支援及び居宅要介護被保険者等に係る医療等施策、が定めるよう努める事項となっている。その基本的な性格は、サービス基盤整備の行動計画であるとともに、サービス給付と保険料負担のバランスを決めるものとなる。計画は、要介護者等の実情を勘案して作成するとともに、市町村老人福祉計画と一体のものとして、また、地域における医療及び介護の総合的な確保の促進に関する法律（平成元年法律64号）に規定する市町村計画との整合性の確保が図られたものでなければならないとされている

（介護117条）。

市町村障害者計画　⇨障害者基本計画

市町村障害福祉計画　障害者総合支援法の規定に基づき、市町村が定める行政計画。基本指針に即し、障害福祉サービス、相談支援及び地域生活支援事業の提供体制の確保に係る目標に関する事項、各年度における指定障害福祉サービスや指定相談支援の種類ごとの必要な量の見込み、地域生活支援事業の種類ごとの実施に関する事項等について定めることとされている（障総合88条）。

市町村審査会　障害者総合支援法の規定に基づき、障害支援区分の判定を中立・公正な立場で専門的な観点から行うために各市町村に置かれる機関。障害支援区分の基準に照らし、審査及び判定を行うとともに、市町村から、支給要否決定を行うに当たり、意見を求められた場合には、これに応ずる（障総合15条・22条2項）。地方自治法上は、自治体の附属機関として位置付けられる（自治138条の4）。

市町村相互財政安定化事業　介護保険財政の安定化を図るために、介護保険特別会計において負担する費用のうち、①介護給付及び予防給付に要する費用、②地域支援事業に要する費用、③財政安定化基金拠出金の納付に要する費用、④基金事業借入金の償還に要する費用の財源について、他の複数の市町村と共同して、調整保険料率に基づいて市町村間相互において財政の調整を行う事業（介護148条）。　→財政安定化基金（介護保険）

市町村地域生活支援事業　市町村の行う地域生活支援事業。相談支援事業、意思疎通支援事業、日常生活用具給付等事業、移動支援事業、成年後見制度利用支援事業などの必須事業のほか、市町村の判断により障害者等が自立した日常生活、社会生活を営むために必要な事業（任意事業）、障害支援区分認定等事務が行われる（障総合77条、平18障発0801002）。　→地域生活支援事業

市町村特別給付　要介護被保険者等に対し、法定給付である介護給付・予防給付以外に、市

町村が条例により独自に定める保険給付。財源は原則として第１号被保険者の保険料により賄われる。例として、移送サービス、給食配達サービス、寝具乾燥サービスなどが挙げられる。さらに、介護給付・予防給付の在宅サービスについて市町村独自に給付水準を高く設定することも可能である（介護18条3号・62条）。　→介護給付、横出しサービス、予防給付

市町村保健センター　住民に対し、健康相談、保健指導及び健康診査、その他地域保健に関し必要な事業を行うことを目的とする施設。設置主体は市町村、特別区等（地保健18条）。

市町村老人福祉計画　老人福祉法に基づいて市町村が定めるもので、老人福祉事業（老人居宅生活支援事業及び老人福祉施設による事業）の供給体制の確保に関する計画。当該市町村の区域において確保すべき老人福祉事業の量の目標について定める。計画は市町村介護保険事業計画と一体のものとして作成されなければならない。また、市町村地域福祉計画等と調和がとれたものでなければならない（老福20条の8）。→都道府県老人福祉計画、市町村介護保険事業計画

失　禁〔incontinence〕　排泄機能の調節ができないこと。便失禁は、神経系の障害や肛門括約筋が弱くなるために起きる。高齢者の場合は後者が多い。尿失禁の場合は多くの要因が考えられ、排尿に関係する神経の障害、膀胱、尿道の障害、大脳皮質の障害等がある。これに動作の障害、環境、生活状態が関与し、ストレス、怒り、不安は尿意を増長し、失禁しやすい状態をつくる。　→コンチネンス

シックハウス症候群　住宅建設時に利用される住宅建材、家具製造時に使われる接着剤や塗料に含まれているホルムアルデヒドなどに代表される揮発性化学物質等によって、室内空気が汚染され、めまいや倦怠感、アレルギーなどを引き起こす健康障害のこと。抵抗力の弱い子どもや高齢者の被害が多く、衛生管理、メンテナンスなどで健康に配慮していくことが必要になる。　→ホルムアルデヒド、メンテナンス

失見当識　自己が置かれている状態（時間的、空間的、状況的）を正しく認識すること（見当識）ができなくなる状態をいう。日時の認識が失われたり、自分のいる場所が分からなくなったり、自分の置かれた状況が分からなくなる。意識障害や認知症のある疾患（アルツハイマー型認知症、脳血管性認知症など）、コルサコフ症候群でみられる。　↔見当識

失　語　構音器官や聴覚器官の障害がないのに、言語機能（言葉を話す、聞く、書く、読む）が選択的に失われた状態をいう。運動性失語（言語理解はできるが、自発言語が障害される）と感覚性失語（自発言語はできるが、相手の言語を理解できない）がある。

失　行　脳の器質病変のため、運動麻痺、知覚麻痺、失調、不随意運動等がないにもかかわらず、目的に合った動作・行動を正しく行うことができないことをいう。肢節運動失行、観念失行、着衣失行などがある。

実行機能障害　認知症の中核症状の一つ。目標を設定し、その目標に向けて計画を立て、計画どおり行動を遂行し、場合により目標に合わせて計画や行動を修正するなどの一連過程に障害をきたすこと。その結果、簡単な仕事でも失敗が目立つ、仕事が雑になる、料理の段取りが悪くなる、味付けが変わる、家電製品をうまく使いこなせない、などの生活障害の原因となる。

失語症〔aphasia〕　大脳の言語野が損傷されることによって生じる言語機能の障害であり、すでに獲得していた言語を話したり、聞いたり、書いたり、読んだりすることができなくなる。損傷部位によって言語の表出面が障害される運動性失語症、理解面が障害される感覚性失語症など、異なるタイプが現れる。失語症は記憶障害や知的障害ではない。　→運動性失語、感覚性失語

湿式加熱　加熱調理操作の一種である。水や水蒸気を介して食品を加熱することをいう。水を利用する操作は煮る、ゆでる、炊くがあり、水蒸気を利用する操作には蒸すがある。いずれも加熱温度は常圧においては100℃を超えな

い。　↔乾式加熱

湿式洗濯（ランドリー）　洗濯法の一種で水を用い、洗剤により洗浄する方法である。家庭で行うのは湿式洗濯であり、手洗いと電気洗濯機を使った機械洗いがある。商業洗濯では綿、ポリエステル・綿混紡のワイシャツ、シーツ、布団カバー等は湿式洗濯を行う。洗濯物を種別に分け湿式洗濯機（ワッシャー）を用いて洗濯する。洗濯機には、回転ドラム式のものが多く使用される。自然環境への負荷を軽減し、繊維を傷めないで洗浄力を高めるために、洗剤は標準濃度で、温度は25～40℃、7～10分の洗濯時間がよいとされている。

実支出　総務省「家計調査」の収支項目分類によると、「実支出」には、消費支出と非消費支出がある。

実支出以外の支払　総務省「家計調査」の収支項目分類によると、「実支出以外の支払」の内訳は、預貯金、民間の保険金、株券などの有価証券購入、住宅ローンなどの土地家屋借金返済、他の借金返済、分割払購入・一括払購入借入金返済、土地・家屋・貴金属・宝石などの財産購入、その他となっている。つまり、手元から現金は支払われるが、一方で資産の増加、または負債の増加を生じるものである。

実質的違法性阻却論　ある行為が処罰に値するだけの法益侵害がある（構成要件に該当する）場合に、その行為が正当化されるだけの事情が存在するか否かの判断を実質的に行い、正当化されるときには、違法性が阻却されるという考え方。

実　習　Ⅰ（実習施設・事業等Ⅰ）　厚生労働省が示す「介護福祉士養成課程における教育内容等の見直しについて」によれば、実習Ⅰは、利用者の生活の場である多様な介護現場において、利用者の理解を中心とし、これに併せて利用者・家族との関わりを通じたコミュニケーションの実践、多職種協働の実践、介護技術の確認等を行うことに重点を置いた実習であると位置付けられている。学びのポイントとしては、①利用者のさまざまな暮らしの場を理解する、②さまざまな利用者に出会い、思いや願いにふれる、③利用者の家族ともコミュニケーションを図ってみる、などが挙げられる。

実　習　Ⅱ（実習施設・事業等Ⅱ）　厚生労働省が示す「介護福祉士養成課程における教育内容等の見直しについて」によれば、実習Ⅱは、一つの実習施設や事業所において、一定期間以上継続して実習を行う中で、受け持ち利用者の介護計画の作成、実施後の評価やこれを踏まえた計画の修正といった一連の介護過程のすべてを継続的に実践することに重点を置いた実習であると位置付けられている。学びのポイントとしては、①実習Ⅰの体験を踏まえて、介護過程を展開する、②個別ケアの意味を考える、③カンファレンスを通じて多職種協働の重要性を理解する、などが挙げられる。

実収入　総務省「家計調査」の収支項目分類によると、実収入は、まず、経常収入と特別収入からなる。経常収入には、世帯主の勤務先収入（定期収入、臨時収入、賞与）や事業・内職収入、農林漁業収入のほかに他の経常収入として財産収入（家賃収入など）、社会保障給付、仕送り金などがある。特別収入には、冠婚葬祭によるお祝い金や香典などの受贈金や他の特別収入がある。高齢になって受け取る公的年金は、社会保障給付に分類される。

実収入以外の受取　総務省「家計調査」の収支項目分類によると、「実収入以外の受取」には、預貯金引出し、掛け捨てでない保険金、株券などの有価証券売却、住宅ローンなどの土地家屋借入金、分割払購入・一括払購入借入金、土地や家屋、貴金属・宝石などの財産売却による収入などがある。つまり、手元に現金が入るが、一方で資産の減少、または負債の増加を生じるものである。

湿　疹　⇨皮膚炎

失　声　発声器官の器質障害や機能障害のため声帯が正常の振動をせず、有声の音がでない状態をいう。声帯部の炎症、麻痺、腫瘍などの器質原因のほか、ヒステリー失声（転換ヒステリー）もある。

しつちょう

失　　調　調和を失うこと。調節が効かなくなることをいう。例えば、動作を円滑に行うには多くの筋肉の協調が必要であるが、その協調が失われると、バランスが悪くなり、上下肢や体幹が揺れ、手足が目標に近づくと震えが大きくなり目的動作を行うのが困難になる。

失調性歩行　脊髄小脳変性症にみられる歩行障害。ぎこちなく、まとまりのない歩き方が特徴的である。　→脊髄小脳変性症

嫉妬妄想　妄想の一つ。夫あるいは妻が浮気しているという確信的考えをいう。統合失調症、アルコール依存症及びアルツハイマー型認知症などでみられる。

失認（症）　脳の器質病変により生じる巣症状の一つ。視力、聴力、触覚などに障害がないにもかかわらず、対象をそうであるとはっきり認めることができない場合をいう。物に触ってもその形が分からない（触覚失認）、物を見ても何を見ているのか分からない（視覚失認）などがある。半側空間失認とは左側だけ分からないような現象を指す。　→巣症状

湿　　布　⇨冷湿布、温湿布

実務者研修　介護福祉士の資格取得に至るまでの養成体系のあり方の一つ。実務経験だけでは十分に修得できない知識・技術を身につけることを目的として、平成19年の社会福祉士及び介護福祉士法の改正により、介護福祉士国家試験を受験する実務経験者に対して、実務者研修（6か月研修）の受講が義務づけられた。しかし、法改正後に設置された「今後の介護人材養成の在り方に関する検討会」などの場で、本研修会の受講しやすい環境整備を求める議論がなされたこともあり、平成23年の法改正で、当初600時間とされていた研修時間を450時間にするなどの見直しが図られた。平成28年度の国家試験（平成29年1月予定）から、実務経験3年で介護福祉士の国家試験を受験する場合は、実務者研修を修了しておかなければならないとされている。

質問紙法　社会福祉調査における資料収集方法の一つで、質問紙（調査票）を用いて調査対象者に回答してもらい、回収する形態をとる。調査員が個別に訪問して質問紙を配る配票調査、対象者を一堂に集め質問紙を配布する集合調査、対象者に郵送して返送してもらう郵送調査等の具体的な進め方がある。　→社会福祉調査法

指定感染症　既に知られている感染症であって、感染症法に定められている一類～三類感染症及び新型インフルエンザ等感染症に分類されない感染症で、一類～三類感染症に準じた対応が必要なものとして1年以内の期間に限定して政令で定める感染症である（感染6条・7条）。

指定管理者制度　道路、公園、病院、図書館、保育所などの公の施設の管理について、地方公共団体が指定する民間事業者等に行わせようとする制度。平成15年の地方自治法の改正により、住民の福祉を増進する目的をもってその利用に供するための施設である公の施設について、民間事業者等が有するノウハウを活用することにより、住民サービスの質の向上を図っていくことで、施設の設置の目的を効果的に達成する目的で導入された。指定管理者の指定の手続き、指定管理者が行う管理の基準、業務の範囲等の詳細は、条例で定めることとされ、従来の民間委託とは異なり、使用許可権限を付与することもできる（自治244条の2、平22総行経38）。

指定事業者　介護保険では、介護サービスを提供する事業者（事業者・施設）として、都道府県知事又は市町村長に申請し、その指定を受けたものをいう。都道府県知事が指定等を行う指定居宅サービス事業者、指定居宅介護支援事業者（平成30年度から市町村に指定権限移譲される）、介護保険施設、指定介護予防サービス事業者と、市町村長が指定を行う指定地域密着型サービス事業者、指定地域密着型介護予防サービス事業者、指定介護予防支援事業者がある。障害者総合支援法では、障害福祉サービスを提供する事業者（事業者・施設）として、都道府県知事に申請し、その指定を受けたものをいい、指定障害福祉サービス事業者、指定障害者支援

施設がある。

指定市町村事務受託法人　介護保険制度において、市町村からの委託を受けて、①サービス事業者に対して、保険給付に関する文書や物件の提出、質問、照会を行う事務、②認定調査に関する事務の一部を行うことができる法人。事務を適正に実施できると認められ、都道府県知事の指定を受けることが必要である（介護24条の2）。

指定都市　地方自治法の規定により、政令で指定された人口50万以上の市で、大阪市、名古屋市、京都市、横浜市、神戸市、北九州市、札幌市、川崎市、福岡市、広島市、仙台市、千葉市、さいたま市、静岡市、堺市、新潟市、浜松市、岡山市、相模原市及び熊本市の20市が指定されている。指定都市は、都道府県が処理することとされている行政事務（社会福祉、保健衛生等に関するもので、児童福祉、身体障害者福祉、生活保護、老人福祉、母子保健、障害者の自立支援に関する事務等）の全部又は一部を都道府県に代わって行うことができるとされている。これらの事務の処理等については、都道府県知事又は都道府県の機関の監督を要せず、各大臣の監督を受けるものとされている（自治252条の19～252条の21）。　→中核市

指定都道府県事務受託法人　介護保険制度において、都道府県からの委託を受けて、①サービス事業者に対して、サービスについて報告、提供の記録、帳簿書類、その他の物件の提示を命じ、質問を行う事務、②保険給付を受けた被保険者に対してサービスの内容に関する報告を命じ、質問を行う事務の一部を行うことができる法人。事務を適正に実施できると認められ、都道府県知事の指定を受けることが必要である（介護24条の3）。

児　　童　児童福祉法においては、18歳未満の者を児童と定義し、1歳に満たない者を「乳児」、1歳から小学校就学の始期に達するまでの者を「幼児」、小学校就学の始期から18歳に達するまでの者を「少年」と分けている。なお、児童扶養手当法では、心身に障害のある者については「18歳未満」という原則を修正して対応することが適切であるという観点から、20歳未満の者までを児童としている。　→乳児、少年

児童委員　都道府県知事の指揮監督を受け、市町村の担当区域において児童及び妊産婦の生活及び環境の状況を適切に把握し、その保護、保健その他福祉につき援助及び指導を行うとともに、児童福祉司又は福祉事務所の社会福祉主事の職務に協力する民間奉仕家。民生委員がこれに充てられ、任期は3年。その活動の内容は、①地域の実情の把握に努め、記録しておくこと、②問題を抱える児童、母子家庭等に対する相談・支援、③児童の健全育成のための地域活動の促進、④児童虐待防止への取組み、⑤保護の必要な児童、母子家庭等を発見した場合の関係機関への連絡通報、などである（児福16条・17条、民委10条、平16雇児発1108001）。　→民生委員

自動運動　関節可動域訓練の他動運動に対していわれる言葉で、他からの介助や外力による抵抗もなく行われるものをいう。通常は日常動作で広範囲の運動が行われているので、特に制限されない限り必要ないが、高齢者の場合にはちょっとした手助けが必要なこともある。　↔他動運動　→関節可動域訓練

児童虐待　我が国の児童虐待の防止等に関する法律では、保護者がその監護する児童に対し、①児童の身体に外傷が生じ、又は生じるおそれのある暴行を加えること、②児童にわいせつな行為をすること又はさせること、③児童の心身の正常な発達を妨げるような著しい減食又は長時間の放置、保護者以外の同居人による虐待の放置その他の保護者としての監護を著しく怠ること、④児童に対する著しい暴言又は著しく拒絶的な対応、児童の目の前でのドメスティックバイオレンス（配偶者間暴力）、その他児童に著しい心理的外傷を与える言動を行うこと、と定義されている。家族が抱える社会的・経済的・心理的・精神医学的な諸要因が複合して起きやすいとされる。　→虐待、ネグレクト

児童相談所　児童福祉法に基づき、都道府県

が設置する相談援助実施機関。具体的な業務は、①市町村間の連絡調整や情報の提供、②児童に関する家庭その他からの相談支援、③必要な調査並びに医学的、心理学的、教育学的、社会学的及び精神保健上の判定、④児童及びその保護者への必要な指導、⑤児童の一時保護、などである（児福12条）。

自動体外式除細動器〔automated external defibrillator；AED〕　突然の心停止状態になったときに、心臓に電気ショックを与えて、正常な拍動に戻す医療機器で、心停止の救命率に劇的な効果をもたらす。高度なコンピューターを内蔵し、電極を胸に貼ると、自動的に機械が心臓の動きを解析、心室細動かどうかを判断し、必要な場合にのみ、通電の指示がされる。平成16年7月1日、厚生労働省より、「非医療従事者による自動体外式除細動器（AED）の使用について」の通知が出され、救急現場に居合わせた一般市民でも使用が可能となった。大勢の人が集まる空港やコンサートホールなどの公共施設に設置されている。　→心肺蘇生法

児童手当法〔昭和46年法律73号〕　家庭等における生活の安定に寄与するとともに、次代の社会を担う児童の健やかな成長に資することを目的として、日本国内に居住している者が、児童を監護し、生計を維持している場合に支給される手当。支給対象年齢は制度発足当初は3歳未満であったが、幾度かの法律改正により、中学校第3学年（15歳到達後最初の年度末）までに拡大された。

自動排泄処理装置　尿又は便が自動的に吸引されるものであり、かつ、尿や便の経路となる部分を分割することが可能な構造を有するものであって、居宅の要介護者等、またはその介護を行う者が容易に使用できるものである。

児童福祉　児童のもつ基本的人権である生存権、生活権、発育権の実現のための児童福祉上の政策及びそれに基づく実践のこと。我が国では、第二次世界大戦以後、日本国憲法が制定され基本的人権が保障されたが、その後の児童福祉法（昭和22年）、児童憲章（昭和26年）の制定により、児童福祉の理念が具体化していった。人格としては理解されながらも自分の立場を主張できない児童に代わって、国や地方公共団体、保護者が児童に働きかける行為が児童福祉の特質といえる。　→児童福祉法、基本的人権、日本国憲法

児童福祉法〔昭和22年法律164号〕　児童の福祉に関する基本法。児童の福祉を保障するための原理として、「すべて国民は、児童が心身ともに健やかに生まれ、且つ、育成されるよう努めなければならない」こと及び「国及び地方公共団体は、児童の保護者とともに、児童を心身ともに健やかに育成する責任を負う」ことを明示し、その理念のもと、18歳未満の児童に対する福祉施策のため、児童福祉審議会、児童福祉司、児童委員、保育士、福祉の保障、事業、養育里親及び施設、費用等について定めている。

児童扶養手当　父母が婚姻を解消した児童及び父又は母が一定の障害の状態にある児童等の母（父）がその児童を監護するとき、又は母（父）以外の者がその児童を養育するときに、その母（父）又は養育者に対し支給される。支給対象となる児童は18歳到達後最初の年度末までの間にある者であるが、一定の障害者である場合は20歳未満の者も含まれる。なお、児童が、父又は母の死亡について支給される公的年金給付を受けることができる場合や、父又は母の死亡について遺族補償等の給付を受けることができる場合であって、その給付事由が発生した日から6年を経過していない場合などは支給されない。また、受給資格者本人又はその扶養義務者等の前年の所得が一定額以上であるときは、手当の全部又は一部が支給停止される（児扶3条・4条・9条・13条の2）。

児童養護施設　児童福祉法に基づく児童福祉施設の一つ。保護者のいない児童、虐待されている児童などを入所させて養護をするほか、退所した児童に関しても相談及び自立のための援助を行うことを目的とする施設（児福41条）。入所の際は、通告を受けた各都道府県の児童相談所長の判断に基づき、都道府県知事が入所さ

せる。全国に約600施設あり、約2万8000人の児童が入所している（平成24年11月現在）。

視能訓練　斜視の者や弱視者に対し眼鏡矯正、手術矯正、プリズム矯正、薬物療法等を主体に訓練により眼位及び視力の回復を図るもの。例えば、斜視では手術により眼位を正すことができるが、斜視であったために阻害されていた両眼で物をとらえる機能（両眼視機能）は、訓練を行って高めていく。

視能訓練士〔orthoptist；ORT〕　視能訓練士法によって定められた国家試験に合格し厚生労働大臣の免許を受けた者で、医師の指示の下に、両眼視機能に障害のある者に対してその両眼視機能の回復のための矯正訓練及びこれに必要な検査を行うことを業とする者。眼科等に勤務し、視機能訓練を行うとともに、斜視や弱視の訓練治療に携わる。

自発的活動支援事業　障害者等が自立した日常生活及び社会生活を営むことができるよう、障害者等、その家族、地域住民等による地域における自発的な取り組みを支援する事業。ピアサポート、災害対策、孤立防止活動支援、社会活動支援、ボランティア活動支援などの形式により実施することとされている。市町村地域生活支援事業の必須事業の一つ（平18障発0801002）。

死　斑　死後、血管内の血液が重力の作用によって死体の下部に沈下し、血液が集積した部位の皮膚に赤紫色の斑紋が生ずる現象をいう。早期死体現象の一つであり、死の確徴といえる。死後30分から2時間位で出現し、時間の経過とともに全面に広がり、死後10時間位で固定化する。

ジフテリア　ジフテリア菌の感染による急性感染症。保菌者の飛沫から感染し、のどや鼻に炎症を起こす。上気道粘膜の偽膜、咽頭・喉頭の腫脹、嗄声、呼吸困難などの症状を呈し、菌体外毒素により心筋炎や運動麻痺を続発させることもある。ジフテリア抗毒素や抗生物質を用いて治療する。　→四種混合ワクチン

自閉症（自閉性障害）　小児自閉症とも呼ばれる。1943年、L.カナーによって提唱された症状群である。主な症状は、人間関係を作れない、言語で伝達することができない、同一性を保持したがる、対人関係を嫌う、等である。発達障害の一種として、発達障害者支援法に定義されている。　→広汎性発達障害

自閉症スペクトラム障害　①社会性、②コミュニケーション、③想像力という3領域のいずれかに障害をもつ複数の診断名を包括した概念のこと。スペクトラムとは、連続体、集合体という意味である。知能指数が高い（IQ70以上）の高機能自閉症、アスペルガー症候群から、知能指数が低い典型的な自閉症であるカナー症候群までが含まれている。

脂　肪　脂質のうち、グリセロール1分子と脂肪酸3分子から水がとれて結合した構造をもつもの。トリグリセリド又は中性脂肪とも呼ばれる。脂肪の構成成分のグリセロールは常に共通であるが、脂肪酸部分はさまざまであり、この脂肪酸の種類によって脂肪の性質が決定する。例えば、植物脂肪は不飽和脂肪酸が多く液状で、動物脂肪は飽和脂肪酸が多く常温では固体であるといったことなどである。　→脂質

死亡診断書　人の死亡に関する医学的証明であり、これによりその人の法律的権利義務がすべて終結する極めて重要な手続きである。診療中の患者が、その疾病で死亡した場合に、診療した医師が作成する義務がある。　→死亡届

司法ソーシャルワーク　家庭裁判所調査官、保護観察所保護観察官、保護司等の、家庭裁判所、警察・法務に携わる者が、少年の非行問題、受刑者の社会復帰等の問題に対して、個別援助技術等の社会福祉援助技術を用いて援助することをいう。今日の社会問題の中には、少年非行の増加、犯罪の若年化、家庭崩壊に伴う諸問題等、社会福祉と司法の両域にまたがるものが多く、その連携による実践活動は重要性を増している。

死亡届　戸籍法に基づき、届出義務者は、死亡の事実を知った日から7日以内に、死亡診断書又は死体検案書を添付して市区町村長に届

け出なければならない。この届出により埋火葬の許可がおり、死亡した人の戸籍は抹消される。　→死亡診断書

死亡率　年間死亡総数を総人口で除し、1000倍したものを、人口千対の死亡率という。我が国の平成25年の数値は10.1。　→年齢調整死亡率

しみ抜き　洗濯やドライクリーニングで除去されない局部的な汚れをしみといい、このしみを溶剤や薬剤などにより溶解・分解して除去することをしみ抜きという。水・有機溶剤・洗剤・漂白剤・酸・アルカリ・酵素などをしみや布地の性質に応じて使い分ける。一般的には白いタオルなどの下敷き布の上に、しみのついた側を下にして置き、溶剤や薬剤などを含ませた綿棒やブラシで叩き、しみを下敷き布に移し出す。しみはついたらすぐに落とすことが大事である。しみの成分に合わせたしみ抜き剤が家庭用・携帯用として販売されているので活用したい。

視野　眼球を動かさずに見ることのできる範囲。視線を基準として眼球の光学的焦点を中心とした角度で表す。健常視野の広さは上方、内方は60°、下方70°、外方100°となっている。また色によっても異なり、緑が最も狭く、白が最も広い。視野は視野計を用いて計られる。

シャイ・ドレーガー症候群　成人（30〜60歳代）の男性に多く発症がみられる。特発性起立性低血圧とも呼ばれ、原因は不明であるが、起立性の低血圧を起こし、排尿障害が出現する。また、発汗の異常低下なども観察され、自律神経の変調もきたす。これらに、小脳症状やパーキンソン病様症状も加わる。シャイ・ドレーガー症候群は、近縁の病気であるオリーブ橋小脳萎縮症、線条体黒質変性症とまとめて「多系統萎縮症」と呼ばれ、介護保険法における特定疾病である。治療は、症状に応じて各種の薬物治療、生活指導、歩行訓練等を行う。

社会医療法人　医療法人のうち、救急医療、災害医療、へき地医療、周産期医療、小児医療（小児救急医療）等の業務を行っていること等の要件に該当するものとして、都道府県知事の認定を受けたものをいう。その収益を社会医療法人が開設する病院、診療所又は介護老人保健施設の経営に充てることを目的として、厚生労働大臣が定める業務を行うことができる（医療42条の2）。

社会・援護局　厚生労働省の内部部局。総務課、保護課、地域福祉課、福祉基盤課、援護企画課、援護課、業務課の7課と障害保健福祉部で構成されている。社会福祉法人制度、福祉事務所、共同募金会、社会福祉事業に従事する人材の確保やボランティア活動の基盤整備など、社会福祉の各分野に共通する基盤制度の企画や運営を行うとともに、生活保護制度の企画や運営、ホームレス対策、消費生活協同組合に対する指導等、社会福祉の推進のための諸施策を行っている（厚労組令11条・100条〜111条）。

社会改良〔social reform〕　資本主義制度のもとで生じる、労働問題などの社会問題を解決しようとすること。具体的には、労働者の貧困に対して、経済機構、社会体制の一部を修正することで救済に当たること等を指す。　→社会踏査

社会活動法〔social action〕　社会福祉の改善を目指して、社会活動を組織化することで関係各方面に圧力をかけたり、行政機関に直接的に働きかける等の行為を指す。間接援助技術の一方法として分類され、地域援助技術との関連は深く、地域社会での社会活動は地域援助活動を促進するための重要な方法といえる。　→間接援助技術

社会教育　学校教育による教育活動ではなく、主として青少年及び成人に対して行われる組織的な教育活動（体育及びレクリエーションを含む）をいう。小、中学校の児童、生徒に対する社会教育（少年教育）、両親に対する児童の育成に関する教育（家庭教育）、放送大学、大学公開講座などの成人教育、生涯教育、老人大学等も社会教育の一環である。　→生涯学習

社会恐怖　恐怖症性不安障害の一つ。人前で

話をする、人のいるところで食事をするといった社会的に多少とも緊張する場合に対して強度の恐怖を抱くこと。

社会権 経済的に貧しいなど社会的弱者の救済を目的とするもので、自由権とは逆に国家に一定の介入を求める基本的人権である。日本国憲法においては、生存権（第25条）、教育を受ける権利（第26条）、勤労の権利（第27条）、労働基本権（第28条）が規定されている。　→自由権

社会事業 貧困者、病人、青少年犯罪者等を救済、指導、教化して、健全な社会を形成しようとする事業のこと。慈善事業という言葉に代わり、1920年代以降から使われはじめた。慈善事業との概念上の違いは、社会事業が国家や公私の団体など、組織化された社会的基盤のもとに行われる点である。第二次世界大戦以降、社会福祉という言葉が普及・一般化している。→社会福祉

社会資源〔social resources〕　福祉ニーズを充足するために活用される施設・機関、個人・集団、資金、法律、知識、技能等の総称。

社会集団〔social group〕　相互に関わりをもち、社会関係を形成している集団のこと。構成要件としては、複数の構成員からなり、目標・関心が共通であり、役割分担がされていて構成員間に連帯感があること等が挙げられる。集団援助技術は、社会集団のこのような相互関係を有効に活用する。

社会診断 友愛訪問に熱心に取り組んだリッチモンド, M.は、これまで個人の人格の問題にされがちだった貧困の社会性に気づき、個人のみならず、個人をめぐる環境に注目し、救済計画のための徹底した調査・分析・診断の必要性を主張し、その方法を「社会診断」としてまとめている。リッチモンドは「社会診断」を「ある特定のクライエントの社会的状況とパーソナリティをできる限り明確に理解していくための試み」と定義している。　→リッチモンド, M.

社会生活評価尺度 障害者の障害の程度、日常生活活動、自己管理、対人関係等の社会生活能力、労働自立の程度等、社会復帰に必要な基本能力の習得の度合いを総合的に評価する際の目安。特に定まったものではなくさまざまな試案が作られているが、リハビリテーション計画を立てる際に有意義なものである。

社会生活力〔social functioning ability ; SFA〕社会リハビリテーションの目的である社会生活力は social functioning ability（SFA）の訳語であり、障害のある者が地域社会の中で利用できる社会資源を積極的に活用し、主体的に生活を切り開き、社会参加し、障害のある者に対する周りの人々の意識をも変えていくような力を意味する。社会生活力を高めるためには、自分の障害を正しく理解し、障害を前向きにとらえ、健康管理、時間・金銭管理、家庭管理、安全・危機管理などが自分ででき、地域活動、余暇活動にも積極的に参加することを目指す、社会生活力プログラムなどを実施する。　→社会リハビリテーション

社会精神医学 精神障害の予防、成因、治療、社会復帰などに関連する社会的要因を研究する、精神医学の一分野である。家庭、学校、職場、地域、文化、産業、政治、社会などに注目して研究する。その領域として家族精神医学、地域精神医学、産業精神医学などが含まれる。

社会性の原理 社会福祉が解決しようとする問題や課題は、個人の精神内界や心身機能そのものを直接福祉援助の対象にするのではなく、これらを社会関係のなかでとらえ援助していくところに、その最大の特質がある。社会的存在としての人間の生活問題の解決は、利用者と援助者との協同作業である。社会性の原理は、利用者の主体的な努力を支援していくために、社会関係の客体的側面である生活関連施策の不備欠陥をも指摘しながら問題解決に当たることを重視する、という原則である。

社会調査 ⇨社会福祉調査法

社会手当 一般に、社会保険及び公的扶助のいずれにも分類することが困難な、中間的な性格をもった現金給付と考えられている。老齢福祉年金、児童手当等がこれに当たる。

社会適応訓練　社会適応とは、社会的に容認された方法によって、社会的環境の中で自分のニーズを満たしていくことであり、教育指導、カウンセリング、グループワークなどにおいてそのための援助が実施されている。社会適応訓練として、生活訓練、音声機能言語障害者発声訓練、家族教室などが実施されている。

社会的支援ネットワーク　⇨ソーシャル・サポート・ネットワーク

社会的障壁　社会の中にある、障害のある人を暮らしにくく、生きにくくするものや事柄のこと。社会的生活を営むうえで妨げとなる社会的な制度や慣行なども含まれる。障害者基本法第2条にも規定された。障害のある人に対する差別の禁止という観点からも、社会的障壁の除去についての配慮が求められる。

社会的促進　集団で作業を行うことによって、個人で行うよりも作業の成績が向上する現象。集団作業だけでなく、観客がいるだけでも促進がみられる場合がある。一方で、作業に対する個人の責任が問われないような場面では、集団で作業を行うと、個人で行うよりも作業の成績が低下する「社会的手抜き」が生じる場合がある。

社会的手抜き　⇨社会的促進

社会的入院　病状安定期にあって、医学的には入院治療の必要がなく、本来家庭での療養が望ましいにもかかわらず、介護者がいない等の家庭の事情によって病院に入院している、又は入院すること。

社会的不利〔handicap〕　障害のために、大多数の人々に保障されている生活水準、社会活動への参加、社会的評価などが不利となっている状態を示す。WHOは「国際障害分類（ICIDH）」（1980年）において、障害の三つのレベル（機能障害→能力障害→社会的不利）の概念を提起したが、これによれば、「社会的不利とは、機能障害や能力障害の結果として、その個人に生じた不利益であって、その個人にとって（年齢、性別、社会文化的因子からみて）正常な役割を果たすことが制限されたり妨げられたりすることである」とされた。なお、国際障害分類は2001年に国際生活機能分類に改定され、社会的不利は「参加」という肯定的表現に変更された。　→国際障害分類、機能障害、能力障害、国際生活機能分類

社会的欲求〔social needs〕　人間のもつ基本的な欲求のうち、社会的な関係をもって、所属・称賛・承認を得たいという欲求。人間はもともと社会的な存在であり、信頼のおける親しい関係の中で自分を正当に位置付け、互いに助け合って生きていくことを強く願っている。社会関係から切り離されてしまったら、たとえ生存は保障されても人間らしく生きていくことはできない。　→人格的欲求、心理的欲求、身体的欲求

社会踏査　社会改良を目的として、貧困、犯罪、スラム等を対象に行う実践的調査。具体的には、J.ハワードの監獄調査やF.イーデンの貧民労働者の調査がこれに当たる。社会踏査は社会問題の解決を目的とした点で、社会事業、社会福祉の発展と深く関わっており、特に、社会福祉調査においては、重要な位置を占めている。　→社会改良、社会福祉調査法

社会福祉〔social welfare〕　広義では、社会全体の幸福・繁栄の意味であり、歴史的には、慈善、社会事業がその先行概念といえる。時代、立場、人によってさまざまな定義づけがなされている。代表的なものとして、社会保障制度審議会の昭和25年の勧告（社会福祉とは、国家扶助の適用をうけている者、身体障害者、児童その他援護育成を要する者が自立してその能力を発揮できるよう必要な生活指導、更生補導その他の援護育成を行うこと）、憲法第25条（生存権保障の一環として社会保障、公衆衛生と区別する）等が挙げられる。近年、対象限定的な福祉から全国民を対象とする福祉という視点が一般化しつつある。　→社会事業

社会福祉運営管理〔social welfare administration〕　社会福祉を適切に展開するためにとられる方法のこと。アドミニストレーションともいう。領域は、社会福祉政策、社会福祉行政、

社会福祉施設の経営等の社会福祉活動全般に及ぶ。社会福祉を構成する要素が拡大し、複雑化・高度化したことで、より効率的に展開する理論、技術が必要となった。社会福祉運営管理はその必要性から生じたものといえる。間接援助技術の一方法として位置付けられる。　→間接援助技術

社会福祉援助活動　社会福祉制度・政策のもとで、専門的な技術・知識を有した援助者によって行われる援助活動のこと。「ソーシャルワーク」と呼ばれている用語のうち、主に援助活動に当たる部分を指す。19世紀後半、イギリスにおける慈善組織協会の活動に端を発し、その後、アメリカの慈善組織協会の推進者の一人、リッチモンド, M. によって体系化が試みられ発展していく。　→慈善組織協会、リッチモンド, M.

社会福祉援助技術　社会福祉援助活動において活用される専門的援助技術の総称。方法の違いから、直接援助技術と間接援助技術に分類される。社会福祉専門職の発達したアメリカにおいて開発、体系化が進み、日本では大正時代に個別援助技術が紹介されたのをはじめとして、第二次世界大戦後に多くの技術が紹介された。　→直接援助技術、間接援助技術

社会福祉基礎構造改革　昭和26年の社会福祉事業法制定以来大きな改正の行われていなかった社会福祉事業、社会福祉法人、措置制度など社会福祉の共通基盤制度について、増大・多様化が見込まれる国民の福祉需要に対応するための改革。中央社会福祉審議会の社会福祉構造改革分科会で平成9年11月より検討が行われ、平成10年6月に①サービスの利用者と提供者の対等な関係の確立、②個人の多様な需要への地域での総合的な支援、③幅広い需要に応える多様な主体の参入促進、④信頼と納得が得られるサービスの質と効率性の向上、⑤情報公開等による事業運営の透明性の確保、⑥増大する費用の公平且つ公正な負担、⑦住民の積極的な参加による福祉の文化の創造の基本理念、福祉サービスの利用制度化等を提言した「社会福祉基礎構造改革について（中間まとめ）」がとりまとめられた。さらに「社会福祉基礎構造改革を進めるに当たって（追加意見）」が同年12月に公表された。これらを踏まえて平成12年6月に社会福祉事業法が社会福祉法へと改正・改称され、また、身体障害者福祉法、知的障害者福祉法、児童福祉法等の改正が行われ支援費制度が導入され、その後障害者自立支援法（現・障害者総合支援法）が制定された。

社会福祉協議会　社会福祉法の規定に基づき組織される地域福祉の推進を目的とする団体。市町村を単位とする市町村社会福祉協議会（指定都市の区の場合は地区社会福祉協議会という）と、都道府県を単位とする都道府県社会福祉協議会がある。社会福祉を目的とする事業を経営する者及び社会福祉に関する活動を行う者が参加するものとされている（社福109条・110条）。

社会福祉計画法〔social welfare planning〕社会、文化、経済等、社会を構成する諸要素の変動によって多様化する福祉ニーズに対して、将来展望をもった計画をあらかじめ立てることで、その変動に対応しようとすること。ソーシャルプランニングともいう。また、そのための技術である。具体的には、保健医療と福祉サービスの連携を図るための老人福祉計画や社会福祉施設整備計画、在宅福祉供給組織計画等である。間接援助技術の一方法として位置付けられる。　→間接援助技術

社会福祉士　社会福祉士及び介護福祉士法に基づき、国家試験に合格し厚生労働大臣の免許を受けた者。社会福祉の専門的知識及び技術をもって、身体上もしくは精神上の障害があること又は環境上の理由により日常生活を営むのに支障がある者の福祉に関する相談に応じ、助言、指導、福祉サービスを提供する者又は医師その他の保健医療サービスを提供する者その他の関係者との連絡及び調整その他の援助を行う専門職である（福祉士2条）。介護保険制度においては、包括的支援事業を適切に実施するため地域包括支援センターに配置されている。　→社

会福祉士及び介護福祉士法、名称独占

社会福祉士及び介護福祉士法〔昭和62年法律30号〕　社会福祉士及び介護福祉士の資格を定めて、その業務の適正を図り、社会福祉の増進に寄与することを目的とする法律。平成19年12月には、介護・福祉ニーズの多様化・高度化に対応し、人材の確保・資質の向上を図ることが求められていたことから、定義や義務規定、資格取得の方法について改正が行われた。さらに、平成23年6月には、従来通知で実施されてきた介護職員等による喀痰吸引等の業務を法の中に位置付ける改正が行われた。介護福祉士の業務として喀痰吸引等の行為が加わるのは平成28年度からであるが、平成24年度から介護福祉士を含む介護職員等は一定の研修を受けて認定特定行為業務従事者として都道府県知事の認定を受ければ、喀痰吸引等の業務を行うことが可能となった。　→社会福祉士、介護福祉士

社会福祉事業　社会福祉を目的とする事業のうち、社会福祉法をはじめとする行政関与の仕組み（規制）の対象となる事業。具体的には、経営主体等の規制、都道府県知事等による指導監督がなされる。第一種社会福祉事業と第二種社会福祉事業に分かれる（社福2条）。　→第一種社会福祉事業、第二種社会福祉事業

社会福祉事業に従事する者の確保を図るための措置に関する基本的な指針〔平成19年厚労告289号〕　社会福祉法第89条の規定に基づく、社会福祉事業従事者の確保を図るための基本指針。人材確保のために講ずべき措置を、「労働環境の整備の推進等」「キャリアアップの仕組みの構築」「福祉・介護サービスの周知・理解」「潜在的有資格者等の参入の促進等」「多様な人材の参入・参画の促進」の五つの観点から整理するとともに、これらの措置について、経営者・関係団体等並びに国及び地方公共団体が十分な連携を図りつつそれぞれの役割を果たすことにより、従事者の処遇改善や福祉・介護サービスの社会的評価の向上等に取り組んでいくこととされている。

社会福祉事業法　⇒社会福祉法

社会福祉士国家試験　社会福祉士となるために合格しなければならない国家試験。受験資格者は、大学において文部科学・厚生労働大臣の指定する社会福祉に関する科目を修めて卒業した者等であるが、社会福祉士一般養成施設・短期養成施設等において社会福祉士として必要な知識・技能を修得した者等も受験資格を取得できることとなっており、全体では12の受験資格取得ルートがある。社会福祉士として必要な知識・技能を問われる筆記試験は毎年1回行われる（福祉士5条～7条）。

社会福祉施設　社会福祉事業を実施する施設の総称。①老人福祉法による老人福祉施設、②生活保護法による保護施設、③児童福祉法による児童福祉施設、④母子及び父子並びに寡婦福祉法による母子・父子福祉施設、⑤障害者総合支援法による障害者支援施設、⑥売春防止法による婦人保護施設などがある。

社会福祉実践　社会福祉政策に基づき制度化されたことを実際に社会福祉サービスとして供給するために、社会福祉従事者が行う援助活動や民間の人々とともに取り組む諸活動のことをいい、その実践のあり方から変革していく力も有している。　→社会福祉政策

社会福祉従事者　社会福祉の実践に携わる者をいう。社会福祉施設職員、社会福祉行政機関職員、社会福祉協議会職員、ホームヘルパー等が代表的な種別である。

社会福祉主事　社会福祉法の規定に基づき、都道府県、市及び福祉事務所を設置する町村に置かれる社会福祉に携わる専門職員。福祉事務所において、福祉六法に定める援護、育成又は更生の措置に関する事務を行う。なお、福祉事務所を設置しない町村においても、任意に置くことができる（社福18・19条）。　→福祉事務所、福祉六法

社会福祉審議会　⇒社会保障審議会

社会福祉振興・試験センター　社会福祉士及び介護福祉士法、精神保健福祉士法に基づいて厚生労働大臣が指定した、三福祉士の指定試験

機関であり、指定登録機関である。各法によって定められた国家試験の実施と資格の登録事務などを行っている（平13厚労令85、平13厚労令107）。

社会福祉政策　国、地方公共団体が社会福祉の推進のために行う施策のこと。制度によって具体的な方法が定められ、その枠組みの中で、社会福祉実践が行われる。最近の動向として、国、地方公共団体だけでなく、社会福祉に携わる諸機関・団体が社会福祉推進のために行う独自の計画も社会福祉政策として含まれる考え方が定着しつつある。　→社会福祉実践

社会福祉専門職　⇨福祉専門職

社会福祉調査法〔social work research〕　社会福祉援助技術を効果的に進めていく上で必要な情報を、科学的な方法を用いて収集・分析するために行う調査のこと。社会調査の一領域である。社会福祉援助技術においては、間接援助技術の一つとして分類される。　→センサス、社会踏査、間接援助技術

社会福祉の給付形態　社会福祉援助においては、サービス利用者のニーズに応じて適切な給付を提供するためにいくつかの給付形態がとられる。具体的には、生活財及び労務サービスによる現物給付と現金の支給等による現金給付である。これらは、目的、時間、場所、対象等の条件によりさまざまな形態をとり、単独又は併給をもって利用者のニーズに合わせて提供される。　→現物給付、現金給付

社会福祉法〔昭和26年法律45号〕　社会福祉を目的とする事業の全分野における共通的基本事項を定め、福祉サービスの利用者の利益の保護及び地域福祉の推進を図り、もって社会福祉の増進に資することを目的とする法律。社会福祉基礎構造改革により抜本的見直しが図られ、平成12年に法律名も「社会福祉事業法」から「社会福祉法」となった。全12章から成り、社会福祉事業の定義、福祉サービスの基本的理念、地方社会福祉審議会、福祉事務所、社会福祉主事、社会福祉法人、社会福祉事業、福祉サービスの適切な利用、社会福祉事業に従事する者の確保の促進、社会福祉協議会、共同募金等について定められている。

社会福祉法人　社会福祉事業を行うことを目的として社会福祉法の定めるところにより設立された法人をいう。社会福祉法人は、一般社団法人及び一般財団法人に関する法律や公益社団法人及び公益財団法人の認定等に関する法律に規定される公益法人よりも、法人設立の要件を厳しくしており、公益性が極めて高い法人であるといえる。このため、自主的な事業経営の基盤強化、透明性の確保、提供するサービスの質の向上といった観点が求められる一方、税制上の優遇措置などがとられるといった特徴がある（社福22条〜59条）。

社会福祉六法　⇨福祉六法

社会扶助　租税（公費）を主たる財源として保険の技術を用いずに給付を行う社会保障の仕組み。国や地方公共団体の施策として、国民や住民に対して現金又はサービスの提供が行われる。代表的な例として、公的扶助制度である生活保護制度や児童手当、児童扶養手当等が挙げられる。

社会復帰　⇨リハビリテーション

社会保険　保険の技術を用いて、保険料を財源として給付を行う社会保障の仕組み。国や公的な団体を保険者とし、被保険者は法律に基づく強制加入が原則である。医療保険や年金保険が代表的な例である。社会保険の種類は、対象となる保険事故（給付の原因）の種類によって、医療保険、介護保険、年金保険、雇用保険、労働者災害補償保険（労災保険）に分けられる。そのほか、対象となる被保険者の種類により被用者保険と自営業者保険に、対象とする区域・領域により職域保険と地域保険に、加入期間と保険給付期間の長短及び保険財政の形態により、短期保険と長期保険に区分される。　→社会保障

社会保険事務所　社会保険庁の地方支分部局であった地方社会保険事務局の所掌事務の一部を分掌させるために設置されていた機関。日本年金機構の平成22年1月1日スタートに伴い、

年金事務所と名称変更された。

社会保険診療報酬 診療報酬の算定方法（点数表）（平20厚労告59）に基づいて、療養の給付等の費用について、診療・調剤担当者に支払われる報酬のこと。報酬は同告示の算定表に定められ、社会保険診療報酬支払基金により審査を受け支払われる。

社会保険診療報酬支払基金 社会保険診療報酬支払基金法に基づき、健康保険法等の規定による療養の給付及びこれに相当する費用について、診療担当者から提出された診療報酬請求書を審査し、診療報酬の迅速適正な支払いを行うことを目的に設立された法人。各都道府県に1か所ずつ事務所を持つ。介護保険制度創設後は介護保険関係業務として、医療保険者からの介護給付費・地域支援事業支援納付金の徴収、市町村への介護給付費交付金・地域支援事業支援交付金の交付なども行っている（介護160条）。

社会保障 国民の生存権のもとに、最低生活を保障するための制度のこと。その範囲はさまざまなとらえ方がされており、必ずしも定まってはいない。最狭義では社会保険と公的扶助を含んだものとされている。広義には、これに加え、社会福祉、公衆衛生、医療、恩給等も含むとされることもある。　→生存権、社会保険、公的扶助

社会保障関係費 国の一般歳出における医療、年金、介護、生活保護などの社会保障分野に関する経費。生活保護費、社会福祉費、年金医療介護保険給付費、保健衛生対策費、雇用労災対策費によって構成される。

社会保障給付費 ⇨社会保障費用統計

社会保障構造改革 少子・高齢化の進展、経済基調の変化、財政状況の深刻化等を背景に社会保障制度全体の在り方の見直しが求められ、「社会保障構造改革の方向（中間まとめ）」（平成8年11月社会保障関係審議会会長会議）において示された①国民経済との調和を図りつつ、社会保障に対する国民の需要に適切に対応する、②個人の自立を支援することを基本とし、在宅サービスを重視した利用者本位の効率的な

サービス提供の仕組みをつくる、③公私の適切な役割分担を明確にしつつ、規制緩和等を進めることにより民間活力の導入を促進するという基本的方向に沿って、国民負担率を「高齢化のピーク時において50％以下」という目安を設定し、社会保障構造改革の第一歩として介護保険制度の創設、引き続き中長期的視点による医療・年金制度改革に取り組むこととしている。

社会保障審議会 厚生労働省に置かれる審議会の一つ。厚生労働大臣や各関係大臣の諮問に応じて社会保障、人口問題に関する重要事項を調査審議し関係行政機関に意見を述べるほか、医療法、児童福祉法、身体障害者福祉法、介護保険法等の規定による厚生労働大臣からの諮問に対する意見提出を行う。審議会の下には、①統計分科会、②医療分科会、③福祉文化分科会、④介護給付費分科会、⑤医療保険保険料率分科会が置かれている（厚労設7条）。

社会保障制度改革推進法〔平成24年法律64号〕　安定した財源を確保しつつ受益と負担の均衡がとれた持続可能な社会保障制度の確立を図るため、公的年金制度・医療保険制度・介護保険制度・少子化対策の4分野に係る社会保障制度改革の基本方針と、必要な事項を審議するための社会保障制度改革国民会議の設置等を規定し、社会保障制度改革を総合的かつ集中的に推進することを目的とする法律。

社会保障制度に関する勧告 社会保障制度審議会が昭和25年に行った勧告。日本国憲法に基づいて、社会保障制度の確立のため実施すべき計画を提示した。この勧告は、我が国の社会保障制度を形成する上での基盤となった。

社会保障費用統計 国立社会保障・人口問題研究所が作成する我が国における社会保障給付費を統計で示したものをいう。OECDの定義に従い、高齢、遺族、障害・業務災害・傷病、保健、家族、積極的労働市場政策、失業、住宅等の政策分野別からなる。平成24年度の社会保障費用統計のうち、高齢の割合が極めて大きい。平成24年7月の総務大臣告示による基幹統計指定に伴い、社会保障給付費から名称変更され

社会リハビリテーション〔social rehabilitation〕　国際リハビリテーション協会は、「社会リハビリテーションとは、社会生活力を高めることを目的としたプロセスである。社会生活力とは、さまざまな社会的状況の中で、自分のニーズを満たし、一人ひとりに可能な最も豊かな社会参加を実現する権利を行使する力を意味する。」と定義している。社会リハビリテーションを中心的に進める専門職はソーシャルワーカーであり、社会福祉援助技術等を援用し、社会生活力を高めるために各種のプログラムを実施する。　→社会生活力、国際リハビリテーション協会

社　協　⇨社会福祉協議会

弱　視　医学的には器質的な病変がなく、あってもそれでは説明のつかない視力の低下をいう。廃用性の弱視、ヒステリー性の弱視、先天性の弱視等がある。ある程度残存視機能が残っている者に対しては、拡大鏡等の補助具を選定し、訓練を行うサービスもある。このような訓練を行う場をロービジョン・クリニックという。

若年性認知症〔Young-onset dementia〕　18〜39歳までに発症した若年期認知症と、40〜64歳までに発症した初老期認知症を合わせた認知症の総称。原因疾患には、血管性認知症やアルツハイマー病、頭部外傷後遺症、アルコール性認知症、レビー小体病、ピック病などがある。老年期認知症と比較して若年性認知症は、男性に多くみられる。また、行動障害（BPSD）の種類として徘徊、興奮、易怒、暴力・暴言などが多い。BPSDへの対応の困難さや個別対応への人員不足などを理由にした福祉施設の受入拒否、働き盛り期の発症による家庭生活や社会生活の破綻、経済的困窮などが問題となっている。平成21年3月の厚生労働省の調査結果では、全国で3万7800人の患者がいると推計された。

若年性認知症ケア　平成20年7月に厚生労働省がまとめた「認知症の医療と生活の質を高める緊急プロジェクト」において、今後積極的に行う認知症対策として示された事業の一つ。対策の主な内容として、①若年性認知症相談コールセンターの設置、②診断後からのオーダーメイドの支援体制の形成、③若年性認知症就労支援ネットワークの構築、④介護サービスの評価（若年性認知症利用者受入加算）などがある。

煮沸消毒　沸騰水中で消毒する方法。100℃10分間の煮沸により一般の細菌は死滅するが、熱に抵抗性の強い芽胞やウイルスまでは死滅させることはできない。

斜文織　織物の三原組織の一つ。綾織ともいう。縦糸と横糸が2本又は2本以上組み合って、縦糸と横糸が交錯し合い交錯点が斜めの方向にうね（斜文線）をつくる織物である。平織に比べ交錯点が少なく、柔軟で光沢のある織物となる。隙間の少ない保温性の高い織物ができる。斜文線が右上がりになる方を表とする。デニム、サージ、ギャバジン等の生地がある。

収益事業　公益事業の対語。社会福祉法人等が、収益をあげることを目的として展開する事業。例えば、空き地を利用して駐車場を経営する事業を行い、収益をあげるといったような事業である。　↔公益事業

就学指導　障害児の入学について保護者の相談にのり、指導すること。通常は、幼児の教育機関の担当者が行うが、その担当者の能力を超える相談については、就学指導委員会で調査・審議を行う。就学指導に当たっては、子どもの実態を正確に把握するための資料収集（指導記録、心理検査、発育史、家族調査等）が重要であり、親との面接は十分納得できるまで何度でも行うという心構えが必要とされる。　→就学指導委員会

就学指導委員会　教育上特別な支援を要する児童・生徒の調査や審議を行う機関で、県単位又は市町村の教育委員会に置かれている。学識経験者、医師、児童福祉施設職員、特別支援教育担当職員等により構成されている。就学指導委員会は、幼児の教育機関や親からの相談があったり、入学前の調査により支援すべき点が発

見された児童について詳しい調査を行い、その結果に基づき就学先についての方向づけを行う。

住居機能 家庭生活を快適に営むために住宅に要求される働きのことで、①利便性（使い勝手がよく動きやすいこと）、②安全性（住宅が構造上、安全で耐久性があること）、③快適性（生理的、心理的に快適であること）、④表現性（住宅に住む家族に満足が得られ、豊かで、美しいこと）、の四つの性能をいう。家族形態や社会情勢の変化が著しい今日では、住居機能も住居の中で行われる住生活も変化している。例えば、急速な高齢化の進行により高齢者や障害者に関する施策は在宅支援重視となり、住居は今後、生活の場としてだけではなく、在宅ケアの場としての機能がさらに重要になってくる。

住居平面 住宅の全体の形、各室の大きさと形、各室の位置関係、窓や扉や出入り口の位置等を示した図で、住宅を上から見た形のものをいう。一般的には、「間取り」と呼ばれる。住宅の中では、寝る・食べる・排泄するなどの多様な生活行為が行われる。こうした行為が効率よく安全にできるように、空間の配置を検討するゾーニングと人や物の動きを考える動線計画を併せて考えることが重要である。特に、高齢者や障害者の場合は、居室とトイレ、浴室などの移動が無理なく安全に行える部屋の配置や、介助者や福祉用具の利用にかかわる動線の検討等が必要である。

自由権 自由権は精神的自由（思想及び良心の自由、信教の自由、集会・結社・表現の自由など）や経済的自由（財産の不可侵など）に分けられる。自由権は、国家権力による個人への不介入を保障する権利である。　→社会権

集合住宅 一般に複数の住宅が集合して１棟を構成する住宅をいう。左右に連続した住宅や上下に連続したアパートやマンション、昔の長屋などさまざまな形がある。住宅は、一般的に集合住宅と一戸建て（個人）住宅の２種類に大別される。一戸建ては、一つの敷地に対して一つの世帯が居住する住宅のことである。また、所有形態も異なり、個人の所有する住宅は持ち家、他人が所有する住宅を借りて居住する場合は貸家・賃貸住宅に分類される。高齢化に伴って二世帯や三世帯で同居する一戸建て住宅や、高齢者のみが居住する高齢者住宅と呼ばれる集合住宅などが増加している。また、新たな集合住宅として、入居者が集まって組合を結成し、土地の取得から設計や関係する手配等すべてを行っていくコーポラティブハウスや、独立した専用の住居と居住者が共有するスペースがあり、生活の一部を共同化したコレクティブハウスなどがある。

周産期死亡率 妊娠満22週以後の死産と生後１週間未満の早期新生児死亡を合わせたものを周産期死亡といい、出生と妊娠満22週以後の死産を合わせた数1000に対する率を周産期死亡率という。我が国の平成24年の数値は4.0。母子保健の指標として重要である。　→新生児死亡率、乳児死亡率

収支項目分類 国民生活における家計収支の実態把握等を目的とした総務省の「家計調査」において主に用いられるもので、収支項目の定義、範囲等を示したもの。「家計調査」の収支項目分類によると「家計の構造」は次のように分類されている。まず家計は、受取（収入）と支払（支出）からなる。次に受取は、実収入・実収入以外の受取・繰入金からなる。同様に支払は、実支出・実支出以外の支払・繰越金からなる。受取総額と支払総額は一致した金額となる。

収集癖（蒐集癖） ⇨異物収集

収縮期血圧 ⇨最高血圧

重症心身障害 ⇨重度・重複障害

重症心身障害児 児童福祉法に規定される障害児のうち、重度の知的障害及び重度の肢体不自由が重複している児童をいう（児福７条）。→障害児

住所地特例 介護保険や国民健康保険において、介護保険施設や病院等に入所（入院）することにより、当該施設所在地に住所を変更したと認められる被保険者については、住所変更以

前の住所地市町村の被保険者とする特例措置。介護保険では、施設が所在する市町村に高齢者が集中し、その市町村の保険給付費ひいては保険料負担が増加することで、市町村間の財政上の不均衡が生じることを防ぐために設けられた。2か所以上の住所地特例施設に入所した場合は、最初の施設に入所する前の住所地であった市町村が保険者となる（介護13条、国保116条の2）。　→居住地特例、介護保険施設

終身建物賃貸借　高齢者住まい法に規定される制度で、60歳以上の高齢者が安心して賃貸住宅に住み続けられるよう、賃借人が死亡するまで契約が存続し、死亡時に終了する建物賃貸借のこと。借地借家法の特例として設けられた。賃貸住宅はバリアフリー化が条件となっている（高住52条〜54条）。

従属人口　0歳から14歳までの年少人口と65歳以上の老年人口を合わせた人口。生産活動に従事することが可能な生産年齢人口（15歳以上65歳未満）に対応する言葉として用いられ、生産年齢人口に扶養される階層としてとらえられる。また、生産年齢人口に対する年少人口プラス老年人口の比率を「従属人口指数」という。　⇔生産年齢人口

従属人口指数　生産年齢人口（15歳以上65歳未満）に対する年少人口（0歳以上14歳）及び老年人口（65歳以上）の比率。これによって社会全体としての扶養の負担の程度がわかる。

住宅改修　一般には住宅の居室、水回り、内装などに手を入れて、より住みやすく改造すること。介護保険においては、在宅での自立生活を積極的に支援するために居宅介護住宅改修費及び介護予防住宅改修費の支給が規定されており、居宅要介護（要支援）被保険者が現に居住する住宅でその心身と住宅の状況を考慮し必要な場合、その工事費の9割が支給される。住宅改修の種類は、①手すりの取付け、②段差の解消、③滑り防止等のための床又は通路面の材料の変更、④引き戸等への扉の取替え、⑤洋式便器等への便器の取替えなど、小規模な改修とされている（介護45条・57条）。

住宅型有料老人ホーム　有料老人ホーム設置運営標準指導指針において示された有料老人ホームの一類型。生活支援等のサービスが付いた高齢者向けの居住施設であり、介護が必要となった場合、入居者自身の選択により、地域の訪問介護等の介護サービスを利用しながら居室での生活を継続することが可能な有料老人ホームをいう（平14老発0718003）。　→介護付有料老人ホーム、健康型有料老人ホーム、訪問介護

住宅性能表示制度　住宅の品質確保の促進等に関する法律に基づき、住宅性能を分かりやすく表示する制度。住宅売買時の当事者間での物件情報の共有や契約の透明・円滑化、住宅の傷み具合を把握することで、適切な維持管理や修繕・リフォームを支援することを目的としている。新築住宅の場合、①構造の安定、②火災時の安全、③劣化の軽減、④維持管理・更新への配慮、⑤温熱環境・エネルギー消費量、⑥空気環境、⑦光・視環境、⑧音環境、⑨高齢者等への配慮、⑩防犯対策の10分野（既存住宅の場合は7分野）が評価分野となる。国土交通大臣に登録された登録住宅性能評価機関が、申請に基づき性能評価を行い、評価書を交付する。評価書を取得すると地震保険の優遇を受けることもできる。

住宅内事故　住居内で起こる事故で、家庭内事故ともいう。転倒、階段からの転落、ベランダからの墜落、落下物によるもの、家具等への衝突などが挙げられている。死亡に結び付く住宅内事故の内容は、「不慮の窒息」「不慮の溺死・溺水」「転倒・転落」が多い。特に、高齢者は交通事故よりも住宅内事故による死亡率の方が高い。事故の発生場所は居間、台所、階段が多く、日常生活の場に多くの危険が潜んでいるといえる。特に、在宅で過ごす時間が長い子どもや高齢者は事故に遭う確率も高くなりやすく、住宅内事故によって骨折や寝たきりになる場合も多いため十分な安全対策・骨折予防が必要である。

住宅入居等支援事業　市町村地域生活支援事業の相談支援事業のうちの一つ。賃貸契約による一般住宅（公営住宅及び民間の賃貸住宅）へ

の入居を希望しているが、保証人がいない等の理由により入居が困難な障害者等に対し、入居に必要な調整等に係る支援を行うとともに、家主等への相談・助言を通じて障害者等の地域生活を支援することを目的とする。不動産業者への物件斡旋依頼などの入居支援、24時間の相談支援と関係機関との連絡・調整、居住支援のための関係機関によるサポート体制の調整等を行う（障総合77条、平18関発0801002）。

住宅の品質確保の促進等に関する法律〔平成11年法律81号〕　平成12年より施行。住宅を客観的に評価することで、一般住宅のバリアフリー化の普及や各種性能の品質確保と向上に貢献し、消費者が安定して住宅を取得できることを目的としている。住宅性能表示制度、住宅専門の紛争処理体制、新築住宅の瑕疵担保責任の特例の三つを柱としている。住宅性能表示制度では、高齢者等配慮対策等級を策定し、建築主に対して住宅の安全性評価を行う。

住宅扶助　生活保護法による保護の一種。借家、借間住まいをしている被保護世帯に家賃、間代、地代等を金銭給付するもので、所在地域別等に定めた基準額の範囲内で支給される。一般の基準額で満たすことができない場合には都道府県、指定都市、中核市別に厚生労働大臣が定めた特別基準が適用される。なお居住家屋が風雨などで破損して最低生活が維持できなくなった場合は、住宅維持費として家屋の補修費が支給される。また、金銭給付ができないとき又は適当でないときは、宿所提供施設を利用させる等、現物給付によって行われる（生保14条・33条）。　→生活保護の種類

集　団〔group〕　一般的には、人や動物が群れをなして集まった状態を指すが、狭義に社会集団を指す場合は、相互依存関係にある成員の集まりをいう。集団援助、グループ・セラピーといった場合の集団は後者に属する。　→社会集団

集団援助活動　社会福祉援助活動の伝統的な視点である、人間同士、またそれを取り巻く社会環境の中で起こる生活問題解決に向けて、集団関係に焦点を当てた援助活動である。歴史的には産業革命下のYMCAの地域青少年活動に見られる社会教育的運動や、セツルメント活動に見られる社会改良運動に端を発している。　→グループ・ダイナミックス

集団援助技術　社会福祉援助技術の一つで、直接援助技術に位置付けられる。生活者としての基盤の上に立って、さまざまな集団を活用して、その人の生活を充実させ、社会的機能を高める方法である。初期の定義は1935年のW.ニューステッターに見られるが、1940年代にはG.コイルやH.トレッカー、また1949年にはAAGW（アメリカグループワーク協会）の定義や、1960年代に入ってのG.コノプカの定義が我が国ではよく知られている。現在は「社会的諸目標モデル」「治療的モデル」「相互作用モデル」の三つの理論体系に基づき、実践・研究活動が行われている。

集団精神療法　集団で行う精神療法である。集団内の相互作用により、そこで生じる人格や行動の変化などを目的とする療法である。神経症や心身症などに有効である。

集団力学　⇨グループ・ダイナミックス

集団レクリエーション　レクリエーションを楽しんでいる場面を観察すると、一人で個人的に楽しんでいる場面と複数の人たちが集まって楽しんでいる場面に大別できる。後者のような場面を集団レクリエーションという。集団レクリエーションの特徴としては、「遊び心」が助長され、人間的な交流が促進されやすいという点が挙げられる。集団レクリエーションには、その場限りの「集会」や継続的な集団活動等がある。

執着（性）気質　真面目、几帳面、熱中性、責任感の強い性格をいう。下田光造によって、うつ病の病前性格として指摘されている。

重点施策実施5か年計画　平成15年度から24年度までの10年間を計画期間として実施された障害者基本計画（第2次）に基づき、重点的に実施する施策及びその達成目標等を定めたもの。前期5年間（平成15年度〜19年度）の

計画を新障害者プランといい、①疾病の予防及び治療、福祉用具の研究開発、情報バリアフリー化の推進、②地域基盤の整備、③精神障害者施策の充実などの施策に重点が置かれた。新障害者プランに続く計画として、平成19年12月25日障害者施策推進本部決定により、後期5年間（平成20年度～24年度）の新たな「重点施策実施5か年計画」が定められた。その内容は、共生社会の実現に真に寄与するため、①地域での自立生活を基本に、障害者の特性に応じた、ライフサイクルを通じた利用者本位の支援を行うこと、②ユニバーサルデザインに配慮した生活環境の整備等を推進するとともに、IT（情報通信技術）の活用等により障害者への情報提供の充実等を図ること、などに重点を置き、①啓発・広報、②生活支援、③生活環境、④教育・育成、⑤雇用・就業、⑥保健・医療、⑦情報・コミュニケーション、⑧国際協力などの分野で、120の施策項目並びに57の数値目標及びその達成期間等を定めたものである。　→障害者基本計画

柔道整復師　柔道整復師法に定められた国家試験に合格し厚生労働大臣の免許を受けた者で、捻挫、脱臼、骨折、筋、腱等軟部組織の損傷に対して施術することを業とする者。応急手当の場合を除き、脱臼又は骨折の患部に施術するには医師の同意が必要とされている。

重度障害者等包括支援　居宅介護、重度訪問介護、同行援護、行動援護、生活介護、短期入所、自立訓練、就労移行支援、就労継続支援を包括的に提供する障害者総合支援法の給付対象サービス。障害支援区分が区分6に該当する障害者（障害児は区分6に相当する心身の状態）であって、意思疎通を図ることに著しい支障があるもののうち、四肢の麻痺及び寝たきりの状態にあるもの並びに知的障害又は精神障害により行動上著しい困難を有するものを対象とし、介護給付に分類される（障総合5条9項）。

重度身体障害者　障害者の雇用の促進等に関する法律では、身体障害者のうち身体障害の程度が重い者として、重度の視覚障害、肢体の障害、聴覚障害、内部障害、重複障害等がある者と定義されており、他の法律でもこれに準じている。障害者雇用率の算定において、重度身体障害者1人は2人分としてカウントされる（障雇2条、障雇則1条・別表第1）。

重度知的障害者　障害者の雇用の促進等に関する法律では、知的障害者のうち知的障害の程度が重い者と定義されており、他の法律でもこれに準じている。障害者雇用率の算定において、重度知的障害者1人は2人分としてカウントされる（障雇2条、障雇則1条の3）。

重度・重複障害　「重度」の定義はないが、身体障害については、身体障害者障害程度等級表における1級、2級を通常意味し、知的障害については、知能指数がおおむね35以下の者、又は50以下で、かつ身体障害者障害程度等級表における1級から3級までの身体障害を合併する者であり、常時介護を要する程度の者とされている。重複障害とは、一つ以上の障害をあわせもつものである。最近は、重度障害者、重複障害者が増加しており、そのための支援施策が求められている。　→重複障害

重度訪問介護　居宅において、入浴、排せつ及び食事等の介護、調理、洗濯及び掃除等の家事並びに生活等に関する相談及び助言その他の生活全般にわたる援助を行うとともに、外出時における移動中の介護を総合的に行う障害者総合支援法の給付対象サービス。障害支援区分が区分4以上の重度の肢体不自由者、重度の知的障害、精神障害により行動上著しい困難を有する障害者であって常時介護を要する障害者を対象とする。介護給付に分類される（障総合5条3項）。

柔軟加工剤　油剤あるいは各種の界面活性剤を用いて、布地に軟らかさ、しなやかさを与える加工を柔軟加工という。加工剤には、陽イオン系界面活性剤が多く用いられている。家庭用の仕上剤は、柔軟のほか、帯電防止効果があり、濯ぎの終わった洗濯槽に適量を溶かし、洗濯物を浸して処理する。加工剤によっては、アレルギー性皮膚炎の原因になることがある。また、

水質汚染にもつながるので、多量の使用は禁物である。

十二指腸潰瘍 十二指腸の粘膜欠損で、発生原因は胃潰瘍と同様である。空腹時痛、嘔吐、下血を主症状とし、若年者に好発する点などが胃潰瘍と異なる。　→胃潰瘍、潰瘍

柔捻法 マッサージの方法の一つ。指と手掌で皮膚と筋をつかみ、少し持ち上げて圧迫し、さらに円を描いてこねるようにしながらもむ方法である。

周辺症状（認知症） 記憶障害、見当識障害などを引き起こす中核症状に対して、認知症に伴う妄想・幻覚などの精神症状や徘徊・異食などの行動障害のことをいう。　→ BPSD

終末期 疾病・老衰・事故等により、死に向かう人生最後の時期をいう。「老年期は人生の終末期である」という場合の終末期と「がん患者の終末期ケアのあり方」という場合では多少ニュアンスが異なる。前者では、人間の一生の中での最後の段階、死ぬ前の時期という意味合いで用いられている。後者では通常、「もはやいかなる治療を施しても治癒の見込みがなくなった状態で、3か月から6か月以内に死を迎えることが予想される期間」を指す。　→ターミナルケア

終末期の介護　⇨ターミナルケア

住民参加 地域社会の住民の積極的な参加・協力により社会福祉活動を推進することをいう。地域援助活動の場合、地域の住民が、地域の福祉問題を自らの手で解決しようとする性格のため、住民の積極的な参加・協力は不可欠なものであり、その開発も重要である。　→地域援助活動

住民参加型在宅福祉サービス 住民が主体となって展開する有償型在宅サービスの一形態。住民互助型、社協運営型、協同組合型等に分類される。住民参加型在宅福祉サービスの特徴としては、住民互助型を例にとると、①ボランティア活動の延長線上にあること、②地域住民による会員制の互助活動であること、③会員は低額の利用料金と報酬があること、④支援内容は日常生活全般にわたるものであること等が指摘できる。しかしながら、その形態及び活動内容は近年極めて多様化しつつある。介護保険制度の導入やNPO法人の創設によって、これらの活動はますますさかんに展開されるようになっている。

住民主体の原則 住民参加による社会福祉の推進が図られる際に、地域住民の主体的な意志が尊重されるという原則。憲法第92条、第93条では地方自治への参加が示されており、主権在民が明示されているが、住民主体の原則は地域福祉においてそれを主張したものである。昭和37年の「社会福祉協議会基本要項」で示されており、地域援助活動の原則とされている。
→地域援助活動

自由連想法 S.フロイトによって創始された精神分析療法の一つ。寝いすに寝かせ、被験者に頭に連想したことを選択せずに語らせる方法により、その深層心理を分析する。

就労移行支援 就労を希望する障害者につき、一定期間にわたり①生産活動、職場体験その他の活動の機会の提供その他の就労に必要な知識及び能力の向上のために必要な訓練、②求職活動に関する支援、③その適性に応じた職場の開拓、就職後における職場への定着のために必要な相談等の支援を行う障害者総合支援法の給付対象サービス。訓練等給付に分類される。65歳未満であって、通常の事業所に雇用されることが可能と見込まれるものを対象とし、サービスの提供期間は、あん摩マッサージ指圧師免許、はり師免許又はきゅう師免許を取得することにより就労を希望する者については3年又は5年、その他は2年とされる（障総合5条13項）。

就労継続支援 障害者総合支援法における自立支援給付の一つ。通常の事業所に雇用されることが困難な障害者につき、生産活動その他の活動機会を通じて、就労のために必要な知識や能力の向上を図る訓練等を供与する。訓練等給付に分類され、A型とB型に分かれる（障総合5条14項）。　→就労継続支援A型、就労継続

支援B型

就労継続支援A型　通常の事業所に雇用されることが困難な障害者のうち、雇用契約等に基づく就労が可能となる者につき、雇用契約を結び、就労の機会の提供及び生産活動の機会の提供、その他就労に必要な知識及び能力の向上のために必要な訓練等の支援を行う障害者総合支援法の給付対象サービス（障総合5条14項）。

就労継続支援B型　通常の事業所に雇用されることが困難な障害者のうち、雇用契約に基づく就労が困難である者に対して行う就労の機会の提供及び生産活動の機会の提供、その他就労に必要な知識及び能力の向上のために必要な訓練等の支援を行う障害者総合支援法の給付対象サービス（障総合5条14項）。

就労自立給付金　生活保護法において、被保護者の自立の助長を図るため、勤労収入の一定割合を積立てたとみなし、安定した職業に就いたこと等により保護を必要としなくなったと認めた者に一括支給される（生保55条の4）。→生活保護法

主観的情報　利用者自身の主訴や言動などのこと。自らの気持ちを本人が言葉にした場合、それは主観的情報と位置付けられる。「Aさんは、『何となく気持ちが悪い』と言った」などが、その例である。　→主訴

縮　絨　洗濯時に毛製品を強くもむと、繊維がからみ、もつれ合って縮む。この現象を縮絨という。羊毛繊維の表面はスケール（鱗片）で覆われているが、このスケールは繊維の根本から先端に向けて積み重なっているため、逆方向に並んだ繊維が擦れ合うと、もつれてからまり、そのまま固定してしまう。縮絨はフェルト化ともいい、濡れたときに起こりやすい。

宿泊型自立訓練　障害者総合支援法における自立訓練（生活訓練）のうち、居室その他の設備において家事等の日常生活能力を向上させるための支援をいう。

主　菜　日本型食生活は、一汁三菜という考え方が料理の組み合わせのもとになっている。具体的には、穀物の米が主食となり、動物性食品及び大豆製品などといったたんぱく質や脂質の主たる供給源となる料理が主菜となる。また、煮物などの野菜を中心とした料理が副菜として添えられることで、理想に近いエネルギー摂取の方法になるのが特徴である。食形態の変化により、主食、主菜の材料は変化している。

主治医　ある患者や家族の診療を長期的に担当する、かかりつけの医師のこと。また病院等では、ある患者に関し複数の医師が関与するが、その中でも診察から治療までのすべての過程で中心的に担当する医師のこともいう。　→かかりつけ医

主治医意見書　要介護認定の判定において求める、主治の医師の医学的意見を記した書類。様式は全国一律。傷病や心身の状態に関する意見、特別な医療特記事項について記載されている。本意見書は、介護認定審査会での審査・判定（二次判定）を行う際や、附帯意見を述べるに当たっての重要な資料となる。また、第2号被保険者の認定においては、要介護状態等の原因である障害が特定疾病に起因するものであるかを確認する上で、本意見書が必要となる。

樹脂加工（防しわ加工）　綿、麻、レーヨン等の織物は着用時にしわになりやすいので、防しわ性を与えるために樹脂加工を行う。樹脂加工は熱可塑性樹脂の初期縮合物を布に浸み込ませ熱処理を行うと、繊維内部で樹脂化すると同時に樹脂とセルロースの水酸基との間に橋かけを生成する。これにより繊維の弾性が高まり、防しわ性が向上する。樹脂には尿素樹脂、メラミン樹脂、エチレン尿素樹脂等が使用される。樹脂加工には加工剤の一部に、加工処理が不十分であるとホルマリンを遊離して、眼の刺激やアレルギー性皮膚炎の原因になるものもある。

朱子織　織物の三原組織の一つ。5本以上の縦糸・横糸が単位となり、縦横いずれか一方の糸が表面を長く覆い、交錯の少ない織物である。表面が滑らかで光沢があるが、浮き糸が多いので耐摩耗性に乏しく布の強さも弱い。ポリエステルサテン、シルクサテン・綸子・緞子、羊毛のドスキンなど、実用的なものよりドレッ

シーなもの、礼装用に多く用いられる。

主　訴　主たる訴え。広義のニーズは、利用者側の主訴（援助してほしいこと）、実際に困っていること、援助者が援助が必要と思うこと、の三つを含む。

手段的ＡＤＬ　⇨ＩＡＤＬ

出産扶助　生活保護法による保護の一種。施設及び居宅での分娩に必要な費用について金銭給付される。具体的には、分娩の介助、分娩前後の処置等のいわゆる助産にかかる費用や、ガーゼ等の衛生材料費である。なお施設分娩の際は、入院に要する必要最小限度の額について実費支給される（生保16条・35条、昭38厚告158)。　→生活保護の種類

出生家族　核家族は、親と子、二つの世代を含んでおり、子どもの世代からみたときこれを出生家族又は定位家族と呼び、親の世代からみたときは生殖家族と呼ぶ。子にとって親を選ぶことはできないので、出生家族への帰属は運命的なものである。出生家族は、父・母・きょうだいという構成の親子関係が基本となっている。また、子は親への依存状態から成長するに従って社会化され、独立していく。この子どもが結婚し家族（生殖家族）をもてば、生涯に二つの核家族に属することになる。　↔生殖家族

出　生　率　年間出生総数を総人口で除し、1000倍したものを、人口千対の出生率という。我が国の平成25年の数値は8.2。　→合計特殊出生率

受動喫煙　喫煙者の傍にいて煙を吸わされている状態。紙巻きタバコの喫煙と肺がん発生の危険度との関係はブリンクマン指数に示されるが、受動喫煙でも、肺がん発生の危険度は高くなる。受動喫煙の胎児への影響も考えられる。

手動車いす　電動車いすに対する語で、一般の車いすのこと。駆動のために上肢の力を用いる。　→車いす

主任介護支援専門員　介護支援専門員のうち、介護保険サービスや他の保健・医療・福祉サービスを提供する者との連絡調整、他の介護支援専門員に対する助言・指導などケアマネジメントが適切かつ円滑に提供されるために必要な業務を行う者をいう。都道府県知事が行う主任介護支援専門員研修を修了する必要がある。地域の介護支援専門員に対する支援を行うため、地域包括支援センターに1名以上配置することが定められている（介護115条の46　4項、平26老発0704第2号)。

主任介護支援専門員研修　専任の介護支援専門員として従事した期間が通算して5年（60か月）以上であるなど、介護支援専門員の業務に関し十分な知識と経験を有する介護支援専門員を対象として、介護保険サービスや他の保健・医療・福祉サービスを提供するものとの連絡調整、他の介護支援専門員に対する助言・指導などケアマネジメントが適切に提供されるために必要な業務に関する知識および技術を修得することを目的として行われる研修。ターミナルケア、業務管理、対人援助者監督指導（スーパービジョン）などの講義・演習が行われる（平26老発0704第2号)。

主任ケアマネジャー　⇨主任介護支援専門員

守秘義務　特定の業務において知りえた情報・秘密を守る義務。医師、弁護士、公務員、社会福祉士、介護福祉士などの専門職についても、それぞれの法律のなかで秘密保持義務が規定されており、専門職として守らなければならない大切な義務である。平成17年には個人情報保護法が全面施行され、個人の情報・秘密保持に対する国民の意識が高まってきた。　→秘密保持

趣　味　レクリエーション活動の一種。特に個人の好みを土台に、美的な味わいのある生活を送ろうとして行われる活動。具体的には音楽、絵画、文芸等の純粋芸術的なもの、華道、茶道、手芸等の生活芸術的なもの、旅行やスポーツ、囲碁・将棋等の娯楽的なものなど幅が広い。趣味はそれをする人の個性と結びついたものであり、生涯にわたって打ち込める趣味をもつことは生活の充実のために大切なことである。

腫　瘍　細胞や組織が従来有している調節

腫瘍　機構を逸脱し、自律性を持って過剰に発育したもの。腫瘍は良性腫瘍と悪性腫瘍（がん）に分けられるが、臨床的に重要なのは悪性腫瘍である。悪性腫瘍は無秩序で無制限な細胞分裂を繰り返し、破壊的な発育をし、転移を行い、生命を奪う。　→悪性腫瘍

受容　利用者の心情を精神的・情緒的に受け容れること。社会福祉の分野では、個別援助及び集団援助の原則の一つで、援助者が援助を行ううえで、サービス利用者の行動や態度を自らの価値観で判断して接するのではなく、そのあるがままを受け容れて問題を理解しようとする姿勢のことをいう。援助者が受容することで、利用者は自分自身に対する否定的な感情を捨て、自らの受容につながる。面接全般における技法の一つで、カウンセリングの来談者中心療法の基本的考え方ともなっている。　→来談者中心療法、バイステックの七つの原則

腫瘍遺伝子　⇨がん遺伝子

手浴　部分浴の一種。ぬるめの湯に手を入れて温めた後、石けん（洗剤）で洗い、次に湯の温度を少し高くして温める。タオルで水分をふき取り、ベビーオイルやハンドクリームで肌を整える。座位保持の可能な場合は、オーバーテーブルを利用して両手を洗ったり、ベッド上で寝具を濡らさない工夫をして身体の前部に湯の容器を置いて洗う。座位保持が不可能な場合は、横向きになって片手ずつ洗う。つめ切りは、手浴の後に行うとよい。　→足浴、部分浴

受理　援助を求めてサービスを利用しようとする者が、問題解決のために援助機関・施設を訪れて、相談等の方法により問題解決に向けての援助が開始されることをいう。個別援助の展開過程の最初の段階であり、従来、インテークと呼ばれていたものの訳である。

手話　言語・聴覚障害者のコミュニケーション手段の一つ。手の型・位置・動きの組み合わせで意味を表す。いわゆる先天性ろうの成人の思考・コミュニケーション手段として発達してきたが、中途失聴者や重度難聴者にも使用者が増えている。指文字（指で日本語音の「あ」から「ん」まで約100音を綴る方法）と組み合わせた語彙の拡充、音声言語と併用する方法などが検討されている。

手話奉仕員養成研修事業　手話奉仕員を養成研修する事業で、市町村地域生活支援事業の必須事業の一つ。手話奉仕員は、聴覚障害者等との交流活動の促進、市町村の広報活動などの支援者として期待されており、研修では日常会話程度の手話表現技術の習得を目指す（平18障発0801002）。

純音聴力検査　⇨聴力検査

循環型社会形成推進基本法〔平成12年法律110号〕　環境基本法の基本理念に基づき、循環型社会を形成するための基本的な枠組みとなる法律。循環型社会の形成に関する施策を総合的かつ計画的に推進し、現在及び将来の国民の健康で文化的な生活の確保に寄与することを目的として、基本原則や国・地方公共団体等の責務、循環型社会形成推進基本計画の策定等について定めている。この法律では「循環型社会」を、廃棄物等の発生抑制、循環資源の循環的な利用、適正な処分が確保されることによって、天然資源の消費を抑制し、環境への負荷ができる限り低減される社会と定義している。ごみ処理の優先順位（①発生抑制（リデュース）、②再使用（リユース）、③再生利用（マテリアル・リサイクル）、④熱回収（サーマル・リサイクル）、⑤適正処分）が初めて法定化された。　→環境基本法

循環気質　躁うつ気質、社交的、親切、気さく、思いやりがある等を特徴とする。E.クレッチマーの肥満型に多くみられる気質とされている。

循環器疾患　全身へ酸素、栄養素及び代謝産物を運搬する循環器に発生する疾患の総称。心臓、血管、リンパ管、リンパ節の病変を指し、生活習慣病に含まれる疾病も多い。高血圧症、虚血性心疾患、不整脈、心不全等がある。動脈硬化の予防、食事、運動、休息、睡眠等の生活習慣の見直しと調整が大切である。

准看護師　都道府県知事の免許を受けて、医

師、歯科医師又は看護師の指示を受け、療養上の世話又は診療の補助を行うことを業とする者。准看護師となるには准看護師試験に合格し免許を受けなければならない。

情意鈍麻 ⇨感情鈍麻

消　化　食物に含まれる栄養素を、体内で吸収されうるように分解しながら吸収される場所に運ぶことをいい、消化器官において消化酵素により行われる。また、消化は調理操作によっても助けられる。消化は、消化管での運動（咀嚼や胃腸の蠕動運動等）による機械的消化と消化酵素による化学的消化とがある。

昇　華　適応機制の一つ。容認されにくい要求エネルギーを、社会的・文化的に認められる行動に向けること。性的エネルギーや攻撃エネルギーが、芸術活動やスポーツ活動、宗教活動などに向けられること。　→適応機制

障　害　一般的には、何かを行うときの妨げとなることをいう。障害者福祉における「障害」とは、狭義には、身体又は精神の機能の低下・異常・喪失あるいは身体の一部の欠損など、心身の機能レベルの概念をいう。具体的には、肢体不自由、視覚障害、聴覚障害、心臓、じん臓等の内部機能の障害、知的障害、精神障害等である。　→国際障害分類、国際生活機能分類

障害一時金　⇨障害手当金

生涯学習　これまで学校中心に考えられていた学習活動を、人の一生全体に拡大した考え方。人は死ぬまで成長を続けるという視点から、幼児に始まり高齢者に至る一貫した学習を展開すること。また学校ばかりでなく、地域社会のさまざまな教育資源を活用した総合的な学習活動である。高齢社会の到来と余暇の拡大を背景に、文部科学省はじめ自治体や大学などの教育機関が生涯学習の拡充に努めている。　→社会教育

障害過大視　自分の障害を著しく過大に評価すること。特に中途障害者の場合、当初は障害によるショックが強いため、障害の局所に意識が集中するようになり、このような傾向がみられる。

障害基礎年金　国民年金法に基づく年金給付の一種。①初診日において被保険者又は被保険者であった者（日本国内に住所を有し、かつ、60歳以上65歳未満）であること、②障害認定日において障害等級1級又は2級の障害の状態にあること、③保険料の滞納期間が3分の1以上ないか、平成38年4月1日前に初診日のある障害の場合は初診日の属する月の前々月までの1年間に保険料の滞納がないこと、を要件として支給される。また、初診日が20歳未満である障害については、障害認定日以後に20歳に達したときは20歳に達した日、障害認定日が20歳に達した日後であるときはその障害認定日から支給される（国年30条～36条の4）。　→障害厚生年金

障害厚生年金　厚生年金保険法に基づく年金給付の一種。国民年金の障害基礎年金に上乗せして給付される報酬比例の年金給付。①初診日において被保険者であること、②障害認定日において障害等級1級、2級又は3級の障害の状態にあること、③保険料の滞納期間が3分の1以上ないか、直近の1年間に滞納がないこと、を要件として支給される。年金額は、標準報酬と被保険者期間に応じて計算され、2級及び3級は、平均標準報酬月額の1000分の7.125に被保険者期間の月数を乗じた額（平成15年4月以降の被保険者期間については平均標準報酬額の1000分の5.481に被保険者期間の月数を乗じた額）で、1級はその1.25倍となっている。なお、3級の障害者には障害厚生年金のみが支給される（厚年47条～54条の2）。　→障害基礎年金

障害高齢者の日常生活自立度判定基準　⇨障害老人の日常生活自立度（寝たきり度）判定基準

障害後性格　⇨障害前性格

障害児　児童福祉法においては、身体に障害のある児童、知的障害のある児童、精神に障害のある児童（発達障害児を含む）又は治療方法が確立していない疾病その他の特殊の疾病による障害の程度が継続的に日常生活又は社会生

活に相当な制限を受ける程度である児童と定義されている（児福4条）。　→児童

障害支援区分　障害福祉サービスの必要性を明らかにするため、障害者の心身の状態を総合的に表す区分。市町村がサービスの種類や量を決定する際に勘案する事項の一つで、介護給付の申請があった場合に認定が行われる。「障害支援区分に係る市町村審査会による審査及び判定の基準等に関する省令（平成26年厚生労働省令5号）」により、「区分1」から「区分6」の6区分が定められている。

障害児教育　心身障害児の教育は、心身障害児教育、治療教育、障害児教育などと呼ばれている。学校教育法上では、特別支援教育として位置づけられているが、一般的には障害児教育という名称を使うことが多い。障害児教育は、心身の障害に起因する教育上のさまざまな問題を考慮して、障害児の発達を促進するための発達教育と、知覚・認知・運動・言語などの発達の歪みや、心理・学習・行動の障害の治療指導を目指す治療教育を行う。教育の場としては、個々の障害に応じて、特別支援学校が用意され、すべての障害児について教育指導が行われることになっている。　→統合教育、特別支援教育

障害児施設　児童福祉施設のうち障害のある児童に係る知的障害児施設、知的障害児通園施設、盲ろうあ児施設、肢体不自由児施設及び重症心身障害児施設の5種類をいう。なお、障害種別等に分かれていたこれらの障害児施設については、重複障害に対応するとともに、身近な地域で支援を受けられるよう、平成24年4月より、入所による支援を行う施設は障害児入所施設に、通所による支援を行う施設は児童発達支援センターにそれぞれ一元化された（児福7条）。

障害児等療育支援事業　在宅の障害児の地域における生活を支えるため、訪問による療育指導、外来による専門的な療育相談・指導、障害児の通う保育所等の職員の療育技術の指導、療育機関に対する支援を行う。都道府県地域生活支援事業の必須事業の一つである「専門性の高い相談支援事業」の一つ（平18障発0801002）。

障害児福祉手当　特別児童扶養手当等の支給に関する法律に基づき、重度障害児に支給される手当。支給対象となる重度障害児とは、20歳未満の障害児のうち同法施行令に定める程度の重度の障害の状態にあるため、日常生活において常時の介護を必要とする者である。受給資格者の前年の所得が一定以上ある場合等は、支給制限がある。また、この手当は、在宅福祉対策としての性格から施設入所者には支給されない（特児扶2条・17条～26条）。

障害者　法における障害者の定義は、各法律の目的に照らしたものとなっている。障害者施策を推進する基本的理念とともに、施策全般について基本的事項を定めた各法の基本となる障害者基本法では、「身体障害、知的障害、精神障害（発達障害を含む）その他の心身の機能の障害がある者であって、障害及び社会的障壁により継続的に日常生活又は社会生活に相当な制限を受ける状態にあるもの」としている（障基2条）。平成23年改正時に、「社会的障壁」の概念が新たに取り入れられ、その定義を「障害がある者にとって日常生活又は社会生活を営む上で障壁となるような社会における事物、制度、慣行、観念その他一切のもの」としている。

障害者運動　障害者の処遇や待遇等について、公的施策の改善を求める障害者関係団体の運動をいう。障害者運動は、大別すれば、①当事者団体による運動、②専門家団体による運動、③市民団体による運動、の三つに分類することができるが、一般的には当事者団体による運動を指すことが多い。　→障害者団体

障害者介護給付費等不服審査会　障害者総合支援法の規定に基づき、審査請求の事件を取り扱う専門機関。都道府県知事が設置する。市町村の介護給付費等、地域相談支援給付等に係る処分に関して不服がある場合、障害者または障害児の保護者は、都道府県知事に対して審査請求を行うことができる（障総合97条・98条）。

障害者基本計画（第3次）　障害者基本法に基づき政府が策定する障害者の自立及び社会参

加の支援等のための施策の総合的かつ計画的な推進を図るための基本的な計画。地方公共団体においてもこれを基本とするとともに、当該都道府県又は当該市町村の障害者の状況等を踏まえ、都道府県障害者計画、市町村障害者計画を策定しなければならないとされている（障基11条）。平成5年に策定され、ノーマライゼーションとリハビリテーションの理念の下、障害者施策の総合的かつ効果的な推進に努めてきた（第1次）。平成15年度から平成24年度までの10年間を第2次とし、平成25年度から平成29年度までの5年間を第3次とする。この第3次障害者基本計画では、「障害の有無に関わらず、国民誰もが相互に人格と個性を尊重し支え合う共生社会の実現に向け、障害者の自立と社会参加の支援等のための施策の一層の推進を図るものとする」と、政府が取り組むべき障害者施策の基本的な方向を定めている。

障害者基本法〔昭和45年法律84号〕　障害者施策を推進する基本原則とともに、施策全般について基本的事項を定めた法律。法律の対象となる障害者を「身体障害、知的障害、精神障害（発達障害を含む）その他の心身の機能の障害がある者であって、障害及び社会的障壁により継続的に日常生活又は社会生活に相当な制限を受ける状態にあるもの」と定義している。国、地方公共団体等の責務を明らかにするとともに、医療、介護、年金、教育、療育、雇用、生活環境の整備等、障害者に関わる施策の基本となる事項を定め、障害者の自立と社会、経済、文化、その他あらゆる分野の活動への参加の促進を規定し、「完全参加と平等」を目指すことを目的としている。昭和45年に制定された心身障害者対策基本法が、障害者を取り巻く社会情勢の変化に対応したものにするため平成5年に改正され、障害者基本法となった。平成23年には、障害者の権利に関する条約の締結に向けた国内法の整備を始めとする障害者に係る制度の集中的な改革の一つとして改正され、障害の有無に関わらず人格と個性を尊重する「共生社会」を実現することが目的に掲げられたほか、障害者に対する差別禁止の観点から社会的障壁の除去について配慮されるべきこと、消費者としての障害者の保護、選挙等における投票への配慮、刑事事件等の司法手続における配慮等が新たに規定された。

障害者虐待　障害者に対して、家族を含む他者から行われる人権侵害の行為。虐待行為を防止することが、障害者の自立や社会参加にとって極めて重要であることから、平成23年に「障害者虐待の防止、障害者の養護者に対する支援等に関する法律」が制定された。この法律で定義されている虐待として、①身体的虐待、②性的虐待、③心理的虐待、④保護の放置（ネグレクト）、⑤経済的虐待がある。　⇒障害者虐待の防止、障害者の養護者に対する支援等に関する法律

障害者虐待の防止、障害者の養護者に対する支援等に関する法律〔平成23年法律79号〕障害者に対する虐待がその尊厳を害するものであり、障害者の自立及び社会参加にとって障害者虐待の防止が極めて重要であること等から、虐待の禁止、予防及び早期発見等の虐待の防止に関する国等の責務、虐待を受けた障害者に対する保護及び自立の支援のための措置、養護者に対する支援等を定めることにより、障害者の権利利益の擁護に資することを目的とする法律。通称「障害者虐待防止法」。障害者虐待の定義、養護者・障害者福祉施設従事者等・使用者による虐待の防止、学校等の虐待防止措置、市町村障害者虐待防止センター・都道府県障害者権利擁護センターの業務等について定めている。

障害者虐待防止法　⇒障害者虐待の防止、障害者の養護者に対する支援等に関する法律

障害者ケアガイドライン　市町村等が障害者の保健・福祉等のサービスを提供していく上で、ケアマネジメントの援助方法を用いる際の理念、実施体制等を明らかにし、ケアマネジメントを希望する人たちに、複合的なニーズを満たすためのサービスを的確に提供していくためのガイドライン。平成15年度からの支援費制度

の実施を前に平成14年3月に策定された。このガイドラインに基づき、障害者ケアマネジメント従事者研修会が各地で開催されるなど、障害者ケアマネジメントの浸透が図られている。

障害者ケアマネジメント　障害のある人は地域で自分らしく主体的に生活することを望んでおり、単に福祉サービスを提供するだけでなく、障害のある人のエンパワメントの視点から福祉・保健・医療・教育・就労等のさまざまなサービスを提供する必要がある。障害者ケアマネジメントはこのような観点から、どのような人生を送りたいかを本人とケアマネジャー（障害者ケアマネジメント従事者）が十分に話し合い、ケア計画を作成して、総合的なサービスを提供する方法である。障害当事者がケアマネジャーとなることも期待されている。

障害者権利条約　⇨障害者の権利に関する条約

障害者雇用納付金　障害者の雇用の促進等に関する法律に基づき、障害者の雇用に伴う経済的負担の平等化のための調整等を図り、経済的側面から障害者の雇用に関する事業主の社会連帯責任の履行を求めようとする制度。障害者雇用率以上の障害者を雇用していない事業主には、毎年度、未達成数に応じた障害者雇用納付金の納付が義務づけられている。ただし、常用雇用労働者が200人以下の事業主に対しては、当分の間、適用されないこととされている。なお、平成20年の改正により障害者雇用納付金制度の対象事業主が拡大され、平成27年4月から雇用労働者が101人以上の事業主も対象となる。障害者雇用納付金は、雇用率を達成した事業主に支給される障害者雇用調整金及び報奨金、障害者の雇用の促進のための各種助成金の支給等に要する費用に充てられる。障害者雇用納付金の徴収は、独立行政法人高齢・障害・求職者雇用支援機構が行う（障雇49条・53条〜68条・附則4条）。　→障害者雇用率制度

障害者雇用率制度　障害者の雇用の促進等に関する法律に基づき、障害者に適当な雇用の場を与えるための制度。障害者雇用率は法定雇用率とも呼ばれ、全労働者数における障害者の労働者数の割合が基準となり、5年ごとに改定される。平成25年度からは民間の事業主にあっては2.0％、国及び地方公共団体にあっては2.3％、教育委員会にあっては2.2％、特殊法人にあっては2.3％以上の障害者（身体障害者又は知的障害者）を雇用する義務を負う。この場合、重度障害者1人は障害者2人として算入される。障害者雇用率を達成していない事業主には、毎年度、未達成数に応じて障害者雇用納付金の納付を義務づけ、達成している事業主に対しては、障害者雇用調整金又は報奨金が支給される。平成18年4月から、精神保健福祉手帳の交付を受けている精神障害者を障害者雇用率の算定の対象に加えることとなった（雇用の対象ではないが、平成30年4月から対象となることとなっている）。また、平成22年7月から、身体障害者又は知的障害者である短時間労働者（週所定労働時間20時間以上30時間未満）を0.5人とカウントすることとなった（障雇38条・43条・49条・50条・53条〜68条・71条、障雇令2条・9条〜10条の2）。　→障害者雇用納付金

障害者差別解消法　⇨障害を理由とする差別の解消の推進に関する法律

障害者支援施設　障害者につき、夜間に施設入所支援を提供し、昼間には生活介護、自立訓練、就労移行支援を行う施設（障総合5条11項）。

障害者施策推進協議会　⇨障害者政策委員会

障害者施策推進本部　⇨障がい者制度改革推進本部

障害者就業・生活支援センター　障害者が職業生活における自立を図るために、就業及びこれに伴う日常生活又は社会生活上の支援を行い、障害者の職業の安定を図ることを目的として設立された一般社団法人若しくは一般財団法人、社会福祉法人、ＮＰＯ法人などで都道府県知事の指定を受けたものをいう。業務内容は、就職や職場への定着が困難な障害者からの相談に応じ必要な指導及び助言を行うこと、雇用、

福祉、教育等の関係機関との連絡調整などの援助を総合的に行うこと、職業準備訓練を受けることについてあっ旋すること、その他職業生活における自立を図るために必要な業務を行うこととされている（障雇 27 条〜 33 条）。

障害者職業センター　障害者の雇用の促進等に関する法律に基づき設置される、障害者の職業生活における自立を促進するための施設で、職業リハビリテーションに関する調査・研究や障害者職業カウンセラー・職場適応援助者の養成・研修等を行う障害者職業総合センター、障害者職業能力開発校等と連携して、広範囲の地域にわたり職業リハビリテーションサービスを提供する広域障害者職業センター及び地域に密着して職業リハビリテーションサービスを提供するために各県に設置される地域障害者職業センターの 3 種類がある（障雇 19 条〜 22 条）。

障害者自立支援法　⇨障害者の日常生活及び社会生活を総合的に支援するための法律

障害者自立生活運動　⇨自立生活運動

障害者スポーツ　これまで障害者のスポーツは、①リハビリテーションの手段として、②健康増進や社会参加意識の助長、③障害や障害者に対する国民の理解を高めること、等を目的に普及が図られてきた。これからは、スポーツが生活をより豊かにするという視点に立ち、楽しむスポーツ、スポーツ競技としてのスポーツを推進していく必要がある。また、毎年、国民体育大会（国体）に引き続き、国体開催県において全国身体障害者スポーツ大会が開催されてきたが、平成 13 年度からは、身体障害者と知的障害者が共に参加する全国障害者スポーツ大会が開催されている。

障害者政策委員会　障害者基本法に基づき、内閣総理大臣が障害者基本計画の案を作成する際に意見を聴くための機関として、内閣府に設置される機関（障基 32 条）。障害者基本計画の策定に関する調査審議・意見具申、同計画の実施状況の監視・勧告を行う。また、都道府県や市町村が各障害者計画を策定するに当たり意見を聞くための機関としては、合議制の機関が設置されている（市町村の設置は任意）（障基 36 条）。平成 23 年の改正により、中央障害者施策推進協議会、地方障害者施策推進協議会がそれぞれ改組されて設置された。

障がい者制度改革推進本部　障害者の権利に関する条約の締結に必要な国内法の整備を始めとする我が国の障害者に係る制度の集中的な改革を行い、関係行政機関相互間の緊密な連携を確保しつつ、障害者施策の総合的かつ効果的な推進を図るため、内閣に設置された組織（平成 21 年 12 月 8 日閣議決定）。内閣総理大臣を本部長とし、本部の下に設置される推進会議には障害当事者も参加する。当面 5 年間を障害者の制度に係る改革の集中期間と位置付け、改革の推進に関する総合調整、改革推進の基本的な方針の案の作成及び推進並びに法令等における「障害」の表記の在り方に関する検討等を行うこととした。平成 22 年 6 月 7 日に「第一次意見」（障害者制度改革の推進のための基本的方向）、同年 12 月 17 日に「障害者制度改革の推進のための第二次意見」を取りまとめた。

「障害者制度改革の推進のための基本的な方向について」　障がい者制度改革推進会議の「障害者制度改革の推進のための基本的な方向（第一次意見）」（平成 22 年 6 月 7 日）を最大限に尊重し、同月 29 日閣議決定された。基本的な考え方として、障害者を主体的存在として捉え、障害を理由とする差別のない社会づくりを目指し、障害の有無にかかわらず、差異と多様性を尊重する共生社会の実現を図るとしている。取り組むべき課題として、①基礎的な課題、②横断的課題、③個別の課題を述べ、横断的課題として、障害者基本法の改正、障害を理由とする差別の禁止に関する法律の制定、障害者総合福祉法（仮称）の制定が挙げられている。

障害者総合支援法　障害者の日常生活及び社会生活を総合的に支援するための法律（平成 17 年法律第 123 号）の呼称、略称。　⇨障害者の日常生活及び社会生活を総合的に支援するための法律

「障害者総合福祉法の骨格に関する総合福祉

部会の提言―新法の制定を目指して―」　障害のない市民との平等と公平、谷間や空白の解消、格差の是正など障害者自立支援法廃止後の障害者総合福祉法がめざすべき六つのポイントをかかげ、新法の骨格提言をまとめたもの。平成23年8月30日、障がい者制度改革推進会議総合福祉部会において取りまとめられた。支給決定については、障害支援区分は使わず、支援を必要とする障害者本人の意向などを最大限尊重することを基本とし、本人が求める支援に関するサービス利用計画を基に、市町村と協議調整を行い決定するとしている。また、現行の介護給付、訓練等給付、地域生活支援事業を「全国共通の仕組みで提供される支援」「地域の実情に応じて提供される支援」に整理している。

障害者団体　障害者や障害者を持つ父母達の福祉の増進のために運動等を行っている団体。障害者団体は、①障害者本人、父母等が中心となって障害種別又は病名ごとに組織されている当事者団体、②福祉施設、医療、教育、労働など障害者に係る専門家団体、③学生、主婦、労働組合員などボランティアを中心とした市民団体、の三つに分類することができる。一般的には①の当事者団体を指すことが多い。

障害者の権利宣言　1975年の国連総会で採択された、すべての障害者の権利に関する決議。障害者を「先天的か否かにかかわらず、身体的又は精神的能力の不全のために、通常の個人又は社会生活に必要なことを確保することが、自分自身では完全に又は部分的にできない人」と定義した。障害者の具体的な権利として、①年齢相応の生活を送る権利、②他の人々と同等の市民権及び政治的権利、③可能な限り自立するための施策を受ける権利、④リハビリテーション等のサービスを受ける権利、⑤経済的・社会的保障を受ける権利、職業に従事する権利、⑥経済・社会計画においてその特別なニーズが考慮される権利、⑦家族と共に生活する権利、施設で普通の生活に近い生活をする権利、⑧搾取等から保護される権利、⑨人格、財産保護の法的援助を受ける権利等が挙げられ、これらの権利の保護のための共通の基礎及び指針として使用されることを確実にするための国内的及び国際的行動を要請している。

障害者の権利に関する条約　障害者の人権及び基本的自由の完全かつ平等な享有を促進、保護し、及び確保すること並びに障害者の固有の尊厳の尊重を促進することを目的とする国際条約。平成18年12月13日、第61回国際連合総会において採択され、日本は平成19年9月28日に署名をし、平成26年1月20日に批准書を寄託、同年2月19日に効力を発生した。前文と本文50条からなり、教育、労働、社会保障など社会のあらゆる分野において、障害を理由とする差別を禁止し、障害者に他者との均等な権利を保障することを規定している。

障害者の雇用の促進等に関する法律〔昭和35年法律123号〕　身体障害者又は知的障害者がその能力に適合する職業に就くこと等を通じて、その職業生活において自立することを促進するための措置を総合的に講じ、障害者の職業の安定を図ることを目的とする法律。公共職業安定所、障害者職業センター、障害者就業・生活支援センター等における職業リハビリテーションの推進、障害者雇用率制度等に基づく雇用の促進等について定めている。平成17年の改正により、平成18年4月から精神障害者保健福祉手帳の交付を受けた精神障害者を障害者雇用率の算定の対象に加えることとなった（雇用の義務までは課されていない）。平成20年の改正により、平成27年4月から障害者雇用納付金制度の対象事業主を拡大する改正や、平成22年7月から短時間労働者が障害者雇用率制度の対象となる改正が行われた。平成25年の改正により、平成28年4月から障害者に対する差別の禁止や事業主と障害者の紛争の解決に関する規定を新たに設ける改正や、平成30年4月から精神障害者の雇用が義務化される改正等が行われた。

障害者の十年　⇨国連・障害者の十年、国際障害者年

**障害者の日常生活及び社会生活を総合的に支

援するための法律〔平成17年法律123号〕　障害者基本法の基本的理念に基づき、障害者や障害児が基本的人権を享受する個人としての尊厳にふさわしい日常生活、社会生活を営むことができるよう必要な障害福祉サービスの給付、地域支援事業などの支援を総合的に行うことにより、障害者等の福祉の増進を図るとともに、障害の有無にかかわらず人々がお互いに人格と個性を尊重し、安心して暮らすことのできる地域社会の実現に寄与することを目的として定められた法律。平成24年6月の「地域社会における共生の実現に向けて新たな障害保健福祉施策を講ずるための関係法律の整備に関する法律」により、平成25年4月に法律名が障害者自立支援法から現在の名称に変更となった。

障害者福祉　身体障害者、知的障害者、精神障害者、発達障害者を対象とする福祉施策とその実践。施策としては、障害者総合支援法、身体障害者福祉法、児童福祉法、知的障害者福祉法、精神保健福祉法、発達障害者支援法等多くの法律が関わっており、関連する行政施策も多くの省庁にまたがっている。また、「完全参加と平等」をテーマとした国際障害者年で確認されたように、障害者自身や家族の自助努力及び社会の連帯は、障害者福祉の基盤とされる。
→国際障害者年

障害者プラン～ノーマライゼーション7か年戦略～　平成7年12月に「障害者対策に関する新長期計画」の具体化を図るための重点施策実施計画として障害者対策推進本部が策定・決定したもの。平成8年度から平成14年度までの7か年計画。なお、平成15年度から実施された新たな障害者基本計画に基づき、基本計画の前期5年間で重点的に実施する施策・その達成目標が「重点施策実施5か年計画（新障害者プラン）」に掲げられた。　→重点施策実施5か年計画

障害受容　自分の身体障害を客観的かつ現実的に認知し、受け入れること。一般的には、①ショック期、②混乱期、③適応への努力期、④適応期、という受容過程が考えられるが、直線的に移行する（逆戻りしない）ものではない。また、すべての障害者が100％の受容に至るものではない。何を受容と呼ぶかによっても変わるが、健常者も含めて、すべての人は何らかの重荷を背負って人生を歩むと考えるべきである。

障害前性格　障害による性格への影響を受ける以前の性格のこと。これに対して、障害の影響を受けて、障害前の性格に変化がみられる場合の性格を障害後性格という。障害者に接した場合、それら両者の見極めが大切である。

障害手当金　厚生年金保険法に基づく保険給付の一種。共済年金では障害一時金という。障害厚生年金が支給される程度の障害に該当しない障害が残った場合に支給される一時金で、①初診日において被保険者であること、②初診日から5年を経過する日までの間のその傷病が治った日において、一定の障害の状態にあること、③保険料の滞納期間が3分の1以上ないか、直近の1年間に滞納がないこと、を支給要件とする。手当額は、平均標準報酬月額の1000分の7.125に被保険者期間の月数を乗じた額（平成15年4月以降の被保険者期間については、平均標準報酬額の1000分の5.481に被保険者期間の月数を乗じた額）の2倍の額とされている（厚年55条〜57条）。

障害等級　⇨身体障害者障害程度等級表

障害年金　国民年金法、厚生年金保険法及び国家公務員共済組合法等の年金各法に基づく障害を支給事由とする年金給付の総称。昭和61年4月から実施された年金制度の改正によって、それぞれ障害基礎年金、障害厚生年金、障害共済年金に改称された。この結果、改正前の制度による障害年金の受給者は、昭和61年4月1日前にこれらの障害年金の受給権を有していた者に限られることになり、これらの者については、従来の年金額の計算方法により算出された年金が支給される。ただし、国民年金の障害年金は障害基礎年金と同額が支給される。
→障害基礎年金、障害厚生年金、公的年金制度

障害の発生予防　障害の原因を探り、これを

予防する対策は、3歳児健康診査、1歳6か月児健康診査、早期新生児を対象とした先天性代謝異常、先天性甲状腺機能低下症(クレチン症)などのマス・スクリーニング検査など、母子保健対策を中心に進められている。

障害の三つのレベル ⇨国際障害分類、国際生活機能分類

生涯発達 従来、発達心理学の分野では乳幼児期〜児童期、青年期までを中心に扱ってきたが、中年期、老年期を含めて人の一生涯の発達を連続的なものとして捉えることの重要性が認識されつつある。生涯発達を考える場合に大切なことは、人は死ぬまで発達を続ける存在であるという視点を持つことである。特に福祉援助においては、安易にその人の能力や新たな能力獲得の可能性を見限ることなく援助を提供していくことが必要となる。

障害福祉計画 障害者総合支援法に基づき、障害福祉サービスや相談支援、地域生活支援事業の提供体制を整備し、自立支援給付及び地域生活支援事業の円滑な実施を確保するために策定される行動計画。国は基盤整備に関する基本指針を策定し、指針に即して、市町村は市町村障害福祉計画を、都道府県は都道府県障害福祉計画を策定することが義務付けられている(障総合87条〜91条)。

障害福祉サービス 障害者の福祉に寄与するサービスの総称。特に、障害者総合支援法上の定義では、居宅介護、重度訪問介護、同行援護、行動援護、療養介護、生活介護、短期入所、重度障害者等包括支援、施設入所支援、自立訓練、就労移行支援、就労継続支援、共同生活援助のサービスで構成される介護給付費等の対象サービスをいう(障総合5条1項)。

障害老人の日常生活自立度(寝たきり度)判定基準 「障害老人の日常生活自立度(寝たきり度)判定基準」作成検討会が厚生省の依頼を受けて、平成3年10月に公表した判定基準。「寝たきり」の概念については全国的に統一的な定義がなく、その把握方法についても関係者の間で個々に行われていた状況を踏まえて作成された。この基準では、障害をもつ高齢者の日常生活自立度をランクJ(生活自立)、ランクA(準寝たきり)、ランクB(寝たきり)、ランクC(重度寝たきり)に分けている(平3老健102-2)。

障害をもつアメリカ人法〔American with Disabilities Act;ADA〕 1990年7月に、アメリカ連邦議会で制定された法律。心身に障害をもつ人たちの「社会に参加する権利」を保障するとともに、障害者に対する差別を禁止したもので、雇用の機会均等の保障、公共交通機関における障害者の利用に対する配慮の保障(車両改造)、公共施設やサービスにおける障害者の利用に対する配慮の保障などをその主な内容としている。

障害を理由とする差別の解消の推進に関する法律〔平成25年法律65号〕 障害者基本法の基本的な理念にのっとり、障害を理由とする差別の解消の推進に関する基本的な事項、行政機関等及び事業者における障害を理由とする差別を解消するための措置等を定めることにより、障害を理由とする差別の解消を推進し、すべての国民が、相互に人格と個性を尊重し合いながら共生する社会の実現に資することを目的とする法律。措置として、行政機関等及び事業者による①差別的取り扱いの禁止、②社会的障壁の除去の実施についての合理的配慮が規定されている(障差別7〜13条)。支援措置として、①国及び地方公共団体による相談及び紛争の防止・解決、②国及び地方公共団体による啓発活動、③国による情報の収集・整理・提供、④障害者差別解消支援地域協議会における関係機関等の連携が規定されている(障差別14〜20条)。 →障害者基本法

消化管ホルモン 消化管の細胞より分泌され、消化の運動や消化液の分泌などを制御する局所作用性ホルモン群。なお、脳にも同様のホルモンが存在し、神経の作用に関与している。これらをまとめて脳・消化管ホルモンと呼ぶ。

消化酵素 動物が摂取した食物を吸収し得る状態にまで分解する働きを消化といい、物理的

消化（そしゃくなど）と化学的消化がある。この化学的消化は消化液中の酵素による加水分解で、唾（液）腺、肝臓、膵臓、消化管内壁の腺（胃腺、腸腺）、腺細胞などから分泌される。消化酵素はすべて加水分解酵素で、①たんぱく質分解酵素（プロテアーゼ）、②炭水化物分解酵素（グリコシダーゼ）、③脂質分解酵素（リパーゼ）に大別される。

松果体 内分泌臓器で間脳の後ろ上方にあり、6〜7 mm、重さ0.2〜0.3 gの赤色灰白色の小さな松かさ状の小体。松果体細胞と神経膠細胞からなり、メラトニンを分泌する。メラトニンは催眠物質であり、光の影響を受け夜に多く、昼に少なく分泌する。

償還払い 福祉や医療のサービスにおいて、利用者がサービスに要する費用の全額をいったんサービス提供事業者に支払い、その後、申請により、保険者から利用者負担分を除いた額について払い戻しを受けること。介護保険制度においては、利用者負担の合計が高額になった場合の高額介護サービス費や、要介護認定の効力が生じる前に居宅サービスを利用した場合の特例居宅介護サービス費を受けるときなどにこの方式をとる。　→法定代理受領

小規模作業所 障害者の働く場として、障害者、親、職員をはじめとする関係者の共同の事業として地域の中で生まれ、運営されている作業所。障害者の地域生活において重要な役割を果たしているが、従来、無認可施設であったため公的援助は少なく、財政基盤をはじめ、施設整備、施設運営全般とも十分な内容とはいえないものが多かった。平成17年に成立した障害者自立支援法（現・障害者総合支援法）により、生活介護、就労移行支援、就労継続支援、地域活動支援センター等の事業へ移行が可能となった。

小規模生活単位型特別養護老人ホーム　⇨ユニット型特別養護老人ホーム

小規模多機能型居宅介護 介護保険の給付対象となる地域密着型サービスの一つ。中重度となっても要介護者の居宅での生活の継続を支援するため、「通い」を中心として、その心身の状況や置かれている環境などに応じて、「訪問」や短期間の「宿泊」を組み合わせて、入浴、排せつ、食事等の介護その他の日常生活上の世話及び機能訓練を行う。利用者と従業者の馴染みの関係を築きながらサービスを提供することを重視するため、登録定員は25人以下とされている。居宅要支援者に対しては、介護予防を目的とする介護予防小規模多機能型居宅介護が行われる（介護8条18項・8条の2　14項）。

小規模多機能型居宅介護事業 老人福祉法に規定する老人居宅生活支援事業の一つ。65歳以上の者であって、身体上または精神上の障害があるために日常生活を営むのに支障があるものに対して、その者の選択により居宅で、あるいはサービスの拠点に通わせまたは短期間宿泊させて、入浴、排せつ、食事等の介護、機能訓練等を供与する事業。要介護者等には介護保険法に基づく小規模多機能型居宅介護、介護予防小規模多機能型居宅介護として提供されるが、やむを得ない事由により介護保険法によるサービスを受けられない場合に措置として提供される（老福5条の2、10条の4）。

条件づけ 条件反射又は条件反応を形成すること。レスポンデント条件づけとオペラント条件づけの二つの型がある。　→条件反射、レスポンデント条件づけ、オペラント条件づけ

条件反射 本来その反応に関係がない刺激によって起こる反射のこと。生得的反射として犬は口の中に食物を入れられると唾液分泌をする。I.P.パブロフは、ベル音の提示と同時に食物を犬の口の中に入れる操作を繰り返した結果、ベル音の提示だけで唾液を分泌させることに成功した。この場合のベル音に対する唾液分泌が、条件反射あるいは条件反応と呼ばれる。
→レスポンデント条件づけ

症候性てんかん　⇨症状てんかん

猩紅熱 溶血性連鎖球菌による感染症。主に飛沫感染によるが、創口からや飲食物摂取による感染もある。高熱、咽頭痛、全身の紅色小丘疹などがみられる。小児に多い。治療にはペ

ニシリンが使われる。

錠　　剤　薬品を飲用等に適当な形状に圧縮成型した固形の薬剤。内用錠、トローチ錠、舌下錠等がある。

常在菌　主にヒトの身体に存在する微生物（細菌）のうち、多くの人に共通してみられ、病原性を示さないもののこと。

少子化　全人口に対する子どもの人口の割合が減少していく社会的現象のこと。統計的には年少人口の比率で示される。原因は出生数の減少であり、出生数についての指標は合計特殊出生率によって示されることが多い。先進国に共通の問題であり、出生数の減少の原因は社会的構造の変化による個人のライフスタイルの変化、女性の社会的役割や意識の変化等が挙げられている。少子化は将来的な生産年齢人口の減少をもたらすことから、社会的な対策が必要であり、例えば子育てに対する社会的支援等が望まれる。　→年少人口、生産年齢人口

少子・高齢化　国民生活と公衆衛生水準の向上や医学の進歩などにより、昭和22年に男性50.1歳、女性54.0歳であった平均寿命は、平成25年には男性80.21歳、女性86.61歳となった。また、合計特殊出生率（一人の女性が一生の間に産む子どもの数）は平成25年に1.43となった。このように、子どもが少なくなり高齢者が増えることを人口構造の少子・高齢化という。

上肢装具　上肢に用いられる装具。指装具、把持装具、肘装具、肩装具等さまざまな種類がある。　→装具

消臭加工　悪臭（汗臭、タバコ臭、ホルムアルデヒド、加齢臭、介護臭など）を除去するために、悪臭の原因物質と反応して分解する物質や吸着剤を繊維に付加させる加工をいう。一般に行われている方法に、特殊なマイクロカプセルに消臭剤を封入し、これを樹脂とともに繊維にコーティングするものがあり、同様な方法で香りを出す香加工も行われる。この他に、尿の臭いの原因であるアンモニア系の物質を除去するために、金属フタロシアニン誘導体や酵素を繊維に混入したり付着させる方法などもある。

症状精神病　脳以外の身体の病気が原因の精神障害をいう。感染症、代謝障害、膠原病、内分泌疾患などによって生じるもので、その症状は意識障害が中心で、基礎の病気の増悪、軽快と並行する。

症状てんかん　脳損傷によって起こるてんかんをいう。脳腫瘍、脳炎、脳挫傷、脳血管障害等がその原因となる。

常染色体異常　ヒトの染色体のうち、性染色体を除いた44個（22対）の染色体上に、数や形の異常があること。それにより、ダウン症候群、ネコ鳴き病などの先天性の発育異常や奇形などを生じる場合がある。　→ダウン症候群

情緒障害　情緒（感情、情動、気分、社会性）面での障害を意味する。自閉症のように、発達障害として生得的に情緒発達に障害をもつ場合と、登校拒否や緘黙のように後天的に心理的要因によって情緒発達に障害をもつ場合がある。実際には、さまざまな生物学的要因、心理学的要因、性格とも関連しているともいわれる。

情　動　喜び、悲しみ、恐れ、怒り、驚き、憎しみ、恍惚などの感情を伴う心の動き。

常同行動　行動障害の一つ。目的や意味がなく、同じ行動を繰り返すことをいう。アルツハイマー型認知症では、進行すると、同じ言語を反復する（常同言語）、手を叩くなど単純な動作を繰り返す（常同運動）などがみられる。また、前頭側頭型認知症では、毎日決まった時間に同じことを繰り返し行う（時刻表的生活）、毎日同じコースを歩く（周徊、常同的周遊）などがみられる。

情動失禁　⇒感情失禁

常同症　同じ言葉や運動を目的もなく持続的に繰り返すことをいう。言葉を繰り返す場合を語唱、運動を繰り返す場合を常同運動という。緊張病（統合失調症）、認知症、精神遅滞でみられる。

床頭台　病床のそばに置き、利用者の日用品を入れたり、テーブル代わりに用いたり、治

療やケアの際に物品置きとして使われたりする。引き出しや戸棚がついている。

消　毒　病原性微生物を死滅または除去して、感染の危険をなくすこと。滅菌とは違い、厳密な無菌状態をいうのではない。例えば、煮沸消毒、各種薬物消毒等の方法がある。

小児慢性特定疾患治療研究事業　小児慢性疾患のうち小児がんなど特定の疾患については、その治療が長期間にわたり、医療費の負担も高額となることからその治療法の確立と普及を図り、併せて患者家庭の医療費の負担軽減に資するため、医療費の自己負担分を補助する事業。18歳未満の児童（引き続き治療が必要であると認められる場合は20歳まで）が対象者となり、悪性新生物、慢性腎疾患、慢性呼吸器疾患、慢性心疾患など11疾患群が対象疾患として挙げられている。都道府県知事又は指定都市及び中核市の市長が疾患の治療研究を行うのに適当な医療機関を選定し委託して実施される。対象患者又はその扶養義務者の所得状況に応じた入院・外来別の自己負担がある。なお、安定的な制度として運営していくために、平成16年に本事業を児童福祉法上に位置づけ、平成26年には医療費助成制度の確立、自立支援事業の実施などの措置を講ずる法律改正が行われた（児福19条の2～19条の22）。

少　年　児童福祉法では、小学校就学の始期から、満18歳に達するまでの者を少年という。一方、少年法では20歳に満たない者を少年としている。　→乳児

小　脳　大脳の後下方にあり、こぶし位の大きさで、中脳・橋・延髄とつながっている。運動を滑らかに行えるように、全身の筋の働きを調節している。小脳に障害があると運動がぎこちなくなる。

消費期限　定められた方法で食品を保存した場合において、腐敗、変敗その他の品質の劣化に伴い安全性を欠くこととなるおそれがないと認められる期限を示す年月日をいう。開封前の状態で定められた方法により保存すれば食品衛生上の問題が生じないと認められるもの。　→賞味期限

消費者安全法〔平成21年法律50号〕　消費者の消費生活における被害を防止し、安心して安全で豊かな消費生活を営むことができる社会の実現に寄与することを目的とする法律。国及び地方公共団体の責務、内閣総理大臣が定める消費者安全の確保に関する基本的な方針、消費生活相談の実施、消費生活センターの設置、消費者被害の発生又は拡大の防止のための措置などについて定められている。　→消費者庁及び消費者委員会設置法

消費者基本法〔昭和43年法律78号〕　消費者の利益の擁護及び増進に関する総合的な施策の推進を図るために制定された法律。消費者の権利の尊重及び自立の支援その他の基本理念を定め、国や地方公共団体、事業者の責務を明らかにし、その施策の基本となる事項を定めることにより、消費生活の安定、向上を確保することを目的としている。国の施策としては、安全の確保、消費者契約の適正化、適正な計量・規格・表示の整備実施、公正自由な競争の確保、啓発活動及び教育の推進等が掲げられ、これらの施策を審議し実施を推進する事務をつかさどる消費者政策会議の設置について規定している。

消費者行政　消費者問題の発生に伴って生じる不利益や被害から消費者を守るために組織、運営される行政側の対応。我が国では昭和30年代後半から経済企画庁を中心に消費者保護行政の基礎づくりが行われ、昭和43年には消費者保護基本法（現・消費者基本法）が制定された。以後、社会の複雑化に伴い、消費者問題は複数の省庁にまたがり、縦割り行政では対応が困難となってきたことから、消費者行政を一元化する消費者庁が平成21年9月に発足した。　→消費者基本法

消費者契約法〔平成12年法律61号〕　事業者の一定の行為により消費者が誤認又は困惑した場合に、契約の申込み又はその承諾の意思表示を取り消すことを認めた法律。事業者が契約の締結について勧誘する際に、消費者に対して、

事実と異なることを告げたことにより消費者がその内容が事実であると誤認したり、消費者の勧誘場所からの退去意思にもかかわらず退去せず困惑させたりすることなどによって契約の申込み又は承諾の意思表示をしたとき、消費者はこの契約を取り消すことができるとしている。

消費者庁及び消費者委員会設置法〔平成21年法律48号〕　消費者の権利の尊重及び消費者の自立の支援を理念とし、消費者が安心して安全で豊かな消費生活を営むことができる社会の実現に向けて、消費者の利益の擁護及び増進、商品及び役務の消費者による自主的かつ合理的な選択の確保などを任務とする消費者庁と、その政策を審議する消費者委員会について定めた法律。消費者庁の所掌事務は、消費者安全法、旅行業法、割賦販売法、貸金業法、不当景品類及び不当表示防止法、食品衛生法、健康増進法、個人情報の保護に関する法律など多岐に渡る。→消費者安全法、健康増進法、個人情報の保護に関する法律

消費生活協同組合　⇨生活協同組合

消費生活センター　地方消費者行政の出先機関として、地方公共団体が消費者保護のために設置しているもの。業務内容は苦情相談、商品テスト、消費者情報の提供、講習会や展示会を通じての消費者啓発、消費者団体の活動の支援、等である。

上皮組織　体表や中空器官の表面を覆う働きや、分泌腺としての働きをもつ細胞からなる。扁平上皮（皮膚など）、立方上皮（甲状腺など）、円柱上皮（胃の内面など）、移行上皮（膀胱の内面など）に分類される。

情報の解釈（介護過程）　介護過程を展開するにあたっての段階の一つである、アセスメントのなかで行うこと。面接や記録類を通じて集められた利用者の情報は、個々バラバラなものでしかない。バラバラな情報を統合して考えるためには、一つひとつの情報が何を意味しているのかについて理解しなければならない。つまり、個々の情報を解釈するという作業が必要になる。この作業は、利用者にどのような事実があるのかを明らかにすることから始める。先入観や偏見にとらわれることなく、利用者の全体像が見えてくるまでは、見たり聞いたりしたままの、ありのままの事実を一つの情報としてとらえ、そのうえで、介護に関する知識を活用しながら情報を解釈していく。

情報の関連づけ（介護過程）　介護過程を展開するにあたっての段階の一つである、アセスメントのなかで行うこと。ある一つの情報というのは、ある事実の一部分のみを表している。その一部分の情報を解釈しながら関連性を考えて、情報同士を関連づけていく思考が大切である。関連づけとは、一つひとつの情報がどのように関係しているかを客観的に判断し、利用者を生活の主体者としてのイメージにまとめていく作業ということができる。

情報の収集（介護過程）　介護過程を展開するにあたっての段階の一つである、アセスメントのなかで行うこと。ここでいう情報とは、介護サービスを利用する本人の身体状況のみを指すのではない。介護過程においては、その人が抱える心理状態のほか、その人を取り巻く環境的な側面など、幅広い視点から情報を収集する必要がある。介護過程の第一歩は情報の収集にあるといってよく、どのような情報を、誰からどのように収集するかがカギを握る。集めた情報の量と質によって、その後の介護過程の展開が大きく左右されることとなる。

情報の統合化（介護過程）　介護過程を展開するにあたっての段階の一つである、アセスメントのなかで行うこと。利用者の情報には、麻痺があるなどのマイナス情報だけでなく、健康時には、多くの趣味があったなどプラスの情報もある。情報を多角的な視点で集めてそれらを統合し、利用者の可能性を見出し、利用者の自己実現を図るためには、何が課題であるかを明確にする重要な思考過程である。

小発作　⇨欠神発作

賞味期限　定められた方法で食品を保存した場合において、品質の保持が十分に可能である

と認められる期限を示す年月日。ただし、当該期限を超えた場合にも、ただちに衛生上の危害が生じるわけではなく、食品資源の有効活用の観点から消費者への啓発の意味も含めて規定されている。製造日からの期限がおおむね5日以上ある場合にこの表示が付される。　→消費期限

静脈　心臓に血液を運ぶ血管。組織でガス交換をしたあとの二酸化炭素の多い静脈血が、上・下大静脈に集まって心臓に還る。ただし、肺静脈は肺でガス交換した動脈血を心臓に運ぶ。静脈壁は薄く弾力性に乏しい。また、逆流を防ぐために弁がついている。　→動脈

静脈炎　静脈の炎症をいい、通常血栓を伴うことが多い。静脈炎が一次的な場合を血栓性静脈炎というが、静脈の炎症と血栓の形成は何れが一次的か不明の場合が多い。発熱、疼痛、浮腫、病変部位に圧痛のある硬い索状物等の臨床所見が見られる。

静脈血　二酸化炭素を多く含む暗赤色を呈する血液。肺静脈を除く静脈血管に流れる。暗赤色は全身に酸素を供給した後に二酸化炭素を多く含んだことによる。

静脈内注射　注射針を直接静脈内まで刺し、薬液を注入すること。速効性があり、多量の薬液を使用できる。

上腕動脈　上腕を通る動脈。腋窩動脈からの続きで下行に走り、肘から下は橈骨動脈と尺骨動脈に分かれる。心臓に近いこと等から、血圧、脈拍を測るのに用いられ、また、前腕以下の出血の場合の止血点になる。

ショートステイ　⇒短期入所生活介護、短期入所療養介護、短期入所

食育基本法〔平成17年法律63号〕　国民が健全な心身を培い、豊かな人間性をはぐくむため、食育に関する施策を総合的かつ計画的に推進すること等を目的とした法律。国及び地方公共団体は、国民運動として食育を推進するために、①家庭、学校、保育所等における食育、②地域における食生活改善のための取組、③生産者と消費者との交流や農林漁業の活性化等、について取り組むこととしている。具体的な内容については食育推進基本計画で示される。

食塩欠乏性脱水（低張性脱水）　体液中の食塩分（電解質）が過度に失われる脱水。その症状は、軽度では倦怠感、頭痛、食欲不振、中等度では嘔吐、めまい、脈拍微弱、血圧低下、重度では昏睡、ショックが挙げられる。　→水分欠乏性脱水

職業教育　一定の職業に従事するために必要な準備教育。障害者に関するものとしては、特別支援学校において行われており、例えば「あん摩、マッサージ、指圧、はり、きゅう」の技能修得、産業工芸、被服、理容などが行われている。職業能力開発促進法に基づくものとしては、障害者職業能力開発校等の公共職業能力開発施設において障害者向き訓練科が設けられている。なお、障害者福祉の分野においても一定の職業教育が行われているといえる。また、55歳以上の高年齢者の職業訓練として、公共職業能力開発施設において、園芸科、造園科、表具科等の高年齢者向き訓練科を設けている。

職業評価　障害者の職業リハビリテーションの分野においては、主として障害者職業センターの障害者職業カウンセラーによって行われる、障害者の職業能力、適性などについての評価・判定をいう。身体的・知的・職業能力的な面等から判断し、リハビリテーションの各過程において、また社会生活に入ってからもその適性の判断などを行う。

職業リハビリテーション　障害者等のリハビリテーションの過程において、職業生活への適応を相談・訓練・指導し、その人にふさわしい職に就けるよう援助する専門技術の領域をいう。具体的には、障害者職業センター、障害者職業能力開発校等において行われる。　→障害者職業センター

職業倫理　ある職業に就いている個人あるいは集団が職能としての責務を果たすために、自らの行為を律する基準であり、規範である。法律家、医師、看護師、社会福祉士、介護福祉士などは、職能集団として職業倫理を明文化した

倫理綱領などをもっている。法律に述べられている信用失墜行為の禁止や秘密保持義務はむろんのこと、利用者の人権を尊重し、無害、正義、善行の原則に基づいて自らの行為を律していく必要がある。

食（菌）作用　好中球、マクロファージ、リンパ球などが、体内の異物（病原体など）を細胞内に取り込んで処理する作用をいう。　→リンパ（液）

食事計画　⇨献立作成

食事バランスガイド　健康で豊かな食生活の実現を目的に策定された「食生活指針」を具体的な行動に結びつけるものとして、農林水産省と厚生労働省の共同により決定されたコマ型のイラストをいう。主食、副菜、主菜、牛乳・乳製品、果物の五つのグループに分けられ、1日に「何を」、「どれだけ」食べたらよいかがわかりやすく示されている。　→食生活指針

食事療法　疾病の治療の一環から、疾患の回復をより効果的にして治療の目的を果たすよう工夫された食事（治療食）を供することをいう。医師が患者の状態を総合的に判断し、食事の栄養素等の分量や形態を指示し（食事箋）、これに従い栄養士が治療食の具体化を献立計画に沿って行う。　→治療食

食生活指針　国民の健康の増進、生活の質の向上及び食料の安定供給の確保を図るために、平成12年3月に当時の農林水産省、厚生省、文部省が共同して策定した指針。「食事を楽しみましょう」、「主食、主菜、副菜を基本に、食事のバランスを」、「ごはんなどの穀類をしっかりと」など10項目からなる。食生活指針を具体的な行動に結びつけるものとして、食事バランスガイドが策定されている（平12健医発503）。→食事バランスガイド

褥瘡（じょくそう）　長期間の臥床等により体の骨ばった部分に持続的な圧迫が加わり、血液の循環障害を生じて組織が壊死すること。褥瘡のできやすい部分は、臥床により布団に接している臀部、腰部、背部、肩、かかと等である。定期的に体位変換し、栄養状態を良好にし、皮膚を清潔に保つなどして予防に努める。　→体位変換

食中毒　保存・着色などの目的で食品に加えられる化学物質や食品に関係のある器具・包装や食品自体を体内に取り入れることにより起こる急性の健康障害のうち、伝染病、寄生虫症、栄養障害、異物、外傷などを除いたもの。食品中で増殖した細菌又はその産生した毒素を含む飲食物を摂取して起こるものと限定する場合もある。食中毒はその原因別に、細菌性食中毒、化学性食中毒、自然毒食中毒に分類されている。

食中毒の予防　食品中に増殖した細菌又はその産生した毒素を含む食品が原因となる食中毒は、高温多湿な時期（6月〜9月）に発生する件数が多い。食中毒にかかる危険性は高齢者や乳幼児など、抵抗力が低下している場合に高くなる。食中毒予防の3原則は清潔（菌をつけない）、迅速（菌を増やさない）、温度（菌を殺す）である。食材の鮮度に気をつけるとともに、まな板等の台所用品、布巾、冷蔵庫内などの衛生管理に十分配慮を行う。

食道がん　食道に発生する悪性腫瘍で、高齢の男性に多い。原発性のものと、周辺器官のがんが浸潤した続発性のものがある。誘因として、喫煙、アルコール濃度の高い酒類、熱い飲食物摂取などの習慣が考えられている。症状は、嚥下困難、嚥下時の胸痛、貧血、体重減少など。治療として、手術、放射線、抗がん剤などの療法が試みられるが、予後不良となることが多い。

触読　視覚障害者の知覚・コミュニケーション手段の一つ。点字を指先で読み取ることを一般に触読といっている。　→点字

職場適応援助者　身体障害者、知的障害者、精神障害者及び発達障害者等が職場に適応することを容易にするために援助を行う者をいう。障害者が就職を目指して実習を行っている現場や、雇用されて働いている職場に職場適応援助者（ジョブコーチ）が派遣されることによって、職業習慣の確立や同僚への障害者の特性に関する理解の促進などのきめ細かな人的支援、専門的な支援が実施され、障害者の就職及び職場定

着の促進が図られている（障雇20条、22条、平26厚労告137）。

食品安全基本法〔平成15年法律48号〕　国民の食生活を取り巻く環境の変化に的確に対応するため、食品の安全性確保についての基本理念として、国民の健康保護が最も重要であること等を明らかにするとともに、リスク分析手法を導入し、食品安全行政の統一・総合的な推進を図るための法律。この法律に基づき、厚生労働省や農林水産省などのリスク管理機関から独立してリスク評価を行う機関として、食品安全委員会が内閣府に設置された。

食品衛生法〔昭和22年法律233号〕　飲食に起因する衛生上の危害の発生を防止し、国民の健康の保護を図ることを目的とした法律。食品、添加物の安全性だけでなく、飲食という行為に関連している食器や器具、包装の安全性の確保もこの法律の規制対象としている。

食品群　日常摂取している食品を、栄養的な特性から、そのグループ（群）に分類したもの。日常生活においてだれもが簡単に栄養的な食事が取れるように考案されたもので、それぞれの国の食料や栄養の状況に応じてつくられる栄養改善の指標である。日本では、主に三色食品群、四つの食品群、六つの基礎食品といったものがあり、六つの基礎食品は厚生労働省の提唱する分類方法である。

食品交換表　栄養成分のよく似た食品ごとに分類し、一定エネルギー量や栄養素量（1単位）に相当する食品量を表にまとめたものである。主なものに「糖尿病食事療法のための食品交換表」「腎臓病食品交換表」がある。糖尿病食事療法では、食品をⅠ群～Ⅳ群、表1～表6に分類している。Ⅰ群（主に糖質を含むもの）表1は穀類、いも、糖質の多い野菜、表2は果物、Ⅱ群（主にたんぱく質を含むもの）表3は魚介、肉、卵、チーズ、表4は牛乳と乳製品、Ⅲ群（主に脂質を含むもの）表5は油脂、多脂性食品、Ⅳ群（主にビタミン、ミネラルを含むもの）表6は野菜、きのこ、海藻に分類される。食品は1単位を80キロカロリー分とし、1日の適正量を表1～表6に配分する。同じ分類の食品同士は交換することができる。

食品成分表　⇨日本食品標準成分表

食品添加物　食品衛生法では「食品の製造の過程において又は食品の加工若しくは保存の目的で、食品に添加、混和、浸潤その他の方法によって使用する物」と定義されており、食品に対し何らかの目的のために添加等するものすべてを指す。日本で許可されているものは化学的合成品と一部の天然物であり、その使用基準も規定されている。主な種類として、甘味料、着色料、保存料、増粘剤、酸化防止剤、発色剤、漂白剤、防かび剤、イーストフード、香料などがある。

食品の表示　生鮮食品は農林物資の規格化及び品質表示の適正化に関する法律（JAS法）に基づいた「生鮮食品品質表示基準」により、食品の名称と原産地の表示等が義務付けられている。加工食品は食品衛生法とJAS法に基づいた「加工食品品質表示基準」により、名称、原材料名（含有量の多い順に記載）、内容量、賞味期限、保存方法、製造業者の氏名または名称および住所の表示義務が定められている。

食品表示法〔平成25年法律70号〕　食品に関する表示について、基準の策定等をすることにより、その適正を確保し、国民の健康の保護及び増進、食品の生産や流通の円滑化、消費者の需要に即した食品生産の振興を目的とする法律。食品衛生法、農林物資の規格化及び品質表示の適正化に関する法律（JAS法）、健康増進法の食品の表示に関する規定を統合した食品表示に関する包括的かつ一元的な制度。

植物（状態の）人間　呼吸、血液循環、消化、排泄などの機能を植物性機能と呼ぶ。脳外傷や、心停止などによる脳の酸素欠乏などのため、意識が全くなく、植物性機能のみが残っている状態の患者を植物（状態の）人間と呼ぶ。植物人間が失った動物性機能とは、末梢及び中枢神経、感覚器、筋の機能を指す。脳死とは異なる状態である。　→脳死

食文化　「民族・集団・地域・時代などに

おいて共有され、それが一定の様式として習慣化され、伝承されるほどに定着した食物摂取に関する生活様式」をいう。日本型食生活では、「米、野菜、魚、ダイズを中心とした伝統的な食事パターンに、肉、乳製品、鶏卵、油脂、果物を加え、多様で栄養バランスのとれた健康的で豊かな食生活」という特徴がある。高齢者には、長い人生の中で、大切に培ってきた食文化があり、それを尊重する支援を行うことが尊厳の保持につながる場合がある。

食物アレルギー 食物に含まれるアレルゲン（主にたんぱく質）を異物として認識し、身体を防御するために、口腔粘膜や皮膚などに腫れや発疹、かゆみ、咳などのアレルギー症状が起きる。重篤な場合はアナフィラキシー・ショックという危険な状態になることがある。成人期以降の発症では、主な原因が甲殻類（えび、かに他）、小麦、果物、魚介類となり、高齢者では、呼吸器疾患をもつ場合に、症状が重篤になりやすい。厚生労働省は食品衛生法により、症状が重い7品目（卵、乳・乳製品、小麦、そば、落花生、かに、えび）の表示を義務付けると共に、20品目（あわび、オレンジ他）の表示を推奨している。

食物繊維 「植物性食品および動物性食品由来のもので人の消化酵素で消化されない食物成分」と定義される。その性質から、セルロースやリグニンなどの不溶性繊維とペクチン、グルコマンナン、アルギン酸、キトサンなどの水溶性繊維に分類される。近年、これらの食物繊維は、血中コレステロールの上昇抑制作用、大腸がんの発生低下、血糖上昇の抑制、インスリン節約作用、排便の促進などの効果があることが明らかとなっている。食物繊維は、高齢者にとって、便通の改善や生活習慣病の予防に効果がある。一日の摂取量の目安は、日本人の食事摂取基準（2015年版）で、18歳以上の男性が20g以上、女性が18g以上となっている。

食　　欲 食べたいという願望であり、また食べることにより充足感が得られる欲求をいう。食物に対する欲求が身体に現れる状態（空腹感）に並行して起こるのが普通であり、調理の匂いや視覚などの経験や条件反射によって支配されている。食欲と空腹感が必ずしも並行しない例として、食欲異常がある。食欲は脳の視床下部にある満腹中枢と摂食中枢によって調節されている。　→空腹感

助 産 師 厚生労働大臣の免許を受けて、助産又は妊婦、褥婦（出産後の女性）若しくは新生児の保健指導を行うことを業とする女子。助産師となるには助産師国家試験及び看護師国家試験に合格し免許を受けなければならない。

助 産 所 助産師が公衆又は特定多数人のためその業務をなす場所をいう。助産所は妊婦、産婦又は褥婦（出産後の女性）10人以上の入所施設を有してはならないとされている（医療2条）。　→助産師

叙 述 体 記録の文体の一つであり、客観的事実や起こったことをそのまま記述するときに用いる。介護従事者による記録の文体としては、一番多く用いられる。

女 性 性 ⇨性役割、ジェンダー

食　　塊 口腔内に食べ物を入れた後、食べ物を噛み砕き、唾液と混ぜ合わせて出来た飲み込む前の塊のこと。

ショック 急性の末梢循環不全により、全身の組織や臓器に酸素供給欠乏が生じ、細胞の代謝に障害を来した状態。出血、外傷、脱水、細菌感染などの際にみられ、心因性のものもある。全身症状としては、冷汗、皮膚蒼白、血圧低下、頻脈、不安、無感動などがある。

ショック期 障害受容の過程に一般にみられる時期の一つ。障害の発生直後の心理状態の時期。集中的医療を受けて、肉体的苦痛はあっても意識は健常時と変わらず、起こっていることに実感がない。しかし、失明宣告のような突然の大きな障害には衝撃を感じることもある。→障害受容

所得再分配 所得の格差を是正するため、租税制度や社会保障制度等を通じて、高所得者から低所得者へ所得を移転させること。厚生労働省では、社会保障制度における給付と負担、租

税制度における負担が所得の分配に与える影響を把握するために、3年に一度、所得再分配調査を実施している。

所得制限 年金、手当金等の受給者本人又はその扶養義務者の所得が一定限度を超える場合に、当該年金、手当金等の給付の停止又は制限を行うことをいう。老齢福祉年金、障害基礎年金（障害福祉年金の裁定替え、20歳前傷病によるもの）、遺族基礎年金（母子福祉年金、準母子福祉年金の裁定替えによるもの）、児童手当、児童扶養手当、特別児童扶養手当、障害児福祉手当、特別障害者手当などでは所得制限がある。

所得保障 国民が疾病・失業・災害等の原因により所得が減少したり中断するか、退職・老齢・死亡等の原因により所得が途絶えたときに、一定の生活水準を確保するために社会保険や公的扶助に基づく給付により、所得を保障することをいう。　→社会保障、社会保険、公的扶助

ジョハリの窓 1955年、ジョセフ・ルフ（Joseph Luft）とハリー・インガム（Harry Ingham）によって提唱され、二人の名を取って呼ばれている。自分自身の心全体を一つの窓枠として想定し、縦軸に「自分が知らない」「知っている」、横軸に「他人が知っている」「知らない」に二分し、①自分も他人も知っている開放部分、②自分は知らないが他人が知っている盲目部分、③自分は知っているが他人は知らない隠蔽部分、④自分も他人も知らない未知部分の四つの小窓に分けられる。

ジョブコーチ ⇒職場適応援助者

初老期うつ病 50～60歳前後に発病するうつ病をいう。若年性のものに比べ精神運動の抑制が軽く、不安、焦燥、苦悶感が強く、貧困・罪業妄想をしばしば示す。自殺の危険が大きい。病前性格は几帳面、まじめ、熱中性、責任感が強い。退行期うつ病、更年期うつ病等とも呼ばれる。　→うつ病

初老期認知症 40～64歳までに発病する、認知症を主症状とした脳萎縮を生じる器質性精神病。具体的にはアルツハイマー病及びピック病の患者がこれに該当する。介護保険制度の特定疾病の一つであり、初老期における認知症によって、要介護状態や要支援状態になった第2号被保険者は、認定を受けることができる。　→アルツハイマー病、ピック病

白子眼 遺伝的素因による先天性のメラニン色素の欠損の状態を白子症というが、その欠損部位により、眼皮膚白子症（全身白子症）、眼白子症、皮膚白子症に分類される。全身白子症は常染色体劣性、眼白子症はX染色体劣性、皮膚白子症は常染色体優性である。遺伝形成により発現症状は異なるが、眼では虹彩や網膜色素上皮、脈絡膜の色素欠損があり、斜視、強い屈折異常、黄斑部形成異常等がある。

自律 自立の前提となるもの。自立のためには、本人の自由な意思活動が保持されなければならない。自由な意思とは、精神の躍動感のことをいう。つまり自律とは、何かを目指す心の働きである。心の働きとは、何ものにも束縛されない、自由な精神の躍動感である。介護職はこの精神的自律を強め支援していくことが課題とされている。一般に自立のなかに自律を含めると考えられている。

自立 自立には、身体的自立、精神的自立、経済的自立、社会的自立などがある。社会福祉の基本理念として、個人が人として尊厳をもって、家庭や地域の中で、その人らしい自立した生活が送れるように支えることが挙げられる。障害者や高齢者を援助する際には、自立を支援することが大事である。自立した生活とは、介護等の支援を受けながらも、主体的、選択的に生きることであり、それを保障する支援方法が求められる。

私立学校教職員共済 私立学校の教職員の病気、負傷、退職、障害、死亡等に関する給付を行う制度。年金給付は長期給付と呼ばれ、退職共済年金、障害共済年金、遺族共済年金が支給される。日本私立学校振興・共済事業団が運営している。　→日本私立学校振興・共済事業団

自立訓練 障害者総合支援法においては、訓練等給付の対象として行われる必要な訓練を指す。日常生活又は社会生活を営むことができる

よう必要な訓練が行われる。自立支援給付の対象とされる。身体障害者を対象とする「機能訓練」と知的障害者及び精神障害者を対象とする「生活訓練」に分かれる（障総合5条12項）。

自立訓練（機能訓練） 身体障害を有する障害者につき、障害者支援施設若しくは障害福祉サービス事業所に通わせ、又は当該障害者の居宅を訪問して行う理学療法、作業療法その他必要なリハビリテーション、生活等に関する相談及び助言その他の必要な支援を行う障害者総合支援法の給付対象サービス。訓練等給付に分類される（障総合5条12項）。

自立訓練（生活訓練） 知的障害又は精神障害を有する障害者につき、障害者支援施設若しくはサービス事業所に通わせ、又は当該障害者の居宅を訪問して行う入浴、排せつ及び食事等に関する自立した日常生活を営むために必要な訓練、生活等に関する相談及び助言その他の必要な支援を行う障害者総合支援法の給付対象サービス。訓練等給付に分類される（障総合5条12項）。

自立支援 社会福祉サービスの基本的理念として自立支援がある。これは利用者の主体性を尊重しつつ、サービス提供者はその自立支援の側にまわるということである。なお、平成12年6月に改正された社会福祉法の第3条（福祉サービスの基本的理念）には、「福祉サービスは（中略）自立した日常生活を営むことができるように支援するものとして、良質かつ適切なものでなければならない」という規定が新たに盛り込まれている。　→自己決定

自立支援医療 障害者総合支援法に基づく制度で、障害者（児）につき、心身の障害の状態の軽減を図り、自立した日常生活又は社会生活を営むために提供される必要な医療をいう。更生医療、育成医療、精神通院医療の3種類に分かれる（障総合5条22項）。　→更生医療、育成医療、精神通院医療

自立支援給付 障害者総合支援法に基づくサービスに関する個別給付で、支給決定又は認定を受けた障害者、障害児がサービスを利用した場合、介護給付費、訓練等給付費、地域相談支援給付費、計画相談支援給付費、高額障害福祉サービス等給付費、自立支援医療費、補装具費などが支給される（障総合6条）。　→地域生活支援事業

自立支援協議会　⇨協議会

自立支援プログラム 現在の生活保護制度について、経済的な給付に加え、実施機関が組織的に被保護世帯の自立を支援する制度に転換するための具体的実施手段。生活保護制度を「最後のセーフティネット」として適切なものとするためには、①被保護世帯が抱えるさまざまな問題に的確に対処し、これを解決するための「多様な対応」、②保護の長期化を防ぎ、被保護世帯の自立を容易にするための「早期の対応」、③担当職員個人の経験や努力に依存せず、効率的で一貫した組織的取り組みを推進するための「システム的な対応」の3点を可能とし、経済的給付に加えて効果的な自立・就労支援策を実施する制度とすることが必要であるとされている。実施機関は、稼働能力を有し就労が可能な者のほか、就労経験がなく就労に自信がない者、地域社会との交流が希薄な者、引きこもり・うつ等から回復途上の者、高齢者で心身の健康が損なわれ社会とのつながりに欠ける者、多重債務者等に対して、地域の実状を踏まえてプログラムを策定し、これに基づいた支援を実施する（平17社援発0331003）。

自律神経 心臓、肺、消化器等、意志とは無関係に働く内臓や血管に分布してその働きを調節する神経。心身を活動に適した状態へと調整する交感神経と、休息に適した状態へと調整する副交感神経とから成り、この二つの神経系が互いに拮抗して全身状態の調整を行っている。
→交感神経、副交感神経

自律神経症状 自律神経、すなわち交感神経及び副交感神経の影響による症状をいう。口渇、口内乾燥症、頻脈、鼻閉、便秘、排尿障害、発汗等の症状で、向精神薬の副作用としてしばしばみられる。

自立生活〔independent living；IL〕　「自立

生活」という用語は、アメリカの概念を邦訳したもので、肉体的あるいは物理的には他人に依存しなければならない重度障害者が、自己決定に基づいて、主体的な生活を営むことを意味する。昭和57年の身体障害者福祉審議会答申では、「自立生活とは、四肢麻痺など重度の障害者が、介助者や補装具等の補助を用いながらも、心理的には解放された責任ある個人として主体的に生きることである」としている。

自立生活運動〔IL運動〕 重度の障害者が実社会の中で生活し、自らの力と意志で人間としての権利を主張し、獲得して、社会の一員として参加していこうとする運動。1970年代にアメリカで始まり、世界中の重度障害者の活動に大きな影響を与えた。

自立生活センター〔center for independent living；CIL〕 アメリカにおいて、重度の障害者が自立して生活していくために、障害者自らの互助組織として各地域の障害者が運営するもの。自立生活のためのカウンセリング、介助者の斡旋、住宅サービス、移動サービス、就労サービス等、種々のサービスを行っている。我が国においても、全国各地に自立生活センターが設立され、その全国組織として、全国自立生活センター協議会（JIL）がある。 →自立生活運動、ピア・カウンセリング

自立生活プログラム〔ILプログラム〕 重度障害者が、自己の選択によって社会の中で自立生活を営むのに必要な支援サービスのプログラムのことをいう。アメリカにおけるIL運動（自立生活運動）の中で実践されてきたもので、プログラム設計の原則として、①障害者のニーズとニーズへの対応の仕方は障害者自身が最もよく知っているということ、②ニーズを満たすのは多様なサービスを備えた総合的プログラムであること、③障害者はその居住地のコミュニティにできる限り包含されるべきであること、の三つが挙げられる。 →自立生活運動

自立的ニーズ 施設（生活施設）で対応するよりは、むしろ、自立するために部分的な援助をサービス供給主体に依存する状態をいう。具体的には在宅福祉サービスで対応するようなニーズがこれに当たる。従来は、サービス利用者が全面的に供給主体に依存する依存的ニーズ（施設福祉サービスで対応するニーズ）が中心であったが、近年は自立的ニーズへの対応が中心となってきている。またニーズを実現する側からニード・オリエンテッド・アプローチ（need oriented approach；要援護性対策）とする考え方も自立的ニーズを表している。 →非貨幣的ニード

視　　力 2点を識別する眼の能力をいう。眼がかろうじて判別できる2点が眼に対してなす角を最小視角といい、最小視角の逆数で視力を表す。視力検査の視標はランドルト環が国際的な標準で、検査距離5mで切目の視角が1分となるランドルト環を判読できれば視力1.0となる。

視力障害 眼鏡を使用しても、手術などの医療処置でも視力が回復しない状態をいう。視力障害の種類や程度は、原因となる眼疾患によりさまざまである。加齢のための水晶体の弾性変化により近点が遠くなり、手元の本などが読みにくくなる状態を老視という。水晶体の白濁をもたらす白内障の場合は、膜がかかったような、あるいはほとんど光が感じられない程の視力障害を来す。緑内障の場合は視野が狭くなり、特定の部分が見えなくなる。また、網膜剥離では、虫が飛んでいるように見えたり、目を閉じていても光を感じたりする。 →老視、白内障、網膜剥離

資力調査 ⇒ミーンズ・テスト

シルバーカー ハンドルと4か所以上に車輪を有している歩行補助用具。使用者がフレーム内に立つことが困難なため、歩行車よりも安定性に欠けてしまう。主として自立歩行が可能な高齢者を利用対象者としており、荷物などを運ぶバッグや、休息のためのいすが付いている。 →歩行車

シルバーサービス 一般的には、おおむね60歳以上の者（シルバー層）に着目して営利法人等（株式会社等）により市場機構をとおして供

給される財及びサービスをいう。具体的には、有料老人ホーム、ケア付マンション等の住居関連分野、ホームヘルプサービス、入浴サービス等の介護関連分野、床ずれ防止マット、紙おむつ、車いす等を販売・リースする介護用品等関連分野、土地担保付年金型融資等の金融関連分野、ゲートボール、高齢者向けツアー等のベターエイジング関連分野等がある。

シルバーサービス振興会 民間シルバーサービスの健全な育成・振興を目的として、昭和62年3月に設立された厚生労働省所管の公益法人。平成24年に一般社団法人へ移行。活動内容は、介護保険法に基づく介護サービス情報公表制度の円滑な運営のための事業、シルバーマーク制度の運営、シルバーサービスに関する各種の調査研究、広報・普及活動、シルバーサービス事業従事者向けの研修等を行っている。
→シルバーマーク制度

シルバー人材センター 高年齢者等の雇用の安定等に関する法律に基づき、都道府県知事が市町村（特別区を含む）に1個に限り指定する公益法人。その能力や希望に応じて臨時的・短期的な仕事を提供するほか、就業に必要な知識及び技能の付与を目的とした講習を実施する（高年41条～48条）。

シルバーハウジング・プロジェクト 高齢者の生活特性に配慮した住宅及附帯施設の供給並びに生活援助員（ライフサポートアドバイザー）により福祉サービスの提供を行う事業。事業主体は地方公共団体、地方住宅供給公社等である（平13老発114・国住備発51）。 →ライフサポートアドバイザー

シルバー110番 ⇨高齢者総合相談センター

シルバーマーク制度 一般社団法人シルバーサービス振興会が行う認定制度で、シルバーサービスを安心して利用できるように、安全性・倫理性・快適性の観点からの品質の基準を定め、この基準を満たすものについてシルバーマークが交付される。良質なシルバーサービスの提供・普及のため、訪問介護サービス、訪問入浴介護サービス、福祉用具貸与サービス、福祉用具販売サービス、在宅配食サービスについて基準が定められている。

事例研究 援助事例を詳細に調べることで、一般原則を見いだそうとする横断的な調査方法のこと。社会福祉援助においては、サービス利用者の問題や性質が、援助過程でどのように対処されたかを観察・分析することで、援助方法の一般性を研究しようとするものであり、援助の効果を測る上で従来より活用されてきた。多数の人へのアンケート調査を「薄く広く」というならば、事例研究は「狭く深く」ということができる。

事例検討 日常の介護を意識化して「事例」として取り上げ、「検討」を加えることにより、介護者の援助技術を高めようとするもの。その範域やレベルは多様であり、事例研究のように理論仮説や仮説検証の科学的手順を必要とするものではなく、日常の何気ない介護の中の驚きや気づきを検討することに独自の価値がある。
→事例研究

腎移植 ⇨腎臓移植

心因性精神障害 心理的、環境的、社会的原因で起きたと考えられる精神障害。特有なパーソナリティを背景として、それに持続的ストレスが加わり発病する神経症。急激なストレスが加わり反応を起こす心因反応などがある。

心因性精神病 ⇨心因性精神障害

腎盂炎 細菌感染が腎・腎杯に限局した炎症をいうが、腎盂炎ではほとんどの場合、腎実質に感染が波及し、腎盂腎炎に移行する。臨床症状は発熱、腰痛、膿尿が認められる。奇形、結石等の尿流障害を来す基礎疾患がある場合に起こしやすい。起炎菌は大腸菌が多く、抗生物質が有効である。

腎炎 血尿を主徴とする腎の炎症性疾患。レンサ球菌感染症に続発し、抗原抗体反応により発症する血尿、浮腫、高血圧を主徴とする急性糸球体腎炎が代表的なものである。→ネフローゼ

人格 ⇨パーソナリティ

人格障害 ⇨パーソナリティ障害

人格的欲求 人間のもつ基本的欲求の一つ。生物的な存在として生命維持を求める生理的欲求に対して、人間らしく生きることを願う精神的な欲求である。その内容は、人間としてのふれあいや愛情を求める社会的欲求や、真実を求め知識や技術を学ぼうとする知的欲求に分けることができる。　→生理的欲求、社会的欲求、身体的欲求

人格変化 健全な人格が、病気等により精神機能に変化が起こり、低レベルに変化することをいう。統合失調症での感情や意欲の障害からの人格変化、脳器質疾患による人格変化等がある。

新型インフルエンザ 新たに人から人に伝染する能力を有することとなったウイルスを病原体とするインフルエンザであって、一般に国民が当該感染症に対する免疫を獲得していないことから、全国的かつ急速なまん延により国民の生命及び健康に重大な影響を与えるおそれがあると認められるものをいう（感染6条）。

新型インフルエンザ等感染症 ⇨新型インフルエンザ、再興型インフルエンザ

新感染症 人から人に伝染すると認められる疾病であって、既に知られている感染症とその病状又は治療の結果が明らかに異なり、罹患した場合の病状が重篤であり、まん延により国民の生命及び健康に与える影響が重大であると判断された感染症。都道府県知事が厚生労働大臣の技術的指導及び助言を受け、検体の採取、入院、健康診断、消毒等の措置を行う（感染6条・44条の7～53条）。

心気症 神経症の一つ。心気障害ともいう。客観的徴候がほとんどないにもかかわらず、身体の特定部位について特別な注意を向けて過度に心配し、執拗に訴えるような状態をいう。頭痛、めまい、イライラ、胃腸不快感、疲れやすいなどの心身の不調を強く感じ、執拗に訴える。

腎機能障害 腎臓における尿の生成が障害されること。尿量の減少、むくみ、倦怠感などのほか、障害が進むと尿毒症になり、体内に有害な代謝産物が蓄積し、生命の危険がある。治療には食事療法や人工腎（透析）などがある。　→人工透析

心気妄想 実際は健康であるのに、自分の健康に過剰な関心をもち、病気があると確信し執拗に訴えることをいう。胃がんにかかっているとか、不治の病にかかっているとか主張し、医師が否定してもその誤った考えを訂正しない。

新救貧法 1834年にイギリス議会が、1601年のエリザベス救貧法を大改正し成立させた立法をいう。内容は、①救済水準を全国一律とする、②有能貧民の居宅保護を廃止して、救済をワークハウス収容に限定する（院外救済の禁止）、③劣等処遇の原則による、というものであった。有効な貧困対策として、公的救貧制度でなく貧困の自助解決を要求して、院外救済を廃止した。その思想的根拠はマルサスの理論に置かれている。　→エリザベス救貧法、ワークハウス、劣等処遇の原則

心筋梗塞 冠動脈の粥状硬化による閉塞や狭窄のため、冠血流の急激な減少や途絶が生じ心筋に壊死を来した状態。激しい胸痛が1時間から数時間持続する。高齢者では胸痛がないこともある。致命的な不整脈や心不全、ショックを続発することも多く、急性期の致死率は高いが、近年、CCU（冠動脈疾患集中治療病棟）が普及し、死亡率は低下した。

寝具乾燥サービス 在宅福祉サービスの一つで、特に寝たきり老人の世帯を対象とする。寝たきり老人は床ずれができやすく、寝具も不潔になりやすいため、布団の殺菌・乾燥を行うサービスとして市町村が取り組み始めている。

神経筋接合部 筋を支配する末梢神経末端が、筋肉についている部分をいう。

神経症 精神障害の中で、器質的原因がなく心理的、環境的、社会的な原因によって発症し、精神症状や身体症状を呈するものをいう。精神病や精神病質、知的障害はこの分類に含まれない。治療により治癒した場合、後遺症を残すことはまずない。特有な性格傾向を認め、疎通性、病識があり、治療意欲が高いことが特徴

である。不安神経症、強迫神経症、心気神経症、恐怖症、ヒステリーなどの類型がある。

神経障害 神経に生じた異常。分類としては、障害の部位により中枢神経性障害と末梢神経性障害、機能面からは運動神経障害と知覚神経障害、原因により炎症性、圧迫性、虚血性神経障害等に分けられる。

神経症候 病変の性質のいかんに関わらず、ある神経系に生じた病変によって生じるその神経に特有な運動麻痺、感覚障害などの症状。例えば、脊椎断面の半側の病変は、それが出血、血栓、外傷、腫瘍のいずれであっても神経症候としては病変と同側の運動麻痺、識別覚・関節覚の喪失、反対側の痛覚・温度覚の消失がみられるブラウン・セカール症候群を示す。

神経性食欲不振症 ⇨神経性無食欲症

神経性大食症 摂食障害の一つで過食症ともいう。極端なめちゃ食いをいう。いったん過食となるとそれを途中で止めることは難しく、嘔吐や腹痛を起こして過食が終わる。いらいら感、抑うつなどの精神症状を伴うことが多く家に閉じこもりがちとなる。過食症のみの場合と、過食と拒食を繰り返す場合などがある。原因は心理的なものが考えられ、母子関係が重視されている。　→摂食障害

神経性無食欲症 神経性食欲不振症ともいう。器質的疾患が認められないのに食物の摂取不能で、著しくやせるものをいう。原因として、心理的なものが重要視されているが、家庭、社会、文化的背景とも関係がある。主に思春期の女性にみられる。　→摂食障害

神経痛 特定の末梢知覚神経の走向に沿って激痛発作が起こる疼痛症候群のこと。痛みが生じたそれぞれの神経の名称で呼ばれる。坐骨神経痛、三叉神経痛、肋間神経痛が代表的なものである。特発性、すなわち原因不明のものでは、痛みは反復するものの、その持続時間は短く、他覚的所見が乏しいため、痛みの範囲や程度は本人の訴えにより把握するほかはない。症候性の場合、その原因として骨病変、帯状疱疹、腫瘍、代謝障害などが背景にあり、疼痛は持続することが多い。

神経変性疾患 中枢及び末梢神経に生じる退行性病変の総称で、神経機能が阻害あるいは破壊される。変性の例として、神経シナプス変性（神経細胞とシナプス結合する軸索が損傷を受けた後に生じる神経細胞の萎縮）、海綿状変性（劣性遺伝による幼児の致命的な脳疾患で、大脳半球で海綿状に神経線維髄鞘が失われる）等があり、パーキンソン病やALS、多発性硬化症も変性疾患の一つである。　→パーキンソン病

親　権 父母若しくは父母のどちらかが未成年の子に対して有する身分上及び財産上の監督保護を内容とする権利及び義務の総称（民法818条）。

人工甘味料 食品添加物の一種。砂糖より安価に甘味を得る場合や、糖尿病患者や肥満防止等のために糖に代わる甘味を得るために使用される。サッカリンやアミノ酸2種類を組み合わせた複合甘味料であるアスパルテームのような合成甘味料とソルビトールのような半合成甘味料がある。

人工喉頭 喉頭癌などにより喉頭を摘出した言語障害者の発声補助手段。管の途中に薄いゴム膜を張り、一端を気管口に当て呼気を送り込んでゴム膜を振動させることで音を出し、管の他端を口にくわえて構音する。ほとんど練習なしで発声できるが、明瞭さに欠け、器具を持ち歩く難がある。電気的振動を使った電気喉頭もある。障害者総合支援法の日常生活用具給付等事業により給付又は貸与される。

人工肛門 腸の疾患のため腸の一部を切除し、腸の切断端を体外に出して腹壁に固定し、便を体外に排泄するようにした人工の排泄口（ストーマ）のこと。消化器系ストーマともいわれる。腹壁に固定される腸の部位により、回腸人工肛門と結腸人工肛門、期間により、永久的人工肛門と一時的人工肛門とに分けられる。人工肛門には随意に排便を調節する機能がない。　→ストーマ、イレオストミー、コロストミー

人工呼吸 呼吸が停止している状態の人に、

人工的に呼吸運動を行わせて回復させる方法。救急処置としてはマウス・ツー・マウス法がある。その他さまざまな方法がある。準備ができればアンビュー・バッグ等の蘇生器を用いた方法が確実である。

人工呼吸器 圧力をかけて酸素を肺に送り込む医療機器のこと。人工呼吸器は、人工呼吸器本体と回路などの付属品を接続して使用する。人工呼吸器本体は、室内の空気をいったん本体に吸い込み、フィルターによりきれいにしてから体内に送り込む。人工呼吸器の電源には、通常、居宅の場合は家庭用電源を用いるが、停電時に備えた電源の確保（バッテリーなど）が必要である。

新興・再興感染症 主に1970年以降に認識された感染症を新興感染症といい、近い将来、克服されると考えられてきた感染症のうち、再び流行する傾向にある感染症を再興感染症という。新興感染症にはエボラ出血熱やウエストナイル熱、SARS、HIVなどがあり、再興感染症には結核、マラリア、コレラなどがある。

進行性筋ジストロフィー 進行性の筋脱力と筋組織の変性を主徴とする遺伝性、家族性、原発性の骨格筋変性疾患。臨床的にはデュシェンヌ型、肢帯型、顔面肩甲上腕型、眼筋型、先天型、末梢型に大別される。デュシェンヌ型が最も頻度が高く、伴性劣性遺伝で少年期までに発症し、進行性で予後は不良。

人口静態 人口の地理的分布や構造の変動等を、一定時に限定して観察したものを人口静態という。性別、年齢別、都道府県別、産業別人口等を示す。人口静態調査の代表的なものとしては、国勢調査が挙げられる。　→人口動態、国勢調査

人口統計 人口現象に関して、数量的、系統的に表したもの。静態に関するものと動態に関するものとがある。　→人口静態、人口動態

人工透析 腎不全や薬物中毒等による生体内の水・電解質異常、老廃物蓄積を人工的に是正する方法である。腹膜を利用し内部環境を正常化する腹膜透析（CAPD）と人工膜を利用する血液透析がある。

人口動態 人口の増減、人口構成の変化の状態は、出生、死亡、移住などによって常に変動するが、この変動を人口動態という。年次ごとなど一定期間内の出生、死亡のほか、乳児死亡数、新生児死亡数、死産数、周産期死亡数、婚姻、離婚などの人口の動きをみる。　→人口静態

人工膀胱（ウロストミー） 膀胱疾患で膀胱を取り除いた後、尿を体外に排泄するために、腹壁に造った人工の尿の排泄口（ストーマ）のこと。医学的には尿路変向（更）術という。尿管を腹壁に固定する尿管皮膚瘻と、回腸に尿管を接続し回腸を腹壁に固定する回腸導管とがある。人工膀胱には排尿を随意に調節する機能がない。身体障害者福祉法の適用を受け、程度により4級以上の等級となる。　→ストーマ

「新・高齢者保健福祉推進十か年戦略」（新ゴールドプラン） 平成6年12月に大蔵・厚生・自治の3大臣合意により策定された高齢者保健福祉サービス計画。全国の地方公共団体で策定された老人保健福祉計画において従来の「高齢者保健福祉推進十か年戦略（ゴールドプラン）」を上回る高齢者保健福祉サービス整備の必要性が明らかになったこと等を踏まえ、高齢者介護対策の更なる充実を図るためゴールドプランを全面的に見直し、ヘルパー数、福祉整備量などの整備目標を大幅に引き上げるとともに、今後取り組むべき高齢者介護サービス基盤の整備に関する施策の基本的枠組みを新たに策定したもの。その後、新ゴールドプランに続く新たな計画として「今後5か年間の高齢者保健福祉施策の方向（ゴールドプラン21）」が策定された。→「高齢者保健福祉推進十か年戦略」、「今後5か年間の高齢者保健福祉施策の方向」

新ゴールドプラン ⇒「新・高齢者保健福祉推進十か年戦略」

人材確保指針 ⇒社会福祉事業に従事する者の確保を図るための措置に関する基本的な指針

審査請求 行政不服審査法に基づく不服申立ての一種。行政庁の処分（不作為を含む）につ

いて、処分庁以外の行政庁に対して行われる。審査請求は、処分庁に上級行政庁があるときは原則として処分庁の直近上級行政庁に、個別の法律（条例に基づく処分については条例）に審査請求をすることができる旨の定めがあるときは法律又は条例に定める行政庁に対して行うものとされている。審査請求期間は原則として処分があったことを知った日の翌日から60日以内とされている（行審3条・5条・14条）。

心疾患 心臓の疾患は、先天性心疾患（心臓の発生段階で生じた構造上の異常、心房中隔欠損、動脈管開存症等）と後天性心疾患に大別できる。後天性心疾患は、細菌・化学物質、血液供給の減少等による損傷で、さらに分類すると次のようになる。①炎症性心疾患：心膜炎、心筋炎、リウマチ性心疾患等、②心臓弁膜症：僧帽弁狭窄症、大動脈弁閉鎖不全症等、③高血圧性心疾患：長期にわたる高血圧症による狭心症、心筋梗塞、左心室肥大、うっ血性心不全等、④虚血性心疾患：狭心症、心筋梗塞等、⑤不整脈：洞（性）頻脈、心房（性）期外収縮、心室細動等、⑥うっ血性心不全。

寝室の住環境整備 寝室は単に睡眠をとるためだけではなく、日中も快適な空間としての整備をする必要があるため、広さ、家具などの配置、室内環境への配慮が重要になる。寝室の広さは、ベッドや福祉用具（ポータブルトイレなど）の使用のほか、介護者を必要とする場合などさまざまな状況が考えられるため、利用者の状況に応じた広さの確保が必要になる。車いすを使用する場合は、ベッドへのアプローチや方向転換がスムーズに行えるように1人用で8～10畳、2人用では8～12畳が必要である。ベッド周辺には、福祉用具がスムーズに利用できる広さも確保し、ベッドの高さは、床面に足がしっかりと着く45cm程度が良い。この高さは、車いすの座面高やポータブルトイレの便座の高さと統一すると移動がスムーズに行える。寝室は、プライベートな空間であるため、日当たりや音の配慮、臭いへの配慮も検討すると良い。滞在時間の長い高齢者などは、冷暖房など

の温度・湿度の管理や、照明の配慮も必要である。

新障害者プラン ⇒重点施策実施5か年計画

身上監護 日常生活に必要な法律行為や事実行為（例えば、契約行為の支援、事務手続きや費用の支払い事務手続き）、制度の活用による生活の維持向上の支援を行うこと。この場合、単にそれらを支援するのではなく、適切な意思決定の結果であることが必要となる。特に利用者本人が判断に困った場合や、いろいろな文書、契約などの内容が複雑な場合など、適切な判断ができるような支援を行う必要がある。

寝床気候 人が就寝時、人体と寝衣、寝具類との間に形成されるミクロな環境内の温度、湿度の状態をいう。快適な睡眠が確保される人体と寝衣が接する寝床内空気層は、ほぼ一定の温度32～34℃、湿度45～55%であるといわれている。寝床気候は、室内環境、人体からの熱産生、発汗、体動、寝具や寝衣材料などの要因に影響される。また、足先の暖かさと睡眠感は関連しており、足背の皮膚温が20℃以下では冷たくて眠れない。入床前の入浴や足浴、あんかなどの局所暖房器具の使用、室温のコントロールを行い、入床後早く快適な皮膚温に達するように工夫することが重要である。

寝食分離 寝る場所と食事をとる場所を別にすること。衛生面の改善、家事労働の軽減などの目的で、住宅で確保すべき最低レベルの条件として提唱された考え方。寝食分離によって、ベッド上で生活する時間が減り、生活に変化を作り出すことができる。また、食堂に移動することによって、移動・運動能力の維持、拡大を図ることも可能である。また食堂では、多くの人々と触れあう機会も増え、人間関係も豊かになり、楽しく食事することにより食欲も増進するなど、多くの長所がある。

心身機能・身体構造（ICF） 2001年5月にWHOが採択した国際生活機能分類（ICF）の中の構成要素であり、心身機能とは、身体系の生理的機能（心理的機能を含む）をいい、身体構造とは、器官・肢体とその構成部分などの身体

の解剖学的な部分をいう。具体的には、精神機能、感覚機能と痛み、音声と発話の機能、心血管系・血液系・免疫系・呼吸器系の機能、消化器系・代謝系・内分泌系の機能、尿路・性・生殖の機能、神経筋骨格運動に関連する機能、皮膚及び関連する機能の構造の機能、及びそれらの構造に関することがある。　→国際生活機能分類

心神耗弱　⇨心神喪失

心身症　はっきりとした身体の病気や不調があり、その病気の原因や経過が、心理的要因によって強い影響を受けるものをいう。診断や治療には心理的要因についての配慮が重要となる。

心身障害者　身体又は精神に相当程度の障害をもつ者の総称。心身障害者対策基本法第2条では、「肢体不自由、視覚障害、聴覚障害、平衡機能障害、音声機能障害若しくは言語機能障害、心臓機能障害、呼吸器機能障害等の固定的臓器機能障害又は知的障害等の精神的欠陥があるため、長期にわたり日常生活又は社会生活に相当な制限を受ける者をいう」と定義されていた。平成5年に心身障害者対策基本法が障害者基本法に改められたことに伴い、「心身障害者」という定義はなくなり、「障害者」の定義が新たに規定された。　→障害者

心身障害者世帯向公営住宅　公営住宅法による特定目的公営住宅の一種。心身障害者世帯で住宅に困窮しているものを優先入居させるための住宅で、心身障害者の通勤、日常生活等に適応するよう立地条件、構造等に配慮して建設することとされている。優先入居の対象となる心身障害者世帯とは、①戦傷病者手帳を所持している戦傷病者、②身体障害者であって、4級以上の者、③知的障害者更生相談所長等により、重度又は中度の知的障害者と判定された者及び知的障害者以外の者でこれと同程度の知的欠陥を有していると判定された者、のいずれかが入居者又は同居親族に該当する世帯とされている（昭46建設省住総発51）。　→特定目的公営住宅

心神喪失　刑法では、事物の理非善悪を弁識する能力が全くないか、又はその弁識に従って行為する能力の全くないものをいう。こうした能力が著しく減退している状態を心神耗弱という。刑事上はそれぞれ責任無能力、限定責任能力とみなされる。

新生児死亡率　生後4週（28日）未満の死亡を新生児死亡といい、生後1週（7日）未満の死亡を早期新生児死亡という。出生数1000人に対する比率を新生児死亡率と呼ぶ。すなわち、新生児死亡率＝新生児死亡数／出生数×1000である。母子保健統計の代表的な数値であり、その国やある地域の衛生状態、生活水準の指標になると考えられている。日本の新生児死亡率（平成24年で1.0）は年齢調整死亡率とともに世界で最低水準にあり、保健水準が世界的にも高いことを示している。　→年齢調整死亡率

人生の質（QOL）　⇨クオリティ・オブ・ライフ

真性妄想　一次妄想ともいう。現実に合わない不合理な誤った考え方で、強い確信をもち、絶対に間違いを認めず訂正しないもので、発生理由が不明なものをいう。妄想気分（理由もなく周囲が不気味に感じられる、何か大変なことが起こりそうだという感情、例えば世界没落感）、妄想知覚（見たり聞いたりした体験に対して異様な意味づけをするもの）、妄想着想（突然何の動機もなく、例えば「自分は火星人だ」というような異様な考えが頭に浮かび確信するもの）がある。妄想の種類は、被害妄想、関係妄想、被毒妄想、嫉妬妄想、追跡妄想、誇大妄想、貧困妄想、恋愛妄想、罪業妄想、つきもの妄想等がある。特に統合失調症でよくみられる。　→統合失調症

振戦　身体の一部あるいは全身に及ぶ不随意的、無目的な震え（1秒間4〜10回）であり、比較的規則的な動きがある。主として上下肢にみられるが、頭・舌・顔面・体幹にみられることもある。

振戦せん妄　常習大量飲酒の突然中断によっ

て数日後に現れる、急性の意識障害による精神病状態をいう。食欲不振、不安、不眠の前駆症状に続いて興奮状態を伴うせん妄（意識障害の一種）が現れる。小動物の幻視、身体の激しい振戦、自律神経症状等がみられる。　→離脱症状、せん妄

振戦法　マッサージの方法の一つ。拇指、こぶし、ひじ等を強く圧迫しながら、腕から肩まで小さく振戦（振動）させる運動により、組織に刺激を与える方法である。

心　臓　胸部の中心よりやや左寄り、左右の肺に挟まれた位置にある握りこぶしよりやや大きい臓器で、全身の血液を循環させるポンプの働きをもつ。重量は200〜300g、平均250gで、男性の方がやや重く、加齢にともなって重量を増す。主に筋組織からなり、心膜（心嚢）につつまれて存在する。右心房、右心室、左心房、左心室の四つの内腔があり、全身の静脈血は大静脈を通じて右心房に流れ込み、右心室に達し、ここから肺動脈を経て肺に送られ酸素を得て新鮮な動脈血となり、左心房に戻った後、左心室から大動脈を通じて全身へと送り出される。こうした循環は心臓の刺激伝導系と呼ばれる自律的な収縮によって行われる。

腎　臓　腰部の後腹膜にあるそら豆形をした一対の実質器官。尿を生成しているほか、血圧調節因子を分泌している。腎臓は予備能力が大きく、一個でも機能が果たせる。

腎臓移植　自己の腎が生体の恒常性を維持できなくなった場合に、ほかの正常機能を有する腎臓で置換すること。末期腎不全の治療法として透析療法と腎臓移植がある。提供者の生死により生体腎移植と死体腎移植に分けられる。→人工透析

腎臓移植ネットワーク　末期腎不全の治療には、血液透析や腹膜透析などの透析療法と腎移植の2種類の方法がある。腎移植には肉親などから腎臓の提供を受ける生体腎移植と、生前に行われた献腎登録に基づき亡くなってから腎臓の提供を受ける死体腎移植がある。日本では血液透析が圧倒的に多い状況にあるが、近年、シクロスポリンなどの免疫抑制剤の使用によって腎移植の成功率が急速に高まってきた。平成7年4月には、死体腎移植を中心に腎臓の提供を公平かつ公正に行う組織として腎臓移植ネットワークが発足した。現在、腎臓、心臓、肝臓、肺、膵臓、小腸について日本臓器移植ネットワークが唯一の組織としてあっせん業務を行う。

心臓機能障害　血液循環の原動力である心臓が、正常な機能を営むことができなくなり、しばしば心不全や狭心症症状、失神発作などを起こし、日常生活活動に支障を来す状態をいう。主な症状としては、呼吸困難、動悸、息切れ、胸痛、下肢の浮腫、倦怠感などがある。心臓機能障害者は常に死に対する恐怖や不安感をもって生活している。

心臓病　⇒心疾患

心臓弁膜症　先天性心疾患の一つとしての先天性弁膜症と他疾患に合併する後天性弁膜症に大別される。後者の原因としてはリウマチ熱、梅毒、細菌性心内膜炎、動脈硬化症などがあり、リウマチ熱や梅毒によるものは急速に減少している。リウマチ熱による僧帽弁狭窄症、梅毒による大動脈弁閉鎖不全症が代表的心臓弁膜症であるが、最近は動脈硬化性心臓弁膜症が多く、時には、起立性低血圧や不整脈による失神で発症することもある。虚血性心疾患とともに、うっ血性心不全の原因疾患として重要である。

心臓マッサージ　心臓が停止した場合に行われる救急医療処置。非開胸心臓マッサージと開胸心臓マッサージに区分される。　→非開胸心臓マッサージ

親　族　一般的には、身寄り、親類等の意味で使われているが、民法では、六親等内の血族、配偶者、三親等内の姻族、と定められている（民法725条）。法令等の「親族」は、この民法の規定が適用される。

身体依存　薬物の使用が有害であることを知りながら、薬物作用による快感を得るためと、禁断による不快を避けるため使用し、中止すると、強い身体症状（離脱症状）が出現するようになった状態である。世界保健機関（WHO）は、

アルコール、バルビツール酸もしくは類似作用をもつ鎮静・催眠剤、アヘン類を身体依存性薬物としている。　→薬物依存、精神依存

身体介護　訪問介護のサービス類型の一つで、①利用者の身体に直接接触して行う介助サービス、②利用者のADLや意欲の向上のために利用者とともに行う自立支援のためのサービス、③その他専門的知識・技術を持って行う利用者の日常生活上・社会生活上のためのサービスをいう。食事や排泄の介助、衣服の着脱、清拭、入浴介助、身体整容、体位交換、移動・移乗の介助、起床や就寝の介助、通院や外出介助などが挙げられる。

身体活動レベル　1日の活動による消費エネルギーは活動の内容によって異なることから、成人について1日の身体活動のレベルを、低い（Ⅰ）1.5（1.46〜1.60）、ふつう（Ⅱ）1.5（1.60〜1.90）、高い（Ⅲ）2.0（1.90〜2.20）の3段階に区分する。この値に基礎代謝量をかけて、総エネルギー量を算出する。

身体拘束　介護サービス等の利用者の行動を制限する行為であり、車いすやベッドに縛るなどして固定すること、特別な衣服によって動作を制限すること、過剰に薬剤を投与し行動を抑制すること、鍵付きの部屋に閉じこめることなどが該当する。身体拘束は利用者に対して身体的・精神的・社会的な弊害をもたらすことが多いことから、介護保険制度では身体拘束を原則禁止している。

身体障害者　身体機能に何らかの障害を有する者の総称。身体障害者福祉法では、①視覚障害、②聴覚又は平衡機能の障害、③音声機能、言語機能又はそしゃく機能の障害、④肢体不自由、⑤心臓、じん臓、呼吸器、ぼうこう、直腸、小腸、肝臓又はヒト免疫不全ウイルスによる免疫の機能障害で、永続し、かつ、日常生活が著しい制限を受ける程度であると認められる18歳以上の者であって、都道府県知事から身体障害者手帳の交付を受けた者をいう。18歳未満の者を特に「身体障害児」として区別することもある（身障4条・別表、身障令36条、身障則別表5）。　→身体障害者障害程度等級表

身体障害者更生相談所　身体障害者福祉法に基づき、都道府県（必置）及び指定都市（任意設置）が設置する相談・判定機関。身体障害者の福祉に関し、①身体障害者に関する専門的な知識及び技術を必要とする相談及び指導業務、②身体障害者の医学的、心理学的及び職能的判定並びに補装具の処方及び適合判定業務、③障害者支援施設等への入所措置に関する情報提供、市町村相互間の連絡調整、④障害者総合支援法による介護給付費等の支給要否決定に関する業務を行う（身障11条）。

身体障害者社会参加支援施設　身体障害者福祉法に基づいて設置される施設。身体障害者福祉センター、補装具製作施設、盲導犬訓練施設及び視聴覚障害者情報提供施設の4種の施設がある（身障5条）。設置主体は都道府県、市町村、社会福祉法人等。

身体障害者障害程度等級表　身体障害の程度を評価するための基準。身体障害者福祉法施行規則別表第5号として示されている。身体障害者福祉法に規定する身体障害について、それぞれの障害種類ごとに身体障害の程度を7等級に区分している。最も重い1級から6級までのものは身体障害者手帳の交付を受け、身体障害者福祉法に基づく更生援護を受けることができる。7級の障害は、一つのみでは同法の対象とはならないが、7級の障害が二つ以上重複する場合又は6級以上の障害と重複する場合は、同法の対象となる。この等級の認定は、同法に基づく指定医の診断書に基づいて行われる（身障15条、身障則5条・別表5、平15障発0110001）。

身体障害者手帳　身体障害者福祉法に基づき交付され、同法に規定する更生援護を受けることができる者であることを確認する証票。対象となる障害は、①視覚障害、②聴覚又は平衡機能の障害、③音声機能、言語機能又はそしゃく機能の障害、④肢体不自由、⑤心臓、じん臓、呼吸器、ぼうこう、直腸、小腸、肝臓又はヒト免疫不全ウイルスによる免疫の機能障害で、永続し、かつ、日常生活が著しい制限を受ける程

度であると認められるもので、障害の程度により1級から6級の等級が記載される。手帳交付の手続きは、都道府県知事が指定した医師の診断書を添付して交付申請書を都道府県知事に提出する。身体障害者手帳は18歳未満の児童に対しても交付され、本人が15歳未満の場合は、本人に代わって保護者が申請し、手帳の交付も保護者に行われる（身障15条～17条）。

身体障害者の利便の増進に資する通信・放送身体障害者利用円滑化事業の推進に関する法律〔平成5年法律54号〕　身体障害者が通信・放送サービスを利用しやすくし、情報化の均衡ある発展に資することを目的とした法律。社会経済の情報化の進展に伴い、身体障害者の電気通信の利用の機会を確保することの必要性が増大していることから、身体障害者による通信・放送サービスの利用円滑化を推進するための措置を講じることとしている。総務大臣は、通信・放送身体障害者利用円滑化事業の推進に関する基本的な方針を定めなければならず、国立研究開発法人情報通信研究機構は通信・放送身体障害者利用円滑化事業に関する業務を行う。

身体障害者のレクリエーション　レクリエーションが人間の基本的欲求に基づく活動である以上、身体障害者にとってもレクリエーションが重要な意味をもつことは当然である。障害者は運動機能面ばかりでなく、身体機能の制限から生活必需時間が多いことや、障害者のためのレクリエーション環境の未整備などの理由で、レクリエーションが制限されがちである。障害者の主体性を重んじながらも、専門家による積極的な支援が求められる。

身体障害者福祉司　身体障害者福祉法に基づき、身体障害者更生相談所に置かれる身体障害者の福祉に関する事務をつかさどる職員。所長の命を受けて、①市町村の援護の実施に関する市町村相互間の連絡調整、市町村に対する情報提供等の業務のうち、専門的な知識及び技術を必要とするもの、②身体障害者に関する相談及び指導のうち、専門的な知識及び技術を必要とするもの、を行う。また、市町村の設置する福祉事務所には任意で置くことができ、所長の命を受けて、①福祉事務所の所員に対する技術的指導、②身体障害者の相談、更生援護の要否、種類の判断、指導等の業務のうち、専門的な知識及び技術を必要とするもの、を行う（身障11条の2）。

身体障害者福祉センター　身体障害者福祉法に基づく身体障害者社会参加支援施設の一つ。無料又は低額な料金で、身体障害者の各種の相談に応じ、機能訓練、教養の向上、社会との交流の促進及びレクリエーションのための便宜を総合的に供与する施設。A型、B型、障害者更生センターの3種類がある（身障5条・31条、平15厚労令21）。　→身体障害者社会参加支援施設

身体障害者福祉法〔昭和24年法律283号〕障害者総合支援法と相まって身体障害者の自立と社会経済活動への参加を促進するため、身体障害者を援助し、及び必要に応じて保護し、身体障害者の福祉の増進を図ることを目的とする法律。身体障害者自らの自立への努力と社会経済活動への参加の機会の確保を理念とし、国及び地方公共団体に対しては身体障害者の自立と社会経済活動への参加を促進するための援助と必要な保護の総合的な実施を、国民に対しては身体障害者の社会経済活動の参加への努力に対する協力を、それぞれの責務として規定している。具体的な更生援護として、身体障害者手帳の交付、診査、更生相談、障害福祉サービスの提供、障害者支援施設等への入所等の措置、盲導犬等の貸与等を定めている。

身体障害者補助犬法〔平成14年法律49号〕身体障害者補助犬の育成及びこれを使用する身体障害者の施設等の利用の円滑化を図り、身体障害者の自立及び社会参加の促進に寄与することを目的とした法律。身体障害者補助犬は「盲導犬」、「介助犬」、「聴導犬」とされ、身体障害者補助犬の訓練事業者及び使用者の義務を定めている。また、公共施設、民間施設、公共交通機関等を身体障害者が利用する際の身体障害者補助犬の同伴の受入れ、一定規模以上の民間企業

に対し、勤務している身体障害者の身体障害者補助犬使用の受入れを義務付けている。

身体的欲求 人間のもつ基本的欲求の一つ。病気がなく、健康で、身体を十分に使いこなしてはつらつと生きたいという願いに根ざした欲求である。この欲求を土台にしてスポーツや野外活動等、さまざまなレクリエーションが生み出される。　→人格的欲求、社会的欲求、心理的欲求

新体力テスト 文部科学省では昭和39年以来、「体力・運動能力調査」を実施してきた。平成11年度から導入した「新体力テスト」は、国民の体位の変化や高齢化の進展等を踏まえて全面的に見直しが行われたもので、6～11歳、12～19歳、20～64歳、65～79歳の年齢階層別に握力、上体起こし、長座体前屈等の測定を行う。

診断主義 フロイト.Sの人格論に基づく精神分析に強い影響を受けた個別援助理論。その特徴は、ワーカー・クライエント関係とも言われ、援助者（ワーカー）が、利用者（クライエント）のパーソナリティの構造を、過去から現在に至る生育歴・精神史から診断し、面接を通して自我の強化を図り、社会環境への適応能力を高めようとするものであった。　⇔機能主義　→フロイト,S.、医学モデル

新陳代謝 生体を構成する細胞や組織等は常に物質交換を行い平衡を保っている。これらの総称を代謝といい、新陳代謝とも呼ばれている。新しいものが古いものに代わる代謝をいう。代謝とは生体内で起こるすべての化学変化とエネルギー変化をいう。

心的外傷後ストレス障害〔posttraumatic stress disorder ; PTSD〕強い精神的外傷を負った後、数週から数か月して生じてくる遷延性精神症状をいう。精神的外傷の原因となった自然災害や戦争、犯罪被害などの出来事が次々と想起され、悪夢にさいなまれる。抑うつ的となり、不眠、錯乱、あるいは幻覚などの症状が生ずることもある。動悸、発汗、立ちくらみなどの自律神経調節障害を伴うこともある。抗うつ薬などの投与、精神療法などで予後は良い。欧米では迫害を受けたユダヤ人や、自然災害被災後の人々に多発し、治療対象とされてきたが、日本では認識が薄かった。しかし、阪神・淡路大震災の後、発症する者が多発し注目されるようになった。

心電図検査 心臓が収縮するときに生ずる心筋の活動電流を心電計でとらえ記録するもの。心電図検査は、不整脈、心筋梗塞、心肥大、刺激伝導障害などの診断に必要な情報をもたらす。

親　　等 親族関係の親疎を表す単位のことで、直系血族（父母、祖父母、子、孫など）の場合、親等は世代の数によって決定される。傍系血族（兄弟姉妹、おじ、おば、おい、めいなど）の場合の親等は共通の祖先に遡り、その祖先からの世代の数によって決定される。ちなみに父母は1親等、兄弟姉妹は2親等、おい・めいは3親等、いとこは4親等となる。姻族の場合は、配偶者を基準として同様に数えていく。

心肺機能 心臓と肺の働きのこと。心臓は血液を肺及び全身に送り出すポンプとしての働きがあり、肺は酸素を取り入れ二酸化炭素を排泄する外呼吸器の働きがある。

心肺蘇生法 心臓の拍動が止まり、呼吸が停止した傷病者に対して行う救命の方法である。器具や薬剤を用いず医師以外の者も実施できる一次的救命処置と、器具や薬剤を用いて救急車や病院で実施される二次的救命処置に分類される。国際的ガイドラインは5年ごとに改訂される。ガイドライン2005では、気道確保（A）→人工呼吸（B）→胸骨圧迫（C）であったが、ガイドライン2010では、胸骨圧迫（C）→気道確保（A）→人工呼吸（B）に大きく変更された。AED使用の流れとしては、反応がない、呼吸がない（正常な呼吸がない）→緊急通報とAEDの手配→脈が無い→胸骨圧迫30回（100回／分・深さ5cm以上）＋人工呼吸2回→AEDとなった。

心　　拍 心臓が収縮して血液を送り出すときの拍動のこと。心拍数は成人で60～80回／

分であるが、一般に子どもは多く、高齢者は少ない。心拍のリズムや数は、健康状態の指標になる。　→脈拍

心不全　心臓のポンプ機能が低下し、全身の臓器組織に必要な血液を循環できなくなった状態。あらゆる心臓疾患の末期症状である。→うっ血性心不全

腎不全　腎臓の機能が極度に低下し、老廃物を排出し水分及び電解質の平衡を維持することができない状態をいう。急激に広範囲な腎組織の破壊を起こした急性腎不全の多くは、治癒できる。慢性腎不全の予後は悪い。原因は、急性では抗生物質、重金属等による中毒性の腎細胞破壊や心筋梗塞、また出血等からくる腎の虚血があげられる。慢性腎不全の場合は、糖尿病や高血圧症からくる血管の病変や感染の再発等がある。食事療法、透析療法、腎移植等の治療法がある。腎不全のため、水と電解質のバランスの異常、老廃物の蓄積、アシドーシス（血中pHの低下）等が現れている状態を尿毒症という。　→人工透析、腎臓移植

心房細動　⇨不整脈

信用失墜行為の禁止　介護福祉士の義務規定の一つであり、社会福祉士及び介護福祉士法第45条で規定されているもの。具体的には、介護福祉士は「介護福祉士の信用を傷つけるような行為をしてはならない」としている。なお、国家公務員法、地方公務員法等にも、信用失墜行為の禁止規定がある。　→社会福祉士及び介護福祉士法

信頼関係　援助者とサービス利用者の間の、信頼感にあふれた気楽でなごやかで親密な関係のこと。フランス語で「ラポール」、英語で「ラポート」と呼ばれているものの訳である。個別援助の面接場面などの対人的な場面においては、信頼関係を築くことが基本的なこととなる。

心理学的援助技術　心理学的援助技術は、相談・助言に活用されるカウンセリング技術だけではなく、動作法、音楽療法、回想法、受容的交流療法等の肢体不自由の改善訓練法、自閉症児や認知症高齢者への援助技術等、心理学を基礎にした援助技術のすべてを指す。利用者のニーズが多様化するなか、今後の福祉職が高めていくべき専門性の一つに挙げられる。

心理劇（サイコドラマ）〔psychodrama〕　モレノによって創設された心理療法の一つ。演者（患者）は、観客（患者集団）を前にして演出者（治療者）より与えられた課題について、演出助手（補助自我の役割を果たす）の援助のもとに筋書きのないドラマを演じることによって、カタルシス（浄化）や洞察を得ることができる。

心理検査　心理テストともいう。心理学的測定法で、個人のもっている心的特性を測定するものである。測定されるものは、知能、性格、適性、学力等である。主な知能検査には、鈴木・ビネー式知能検査、WAIS（ウエイス）、WISC（ウイスク）などがある。また、性格検査では、質問紙法、作業検査法、投影法などがある。　→知能検査、性格検査、発達検査

心理的準備（プレパレーション）　注射や採血など、子どもにとって苦痛を伴う処置を実際にする際に、処置の内容を子どもにわかりやすく説明することで、先の見通しをつけ、心の準備をしてもらうことを意味する。心の準備をして処置にのぞんでもらうことで、子ども自身が潜在的にもっている頑張る力を引き出し、頑張れたという自信や自己肯定感につなげていくことが目的である。

心理的欲求　人間の心が本来的にもっているさまざまな欲求の総称。その内容を大別すれば、新しい事物への熱烈な好奇心に基づく知的な欲求、美しいものと接触したいという美的な欲求、人と人との間を結びつける愛情への欲求、等を挙げることができる。これらの欲求を充足させることが生きがいをもって生きることにつながる。　→人格的欲求、社会的欲求、身体的欲求

心理的リハビリテーション　リハビリテーションの過程において、障害者に対し、心理的側面から必要な指導・助言を行うことをいう。リハビリテーションの各専門領域に関わる大きな

要素であり、カウンセラー、心理判定員といった専門職が、リハビリテーションの心理的側面を支えている。

心理テスト ⇨心理検査

心理判定 通常は児童相談所において行われる対象児の性格や知能を客観的に評価することを指すが、広く障害者のリハビリテーションの過程でも、障害に伴う心理学的判定が更生相談所等で行われ、リハビリテーション実施上の大切な要素となっている。心理学的諸検査の結果に基づき心理的特性を把握し、その全人格の総合的判定を行うもので、児童相談所の児童心理司や、更生相談所等の心理判定員がこれに携わる。

心理判定員 身体障害者更生相談所や知的障害者更生相談所、児童相談所に配置される専門職。医師やその他の専門職とチームを組み、その中で心理学的判定及びそれに付随する指導を行う。臨床心理学の専門教育を受けたものが当たる。なお、児童相談所の判定員については、児童心理司という呼称が用いられる。

診療所 医療法に定められている施設で、医師又は歯科医師が、公衆又は特定多数人のため医業又は歯科医業を行う場所であって、患者を入院させるための施設を有しないもの又は19人以下の患者を入院させるための施設を有するものをいう。このうち、医業を行う場所を一般診療所、歯科医業を行う場所を歯科診療所、入院施設のないものを無床診療所、入院施設のあるものを有床診療所という（医療1条の5）。

診療の補助 ⇨看護

診療放射線技師 診療放射線技師法に定められた国家試験に合格し厚生労働大臣の免許を受けた者で、医師又は歯科医師の指示の下で、エックス線等の放射線を人体に照射、撮影を行うことを業とする者。

診療報酬 ⇨社会保険診療報酬

心理療法 ⇨精神療法

進路指導 通常は、学校において各人の適性に合った職業や進学先についての多様な情報の収集、またその適性を判断する診断などの面から行う指導のことを指すが、障害者の施設や機関において、障害者のその後の進路について指導・助言する場合にも用いる。

す

素揚げ 材料に衣をつけずに揚げること。材料の水分や脂肪・臭み・あくなどが適度に抜け、パリッと仕上がる。野菜などは水分の多くないものが向く。

随意運動 意志的に行われる運動。筋のうち骨格筋、皮筋、外眼筋、その他舌、咽頭、食道上部の筋、精巣挙筋、外肛門括約筋、尿道括約筋等は随意筋である。随意筋には横紋がみられるものが多いことから横紋筋と呼ばれることもある。　↔不随意運動

膵液 膵臓の外分泌腺から十二指腸内へ分泌される消化液。糖質・脂質・たんぱく質の各分解酵素を含み、アルカリ性を示す。

遂行機能障害 ⇨実行機能障害

水剤（内服用の） 液状の薬剤。

水準均衡方式 生活保護法の生活扶助基準の算定方式の一つで、昭和59年からこの方式が採られている。生活扶助基準改定率を決定するに当たっては、一般国民の消費動向に対応する見地から、格差縮小方式の場合と同様、政府経済見通しによる当該年度（公表時点に対しては翌年度）の民間最終消費支出の伸び率を基礎とし、さらに前年度までの一般国民の消費水準の実績等との調整を行うというものである。　→生活扶助

水腎症 奇形、結石、腫瘍等の種々の原因による尿流の停滞もしくは尿路の閉塞により、腎・腎杯が拡張し、腎実質が萎縮した状態。静脈性腎盂造（撮）影、逆行性腎盂造（撮）影で腎・腎杯の拡張を認めることにより診断がつく。治療は尿流障害の除去が重要。

膵臓 胃の後方にある細長い実質臓器。

消化腺として、たんぱく質、脂肪、糖質の消化酵素が含まれている膵液を分泌している。膵臓にはこの他ランゲルハンス島という内分泌腺が点在している。　→ランゲルハンス島

錐体外路症状　随意運動が円滑に行われるように不随意的に調節するのが錐体外路系神経の働きであり、全身の筋肉の緊張、身体の安定、運動の調和を保つ役割をする。錐体外路症状は筋緊張亢進―運動減少（パーキンソン症候群など）と運動過多―筋緊張低下（ジスキネジア、舞踏病、アカシジアなど）に大別される。

推定エネルギー必要量　「日本人の食事摂取基準」において、1日に必要な栄養量を満たすエネルギーの指標として設定されたもので、エネルギーの不足のリスク及び過剰の両者が最も小さくなる摂取量のことをいう。性・年齢・身体活動レベルに応じた推定エネルギー必要量が示されている。

水　痘　水痘ウイルスによる伝染性疾患で、発熱と、後に水疱となる丘疹を特徴とする。帯状疱疹と同じ原因ウイルスである水痘・帯状疱疹ウイルスによって発症する。水痘または帯状疱疹患者との接触後11〜21日の潜伏期を経て症状が出現する。幼児期・学童期に集団生活で感染することが多い。免疫抑制状態にある患者や成人では重篤化しやすい。水痘はひっかいて細菌感染を起こすとあとを残すことがある。一般に、水疱瘡とも呼ばれる。

水分欠乏性脱水（高張性脱水）　水分の摂取不足や高度発汗、多尿によって、水分が過度に失われること。軽度では口渇、尿量減少、中等度では口唇や舌の乾燥、皮膚の弾力低下、頻尿、軽度の発熱、重度では不安状態等の精神障害から昏睡、死に至る。できるだけ軽度の段階で発見し、水分及び適切な電解質を補給する。　→食塩欠乏性脱水

水分補給　ヒトの体は、生活環境や生活状態、病気等で変化するが、1日に2.5l程度の水分を失う。そのため水分摂取として、飲料水で0.7〜1.2l、食物中の水を0.7〜1l、体内で三大栄養素が燃焼して生成される代謝水を約0.3l摂取している。猛烈な下痢や嘔吐、熱暑による大量の発汗などで急激に体液を損失した場合や、食事や飲料水による水分摂取が不十分な場合、脱水症状に陥ることがあるので注意する。特に高齢者は、脱水状態になると血液は粘り気を増し、脳梗塞や心筋梗塞が起こりやすくなるため、のどの渇きを感じなくても水分補給をする必要がある。

睡眠障害　睡眠障害には睡眠の質と量の障害がある。量の障害には睡眠時間の減少はもちろん、入眠困難、中途覚醒、早朝覚醒が認められ、質的障害には深睡眠の減少、レム睡眠の減少がみられる。また自覚的なものとして熟眠感のなさが訴えられる。うつ病や統合失調症では、睡眠障害がみられることが多い。

睡眠薬　中枢神経の興奮を抑制することにより、睡眠を誘い、また持続させる薬剤。催眠薬。寝つきを良くする就眠薬、睡眠時間を延ばす持続性催眠薬、浅い睡眠を深くする熟眠薬の3種に分類される。服用時は、転倒等の事故や副作用に注意する。また服用量を間違えると中毒により昏睡、死亡につながりかねないので管理に注意を要する。

水溶性汚れ　衣服を着用していると、ほこりや塵等の生活環境からの汚れや、身体の表面にある汚れ等が付着する。汚れは繊維の美観を損ね品質保持には好ましくなく、衛生上も有害になり、除去しなければならない。汚れ成分には、種々な物質が含まれるが、これらは汚れの性質により、水溶性汚れ・油溶性汚れ・固体粒子汚れ・特殊汚れに分類される。水溶性汚れは、汗・尿の成分や、でんぷん・砂糖・果汁などの食品成分である。湿式洗濯で容易に除去できる。

スーパー・エゴ　⇨超自我

スーパーバイザー〔supervisor〕　スーパーバイジーに対してスーパービジョンを行う熟練した指導者のこと。具体的には、社会福祉施設・機関等で事例を担当している援助者に対してスーパービジョンを行う現場の指導者がこれに該当するが、関連分野の研究者などに依頼する場合もある。

スーパーバイジー〔supervisee〕 スーパーバイザーによりスーパービジョンを受ける援助者のこと。援助者がその職務を遂行するのは熟練した技能や経験が必要になる。しかし、実際は熟練した援助者だけがいるわけではない。そうした経験の浅い援助者は、スーパービジョンを受けることによって専門家として成長し、業務を遂行していかなければならない。

スーパービジョン〔supervision〕 スーパーバイザーが、援助者であるスーパーバイジーから、担当している事例の内容、援助方法について報告を受け、それに基づきスーパーバイジーに適切な援助指導を行うこと。スーパービジョンの機能として、①管理的機能、②教育的機能、③支持的機能、の三つが挙げられる。また、個人単位で行われる個人スーパービジョンや、何人かを集めて行うグループ・スーパービジョンなどがある。

スクールカウンセラー 学校において多発するいじめの問題等に対応するため配置される学校臨床心理相談員のこと。生徒に対するカウンセリングのみならず、教員に対する相談・助言も行っており、どちらかというと後者の方が多いのが実態である。主として臨床心理士がこの業務に当たっている。　→臨床心理士

すくみ足歩行 パーキンソン病にみられる歩行障害。最初の一歩が踏み出しにくく、歩行中に足が前に出にくくなる歩行障害のこと。　→パーキンソン病

鈴木-ビネー式知能検査　⇨知能検査

頭　痛 頭頸部の炎症、循環障害等により感じる頭部の痛み。局所だけでなく投射され広い範囲で痛みを感じる。片頭痛、群発頭痛等に分類される。脳内出血や脳梗塞は、一般的に激しい頭痛などの諸症状を現すので、激しい頭痛の際はこれらの可能性を配慮し、安静にして医師の診察を受ける。

スティグマ〔stigma〕 原義としては汚名の烙印を押される意である。社会福祉においては、主に公的扶助の受給者が貧民として扱われることで否定的・差別的な感情をもつときに使われることが多い。援助に際しては利用者の基本的人権への配慮が必要である。　→基本的人権

ステープル・ファイバー　⇨短繊維

ステューデント・スーパービジョン〔student supervision〕 介護福祉実習や社会福祉実習に従事している学生、実習生を対象として行われるスーパービジョンのこと。目的は学生、実習生の教育や訓練にあり、スーパーバイジーの自己覚知をすすめるために実施される。　→スーパービジョン、スーパーバイジー

ステレオタイプ カテゴリーや集団に対する典型的なイメージのこと。どのような集団のメンバーであっても、本来個別性があるはずであるが、ステレオタイプが適用されることで均質的であると捉えられ、個人差を無視する傾向が生じる。過度に適用されることによって、差別や偏見の原因になると考えられている。例えば、加齢による老化現象は個人差が大きいが、ステレオタイプで捉えられやすく、エイジズムにつながることが指摘されている。また、精神疾患に対するステレオタイプは、退院者の社会的復帰を阻害する要因の一つであると考えられる。　→エイジズム

ストーマ〔stoma〕 ギリシャ語で「口」という意味。転じて人工肛門、人工膀胱の排泄口をいう。

ストーマ用装具 膀胱又は直腸を切除したことに伴うストーマ（人工的に腹壁に設けた排泄口）からの排泄物を入れる袋のことをいう。ラテックス製、プラスチックフィルム製のものがある。障害者総合支援法の日常生活用具給付等事業における排泄管理支援用具。　→日常生活用具給付等事業

ストラッツの生活曲線　⇨生活曲線

ストレス〔stress〕 寒さや外傷、病気、精神的ショック等の異常刺激が加わると、生活体はそれに対処しようとする反応が起こる。このようにさまざまな外的・内的刺激によって引き起こされる緊張に対する適応反応をストレスという。その際の刺激をストレッサーと呼ぶが、刺

激そのものを呼ぶ場合もある。このストレス状態が長期間続くと、胃・十二指腸潰瘍、虚血性心疾患、うつ病や神経症等が誘発される。

ストレスモデル〔stress model〕　ストレスと発病との関係に関する仮説。その人がもつ脆弱性が大きければ、ストレスが小さくても発病（再発）し、逆にストレスが大きければ、その人がもつ脆弱性が小さくても発病（再発）するという。

ストレッサー　外から加わった刺激によって生体に起きる反応を、体に歪みが生じるという意味でストレスといい、ストレスを起こすような刺激をストレッサーという。大きくは物理的なものと心理的なものに分けられる。物理的ストレッサーは、物理的なもの：寒冷・暑さ・騒音など、化学的なもの：薬品、食品添加物など、生物学的なもの：ウイルスなど。心理的・精神的ストレッサーは、肉親の死、人間関係などである。

ストレッチャー〔stretcher〕　移動の困難な人を寝かせたまま移送する担架車のこと。ペダルを踏んで高さが調節できる高さ調節型（ハイロー型）、ペダルで高さの調節ができハンドルの操作でタンカー部分がベッドにスライドするタンカースライド型、脚部が伸縮でき低い位置での乗降に負担が少なく移送車や救急車の搬出に使用されている脚部伸縮型、二つに折りたためる収納型、タンカーが取り外せ、畳や床などの低い位置やストレッチャーが入れない場所に使用できるタンカー取り外し型、背の角度が調節できるストレッチャー兼車いす（リクライニング車いす）などがある。

ストレングス視点　利用者の持っている「強さ」（能力・意欲・自信・志向・資源など）に焦点をあてて援助していくことをいう。こうした援助を行うことによって、利用者が自ら問題を解決していく力を高めることにもつながる。
→エンパワメント

スパンデックス　⇨ポリウレタン

スペシフィック・ソーシャルワーク〔specific social work〕　児童、障害者、高齢者、公的扶助等、その分野特有の技術、原理、活動のこと。スペシフィックとは「特殊の」「特有の」等の意味であり、ジェネリック（一般的な、包括的な）に対して使われる。　⇔ジェネリック・ソーシャルワーク

滑り止めマット　食器類等の下に敷いて用いる。上肢の運動障害や筋力低下のある人の場合、食器を安定させて食べやすくする。筆記の際のノートの下敷き等にも用いる。

スポーツ〔sports〕　広義には、体操、野外活動、ダンスなども含んだ身体運動全般を指すが、狭義には、身体運動の中の「体力や技術」を競う要素、すなわち競技性が明確になっている種目をスポーツと呼んでおり、この解釈のほうが一般的といえる。スポーツはかつて健常者のみのものと考えられがちだったが、現在は高齢者や障害者を含めた「みんなのスポーツ」が重要になってきている。

スポーツ基本法〔平成23年法律第78号〕　我が国におけるスポーツを巡る状況の大きな変化に対応するため、昭和36年に制定されたスポーツ振興法を全面改正して平成23年8月に施行された法律。スポーツは世界共通の人類の文化であるとし、国民の心身の健全な発達、明るく豊かな国民生活の形成、活力ある社会の実現などを目的とし、障害者のスポーツ等についても言及している。

スポーツ・文化施設　野球場、サッカー場、テニスコート、ゲートボール場などのいわゆるスポーツを行う競技施設や、映画館、美術館、博物館、コンサートホールなどの施設のことをいう。これらの施設は、子どもから高齢者、障害者等すべての人にとって利用が可能であることが大切である。

スライディングシート　筒状のシートの内側をすべりやすく加工したもので、体位変換やベッド上での移動の負担を軽減できるシートのこと。

スライディングボード　体位変換及び移乗のために滑らせて、位置または方向を変えるための板。

すらいでい

スライディングマット 体位変換及び移乗のために、滑らせて位置または方向を変えるためのマットのこと。

スリング リフトで人を吊り上げるときに、身体を包み込むための用具のこと。吊り具と同意語。

スロープ 車いすの利用に対応するため、建物の入口等に設けられたなだらかな勾配、傾斜。スロープにたどり着くまでに階段があるといった意味のない設計もあり、バリアフリーの街づくりは総合的に行われる必要がある。　→バリアフリー

せ

性　格〔character〕 個人の感情的な特性である気質が、加齢や後の境遇、教育の影響を受けて変容したものを性格という。気質をベースにして形成されたものであるが、①気質のもっている傾向が拡大・強化される場合もあるし、②それとは相当違ったものが出現することもある。①は、癇の強い過敏な子が神経質な母親によって育てられ、ますます過敏になるような場合で、②は、気短な気質の人が修養によって穏やかな性格をもつような場合である。また、個人に与えられた社会的な役割によって形づくられた性格を役割性格というが、役割から離れるとその形づくられたものは消えてしまうことも多い。　→パーソナリティ

性格検査 個人のもっている性格特徴、深層心理、精神力動などの主として情意面を知るのに使われる検査である。検査方法は、質問紙法による自己評定法、他者評定法や作業検査法、投影法、観察法、面接法がある。　→ロールシャッハ・テスト、Y－G性格検査

性格の特性論 性格はいくつかの特性によって構成されていると考え、それぞれの特性の程度によってとらえようとする性格理論。したがって個人差とは、質の違いでなく程度の違いとなる。因子分析法によりいっそう発展し、R.B.キャッテル、J.P.ギルフォードらはそれぞれに特性因子を見いだした。H.J.アイゼンクの性格論は因子分析により、類型論と特性論の両者を融合したものである。　→性格の類型論

性格の類型論 一定の原理からいくつかの類型を設定して、それにより多様な性格を分類整理して理解しようとする性格理論。例えば、E.クレッチマーは性格と体格の関係を研究し、体格を細身型・肥満型・闘士型に分け、それぞれに対応する性格特徴を分裂気質・躁うつ気質・粘着気質とした。C.G.ユングは意識の態度の傾向によって、性格を外向型と内向型に分け、思考・感情・感覚・直観という四つの心理機能を掛け合わせ八つのタイプに分けている。E.シュプランガーは生活態度や価値観による性格の類型化をし、経済型・審美型・理論型・宗教型・権力型・社会型に分けている。　→性格の特性論

生活援助 介護保険において訪問介護員が行う①調理、②衣類の洗濯・補修、③住居棟の掃除・整理整頓、④生活必需品の買物、⑤関係機関等との連絡、⑥その他の家事のこと。高齢者や障害者の在宅生活を支えるために、生活援助は極めて重要な業務である。一人暮らしであるか又は家族等が障害や疾病等のため家事を行うことが困難な場合に限られる。

生活援助員 ⇨ライフサポートアドバイザー

生活介護 主として昼間、障害者支援施設等において、①入浴、排せつ及び食事等の介護、調理、洗濯及び掃除等の家事並びに生活等に関する相談及び助言その他の必要な日常生活上の支援、②創作的活動及び生産活動の機会の提供その他の身体機能又は生活能力の向上のために必要な援助を行う障害者総合支援法の給付対象サービス。障害者支援施設等における当該サービスを必要とする障害者であって、常時介護を要するものを対象とし、介護給付に分類される（障総合5条7項）。

生活課題 利用者が望む暮らしを実現、また

は継続するために、解決しなければならない困りごとのこと。介護上の問題と位置付けることもできる。介護サービスを必要とする人の場合、その人が抱える生活課題は一つとは限らない。一人で複数の課題を有していることがほとんどで、なおかつ、それぞれの課題が必ずしも同じ比重であるわけではない。そのため、一つひとつの生活課題の優先度を考える必要がある。

生活関連活動 ⇨ APDL

生活機能（ICF） 国際生活機能分類（ICF）の中の構成要素である「心身機能・身体構造」「活動」「参加」のレベルすべてを一つに含み込んだ包括概念のこと。心身機能・身体構造は生物レベル、活動は個人レベル、参加は社会レベルのものであり、この三つのレベルのすべてを漏れなくとらえて初めて、人が生きることを総合的に把握することができる。　→心身機能・身体構造、活動、参加

生活技能訓練〔social skills training；SST〕社会生活を対人場面を中心に細かく分析し、それに対応できるよう細かで具体的な学習用のプログラムを作成し、それに基づいて練習・実習するもの。行動療法的考えが基本にある。

生活協同組合 消費生活協同組合法に基づき、職域、地域を単位に、消費者が、自らの生活安定のため、また、文化、福祉等の地域活動を行うことを目的として自発的に出資、運営する組織。生活必需品の共同購入等のほか、入浴介助、通院介助、洗濯、調理等の家事援助サービスを実施している組合も存在している。　→住民参加型在宅福祉サービス

生活曲線 ストラッツが多数の高齢者を調査した結果、精神活動はかなり高齢になっても低下しないが、身体活動は20歳をピークに、生殖は30歳をピークに低下し、代謝は出生時から徐々に低下し20歳以降はほぼ横ばいになることを図示した。それをストラッツの生活曲線という。

生活期リハビリテーション 回復期リハビリテーションの終了後に、残存能力や日常生活行為の維持・向上を目指して行われるリハビリテーション。地域のなかで自立した生活を送ることができるよう、医療・保健・福祉が統合されたかたちで支援することが重要となる。

生活空間 住宅内での人間の動きが支障なく行われるために必要な住宅全体の広さのこと。例えば便所の広さ、浴室の広さ、台所の広さなど生活に必要な物理的な規模を確保するだけでなく、ゆとりを感じさせる空間が重要である。一般的に、①個人の生活空間、②家族の生活空間、③家事労働のための生活空間、④生理・衛生のための生活空間及び、それらを連結・移動するための生活空間によって構成される。生活空間の検討では、家族構成や人数、年齢によっても住まいに求める広さが変わることを考慮する。例えば、高齢期は移動や動作に時間がかかり、福祉用具の使用や介護者の介助が必要になると健康な若者に必要な広さ以上にゆとり空間が必要になる場合もある。

生活経営 生活経営の目的は、家族あるいは個人の自己実現を目指すことにある。この自己実現は、その生活を取り巻くヒトとモノの相互作用によって成しうるもので、そこには生活に関わるさまざまなシステム（しくみ）が存在する。このシステムを経営・管理することで、ヒトとモノの最適な相互作用を図っていこうとするのが生活経営である。

生活圏域 日常生活の行動範囲。高齢者や障害者にとって、身体機能が衰えてくると、生活の行動範囲が狭くなり、最終的に自分の寝室だけが生活圏域となる。

生活構造 生活とは、人間の精神的・身体的な一連の活動の全体を指す言葉である。人間の生活はさまざまな要素から成り立っている。どのような要素がどう組み合わさって生活を構成しているかを示すとき、生活構造という。生活構造には個人差があり、同じ人の場合でも健康状態・年齢・職業・家庭の事情・好み・地域等の影響で変化する。生活構造についてはいくつかの説がある。

生活困窮者 生活困窮者自立支援法におい

て、「現に経済的に困窮し、最低限度の生活を維持することができなくなるおそれのある者をいう」と定義されている。　⇨生活困窮者自立支援法

生活困窮者自立支援法〔平成25年法律105号〕　近年、生活保護受給者や生活困窮者が増加するなか、生活保護制度の見直しに併せ、生活困窮者対策として制定された法律。生活保護受給に至る前の段階にある生活困窮者の自立の促進を図ることを目的として、生活困窮者自立相談支援事業、生活困窮者住居確保給付金の支給、生活困窮者就労準備支援事業、生活困窮者一時生活支援事業、生活困窮者家計相談支援事業、生活困窮者である子どもに対し学習の援助を行う事業、その他生活困窮者の自立の促進を図るために必要な事業を実施することを定めている。施行は平成27年4月。　⇨生活困窮者

生活支援員　障害福祉サービス事業所（療養介護、生活介護、自立訓練、就労移行支援など）に配置される職員で、相談援助、入退所の手続き、連絡調整などを行う。

生活支援ハウス　⇨高齢者生活福祉センター

生活時間　1日24時間を、どのような生活内容で過ごしているかという面からとらえたもの。内容の種類、時間量、時間帯、併行行動等の観点から分析すると、個人や家庭、職業別や国民全体等の生活の実状が把握できる。その内容は、一次活動＝生理的生活時間（睡眠・食事等）、二次活動＝労働時間（収入労働・家事・勉強等）、三次活動＝社会的文化的生活時間（余暇行動）に分けられる。余暇の充実は今日的課題である。

生活施設　社会福祉施設について、長期間の入所利用を予定する施設の形態について、類型的に生活施設と称することがある。その利用形態に応じて、入所施設、通所施設及び利用施設に分けることができ、このうち入所施設はその機能があくまでも生活することが基礎になるという意味で生活施設と同意義である。

生活指導員　生活保護法に基づく保護施設に配置され、入所者の生活の向上及び更生を図るための生活指導を行う職員。生活指導員の資格については、社会福祉法による社会福祉主事の資格要件とほぼ同じ資格要件となっている。⇨社会福祉主事

生活習慣病　これまで成人病といわれてきたものを、健康増進と発病予防に各人が主体的に取り組むよう認識を改める呼び方に変えたもの。生活習慣が発症に深く関与しているものとして、喫煙と肺がんや肺気腫、動物性脂肪の過剰摂取と大腸がん、食塩の過剰摂取と脳卒中、アルコール摂取量と肝硬変、肥満と糖尿病などが挙げられる。

生活相談員　特別養護老人ホーム、養護老人ホーム、指定介護老人福祉施設、通所介護事業所などに配置され、利用者の相談、援助等を行う者をいう。社会福祉主事任用資格を有する者またはこれと同等以上の能力があり、適切な相談、援助等を行う能力を有すると認められる者とされている（平11厚令46、平12老発214等）。

生活年齢〔chronological age ; CA〕　暦年齢ともいう。誕生して以来、ある一定の日時まで経過した年月を暦に基づいて算定した年齢。↔精神年齢

生活の質　⇨クオリティ・オブ・ライフ

生活のしづらさなどに関する調査　⇨全国在宅障害児・者等実態調査

生活場面ソーシャルワーク　面接室における相談援助だけではなく、現実生活の中の援助的価値をもつ局面を発見して、それを利用して援助を行おうとすること。具体的には、福祉施設における食堂やデイルーム、居室、あるいは廊下などでの通りがかりでの言葉かけや会話などを通しての働きかけがこれに当たる。

生活場面面接　利用者の生活場面で行われる面接のこと。具体的には、利用者の居宅、福祉施設の居室や食堂、病院のベッドサイドなどで行われる。この面接手法の利点としては、利用者が直面する実生活上の問題をその場で具体的に把握することができ、介護従事者の側からも積極的に利用者に働きかけて生活課題を発見し

ていくことが挙げられる。　→訪問面接

生活不活発病　⇨廃用症候群

生活福祉資金貸付制度　低所得者、障害者又は高齢者に対し、資金の貸付けと必要な相談支援を行うことにより、その経済的自立及び生活意欲の助長促進並びに在宅福祉及び社会参加の促進を図り、安定した生活を送れるようにすることを目的とする制度。実施主体は都道府県社会福祉協議会。借入れは、民生委員に相談するほか市町村社会福祉協議会を経由して都道府県社会福祉協議会の会長に申込書を提出する。資金の種類は、総合支援資金、福祉資金、教育支援資金、不動産担保型生活資金がある（平21厚生労働省発社援0728第9）。

生活扶助　生活保護法による保護の一種。飲食物費、被服費、光熱水費、家具什器費など日常生活を営む上での基本的な需要を満たすものであり、主に金銭給付によって行われる。一般共通的な生活費としての基準生活費と、妊産婦や障害者等の特別な需要を満たす各種加算、入学・入退院時などの臨時的需要を満たすための一時扶助等で構成されている（生保12条・30条・31条、昭38厚告158）。

生活保護基準　生活保護法において、憲法第25条に規定する生存権を実現するために保障される最低限度の生活は、「健康で文化的な生活水準を維持することができるものでなければならない」とされている。その最低限度の生活水準の尺度として、生活保護基準が定められている。生活保護基準の決定は厚生労働大臣に委ねられているが、要保護者の年齢別、性別、世帯構成別、所在地域別その他保護の種類に応じて必要な事情を考慮し、最低限度の生活需要に対して過不足ないものでなければならないことが規定されている。なお基準の設定は生活扶助、教育扶助等の各扶助ごとにされており、原則それぞれ年に一度改定される（生保3条・8条、昭38厚告158）。　→生存権保障、ナショナル・ミニマム

生活保護の原理・原則　生活保護法に示された、生活保護制度の解釈及び運用の基本となる原理。この原理は、①憲法第25条に規定する生存権を実現するため国がその責任において保護を行う「国家責任による最低生活保障の原理」、②すべての国民は、法に定める要件を満たす限り、無差別平等に保護を受けることができるとする「無差別平等の原理」、③健康で文化的な最低限度の生活を保障する「最低生活の原理」、④利用し得る資産、能力その他あらゆるもの（他法、他施策も含む。）を活用した後に法の保護が行われるとする「保護の補足性の原理」の4原理から成る。また、保護の実施上の原則として、①申請に基づいて保護を開始するとする「申請保護の原則」、②厚生労働大臣の定める保護基準により測定した要保護者の需要を基とし、その不足分を補う程度に保護を行うとする「基準及び程度の原則」、③個人又は世帯の実際の必要の相違を考慮して保護を行うとする「必要即応の原則」、④世帯を単位として保護の要否及び程度を定めるとする「世帯単位の原則」の4原則が示されている（生保1条～5条・7条～10条）。

生活保護の種類　生活保護法による保護は、①生活扶助、②教育扶助、③住宅扶助、④医療扶助、⑤介護扶助、⑥出産扶助、⑦生業扶助、⑧葬祭扶助の8種の扶助に分かれ、これらの扶助は要保護者の必要に応じ、単給又は併給される。扶助は原則として金銭給付（医療扶助、介護扶助は現物給付）により行われ、その基準は生活保護基準に定められている（生保11条～18条）。　→生活保護基準

生活保護への移行防止措置　介護保険制度における低所得者対策の一つ。利用者負担を支払うことにより生活保護の対象に陥ることがないように、利用者負担軽減制度における段階を変更し、負担軽減を図る。境界層措置とも呼ばれる。

生活保護法〔昭和25年法律144号〕　昭和24年の社会保障制度審議会による「生活保護制度の改善強化に関する勧告」を受け、旧生活保護法を全面改正して制定された、我が国の公的扶助の中核をなす法律。憲法第25条の生存権

の理念に基づき、国家責任、無差別平等などの4原理と、申請保護、基準及び程度などの4原則が確立された。扶助の種類も旧法から教育扶助、住宅扶助が加わった（平成12年に介護扶助が追加されて8種類）ほか、不服申立制度も法定化された。保護の補助機関が社会福祉主事とされ、民生委員は協力機関として位置付けられた。また、平成25年には、増え続ける生活保護受給者や不正受給の問題などを踏まえて、大きな法改正が行われた。主な改正内容は、①就労による自立の促進のための就労自立給付金の創設、②福祉事務所の調査権限を拡大するなどの不正・不適正受給対策の強化等、③指定医療機関制度の見直しや後発医薬品の使用促進による医療扶助の適正化などである。　→旧生活保護法、生存権、生活保護の原理・原則、生活保護の種類、就労自立給付金

生活モデル　医学モデルへの批判に対して、援助の在り方を生活者の視点でとらえ直す生活モデルが模索されるようになった。利用者の生活史や未来への希望を視野に入れつつ、現在の生活に着目し、利用者の能力や可能性に注目し、そのQOLの向上や社会参加を支援しつつ、本人らしい生活をともに創り上げていくことが目指された。さらに、生活モデルでは、生態学的視点から、人と環境が相互に関係し合うことが重視され、個人だけでなく個人が所属している集団や地域へも目が向けられることとなった。
↔医学モデル　→エコロジカル・アプローチ

生活療法　長期入院及び無為、自閉的な患者に対して、日常生活の指導及び自発性の回復を目的とした働きかけをいう。社会復帰への促進を目的とするもので、生活指導、レクリエーション療法、作業療法、精神科リハビリテーション等が含まれる。

生活歴　生活史、ケースヒストリーとも言われる。個人の生活の過去から現在にいたる記録であり、生きてきた軌跡でもある。それは単なる情報の寄せ集めではなく、それを通してひとつのまとまりある人間像を作ることが重要である。生活歴をきちんと聞くことは、援助者にとって、利用者の個別化に役立ち、またその人の生活の継続性や可能性がよく見え、尊厳を大切にした個別援助計画に反映できる。利用者にとっても自分の人生を語ることで、ありのままの自分を見つめ、そしてこれからの生き方を確かめることになる。援助者にそのことがきちんと受け止められることで、安心感や信頼感も増すはずである。　→診断主義、機能主義

生業扶助　生活保護法による保護の一種。要保護者の収入増加又は自立助長を具体的に措置するもので、①生業費（小規模の事業を営むための設備費、運営費、器具機械購入費等の費用）、②技能修得費（就職に必要な技能を修得するための授業料、教科書代等）、③就職支度費（就職のために直接必要な洋服類、身のまわり品等の購入費用等）に分かれている。金銭給付が原則であるが、授産施設等を利用させるという現物給付の方法がとられることもある（生保17条・36条、昭38厚告158、昭38社発246）。　→生活保護の種類

整形外科　フランスのニコラス・アンドレが著した本に由来し、小児の変形の予防と矯正を行う科学として発達し、現在では骨、筋肉等の支持・運動器官の障害を対象とする臨床医学の一分野である。

制限食（コントロール食）　生活習慣病などの疾病があることで、エネルギーや塩分、たんぱく質、カリウム、脂質などの制限がある食事をいう。高血圧症では塩分とエネルギーの制限が、糖尿病ではエネルギー制限のほかに、食物繊維の摂取が重要である。

性行為感染症〔sexually transmitted disease；STD〕　主に性行為を介して感染が成立し、生殖器系統の器官に障害が現れる疾病の総称。俗に言う「性病」を指すが、従来の性病の概念を拡大した性行為感染症という語が用いられるようになった。エイズ、尖形コンジローム、非淋菌性尿道炎などを含む。　→エイズ、感染症の予防及び感染症の患者に対する医療に関する法律

静座不能　⇨アカシジア

生産年齢人口 15歳以上65歳未満の、生産活動に従事することが可能な年齢階層をいう。なお、0歳から14歳は年少人口、65歳以上を老年人口と呼ぶ。　↔従属人口

制　　止 精神医学においては、精神活動が抑えられ低下した状態をいう。精神的要素を含む行動が抑えられた状態を精神運動性制止、思考過程が遅くなるのを思考制止と呼ぶ。

清　　拭 入浴できない要介護者の身体を熱いタオル等で拭き、清潔に保つこと。全身清拭と部分清拭とがある。清拭を行うに当たっては、室温を24℃前後に保ち、食後は避け、食前か就寝前に行うことが望ましい。

誠実義務 介護福祉士の義務規定の一つであり、社会福祉士及び介護福祉士法第44条の2で規定されているもの。具体的には、介護福祉士は「その担当する者が個人の尊厳を保持し、自立した日常生活を営むことができるよう、常にその者の立場に立つて、誠実にその業務を行なわなければならない」としている。つまり、介護福祉士は、利用者個人の尊厳を保持し、自立支援の立場から誠実に介護を行うことの重要性が法律のなかで明確化されている。

正常歩行 歩行は、人間の移動動作の中でも最も基本的な運動であり、日常生活上でも自立に関連してくる大切なものである。正常歩行は立脚期と遊脚期が左右対称な動きを示すリズミカルな運動であるが、重心の移動に対し姿勢を保持し、リズミカルな歩行をするには全身の筋群と各種の自律的な機構が複雑に関与しているため、さまざまな体の障害によって異常を来す。　↔異常歩行

生殖家族 核家族を、親の世代からみたもの。子の世代から核家族をみた出生家族と合わせて核家族の二面性を表す。夫婦関係が基本となり、夫・妻・子という構成をとる。子どもを産み育ててつくっていく家族なので、創設家族とも呼ぶ。結婚の相手や子どもを産む時期、人数等を選択して、家族をつくっていく、選択の可能性をもっている。　↔出生家族

精神安定剤 強力精神安定剤と緩和精神安定剤に分けられる。前者は精神病に使用する抗精神病薬であり、後者は不安、心身症、神経症、軽うつ状態に使用される抗不安薬といわれている。一般に精神安定剤といわれているのは後者の場合が多い。

精神医学 精神疾患（精神障害）を対象とする医学の一分野。その原因、診断、治療、予防等に関して研究するもので、これには精神病理学、脳組織病理学、遺伝学、脳生化学、精神薬理学、精神生理学、司法精神医学、社会精神医学、力動精神医学、地域精神医学、児童精神医学、青春期精神医学、老年精神医学等の領域が含まれる。

精神医学的リハビリテーション　⇨精神科リハビリテーション

精神依存 薬物依存のうちで、精神的な面で薬物を用いずにはいられなくなった状態のもの。　→薬物依存、身体依存

精神衛生〔mental hygiene〕 精神障害の予防と治療を主な目的とし、発生予防、早期発見、再発予防、リハビリテーションがこれに含まれるものとされている。昭和62年に「精神衛生法」が「精神保健法」に改正されたこともあって、現在では、「精神衛生」より広い概念である「精神保健」という用語が使われる場合が多い。→精神保健

精神衛生法　⇨精神保健及び精神障害者福祉に関する法律

精神科作業療法　⇨精神障害作業療法

精神科ソーシャルワーク〔psychiatric social work；PSW〕 病院、保健所、精神保健福祉センター等の精神科領域における社会福祉援助活動のこと。精神障害者及びその家族を援助対象として、精神障害者に対する社会復帰や各種サービス活動、家族との調整を主な業務とする。一般的に援助者のことをPSW（サイキアトリック・ソーシャルワーカーの略）と呼んでいる。我が国では、平成9年に「精神保健福祉士法」が公布され、精神保健福祉士が日本型のPSWとして活動するようになった。　→精神保健福祉士

精神科デイ・ケア 精神科専門療法の一種で、精神疾患を有するものの社会生活機能の回復を目的として行われる通院医療の一形態。昼間の一定時間（6時間を標準とする）、個々の患者に応じたプログラムに従ってグループごとに治療を行う（平26保医発0305第3）。精神科医師の指示及び十分な指導、監督の下に一定の医療チーム（作業療法士、看護師、精神保健福祉士、臨床心理技術者等）によって行われるもので、その内容は集団精神療法、作業療法、レクリエーション活動、創作活動、生活指導、療養指導等である。　→精神科ナイト・ケア、精神科デイ・ナイト・ケア

精神科デイ・ナイト・ケア 精神科専門療法の一種で、精神疾患を有するものの社会生活機能の回復を目的として行われる通院医療の一形態。個々の患者に応じたプログラムに従ってグループごとに治療を行い、実施される内容の種類にかかわらず、実施時間は1日10時間を標準とする（平26保医発0305第3）。精神科医師の指示及び十分な指導、監督のもとに一定の医療チーム（作業療法士、看護師、精神保健福祉士、臨床心理技術者等）によって、集団精神療法、作業療法、レクリエーション活動等精神科デイ・ケアと同様のものが行われる。　→精神科デイ・ケア、精神科ナイト・ケア

精神科ナイト・ケア 精神科専門療法の一種で、精神疾患を有するものの社会生活機能の回復を目的として行われる通院医療の一形態。午後4時以降の一定時間（4時間を標準とする）、個々の患者に応じたプログラムに従ってグループごとに治療を行う（平26保医発0305第3）。精神科医師の指示及び十分な指導、監督のもとに一定の医療チーム（作業療法士、看護師、精神保健福祉士、臨床心理技術者等）によって、集団精神療法、作業療法、レクリエーション活動等精神科デイ・ケアと同様のものが行われる。　→精神科デイ・ケア、精神科デイ・ナイト・ケア

精神科病院 精神保健福祉法において、医療法の規定に基づく病院であって、主として精神障害者を収容し、医療及び保護を行う病院。都道府県は原則として精神科病院を設置しなければならないが、国、都道府県及び地方独立行政法人以外の者が設置した精神科病院であって厚生労働大臣の定める基準に適合するものの全部又は一部を、設置者の同意を得て、これに代わる施設（指定病院）として指定することができる。措置入院、緊急措置入院は、国、都道府県及び地方独立行政法人が設置した精神科病院又は指定病院で行われる（精保福19条の7・19条の8）。

精神科リハビリテーション 精神疾患やそれによる障害によって、喪失あるいは低下した機能や権利の回復を意味する。さまざまなはたらきかけにより患者の社会的機能を回復させ、社会参加させていく過程。　→精神科デイ・ケア、精神科デイ・ナイト・ケア、精神科ナイト・ケア

精神鑑定 司法精神鑑定をいう。裁判官、検察官等が専門家に依頼して、精神障害者又はその疑いのある者の精神状態が責任能力や行為能力があるかの判定を行わせること。

精神障害 精神の異常や偏りを総称していう。生得的な知能や性格が問題となる知的障害・性格障害、心因や環境因から生じる神経症、脳器質障害、内因性精神障害、身体疾患に基づく精神障害・薬物中毒等が含まれる。

精神障害作業療法 精神障害者を対象に行われる作業療法。症状安定、対人関係・社会性の改善、基本的日常生活の確立、社会生活への適応などを目的として、創造的・生産的活動、レクリエーション活動、社会生活指導・経験、職業前訓練、家族調整などを個人療法として、あるいは集団療法として行う。

精神障害者 精神保健福祉法第5条では、「統合失調症、精神作用物質による急性中毒又はその依存症、知的障害、精神病質その他の精神疾患を有する者をいう」と定義している。医療や保護を行い、その社会復帰の促進及び自立と社会経済活動への参加促進のために援助を行う対象としており、精神疾患を有する者という医学

的概念でとらえている。また障害者の雇用の促進等に関する法律では、精神障害の症状が安定していて、就労が可能な者で、①精神障害者保健福祉手帳の交付を受けている者、②統合失調症、そううつ病又はてんかんにかかっている者、とされている（障雇2条、障雇則1条の4）。

精神障害者ケアガイドライン　分散されている精神障害者へのケアサービスが、障害者のニーズ中心に統合的に提供されること、暮らしている地域にかかわらず一定水準以上のサービスが受けられることを目標に、市町村等が精神障害者への医療・保健・福祉等ケアサービスを実施していくうえでの目的や理念を明らかにし、その実施方法の一つとしてケアマネジメントが示されている。ケアマネジメントの理念として、自己決定と主体性の尊重、エンパワメント、アドボカシー、人権への配慮が示されている。

精神障害者社会復帰促進センター　精神障害者（知的障害者を除く）の社会復帰の促進を図るための訓練及び指導等に関する研究開発等を行い、精神障害者の社会復帰を促進することを目的として設立される一般社団法人又は一般財団法人。精神障害者の社会復帰促進のための啓発・広報活動、訓練及び指導等に関する研究開発、その成果の提供、精神障害者の社会復帰促進事業に従事する者に対する研修等の業務を行う。厚生労働大臣により指定されるが、現在のところ指定されている法人はない（精保福51条の2・51条の3）。

精神障害者地域移行・地域定着支援事業　受入条件が整えば退院可能な精神障害者の地域生活への移行に向けた支援や地域生活を継続するための支援を推進することを目的とする事業。従来本事業で行われていた地域移行支援事業や地域定着支援事業については、平成24年度から、障害者総合支援法に基づく地域相談支援（地域移行支援、地域定着支援）において行われている（平20障発0530001）。　→地域相談支援、地域移行支援、地域定着支援

精神障害者福祉　精神保健が、精神障害者を精神疾患を有する者としてとらえ、保健医療の観点から精神障害の予防・治療・リハビリテーションを図るものであるのに対し、精神障害者福祉はノーマライゼーションの考え方のもと、精神障害による日常生活・社会生活上の能力障害やそれに伴うハンディキャップに着目して、自立生活の援助あるいは社会参加の促進のために必要な援助を行うものである（平7健医発783）。

精神障害者保健福祉手帳　一定の精神障害の状態にあることを認定して交付し、交付を受けた者に対し、各種の支援策が講じられることを促進し、精神障害者の社会復帰及び自立並びに社会参加の促進を図ることを目的とする手帳。申請書に、精神保健指定医等の診断書又は精神障害を支給事由とする障害年金の年金証書の写しのいずれかと写真を添付し、申請者の居住地の市町村長を経由して都道府県知事又は指定都市市長に提出し、申請する（精保福45条、精保福令6条の2、精保福則23条）。この手帳に基づく支援策としては、税制上の優遇措置、生活保護の障害者加算の認定、その他公共交通機関の運賃割引等各種支援策がある（平7健医発1132）。

精神障害の原因　その性質に従って、内因、外因、心因の三つが挙げられる。内因とはある個体の素質と遺伝であるが、それだけでは明確に説明できないため、現在原因不明ということになっている。内因によるものとして統合失調症、気分障害（躁うつ病）などがある。外因とは、器質的な身体的病変、脳病変や薬物などをいい、外因によるものとして脳器質性精神病、症状精神病、中毒性精神病などがある。心因とは心理的、環境的、社会的な刺激が、ある性格特徴をもつ人に加わり、精神的反応を起こした際のその刺激をいう。心因によるものとして心因反応や神経症などがある。精神障害の原因についてはさまざまな議論が存在する。

精神障害の分類　分類の仕方は、考え方や立場、国によってさまざまある。我が国では以前はドイツ精神医学の分類に従ってきたが、1948年の国際疾病分類（ICD）第6版で精神障

害の分類がされたことから、それを用いるようになってきた。現在は ICD―10 が用いられている。一方 1980 年には、アメリカ精神医学会が DSM―Ⅲ を発表し、現在は 1994 年発表の DSM―Ⅳ の改訂版 DSM―Ⅳ―TR が診断基準として用いられてきた。2013 年には DSM― 5 が出版された。また、我が国では、古くから原因を基準に分類を試み、①内因性精神障害、②外因性精神障害、③心因性精神障害の三つに分けている。　→国際疾病分類、DSM、精神障害の原因

精神通院医療　精神障害者の適正な医療の普及を図るため、精神障害者に対し、病院等へ入院することなく行われる精神障害の医療（障総合令1条の2）。以前は精神保健及び精神障害者福祉に関する法律に基づく制度であったが、障害者自立支援法（現・障害者総合支援法）の施行に伴い、平成18年4月からは、自立支援医療の一種として位置付けられている。実施主体は都道府県。

精神通院公費　⇨精神通院医療

精神的老化　加齢とともに起こる精神的・心理的機能の変化をいい、脳の生理的老化によってもたらされる。一般に記憶力が低下することにより顕在化する。　→生理的老化

精神年齢〔mental age；MA〕　生活年齢に関係なく、知能面での個人の発達の度合いを年齢で示したもの。ビネー式知能検査で用いられる。　↔生活年齢　→知能指数

精神薄弱者福祉法　⇨知的障害者福祉法

精神（発達）遅滞　⇨知的障害

精 神 病　重い精神障害の一種。知的障害とは、ある時点からの疾患プロセスがあるという点で区別されるが、子どもの場合にはこの区別も難しい場合がある。統合失調症等の内因性精神病、脳障害に基づく器質性精神病、急性伝染病や内分泌障害に伴って起こる症状精神病、アルコール中毒や覚醒剤中毒等による中毒性精神病等がある。神経症、心因反応、性格障害はこの中に含まれない。

成 人 病　⇨生活習慣病

精神病質　パーソナリティの著しい偏り・異常をいう。一般には平均基準から逸脱し、その異常のため自らが悩むか社会が悩むパーソナリティをいう。

精神分析療法　S.フロイトによって創始された精神療法の技法の一つ。人の言動、思考、夢、症状等の無意識的意味を、自由連想法等によって解釈し、患者に洞察をもたらすことで治療を行う。　→フロイト, S.

精神分裂病　⇨統合失調症

精神保健及び精神障害者福祉に関する法律〔昭和25年法律123号〕　精神障害者の医療及び保護を行い、障害者総合支援法と相まってその社会復帰の促進及びその自立と社会経済活動への参加の促進のために必要な援助を行い、並びにその発生の予防その他国民の精神的健康の保持及び増進に努めることによって、精神障害者の福祉の増進及び国民の精神保健の向上を図ることを目的とする法律。精神保健福祉センター、地方精神保健福祉審議会及び精神医療審査会、精神保健指定医、登録研修機関、精神科病院及び精神科救急医療体制、医療及び保護、保健及び福祉、精神障害者社会復帰促進センター等について定められている。精神障害者の人権擁護とその社会復帰促進を柱とした精神衛生法の改正が行われ、昭和63年7月から法律名も精神保健法として施行された。平成7年5月に精神保健及び精神障害者福祉に関する法律に改められ、福祉施策が法体系上に位置付けられ、精神障害者の自立と社会参加促進の援助等が法目的に加えられた。平成18年の障害者自立支援法の施行に伴い、通院医療、居宅生活支援事業、社会復帰施設に係る規定は削除された。

精神保健福祉士　精神保健福祉士法に基づく国家資格。精神障害者の保健及び福祉に関する専門的知識と技術をもって、精神障害者の社会復帰に関する相談に応じ、助言、指導、日常生活への適応のために必要な訓練その他の援助を行うことを業とする者で、精神保健福祉士登録簿に登録された者をいう（精神士2条）。精神保健福祉士の義務として、誠実義務、信用失墜

行為の禁止、秘密保持義務、連携等、資質向上の責務などが定められている。　→精神保健福祉士法

精神保健福祉士法〔平成9年法律131号〕　精神保健福祉士の資格を定めて、その業務の適正を図り、精神保健の向上と精神障害者の福祉の増進に寄与することを目的とする法律。精神保健福祉士を定義し、その試験、登録、義務等、罰則について定められている。　→精神保健福祉士

精神保健福祉センター　精神保健福祉法に基づき、都道府県及び指定都市が設置する機関。①精神保健及び精神障害者の福祉に関する知識の普及を図り、及び調査研究を行うこと、②精神保健及び精神障害者の福祉に関する相談及び指導のうち複雑又は困難なものを行うこと、③精神医療審査会の事務を行うこと、④精神障害者保健福祉手帳の申請に対する決定及び障害者総合支援法に規定する自立支援医療費の支給認定に関する事務のうち専門的な知識及び技術を必要とするものを行うこと、⑤障害者総合支援法に規定する介護給付費等支給要否決定について市町村に意見を述べることなどを業務とする（精保福6条）。

精神保健福祉相談員　精神保健福祉センター、保健所等に置かれ、精神保健及び精神障害者の福祉に関する相談に応じ、並びに精神障害者及びその家族等を訪問して必要な指導を行うための職員。①精神保健福祉士、②大学で社会福祉に関する科目又は心理学の課程を修めて卒業した者で精神保健及び精神障害者の福祉に関する知識及び経験を有するもの、③医師、④厚生労働大臣が指定した講習会の課程を修了した保健師で精神保健及び精神障害者の福祉に関する経験を有するもの、⑤①～④に準ずる者であって精神保健福祉相談員として必要な知識及び経験を有するもの、のうちから都道府県知事又は市町村長が任命する（精保福48条、精保福令12条）。

精神保健福祉法　精神保健及び精神障害者の福祉に関する法律（昭和25年法律123号）の呼称。略称。　→精神保健及び精神障害者福祉に関する法律

精神保健法　⇨精神保健及び精神障害者福祉に関する法律

精神保健（メンタルヘルス）〔mental health〕　健康のうち主として精神面の健康を対象とし、精神障害を予防・治療し、また精神的健康を保持・向上させるための諸活動をいう。従来の精神衛生より広い意味と解釈される。　→精神衛生

精神療法　医師と患者の間の精神的相互作用を通じて、患者の心身に治療的変化をもたらす治療方法。方法的には面接法、遊戯療法、集団精神療法、家族療法等がある。また理論的には精神分析をはじめ数多くのものがある。

税制における優遇措置　障害者、高齢者本人やそれらを扶養する者に対し、経済的負担の軽減等を図るため次のような優遇措置が講じられている。①障害者：障害者控除、特別障害者控除、同居特別障害者控除、②高齢者：老人扶養控除、同居老親等扶養控除、老人配偶者控除、公的年金等控除。

性　腺　生殖に関する分泌組織で、男子では精巣、女子では卵巣をいう。性腺は、生殖子を産出するばかりでなく、男性ホルモン、女性ホルモンも分泌する。

性染色体　性別を決定する染色体で、X染色体とY染色体がある。男性はXY、女性はXXの二つずつの染色体をもつ。性染色体の異常による先天異常には、ターナー症候群などがある。　→染色体、染色体異常

精　巣　睾丸ともいう。男性の陰囊内にある一対の性腺。発生初期には腹腔内にあり陰囊内へ腹膜に覆われたまま下降するが、下降せずに停留睾丸になることがある。精子をつくるほか、精巣ホルモンを分泌し、男性の性徴をつかさどる。

製造物責任法〔平成6年法律85号〕　製造物の欠陥によって人の生命、身体又は財産に被害が生じた場合に、製造物の欠陥が証明されれば、製造業者にこれによって生じた損害を賠償する

責任があることを認める法律。PL（Product Liability）法。

生存権　人間として生まれた以上、人間らしく生きることを当然のこととして求める権利。憲法第25条に「健康で文化的な最低限度の生活を営む権利」として規定されているのがこれに当たる。生存権は、ただ生命を長らえるというだけではなく、「健康で文化的に」人間らしく生きる権利である。　→憲法第25条

生存権保障　国民が生存又は生活のために必要な条件の確保を国が保障すること。我が国では憲法第25条第1項に、「すべて国民は健康で文化的な最低限度の生活を営む権利をもつ」趣旨が規定されている。　→生存権

生体腎移植　腎臓移植において、生存者（患者の肉親など）から片方の腎臓を摘出し、移植を行うことをいう。　→腎臓移植

生体リズム　健康を維持し生命現象を円滑に進めるために、生体は一定の周期（昼夜、1か月、1年等）をもった生理機能の変動を示し、生存している環境の変化に対応している。この変動を生体リズムという。生体リズムの誘因には、明暗、気温、湿度、気圧、音等がある。

成長ホルモン　下垂体前葉から分泌されるホルモンで、骨の成長発育とたんぱく質の合成を促進する作用がある。幼少時に不足すると小人症、過剰では巨人症になる。骨の発育が停止した後、過剰になると末端肥大症を引き起こす。

成年後見制度　認知症高齢者、知的障害者、精神障害者など、判断能力が不十分であるために法律行為における意思決定が不十分又は困難な者について、その判断力を補い保護支援する制度。法定後見制度と任意後見制度の二つからなる。平成11年の民法の改正等において、従来の禁治産、準禁治産制度が改められ、自己決定の尊重、残存能力の活用、ノーマライゼーション等の新たな理念のもとに、柔軟かつ弾力的な利用しやすい制度として構築された。　→法定後見制度、任意後見制度

成年後見制度法人後見支援事業　成年後見制度における後見等の業務を適正に行うことができる体制の整備や法人後見の活動の支援を行うもので、市町村地域生活支援事業の必須事業の一つ。法人後見実施のための研修や法人後見の活動を安定的に実施するための組織体制の構築、法人後見を行う事業所の立ち上げの支援など、法人後見の活動の推進に関する事業を行う（平18障発0801002）。

成年後見制度利用支援事業　障害福祉サービスの利用の観点から、成年後見制度を利用することが有用であると認められる知的障害者・精神障害者で、費用の補助を受けなければ成年後見制度の利用が困難な者に対して、費用を支給する事業。市町村地域生活支援事業の必須事業の一つ（障総合77条、平18障発0801002）。介護保険においても、地域支援事業のうちの任意事業として、低所得の高齢者を対象に、成年後見制度の申し立てに要する経費や成年後見等の報酬の助成が行われる（介護115条の45、平18老発0609001）。

成年後見人　精神上の障害により判断能力に欠けるとして、家庭裁判所により後見開始の審判を受けた者（成年被後見人）の財産に関するすべての法律行為について代理権を有する者（民法7条・8条・859条）。　→成年後見制度、法定後見制度、保佐人、補助人

性ホルモン　男女の性腺（精巣・卵巣）及び副腎皮質から分泌されるホルモン。外生殖器にみられる第一次性徴や、骨格や体つき、月経の発現にみられる第二次性徴、性周期をつかさどり、下垂体前葉からの性腺刺激ホルモンによって調節される。副腎皮質からその個体と異なる性の性ホルモンも、分泌されている。　→卵胞ホルモン、黄体ホルモン

生命維持管理装置　人の呼吸、循環又は代謝の一部を代替し、又は補助する装置をいう。人工呼吸器、高気圧治療装置、人工心肺装置、補助循環装置、体外式ペースメーカー、除細動器、血液浄化装置等がある。その操作を行えるのは、医師、看護師、准看護師、臨床工学技士等に限られている（昭63健政発198）。

生命徴候　⇨バイタルサイン

性役割 ジェンダーに付随した役割。一般的には、生まれた時から男女間の生物学的差異（セックス）に関連して、社会的・文化的に価値づけられた性役割（ジェンダー役割）を獲得するようにしつけ、教育される。少女は女らしく、少年は男らしく育てられ、それぞれの性役割に合ったパーソナリティを形成していくと考えられている。男性、女性に応じた役割特性は各々男性性、女性性と呼ばれ、男性性・女性性両方を持ち合わせたものを両性性という。　→ジェンダー

整　容 毎日の着替えや洗面、歯磨き、洗髪、整髪、ひげ剃り、身体の保清を整えること。加齢や身体の不自由により、これまでの手順で行えなくなったり、意欲が失せたりするが、毎日の生活にリズムをつけるためにも行うよう援助することが望ましい。

生理的欲求 人間のもつ基本的な欲求の一つ。生命体としての人間の生理から必然的に生まれてくる欲求で、飢えと渇きを満たす飲食の欲求、排泄の欲求、疲れた身体を休める休息の欲求、異性との愛と性を求める欲求等がこれに含まれる。　→人格的欲求

生理的老化 加齢とともに起こる身体機能の変化。身体を構成する細胞が徐々に減少するために、皮膚、筋肉、臓器等に萎縮が現れ、機能の低下をみる。老化によって失われた機能は回復が難しいため、日常生活動作の低下等、健康上、生活上の重要な問題となる。　→精神的老化

政令指定都市 政令で指定する人口（法定人口）50万以上の市のこと。都道府県が実施する事務の一部を処理する。平成26年4月現在、全国に20市ある。

セーフティネット支援対策等事業 地域社会のセーフティネット機能を強化し、生活保護受給者を含む地域の要援護者の福祉の向上に資することを目的とする事業。生活保護受給者や低所得者、ホームレスなど地域社会の支えを必要とする要援護者全般に対して、自立・就労に向けたさまざまな支援サービスが総合的、一体的に実施される。実施主体である都道府県、市区町村、社会福祉協議会等が地域の実状に応じて、自立支援プログラム策定の推進、生活保護の適正実施の推進、地域福祉の増進、ホームレス等への支援、中国残留邦人等への支援を実施する（平17社援発0331021）。　→自立支援プログラム

世界人権宣言〔Universal Declaration of Human Rights〕　1948年第3回国連総会において採択された。「すべての人民とすべての国家が達成すべき共通の基準」（宣言前文）を定めたもので、この宣言自体には、何ら法的拘束力はないが、近代人権宣言の集約であり、いわば人類憲法の前文としての歴史的位置を占める。

世界保健機関〔World Health Organization；WHO〕　国際連合の専門機関の一つ。1948年に発足し、世界中の人々が最高水準の健康を維持することを目的としている。加盟国は194か国（2014年現在）で本部はジュネーブにある。主な事業として、感染症対策、衛生統計、基準づくり、技術協力、研究開発などを行っている。

世界レジャー・レクリエーション協会　世界各国のレクリエーション団体が結集した組織。その前身は、1956年に全米レクリエーション協会から分離独立した国際レクリエーション協会（International Recreation Association；IRA）である。その後、1973年にヨーロッパレジャー・レクリエーション協会が発足し、同年これらを統合した世界レジャー・レクリエーション協会（World Leisure and Recreation Association；WLRA）が誕生した。組織の目標は人間的・文化的・社会的見地からのレジャー・レクリエーションの重要性について意識の高揚を図ることであり、各国のレジャー・レクリエーション運動を援助している。日本レクリエーション協会もこの組織に加盟している。

セカンドオピニオン〔second-opinion〕　主治医によって示された診断や治療方針について、主治医以外の医師（専門医等）に意見を聞くこと。日本では「患者中心の医療」の認識の浸透とともに推奨されるようになった。その目

的には、①主治医の診断や方針の確認、②専門医に聞くことで治療の妥当性の確認、③主治医の示した方法以外の選択肢を知る、などがあると言われる。最近では「セカンドオピニオン外来」を開設する医療機関も増えてきた。

脊　　髄　脊柱の脊椎管内にあって、上は延髄に、下は細条となって尾骨に達する索状器官。脳と共に中枢神経系を構成し、脳と末梢との間における知覚・運動の刺激伝達及び反射機能をつかさどる。

脊髄小脳変性症　主に小脳や脊髄性の運動失調を主症状とする神経変性疾患。病変部位により症状に違いがみられ、皮質性小脳萎縮症や遺伝性脊髄小脳変性症1型、2型などがある。オリーブ橋小脳萎縮症はシャイ・ドレーガー症候群などとともに多系統萎縮症と呼ばれる。体幹の運動失調や不明瞭な発語、眼振などがみられ、徐々に進行して日常生活動作の低下を招く。→特定疾病

脊髄神経　脊髄と手・足・胴の皮膚や筋肉を結ぶ神経。脊髄へ皮膚・筋の感覚を伝える感覚神経と、脊髄からの運動の指令を伝える運動神経からなる。これが麻痺するとその支配域の筋が動かなくなり、感覚が麻痺する。

脊髄損傷　交通事故などの外傷により脊椎の骨折、脱臼に伴い生じる脊髄の障害で、重篤な機能障害を示す。脊髄は神経系の下位中枢機能と伝導路機能をもつため、損傷部以下の弛緩性麻痺、全知覚脱失、膀胱直腸障害等を来す。合併症の予防ならびに社会復帰と自立を目指したリハビリテーション等の機能訓練が重要である。

脊　　柱　背骨のこと。32～34個の椎骨（頸椎、胸椎、腰椎、仙椎、尾椎）からなる。体幹の中軸をなす柱状の骨格で、椎体間は靭帯と椎間円板で結ばれ可動性に富む。立位時に側方からみるとS字状に湾曲しているのが人類の特徴で、腹筋、背筋等で骨格を支えて直立するため、筋力の衰える高齢者においては姿勢の悪化、骨の変形や固定を招きやすいので、よい姿勢の維持に注意する。

脊柱管狭窄症　椎間板の変性などの退行性変化によって脊柱管が狭められ脊髄や神経根を圧迫し症状が現れる疾患。馬尾神経症状が主体の腰部脊柱管狭窄症と、頸髄の圧迫による症状が主体の頸部脊柱管狭窄症に大別される。前者は、座って休むと軽快する間欠跛行、下肢のしびれ、痛み、膀胱や直腸の機能障害が特徴で、後者は後縦靭帯骨化症などさまざまな原因による頸髄症と同様に四肢のしびれや歩行障害、排尿障害などが現れる。→特定疾病

脊椎分離症　椎弓の上関節突起と下関節突起の中間部の骨が分離する疾患。遺伝の関与が示唆されている。腰痛、臀部痛、大腿部痛を訴えるが特有なものはない。X線の斜位撮影で、上下関節突起間の分離を証明することにより診断される。

赤　　痢　赤痢菌感染による細菌性赤痢と、原虫である赤痢アメーバによるアメーバ赤痢を併せて赤痢と呼ぶ。頻回の下痢と腹痛を呈する。下痢便には粘液、血液あるいは膿が混入する。

セクシュアリティ〔sexuality〕　生物学的な性差としてのセックス、社会・文化的な性差としてのジェンダーに対して、性をめぐる観念や欲望の指向などの「性的なこと」をいう。→ジェンダー

世　　帯　住居と家計を共にする人々の集団、又は独立して住居を維持しもしくは生計を営む単身者を指す。行政上の調査等において、国民の生活の単位を表すための行政用語。同一戸籍ないし生計を共にするものであっても他出中の家族員（就学、単身赴任等のため一時的に別居している家族員）は含まず、同居人や使用人は含まれる。

世代間扶養　通常、就労現役世代が負担する税や保険料で、就労を引退した高齢者の生活を支えることを指す。現役世代がこれまで社会的に貢献してきた高齢者を支えるのは当たり前であるという発想と、高齢者は高齢者で自立すべきであるという発想がある。

世帯類型　世帯を、基準となる指標によって

分類したもの。その際、何を指標にするかによっていくつかの類型化ができるが、例えば、家庭経済を考察するときに用いるものに所得源泉がある。家計の所得源泉は勤労所得、事業所得、財産所得、移転所得からなり、それらを主要な所得源泉にしている世帯は雇用者世帯（勤労者世帯）、自営業主世帯、資産家世帯、被保護世帯である。また、雇用者世帯、自営業主世帯以外の世帯を非就業者世帯ともいう。

赤血球　血液中にある細胞で、血液の容積の40〜45％を占める（これをヘマトクリット値という）。血色素をもっており、酸素と二酸化炭素の運搬を行っている。骨髄で生成され、約120日で肝臓や脾臓で壊される。　→血色素

舌根沈下　意識障害に陥った際に、弛緩した舌の付け根が後下方に落ち込むことをいう。気道閉塞を起こす危険な状態なので、素早く頭部を後ろに反らし、下顎を押しあげるなどして気道を確保する。　→気道閉塞、気道確保

摂食障害　食物を口へ入れ、嚥下するまでの過程における種々の障害をいう。手の機能障害や、口腔内の障害、頭部の筋・口唇・舌・嚥下筋の筋力低下や麻痺などがある。また、食に関連した精神障害で、思春期・青年期の女子に多い極端なダイエットを中心とした拒食症と、反対に多食となる過食症（両者の間はしばしば移行する）を摂食障害ということもある。　→神経性無食欲症、神経性大食症

摂食中枢　脳の間脳の視床下部に存在し、摂食を促す神経である。摂食中枢は胃の収縮運動や血糖値の低下、体温の低下により刺激を受け興奮し、空腹感を生じさせ食物を食べるように促す。飢餓中枢ともいう。　↔満腹中枢

舌苔　舌の表面が苔が生えたような状態になること。その上にさらに角質化した上皮細胞や食物の残渣、細菌などが滞留する。口腔を不潔にしていると起こりやすい。また消化器疾患や衰弱によって食物のそしゃく運動が行われないときなどに発生しやすい。口腔の清潔に注意する。　→口臭

切迫性尿失禁　尿を溜められないために起こる蓄尿障害の一種で、トイレに行くまでに我慢ができずに漏れてしまったり、トイレに入って下着をおろそうとしている間に漏れてしまうものをいう。自分の意思に反して膀胱が勝手に収縮してしまい、十分に尿を溜めることができないままトイレに行くので、回数が増え漏れやすい。脳血管障害、パーキンソン病、膀胱炎の人に多い。　→失禁

説明体　記録の文体の一つであり、出来事に対する介護従事者の解釈や分析を記述するときに用いる。介護従事者には、専門職として事実をどのようにとらえ、解釈・分析しているのかを提示することが求められる。説明体は、事実の意味を分析し、記述する記録の文体である。

セツルメント〔settlement〕　大学関係者や公共団体等の知識人が、スラム街、工場街に住み込み、住民の生活を（特に教育的側面から）援助する活動及び施設。また、その生活実態を明らかにするための調査活動を行い、貧困の社会性や、貧困解決に向けた社会改良の必要性を訴えた。歴史的には19世紀後半のイギリスにおけるトインビー・ホールに端を発する。その後、アメリカでのハル・ハウス、日本でのキングスレー館等、世界各国に運動は発展した。→アダムス, J.

セネストパチー　⇒体感症

セミパブリックスペース　ユニット型施設などにおける準公共的空間のこと。ユニットを越えた仲のよい利用者同士で集まることができる場所、趣味活動や娯楽のための空間、家族と宿泊できる部屋などがこれに相当する。セミパブリックスペースにおいては、暮らしの場がユニットの外へと広がるような建築的配慮が大切である。

セミプライベートスペース　ユニット型施設などにおける準個人的空間のこと。居室と一体的に配置された食堂や、リビングを中心とする空間がこれに相当する。セミプライベートスペースは利用者にとって食事の場であると同時に、食事と食事の間を自由に過ごすための場でもある。そのためには、気軽に立ち寄ることが

でき、安心感を伴ってそこに身を置くことができる空間である必要がある。

ゼラチン　原料は動物の真皮、骨、腱で、栄養成分はアミノ酸組成に特徴があり、トリプトファンを除くすべての必須アミノ酸を含む。たんぱく質が摂取でき、低カロリーである。最近では体内での免疫機能を高め、がん予防効果があることも報告されている。介護食では、口中の温度で溶けるため、高齢者や障害者の介護用補助食品としても用いられている。

ゼラチン化　動物の骨や腱、皮、鱗などに含まれているコラーゲンと呼ばれる硬質たんぱく質が水とともに長時間加熱され可溶性のゼラチンに変化すること。すじ肉などコラーゲンを多く含む硬い肉を長時間煮込むことにより軟らかくなるのもゼラチン化による。

セラピー〔therapy〕　療法のこと。理学療法、作業療法、言語療法、音楽療法、園芸療法、アロマテラピー（芳香療法）、レクリエーション療法などが知られている。また、それらの療法を行う人をセラピストという。

セラピスト〔therapist〕　療法士。治療関係の専門職のことで、理学療法士、作業療法士、言語聴覚士、心理療法士などを示す。

セラピューティック・レクリエーション・サービス〔therapeutic recreation service〕　レクリエーションのもつ治療的・教育的効果に注目し、特に障害をもつ人々がより良い生活を送るために、最適なレクリエーション活動を生活行動の中に積極的かつ自主的に組み入れることができるように支援すること。援助対象者の状況に応じて、機能向上、レジャー教育、レクリエーション参加の三つの到達目標で支援する。近年、福祉レクリエーションの領域で関心を集めている。

セラピューティック・レクリエーション・スペシャリスト〔therapeutic recreation specialist〕　セラピューティック・レクリエーション・サービスを実践研究している専門家を指す。アメリカでは、セラピューティック・レクリエーション・スペシャリストだけが、セラピューティック・レクリエーション・サービスを企画・運営することができるが、日本では専門的な職能として確立していない。　→セラピューティック・レクリエーション・サービス

セルフケア〔self-care〕　医療機関や各種介護サービス等による他者からの援助を受けず、自らが自立的に生命や健康生活を守ろうとする意志とその技法をもつこと。自己管理。

セルフヘルプ〔self-help〕　「セルフヘルプ」とは自分で自分を助けるという意味であり、日本語の「自助」に相当する。同じ障害や疾病をもつ者同士が情報交換したり、助け合うことを意味し、そのために、グループや団体を結成して活動をしている。セルフヘルプグループには、その規模の大小や目的等に応じてさまざまなものが存在する。障害者当事者団体などもセルフヘルプグループであり、具体的には、日本身体障害者団体連合会、全日本ろうあ連盟、日本盲人会連合、全日本手をつなぐ育成会、断酒会などがある。　→断酒会

セルロース　綿、麻、レーヨン等の繊維を構成する繊維分子。セルロースは、グルコース（αグルコース）が重合してできた高分子化合物である。セルロースからできている繊維は、セルロース系繊維といわれ、これらは、繊維分子中に親水基（－OH）をたくさんもっているため、吸湿性や染色性などに優れている。

繊　維　太さが肉眼で直接測れないほど細く、長さが長いものをいう。衣料用の繊維分子には次のような条件が望まれる。1万以上の分子量をもつ高分子で、鎖のように長く伸び、屈曲性のある構造をもつ。繊維分子が平行に並び、繊維の強度・弾性に関与する規則正しい配列の部分（結晶領域）と染色性・吸湿性に関与する不規則な部分（非晶領域）をもつ。適当な官能基をもち染料・水との親和性をもつ。繊維が不織布に、また、糸になり、織物や編物などの繊維製品になる。

繊維製品の取り扱い表示　家庭用品品質表示法に基づき、繊維製品品質表示規程が定められている。表示を要する内容は、繊維の組成、家

庭洗濯等取り扱い絵表示（洗い方、塩素漂白の可否、アイロンの掛け方、ドライクリーニング、絞り方、干し方など）、撥水性、表示者の氏名又は名称及び住所又は電話番号等である。また、不当景品類及び不当表示防止法に基づいて、原産国（洋服は縫製国、靴下は編立国）が表示される。

繊維製品品質表示規程〔平成9年通商産業省告示558号〕　家庭用品品質表示法に基づき、一般消費者が適切な繊維製品の選択をするための具体的な表示事項を定めたもの。繊維製品の種類による、繊維の組成、家庭洗濯等取扱い方法、撥水性の表示のほか、製造業者等の名称、住所又は電話番号の表示が義務付けられている。　→家庭用品品質表示法

繊維の軟化点　繊維の熱特性を表すものの一つで、加熱過程で柔粘性を示す温度を軟化点という。溶融する温度を融点、分解する温度を分解点、発火する温度を発火点という。これらの温度は繊維製品のアイロン適性温度に影響する。天然繊維は、一般には加熱すると軟化する工程を経ずに燃焼または熱分解する。半合成繊維と合成繊維は、加熱すると軟化し、溶融してから燃焼または熱分解する。アイロンをかけるときは、適温を守り、低温のものから高温のものへとかけ、繊維を損傷しないことが大切である。

遷延性排尿　排尿困難の一種で、排尿をしようとしてから尿が出はじめるまでに時間がかかるもの。前立腺肥大症のときにみられる。これに対して、尿が出はじめてから排尿が終了するまでに時間がかかるという排尿困難を、苒延性排尿という。

全介助　自立、部分介助（一部介助）に対する言葉。食事、入浴、整容等の行為のすべてを援助者が介助しなければ行えない状態を全介助状態という。

腺がん　腺様構造をもつがん細胞。発生部位は、胃、腸、胆嚢、甲状腺、気管支、乳腺、子宮である。

前がん状態　臨床的にみて、がんを続発しそうな病的状態をいう。例えば、肝硬変は肝がんの前がん状態であるとするが、明確に病理学的には説明できない。また、がんとは確定できない異型増殖を示すものを前がん状態ということもあって、その示すところは一様ではない。

前期高齢者　⇒後期高齢者

前向健忘　記憶障害の一種で、障害を受けた時点より以降の一定期間の記憶が失われるものをいう。　↔逆向健忘

全国健康保険協会　健康保険組合のない事業所の被用者の健康保険を管掌する公法人。愛称は「協会けんぽ」。実際の業務のうち、資格の確認、標準報酬月額等の決定及び保険料の徴収は厚生労働大臣が取り扱う。協会は都道府県単位の財政運営を基本とし、都道府県ごとに地域の医療費を反映した保険料率を設定する。

全国在宅障害児・者等実態調査　平成23年12月1日を調査日として実施された、在宅の障害児・者等の生活実態とニーズを把握することを目的とした調査。従来、障害者に関する実態調査として、身体障害児・者等実態調査と知的障害児（者）基礎調査が概ね5年ごとに実施されてきたが、これらの調査を統合・拡大したもの。調査方法としては、調査員が調査区内の世帯を訪問し、調査の趣旨等を説明のうえ、調査対象者に調査票を配布し、記入及び郵送による返送を依頼する。調査事項としては、日常生活のしづらさの状況、障害の状態、障害者手帳の所持の有無、福祉サービスの利用状況、日常生活上の支援の状況、日中活動の状況、外出の状況、家計の状況などがある。

全国社会福祉協議会　社会福祉協議会の全国組織。社会福祉法上の「社会福祉協議会連合会」にあたる。厚生労働省等国の機関との協議、各社会福祉協議会との連絡・調整、福祉に関する調査・研究、出版等の活動を行っている。一般的には、「全社協」の略称で呼ばれる場合が多い。→社会福祉協議会

全国老人クラブ連合会　昭和37年に設立し、老人福祉の推進と、全国で活動する約11万の老人クラブの相互連絡と育成を目的とした組

織。具体的な事業として、都道府県老人クラブ連合会の連絡調整、老人クラブへの調査研究、指導者の養成訓練、中央官公庁等との連絡等を行っている。

仙　骨　脊柱を構成する椎骨のうち、腰椎と尾椎の間にある、5個の仙椎が融合してできた部分。

洗　剤　汚れの除去の主機能をもつ界面活性剤に、界面活性剤の働きを増補する成分を配合したものをいう。洗剤には、陰イオン系と非イオン系の界面活性剤が使われる。家庭用品品質表示法に基づき、品名、成分、液性、用途、正味量、使用量の目安、使用上の注意、製造者の表示がされている。界面活性剤の原料により、石けんと合成洗剤に区分される。

潜在的ニーズ　顕在的ニーズの対語。福祉ニーズ等のニーズを二つに大別した場合、本人が自覚あるいは感得していないとしても、ある一定の基準から乖離し、その状態の解決が社会的に必要であるとみなされている状態を指す。現実的なサービス需要として顕在化せず、潜在化しているニーズ。例えば、特別養護老人ホーム等の福祉施設へ入所し施設福祉サービスを必要とする状態にあるが、家族介護によって在宅で生活しているような場合である。この場合、家族介護が限界に達すれば、ニーズは顕在化してくることになる。　⇔顕在的ニーズ

センサス〔census〕　統計的な実態調査のこと。国勢調査や農業センサスに代表される。対象となる調査単位を残さず調べる全数調査が本来のセンサスの意味である。　→国勢調査、全数調査、社会福祉調査法

染色体　細胞の核には染色体が存在し、その上に遺伝子が配列されている。ヒトには46個の染色体があり、そのうち44個（22対）は常染色体であり、2個は性染色体である。ダウン症候群は常染色体の異常である。　→性染色体、染色体異常

染色体異常　ヒトの46個の染色体に、数や形の異常があること。異常のある染色体の種類により、常染色体異常（ダウン症候群、ネコ鳴き病など）と性染色体異常（ターナー症候群など）に区分される。　→染色体、性染色体

全数調査　対象となる調査単位を残らず調査する調査方法。具体的には、国勢調査や農業センサス等に代表される。最も信頼性が高く正確な結果が得られるが、調査対象範囲が大きい場合、人員・経費等の関係で実施が難しい場合が少なくない。悉皆（しっかい）調査ともいう。　→標本調査、国勢調査、センサス、社会福祉調査法

尖　足　脳性麻痺等の二次障害としてアキレス腱が萎縮することで、足関節が底屈位を示す変形で踵が床につかなくなり、つま先だけで歩行せざるをえなくなる状態。尖足になる前に、早期リハビリテーションとして正しい足の使い方の訓練がなされる必要がある。

喘　息　気管支けいれん等によって起こる発作性の呼吸困難。気管支の狭窄による特有の喘鳴（ぜんめい）を伴う。いろいろな誘因があるが、不明な点が多い。アトピー、感染等のほか心因性のものもある。発作時には、これら誘因を除くとともに、気管支拡張剤の吸入や酸素吸入が試みられる。　→喘鳴

センター方式　⇨認知症の人のためのケアマネジメントセンター方式

洗濯用合成洗剤　汚れを除去する界面活性剤が石油化学（一部は油脂化学）によって生産される炭化水素鎖をその骨格構造とするものである。AOS（αオレフィンスルホン酸塩）、LAS（直鎖アルキルベンゼンスルホン酸塩）、AS（アルキル硫酸エステル塩）、AES（アルキルエーテル硫酸エステル塩）等の強酸のアルカリ塩で、カルシウムなどの硬水中のイオンによる影響も少なく、石けんよりも洗浄力は優れている。さらに合成界面活性剤は中性なので、助剤（ビルダー）を変えることにより中性及びアルカリ性のものを作ることができる。中性洗剤は毛、絹等のアルカリに弱く、汚れの少ない繊維に使用され、洗濯後の風合いがよい。弱アルカリ洗剤は、アルカリで損傷を受けにくい繊維や汚れのひどい衣料の洗濯に使用される。

洗濯用石けん　汚れを除去する界面活性剤と

して、やし油や牛脂などの天然の脂肪酸を使用したものである。固形と粉末状のものがある。固形石けんはやし油等を原料にし、洗浄力の増加にケイ酸ナトリウムを加えてある。粉末石けんは脂肪酸ナトリウムを主成分とし、ケイ酸ナトリウム、炭酸ナトリウム、硫酸ナトリウム、CMC等が配合されている。石けんは水中でアルカリ性を示し、水に溶けにくく水中の金属イオンと結合して石けんかすを作る。これらは石けんの洗浄力を低下させるだけでなく衣料に付着し、黄ばみの原因となる。

洗腸法（イリゲーション） 一般には、人工肛門患者に対して排便を目的として適応することが多く、飲料に適した微温湯をストーマより注入して腸の内容物を洗い出す方法をいう。一定時間排便の煩わしさから解放される利点があり、社会復帰している人に適する。医師の許可が必要。また、下行結腸、S状結腸ストーマの場合に限られる。

先天性疾患 出生前に生じた異常や疾患をいう。先天異常ともいう。成因は、遺伝要因によるもの、環境によるもの、及び遺伝と環境の両要因によるものとがある。

先天性障害 生まれつきの障害。遺伝によって伝えられたものばかりでなく、胎生期に外的要因（放射線、薬物、感染、難産等）によって引き起こされた状態も含んでいる。　↔後天性障害

先天性代謝異常 遺伝子の異常によって起こる代謝異常で、異常代謝物質が蓄積するなどして生体の本質的機能、例えば神経系を侵し知的障害などに至る。糖代謝異常として糖原病、アミノ酸代謝異常としてフェニールケトン尿症、脂質代謝異常としてゴーシェ病等がある。新生児期にガスリー法等のスクリーニング検査を行い、早期に診断することにより発症予防のための措置がとれる場合もある。　→先天性代謝異常検査

先天性代謝異常検査 放置すると知的障害などの症状を来すフェニールケトン尿症等の先天性代謝異常及び先天性甲状腺機能低下症について、血液によるマス・スクリーニング検査を新生児に対して行い、異常を早期に発見し、後の治療とあいまって障害の発現を予防することを目的とするもの。

蠕動運動 消化管などの管状の臓器がその内容を波状に送る基本的な運動形式。食道の場合、食塊が咽頭から食道に至ると食塊のすぐ下の筋が弛緩し、すぐ上にある筋が収縮することにより、食塊が下へ運ばれていく波状の運動を指す。胃では、入り口の噴門から出口の幽門に向かって蠕動が起こり、食塊と消化液が混ぜ合わせられ、消化吸収を助ける。この蠕動運動は小腸から大腸、直腸まで続く。尿管においても尿を膀胱へ送るための蠕動運動がみられる。

前頭側頭型認知症　⇨ピック病
前頭側頭葉変性症　⇨ピック病

全般性認知症 知能を構成する記憶力、理解力、判断力、推理力、計算力等が一様に広く障害された認知症の状態をいう。

全般性不安障害 不安障害の一つ。過剰な不安、心配（予期不安）が少なくとも6か月以上続くもので、落ち着きのなさ、疲労感、集中困難、睡眠障害を伴うことが多い。他の精神疾患・身体疾患・器質性疾患によらないもの。

喘鳴 気道の狭窄や粘液付着のために生じる、ヒューヒュー、ゼーゼーというような呼吸音。呼吸困難を表す症状の一つ。吸気時に聞かれるものと、呼気時に聞かれるものがある。気管支喘息、ジフテリア、百日咳、肺水腫や、末期患者にみられる。

せん妄 意識障害の一種で、意識混濁と幻覚、錯覚、不安、不穏、興奮を示す状態をいう。せん妄状態では、外界の認知が悪くなり、思考や判断が混乱する。目つきは力を失い、表情はしまりがなく、外界への関心も低下する。行動はまとまりを欠き、廊下で放尿をする等の異常な行動がみられることもある。認知症疾患やアルコール依存症に伴うことが多い。　→振戦せん妄、夜間せん妄

全盲 視覚障害のうち、光覚すら消失している状態をいう。

前立腺　男性生殖器を構成する器官で、膀胱の底にあり、尿道がその中を貫く。前立腺液を分泌する外腺と尿道分泌腺である内腺の二つの部分よりなる。前立腺疾患は高齢男子の排尿障害の原因として最も多いものである。内腺が肥大する前立腺肥大症は、排尿困難や頻尿にはじまり、進行すれば排尿後も膀胱内に尿が残るようになり（残尿）、尿が出なくなったり腎機能障害を生じることがある。治療としては薬物療法や前立腺内腺摘除が行われる。前立腺がんは、外腺の主に後葉に発生する腺がんで、腫瘍マーカー検査により早期発見が可能である。前立腺がんは今後急増すると予想されている。

前立腺がん　前立腺に発生する悪性腫瘍で、高齢者に多い。初期は無症状であるが、進行すると血尿、頻尿、排尿時痛、尿閉などをみる。初期であれば前立腺全摘除術、進行していれば抗男性ホルモン療法（除睾術、女性ホルモンや抗男性ホルモンの投与）、放射線療法が行われる。

前立腺肥大症　加齢に伴い前立腺の内腺の増生が生じ、徐々に肥大し尿道を圧迫する疾患。男性高齢者の 80 ～ 90％にみられ、頻尿、遷延性排尿・苒延性排尿などの排尿困難、残尿、尿閉へと進行する。手術療法が有効で、経尿道的にあるいは下腹部切開により行う。

そ

躁うつ病　⇨気分障害

臓器移植　機能が廃絶したある臓器をほかのより延命効果の期待できる臓器に取り換えること。自己移植、同種移植、同系移植の別がある。熱傷時には自己移植である皮膚移植が行われる。現在よく行われる臓器移植は腎臓移植であり、ほかに心臓、肝臓、肺、骨髄移植等がある。日本では、平成 9 年に臓器の移植に関する法律が公布、施行され、脳死体からの臓器移植が実施されている。

早期がん　小さながん、転移のないがん、浸潤がほとんどみられないもの、治癒率の高いがんなどの特徴に対して使われる用語。進行がん、末期がんに対する言葉である。

双極性感情障害　躁状態とうつ状態とが交互に繰り返し現れるもの。躁うつ病ともいわれる。躁状態では、気分の高揚、興奮、誇大妄想などといった症状がある。その一方で、うつ状態では、悲嘆や落ち込みなどといった症状がみられる。双極性感情障害は若年期に初発することが多く、老年期に初発することは少ないといわれている。

早期離床　手術後あるいは障害発生後、合併症や体力低下を防止し社会復帰を早めるため、不必要な安静は避け、できるだけ早く起床や歩行ができるようにすること。

早期療育　障害を早期に発見し、適切な療育を行うこと。早期療育は、直接的な本人の発達の援助ばかりでなく、適正な母子関係づくりや二次障害及び重度化の防止等、障害児の今後の人生という点からみても極めて重要な役割をもつものである。そのため、障害の原因を探りこれを予防する対策が、母子保健対策を中心に進められている。

装　具　補装具の一種。四肢又は体幹の疾病の治療又は機能障害の軽減のために装用する装置をいう。その使用部位により下肢装具、靴型装具、体幹装具、上肢装具がある。　→補装具

総合相談支援業務　地域支援事業のうち、包括的支援事業の一つ。地域の高齢者が住み慣れた地域で安心してその人らしい生活を継続していくことができるように、地域包括支援センターによる地域における関係者のネットワークの構築、高齢者の心身の状況や生活実態等の把握、地域の保健・医療・福祉サービスや機関、制度の利用につなげる等の支援を行う（介護 115 条の 45）。

総合リハビリテーションセンター　リハビリテーションに関する医学的、社会的、職業的各

側面の機能を統合的に発揮できるよう1か所に集め、システム化した形態の施設をいう。センターの機能としては、このほか、専門従事者の養成訓練、リハビリテーションに関する調査・研究、情報の収集・提供等の役割が期待される。なお、これらの機能を自己完結的にもつことが困難な場合は、各機能をもつ各種施設が有機的連携を保つことにより、総合的なリハビリテーションの機能を果たす方法もありうる。

相互扶助 地域社会などにおいて、その構成員に社会生活上の問題を抱える者が生じた場合、その構成員の自発的な協力・協同によって援助を行うことをいう。地縁、血縁、宗教等を媒体とした相互扶助活動は共同体の発生以来常にみられてきた。近年は、地域、家族に代表される社会集団の機能が弱体化し、地域援助活動などの社会福祉援助活動が、代替・補完するようになっている。　　　→地域援助活動

葬祭扶助 生活保護法による保護の一種。困窮のため最低限度の生活を維持することのできない者を対象として、葬祭を行うのに必要なものを給付する。保護を受けている者が死亡し、扶養義務者がいない場合や死亡者の遺留品では葬祭が行えない場合等に、葬祭を行う者に対して給付される。具体的には検案、死体の運搬、火葬又は埋葬、納骨等葬祭に必要なものであり、主に金銭給付によって行われる（生保18条・37条）。　　　→生活保護の種類

喪失体験 自分にとって価値があるものを失う経験のこと。老年期には、疾病による健康の喪失、配偶者や友人の死による人間関係の喪失、退職等による経済的な喪失や社会的アイデンティティの喪失などの多くの喪失体験をしやすく、意欲の低下を引き起こすなど、生活や心理に影響を与える要因となる。

創　　傷 外力により皮膚又は粘膜で覆われた身体の表面や臓器の表面が損傷を受け、離断したり、多少ともし開（傷が開くこと）した病的状態。厳密には創とは開放性損傷を指し、傷とは非開放性損傷を指す。創傷の治癒過程には一次的治癒と二次的治癒がある。

巣 症 状 脳の器質性障害により生じる失語、失行、失認などの精神機能の障害であり、認知症の中核症状の一つ。　→失行、失認（症）

増　　殖 細胞や細菌・ウイルス等が増加すること。細菌・ウイルスでは培養時間と細胞の増加に一定の曲線を示す増殖曲線が認められる。腫瘍細胞の発育には、良性腫瘍の場合に見られる周囲を圧排しながら増殖する膨張性発育と、悪性腫瘍に見られる血管やリンパ管に侵入し増殖する浸潤性発育がある。

創設家族　⇨生殖家族

相　　続 人の死亡を契機としてその財産が移転すること。民法では、遺言があれば法定相続（民法の定める相続の原則）に優先するとしており、かつ、遺言自由の原則をとっている。遺言のない場合及び遺言があっても遺言で処分されていない財産がある場合は、法定相続による。法定相続について、戦前においては単独相続形態である家督相続と共同相続である遺産相続が認められていたが、現行民法では遺産相続としての共同相続（諸子均分相続）のみが認められている。なお、平成25年12月の民法の改正により、嫡出でない子の相続分が嫡出子の相続分と同等となった。　　　→遺言

相　　談 介護現場においては、相談により、仕事の進め方や仕事上の悩みなどに対して助言を得ることができたり、必要な情報を得ることができたりする。相談に際しては、相談する目的を明確にするとともに、自分なりの考えや対策を頭に描いておくようにする。

相談援助 社会福祉援助においては、問題を抱えた者に対して、援助者が主に個別援助等の方法を活用して、問題解決の手助けを図ることをいう。福祉事務所、児童相談所等の社会福祉機関の業務として行われるのが代表的である。社会福祉士は、専門的知識と技術を習得し、主として生活問題に対応する相談援助を業とする最初の国家資格である。　→社会福祉士

相談援助実施機関 法律に基づき、相談援助を行う公的機関として、福祉事務所、児童相談所、身体障害者更生相談所、知的障害者更生相

談所、婦人相談所、精神保健福祉センター、保健所が挙げられる。各機関には、現業員、各種福祉司、相談員が配置され、個別援助を主に活用して相談援助が行われる。

相談援助面接　利用者やその家族が抱えている生活上の課題を解決する目的で行われる面接のこと。相談援助面接にあたっては、その目的のほか、継続回数の予測、面接の頻度と1回あたりの長さなどをあらかじめ明確にしておくようにする。援助者の基本姿勢はバイステックの七つの原則によく表されている。また、傾聴、共感、支持などの面接技法も援助者にとっては重要な姿勢である。　→バイステックの七つの原則、傾聴、共感（共感的理解）、支持

相談支援　障害者総合支援法において、「相談支援」は基本相談支援、地域相談支援及び計画相談支援に分けられている。基本相談支援及び地域相談支援のいずれも行う事業を一般相談支援事業といい、基本相談支援及び計画相談支援のいずれも行う事業を特定相談支援事業という（障総合5条16項）。　→基本相談支援、地域相談支援、計画相談支援

早朝覚醒　不眠症の症状の一つ。早朝（午前3時や4時）に目が覚めてしまい、それ以降眠れなくなる症状が続くこと。一度目が覚めてしまうとなかなか寝つけず、熟睡することができない。

早発性痴呆　E.クレペリンが現在の統合失調症について名付けた病名。青年期早期に発病し、進行性に経過し痴呆化に至る例が多いと考え命名された。歴史的意義をもつ用語として「認知症」ではなく「痴呆」のまま使用される。→統合失調症

躁病　躁状態を示す病相をいう。気分が爽快となり、行動せずにはいられなくなり（行為心迫）、考えが次々無関係に浮かんでくる（観念奔逸）などの症状を特徴とする病的状態。この状態では、多弁、多動、誇大的な考えから新しい計画を試みたり、金銭的浪費や周囲への無配慮など社会的な問題も起こしやすくなる。　↔うつ病

早老症〔progeria〕　老年期に達する前の小児期、成人期に、老化の徴候、特徴を示す一群の疾患である。生後1年以内に成長障害があらわれ、4、5歳頃より動脈硬化、骨粗鬆症、白髪、脱毛、老人様顔貌を呈し、平均寿命は10歳前後と短命で、ハッチンソン・ギルフォード・プロジェリア症候群と呼ばれることもある。成人型の早老症はウェルナー症候群と呼ばれ、動脈硬化性の疾患や悪性腫瘍で40〜50歳代に死亡する。　→特定疾病

ソーシャルアクション〔social action〕　⇨社会活動法

ソーシャルアドミニストレーション〔social administration〕　⇨社会福祉運営管理

ソーシャル・インクルージョン〔social inclusion〕　もともとは1980年代にヨーロッパで社会的問題となった外国籍労働者への社会的排除（ソーシャル・エクスクルージョン）に対する施策として導入された概念であった。その後、より幅広い概念となり、現在では「社会的つながりから阻害された人びとを社会的に包摂する施策」として理解されている。

ソーシャルウェルフェア・アドミニストレーション〔social welfare administration〕　⇨社会福祉運営管理

ソーシャル・キャピタル　人々のつながりの豊かさを表す概念で、社会関係資本と訳される。人々の協調行動を活発にすることによって、社会の効率性を高めることのできる「信頼」「規範」「ネットワーク」といった社会組織の特徴をさす。近年、地域コミュニティの問題解決において重要な役割を果たすことが期待されている。

ソーシャルグループワーク〔social group work〕　⇨集団援助活動、集団援助技術

ソーシャルケースワーク〔social case work〕　⇨個別援助活動、個別援助技術

ソーシャル・サポート・ネットワーク〔social support network〕　家族、近隣、ボランティア等、非専門的な援助者による援助のネットワークをいう。ネットワーク形成時には社会福祉分野の専門職が関わることもある。新しい概

念であり、明確に概念整理されてはいない。

ソーシャル・スキルズ・トレーニング〔social skills training〕　⇨生活技能訓練

ソーシャルプランニング〔social planning〕　⇨社会福祉計画法

ソーシャルワーカー〔social worker〕　一般的には社会福祉従事者の総称として使われることが多いが、本来は福祉倫理に基づき、専門的な知識・技術を有して社会福祉援助を行う専門職を指す。

ソーシャルワーク〔social work〕　狭義では、病気や障害、加齢などによって働けなくなった人たちや、失業、劣悪な住宅状況など、貧困がもたらすさまざまな生活問題を対象に、相談やサービスを提供することをいい、これを体系的に整理し、大学での専門職業養成に必要な教育体系をまとめる過程で形成されてきた。また、広義では、社会的ケアシステムの形成とその実施を担い、ソーシャルワーカーの養成・教育を進めるなかで公的資源や政策に対する働きかけをすることまで含めて体系化された。　→社会福祉援助活動、社会福祉援助技術

ソーシャルワーク・プラクティス〔social work practice〕　⇨社会福祉実践

ソーシャルワーク・リサーチ〔social work research〕　⇨社会福祉調査法

ゾーニング　住宅を設計する際に、同じ機能・目的・用途によって部屋（空間）を近くにまとめたり、離すなど大まかに区分けして計画することをいう。例えば、水周り（台所、浴室、洗面室、便所など）は、近くに配置するなど似たような機能・目的を果たす部屋（空間）をまとめてゾーンをつくり、配置を考えることが重要である。ゾーニングの際は、生活する人の動きである動線計画も併せて検討すると良い。プライバシー空間とコミュニケーション空間を分けて配置することが多いが、居室に滞在する時間が長い高齢者などの場合は、プライバシーの確保と同時に家族との交流もしやすい空間の配置や、外出を促し、外部との交流を促進するような空間配置が望まれる。

SOLER　イーガン（Eagan,J.）は、「私はあなたに十分関心をもっていますよ」と相手にごく自然に伝える身体面の動作を示し、英語の頭文字をとってSOLER（ソーラー）と名づけた。具体的には、S（Squarely）：利用者とまっすぐに向かい合う、O（Open）：開いた姿勢、L（Lean）：相手へ少し身体を傾ける、E（Eye Contact）：適切に視線を合わせる、R（Relaxed）：リラックスして話を聴く、という五つの身体面の動作を意味する。

側臥位　横向きに寝ている状態（一側上肢はそのまま体側に伸ばすか顔の近くに軽く曲げる）。上側になる下肢は前に軽く曲げ、体全体のバランスを取る。仰臥位（あるいは背臥位）に次いで多く、睡眠時、休息時によく取られる姿勢。背部の診察、浣腸、腸洗浄等にも用いられる。　→仰臥位、腹臥位

足背動脈　前脛骨動脈から伸び足の甲を通る動脈。骨に沿って浅部を通っているので、脈拍の触診が可能である。

足浴　足の部分浴。湯水を入れた洗面器等に足を入れて洗う。足先だけでなく、できるだけ下肢全体を浸けるほうが効果的。足浴しただけでも全身のそう快感が得られ、安眠を促す効果がある。　→部分浴、手浴

ソシオメトリー〔sociometry〕　社会測定学と訳されることもある。小集団の各メンバーの「好き」「嫌い」という相互の対人関係の知覚を測定し、人間関係の実体を把握し、グループの変容のための資料として用いられる。グループワークとの関連性が深い。　→集団援助技術

咀嚼　摂取した食物を、上下の歯で細かくかみ砕き、唾液腺から分泌される唾液と混ぜ合わせ嚥下するまでの過程をいう。咀嚼には舌や口唇、ほほの運動も作用しているがこれらは反射的に行われる。咀嚼が十分でない場合には、食物の形が崩れないまま、十分に唾液と混和されずに嚥下されることになる。そのため嚥下困難を生じたりする。

組成表示　家庭用品品質表示法による表示内容の一つ。糸、織物、ニット生地、ふとん、衣

料品等の対象品目につき、繊維の名称とそれぞれの組成繊維の混用率をパーセントで示す。繊維の名称は定められた指定用語で示す。使用されているすべての繊維名を表示し、混用率は合わせて100％とする。表地と裏地等異なる素材を使用している場合は、それぞれの部分で100％となるように表示する。

措　置　広義では、何かを取りはからうことを指すが、福祉サービスの利用に関する狭義の使い方では「養護老人ホームに措置する」のように、行政がその権限として強権発動することによってサービスの利用決定を行う「職権措置」を指す。

措置基準　⇨特別養護老人ホームの入所措置の基準、養護老人ホームの入所措置の基準

措置施設　社会福祉施設のうち、行政庁の職権による処分によって入所する施設をいう。養護老人ホーム、乳児院等がこれにあたる。　→契約施設

措置入院　精神保健福祉法に基づく入院形態の一つ。自傷他害のおそれのある精神障害者を都道府県知事及び指定都市市長が医療及び保護のために入院させること。2名以上の精神保健指定医の診察の結果、入院させなければ自傷他害行為のおそれがあると一致した場合に、その者を国立・都道府県立、地方独立行政法人の設立した精神科病院又は指定病院に入院させることができる。また、急速を要するために、2名以上の精神保健指定医の診察等の手続きをとることができない場合において、1名の指定医の診察の結果、自傷他害のおそれが著しいと認められるときは、72時間を限度に、措置入院と同様にその者を入院させることができる。これを「緊急措置入院」という。都道府県知事及び指定都市市長は、これらの入院措置を採ろうとする精神障害者をその措置に係る病院に移送しなければならないとされている（精保福29条〜29条の2の2）。

その人らしさ　人間にはそれぞれ個性というものがある。この個性とは、その人を取り巻く生活環境や教育、社会などから影響を受けて形成されるものである。また、人間が生活を送るなかでは、価値観やこだわり、プライドといったものが培われ、それらも個性として構築される。この個性に象徴づけられるような、今ある「その人」が、「その人」自身として、自然に表現しているもの（表現していること）こそが、その人らしさといえる。

ソフト食　咀嚼、食塊形成、嚥下機能が低下した人のための食事。舌で押しつぶせる硬さを目安に、卵、片栗粉・山芋等のでんぷんや油脂等の食材をつなぎとして用い、食塊を形成する。見た目は普通食に近いが、噛み切りやすく、飲み込みやすい形状の食事である。きざみ食に比べて誤嚥の危険が少なく、ミキサー食に比べて、普通食に近い形状であることから、食欲が増進する効果もあり、施設だけでなく在宅での介護においても、年々需要が増えている。　→きざみ食

尊　厳　人間が個人として尊重されること。介護分野では、介護保険制度の基本的理念として「尊厳の保持」が明確に示されており、特に「尊厳を支えるケア」の実践が求められている。

尊厳死　単なる延命治療を拒否し、終末期に入り意思の確認がとれない場合は延命治療をやめる、という本人の意思をリビング・ウィルという。このリビング・ウィルに基づいて延命治療が中止され、死に至ることを尊厳死という。安楽死という用語は本人の意思に基づかない場合にも使用されるが、尊厳死はあくまで本人の意思に基づくものである。現在、その是非については議論されているところである。　→延命医療、安楽死

損　傷　医学上の損傷とは、外的刺激によって生じる組織の変化であり、組織の正常構造が破壊された状態。損傷は種々の原因により生じ、機械的損傷、物理的損傷、化学的損傷に大別される。

た

ターナー症候群　先天的疾患の一つであり、性染色体の異常によるものである。その代表的な核型はX染色体が1本しかなく、外観は女性であるが、第二次性徴がなく卵巣の発育不全があり、無月経である。身長が低く、翼状頸、肘の外反等の身体症状と、心臓奇形や腎臓奇形の合併をともなうこともある。知能はほぼ正常である。治療は女性ホルモン療法を行う。

ターミナルケア〔terminal care〕　終末期の医療・看護・介護。治癒の見込みがなく、死期が近づいた患者に対し、延命治療中心でなく、患者の人格を尊重したケア中心の包括的な援助を行うこと。身体的苦痛や死に直面する恐怖を緩和し、残された人生をその人らしく生きられるよう援助を行う。がん末期患者等のターミナルケアのための医療施設としてホスピスがつくられている。　→延命医療、ホスピス

タール便　下血のうち、食道から胃、腸管上部からの出血で、腸内で変化するためコールタールのような黒色の便となったもの。胃潰瘍、十二指腸潰瘍等の際にみられる。　→下血

第1号研修（喀痰吸引等研修）　介護職員等に対して行われる医行為を行うための研修のうち、不特定多数の者を対象とする喀痰吸引等研修に位置付けられているものの一つ。研修内容は、基本研修（講義50時間と演習）と実地研修に分かれている。基本研修は第1号研修と第2号研修は同じ内容である。50時間の講義の科目は法令で定められている。講義が終了するとその学習の修得度に関する確認（テスト形式）があるとともに、演習の修得確認は手順の修得という方法で行われる。この二つの条件を満たし基本研修を修了すると、実地研修に進むことができる。実地研修では、第1号研修の場合、喀痰吸引（口腔内、鼻腔内、気管カニューレ内部）と経管栄養（胃ろう・腸ろう、経鼻）を行う。実地研修の修得確認は、実際に利用者に対する手順の修得という方法で行われる。

第1号保険料　介護保険制度において、市町村が第1号被保険者（65歳以上の者）から徴収する保険料。その被保険者が属する保険者（市町村）の給付の財源に直接充当される。保険料の額は、各市町村が、政令で定める基準に従い条例で定める保険料率に基づき算定され、この保険料率（基準額等）は、各市町村の給付水準（サービス供給見込量）等を踏まえて、3年に1度設定されている。個々の被保険者の具体的な保険料率は、被保険者の負担能力（所得水準）に応じた原則6段階の定額保険料（所得段階別定額保険料）となっている（介護129条）。保険料の徴収方法は、年金額が一定以上は年金からの天引き（特別徴収）、それ以外は市町村による普通徴収で行われる。

第一次予防　健康な段階で行う、本来の意味の予防。積極的な健康の増進と疾病の原因の除去を通じて、疾病の発生を予防することを目的とする。一般的な内容としては、健康教育、栄養指導、生活改善、心身の鍛練などがあり、個々の疾病に対する特殊予防としては、健康時に行う予防接種などがある。公共的な意味合いを持つものとしては、上下水道完備、環境改善、健康に関連する諸制度の整備などがこれに当たる。　→予防医学、第二次予防、第三次予防

第一種社会福祉事業　社会福祉事業のうち、相対的に強い規制の対象となる事業。施設サービスなど、利用者の生活と密接な関係を有し、事業の継続性、安定性の確保等の必要性が特に高いものが対象とされている。原則として、経営主体は、国、地方公共団体又は社会福祉法人に限られ、その他の者が事業を行おうとする場合には、都道府県知事の許可を受ける必要がある（社福2条・60条・62条・67条）。　→社会福祉法、第二種社会福祉事業

体位ドレナージ　体の位置を工夫して痰を吐き出しやすくする体位排痰法。痰は肺の低い場所にたまりやすいので、体位をいくつか組み合

わせると痰を吐き出しやすくなる。軽く叩く（パーカッション）方法とスクイージング及びバイブレーションを併用すると、さらに排痰しやすくなる。

体位変換　健常者は寝ていても寝返り等で体位を変えられるが、傷病による長期臥床や寝たきりの状態では、自力では体位を変えられないことがある。同一体位の継続は苦痛や疲労を生じ、内臓諸器官の機能低下を招き、また同一部所を圧迫し続けることから褥瘡をつくりやすい。これらを予防するため、介護者の助力によって、定期的に体位を変換させる必要がある。

体位変換器　空気パッド等を身体の下に挿入するなどして、仰臥位から側臥位といったように、体位を容易に変換できる機能を有するもの。

大うつ病　DSM─5による抑うつ障害のうちの、大うつ病性障害のこと。双極性障害と区別し、うつ病が「主要」という意味で「大」が使われている。　　→うつ病

体　温　人体に固有な温度。熱の産生と放散が等しければ体温は一定である。脳の体温調節中枢で一定範囲内に保たれているが、疾病等によって範囲を超えて上昇又は低下するため、重要なバイタルサイン（生命徴候）となる。測定部位、時刻、年齢、気温等の条件で変動し、また個人差もあるので、健康時の平均体温を知っておくことは意義がある。　→バイタルサイン

体温調節機能（被服の）　人は、体内での産熱と、体外への放熱とのバランスをとり、体温を36～37℃の一定に保っている。生理的に体温調節が行われて、裸体で、暑くもなく、寒くもなく快適に感じられるのは、非常に狭い温度域であり、外界の気候の程度に応じて適当な被服を着用して、体温調節を行う必要がある。この被服による体温調節機能は、被服が外界と人体との間に空気の層を作り、体温調節の補助的役割を果たすことにある。

胎芽期　胎芽期とは、受精後4週から8週までの期間をいい、各器官の原基が形成され、胎児の外形も少しずつ整う時期である。

体格指数（ＢＭＩ）　やせや肥満など、栄養状態をあらわす体格の指標としてよく使われているもので、体重（kg）を身長（m）の二乗で除して計算する。18.5以上25.0未満を標準とし、18.5未満をやせ、25.0以上を肥満とする考え方が用いられている。ケトレー指数といわれることがある。

胎芽病　胎芽は、薬物、ウイルス、放射線などの影響を受けやすく、先天性の異常を生ずる可能性が高い。薬物によるサリドマイド胎芽病や、風疹ウイルスによる風疹胎芽病などがある。早期流産となる例が多い。

体　幹　身体の構成における名称。身体の構成は、体幹と体肢（四肢）からなる。さらに体幹は、頭部・頸部・胴に分けられるが、狭義では体幹は胴を示している。

体幹機能障害　肢体不自由は、①上肢障害、②下肢障害、③体幹機能障害に大きく三分される。体幹とは、躯幹（胴体）を指す。本来は躯幹の動かないもの、変形したもの、支持性のないものをいうが、支持性のないものから発展して姿勢保持能力のないものもこれに含めている。脳性のもの、脊髄性のもの、末梢神経性のもの、筋性のものと多岐に及んでいる。

体感症（セネストパチー）　身体感覚に関して異常な感覚（例えば、内臓が溶け出してしまった等）をもつこと。神経症、うつ病、統合失調症の症状としてもみられる。

体幹装具　体幹の変形矯正や支持固定のために用いる装具。腰椎装具、胸椎装具、頸椎装具、側彎矯正装具等さまざまな種類がある。広義にいう医療用コルセットと同義。　→装具

待機児童　保育所や学童保育等の入所を希望しているにもかかわらず、施設数の制限等から施設に入所できない児童のことを指す。厚生労働省による調査で、平成25年4月時点での待機児童数は約2万5000人と多く、社会問題となっている。政府は少子化対策や子育て世代の女性の就労促進の観点から、平成24年8月に子ども・子育て関連三法の制定等をして、保育所や認定こども園等の増設を行い、待機児童数

の減少を目指している。

体型 身体の大きさは長さ、幅および厚みなどサイズとして表すことができるが、体形やシルエットは一人ひとり異なり、サイズとして表すことはできない。そこで、その体形を類似したものでグルーピングした型を体型という。体型は年齢により異なる。また、撫で肩・怒り肩などの肩部の体型、ハート型・ダイヤ型などの腰部の体型など身体の部分体型もある。高齢者では加齢現象により、成人とは異なる体型になる。着心地の良い衣服設計には、着用者の体型を考慮したものが望まれている。

退行 適応機制の一つ。一定の発達段階に達した個人が、欲求不満を起こす状況にさらされた時に、より以前の発達段階に逆もどりし、幼児的な行動をとることをいう。　→適応機制

退行期うつ病 ⇨初老期うつ病

第3号研修（喀痰吸引等研修） 介護職員等に対して行われる医行為を行うための研修のうち、特定の者を対象とする喀痰吸引等研修に位置付けられているものの一つ。研修内容は、基本研修（講義8時間と演習1時間）と実地研修に分かれている。学習する知識や技術は、特定されている利用者の状態に合わせた内容や方法に特化されている。そのため、第3号の認定証は、特定されている利用者以外には適用できないものになっている。

第三者評価 福祉サービスの質の評価を行うための専門的な知識を有する第三者機関が、客観的な基準に基づいてサービスの質の評価を行うとともに、その結果を公表し、利用者に情報提供を行う仕組みをいう。外部評価ともいう。

第三次予防 一般的な意味の医療（臨床医療）が主で、既に顕在化している疾病への対応策である。内容は適正医療による疾病の悪化防止、合併症、続発症の防止と、リハビリテーション活動による機能回復訓練、社会復帰促進などからなる。　→予防医学、第一次予防、第二次予防

第三セクター方式 公的な事業を実施・運営する際に、国や地方公共団体の他に民間の事業者を加えて行う方式。これにより公共団体の事業にかかる資金・運営等の負担を軽減することができる。福祉の分野においては、社会福祉事業団、福祉公社等の形で運営されている。　→福祉公社

胎児期 受精後8週以後から出産までの期間をいう。出生前期、胎生期ともいう。

代謝 生物の体内で起こる物質の化学的変化（反応）をいう。代謝は、体外から取り入れた物質を自分自身の体の一部にする反応（同化作用）と体成分を分解する反応（異化作用）に大別される。栄養素の代謝は細胞や組織にて行われるが、その代謝過程は神経系や内分泌系によって調節されている。

代謝疾患 全身的あるいは局所的な代謝機構に異常をもたらす疾患の総称。代表的な例としては、血糖代謝の異常である糖尿病、脂質代謝の異常である脂質異常症などがある。　→糖尿病

代償 適応機制の一つ。本来の目標が得られないときに、本来の目標と関係のある他の目標に欲求を移して、それを達成して緊張を解消すること。例えば、音楽会に行くことができなかったときに、レコードを聴くことで満足する、といったもの。　→適応機制

帯状疱疹 幼児期に水痘として感染した水痘・帯状疱疹ウイルスが体内に残り、疲労・ストレス・免疫力低下に伴って異なる症状をあらわすもので、体の正中の左か右の一方の胸、腹、顔面に発赤、水疱、痛みを伴う病変として出現する。　→水痘

退所指導 社会福祉施設の入所者に対して行われる、施設における援助の最終的プロセス。入所者が社会的に自立・更生できるかをチェックし、退所後の生活上の指導、生活環境の整備等の業務を行う。

対人援助技術 社会福祉援助技術（ソーシャルワーク）に限らず、カウンセリング、心理療法などは、人間に対する向き合い方、関わり方の援助技術として共通性をもっているので、広くこのような言い方をする場合がある。例え

ば、傾聴、受容、非審判的態度などがそうである。したがって、社会福祉や教育、精神科領域など異なった場面で用いられる対人援助の技術の類似性に着目して、このようにいわれることもある。　→傾聴、受容、非審判的態度

対人恐怖　社会恐怖のこと。他人と接する場面で、不安や緊張を覚え、自分が恥をかいたり恥ずかしい思いをしたりする状況になることを恐れる。家族など親しい他者には不安を覚えないことが多いのが特徴。

耐　性　薬物を反復使用していくうちに、同じ効果を得るには以前よりも用量を増やさなければならなくなること。

体性神経　身体が生命活動を行うためには、細胞や組織と連携して働く神経が必要である。神経には中枢神経系（脳と脊髄）と末梢神経系（脳神経と脊髄神経）があり、末梢神経系は体性神経と自律神経からなる。体性神経系は、自分の意志や意識によって動かすことができる骨格系や感覚器などに分布している。体性神経は身体の末端で受けた刺激を中枢に伝える知覚神経と、中枢からの信号を末端に伝える運動神経に分類することができる。

大腿骨頸部骨折　大腿骨頸部の骨折。骨折部位により内側と外側に分けることができ、対応方法は異なる。高齢者に多いのは横倒しに転倒し立ち上がれない場合には、この骨折を疑う。転倒した高齢者に多い骨折部位としては他に、上腕骨近位端、橈骨遠位端、腰椎圧迫骨折がある。

大腸がん　大腸、特にS状結腸に好発する悪性腫瘍で、近年増加している。50～70歳代に多い。症状は、便秘と下痢の繰り返し、腹部膨満、腹痛、血便、貧血、体重減少などである。手術は結腸切除術とリンパ節郭清術が行われるが、切除部位によっては人工肛門造設術を行う。抗がん剤による化学療法もなされる。

大腸菌〔Escherichia coli〕　ヒトや動物の腸管内に常在する細菌の一群。特に大腸に多く常在し、通常病原性はない。しかし、ヒトに常在していないものが、経口的に入り急性腸炎を引き起こす病原性大腸菌も存在する。これらの病原性は弱いが、乳幼児・高齢者ではひどい下痢・発熱を引き起こす。病原性大腸菌は動物には常在しているので、動物の排泄物には十分注意する必要がある。

大腸ポリープ　真性腺腫性ポリープと潰瘍性大腸炎や慢性アメーバ赤痢等に伴う炎症性ポリープがある。腺腫性ポリープの発生頻度は高く、またがん化しやすい特徴をもつ。無症状の場合が多いが、出血、下痢、腹痛をみることもある。内視鏡を用いた手術などでポリープを切除する。　→ポリープ

帯電防止加工　疎水性の合成繊維は、吸湿性に乏しく、静電気を発生しやすく、不快感を与えたり、静電気力で衣服に塵埃が付着して汚れやすくなる。この問題を解消するために帯電防止加工が行われている。帯電防止剤（主に陽イオン・両性界面活性剤や親水性重合剤）を繊維表面に付与したり、繊維の中に練りこんだりして空気中の水分を吸湿して静電気を逃がす方法と、導電性繊維を織編物に少量混用し、放電して帯電防止を図る方法が取られている。

台所の住環境整備　台所は準備から後始末までの作業を無駄なく安全に行うために、調理台、コンロ、流し（シンク）の配置と冷蔵庫との動線の検討が重要である。調理作業するのはだれか、作業内容や手順を考え、作業動線に応じて調理器具を配置する。一般的なキッチンカウンターの高さは床面から800mmと850mmの2種類があるが、小柄な高齢者や座位での作業の際は高すぎるので調節し、近づきやすいように下部をあける工夫が望ましい。また、流し（シンク）の水栓金具は使いやすいものを選び、水はねのない深さとする。調理器具や食器の収納場所は、目や手の届く範囲を考えて無理なく出し入れ可能な高さや奥行きを検討する。コンロは、ガスや電気などが普及しているので、安全で操作のしやすいものを選ぶ。調理作業に伴う熱や臭いに対する換気や通風の検討も必要である。換気設備やガス漏れ探知器、火災警報器などは分かりやすく簡単に操作できるものを選ぶ

とよい。

体内時計 毎日の睡眠を引き起こすしくみの一つ。人間のからだに備わっているものであり、この体内時計のはたらきにより、睡眠と覚醒のリズム、体温・血圧・脈拍などの自律神経や内分泌などが、約24時間の周期でリズムを刻んでいる。体内時計はあまり正確ではないが、毎日の太陽の光の変化を手がかりとして時刻合わせを行う。日中に活動し、夜に眠くなるのは、体内時計の一定のリズムによるものであり、このようなリズムのことを概日リズム（サーカディアンリズム）とも呼ぶ。　→概日リズム

第2号研修（喀痰吸引等研修） 介護職員等に対して行われる医行為を行うための研修のうち、不特定多数の者を対象とする喀痰吸引等研修に位置付けられているものの一つ。研修内容は、基本研修（講義50時間と演習）と実地研修に分かれている。基本研修は第1号研修と第2号研修は同じ内容である。50時間の講義の科目は法令で定められている。講義が終了するとその学習の修得度に関する確認（テスト形式）があるとともに、演習の修得確認は手順の修得という方法で行われる。この二つの条件を満たし基本研修を修了すると、実地研修に進むことができる。実地研修では、第2号研修の場合、喀痰吸引（口腔内、鼻腔内）と経管栄養（胃ろう・腸ろう）を行う。実地研修の修得確認は、実際に利用者に対する手順の修得という方法で行われる。

第2号保険料 介護保険の第2号被保険者（40歳以上65歳未満）の保険料。医療保険者が医療保険料と一体的に徴収し、社会保険診療報酬支払基金に介護給付費・地域支援事業支援納付金として納付したものを、各市町村に、それぞれの介護給付費等に対して同率割合になるよう一律に交付される。保険料は、健康保険の場合は標準報酬及び標準賞与に介護保険料率を乗じて得た額が、国民健康保険の場合は所得割、均等割等に按分し算定された額がそれぞれ徴収される。

第二種社会福祉事業 社会福祉事業のうち、第一種社会福祉事業ではないものをいう。経営主体についての制限は設けられていないが、事業開始の際は、都道府県知事に届出を行う必要がある（社福2条・69条）。　→社会福祉法、第一種社会福祉事業

第二次予防 疾病の早期発見、早期治療を行い、日常生活の改善や適切な医療の実施により、健康状態に戻すことを目的とする。疾病の早期発見のための集団検診、伝染病蔓延対策などのほか、肥満などの健康障害因子の発見をも含む。しかし、第二次予防は既に存在している疾病や健康障害因子への対応策にすぎず、いかに早期発見・治療を推進しても疾病の発生そのものを減少させることには直接つながらないという明確な限界を持つ。　→予防医学、第一次予防、第三次予防

大　脳 脳の中で最も大きく、左右の大脳半球からなる。中枢神経として各種の感覚器からくる情報を読み取り、判断・思考し、とるべき行動を決定する器官である。大脳が働くためには、酸素とブドウ糖が不可欠である。

大脳皮質 大脳半球の表面を覆う灰白質部分を大脳皮質といい、厚さは約1～4mmで、主に脳神経細胞の神経体によって構成されている。大脳の最外層を覆う新皮質と新皮質の内側にある古皮質からなり、古皮質は辺縁皮質あるいは辺縁葉とも呼ばれる。新皮質は、学習や言語活動、認知など人間らしい高次な精神活動を担うとともに、運動や感覚の中枢の機能を持つ。一般に、右利きのものでは左半球の大脳皮質に言語中枢があり、右半球の大脳皮質に視空間的な認識機能の中枢がある。そのため、脳の左半球と右半球をそれぞれ優位半球、劣位半球と呼ぶこともある。古皮質は、主として性・食行動、泣く・笑うなどの基本的な情動を担っている。人間の脳が他の動物と比べて大きいのは新皮質、特に連合野の発達が著しいためである。

代弁的機能 社会福祉サービスの利用者の権利擁護のために、その要望や意見を代わりに表明し実現を図る機能。社会福祉サービスの利用

者はその障害や社会的立場の弱さ等により、直接的な意見表明や実際に手続きを行うこと等が困難であることから、権利を擁護するための代弁的機能を必要としていることが少なくない。そのため、ケアマネジャー、ソーシャルワーカー等の相談援助職をはじめとして、社会福祉専門職が果たすべき機能の一つとして重要である。　→権利擁護、仲介的機能

ダウン症候群　常染色体異常によって生じる精神遅滞。特徴的な顔貌があり、頭が小さく眼裂が狭くつり上がって、鼻は平たい。精神遅滞は中等度〜重度である。

唾　液　口腔内の大小多数の唾液腺から分泌される液体。約99％は水分であるが、消化酵素を含む消化液としての機能に加え、咀嚼した食物をスムーズに胃まで嚥下させる等多くの機能がある。老化が進んでくると、唾液の分泌が減り食物を飲み込みにくくなることがある。

他害行為　他者に危害を加えたり、器物を破壊したりする行為をいう。精神障害のために他害行為を引き起こすおそれがある者は、精神保健福祉法による措置入院の対象となる。この場合の他害行為とは、殺人、傷害、暴行、性的問題行動、侮辱、器物破損、強盗、恐喝、窃盗、詐欺、放火、弄火等、他の者の生命、身体、貞操、名誉、財産等又は社会的法益等に害を及ぼす行為であって、原則として刑罰法令に触れる程度の行為をいう。なお、平成15年に心神喪失者等医療観察法が成立し、放火、強制わいせつ、強姦、強盗、殺人、自殺関与及び同意殺人、傷害の行為は重大な他害行為として同法に規定され、同法に係る処遇を受けることとなる。→自傷行為

宅老所　民家等を改修し、家庭的な雰囲気のなかで、一人ひとりの生活のリズムに合わせて、デイサービスやショートステイ、訪問介護などさまざまな形態の介護サービスを提供する事業所。対象者は高齢者だけでなく、障害者や子どもを対象にしている事業所もある。介護保険法や障害者総合支援法に基づく指定を受けて運営している事業所や、利用者からの利用料で運営している事業所もある。

多系統萎縮症　起立性低血圧を特徴とする原因不明の自律神経系の障害を来す疾患。シャイ・ドレーガー症候群、オリーブ橋小脳萎縮症、線条体黒質変性症の3疾患は、自律神経、小脳、錐体外路系、錐体路系に共通した病変がみられることから、一括して多系統萎縮症と呼ばれる。起立性低血圧による立位時の失神発作などのほか、排尿、排便障害、振戦が現れ、進行すると日常生活動作が低下し感染症を併発しやすくなる。中年期以降の男性に多い。　→起立性低血圧

多段階免除制度　定額の保険料とする国民年金の保険料について、所得に応じた負担とし、できるだけ被保険者が納付しやすい仕組みとする観点から、全額免除、4分の3免除、2分の1免除（半額免除）、4分の1免除が受けられる制度。免除期間は老齢基礎年金の年金額の計算において、全額免除は3分の1（平成21年4月以降の期間2分の1）、4分の3免除は2分の1（同8分の5）、2分の1免除は3分の2（同4分の3）、4分の1免除は6分の5（同8分の7）で計算される。

立ちくらみ　⇨起立性調節障害

脱　臼　関節を形成している骨と骨の正常位置関係が失われたもの。原因により大きく先天性、外傷性、病的に分けられる。関節面の接触が失われたものを完全脱臼、一部残っているものを亜脱臼という。外傷性の場合、脱臼に骨折を伴っていることもあるので鑑別にX線診断が必要である。

脱健着患　衣服の着脱の介助における原則であり、健側から脱ぎ、患側から着せるというもの。着脱の介助にあたっては、麻痺、拘縮、痛みなどにより、可動域が狭くなっている側の動きを最小限に保護しながら行うことが重要である。

脱　水　体液が過度に失われた状態。水分が失われることによって起こる水分欠乏性脱水と、電解質が失われることによって起こる食塩欠乏性脱水、及びその混合性脱水に分類され、

前二者は発生原因、脱水症の症状、対処が異なるので区別される。

脱水症 脱水により生じる諸症状。水分欠乏性脱水と食塩欠乏性脱水とでは異なる。小児及び高齢者は脱水に陥りやすく、その原因としては一般的に食事摂取の不足や水分量の不足、及び暑い部屋での大量発汗等が考えられる。→脱水、水分欠乏性脱水、食塩欠乏性脱水

達成動機 ⇨意欲

多点つえ 多点つえは、T字つえよりも安定性を求めたもので、脚が4本のものを4点つえ、3本のものを3点つえと呼ぶ。1点よりも支持面積は広がるため、T字つえではバランスが保持しにくい人などに適応がある。

多　　動 一般的には、落ちつきがなく動きまわる行動を指す。自閉症の特徴の一つであり、目を離せないことによる介護者の負担は大きい。

他動運動 関節可動域訓練の一つ。高齢者や障害者が動かしていない部分の関節を、介護者の助力（外からの力）により動かすこと。疾病を有している場合には医師や看護師の助言を得る。具体的には肩、ひじ、前腕、手、指・拇指、股、足、足指の関節に対して技法を試みる。
↔自動運動　→関節可動域訓練

多糖類 炭水化物の基本単位である単糖類が多数結合をしてできたものの総称。同一の単糖で構成されるものと、種々の単糖類あるいはその化学構造の一部が変化してできている誘導体からなるものがある。非常に多数の糖からなるものは分子量が大きく、甘味はなく、非常に種類も多い。でんぷんやグリコーゲン、セルロース、グルコマンナン等が多糖類である。

田中―ビネー式知能検査 ⇨知能検査

楽しみ志向 スポーツや学習活動などの自主的な活動を行うに際して、特に楽しむことを主目的とする傾向をいう。スポーツの場合には従来、健康・体力づくり志向や訓練志向は強調されても、楽しみ志向は必ずしも重視されてこなかった。しかし、楽しむことは人生の重要な課題であり、福祉サービスの中でも楽しみ志向に基づく活動が保障されることは重要な視点である。

多発梗塞性認知症〔multi-infarct dementia；MID〕　小梗塞や大梗塞等の脳梗塞が多発して生じた認知症。認知症の割には人格は比較的よく保たれ、感情面では感情失禁がみられる。しばしば夜間せん妄もみられる。知能の侵され方にむらのある、まだら認知症を呈する。　→まだら認知症

多発性筋炎 骨格筋の中でも、特に手足の近位部（体幹に近い部分）に起こる炎症で、筋の萎縮、筋力の低下をみる。原因は不明であるが、自己免疫疾患や悪性腫瘍に伴うことが多い。

多発性硬化症 大脳・脳幹・小脳・脊髄で、神経線維を取り囲んでいる髄鞘の破壊・消失が多発的に起こる疾患で、原因は不明。部位により症状はさまざまで、よくなったり悪くなったりを繰り返すことが多い。

多発性脳梗塞 ⇨脳梗塞

ＷＨＯ ⇨世界保健機関

打　　撲 打ち身。体を何らかの物体で打つために組織が閉鎖的に（外傷でなく）傷つくこと。痛みや内出血を伴う。打撲は部位により意識不明やショック状態、麻痺が起こることがある。特に頭部は、打撲した時点で何の異常もないように見えても、時間の経過とともに症状が悪化することがあるので、意識状態などの継続した観察が必要である。

多問題家族 同一家族内において、複数の問題を同時に抱えており、慢性的に依存状態にある家族のこと。現代社会における中心的な問題の一つであり、その特徴として、①貧困問題が核にあること、②社会福祉機関の援助に拒否的であること、③地域社会から孤立していること、が挙げられる。その対応としてさまざまな方法がとられているが、問題が多方面にわたるため各機関のチームワークが不可欠となる。

短下肢装具 下肢に用いられる装具の一つ。下腿部から足底までの構造で、足の動きをコントロールし、足関節の固定、動揺、拘縮などの治療を目的としている。

担架ネット 寝たきり高齢者等の要介護者を横に寝かせたまま乗せて運び、そのまま入浴させる担架。洋式の浅い浴槽や、簡易浴槽での入浴に用いる。アルミやステンレスの骨組にナイロンやポリエステルのネットシートが掛かっている。

短期記憶 一時的な記憶で、電話をかけるために番号を少しの間だけ覚えておく場合などがこれにあたる。繰り返して覚えていたり、長期記憶に移されたりしないと記憶は数秒間しか持続されない。情報処理の考え方による記憶の三つの仕組みの第二段階。容量に制限があり、7±2個程度の限られた情報しか保持できない。
→感覚記憶、長期記憶

短期入所 ショートステイ事業の総称。または、障害者総合支援法の自立支援給付の対象となるサービスの名称。障害者総合支援法では、障害者支援施設、児童福祉施設等の施設に短期間の入所をさせ、入浴、排せつ及び食事の介護その他の必要な支援を行うことと規定している。介護給付に分類される（障総合5条8項）。

短期入所生活介護 介護保険の給付対象となる居宅サービスの一つ。要介護者であって、居宅において介護を受けるものを特別養護老人ホーム、養護老人ホーム又は老人短期入所施設に短期間入所させ、入浴、排せつ、食事等の介護その他の日常生活上の世話及び機能訓練を行う。利用者の心身機能の維持や利用者の家族の身体的・精神的負担の軽減を図り、介護家族の負担軽減（レスパイト・ケア）としての役割も大きい。なお、居宅には養護老人ホーム、軽費老人ホーム及び有料老人ホームの居室が含まれることから、これらの施設に入居している者も要介護者に該当すれば、このサービスを受けることができる。サービスに伴う滞在及び食事にかかる費用については利用者の負担である。要支援者に対しては、介護予防短期入所生活介護が行われる（介護8条9項）。

短期入所療養介護 介護保険の給付対象となる居宅サービスの一つ。介護老人保健施設等に、病状が安定期にある要介護者であって居宅において介護を受けるものを短期間入所させ、看護、医学的管理下における介護、機能訓練等の必要な医療、日常生活上の世話を行うサービスをいう。療養生活の質の向上と利用者の家族の身体的・精神的負担の軽減を図り、介護家族の負担軽減（レスパイト・ケア）としての役割も大きい。サービスに伴う滞在及び食事にかかる費用については利用者の負担である。要支援者に対しては、介護予防短期入所療養介護が行われる（介護8条10項）。

短期目標 介護目標のうち、一般的には、数週間から数か月という期間を区切って設定するもの。目標の期間を区切って設定するのは、目標の達成状況や適切さなどの評価を可能にするためである。　→介護目標

単極性感情障害 躁状態とうつ状態とが交互に繰り返し現れるものを双極性感情障害と呼ぶのに対し、うつ状態だけが現れるものを単極性感情障害という。うつ病を指す。　→双極性感情障害

段　差 木造の日本家屋は、高温多湿の気候を考慮して地盤面から床面を450mm以上高くすることが建築基準法で定められている。そのため、玄関のあがり框に大きな段差があることが多い。また、廊下と和室、洗面脱衣室と浴室などにも段差が多く、転倒の原因になったり車いすの操作に支障を来すことが多い。そのため、段差の高さに応じた段差解消の検討が重要である。段差は、湿気対策や水の逆流防止などの理由をもってつけられているので、段差がある理由をきちんと把握した上で、解消方法を考える。例えば、浴室と脱衣室の段差は、湯水の逆流を防ぐためにつけられたものである。そこで、湯水の逆流を配慮しつつ段差を解消できるスノコの利用や排水溝にグレーチングを敷設し、水はけを考慮した勾配をつけて床のかさ上げ工事をするなどの対応が考えられる。1つの段差についても解消方法が複数あるので、利用者の身体状況や家族状況を考慮して検討する必要がある。

端座位 ベッドの端に腰をかける座位のこ

と。実施方法として、ベッドの端に膝関節がくるように腰をかけ、背・臀部が後方に倒れないようにクッションなどを当てる。ベッドの高さは、深く腰をかけて足底部が床面にきちんとつくように調節するか足元に台を置く。サイドレールや移動バーなどの補助具は、端座位になったとき、健側になるほうに取り付ける。端座位は自らの力を用いた姿勢であり、筋力の回復や覚醒に効果があり、ポータブルトイレや車いすへ移乗するための前段階でもある。

段差解消機　操作部分と車いすが乗る天板部分、それを動かす駆動部分で構成されている昇降機のこと。掃き出し窓や玄関の上がり框などの段差がある部分に設置する。駆動方法により、油圧ポンプタイプと電動モータータイプに分けられる。

断酒会　アルコール依存症から回復した人々の組織した団体の一つで、断酒を続行することにより、家族ともども人間らしい生活をとり戻すことを目的としている。アメリカで結成された Alcoholics Anonymous；AA（酒害者匿名会）を手本とし、昭和28年、東京で発足した断酒友の会を母体とするが、日本では特に匿名性には重きが置かれていない。同様な団体にアラノン、ＡＡ（アルコホリックス・アノニマス日本支部）、アラティーン（10代の子どもたちのグループ）等がある。　→アルコホリックス・アノニマス、セルフヘルプ

単純骨折　骨折部と外界との間に交通がない閉鎖骨折のこと。　→閉鎖骨折

単親家庭〔one-parent family〕　父親、母親のいずれかと子どもからなる父子家庭、母子家庭のことをいう。離婚件数の増加に伴い単親家庭も増え続け、新たな問題が発生している。例えば、母子家庭の貧困化傾向や社会的孤立、父子家庭の家事・育児の困難などがある。父性・母性の欠如による子どもの人格形成への影響などもある。　→欠損家庭

炭水化物　人の消化酵素で消化される糖質と、消化されにくい食物繊維に大別され、糖類（一個の糖からなる単糖類（ブドウ糖・果糖・ガラクトース）、2個の糖からなる二糖類（麦芽糖・ショ糖・乳糖）、3〜9個の糖からなる少糖類（オリゴ糖）、多数の糖からなる多糖類（でんぷん、グリコーゲン）に分類される。糖質はエネルギー源として働き、1ｇにつき約4kcalのエネルギーを発生する。日本人の食事摂取基準（2015年版）では、炭水化物目標摂取量として1日の総エネルギーの50％以上65％未満を炭水化物で摂取することとされている。食物繊維は、「人の消化酵素で消化されない食物中の難消化性成分総体」と定義され、主としてセルロースやペクチンなどの難消化性多糖類である。大腸で腸内細菌により一部分解される他は、ほとんど消化されず、エネルギー源にならないが、健康のためには必要な成分である。

ダンスセラピー　心理療法の一つ。いくつかの理論・手法があり、今の自分の気持ちをダンスで表現するという手法等がある。

男性性　⇨性役割、ジェンダー

胆石　胆道（胆嚢、胆管）に生じた結石をいう。成分的にはコレステロール系結石と、ビリルビン系結石が主なものであり、前者は胆嚢内に、後者は胆管内にできやすい。主症状は上腹部痛、黄疸、発熱であり、上腹部痛は胆石仙痛発作といわれる右季肋部の激痛が特徴的である。

短繊維（ステープル・ファイバー）　繊維の長さが比較的短い繊維を短繊維（ステープル・ファイバー）という。天然繊維の綿・麻・羊毛は短繊維で、単繊維の長さは綿20〜55mm、麻は20〜30mm、羊毛は10〜110mmである。絹の単繊維の長さは800〜1,200mあり、長繊維に属する。化学繊維は長繊維であるが、カットして短繊維にすることができる。紡績糸は、短繊維を紡績工程にかけて平行に並べ、撚りを加えて糸にしたものである。紡績糸で作った布は表面に毛羽があり、含気量が多く、保温性が高くなる。　↔長繊維

胆道がん　胆道上皮細胞に発生したがんで、肝管がん、総胆管がん、胆嚢がん、乳頭部がんの総称。一般に、早期発見が困難なため予後は

単糖類 天然に存在している炭水化物の基本単位になっている糖類。分子内の炭素数によりトリオース（三炭糖）、テトロース（四炭糖）、ペントース（五炭糖）、ヘキソース（六炭糖）などがあり、五炭糖にはキシロースやアラビノース、六炭糖にはグルコース（ブドウ糖）やフルクトース（果糖）などがある。

単独事業 都道府県の単独事業、市町村の単独事業がある。各自治体は、地域特性に応じて、国の制度にないサービスを各自治体の判断で実施しているが、このような事業を単独事業という。「県単」などと略して呼ばれる。

たんぱく質 数多くのアミノ酸がペプチド結合によって連結した高分子化合物。平均して約16％の窒素を含む。生体を構成する主成分であり、無数の種類があるが、これらを構成するアミノ酸の種類は約20種にすぎない。生体は体内で合成したアミノ酸や、食物として摂取したたんぱく質を分解して作ったアミノ酸を用いて、自分自身の筋肉や臓器などの体たんぱく、酵素、ホルモンなどを合成する。　→アミノ酸

単麻痺 四肢のうち一肢だけが麻痺している状態。ポリオなど、多くは末梢神経の損傷が原因である。基本的な動作は自立しているため、介助はほとんど必要としない場合が多い。　→ポリオ

ち

チアノーゼ〔cyanosis〕　血液中の還元ヘモグロビンが5 g/dl以上になり、指の爪、粘膜（口唇など）が青紫色になる現象。一般に呼吸器疾患では動脈酸素飽和度が70％以下になると明らかなチアノーゼがみられ、この所見がみられたら動脈血酸素の低下が疑われる。

地域　政治、経済、文化等の諸過程に基づいて相対的に自立した一定の空間領域。この空間的な広がりに共同性が認められ、一定の共通性を有する部分社会になっているとき、それを地域社会という。自治体の行政区画としての明瞭な範囲と、地域、地域社会の範囲とは必ずしも重ならない。　→地域社会

地域移行支援　障害者総合支援法において、障害者支援施設、のぞみの園等に入所している障害者又は精神科病院に入院している精神障害者等に対する住居の確保その他地域生活に移行するための相談等を供与することをいう（障総合5条18項）。　→地域相談支援

地域医療支援病院　かかりつけ医やかかりつけ歯科医への支援を通じて、地域医療の充実を図る病院として都道府県知事が承認した病院。地域医療支援病院となるには、①他の病院等から紹介された患者に対する医療の提供、②医療機器等の共同利用の実施、③救急医療の提供、④地域の医療従事者に対する研修の実施、をすることなどの要件を満たさなければならない（医療4条）。

地域援助活動　社会福祉固有の援助活動の一つ。地域社会において、地域の住民がその地域社会の問題を自ら解決できるように、専門的知識・技術を有したコミュニティワーカーが地域組織化等の活動を通じて援助することである。従来「コミュニティワーク」と呼ばれていたものの援助活動に当たる部分を指す。住民の地域活動を側面から援助するという意味で、間接援助技術に分類される。　→間接援助技術

地域援助技術　社会福祉固有の援助技術の一つ。従来「コミュニティワーク」と呼ばれていたものの援助技術に当たる部分を指す。地域援助は主に地域組織化活動に代表されるが、その活動においての、①地域の診断、②組織化の方法、③社会資源の開発、④連絡・調整の方法、等が中心的な援助技術である。

地域活動支援センター　障害者を対象とする通所施設の一つ。地域の実情に応じ、創作的な活動や生産活動の機会の提供、社会との交流促

進等の便宜を供与し、障害者の自立した地域生活を支援する場。同センターの運営は、障害者総合支援法上、地域生活支援事業として位置付けられる（障総合5条25項）。

地域活動支援センター機能強化事業　地域活動支援センターの機能を充実強化し、障害者等の地域生活支援の促進を図ることを目的とする事業。市町村地域生活支援事業の必須事業の一つ（平18障発0801002）。

地域ケア会議　地域包括支援センター又は市町村が主催し、設置・運営する行政職員をはじめ、地域の関係者から構成される会議体。個人で解決できない課題等を多職種で解決し、そのノウハウの蓄積や課題の共有によって、地域づくり・資源開発、政策形成等につなげ、それらの取組が個人の支援を充実させていくよう実施される。構成員は、会議の目的に応じ、行政職員、センター職員、介護支援専門員、介護サービス事業者、保健医療関係者、民生委員、住民組織等の中から、必要に応じて出席者を調整する（介護115条の48）。

地域支援事業　被保険者が要介護状態等となることの予防、要介護状態等の軽減又は悪化の防止や、要介護状態等となった場合においても、可能な限り、地域において自立した日常生活を営むことができるよう支援するため、市町村が行う事業。具体的には、①介護予防・日常生活支援総合事業（訪問事業、通所事業、生活支援事業など）、②包括的支援事業（包括的・継続的ケアマネジメント支援業務、権利擁護業務、在宅医療・介護連携、認知症施策の推進等に関する事業など）、③任意事業（介護給付費適正化事業、家族介護支援事業など）を行う（介護115条の45）。

地域社会　何らかの地域的な広がりにおいて形成される生活の共同。近隣関係から町内、村落、学区、市町村等さまざまな規模のものがみられるが、いずれにせよ地域を基底にして、そこに多様な集団や社会関係が見られ、各種の制度を含めた社会構造が形成されたひとつのまとまりとして捉えられる。

地域診断　ある一定の地域において、地域福祉プログラムを展開しようとする時、地域援助技術（コミュニティワーク）の一環として地域調査を実施して、その地域の問題性を把握すること。地域の問題性を把握し診断するためには、産業、政治、財政、人口分布、地域文化、福祉、保健医療、労働、教育、住環境、交通・通信、行政・住民組織などの幅広い項目について調査し、そのうえで診断し、地域福祉計画に結びつけていくことが肝要となってくる。　→地域福祉、地域援助技術

地域生活支援事業　障害者総合支援法に基づき、障害者や障害児が自立した日常生活や社会生活を営むことができるよう支援を行う事業。地域の特性や利用者の状況に応じた柔軟な事業形態による事業を効率的・効果的に実施する。市町村が実施主体となる市町村地域生活支援事業と、都道府県が実施主体となる都道府県地域生活支援事業がある（障総合77条・78条、平18障発0801002）。　→市町村地域生活支援事業、都道府県地域生活支援事業

地域精神医学　第二次世界大戦後にアメリカを中心に発展してきた新しい精神医学の一分野。それまでの病院内中心の精神医学から、G.E.カプランの提唱する予防精神医学の概念を重視し、精神障害の発生予防（第一次予防）、早期発見、早期治療（第二次予防）、社会復帰（第三次予防）を地域の中で住民の協力のもとで、社会資源を活用し推進していこうという考え方に基づく精神医学である。

地域精神保健福祉活動　地域社会の中で発生するさまざまな精神保健福祉上の問題を、地域社会全体で解決していこうとする活動のこと。保健所、精神保健福祉センター、医療機関、社会復帰を支援する機関等が核となり、当事者や住民の組織等と協働して、①地域精神保健福祉活動計画、②精神障害者地域生活援助、③教育・啓発活動、④地域組織化活動、⑤精神障害等の発生防止、⑥精神保健相談と危機介入、⑦早期発見と早期治療、⑧社会復帰の促進、⑨社会復帰施設、福祉施設の充実、などの活動が期待さ

れている。

地域相談支援　障害者総合支援法において、地域移行支援及び地域定着支援をいう（障総合5条16項）。　→地域移行支援、地域定着支援

地域相談支援給付費　障害者総合支援法による自立支援給付の一つ。地域相談支援給付費の支給決定を受けた障害者が、地域相談支援給付決定の有効期間内において、都道府県知事が指定する指定一般相談支援事業者から指定地域相談支援を受けたときに、それに要した費用が市町村から支給される（障総合51条の14）。

地域組織化活動　地域社会で住民が主体となり、福祉の増進を目的として行われる活動。地域社会のニーズを明らかにしたうえで、その充足のために計画を策定し、組織活動を通じた実践を行う。

地域定着支援　障害者総合支援法において、居宅において単身生活をする障害者に対する常時の連絡体制を確保し、緊急の事態等における相談等を供与することをいう（障総合5条19項）。　→地域相談支援

地域における医療及び介護を総合的に確保するための基本的な方針〔平成26年厚生労働省告示354号〕　医療と介護の連携を強化するため、都道府県の医療計画と市町村の介護保険事業計画を包括する基本方針。①医療と介護を総合的に確保することの意義と基本的な方向性を示し、②地域における医療及び介護の総合的な確保の促進に関する法律に基づき、医療法に基づく医療計画基本方針、介護保険法に基づく介護保険事業計画基本指針の基本となるべき事項や計画の整合性の確保に関する事項等が定められている。

地域のレクリエーション　地域社会（コミュニティ）を基盤として行われるレクリエーション。家庭のレクリエーションから、地域内のグループ、クラブ、各種の団体が実施するもの、自治体が市民サービスとして行うレクリエーション事業までを含む。我が国の現状では職域のレクリエーションに比べて、地域のそれは必ずしも活発とはいえず、地域福祉の充実という観点からも、地域レクリエーションの活性化が求められている。

地域福祉　地域社会において、地域住民のもつ問題を解決したり、また、その発生を予防するための社会福祉施策とそれに基づく実践をいう。地域福祉の概念は、とらえ方や立場の違いで人によってさまざまな見解があり、必ずしも定まっているとはいえないが、在宅福祉サービスや地域組織化を具体的内容としている点では共通している。地域住民の生活上の問題に対して、住民相互の連帯によって解決を図ろうとする点が地域福祉の特徴といえる。

地域福祉活動計画　地域福祉計画と同じ意味で用いる場合もあるが、「活動」により重点をおいてこのように使用されることもある。地域福祉の整備・推進、さらにはそのための活動を織り込んだ公私の計画をいう。高齢者・障害者・児童などの対象者別の活動計画と、それらを総合した活動計画のタイプとがある。いずれのタイプであっても、住民参加・職員参加を十分に積み重ね、住民自治の発展による福祉のまちづくり活動計画として策定されることが重要である。　→地域福祉、地域福祉計画

地域福祉計画　各自治体が整備すべき社会福祉サービスや施設について数値目標が明記されたもの。社会福祉法において地域福祉の推進が求められ、施設福祉中心であった従来の福祉制度の見直しが行われている。

地域包括ケア　高齢者が住み慣れた地域で、尊厳を保持し、自立した日常生活を継続して送れるよう地域で支えること。要介護高齢者の生活を支えるためには、自助努力を基本にしながら、介護保険をはじめ各種制度による公的サービス、保健・医療・福祉の専門職、専門機関相互の連携、ボランティア等の住民活動などインフォーマルな活動を含めた、地域のさまざまな社会資源を統合し、ネットワーク化し、高齢者を継続的かつ包括的に支援する必要がある。これらを利用者の立場に立って円滑に機能させる調整役として、介護保険制度においては介護支援専門員が導入されている。また、生活圏域で

地域包括ケアを有効に機能させるために地域包括支援センターが設置されている。

地域包括ケアシステム　地域の実情に応じて、高齢者が、可能な限り、住み慣れた地域でその有する能力に応じ自立した日常生活を営むことができるよう、医療、介護、介護予防、住まい及び自立した日常生活の支援が包括的に確保される体制のこと（地介促2条）。

地域包括支援センター　地域住民の心身の健康の保持及び生活の安定のために必要な援助を行うことにより、その保健医療の向上及び福祉の増進を包括的に支援することを目的とする施設。市町村及び介護老人支援センターなどのうち包括的支援事業の委託を受けたものが設置することができる。主な業務として、高齢者の総合相談、権利擁護、介護予防のケアマネジメント及び地域のケアマネジャー支援などがある。地域包括支援センターの設置者は、自らその実施する事業の質の評価を行うことにより、事業の質の向上に努めなければならない。また、市町村は、地域包括支援センターにおける事業の実施状況について点検を行うよう努めるとともに、事業内容及び運営状況に関する情報を公表するよう努めなければならない（介護115条の46）。

地域包括支援センター運営協議会　地域包括支援センターの中立・公正性を保つために市町村単位で設置される組織。構成員は、事業者・関係団体・被保険者等を標準とし、市町村長が選定する。運営協議会が協議の対象とする主な事項としては、①地域包括支援センターの設置に関すること、②地域包括支援センターの公正・中立の確保に関すること、③地域包括支援センターの職員の確保に関することが挙げられる。

地域保健　公衆衛生水準の向上や、増加する高齢者あるいは慢性疾患患者への対応など、保健活動はますます重要となっている。これらの保健サービスの受け手である住民のニーズも多様化しており、地域保健とはその地域に暮らす生活者としての住民を対象とした保健活動である。具体的には、地域住民に対する衛生教育、健康相談、母子保健、歯科衛生、統計調査など多種類の業務が包括された保健活動である。このような保健活動の根拠となるのが地域保健法であり、各都道府県の保健所が業務の中心を担っている。また、行政機関である保健所とは異なる立場から健康づくりを推進するため、市町村レベルで保健センターが設置されている。
→保健所、市町村保健センター

地域保健法〔昭和22年法律101号〕　地域保健対策の推進に関する基本指針の策定、保健所、市町村保健センターの設置その他地域保健対策の推進に関し基本となる事項を定めた法律。平成6年に旧保健所法が改正され、地域保健法となった。地域保健対策が社会情勢の変化に即応し、地域における公衆衛生の向上及び増進を図るとともに、地域住民の多様化し、高度化するニーズに適確に対応することができるように、地域の特性及び社会福祉等の関連施策との有機的な連携に配慮しつつ、総合的に推進されるべきことが地域保健対策の基本理念としている。

地域密着型介護サービス費　介護保険制度において、要介護被保険者が、指定地域密着型サービス事業者から指定地域密着型サービスを受けたときに要する費用について市町村から支給される介護給付。地域密着型介護サービス費の額は、指定地域密着型サービス介護給付費単位数表で算定した単位数に、1単位単価を乗じた額の9割である。ただし市町村は、サービスの種類やその他の事情を勘案して厚生労働大臣が定める額を限度として市町村が定める額を、地域密着型介護サービス費とすることができる。利用者は1割負担をサービス事業者に支払ってサービスを利用し、市町村が指定地域密着型サービス事業者に対して地域密着型介護サービス費を支払う代理受領が行われている。なお、食事の提供に要する費用、居住に要する費用その他の日常生活に要する費用（おむつ代、理美容代など）については、給付の対象とならない（介護42条の2）。

地域密着型介護予防サービス　要支援者が、

住み慣れた地域で、地域の特性に応じて多様で柔軟なサービスを受けることができるように、平成17年の法改正により新たに創設されたサービス。介護予防認知症対応型通所介護、介護予防小規模多機能型居宅介護、介護予防認知症対応型共同生活介護をいう。このうち、介護予防認知症対応型通所介護及び介護予防小規模多機能型居宅介護を「特定地域密着型介護予防サービス」という。市町村長が事業者の指定権限をもち、原則としてその市町村の住民のみがサービスを利用できる。地域密着型介護予防サービスを行う事業を「地域密着型介護予防サービス事業」という（介護8条の2　12項）。

地域密着型介護予防サービス費　居宅要支援被保険者が、指定地域密着型介護予防サービス事業者から指定地域密着型介護予防サービスを受けたときに要する費用について市町村から支給される予防給付。地域密着型介護予防サービス費の額は、指定地域密着型介護予防サービス介護給付費単位数表で算定した単位数に、サービス種類ごと地域ごとに定められた1単位単価を乗じた額の9割である。ただし市町村は、サービスの種類やその他の事情を勘案して厚生労働大臣が定める額を限度として市町村が定める額を、地域密着型介護予防サービス費とすることができる。利用者は1割負担を事業者に支払ってサービスを利用し、市町村が事業者に対して地域密着型介護予防サービス費を支払う代理受領が行われている。なお、食事の提供に要する費用その他の日常生活に要する費用（おむつ代、理美容代など）については、給付の対象とならない（介護54条の2）。

地域密着型介護老人福祉施設入所者生活介護　介護保険の給付対象となる地域密着型サービスの一つ。入所定員が29人以下である特別養護老人ホームにおいて、入所する要介護者に対し、サービスの内容や担当者、要介護者やその家族の意向などを定めた地域密着型施設サービス計画に基づき、入浴、排せつ、食事等の介護その他の日常生活上の世話、機能訓練、健康管理及び療養上の世話を行う。平成26年の介護保険法の改正により、新規に入所する要介護者については、厚生労働省資料によると原則として要介護3以上の者に限定することとされている（介護8条21項）。

地域密着型サービス　要介護者が、住み慣れた地域で、地域の特性に応じて多様で柔軟なサービスを受けることができるように平成17年の法改正により創設されたサービス。定期巡回・随時対応型訪問介護看護、夜間対応型訪問介護、認知症対応型通所介護、小規模多機能型居宅介護、認知症対応型共同生活介護、地域密着型特定施設入居者生活介護、地域密着型介護老人福祉施設入所者生活介護及び複合型サービスの8種類をいう。このうち、定期巡回・随時対応型訪問介護看護、夜間対応型訪問介護、認知症対応型通所介護、小規模多機能型居宅介護及び複合型サービスを「特定地域密着型サービス」という。市町村長がサービス事業者の指定権限を持ち、原則としてその市町村の住民のみがサービスを利用できる。地域密着型サービスを行う事業を「地域密着型サービス事業」という（介護8条14項）。

地域密着型通所介護　介護保険の給付対象となる地域密着型サービスの一つ。要介護者であって居宅で介護を受けるものについて、特別養護老人ホーム、養護老人ホーム、老人福祉センター又は老人デイサービスセンター等に通わせ、入浴、排せつ、食事等の介護その他の日常生活上の世話や機能訓練を行う。平成26年の介護保険法改正により創設され、平成28年4月から開始される予定である（介護8条17項）。

地域密着型特定施設　介護専用型の特定施設のうち、入居定員が29人以下であるもの。有料老人ホームや軽費老人ホームなどの施設で、その入居者は、①要介護者、②その配偶者、③入居の際要介護者であったものであって現に要介護者でないもの、④入居者である要介護者の三親等以内の親族、⑤特別の事情により入居者である要介護者と同居させることが必要であると都道府県知事等が認める者に限られる（介護8条20項）。

地域密着型特定施設入居者生活介護 介護保険の給付対象となる地域密着型サービスの一つ。軽費老人ホーム、有料老人ホーム、養護老人ホームであって、入居者が要介護者とその配偶者などに限られるもののうち、入居定員が29人以下であるもの（地域密着型特定施設）に入居している要介護者について、サービスの内容や担当者などを定めた計画に基づき、入浴、排せつ、食事等の介護、洗濯、掃除等の家事、生活等に関する相談・助言、機能訓練及び療養上の世話をいう（介護8条20項）。

地域リハビリテーション リハビリテーションはこれまで病院や専門施設において実施されてきたが、障害者や高齢者が生活している地域（身近な場所又は自宅）においてリハビリテーションを受けられるようにすることが重要視されるようになった。そのためには、都道府県域、障害保健福祉圏域、市町村域における役割を整理し、リハビリテーションサービスを実施するために必要とされる各種の専門職員を確保し、サービスを実施するためのネットワークやシステムを作ることが求められる。

チームアプローチ〔team approach〕 介護サービス等の提供を、チームを組んで行うことによって、利用者への総合的な質の高いサービス提供を目指すこと。①サービス事業者内でチームを構成し、チームにおける調整によって問題解決を図ることで、個々のワーカーを技術的かつ精神的にもサポートし、より質の高いサービス提供を図る、サービス内のチームアプローチ、②異なるサービス種類の提供事業者間でチームを構成して調整を図ることによって、利用者に応じた複数のサービスを統合的な目標や方針をもって提供し、より質の高いサービスの提供を図る、サービス間のチームアプローチの二つがある。

チーム医療 それぞれの医療関係職種がチームを作り共同で行う医療。今日、医療関係職種は専門分化し、医療の質は向上したが、同時に各職種間の連携も不可欠なものとなってきている。

チームケア〔team care〕 ⇒ケアチーム

チームワーク〔teamwork〕 同一の事業に従事している個人が集団を形成して行う連携・協働作業のこと。社会福祉援助においては、同一機関・施設におけるチームワークと、他機関・施設間におけるチームワークとに大別される。現代の福祉ニーズは多様化・複雑化しており、一つの問題が多機関にまたがる場合も少なくない。このような場合にチームワークによる援助が必要となる。

チェーンストークス呼吸〔Cheyne-Stokes respiration〕 脳出血、心疾患、尿毒症、麻酔薬の中毒等で呼吸の神経中枢が侵された場合にみられる異常呼吸。ごく小さな呼吸からしだいに深さや速さが増して最大に達した後、今度はしだいに減少して無呼吸となることを繰り返す呼吸のパターンで、交代性無呼吸ともいう。通常呼吸期は30秒から2分間、呼吸停止期は数秒から30秒程度である。

知　　覚 一般には、視覚、聴覚、嗅覚、味覚、触覚により刺激をとらえることを「知覚」という。より純粋な生理活動を「感覚」、より個人内の心理活動が関わったもの（知識や過去の経験・体験による自分独自のフィルターを通したもの）を「認知」と呼ぶ。例えば、白い楕円をとらえるのは感覚であり、白い楕円が見えたとわかるのが知覚であり、あれは卵であり食べるとおいしいと判断するのが認知といえる。

知覚障害 知覚に障害が生じること。知覚の量的変化（障害）としては鈍麻、遮断、過敏があり、質的変化（障害）としては錯覚と幻覚がある。錯覚は外的刺激を誤って解釈することであり、幻覚は外的刺激がないのに知覚が生じること（誰もいないのに声が聞こえてくるなど）である。　→幻覚

チック〔tic〕 顔面、手足等の筋肉群に本人の意志と関係なく異常運動が現れ反復する症状（ただし、器質性のものを除く）をいう。小児や学童に多く発生し、まばたき、頭ふり、発声等として現れやすい。母子関係や環境の関連が原因となることが多い。

窒　息　呼吸が停止すること。また呼吸停止による仮死状態。気道が完全に閉塞すると空気は肺に届かず、血液中の酸素不足と二酸化炭素過剰のために即座に意識が失われる。高齢者の場合は誤嚥(えん)から気道を詰まらせ窒息状態を起こすことが多い。また幼児では異物の誤嚥事故が多い。呼吸停止に気づいたら、救急車、病院に応援を求める一方、異物を取り除いた後、人工呼吸を行う。マウス・ツー・マウス法が適当である。　→人工呼吸

知的障害　「先天性又は出産時ないし出生後早期に、脳髄になんらかの障害をうけているため、知能が未発達の状態にとどまり、そのため精神活動が劣弱で、学習、社会生活への適応がいちじるしく困難な状態（昭和45年、文部省）」とされ、行政施策上は知能指数（IQ）75以下のものを指すとしている。IQ25ないし20以下のものを重度、IQ20ないし25から50の程度を中度、IQ50から75の程度を軽度としている（昭53文初特309）。療育手帳制度では、IQ35以下（肢体不自由、盲、ろうあ等の障害を有する者は50以下）が重度とされている。従来の精神薄弱、精神遅滞（MD）という用語と同義である。

知的障害者ケアガイドライン　知的障害者に福祉サービス等を提供していく上での理念、基本原則、実施方法等を明らかにし、各種のサービスを、個々の知的障害者のニーズに応じてより適切に提供していくための支援方法について明らかにすることを目的として、平成14年4月に策定された。地域生活を支える福祉理念として、①ノーマライゼーション、②リハビリテーション、③「生活の質」の向上に加え、知的障害者は自己の権利を主張・行使することが困難な場合が多いことから④権利擁護が示されている。

知的障害者更生相談所　知的障害者の更生援護に関する相談所。知的障害者福祉法に基づき、都道府県（必置）及び指定都市（任意設置）が設置する。主として、市町村の更生援護の実施に関し、市町村相互間の連絡調整や情報提供を行うとともに、知的障害者に関する専門的な知識や技術を必要とする相談及び指導並びに18歳以上の知的障害者の医学的、心理学的及び職能的判定に係る業務を行う。また、障害者総合支援法に基づく支給要否決定等の手続きにおいて、市町村からの専門的事項に係る意見照会に応ずる業務も行う（知障12条）。

知的障害者相談員　知的障害者の福祉の増進を図るため、知的障害者又はその保護者の相談に応じ、及び知的障害者の更生のために必要な援助（相談援助）を行う者として市町村から委託を受けた者。社会的信望があり、かつ、知的障害者に対する更生援護に熱意と識見を持っている者に委託される。なお、障害の特性その他の事情に応じた相談援助を委託することが困難であると認められる市町村がある場合には、都道府県が委託する（知障15条の2）。

知的障害者の権利宣言　1971年12月の国連総会において採択されたもの。前文において、知的障害者が多くの活動分野においてその能力を発揮し得るよう援助し、可能な限り通常の生活にかれらを受け入れることを促進する必要性を示した。本文では、①実際上可能な限りの他の人間と同等の権利、②適当な医学的管理及び物理療法、教育、訓練、リハビリテーション及び指導を受ける権利、③経済的保障及び相当な生活水準を享有する権利、④家族や里親と同居し、社会生活に参加する権利、⑤後見人を与えられる権利、⑥搾取、乱用及び虐待から保護される権利、を有すること等を宣言し、これらの権利の保護のための共通の基礎及び指針として使用されることを確保するための国内的及び国際的行動を要請している。

知的障害者のレクリエーション　知的障害者には外部からの積極的な働きかけが重要であるが、レクリエーションはその中でも最も効果のあるものといえる。遊びに対する興味はすべての人間に共通する「生」の基盤であり、遊びによるコミュニケーションの可能性も大きいからである。

知的障害者福祉司　知的障害者福祉法に基づ

き都道府県が設置する知的障害者更生相談所に置かれる、知的障害者の福祉に関する事務に専門にたずさわる職員。市町村はその設置する福祉事務所に置くことができる。①知的障害者の福祉に関する事業に2年以上従事した経験を有する社会福祉主事、②大学において指定された社会福祉に関する科目を修めて卒業した者、③医師、④社会福祉士、⑤指定された知的障害者福祉事業従事職員養成学校、施設を卒業した者、等から任用される。都道府県の知的障害者福祉司は知的障害者更生相談所長の命を受けて、①市町村の更生援護の実施に関し、市町村相互間の連絡調整、市町村に対する情報の提供その他必要な援助などの業務のうち、専門的な知識及び技術を必要とするもの、②知的障害者に関する相談及び指導のうち、専門的な知識及び技術を必要とするものを行う。市町村の知的障害者福祉司は福祉事務所長の命を受けて、①福祉事務所の所員に対し、技術的指導を行うこと、②知的障害者の福祉に関する相談に応じ、必要な調査及び指導を行うことなどの業務のうち、専門的な知識及び技術を必要とするものを行うこと、を主たる業務とする（知障13条・14条）。

知的障害者福祉法〔昭和35年法律37号〕障害者総合支援法と相まって、知的障害者の自立と社会経済活動への参加を促進するため、知的障害者を援助するとともに必要な保護を行い、知的障害者の福祉を図ることを目的とする法律。総則において、すべての知的障害者の自立への努力及びあらゆる分野の活動に参加する機会の確保、知的障害者の福祉に関する国、地方公共団体及び国民の責務、知的障害者に対する更生援護が児童から成人まで関連性をもって行われるための関係職員の協力義務を定めている。旧・精神薄弱者福祉法。

知的欲求 人間の基本的な欲求のうち、特に知性から生まれてくる欲求。人間は他の動物に比べて優れた知性をもっており、新しい知識を求め、よく分からないことを知的・論理的に解明したいという強い欲求をもっている。この欲求を土台に学習活動や知的なレクリエーションを活発に行うことによって、人間らしい生きがいを獲得することができる。

知　能 抽象的思考能力とするもの、学習能力とするもの、環境に対する適応能力とするもの等、さまざまな立場がある。D.ウェクスラーは、目的にかなった行動をし、合理的に考え、環境に対して効果的に対処していく能力であると定義している。個体が環境に対する働きかけにおいて発揮される機能としてみる点で、それぞれほぼ共通しているといえる。

知能検査 知能の程度を科学的、客観的に測定する検査法。実施方法によって個別式知能検査と集団式知能検査に分けられる。日本では、前者として田中ビネー式、鈴木ビネー式、WISC、WAIS等が挙げられ、後者として改訂田中B式、学研式学年別等がある。知能検査の結果は、精神年齢、IQ、知能偏差値、パーセンタイル値、知能段階で表される。　→心理検査、WAIS、知能指数

知能指数〔intelligence quotient；IQ〕 知能程度を精神年齢と生活年齢の比によって示す知能検査結果の表示法の一つ。知能指数（IQ）＝精神年齢（MA）／生活年齢（CA）×100で示される。精神年齢が10歳で生活年齢も10歳であれば知能指数は100である。100ならば平均、100以上は平均以上、100以下は平均以下の知能となる。　→精神年齢、生活年齢

知能障害 環境の変化に適応して生活課題に対し正しく対応・解決する能力に障害があること。先天性あるいは発達早期の脳障害によって知能障害となる精神遅滞と、正常に発達した脳の器質障害や持続的な知能の低下による認知症に分けられる。

知能偏差値 知能の評価には知能指数が用いられていたが、生活年齢の高低に影響を受け、特に成人の知能の評価には適していない。そこで、知能検査の開発時に年齢群ごとにデータを収集し、その得点分布から平均値を100とした偏差値で知能の評価を示す知能偏差値が主流となっている。

痴　呆 ⇨認知症

地方公務員共済組合 地方公務員等共済組合法により、地方公務員とその被扶養者の疾病、負傷、出産、死亡等に対して給付を行うための共済組合。職員の区分により共済組合をもち、療養の給付等の短期給付及び退職共済年金等の長期給付を行っている。支給要件・年金額等は国家公務員共済組合と同様である。　→国家公務員共済組合

地方障害者施策推進協議会　⇨障害者政策委員会

着衣失行 四肢の麻痺、失調、不随意運動もなく、知能障害も認められないのに、当然できるべき動作である衣服を着たり脱いだりすることができないことをいう。

着色料 食品添加物の一つ。食品の加工処理によってその食品の自然な色が変化し、魅力を失う。そこで食品の嗜好性や商品価値を高めるために、着色料が用いられる。天然色素にはカロテン、リコピン、クロシン（くちなしから抽出）等があり、合成着色料には、食用赤色2号やβカロテン、食用青色2号等がある。

着香料 食品添加物の一つ。食品に適当なにおいをつけたり、本来の香りを増強して、商品としての価値を高めるために使用するもの。

茶の成分と効果 茶の機能成分として渋味成分であるカテキン（10～18%）、苦み成分であるカフェイン（2～4%）、うま味成分であるテアニン（2%）、γ-アミノ酪酸、ビタミンC、亜鉛などが挙げられる。カテキンには抗酸化、抗突然変異、抗がん、コレステロール上昇抑制、血圧上昇抑制、血小板凝集抑制、血糖上昇抑制、血管壁強化、肝機能改善、抗アレルギー作用が、テアニンには、脳・神経機能調節、肝機能改善効果が、γ-アミノ酪酸には、血圧降下作用が認められている。

注意獲得 適応機制の一つ。自己の存在と価値を周りの人に認めさせたいために、他人と異なった行動や態度をとる傾向のこと。　→適応機制

注意欠陥・多動性障害　⇨ADHD

中央社会福祉審議会　⇨社会保障審議会

中央障害者施策推進協議会　⇨障害者政策委員会

仲介的機能 1980年以降、社会福祉援助機能再編への努力の中で、代弁的機能と共に、社会資源と利用者の間の仲介者となり、利用者のニーズや要望を積極的に発見し、機関の機能やサービスに適切につなげていく仲介的機能が加えられた。　→代弁的機能

中核市 地方自治法の規定により、指定都市以外の都市で規模能力が比較的大きな都市について、その事務権限を強化し、できる限り住民の身近で行政を行うことができるようにして地域行政の充実を図る都市制度、またその都市。中核市の指定要件としては、人口30万以上であることであり、当該市の申し出により指定される。中核市が処理する事務には、身体障害者手帳の交付、母子・父子・寡婦福祉資金の貸付けに関する事務等がある（自治252条の22～252条の26の2）。　→指定都市

中核症状 病気の本質的な症状のことをいい、認知症では、記憶障害（直近のことを忘れるなど）、見当識障害（人、場所、時間がわからないなど）、判断能力の低下などの認知機能の障害をいう。　→周辺症状、BPSD

中間施設 病院等の医療と特別養護老人ホーム等の福祉サービスを提供する、医療機関と自宅との中間に位置づけられる高齢者ケア施設。病院での治療は必要ないが、在宅で生活するほどには治癒していない患者等に対し、看護や介護、リハビリテーション等のサービスが行われる。老人保健法改正により老人保健施設として制度化され、昭和63年から本格実施された。介護保険制度創設により、介護保険法に基づき介護老人保健施設として設置される。　→介護老人保健施設

注　射 皮内注射、皮下注射、筋肉内注射、静脈内注射等、薬物を注入する方法。介護職は注射を行ってはならない。糖尿病の場合、インシュリンの自己注射を行うことがある。

中心静脈栄養法 経口摂取ができない場合に、直接静脈内に栄養分を入れる方法がある。

このうち、手足の静脈でなく、心臓に近い上大静脈へカテーテルを挿入して、高カロリーの輸液を行うことをいう。　→ＩＶＨ

中枢神経　脳と脊髄のこと。情報を読み取り指令を出す体の司令部である。

中枢神経性障害　神経系において、脳と脊髄は、感覚器官からの情報を得て、それを統合、判断し、反応を指令する働きを行っている。この脳と脊髄を中枢神経といい、そこに何らかの障害があって、機能を損ねているものをいう。

中性脂肪　血清に含まれる脂質の一つで、トリグリセリドともいう。食事による変動が大きいため、検査時の採血時間に注意が必要である。60歳代をピークにその後はやや下降する傾向がある。36-130mg/dlが基準値だが、中性脂肪値が高い場合は二次性の脂質異常症を考える必要があり、その原因として糖尿病、甲状腺機能低下症、腎臓疾患、自己免疫疾患、肥満、薬剤による影響などが考えられる。

中途覚醒　不眠症の症状の一つ。眠りに入ることはできるが、睡眠中、夜中に何度も目が覚める状態が続くこと。中途覚醒をするタイミングとしては、レム睡眠の時に浅くなっている睡眠から目が覚めてしまう状態のことを指す。
　→レム睡眠

中途視覚障害（者）　視覚を体感したことがある者が、何らかの原因で視覚に障害を受けた場合（者）をいう。問題は障害を受容するまでの心理的・精神的状況である。人生途中での失明はショックが大きく、視覚以外の感覚が特別に発達しているわけではないため生活全般に大きなダメージを受ける。受障直後は絶望感におそわれ、それがなかなか克服できない。長い場合は半年にもわたる場合がある。また完全に人に依存してしまい自立しようとしないなどの心理的機制も働く。中途障害者のリハビリテーションには、この精神面の支えが重要なポイントとなる。

中途障害者　障害が発生した時期により、先天的障害、生得的障害、中途障害、後天的障害等という言い方がある。「中途障害者」は、出生時や周産期に発生した障害である先天的障害や生得的障害によるものではなく、人生の途上において障害が発生した者という意味で使われる。中途障害の発生原因としては、疾病、交通事故、労災事故、スポーツ事故などがある。人生の途上で発生した原因により失明した者については中途失明者、聴覚を失った者については中途失聴者という用語が使われる。

中　脳　脳の一部で間脳と橋の間に位置する。大脳からの運動線維束が通っており、また脳神経のいくつかが中脳に出入りしている。

注文服（オーダーメード）　注文に応じて作られるお誂え服のこと。注文者のサイズを計測し、それをもとにパターンを起こし、素材や色柄も指定して作ることができるので、体型に適合した好みの服を作ることができる。既製服が合わない人や高齢者で加齢により体型が変化した人がオーダーする場合が多い。

腸　胃の下部に連なり、腹腔内に屈曲しながら収まっている管で、小腸と大腸に区別される。小腸は十二指腸、空腸、回腸の3部に分かれて約6〜7m、大腸は盲腸、結腸、直腸に分かれて約1.5mある。食物の消化、吸収、排泄に関与している。

腸　液　腸腺、腸粘膜上皮から分泌される液で、弱アルカリ性を示し、粘液その他の成分を含むが、消化酵素は含まない。

腸炎ビブリオ〔Vibrio parahaemolyticus〕我が国では、細菌性食中毒の中で最も多く発生しているものである。この細菌は食塩を全く含まない所では発育できず海水などに分布している。夏季に集中的に発生する食中毒で、原因となる食品は主に魚介類であり、特に生食する場合に多い。症状としては腹痛、下痢、発熱、吐き気などがあるが死亡することはない。また、食品を水でよく洗ったり、加熱したり、調理器具の消毒等で発生は十分に防げる。

聴　覚　外界の音刺激を聞き取り理解する感覚。五感の一つ。耳で音刺激を電気エネルギーに変換し、大脳の聴覚中枢に送り音を理解する。人が聞くことができる音は20〜20000Hz

といわれ、そのうち500～2000Hzの間が一番敏感に聞き取れる。最小・最大可聴値はオージオメーター上、それぞれ0dB、130dB程度と規定されている。

聴覚障害(者)　耳から大脳の聴覚中枢に至る経路の一部あるいは全部に損傷があり、言葉や音の聞き取りが困難で、日常のコミュニケーションに支障があると自覚又は他覚されていること（人）をいう。なお、身体障害者福祉法では、両耳の聴力レベルが70dB以上の人などを聴覚障害者とし、障害等級を6級から2級の間で認定している。受障時期、受障部位、受障原因により治療・援助法・コミュニケーション手段が異なる。特に言語習得期との関わり、高齢者か否かの区別は重要である。

聴覚中枢　大脳の聴覚をつかさどる部分。両側頭葉の横側頭回にあり、耳から伝えられた音刺激を認知し理解する働きをもつ。

聴覚・平衡機能障害　身体障害の一種。身体障害者福祉法では、障害が永続するものであって、①両耳の聴力レベルがそれぞれ70dB以上のもの、②一耳の聴力レベルが90dB以上、他耳の聴力レベルが50dB以上のもの、③両耳による普通話声の最良の語音明瞭度が50％以下のもの、④平衡機能の著しい障害があるものを対象とする（身障4条・別表、身障則別表5）。

長下肢装具　下肢に用いられる装具の一つ。頸大腿部から足底までの構造で、膝と足の動きをコントロールし、立位時の安定、免荷、変型の予防・矯正などの治療を目的としている。

腸管出血性大腸菌（O157）　病原性大腸菌の一つであり、体内でベロ毒素を産生し、下痢、嘔吐、血便等の症状を示す。時に死に至ることもある。この菌の特徴は、熱に弱く75℃で1分以上の加熱で死滅する。しかし、極めて少ない菌数で発症し、2時間程度で100倍に増殖する。腸管出血性大腸菌感染症は三類感染症として定められている。

長期記憶　長期間持続する記憶、あるいは永続的な記憶で、蓄えられる量も無限といえる。知識や経験のように、すでに学習したことを思い出すために使われる。情報処理の考え方による記憶の三つの仕組みの第三段階。言語的な記憶だけでなく、動作（例えば自転車の乗り方等）に関する手続き記憶も含まれる。　→感覚記憶、短期記憶、手続き記憶

長期目標　介護目標のうち、一般的には、6か月から1年という期間を区切って設定するもの。目標の期間を区切って設定するのは、目標の達成状況や適切さなどの評価を可能にするためである。　→介護目標

超自我〔super ego〕　S.フロイトが精神構造論で用いた概念。人間の心理をイド、自我、超自我という構造でとらえ、超自我は自我に対しての裁判官や検閲者の役割を果たすものとしている。その大部分は無意識の世界にあって、良心、道徳、社会的規範などの基礎をなし、本能的欲求を禁止したり脅かしたりして、自我に罪悪感を生じさせる機能をもつ。「しなければならない」「してはならない」と意識されるもの。→イド、自我

長寿社会対応住宅設計指針　平成7年に建設省（現・国土交通省）が策定した指針で、これから設計される住宅すべてを対象に、加齢などによる身体機能の低下や障害が生じた場合にも継続して居住することが可能であるように、設計上の配慮項目を規定したもの。これにより、高齢者向けの設計仕様が確立し、一定水準以上の質が確保されるようになった。その後、指針は廃止され、高齢者住まい法による「高齢者が居住する住宅の設計に係る指針」にその内容が引き継がれた。

聴神経　⇨蝸牛神経

調整交付金　介護保険や国民健康保険などにおいて給付費の一定割合を国が交付することで、市町村間の財政力の格差を調整することを目的として行われる交付金。介護保険においては介護給付及び予防給付に要する費用総額の5％を第1号被保険者の年齢階級別の分布状況、所得の分布状況等を考慮して交付する（介護122条）。

長繊維（フィラメント）　非常に長い（連続

した）繊維を長繊維（フィラメント）といい、1本または多数のフィラメントを束ねて糸にする。天然繊維の絹と再生繊維、半合成繊維、合成繊維の化学繊維はフィラメントである。表面に毛羽がなく、平滑で光沢がある。織物にした場合は、含気率が小さく保温性が低くなる。
↔短繊維

聴導犬 聴覚障害により日常生活に著しい支障がある身体障害者のために、ブザー音、電話の呼出音、その者を呼ぶ声、危険を意味する音等を聞き分け、その者に必要な情報を伝え、必要に応じ音源への誘導を行う犬。特に、厚生労働大臣が指定した法人から認定を受けている犬をいう。身体障害者補助犬法に基づき育成が図られている。介助犬、盲導犬とともに、身体障害者補助犬と呼ばれる。

聴能訓練士〔auditory trainer, auditory therapist；AT〕 聴覚障害者に対して医師（耳鼻科医）の指示の下に聴力検査や、評価、治療、聴能訓練、補聴器の選択・指導等のリハビリテーションを行う専門職のこと。医学・音響についての専門的知識や訓練過程について習熟する必要がある。この養成は、平成10年に国家資格化された「言語聴覚士」の養成課程の中で実施されている。　→言語聴覚士

重複障害 視覚障害、運動機能障害、聴覚・言語障害、知的障害等の障害が二つ以上重なっていることをいう。障害者は単一の障害のみでなく他の障害を重複している場合も少なくない。障害の組合せやその障害の程度などによって、その状態像は複雑多様である。そのため介護者は一つの障害についてだけでなく、他の障害との関連も考え介護に当たる必要がある。
→重度・重複障害

腸閉塞 種々の原因によって起こる腸管の閉塞。発熱や脱水を伴い、激しい腹痛、腹部膨満、嘔吐等の腸管通過障害の症状を示す。緊急な医療的対応を要する。

調味料 調味料は、食品材料を嗜好に合わせたり食欲を増進させたりする役割を持つ。味付けは食物のおいしさに大きく影響し、地域や民族の食文化形成とも深い関わりがある。調味料の種類は、塩味調味料（食塩、味噌、醤油）、甘味調味料（みりん、砂糖）、酸味調味料（食酢）、うま味調味料、風味調味料、香辛料、酒類等がある。近年、生活習慣病の予防や改善を目的に、減塩調味料が利用されている。減塩調味料には、塩や醤油、ソース、味噌などがあるが、ナトリウムを減量することで、50％以上の減塩効果があるものもある。

調理師 都道府県知事より免許を受け、調理師の名称を用いて調理の業務についている者のことをいう。調理により食品の栄養を損なうことなく、また、安全でおいしいものを作るためには、食品や調理方法等に関する知識・技術について一定の資質が必要とされることから、調理師法によって資格が定められている。

調理用自助具 身体障害者や高齢者などが、自立して調理を行いやすいように考案された自助具をいう。切る（自在包丁、調理ばさみ等）、洗う、煮る（両手鍋）などの調理操作別に活用することで、自立を促すことができる。

聴力検査 聴覚の状態を検査すること。一般には純音聴力検査と語音明瞭度検査がある。純音聴力検査は音の高さ、大きさに対する聴力損失の度合いを調べるもので、オージオメータを用いて計られる。語音明瞭度検査は音は聞こえても、それが言語としてどれほどの明瞭度をもって聞き取れるかを調べるものである。

聴力損失値 純音の聴取域値。デシベル（dB）単位で示される。身体障害者福祉法では、両耳の聴力レベルが70dB以上の者を聴覚障害者としている。

腸ろう経管栄養 経管栄養法のうち、腹部から空腸にろう孔（チューブの挿入部）をつくり、チューブを留置して栄養剤を注入する方法のこと。胃食道逆流現象が重度で、嚥下障害があり、誤嚥性肺炎が繰り返し起こる場合などに用いられる。

直接援助技術 社会福祉援助技術において、利用者の問題解決を図るに当たり、利用者に直接的に働きかける援助のことをいう。個人や家

族を対象にして主に面接をもって展開される個別援助技術と、小集団を対象として集団力学等の理論によって展開される集団援助技術の二つの方法がある。間接援助技術に対して直接援助技術と呼び、社会福祉援助技術を便宜的に両者に分類する場合に使われる。　↔間接援助技術

直腸がん　直腸のがんで、その70〜80%は肛門からの指診で発見できる部位に発生する。必発症状は、排便時違和感、便通の不規則、糞便形状の変化（扁平・細い糞柱、兎糞様便）等の排便障害と出血で、出血は糞便のまわりに付着することが多い。会陰部の圧迫感や不快感を訴えるが、腹痛はまれである。

直腸機能障害　主に排便障害のことをいう。原因としては脊髄損傷等の中枢神経系の異常のため生じるものと、末梢神経に問題のあるヒルシュスプルング病等がある。前者においては、膀胱・直腸機能障害を合併することが多い。人工肛門に伴う直腸機能障害は身体障害者手帳の交付対象となる。　→膀胱・直腸機能障害、人工肛門

直系家族　⇨拡大家族

苧麻　イラクサ科の多年性植物のカラムシの茎から採取する靭皮繊維である。温暖な中国が主産地である。葉の裏に白毛が密生しておりホワイトラミーと呼ばれ、グリーンラミーと性質や用途が似ていることから併せてラミーと呼ばれる。繊維を束ねて日陰干しすると銀色の光沢がでる。夏の衣料として、昔から越後上布、薩摩上布等、和服地として使われた。

縮緬　⇨クレープ

治療食　疾病の治療法の中で最も基本的なものとしての食事療法において供される食事をいう。病人を支え、疾患の回復をより効果的にし、治療の目的を果たすものである。一般食と特別治療食とがあり、患者の全身の栄養状態や疾患の状態、また食習慣や摂食能力等を総合的に判断し、医師が食事箋を出し、それに従い栄養士が献立を作成し、調理師が料理に仕立てていく。

治療的レクリエーションサービス　⇨セラピューティック・レクリエーション・サービス

沈下性肺炎　長期臥床の高齢者や、重篤な状態にあり長期に同じ体位で臥床している場合にみられる肺炎である。原因としては、体位で下になる肺下部に血液がうっ滞し、気管支部に分泌物がたまり、そこで細菌感染が起こることで生じる。予防には、体位変換や深呼吸などで血液のうっ滞を予防することが重要となる。高齢者の場合、誤嚥性肺炎との識別が難しいとされている。　→誤嚥性肺炎

つ

椎間板ヘルニア　脊椎骨の間にある円盤状の軟骨を椎間板というが、これが退行変性やなんらかの外力によって椎管内に押し出され、痛み、しびれ、麻痺などの神経症状を起こした状態。腰椎に最も多くみられ、腰痛や座骨神経痛の原因となる。腰痛への対策としては、安静、コルセット着用、牽引などが行われるが、手術療法もある。　→腰痛

対麻痺　片麻痺に対して、両側が麻痺すること。　→下半身麻痺、片麻痺

通院医療　疾病の治療や検査等のために患者が医療施設へ通い、医療を受けること。　→在宅医療、入院医療

通院者率　病院、診療所、施術所（あんま、はりなど）等へ通院する者を人口千人に対する比で表したもの。平成25年の国民生活基礎調査による全年齢平均の通院者率は378.3で、男358.8、女396.3であるが、65歳以上では、男685.2、女694.9となっており、6割以上が通院していることを示している。

通院等乗降介助　ホームヘルプサービスの一形態。乗車・降車時の介助のほか、乗車前・降車後の屋内外における移動等の介助、通院先又は外出先での受診等の手続き、移動等の介助が行われる。介護保険制度や障害者自立支援制度

において、個別の給付費区分が設定されている。

通気性（被服の） 布を構成する繊維や糸の隙間を通して、空気の通過する性質を通気性という。通気性は布地の構造によって異なり、目の粗い織物やメリヤス等のように糸と糸との隙間が疎の布や、薄地のものは通気性が大きい。一般に繊維隙間が多く、含気率の大きいものは通気性が大きいが、間隙が布の上下を貫通しているものに比べて、紡毛織物のように間隙が布地の中に閉じ込められているものは、含気性が大きくても、通気性は小さい。

通所介護 介護保険の給付対象となる居宅サービスの一つ。要介護者であって、居宅において介護を受けるものを特別養護老人ホームや老人デイサービスセンター等に通わせ、入浴や食事の提供、生活等に関する相談・助言、健康状態の確認、その他の日常生活上の世話、機能訓練を行うサービスをいい、利用者の社会的孤立感の解消、心身機能の維持、利用者の家族の身体的及び精神的負担の軽減を図る。通所するために必要な場合、リフト付き車両等による送迎サービスも行われる。また、事業所で提供される食事にかかる費用については利用者の負担である（介護8条7項）。

通所施設 社会福祉施設は、その利用形態によって、入所施設、通所施設、利用施設に分けられる。通所施設は、必要に応じて治療、訓練等のために通所する施設である。児童発達支援センター、老人デイサービスセンター等がこれに当たる。

通所リハビリテーション 介護保険の給付対象となる居宅サービスの一つ。病状が安定期にある要介護者であって居宅において介護を受けるものの生活障害を除去又は軽減する目的で、介護老人保健施設、病院、診療所において、心身の機能の維持回復を図り、日常生活の自立を助けるために、診療に基づき実施される計画的な医学的管理の下に行われる理学療法、作業療法、その他必要なリハビリテーションをいう。入院医療と社会復帰とをつなぐ地域リハビリテーション、コミュニティケア活動として位置づけられ、閉じこもりがちな要介護者に対し、社会参加の促進と心身の活動性改善を通して生活の質（QOL）向上を目指すことを目標とする。要支援者に対しては、介護予防通所リハビリテーションが行われる（介護8条8項）。 →リハビリテーション、介護予防通所リハビリテーション

通信販売 新聞・雑誌・ちらし・カタログや、テレビ、インターネットなどに掲載されている商品・サービスを、電話や郵便、インターネットなどから購入申し込みを受け付けて販売すること。ちなみに、通信販売の場合は、クーリング・オフ制度が適用にならない（電話勧誘販売の場合は除く）ため、購入申し込みにあたっては、注意が必要となる。 →クーリング・オフ制度

痛風 核酸の分解過程で生成されるプリン体という物質の代謝異常によって尿酸の血中濃度が上昇し、その結果起こる高尿酸血症を基盤とした急性関節炎を主症状とする疾患。突然生じる母趾関節の腫脹・発赤をともなった激痛（痛風発作）が代表的な症状である。進行すると腎不全状態に陥る。痛風発作の症状はコルヒチンの内服により急速に消失する。中高年の男性によくみられる。糖尿病や肥満、脂質異常症などを合併している場合も多い。病態の基本をなす高尿酸血症は生活習慣、特に食生活に強く影響され、食事（飲酒やプリン体を多く含む食品の摂取）が痛風発作の誘因になる。

痛風性関節炎 痛風により生じる関節炎で、発赤、腫脹、疼痛をともない、通常一つの関節にとどまる。母趾の基関節に多く現れ、歩行が困難となる。関節腔内への尿酸ナトリウムの沈着によって生じる炎症であり、関節リウマチや変形性関節症でみられる関節炎とは異なる。炎症が慢性化すれば関節軟骨の破壊や骨の変形、さらに腱鞘など関節周囲にも影響が及ぶ。痛風性関節炎の急性期には、血液検査では尿酸値の上昇のほか、赤沈値、CRP、白血球の異常が認められる。

つ え 歩行補助具の一つであり、歩行に

安定感を与え転倒を防ぐ。足の不自由な場合、患肢の体重負荷を軽減させる。片側に障害のある場合は、常に健肢側の手で持ち、介護者は原則として使用者の患側に立って介助する。一般的なT字型、L字型つえのほか、多点つえ、ロフストランドクラッチ等がある。　→多点つえ、ロフストランドクラッチ

次々販売　国民生活センターの「高齢者の消費者被害」によれば、一人の消費者に次から次へと契約させる販売方法をいう。同じ商品または異なる複数の商品を次々契約させるケースや、複数の業者が次々に契約させるケースなどがある。

継　手　断端部を挿入するソケットと手先具や足部をつなぐ義肢の構成部分をいう。屈曲、伸展、外転、内転、外旋、内旋等関節と同じような運動を可能にし、手先具や足部を取り付ける。

ツベルクリン反応　ヒト結核菌感染診断のための皮膚反応試験。一般に、希釈精製ツベルクリンを皮内に注射し、反応が最高潮になる48～72時間後、硬結と紅斑に基づいて判定を行う。1000～2000倍希釈液の場合、直径10mm以上の紅斑が認められれば陽性、紅斑なしは陰性。偽反応は濃度を濃くして再検する。陽性者は、結核感染のあったことを意味し、感染病巣チェックのために胸部X線撮影を行い、陰性者には、免疫獲得のためのBCGワクチンを接種する。

て

手洗い　感染予防の最も有効な方法の一つ。基本的な手洗いは、流水と石けんでもみ洗いを行う。指の間や手首まで洗うため、指輪や時計ははずして手洗いを行う。手洗い後には、ペーパータオルか乾燥した清潔なタオルで拭き乾燥させる。流水の設備がない場合などには、消毒剤を用いて手洗いを行う。消毒剤を用いるときにも、やはりまず流水で手を洗ってから用いたほうが効果は大きくなる。

定位家族　⇒出生家族

低栄養　必要とする栄養素が量的・質的に供給が不十分である状態をいう。高齢者が低栄養状態となる原因には、加齢に伴う身体機能の低下として、味覚器官や摂食器官の機能低下、消化吸収能力の低下、日常生活動作（ADL）の低下などがあり、その他にも経済状態の不備、疾患や薬剤投与によるなどの要因も見逃せない。低栄養状態は、免疫力の低下、感染症罹患、疾患の回復遅延などを招きやすくなる。介護現場においては、摂食・嚥下障害がある場合には低栄養になっていないかを確認する。また摂食障害による唾液分泌量の低下では、口腔内の清潔保持に注意し、定期的な体重測定や健康診断など多職種で防止について対策を図ることが重要になる。　→栄養サポートチーム

ＤＳＭ〔Diagnostic and Statistical Manual of Mental Disorders〕　アメリカ精神医学会が発表する、精神障害診断のための基準。1952年の第1版（DSM―Ⅰ）発表後、従来の診断基準とは異なった独特の疾病分類と客観的な診断基準が注目された。1968年にDSM―Ⅱ、1980年にDSM―Ⅲ、1987年にDSM―Ⅲ―R、1994年にDSM―Ⅳが出版され、2000年以降は改訂版のDSM―Ⅳ―TRが用いられてきた。2013年5月にDSM―5が出版された。

低温殺菌　主として牛乳の消毒に用いられている殺菌法で、牛乳を62～65℃の温度で30分間加熱し、病原菌を殺菌する。この方法によると殺菌により食品の栄養価・風味が損なわれない。しかし、この温度条件では熱に強い抵抗性をもつ芽胞形成菌等は死滅しない。最近では殺菌後の保存性も高く、大量処理の可能な超高温殺菌法がよく用いられている。また、この低温殺菌をその考案者であるパスツールからとりパスツリゼーションともいう。

低温やけど　42℃前後の温度で長時間皮膚に温熱刺激を受けた場合、皮膚に熱傷を受け、や

けどと同じ状態になる。普通のやけどよりも皮膚の深部まで障害されるので治りにくい。あんかやかいろを使用する場合には注意が必要である。

低カリウム血症 通常、血清カリウム3.5mEq/l以下を低カリウム血症といい、カリウムの摂取不足又は下痢・嘔吐による喪失により生じる。症状は非特異的で、食欲不振、脱力等が認められる。心電図ではTが平坦化し、ジギタリス中毒を起こしやすいので注意が必要である。

定期健康診断 定期的に行う健康診断。法律で定められているものには、母子保健法に基づき妊産婦と乳幼児を対象に行うもの、学校保健安全法に基づき児童・生徒・学生・教職員を対象に行うもの、労働安全衛生法に基づく健康診断、等がある。

定期巡回・随時対応型訪問介護看護 介護保険の給付対象となる地域密着型サービスの一つ。要介護者であって居宅で介護を受けるものについて、日中・夜間を通じて短時間の定期的な巡回訪問や、随時通報を受けることによって、居宅において入浴、排せつ、食事等の訪問介護と訪問看護が、一つの事業所から一体的に、又は他の事業所との連携によって行われる（介護8条15項）。

デイケア 精神医療、高齢者医療、障害者福祉等の分野において、在宅にありながら施設のサービスが受けられるように患者等を日中の間だけ預かるサービス。障害者福祉の分野では、創作的活動、機能訓練、家族に対する介護方法の指導、社会適応訓練、更生相談等のサービスを行い、障害者の心身機能の維持と家庭介護者の負担軽減等をねらいとしている。また医療の分野では、デイホスピタルとも呼ばれ、治療や機能回復訓練、退院後のアフターケア等を行っている。介護保険では通所リハビリテーションとしてデイケアが行われている。　→ナイトホスピタル、通所リハビリテーション

低血圧 収縮期血圧が常に100mmHg（90〜110mmHg）以下の場合には低血圧症と呼ばれているが、低血圧に伴う自覚症状がない場合、病的な低血圧症とはみなされない。問題となるのは、低血圧とともに立ちくらみ、ふらつき、冷汗、失神などの症状を伴う低血圧症である。これらの低血圧の原因疾患としては、小脳や橋に病変のあるシャイ・ドレーガー症候群、アミロイドーシスや重症糖尿病に合併した続発性（二次性）低血圧症などがある。高齢者の、特に高血圧症患者では、立ち上がったときに血圧が低下する起立性低血圧や食事後性低血圧がしばしばみられ、降圧剤の使い方に注意を要する。　→血圧、高血圧、シャイ・ドレーガー症候群

低血糖症状 血糖値が50mg/dl以下となった時に出現する代謝異常の状態。症状として、強い空腹感・発汗・心悸亢進・皮膚蒼白・頭痛・意識障害などがみられる。軽症の場合にはブドウ糖の経口摂取を行う。重症ではブドウ糖の静脈注射等が必要となる。糖尿病治療中の利用者の場合には注意を必要とする。

デイサービス 介護の必要な高齢者や障害者（児）に、日帰りで施設に通ってもらい、入浴・食事の世話や機能訓練などを行うサービス。利用者の社会的孤立感の解消と心身の機能の維持のほか、家族の負担の軽減を図ることも目的としている。介護保険制度においては通所介護として、障害者総合支援法においては、生活介護として行われている。　→生活介護、通所介護

DCM〔Dementia Care Mapping；DCM〕トム・キットウッドが開発した、認知症ケアの質の評価法。専門の研修を受けたマッパーと呼ばれる評価者が、認知症の人の状態を観察記録し、認知症の人の良くない状態と良い状態に分けてケアの質の評価を行う。

低所得者対策 所得が低い状態にある世帯や人々を対象に、生活の維持・向上のために提供される制度及びその制度に基づく援助活動のこと。この場合の低所得とは、世帯の所得が生活保護基準額を若干上回った程度のことをいう。具体的な施策として、生活福祉資金貸付制度、公営住宅等が挙げられる。　→生活福祉資金貸付制度、公営住宅

ディスアビリティ〔disability〕 ⇨能力障害

ディスクロージャー〔disclosure〕 情報公開、情報開示のこと。

低たんぱく血症 血漿中のたんぱく量が低下した状態をいう。血漿中にはアルブミンやグロブリンなどの多種類のたんぱくが存在し、それらを総計した総たんぱく質濃度の平均は約7～8 g/dl 前後に保たれている。総たんぱく質が平均値以下を低たんぱく血症といい、原因はたんぱく質の摂取不足、体内での吸収・合成障害、消費・喪失の過剰で、栄養不良、悪液質、消化吸収不良症候群、高度の肝障害、ネフローゼ症候群、熱傷、妊娠などでみられる。

Ｔ Ｄ Ｌ〔techniques of daily living〕 障害者の日常生活全般の諸動作に関する日常生活技術訓練をいう。主として視覚障害者リハビリテーションの分野で用いられ、視覚障害者の日常生活活動能力の促進、社会生活への適応を目指して行われる。具体的には、食事・トイレ・身だしなみ・姿勢等の身辺管理、清掃・洗濯・裁縫・調理等の家事管理に関する諸技術の訓練であり、ADL が障害された機能の回復をも含めて訓練するのに対し、TDL ではこれを含めない。 →ADL

Ｔ Ｐ Ｏ Time（時間）、Place（場所）、Occasion（場面）を略して、TPO という。和製英語である。日本において洋服が一般に着用され始めたのは戦後である。東京オリンピックを開催するに当たり、日本人の洋服の着用の仕方を西洋風にするために、VAN ブランドの石津謙介氏が提唱したのが始まりとされている。被服は保健機能的役割と心理・社会的機能を持っている。特に、社会機能的役割の中で、TPO は衣類の着装法の基本になっている。

デイ・ホスピタル〔day hospital〕 昼間のみ患者を収容診療する医療施設で、病院から社会又は家庭に至る間の施療を、社会から隔絶されないように行うことを目的としている。特に、精神科病院等に併設される。 →デイケア

呈味成分 味覚を生じさせる成分。味覚は、食物を口に入れた時、その呈味成分が、舌や口腔内の味細胞に受容されることによって生じる感覚である。基本の味には、甘味、塩味、酸味、苦味、うま味の五味がある。この五味のバランスによって複雑な味が決まる。①甘味物質には、穀類や砂糖、イモ類、果実類などに多く含まれる糖質のほか、アミノ酸のグリシンなども甘味を呈する。②塩味は食塩すなわち、塩化ナトリウムの味であり、味の対比効果として、甘味や酸味を引き立てる。③酸味は有機酸が主であり、米酢などの醸造酢、レモンなど柑橘類のクエン酸、ブドウの酒石酸、漬物やヨーグルトの乳酸、貝類や清酒などのコハク酸などがある。④苦味には、お茶やワインのタンニン等があり、食品中に微量に含まれることで、味をひきしめ、深みを与えている。⑤うま味は畜肉類や魚肉、大豆、チーズに含まれるアミノ酸のほか、こんぶのグルタミン酸ソーダやかつお節のイノシン酸、しいたけのグアニン酸などがある。

ティルト・リクライニング型車いす 姿勢調整がより行いやすいように座面を傾斜できるティルト機構と、背もたれの角度を調整できるリクライニング機構を併せ持つ車いすのこと。

適　　応 社会や環境に適合して、しかも個人の欲求を充足していくこと。欲求不満等はあるのだけれど、とりあえずは破綻することなく生活していること。内的適応と外的適応の二つの側面がある。内的適応は個人の内面を主体に考えたもので、幸福感、充足感等の主観的な世界の適応、外的適応は適応を個人の外側からみた場合で、自己と環境の調和、円滑な対人関係、社会的に承認されるような行動を指す。また、さまざまな障害や困難から欲求が妨げられ、精神的あるいは身体的に好ましくない状態を引き起こし、適応行動がうまくとれない状態を不適応という。

適 応 期 障害受容の過程に一般にみられる時期の一つ。障害を受け入れ、社会活動に復帰しはじめる時期。障害と関わる問題を一つひとつ解決し、家族や地域社会における自己の新たな役割を自覚し、それに沿った行動が行えるようになる。障害受容の最終過程ともいわれる。

ただし、適応期から混乱期へ逆戻りすることもあり、障害の受容は直線的にとらえることはできない。　→障害受容

適応機制　外界に適合するための自我の心理機制。人が欲求不満や心的葛藤状態に陥った際、不快な緊張感を解消し、心理的に満足を得るためにとる無意識的解決方法のこと。代償、注意獲得、同一視、投射、置き換え、昇華、合理化、反動形成などがみられる。防衛機制ともいう。

適応障害　学校や社会等の環境に十分応じた行動をとれなくなること。不適応ともいう。またDSM－5においては、はっきりと確認できるストレス因子に反応して、そのストレス因子の始まりから3か月以内に情緒面または行動面の症状が出現することを示す。

適応への努力期　障害受容の過程に一般にみられる時期の一つ。障害に対して前向きの姿勢が生まれ、周囲の障害者との交流やその状況に沿った学習が始まる時期。日々の指導訓練を通して新たな価値観も持てるようになり、周囲に対しても心が開き始める。　→障害受容

摘　　便　腸の蠕動運動が弱い、運動量の不足、偏食や薬の副作用などで便秘となり、自力での排便が困難な場合、直腸内に手指を入れて、固い便を摘出することをいう。ゴム手袋にグリセリン、ワセリンなどの潤滑剤をつけ、肛門や直腸を傷つけないように気を付けて便を取り出す。

テクスチャー　主として口の中での感触によって決定される食品の物理的な性質の総合評価で、食品の味、色、香りとともに「おいしさ」を左右する重要な要素。測定は機械による方法と官能検査による方法がある。機械的特性には、①かたさ（軟らかい、硬いなど）、②凝集性：脆さ（ぽろぽろの等）：そしゃく性（柔らかい等）：ガム性（くずれやすい、ゴム状等）、③粘性（さらさらした、粘っこい等）、④弾力性（弾力のある等）、⑤付着性（ねばねばする、べたべたする等）などがある。

テクノエイド協会　福祉用具の研究・開発の推進、試験評価や規格化、情報の収集や提供等を通じて、障害者や高齢者の福祉増進に寄与することを目的とする公益財団法人。また、義肢装具士国家試験の試験機関に指定されている（平13厚労令92）。　→福祉用具の研究開発及び普及の促進に関する法律

手すり　移動や動作の際の姿勢の安定を保つために利用されるもので、横手すり、縦手すり、混合手すりなどがある。主に、廊下や通路などの移動で横手すりを、立ったり、座ったりといった上下の動きを安定させるために縦手すりを利用する。手すりの形状や材質は、使用する場所や目的に合わせて適切なものを選ぶ。立ち上がり動作などの場合はしっかりと握れる太さ（直径28～32mm）が望ましい。また、取りつけ高さ、取りつけ場所の下地補強、袖口の引き込みを防止する端部処理などについて、取りつけの際に検討する必要がある。手すりの取りつけ高さは、利用者の身体状況によって異なるが、一般的には大腿骨大転子（＋2～3cm）程度がよいとされる。また、階段などでは、両側に取りつけることが望ましいが、幅員が狭くなる場合は降りる時の利き手側を優先する。片麻痺などのある場合は、健側に取りつけるなど、身体状況に応じた配慮をする。

鉄欠乏性貧血　生体の鉄が欠乏した際に起きる貧血。鉄欠乏は腸管よりの鉄吸収の不足、鉄需要の増大、鉄喪失の過剰により生じる。顔面蒼白、動悸、息切れ等を認める。胃がん、子宮筋腫、寄生虫等の出血を伴う基礎疾患があるので原因の検索が必要である。

手続き記憶　自動車や自転車の乗り方などの動作に関する感覚や運動の情報に関する非言語的な記憶。

手引歩行（視覚障害者）　視覚障害者に対する移動介助の方法の一つ。視覚障害者本人が介助者の肘をつかんで、介助者がその斜め半歩前を誘導しながら歩く。

テフロン加工　鍋やフライパンの内側に、アルミニウムにフッ素樹脂を加工した化学薬品や高温に対して強い耐久性をもつテフロンと呼ば

れる合成樹脂を施すことをいう。テフロンの薄い皮膜で覆われていることから、テフロン加工の鍋やフライパンは加熱による焦げつきがなく、熱の当たりも柔らかく、油も少量で済む。テフロンとは商品名である。

転　移　悪性腫瘍が最初に発生した組織から離れ、他の場所に移行し、増殖し、そこに原発部と全く同一の変化を起こすこと。血行性転移、リンパ行性転移、播種性転移がある。

伝音器官　音を聞き取る耳の器官中、外耳から中耳までを伝音器官という。つまり耳介（耳たぶ）、外耳道、鼓膜、つち骨、きぬた骨、あぶみ骨、前庭窓までを指す。この内耳までの間に何らかの疾患があり音の聞こえの悪いものを伝音性難聴という。

伝音性難聴　末梢聴器である伝音器（外耳道・中耳・耳小骨）の病変による聴覚の障害。→感音性難聴、伝音器官

てんかん　さまざまな病因によって起こる慢性の脳障害で、大脳の神経細胞の過剰な発射が起こり、それによってけいれん、欠神、脱力、幻聴などさまざまな症状が繰り返しみられる病態。遺伝疾患以外の基礎病因が不明な特発性てんかん、病因の明らかな症候性てんかん、症候性と考えられるが病因が特定できない潜在性てんかんに分類される。

転換性障害　心理的要因により、失声、失歩、けいれん発作や知覚麻痺など、運動及び感覚上の症状が起こるもので、器質的病因が存在しないもの。

電気けいれん療法　1938年にイタリアのツェルレッテイによって開発された精神科における治療法の一つ。頭部に通電しけいれん発作を起こし症状の改善を図る療法である。現在は、全身麻酔施行、筋弛緩薬使用のもと、安全性の高い修正型通電療法が行われている。

電撃療法　⇨電気けいれん療法

点検商法　国民生活センターの「高齢者の消費者被害」によれば、「（商品や設備の）点検に来た」と言って訪問し、「水質に問題がある」「ふとんにダニがいる」「家の土台が腐っている」など消費者の不安をあおることを言って、その対策になると称する商品やサービスを販売する商法をいう。

点　字　視覚障害者のコミュニケーション手段。指先で触読できるよう、凸点六つの組み合わせで音を表記する。五十音に対応した標準点字、また数字、アルファベットに対応した表記もそろっている。

点字器　点字を書く道具。点字板、点字定規、点筆からなる。標準点字器は32マス18行で、点字板には点字定規を固定する穴が左右に空いている。点字定規は上下2枚の金属板で、上板には六つの穴、下板には六つの凹点があり、紙をはさんで点筆で点を打っていく。点字器の一種として、他に点字タイプライターがある。障害者総合支援法の日常生活用具給付等事業により給付又は貸与される。

電磁調理器　電磁を誘導して、電磁器そのものは発熱しないで磁性体の鍋を発熱させることにより食品を加熱する器具。鍋に触れない限りは火傷する心配がなく、炎が出ないので引火や立ち消えもなく空気も汚染されない。また、加熱調節も自由にできるので、揚げ物、煮物、保温などに用いるとよい。特に長時間弱火で煮込む場合などはガスコンロよりも便利で安全である。底の平らな鉄やほうろう製の鍋を用いる。一方、高齢者、特に認知症高齢者には使用法等の理解が困難である等の批判的指摘もある。老人福祉法に基づく日常生活用具として供与され、また障害者総合支援法の日常生活用具給付等事業により給付又は貸与される。

伝 染 病　⇨感染症

伝染病予防法　⇨感染症の予防及び感染症の患者に対する医療に関する法律

点滴静脈内注射　輸液法の一つで、静脈に注射針を刺して固定し、薬剤を長時間にわたり多量に注入する手法。手術前後、経口摂取ができないとき、脱水症状時等に、水分や栄養分、血液、薬物等を注入するために用いる。普通「点滴」と呼称される。

電動車いす　上下肢の障害のため手動車いす

を自分で駆動できない人や、駆動はできるが長距離の移動が困難な人が使う、電動モーターで駆動する車いすである。道路交通法において、電動車いすは歩行者として取り扱われ、運転免許は不要だが、最高速度は時速6 km以下に制限されている。障害者総合支援法に基づく補装具として、また介護保険法に基づく福祉用具貸与として指定されている（平18厚労告528、平11厚告93）。

伝導性難聴　⇨伝音性難聴

転倒・転落　敷居やくつずりなどの出入り口等の段差につまずいたり、段差が連続する階段から転落するなど発生率の高い住宅内事故の一つ。特に、加齢に伴い足腰が弱くなる高齢者や下肢障害者、視覚障害者などは、段差などが移動や動作の大きな障壁（バリア）となり、転倒や転落によって骨折や寝たきりに結びつく場合もある。そのため、転倒や転落の原因となる箇所やその理由をきちんと把握して対処方法を検討するなどの安全対策、骨折予防が必要である。階段はできるだけ避け、可能な限り同一平面で日常生活が送れる動線を確保することが望ましい。また、玄関マットやスリッパなどつまずき等の原因になるものは除去し、姿勢のバランスを崩しやすい箇所には手すりを取りつけたり、滑りにくい床材への変更も検討する。特に、寝室からトイレなどへの夜間の移動では、転倒や転落が多いので足元灯（フットライト）を利用するなど安全に配慮する。

電動ベッド　電動ベッドは、特殊寝台またはギャッチベッドとも呼ばれている。フレーム、マットレスを乗せる床板（ボトム）、フットボード、ヘッドボード等から構成される。これに、サイドレールやマットレスなどの付属品を加えて利用する。背中を支える部分が昇降する背上げ機能、下肢を昇降させる脚上げ機能、床板全体が上下する高さ調整機能（ハイロー機能）のいずれかの機能を有しており、ベッド上での寝返りや起き上がり、立ち上がり動作を補助する。

天然繊維　繊維の形をした物質が天然に産出するもので、紡績可能な繊維である。セルロースを主成分とする植物繊維（綿、麻、カポック）、たんぱく質を主成分とする動物繊維（毛、絹）及び鉱物繊維（アスベスト）がある。生産性は低いが化学繊維にはない天然の優れたもち味があり、吸湿性、染色性、風合いにも優れる。しかし、洗濯により収縮することがあり、動物繊維は縮絨や虫による食害も受けやすい。

でんぷん　植物が光合成をすることによりつくられる多糖類であり、穀類やいも類の中に貯蔵物質として多量に存在するものである。水の中では白色の粉状に沈殿する。でんぷんはグルコースが直鎖状につながっているアミロースと、枝分かれの構造をとっているアミロペクチンとからなっている。でんぷんは生のままでは味も消化も悪いことから加熱をしなくてはならない。じゃがいもでんぷんや、くずでんぷん等がある。

電話勧誘販売　国民生活センターの「高齢者の消費者被害」によれば、業者が消費者を電話で勧誘し、郵便などの通信手段で契約させるものをいう。不意打ち性が高く、強引な勧誘や虚偽説明などの問題が見られる。

電話補助機器　難聴者のための電話補助器。受話器自体に音量を上げる機能のついたシルバーホン、携帯できて受話器に取りつけて音量調節できるもの等のほか、呼び鈴の聞き取りにくい人のためのフラッシュベル等がある。一方、近年、電話ができないほど重い聴覚障害者の間では電子メールの普及が進んでおり、連絡の取り合いや会話的やりとりに活用されている。なお、日常生活補助機器としては電話に関するもののほかに、音を光や振動に変えて聴覚障害者に知らせる装置が、単品又は複数の機能を組み合わせて市販されている。

と

トイレの住環境整備 トイレは、身体状況に応じた福祉用具の大きさ、介助者の位置などを考慮して安全に排泄できるように環境を整備する必要がある。段差の解消、滑りにくい床材の使用、夜間等でも危険がないような照明の配慮が不可欠である。また、出入り口は姿勢の安定を保ちやすい引き戸が望ましく、車いすの使用も考慮し80cm以上の幅員を確保し、移動や便座周辺の動作の安定のために手すりを取りつけるとよい。車いすなどの福祉用具を利用する場合は、十分な広さを確保し、特に便座への移乗動作がスムーズに行えるよう、車いすの座面高と便座の高さを同じにしておくとよい。また、排泄が長時間かかる場合もあるので、冬場の暖房の配慮や外部空間との温度差が生じないようにする。さらに、緊急時に外部に通報できる緊急通報ブザーや施錠開錠装置の設置なども併せて検討する。

トインビー・ホール〔Toynbee Hall〕 1884年、ロンドンのスラム街に建てられた世界で最初のセツルメント・ハウス。セツルメント運動に身を投じて31歳の若さで亡くなったA.トインビーを記念して、S.バーネットの指導のもとに建てられた。 →セツルメント

同一化 ⇨同一視

同一視 適応機制の一つ。自分が実現できない欲求を、その欲求を実現できる他者と同一と見たて、それによって代理的に満足すること。→適応機制

動因 ⇨動機づけ

投影 ⇨投射

動悸 異常に早く、強いか又は不規則性の心拍動が自覚される状態。通常は、心拍数が毎分120以上。これに対して正常の心拍数は毎分60〜100である。ほとんどの例で動悸は、興奮や神経過敏、激しい運動等による。しかし、ある種の心異常、例えば発作性頻脈や器質的な疾患に由来する場合もある。日頃から脈拍数や拍動の強さ、不整脈に注意する。

動機づけ 生活体に行動を起こさせ、その活動を方向づける力動的な心的過程。生活体を行動に駆り立てる生活体の内部状態を動因といい、行動を起こさせる外部刺激を誘因又は目標という。例えば、空腹になってレストランを探し食事をする場合、食欲という動因が生じ、レストランの料理は誘因となる。なお、動機は一次的動機と二次的動機に分類され、前者は生理的動機、基本的動機とも呼ばれ、呼吸、飢餓、渇きなど生理的な基礎をもつ動機であるのに対し、後者は社会的動機、学習された動機とも呼ばれ、多くの物を所有したい、高い社会的地位につきたい、有名になりたいなどといった動機をいう。社会福祉援助においては、サービス利用者が自らの動機づけをもって、社会福祉サービスを利用することが課題となる。動機づけをもたない者に対しては、援助側から積極的に働きかけるような援助が必要となる。 →アグレッシブ・ケースワーク、ワーカビリティ

道具的条件づけ ⇨オペラント条件づけ

凍結貯蔵 食品を低温で保つことにより酵素作用や微生物の発育を抑制する方法の一つで、氷結点（－0.5〜－2℃）以下で急速に水分を氷結させた状態で保存することをいう。冷凍ともいう。あくまでも微生物等の活動を抑制するのであって殺菌ではないため、常温に戻すと酵素作用や微生物の活動も再開されるため、温度管理は重要である。

同行援護 視覚障害により、移動に著しい困難を有する障害者・児について、外出時において、移動の援護、排せつ及び食事等の介護その他必要な援助を同行して行う障害者総合支援法の給付対象サービス。介護給付に分類される（障総合5条4項）。

統合化〔integration〕 ⇨インテグレーション

統合教育 障害のある児童・生徒と障害のな

い児童・生徒を一緒に教育することをいう。基本的には障害児が普通学級で学習する形態をいうが、特別支援学級に在籍する障害児が、特定の時間だけ、通常の学級の子どもたちと学ぶという、いわゆる交流教育も統合教育の一形態とする考え方もある。実施に当たっては、教員の教育と適切な配置が不可欠である。

統合失調症〔schizphrenia〕　内因性精神障害の一つ。E.クレペリンにより早発性痴呆と命名され、E.ブロイラーにより Schizophrenie（統合失調症）と提唱された。原因不明の疾患で青年期に多く発病し、慢性・進行性に経過し、放置すれば末期には人格欠陥、荒廃に至る。症状は多彩で、主に思考、感情、意欲の面に異常が生じ、幻覚、妄想、させられ体験等が出現する。治療は、薬物療法、生活療法、精神療法が中心となっている。なお、従来「精神分裂病」という病名が使われていたが、「精神それ自体の分裂」と解されることが多く、患者の人格否定、社会的偏見や差別の助長、病名告知の妨げ等につながるとして「統合失調症」へと呼称変更された。

橈骨動脈　橈骨は尺骨とともに前腕を構成する拇指側の骨。橈骨動脈は上腕動脈から分かれ拇指主動脈など手・指に伸びるが、手首近くで骨の直上の浅層を通るため、脈拍の触診に最適とされる。

動作性ＩＱ　知能検査を構成している動作性検査で得られるIQ。動作性検査は、絵画完成、積木問題、符号問題、迷路問題など非言語的材料で作られている。

洞　　察　ああそうだったのかと悟ること。試行錯誤によらず、飛躍的に答えに達する思考であり、ひらめきと関係している。精神分析等多くの心理療法は、クライエントが生き方の根本に関わる深い洞察を得ることを治療手段・目的としている。一方、洞察を重視しない立場の心理療法もあり、行動療法は行動が変わることのみを目標としている。

動 作 法　成瀬悟策により開発された純国産の心理療法。もともとは脳性麻痺児の肢体不自由訓練法として開発されたが、援助者と被援助者が身体を通したコミュニケーションを行う中で、認知的変化や精神症状の改善等がみられることが発見され、神経症者、自閉症児・者、認知症高齢者等への心理療法、高齢者の心身の活性化を目的とするこころのケア、学童のストレスマネジメント等、その適用が広がっている。

糖　　質　食物のうち自然界に最も多く存在する物質であり、エネルギー源となる栄養素である。炭水化物ともいう。炭素、水素、酸素からなっており、この基本単位の分子が集まってできている。食品成分表においてはほとんどの食品について、水分、たんぱく質、脂質、繊維、灰分の数値の合計を100から差し引いた数値が糖質量とされている。

透湿性　布の一方から他の面へ水蒸気を通過させる性質をいう。透湿には、糸や繊維の隙間を通して水蒸気を通す場合と、繊維の内部を通る場合とがある。前者では織物や編物などの布地の構造が関係し、後者の場合には繊維の吸湿性が関係する。身体から出る水分によって皮膚面の湿度が高くなると不快であり、被服の保健衛生上の機能にとって、被服材料の透湿性は大切である。

透湿性防水加工　スポーツウエアなどは雨や雪が外部から浸み込まず、同時に汗や水蒸気が外へ通過することができれば、身体は蒸れたり濡れたりせずに快適に着用できる。この相反する二つの機能を合わせ持つようにする加工が透湿性防水加工で、布面や布間に雨滴や水滴の径より小さい数μmの微小な小穴を無数に造ることによって、雨は通さず水蒸気は通過するようにする。いくつかの方法があるが、微多孔の膜を布地にコーティングしたり、細い疎水性繊維で緻密な織物に加工するなどの方法がとられる。紙おむつや、おむつカバーにも施されている。

投　　射　適応機制の一つ。投影ともいわれる。自分の感情や思考などが自分が抱いたものでないほうが都合のよい場合に、自分の感情を他人が抱いたことにすること。例えば、自分が

好きでない人に対して、その人が自分を嫌っているから付き合わないのだと思う等がある。
→適応機制

凍　傷　寒冷による組織障害をいう。凍傷は1〜4度に分類される。発赤、腫脹、浮腫、掻痒感のあるものを1度、浮腫と水疱もしくは破れてビラン形成のあるものを2度、皮膚が暗かっ色で知覚のないものが3度、骨に至る創傷を4度とする。

統制された情緒的関与　個別援助の原則の一つ。援助者が援助を行う上で、サービス利用者の感情や態度の本当の意味を理解し、援助に適した反応を示すこと。その際、援助者が示す反応は恣意的なものではなく、自らの個人感情の統制が必要となることから、このように呼ぶ。
→バイステックの七つの原則

透　析　急性・慢性腎不全の治療法の一つ。腎臓に代わり透析の原理を応用して、尿素等、血液中の有害物質の除去、過剰な水分の除去、電解質の調整を行う。腹膜を利用した簡易性に優れる腹膜透析（腹膜灌流）と、セロファン等の人工膜を用いた機器に血液を送る血液透析がある。　→人工透析

動　線　建物の内外部で時間の経過とともに人や物が移動した跡、回数、方向を図面上でたどった線を動線という。作業者や物の動きを連続する線で表した作業動線や、要介護者や介護者、福祉用具の動きを表した介護動線などがある。動線は、移動の距離を線の長さで表し、動く回数を線の太さで表す。頻繁に通る所は動線が太くなり、少ない所は細くなる。太い動線は短くするようにし、違う動きと交錯させないようにするなど、短く単純な動線が能率的といえる。ただし、動線が短すぎると他の行動の妨げになる場合もあるので、場所や生活習慣等に応じて検討する必要がある。部屋の使い勝手や配置は、設計段階から動線計画を考えて行うことが望ましい。

当選商法　国民生活センターの「高齢者の消費者被害」によれば、「当選した」「景品が当たった」「あなただけが選ばれた」などと特別な優位性を強調して消費者に近づき、商品やサービスを販売する商法をいう。海外宝くじに関する相談が多い。

痘そう　天然痘ともいい、世界で初めて撲滅された全身の発疹を主な症状とする感染症。かつては高い致死率のため恐れられたが、1980年以降、新たな感染者はなく、撲滅が宣言された。

糖　蔵　高濃度（糖濃度50％以上）の砂糖により浸透圧を高めることで、微生物の発育を阻止する食品保存の方法の一つ。ジャム類、練乳、菓子などの貯蔵に用いられる。

糖代謝異常　糖質（炭水化物）が組織中で代謝（酸化、分解、合成）される過程の障害。代謝に関与するどの酵素の問題かによって、血中の糖の濃度の調節難や、尿中への糖の排泄、中間代謝産物の組織への蓄積等さまざまなレベルの問題が生じる。

疼　痛　痛み。生体組織の損傷や、損傷を起こす刺激が、神経系を通じて脳で認知される感覚。

導　尿　外尿道口から膀胱まで管（カテーテル）を通して尿を排出させる処置のこと。膀胱洗浄処置や尿閉に対する治療のため行われたり、尿失禁の病態把握や尿路感染症の診断のために行われる。膀胱内の細菌感染を起こさないように無菌的に操作することが重要である。その他、バルーンカテーテルによる持続的導尿や神経因性膀胱患者における間歇的自己導尿などがある。

糖尿病　インシュリン（膵臓から分泌されるホルモン）の欠乏により起こる糖代謝異常。体内における糖質の利用が低下し、脂肪及びたんぱく質の利用が亢進する。重度の場合、尿中への糖の排泄、水と電解質の喪失が起こり、口渇、多飲、多尿、体重減少、全身倦怠感等がみられるが、通常は無症状である。高血糖状態が続くと、腎や網膜、神経障害等の合併症につながる。場合によっては非ケトン性高浸透圧状態やケトアシドーシスとなり、昏睡に陥ることがある。　→インシュリン

糖尿病性神経障害 糖尿病性腎症、糖尿病性網膜症とともに糖尿病の合併症。いくつかの病型があり、圧倒的に頻度が高いのは両下肢の遠位に強い感覚神経優位の末梢神経障害であり、糖尿病罹病期間が長くなるとともに発症率は増加する。初期は無症状であったり、感覚鈍麻、振動覚低下がみられ、進行すると熱感や異常感覚を伴う。起立性低血圧や神経因性膀胱などの自律神経障害や、外眼筋麻痺の病型もある。　→特定疾病

糖尿病性腎症 糖尿病性神経障害、糖尿病性網膜症とともに糖尿病の合併症。蛋白尿を主な徴候とする、腎の糸球体病変中心の腎障害。糖尿病の罹病年数が長くなるとともに合併する頻度は増加する。初期には微量アルブミンの尿排泄量が増加し、徐々に蛋白尿も持続的に排泄されるようになる。尿蛋白がみられても尿の潜血反応は陰性か軽微である。進行すると多量の蛋白尿がみられネフローゼ症候群を呈し、末期には腎不全となって腎透析が必要となる。　→特定疾病

糖尿病性網膜症 糖尿病性神経障害、糖尿病性腎症とともに糖尿病の合併症。眼底出血などによる視力障害を生ずる糖尿病の眼合併症。基本にあるのは網膜などの細小動脈の血管障害で、単純性網膜症と増殖性網膜症に大別される。初期には網膜の細小動脈瘤、点状出血がみられ、視力には影響を及ぼさないが、徐々に出血の大きさが増し、新生血管の増殖、網膜前出血、硝子体出血を伴う増殖性網膜症に進展する。光凝固療法が有効である。糖尿病性網膜症は、我が国において中途失明の主要な原因の一つである。　→特定疾病

逃　避 適応機制の一つ。不安を感じさせるような困難な状況や危険にさらされた場合、そこから逃げたり、それを避けようとする行動をいう。逃避には、不安な場面から単純に逃げ出す「逃避」、解決困難な現実の課題を避けて、他の近づきやすい課題に逃避する「現実への逃避」や「空想への逃避」「疾病への逃避」「仕事への逃避」「酒への逃避」などがある。　→適応機制

頭部外傷 外力が加わったことにより頭部に発生した外傷の総称。頭部外傷の分類としては外部に創がある開放性頭部外傷と創のない閉鎖性頭部外傷や、症状のない単純型、意識障害が一過性な脳振盪型、脳の器質的損傷である脳挫傷型、頭蓋内出血型の分類がある。

頭部後傾法 手を用いて行う気道確保の方法の一つ。舌根沈下や気道内異物等による気道閉塞を起こした者に対し、肩の下に枕等を入れ、前額部を手掌で押して頭をできるだけ後に反らせる。十分に気道が確保されない場合はさらに下顎押し出し法を試みる。　→気道確保

動物性脂肪 動物体から取られる脂肪。魚類を除き、畜肉類に含まれる脂肪は一般に飽和脂肪酸が多く、融点が高いため、常温では固型のものが多い。食用として利用されている主なものに魚油、肝油、ラード（豚脂）、牛脂、バターなどがある。飽和脂肪酸と動脈硬化性疾患との間には密接な関係があるといわれ、飽和脂肪酸を多く含む動物性脂肪（魚油を除く）を偏って摂取すると動脈硬化になりやすいとされている。動物性脂肪と植物性脂肪の比率は1：2から1：1くらいの範囲が望ましいとされているが、近年、脂肪酸レベルの摂取比率が示され活用されている。

動物性たんぱく質 肉類、魚介類、卵類、乳類といった動物性食品に含まれるたんぱく質の総称。一般に植物性たんぱく質に比べ必須アミノ酸含有量が多く、生体に利用されやすい割合で存在しているため栄養価が高い。

動　脈 心臓から末梢に向かって血液を送り出す血管。酸素を多く含む動脈血が大動脈から中小動脈、細小動脈を通って全身の組織に運ばれる。動脈壁は高い圧力（これを血圧という）に耐えられるよう三層の膜から構成され、弾力性に富んでいる。

動脈血 酸素含有量が多く、鮮紅色を呈する血液。肺動脈を除く動脈血管に流れる。鮮紅色は赤血球中のヘモグロビンと酸素が結合することでの色である。

動脈硬化（症） 動脈壁の増殖及び変性等によって血管の変形・硬化を起こす疾患群。動脈は機能上、部位によって形態的構造が異なり、動脈硬化症の組織像も異なる。病理組織学的に、①粥状硬化症、②中膜硬化症、③細動脈硬化症、に分類される。高コレステロール血症、高トリグリセリド血症、高比重リポタンパク（HDL）コレステロール低下の存在及び高血圧・肥満・喫煙等が促進因子として考えられる。

動揺性歩行 進行性筋ジストロフィーにみられる歩行障害。アヒル歩行とも呼ばれ、歩くごとに骨盤が傾き、腰を左右に振って歩く歩幅の狭い歩行のこと。　→進行性筋ジストロフィー

動力義肢 体外に動力を求め義肢を操作するもの。動力としては電気、油圧、空圧がある。我が国では前腕切断者用の筋電義手が利用されている。　→義肢

登録ヘルパー 訪問介護員（ホームヘルパー）の働き方の一つであり、自分の働くことのできる曜日・時間帯を事業所に登録しておく非常勤ヘルパーのこと。

特殊寝台 特殊寝台は、特殊な機能を備えた寝台の総称であり、通常ギャッチベッドや電動介護用ベッドとも呼ばれている。さまざまな機能を備えたものがあるが、原則として使用者の頭部及び脚部の傾斜角度を調整できる機能や、床板の高さが無段階に調整できる機能をもつ。障害者総合支援法による市町村が行う地域生活支援事業における日常生活用具の一つであり、介護保険の福祉用具貸与種目の一つである。

特殊尿器　⇨自動排泄処理装置

特殊法人 法律により直接に設立される法人または特別の法律により特別の設立行為をもって設立される法人。業務は公共的な性格が強く、特殊法人改革により独立行政法人化されたものも多い。

特定機能病院 病院を機能別に分類したときの一つで、一般の医療機関では実施困難な手術や高度先進医療などを行う病院として、厚生労働大臣が承認した病院。特定機能病院となるには、①集中治療室等の高度な医療機器・施設・研修施設等を有している、②内科、外科、小児科等主要な診療科名を10以上有している、③病床数400床以上、④医師、看護師、薬剤師等が一定数以上配置されている、などの条件を満たさなければならない。紹介制度を導入し、高度医療を必要とする患者を優先的に取り扱う。大学病院、国立がん研究センター、国立循環器病研究センターをはじめ、全国の80余りの病院が特定機能病院として承認されている（医療4条の2）。

特定健康診査 糖尿病、高血圧症、脂質異常症などの生活習慣病であって、内臓脂肪の蓄積に起因するものの予防を目的として行われる健康診査。従来の老人保健事業が行ってきた基本健康診査の健診項目を基本に、メタボリックシンドロームの概念に基づいた腹囲の測定やHDL・LDLコレステロールの測定などが加わった。国の特定健康診査等基本指針に即して各保険者が5年ごとに作成する特定健康診査等実施計画に基づき、40歳以上の被保険者及びその被扶養者に対して行われる。特定健康診査の結果、健康の保持に努める必要がある者に対しては、特定保健指導が行われる。　→特定保健指導

特定施設 介護保険において、有料老人ホーム、養護老人ホーム、軽費老人ホームであって、地域密着型特定施設でないものをいう。　→地域密着型特定施設

特定施設入居者生活介護 介護保険の給付対象となる居宅サービスの一つ。特定施設（有料老人ホーム、軽費老人ホーム、養護老人ホーム）に入居している要介護者に対して、特定施設サービス計画に基づき行われる入浴・排せつ・食事等の介護、洗濯・掃除等の家事、生活等に関する相談・助言等の要介護者に必要な日常生活上の世話、機能訓練、療養上の世話のサービスをいう。特定施設サービス計画にはサービスの内容、担当者、健康上・生活上の問題点と解決すべき課題、提供するサービスの目標・達成時期・提供上の留意点を定める必要がある。要支援者に対しては、介護予防特定施設入居者生活

介護が行われる（介護8条11項・8条の2　9項）。　→外部サービス利用型特定施設入居者生活介護、地域密着型特定施設入居者生活介護

特定疾病　介護保険制度では、第2号被保険者の要支援・要介護認定については、身体上・精神上の障害が加齢に伴って生じる心身の変化に起因する特定疾病による場合に限られる。特定疾病は政令で定められており、脳血管疾患、初老期における認知症、骨折を伴う骨粗鬆症、筋萎縮性側索硬化症、パーキンソン病、関節リウマチ、糖尿病性の神経障害・腎症・網膜症などが含まれる。

特定商取引に関する法律〔昭和51年法律57号〕　訪問販売、通信販売、電話勧誘販売、連鎖販売取引（マルチ商法）等の取引を公正にし、購入者の損害防止及び利益保護を目的とする法律。一定の要件が備わっている場合に、消費者が無条件に契約の申込みの撤回、解除を行うことのできるクーリング・オフ制度などについて定めている。　→クーリング・オフ制度

特定相談支援事業　障害者総合支援法において、基本相談支援及び計画相談支援のいずれも行う事業をいう（障総合5条16項）。　→基本相談支援、計画相談支援

特定入所者介護サービス費　介護保険制度において、所得の低い要介護者が施設サービスなどを利用した場合にかかる食費と居住（滞在）費の負担を軽くするために支給される介護給付。要支援者に対して支給される特定入所者介護予防サービス費なども含めて補足給付と呼ばれる。平成17年の法改正により、施設等における食費と居住費が利用者の負担となったことに伴い、新たに設けられた。対象となるのは、特定介護サービス（指定介護福祉施設サービス、介護保健施設サービス、地域密着型介護老人福祉施設入所者生活介護、短期入所生活介護及び短期入所療養介護）を受けた場合で、食費と居住費について、施設等における平均的な費用を勘案した基準額から利用者の所得及び資産（平成27年8月から）状況などを勘案して定める負担限度額を控除した額が支給される。ただ

し、施設等が食費と居住費のどちらか一方でも負担限度額を超える額を利用者から徴収した場合には、全体として特定入所者介護サービス費は支給されない（介護51条の3）。

特定非営利活動促進法〔平成10年法律7号〕　特定非営利活動を行う団体に法人格を付与することや運営組織及び事業活動が適正であって公益の増進に資する特定非営利活動法人の認定に係る制度を設けること等により、ボランティア活動をはじめとする市民が行う自由な社会貢献活動としての特定非営利活動の健全な発展を促進し、公益の増進に寄与することを目的とする法律。ここでいう特定非営利活動とは、「保健・医療・福祉の増進」「社会教育の推進」「まちづくりの推進」「学術・文化・芸術・スポーツの振興」「環境の保全」「災害救援」等20の活動のうちいずれかに該当し、不特定かつ多数のものの利益の増進に寄与することを目的とする活動をいう。

特定非営利活動法人　⇨NPO

特定福祉用具　介護保険制度における福祉用具のうち、入浴・排泄などに用いる、貸与に適さないものとして厚生労働大臣が定めた福祉用具。腰掛便座、自動排泄処理装置の交換可能部品、入浴補助用具、簡易浴槽、移動リフト用つり具の5種類が指定されている。居宅要介護（要支援）被保険者がこれらを購入した場合、居宅介護（介護予防）福祉用具購入費が支給される（介護44条・56条、平11厚告94）。

特定福祉用具販売　介護保険の給付対象となる居宅サービスの一つ。居宅要介護者に対して、入浴や排せつに用いる特定福祉用具の販売をすること。要支援者に対しては、介護予防に役立つ特定福祉用具を販売する特定介護予防福祉用具販売が行われる。福祉用具の選定にあたっては、福祉用具専門相談員から、専門的な知識に基づく助言を受けて行われる（介護8条13項・8条の2　11項）。

特定保健指導　特定健康診査の結果により、生活習慣病の発症リスクが高く、健康の保持に努める必要があるとされた者に対して行われる

保健上の指導。リスクの程度に応じて、「動機付け支援」と「積極的支援」に分類される。国の特定健康診査等基本指針に即して各保険者が5年ごとに作成する特定健康診査等実施計画に基づき、40歳以上の被保険者及びその被扶養者に対して行われる。保健指導に関する専門的知識及び技術を有する医師、保健師、管理栄養士により行われる。　→特定健康診査

特定保健用食品　身体の生理学的機能などに影響を与える保健機能成分が含まれ、「血圧が高めの方に適する」、「お腹の調子を整える」など、特定の保健の目的が期待できることを表示できる食品。特定保健用食品として販売するには、その表示内容について、個別に生理的機能や特定の保健機能を示す有効性や安全性等に関する科学的根拠に関する審査を受けるとともに消費者庁長官の許可を受けることが必要である。許可を受けたものについては、特定保健用食品マークが付される。

特定目的公営住宅　公営住宅の一種。公営住宅への入居申込者のうち、社会的な特殊事情により一般の入居申込者よりも優先して住宅援助を行う必要がある者を入居させるための住宅で、母子世帯向公営住宅、心身障害者世帯向公営住宅、老人世帯向公営住宅などがある（昭63住総発124）。　→公営住宅

特定有料老人ホーム　養護老人ホーム、特別養護老人ホーム又は軽費老人ホーム等を運営する社会福祉法人等が、既存の施設機能の有効活用を前提として設置運営する小規模の有料老人ホーム。定員は50人未満（昭63老福99）。

特別栽培農産物　⇨有機農産物・特別栽培農産物

特別支援学級　学校教育法に基づき小学校、中学校、高等学校及び中等教育学校に置くことができるとされている学級で、心身に障害をもつ児童・生徒のために、そのニーズに応じた教育を行うことを目的とする。児童・生徒は障害に応じた教科指導や障害に起因する困難の改善・克服のための指導を受ける。対象となるのは、通常の学級での教育を受けることが適当とされた知的障害、肢体不自由、身体虚弱、弱視、難聴、その他障害のある者で特別支援学級において教育を行うことが適当な者である（学教81条）。

特別支援学校　学校教育法に基づき、視覚障害者、聴覚障害者、知的障害者、肢体不自由者又は病弱者（身体虚弱者を含む。）に対して、幼稚園、小学校、中学校又は高等学校に準ずる教育を施すとともに、障害による学習上又は生活上の困難を克服し自立を図るために必要な知識技能を授けることを目的に設置される学校。従来、盲学校、聾学校及び養護学校といった障害種別に分かれて行われていた障害を有する児童・生徒に対する教育について、障害種にとらわれることなく個々のニーズに柔軟に対応した教育を実施するために、平成18年の学校教育法の改正により創設された。特別支援学校においては、地域の小学校や中学校などの要請を受けて、教育上特別の支援を必要とする児童等の教育に関し必要な助言や援助を行う。地域の特別支援教育におけるセンター的機能についてもその十全な発揮が求められている（学教72条～74条）。

特別支援教育　障害の種類や程度に応じ特別の場で指導を行っていた特殊教育を転換し、通常学級に在籍する学習障害、注意欠陥多動性障害、高機能自閉症等の児童・生徒も含め、一人ひとりの教育的ニーズを把握し、そのもてる力を高め、生活や学習上の困難を改善又は克服するため、適切な指導及び必要な支援を行うもの。平成15年3月にまとめられた「今後の特別支援教育の在り方について（最終報告）」を受け、平成18年6月の学校教育法等の一部改正において具現化された。具体的には、①これまでの盲・聾・養護学校を障害種にとらわれない特別支援学校とするとともに地域の特別支援教育におけるセンター的機能を有する学校とすること、②小中学校等において特別支援教育の体制を確立するとともに特別支援学級を設けること、③盲・聾・養護学校ごとの教員免許状を特別支援学校の教員免許状へ総合化を図ること等

により、障害のある児童・生徒等の教育の一層の充実を図ることとしている（学教72条～82条）。　→特別支援学校、特別支援学級

特別児童扶養手当　特別児童扶養手当等の支給に関する法律に基づき、障害児の父母がその障害児を監護するとき、又は父母がないか父母が監護しない場合に父母以外の者がその障害児を養育するとき、父母又は養育者に支給される手当。ここでいう障害児とは、20歳未満であって、1級または2級の障害等級に該当する程度の障害の状態にある者である。なお、各級の障害の状態は同法施行令に定められている。手当額は障害の程度（1級、2級）に応じた額となっており、受給資格者の前年の所得が一定以上ある場合等は、支給制限がある（特児扶2条～16条）。

特別障害者手当　特別児童扶養手当等の支給に関する法律に基づき、特別障害者に支給される手当。支給対象となる特別障害者とは、20歳以上であって、同法施行令に定める程度の著しく重度の障害の状態にあるため、日常生活において常時特別の介護を必要とする者である。手当は、障害者支援施設に入所し生活介護を受けている者、病院又は診療所に継続して3か月以上入院している者等には支給されない。また、受給資格者の前年の所得が一定以上ある場合等は、支給制限がある（特児扶2条・26条の2～26条の5）。

特別徴収　介護保険第1号保険料の徴収方法の一つ。第1号被保険者が一定額（年額18万円）以上の公的な老齢年金等を受給している場合には、年金保険者が年金を支給する際に年金から保険料を天引きし、市町村に納入する仕組み。なお特別徴収は、市町村の事務負担の軽減や被保険者の利便の向上、保険料の収納率向上等の観点から、社会保障給付に対する公租公課の禁止の原則の例外として認められたものと考えられる。

特別養護老人ホーム　老人福祉法に基づく老人福祉施設の一つ。65歳以上の者であって、身体上又は精神上著しい障害があるために常時介護を必要とし、かつ、居宅においてこれを受けることが困難なものを入所させて、入浴、排せつ、食事等の介護、相談及び援助、社会生活上の便宜の供与その他の日常生活上の世話、機能訓練、健康管理及び療養上の世話を行うことを目的とする施設。設置主体は都道府県、市町村、地方独立行政法人及び社会福祉法人。なお、介護保険法では介護老人福祉施設として位置づけられており、これらのサービスを介護福祉施設サービスとして、施設に入所する要介護者に提供することとしている。従来、市町村が行ってきた特別養護老人ホームへの入所措置の対象者は、養護者による虐待からの保護や養護者の負担軽減などやむを得ない事由により介護保険法に規定する介護老人福祉施設に入所することが著しく困難であると認められる者に限定される。

特別養護老人ホームの設備及び運営に関する基準〔平成11年厚生省令46号〕　老人福祉法第17条の規定に基づき、特別養護老人ホームについての設備運営の基準を定めたもの。基本方針、構造設備の一般原則を示し、設備、職員の配置及び資格要件、入所者に対する処遇方法等、食事、健康管理、衛生管理等の基準が定められている。あわせてユニット型及び地域密着型特別養護老人ホームについての基準が定められている。介護保険における指定基準「指定介護老人福祉施設の人員、設備及び運営に関する基準」との整合性が図られている。

特別養護老人ホームの入所措置の基準　特別養護老人ホームへの入所措置を決定するための判定基準。入所措置の要件としては、介護保険法の要介護認定において要介護状態に該当し、かつ、健康状態が入院加療を要する病態でないこととされている。介護保険法の施行により、特別養護老人ホームへの入所措置はやむを得ない事由により介護老人福祉施設に入所することが困難と認められるときに限られることとなった（平18老発0331028）。

特別用途食品　乳児、幼児、妊産婦、病者などの発育、健康の保持・回復などに適するとい

う特別の用途を表示して販売する食品。特別用途食品として販売するには、特別の用途に適する旨の表示について消費者庁長官の許可を受けることが必要である。特別用途食品の中にはえん下困難者用食品なども含まれる。許可を受けたものについては、特別用途食品マークが付される。　→特定保健用食品

独立行政法人国立重度知的障害者総合施設のぞみの園　昭和46年4月に旧・国立施設として群馬県高崎市に開設され、平成15年10月から独立行政法人国立重度知的障害者総合施設のぞみの園法に基づいて運営されている。重度の知的障害者に対する自立のための先導的かつ総合的な支援の提供、知的障害者の支援に関する調査及び研究等を行うことにより、知的障害者の福祉の向上を図ることを目的としている。

特例介護予防サービス費　介護保険制度において、居宅要支援被保険者が、①要支援認定の効力が生じる日以前に、緊急等やむを得ない理由により指定介護予防サービスを受けた場合、②指定介護予防サービス以外の介護予防サービス（基準該当介護予防サービス又は離島等の地域におけるそれ以外の介護予防サービス）を受けた場合、③緊急等やむを得ない理由で被保険者証を提示しないで指定介護予防サービスを受けた場合、④要支援認定の効力が生じる日以前に緊急等やむを得ない理由により上記②の指定介護予防サービス以外の介護予防サービスを受けた場合に、市町村が必要と認めるときに支給される予防給付。償還払いにより支給される（介護54条）。

特例居宅介護サービス費　介護保険制度において、居宅要介護被保険者が、①要介護認定の効力が生じる日以前に、緊急等やむを得ない理由により指定居宅サービスを受けた場合、②指定居宅サービス以外の居宅サービス（基準該当居宅サービス又は離島等の一定の地域におけるそれ以外の居宅サービス）を受けた場合、③緊急等やむを得ない理由で被保険者証を提示しないで指定居宅サービスを受けた場合、④要介護認定の効力が生じる日以前に緊急等やむを得ない理由により上記②の指定居宅サービス以外の居宅サービス等を受けた場合に、市町村が必要と認めるときに支給される介護給付をいう。償還払いにより支給される（介護42条）。

特例施設介護サービス費　介護保険制度において、要介護被保険者が、①要介護認定の効力が生じる以前に、緊急等のやむを得ない理由により指定施設介護サービスを受けた場合、②緊急等のやむを得ない理由により被保険者証を提示しないで指定施設サービス等を受けた場合に、市町村が必要と認めるときに支給される介護給付。支給額は施設介護サービス費の額を基準として市町村が定める。法的に代理受領は定められておらず、基本的には利用者が全額費用を施設に支払った後、施設が交付するサービス提供証明書によって保険者に請求することとなる（介護49条）。

特例地域密着型介護サービス費　介護保険制度において、要介護被保険者が、①要介護認定の効力が生じる日以前に緊急等やむを得ない理由により指定地域密着型サービスを受けた場合、②離島等の地域において、指定地域密着型サービス以外の地域密着型サービス又はこれに相当するサービスを受けた場合、③緊急等やむを得ない理由で被保険者証を提示しないで指定地域密着型サービスを受けた場合、④要介護認定の効力が生じる日以前に緊急等やむを得ない理由により上記②の指定地域密着型サービス以外の地域密着型サービス又はこれに相当するサービスを受けた場合に、市町村が必要と認めるときに支給される介護給付。償還払いにより支給される（介護42条の3）。

読話（読唇）　聴覚障害者のコミュニケーション手段の一つ。話し手の口の形や動きを手がかりに話を理解するもので、他のコミュニケーション手段と併用して用いることが多い。

吐　　血　消化管系、特に食道や胃、十二指腸から出血した血液を嘔吐ないし吐出すること。大量出血の場合は新鮮な血液そのままのこともあるが、通常は胃内の塩酸のためにコーヒー残渣様の状態で吐出される。原因は、頻度か

らみると胃潰瘍、びらん性胃炎、胃がん、食道下部の静脈瘤等であるが、その他多くの原因がある。

床ずれ ⇨ 褥瘡（じょくそう）

都市化 全体社会の地域的構成が、社会的分業の発展・深化の結果として、諸機関の集積した都市域の発達、さらに都市群の形成へと変容していく現象。たんに都市人口の増大だけでなく、都市的生活様式や都市的社会関係の浸透と、それによる地域社会の変化も意味する。

都市ガス 気体燃料には都市ガスと液化石油ガス（LPガス）があり、都市ガスを製法別に大別すると製造ガス（石炭ガス、ナフサガス、ブタンエアーガス）と天然ガスがある。熱源としてのメリットは①火力が強く早く調理できる、②ガス導管で供給されるので貯蔵が不要、③供給に安定性がある、④取扱いが他の燃料に比べて簡単である、⑤騒音、臭気、すすなどを発生しない、⑥熱効率が良く経済的で安全であるなど多くのメリットがある。ガスの燃焼速度の速い遅いによりA、B、Cの3グループに分けられるほか、発熱量である「ウォッベ指数」により13種類に分類されている。ガス器具にはすべて、適合するガスの種類が「都市ガス用13A」というように表示されている。

徒手筋力テスト〔Manual Mascle Test；MMT〕 個々の筋の収縮能力を客観的に評価するための検査。ある条件下で被験者に関節運動を行わせ、運動範囲あるいは検者が徒手的に与えた抵抗量によって筋力を0～5の6段階に分類する検査方法である。徒手筋力テストによって測定されるのは粗大筋力である。

閉じられた質問 「はい」または「いいえ」で答えられる質問と簡単に2～3の単語で答えられる質問。ごく短く答えることができる利点がある一方、あまり頻回に用いすぎると、利用者の意向を制限してしまうことにもなる。 → 開かれた質問

都道府県介護保険事業支援計画 介護保険事業に係る保険給付の円滑な実施を図るために、国の基本指針に即して都道府県が定める、施設整備と人材確保等の広域的な調整を要する事柄についての計画。都道府県が定める区域における各年度の介護専用型特定施設入居者生活介護等に係る必要利用定員定数、介護保険施設の種類ごとの必要入所員総数その他の介護給付等対象サービスの量の見込みを定めるべき事項とし、①介護保険施設等の生活環境の改善を図るための事業に関する事項、②介護サービス情報の公表に関する事項、③人材確保又は資質の向上に資する事業に関する事項、④介護保険施設相互間の連携の確保に関する事業、⑤在宅医療・介護連携推進事業に関する市町村相互間の連絡調整を行う事業を定めるよう努める事項とする。都道府県老人福祉計画と一体のものとして作成され、地域における医療及び介護の総合的な確保の促進に関する法律に規定する都道府県計画及び医療法に規定する医療計画との整合性の確保が図られたものでなければならない（介護118条）。

都道府県障害者計画 ⇨ 障害者基本計画

都道府県障害福祉計画 障害者総合支援法に基づき、都道府県が基本指針に即し、市町村障害福祉計画の達成のため、各市町村に通じる広域的な見地から、障害福祉サービスの提供体制の確保等を定めた行政計画。各年度の指定障害福祉サービス、指定地域相談支援又は指定計画相談支援の種類ごとの必要量の見込み、指定障害者支援施設の必要入所員総数等が定められる（障総合89条）。

都道府県相談支援体制整備事業 都道府県に相談支援に関するアドバイザー（地域における相談支援体制整備について実績を有する者等）を配置し、地域のネットワーク構築に向けた指導・調整等の広域的支援を行うことにより、地域における相談支援体制の整備を推進することを目的とする事業。都道府県地域生活支援事業の必須事業の一つ（平18発発0801002）。

都道府県地域生活支援事業 都道府県の行う地域生活支援事業。障害児等療育支援事業、発達障害者支援センター運営事業などが必須事業として行われるほか、サービス・相談支援者、

指導者育成事業や、都道府県の判断により日常生活支援、社会生活支援など必要な事業が任意事業として行われる（障総合78条、平18障0801002）。　→地域生活支援事業

都道府県老人福祉計画　老人福祉法に基づき、都道府県が定める老人福祉事業の供給体制の確保に関する計画をいう。市町村老人福祉計画の達成を支援するためのものであり、各市町村を通ずる広域的な見地から、圏域を設定して特別養護老人ホーム等の必要入所定員総数その他老人福祉事業の量の目標を定める。都道府県介護保険事業支援計画と一体的に作成されなければならない。また、都道府県地域福祉支援計画等と調和が保たれたものでなければならない（老福20条の9）。　→市町村老人福祉計画

ドナー〔donor〕　臓器提供者。臓器移植の手術の際に、必要な移植臓器を提供する人。

扉の形状　出入り口にある扉の形状は、主に引き戸、開き戸が多い。引き戸は扉を右か左にスライドさせて開閉するもので、開閉の際に身体の邪魔にならず、身体の安定性が高い。一方、開き戸は扉を押すか引くかして開閉するため、開閉の際に身体移動が必要で姿勢のバランスを崩しやすいといった特徴がある。特に、扉が内側に開く内開き戸は、室内で緊急事態が発生した場合に人や物が障害となって外部からの助けがスムーズにいかないことがあるので注意が必要である。扉の形状と合わせて、把手の形状も配慮が望まれる。

ドライクリーニング　⇨乾式洗濯

ドライシャンプー　寝たきり高齢者等に対して、ベッド上で行える洗髪。通常の入浴時に使用されるシャンプーとは異なり、大量のお湯を使用することなく洗髪できる特徴がある。ドライシャンプー剤としては、30〜50％のアルコール、オリーブ油、ヘアトニック、パウダーがある。

トラウマ　精神的外傷。戦争や大きな災害等通常の生活体験から逸脱した体験によって生じる精神的外傷で、急性ストレス障害や、1か月以上も続く外傷性ストレス障害を引き起こすことが多い。精神的外傷を引き起こした体験をその個人にとっての「外傷体験」という。

トランスファー〔transfer〕　⇨移乗動作

とろみ調整食品　食べ物や飲み物に加え混ぜることで、適度なとろみをつけることができるでんぷん等を粉末状にした食品。ゼリー状にかためることができる食品もある。とろみをつけると、食品や飲み物が口の中でまとまりやすくなり、ゆっくりとのどへ流れるため、誤嚥を避けることができる。日本介護食品協議会では、とろみのつき方に関する表示をメーカー間で統一し、4段階（フレンチドレッシング状、とんかつソース状、ケチャップ状、マヨネーズ状）のイメージで表示している。

な

ナーシングホーム〔nursing home〕 介護を要する高齢者等に対して医療や介護を提供する欧米の施設であり、日本で言えば介護老人福祉施設（特別養護老人ホーム）や介護老人保健施設などに当たる。この制度が発達したアメリカでは、比較的軽度な者を対象とする援助型ホームと、重度で専門的な治療を要する者を対象とする看護型ホームがある。

ナースセンター 看護師等の就業の促進その他の看護師等の確保を図ることを目的として設立された公益社団法人であって、看護師等の人材確保の促進に関する法律に基づき指定されたものをいう。未就業看護師等の就業促進に必要な事業、看護業務等のPR事業及び訪問看護に従事する者の資質の向上等訪問看護の実施に必要な支援事業を行う都道府県ナースセンターと、その事業を全国的見地から連絡調整する中央ナースセンターがある。都道府県ナースセンターは都道府県知事により、中央ナースセンターは厚生労働大臣により各1か所が指定されている。

内 因 医学において内因とは、疾病にかかる人間の遺伝的背景や栄養バランスなど本人自身の多様な条件が原因となっていることをいう。

内因型喘息 アレルギー関与等の外的な原因が不明で、精神神経的要因や気道内感染等の内的原因によると考えられる気管支喘息。 →外因型喘息、気管支喘息

内因性精神障害 個体の素質に原因があると考えられる精神障害。統合失調症と気分障害が代表的なものである。未だ発症の身体的基盤が明確に見いだされていない。遺伝以外の生物学的な要因が複雑に関与していると考えられている。 →外因性精神障害、心因性精神障害

内因性精神病 ⇨内因性精神障害

内呼吸 生体をつくりあげている各細胞と血液との間のガス交換のこと。 →ガス交換、外呼吸

内視鏡 身体の内腔を観察するための装置。胃カメラ、腹腔鏡、関節鏡、眼底鏡、ファイバースコープ等がある。直視下に病変を観察し、組織を採取して診断に利用するのみでなく、気管・食道の異物除去や経尿道的に膀胱腫瘍の切除手術等の治療にも利用する。

ナイチンゲール, F.〔Nightingale, Florence 1820〜1910〕 イギリスの看護師で、近代看護学及び看護教育の功労者。1854年クリミア戦争の傷病兵看護で活躍、「クリミアの天使」と呼ばれた。帰国後、国民からの寄付金をもとに聖トマス病院内に看護学校を設立、近代看護学、看護教育の確立を果たした。また、イギリス軍の衛生制度の改革やインドの衛生問題にも関与した。

ナイチンゲール誓詞 医師の「ヒポクラテスの誓い」にならい、看護師の心得を誓詞の形にしたもので、看護師の範とされるナイチンゲールに敬意を表して作成された。その内容は、任務を忠実に行うこと、毒・害のあるものを断つこと、患者の私事・秘密をもらさないことを神に誓うものである。

内的適応 ⇨適応

ナイトホスピタル〔night hospital〕 夜間のみ患者を入所させ診療する医療施設で、病院から社会又は家庭に至る間の施療を社会から隔絶されないように行うことを目的としている。特に、精神科病院等に併設される。

内発的動機づけ 好奇心や価値を求める内的な源泉に基づく動機づけをいう。報酬や罰によってやる気が生じる「外発的動機づけ」と対比される。学習や仕事を自主的に取り組む意欲に関係していると考えられ、有能さを感じることができることや自己決定することなどが内発的動機づけを高めるとされる。一方で、外的な報酬は一般的に内発的動機づけを下げる効果がある。

内部（機能）障害 身体障害者福祉法で規定する身体障害の一種。心臓、じん臓、呼吸器、ぼうこう又は直腸、小腸、肝臓若しくはヒト免疫不全ウイルスによる免疫の機能障害で、永続し、日常生活が著しい制限を受ける程度であると認められるものを同法の対象となる身体障害者としている（身障4条・別表、身障令36条、身障則別表5）。一般的に内部障害が問題になる場合には外見的に異常のないことが多い。手足の欠損等外見的に異常が認められる外部障害に比較し、周囲の認識の低さから、病気にもかかわらず職場を休めなかったり、障害の等級が過小評価されたり等の問題がある。

内分泌器官 分泌物を特別の導管を通らずに血中に分泌する器官。生体のいろいろな機能の調節をする化学的物質（ホルモン）を産生する。→ホルモン

ナイロン（ポリアミド繊維） アメリカのデュポン社で開発した繊維で、最初の合成繊維。低分子化合物をアミド結合（-CO・NH-）で重合し、できた高分子を紡糸して繊維状にしたもの。ポリアミド繊維ともいう。重合する原料の炭素原子数によってナイロン66、ナイロン6、ナイロン610等と名称がつけられている。一般には、生産高が多いナイロン66を指すが、日本ではナイロン6が代表的である。軽く、引っ張り、摩擦、折り曲げに強い。熱可塑性もある。化学薬品、酸やアルカリ、油、海水などにも強い。吸湿性がないのが欠点である。絹に似た風合いをもつ。靴下、ストッキング、水着、レインコート、傘などに多く用いられる。

中食 保存性のない調理済みの食品を買って帰り、自宅・職場など生活者が任意の場所で喫食すること。家庭での食事である「内食」と家庭外の食事である「外食」の中間に位置する概念である。三つの食事の本質的な違いは、食事の調理を誰が担うかにある。

ナショナル・ミニマム〔national minimum〕社会的に容認された国民の最低限度の生活水準を、国家の責任において保障すること。歴史的には、19世紀末のイギリスにおいてウエッブ夫妻により提唱されたのが最初で、ベヴァリッジ報告で具体的に政策として示された。我が国では憲法第25条に生存権保障として規定されており、生活保護法をはじめとする各公共政策で具体的に実施されている。 →ベヴァリッジ報告、生存権保障

ナトリウム 主として食塩（NaCl）として経口的に摂取し、体内ではナトリウムイオンとして生理作用を営んでいる。ナトリウムイオンは細胞外液中に主として存在し、細胞外液の浸透圧の維持と細胞外液量の維持作用をもつ。代謝の特徴は摂取量と排泄量との間にバランスがとれていることで、飲食物から摂取され、主に腎臓から排泄される。この調節機構は体内の水分調節機構と連動している。ナトリウムは食品中に、食塩、グルタミン酸ナトリウム、アスコルビン酸ナトリウム、リン酸ナトリウム、重炭酸ナトリウムなどナトリウム塩の形で存在している。1日の食塩摂取目標量は、日本人の食事摂取基準（2015年版）で、成人の男性で8g未満、女性で7g未満となっている。

ナラティブ・アプローチ ナラティブとは「物語」を意味する名詞であり、ナラティブ・アプローチとは物語を使った援助法のこと。「現実は社会的に構成される」「言葉が現実をつくり出す」という社会構成主義の考えを、ナラティブ・アプローチは基礎としている。クライエント（利用者）は自分のこと（障害や病気など）を物語として語ることで、それを意味づけ、受け入れることができる。援助者はクライエントの語りを助け、その物語に耳を傾けることで、クライエントにとっての主観的意味を理解することができ、さらに新たな意味を見出してもらうこともできる。

喃語 「バブバブ」等言語発達の最初段階でみられる乳児の意味をなさない音声のこと。繰り返される発声によって、発声器官が発達する。1音節がしだいに多音節になり、音の種類も増える。生後8か月頃までに音声はほとんど確認できる。

軟口蓋 口腔の上壁であると同時に鼻腔底

をなす口蓋の後方3分の1部を指す。前方3分の1部は硬口蓋という。軟口蓋は内部に骨を欠き、嚥下、発声などの際に、舌、顎の運動に協調し機能を果たしている。舌咽神経及び迷走神経が障害されると軟口蓋麻痺が生じる。

軟菜食 消化機能の低下や機能訓練の回復期などに用いられる食事の一つ。主食は粥が中心で副食も繊維の多い硬いものを避け、消化しやすいように調理したものを指す。軟らかさは個人の状態に応じて段階をもたせる。適した食材として、穀類、いも類、豆腐、かぼちゃ、根菜類などが挙げられる。

難治性疾患 治療を行っても、軽快、治癒させるのが困難な疾患の総称。難治性潰瘍、難治性膀胱炎等がある。

難聴 外耳から中耳の損傷による伝音性難聴と、内耳・聴神経・脳のいずれかの損傷による感音性難聴(その両方の混合性難聴もある)に大別される。また疾患によるものか、加齢によるもの(老人性)か、純音聴力検査図の形(水平型、高音急つい型)等によっても分類される。難聴の程度はオージオメータを用いて計測され、ヒアリングレベル30dBでは、ささやき声は聞こえず、それより大きい声は聞こえる(軽度難聴に相当)、70dBでは裸耳で普通の話し声は聞こえない(中等度難聴に相当)、100dBでは裸耳で叫び声も聞こえない(重度難聴に相当)。身体障害者福祉法では、70dB以上の人を聴覚障害者としている。

難燃・防炎加工 可燃性である繊維に防炎剤を固着させ、燃えにくくする加工である。防炎剤には含リン系ハロゲン系、イオウ系、無機系がある。燃えやすい繊維を難燃剤で処理して燃えにくくしたり、着火した場合にも延焼に対する抵抗を大きくする加工で、火災の拡大や火傷事故を防ぐのに必要な性能を付与することができる。ポリエステルやナイロン繊維には難燃剤を混入して紡糸する方法がとられ、綿布などの親水性繊維には難燃剤に浸して吸収、固着させる方法が行われる。カーテン、どん帳、じゅうたんやエプロンなどに加工が行われている。火災による高齢者の死者発生防止対策として需要が高まっている。

難病 医学用語ではなく、特定の疾患群を指すものではないが、昭和47年に当時の厚生省が定めた「難病対策要綱」では、難病として行政対象とする疾病の範囲を①原因不明、治療方法未確立であり、かつ後遺症を残すおそれの少なくない疾病、②経過が慢性にわたり、単に経済的な問題のみならず介護等に著しく人手を要するために家族の負担が重く、また精神的にも負担の大きい疾病、としている。平成26年5月に制定された難病の患者に対する医療等に関する法律では、「発病の機構が明らかでなく、かつ、治療方法が確立していない希少な疾病であって、当該疾病にかかることにより長期にわたり療養を必要とすることとなるものをいう」と定義されている。難病のうち指定された特定の疾患を特定疾患という。　→難病の患者に対する医療等に関する法律

難病対策 厚生省は、昭和47年に策定した「難病対策要綱」の中で、難病として行政対象とする疾病の範囲を示し、それらの疾病への対策として、①調査研究の推進、②医療施設等の整備、③医療費の自己負担の軽減、④地域における保健医療福祉の充実・連携、⑤QOLの向上を目指した福祉施策の推進、の五つを柱とし、難治性疾患克服研究事業、特定疾患治療研究事業、難病特別対策推進事業等を推進してきた。この難病対策により一定の成果はあげられたが、医療の進歩や患者等のニーズの変化などに伴い、従来の制度へのさまざまな課題が指摘され、難病対策の充実を目指すため、平成26年5月に難病の患者に対する医療等に関する法律が制定された。難病の患者に対する医療費助成については、従来は法律に基づかない予算事業(特定疾患治療研究事業)で実施されていたが、この法律の制定により難病患者に対する新たな公平かつ安定的な医療費助成制度が確立されることになった。なお、平成25年度から障害者総合支援法に定める障害者の定義に難病患者等が加わり、障害福祉サービス等の対象となった。

→難病、難病の患者に対する医療等に関する法律

難病の患者に対する医療等に関する法律〔平成26年法律50号〕　難病対策は昭和47年に策定された「難病対策要綱」に基づき、各種の事業が推進されてきた結果、一定の成果があげられてきたが、医療の進歩や患者等のニーズの変化などに伴い、従来の制度へのさまざまな課題が指摘されるようになった。そのため、難病対策の充実を目指すために平成26年5月に制定された法律。施行は平成27年1月。従来は法律に基づかない予算事業（特定疾患治療研究事業）で実施されてきた難病の患者に対する医療費助成に関して、この法律の制定により難病患者に対する新たな公平かつ安定的な医療費助成制度が確立されることになった。この法律ではその他、基本方針の策定、難病の医療に関する調査及び研究の推進、療養生活環境整備事業の実施等について定められている。　→難病対策

に

ニーズ〔needs〕　ニーズ（ニード）という言葉にはさまざまな解釈があり、サービス利用者の希望を重視してニーズを定義する立場、専門職の判断を絶対視する立場等がある。中立的立場でのニーズの定義は、①本人あるいは家族が援助してほしいと望んでいるもの、②本人あるいは家族が実際に生活上等で困っているもの、③専門職の目で援助が必要と思われるものの総体を指す。提供される援助は必ずしも①②③の重なる部分となるとは限らない。

ニィリエ　⇨ベンクト・ニィリエ
二次医療　⇨プライマリケア
二次感染　続発感染とも呼ばれ、ある病原体により既に感染症が発症している患者が新たに別の感染症を併発すること。例えば、インフルエンザウイルスによってインフルエンザが発症した後に細菌性肺炎を合併した場合などで、高齢者や低栄養状態のように抵抗力が低下した場合によくみられる。その場合、室内や身体に付着している常在菌が起炎菌となることが多く、重症化しやすく、しばしば死亡原因となる。

二次障害　一次障害が基になって起こる派生的な障害。例えば「下半身麻痺」という障害（一次障害）から、上肢の使用過多により慢性関節炎という二次障害が起きるなどの例がみられる。　→一次障害

二次性高血圧　腎尿路系疾患、大動脈縮窄、クッシング症候群等の原疾患に伴う高血圧。
→高血圧、本態性高血圧

二次的動機　⇨動機づけ

二次判定　介護保険制度において、要介護・要支援認定の一次判定の結果を原案として、介護認定審査会で行われる最終的な判定。認定調査票の基本調査・特記事項、主治医意見書の記載事項、国から示された要介護度変更の指標、状態像の例に照らして最終的な審査・判定を行う。また、一次判定において「要介護1相当」と判定された場合は、介護認定審査会において「要支援2」と「要介護1」のいずれかに判定される。　→一次判定

二次被害（悪質商法）　国民生活センターの「高齢者の消費者被害」によれば、一度被害にあった人を、被害の救済などのさまざまなセールストークで再び勧誘して二次的な被害を与えることをいう。

二次妄想　発生した妄想が、患者の情動や体験の反応として生じたものと、心理的に理解可能なものをいう。　→真性妄想

21世紀における第2次国民健康づくり運動（健康日本21（第2次））　生活習慣及び社会環境の改善を通じて、全ての国民が健やかで心豊かに生活できる活力ある社会を実現し、社会保障制度が持続可能なものとなるよう、厚生労働省が策定した計画。期間は平成25年度から平成34年度までであり、主に一次予防に重点が置かれている。基本的な方向として、①健康

寿命の延伸と健康格差の縮小、②生活習慣病の発症予防と重症化予防の徹底、③必要な機能の維持及び向上、④社会環境の整備、⑤生活習慣及び社会環境の改善の五つがあり、各分野ごとに具体的な数値目標が掲げられている（平24厚労告430）。

「21世紀福祉ビジョン」 平成6年3月に厚生大臣の私的懇談会である高齢社会福祉ビジョン懇談会が行った提言。21世紀の少子・高齢社会における社会保障の全体像、主要施策の基本的方向、財源構造の在り方等について中長期的な方向性を具体的かつ定量的に示した。主要施策の進め方の中では、新ゴールドプランやエンゼルプランの策定、21世紀に向けた介護システムの構築の必要性が明示されている。これに基づき、新ゴールドプラン、エンゼルプランが平成6年12月に策定され実施された。また、介護システムの具体化として介護保険法が平成9年12月に成立し、平成12年4月から施行された。　⇒「高齢者保健福祉推進十か年戦略」

二次予防　⇨第二次予防

「2015年の高齢者介護～高齢者の尊厳を支えるケアの確立に向けて～」　いわゆる団塊の世代が65歳以上になりきる2015年までに実現すべきことを念頭に置いて、高齢者の尊厳を支えるケアの確立を目標に据え、求められる高齢者介護の姿を描いた報告書。平成15年6月に厚生労働省老健局長の私的研究会である高齢者介護研究会によってまとめられた。具体的な方策として、①介護予防・リハビリテーションの充実、②生活の継続性を維持するための新しい介護サービス体系、③認知症高齢者のケアモデルの確立、④サービスの質の確保と向上をあげている。また、これからの高齢者介護においては、身体ケアのみではなく、認知症高齢者に対応したケアを標準として位置づけるなど、認知症高齢者のケアを大きな柱としている。平成17年に改正された介護保険法は、本報告書の骨子を参考にしている。

日常生活活動（動作）　⇨ADL

日常生活自立支援事業　知的障害者、精神障害者、認知症高齢者等のうち判断能力が不十分な者の福祉サービスの利用に関する援助等を行うことにより、地域における自立した生活を支援する事業。実施主体は、都道府県社会福祉協議会又は指定都市社会福祉協議会。第二種社会福祉事業として位置付けられている福祉サービス利用援助事業である。　⇨福祉サービス利用援助事業

日常生活自立度判定基準　⇨認知症高齢者の日常生活自立度判定基準

日常生活用具　高齢者、障害者が円滑な日常生活を送ることを目的として使用される用具。以下の三つの要件をすべて満たすものとされる。①安全かつ容易に使用できるもので、実用性が認められるもの、②日常生活上の困難を改善し、自立を支援し社会参加を促進するもの、③製作や改良、開発にあたって障害に関する専門的な知識や技術を要するもので、日常生活用品として一般的に普及していないもの。

日常生活用具給付等事業　重度障害者・児に対し、自立生活支援用具等の日常生活用具を給付又は貸与する事業。障害者等の日常生活上の便宜を図ることを目的としている。市町村地域生活支援事業の必須事業の一つ。種目として、特殊寝台、特殊マット、障害児用訓練いす、入浴補助用具、聴覚障害者用屋内信号装置、電気式たん吸引器、盲人用体温計、点字器、人工喉頭、ストーマ装具等のほか、障害者等の居宅生活動作等を円滑にする用具で設置に小規模な住宅改修を伴うものが定められている（障総合77条、平18厚労告529、平18障発0801002）。　⇨老人日常生活用具給付等事業

日常生活用具の給付等　⇨日常生活用具給付等事業、老人日常生活用具給付等事業

日常のレクリエーション　毎日の暮らしの中で平常時に行われるレクリエーション。生活の場を離れて行う旅行や、一年の中で特別の時期にのみ行う祭りのような「非日常的レクリエーション」に対して使われる用語。

日内変動　人間を含む地球上の生物の機能が、1日24時間を1周期とするリズムを持っ

て繰り返すことをいう。人間においては大脳の視床下部によって制御されているといわれている。血圧、体温、各種ホルモン分泌、学習能力、気分などにその例が見られ、内因性うつ病では、朝方から午前中にかけて抑うつ気分が強く、午後から夜間にかけて持ち直す例が知られている。

日射病 ⇨熱中症

ニット ⇨編物

二動作歩行 つえを使った平地歩行を介助する際の技法の一つ。患側の足とつえを同時に出し、次に健側の足を前に出す。「1、2、1、2……」という二拍子のリズムをとって歩く。三動作歩行で安定した後に、二動作歩行に移るとよい。

ニトログリセリン 虚血性心疾患の発作(狭心症発作)時に用いる錠剤。舌の下に含むと体内に吸収されて亜硝酸を生じ、心臓の冠動脈を拡張させて血流を増加させる働きがある。携帯しやすく速効性がある。

二分脊椎 脊柱管の癒合障害による先天的な脊椎破裂のこと。脊椎弓が癒合せず、脊椎の欠損がX線で認められるが、体表に嚢胞や脊髄露出が見られない潜在性二分脊椎と、体表部に嚢胞形成や開放性異常が見られる嚢胞性二分脊椎に分類される。運動障害や排尿・便障害を認める。

日本介護学会 平成15年に設立された、介護福祉に関わる学術的な研究の推進を目的とした団体。日本介護福祉士会の事業であり、①学術集会の開催、②機関紙等の発行、③当該学会および関連学会に関する情報提供、等を行っている。

日本介護福祉士会 国家資格である介護福祉士に登録したものを入会資格とする専門職団体。介護に関わる専門的教育及び研究を通して専門性を確立し、職業倫理の向上、資質の向上及び知識・技術の普及を図り、国民の福祉の増進に寄与することを目的とする。平成6年2月に設立された。主な事業は、①介護福祉の向上と発達改善に資する事項、②社会福祉の増進に資する事項、③各種研修会等の開催に関する事項、④教育水準の向上と後継者育成に関する事項、⑤刊行物の発行及び調査研究に関する事項、⑥地域福祉の推進に関する事項、等である。

日本介護福祉士会方式 日本介護福祉士会が作成した高齢者介護サービスのケアマネジメント用のアセスメント方式。生活状況を把握するために「衣・食・住・体の健康・心の健康・家族関係・社会関係」の7領域について、現状・本人の意欲・関心等を把握するようになっている。利用者自身の生活リズムを尊重し、意欲・関心を重視したものとなっており、利用者側からみた生活上の困難性を記述し、それに対する専門職の関わりを明らかにしていく。生活全般を支えるという観点から社会福祉領域の援助ポイントを中心にアセスメントする内容となっており、医療情報等については、利用者の状況に応じて専門的アセスメントと組み合わせて活用することで、より効果が高まる。

日本介護福祉士会倫理綱領 介護福祉の専門職としてもつべき価値観や倫理、行動姿勢などを、職能団体である日本介護福祉士会がとりまとめ、平成7年11月17日に宣言したもの。①利用者本位、自立支援、②専門的サービスの提供、③プライバシーの保護、④総合的サービスの提供と積極的な連携、協力、⑤利用者ニーズの代弁、⑥地域福祉の推進、⑦後継者の育成、という7項目から構成されており、前文においては「私たち日本介護福祉士会は、一人ひとりの心豊かな暮らしを支える介護福祉の専門職として、ここに倫理綱領を定め、自らの専門的知識・技術及び倫理的自覚をもって最善の介護福祉サービスの提供に努めます」とうたっている。

日本介護福祉士養成施設協会 平成3年に設立された介護福祉士指定養成施設の全国組織。その目的は、介護福祉士養成教育の内容充実及びその振興を図り、介護に関する研究開発及び知識の普及を図ることにある。具体的な活動として、①教育の内容及び方法等に関する調査研究、②教職員の研修及び資質の向上、③教材、資料等の作成、④卒業生等に対する情報提供、

日本看護協会 保健師、助産師、看護師、准看護師の親睦と福祉を図るとともに、職業倫理の向上、看護に関する専門的教育及び学術の研究に努めることにより、国民の健康と福祉の向上に寄与することを目的に、昭和21年に発足した。各種の研修、調査、出版活動等、幅広く活動している。

日本国憲法 大日本帝国憲法に代わって、昭和22年5月3日に施行された日本の憲法。前文及び11章103か条からなり、国の根本法に関する事項はすべて規定されている。国民主権、戦争の放棄、基本的人権の尊重、地方自治の保障等について規定しており、民主的原理に基づいている特徴をもつ。福祉と関連の深いものとして生存権保障（第25条）、幸福追求の権利（第13条）、教育の権利（第26条）等がある。
→生存権保障、基本的人権

日本社会福祉学会 昭和29年に設立された、社会福祉の学術的研究を目的とした団体。社会福祉の研究に携わる人及び現業に携わる人から構成されている。具体的な活動として、①年1回の全国大会の開催、②学会誌の発行、③地方部会の開催、等を行っている。

日本社会福祉士会 平成5年に設立された、社会福祉士国家資格を持つ社会福祉専門職の全国組織。社会福祉の援助を必要とする人々の生活と権利の擁護及び社会福祉の増進に寄与することを目的としている。具体的な活動として、①生涯研修体制の確立、②専門性の向上、③資格制度の改善と充実、④関係諸団体との連携の強化、等を行っている。

日本社会福祉士会方式 日本社会福祉士会が作成した高齢者介護サービスのケアマネジメント用のアセスメント方式。アセスメントからモニタリングに至るケアマネジメントの全過程で、最低限行わなければならない事項をチェックしながら記録するための「ケアマネジメント実践記録様式」のアセスメント部分として作成された。特徴としては、主介護者・副介護者といったインフォーマルな介護者に関する詳細な項目があること、ADL項目には状態だけでなく提供されている介護状況のチェック項目を設けていること、住環境や用具等に関する詳細な評価項目があること、高齢者本人や介護者の意見・要望に関する記入が自由にできること、各項目について医療・看護・介護上の問題点とそのレベルを明らかにすること等が挙げられる。全体的に自由に記入できる部分が多く、情報量が多い。

日本社会福祉士養成校協会 平成13年に、社会福祉士養成施設協議会が発展的に改組することで設立した、社会福祉士養成校の全国組織。社会福祉の担い手の確保と資質向上を担う社会福祉士養成校の社会的使命に鑑み、社会福祉士養成校の教育内容の充実と振興を図るとともに、社会福祉に関する研究開発と知識の普及に努めることなどを目的とする。

日本食品標準成分表 日本人が常用している食品について、可食部100g中の標準的な栄養素等成分値を示したもので、一般に料理や献立等の栄養価計算で使用される。特に、給食管理（学校、病院、施設等）や栄養指導（治療食、一般食）の基礎資料として重要である。

日本私立学校振興・共済事業団 日本私立学校振興・共済事業団法に基づき私立学校の教育の充実・向上・経営の安定、私立学校教職員の福利厚生を図るため、補助金の交付、資金の貸付けその他私立学校教育に対する援助に必要な業務を行うとともに、教職員の共済制度を運営している団体である。

日本人の栄養所要量 ⇒日本人の食事摂取基準

日本人の食事摂取基準 健康な個人又は集団を対象として、国民の健康の維持・増進、エネルギー・栄養素欠乏症の予防、生活習慣病の予防、過剰摂取による健康障害の予防を目的とし、エネルギー及び各栄養素の摂取量の基準を示すもの。国の健康に関する施策等の基礎的資料を得る目的で、集団を対象とした栄養素摂取量のめやすとして昭和16年より公的に定められ、最近では「日本人の栄養所要量」の名称で厚生

労働省より5年おきに発表されてきた。平成16年10月にとりまとめられ、平成17～21年度までの5年間使用されるものからは「日本人の食事摂取基準」と改称されるとともに、生活習慣病予防に重点を置き、主な栄養素について新たな指標「目標量」が設定されるようになった。現在は、平成27年度から使用する2015年版が示されている。

日本赤十字社　世界189か国にある赤十字・赤新月社の一つとして、日本赤十字社法に基づいて設立された法人。赤十字に関する諸条約及び赤十字国際会議で決議された諸原則の精神にのっとり、赤十字の理想とする人道的任務を達成することを目的としている。1877（明治10）年に博愛社として創設され、日本政府がジュネーブ条約に加入したことに伴い、1887（明治20）年に日本赤十字社と改称した。全国の支部、病・産院、血液センター、社会福祉施設などを拠点に、国内外の災害救護、医療、血液、社会福祉などの事業、救急法の普及、青少年赤十字、ボランティア活動などを行う。

日本ソーシャルワーカー協会　昭和35年に設立された、社会福祉関係各職種の研修、交流等を目的とした団体。社会福祉従事者・研究者を中心に構成されている。具体的な活動として、①七つの委員会による意見交換、②機関誌の発行、③国際交流、等を行っている。

日本年金機構　日本年金機構法に基づき、厚生労働大臣の監督の下に、政府が管掌する厚生年金保険事業、国民年金事業の運営業務を担う公法人。平成22年に社会保険庁が廃止され、その業務を引き継いだ。

日本脳炎　日本脳炎ウイルスによる感染症で四類感染症の一つ。ブタが増幅動物となり、コガタアカイエカが媒介する。発熱、頭痛、嘔吐の後、髄膜刺激症状が現れ、重症例では呼吸・循環不全等で死亡する。また、知能障害、言語障害、運動障害、性格変化等の後遺症を残すこともある。

日本訪問看護振興財団方式　（財）日本訪問看護振興財団が開発したアセスメントとケアプランの方式。この方式の特徴は、心身の疾病の管理、生活障害の改善、日常生活用具・器材の活用、生活環境の改善、必要な情報や社会資源の提供、介護力の強化などを通して要介護者の自立支援と、要介護者や家族の課題を改善又は達成できたり、生活の質を高めることにつなげられるようにできている。このアセスメントの大きな特徴は、自動的に問題領域（30領域）が特定できるので、ケアプラン作成時間が短縮される。なお、この方式のパソコンソフトは介護認定の認定調査項目からアセスメント、ケアプラン、サービス計画表、料金表、空き情報、そして質評価まで設定されている。

日本ホームヘルパー協会　昭和47年に設立された、ホームヘルパー相互の連携と職務能力の向上、処遇の改善等を目指す職能団体。訪問介護業務に携わる者が、専門職としての知識・技能を高めることにより、質の高い訪問介護サービスを提供し、もって高齢者・障害者（児）等の自立した日常生活の継続に寄与することを理念としている。具体的な活動として、①研修会の開催、②機関誌『ホームヘルパー』の発行、③訪問介護員の処遇改善のための活動、④訪問介護に関する調査・研究、⑤介護保険情報の提供、等を行っている。

日本レクリエーション協会　日本におけるレクリエーション運動の推進組織として昭和23年に文部大臣から認可された財団法人。都道府県レクリエーション協会と全国的なレクリエーション種目団体（ニュースポーツ関係、野外レクリエーションなど）が主要な構成団体である。地域のレクリエーション組織の拡大とともに、各種のレクリエーション支援者の養成と組織化に力を入れている。毎年各都道府県で行われる全国レクリエーション大会を主催している。平成23年4月に公益財団法人となった。

入院医療　疾病の治療や検査等のため、患者が医療施設へ入院して、医療を受けること。→在宅医療、通院医療

乳がん　女性によくみられる悪性腫瘍。通常、妊娠可能年齢後期以降に乳管上皮より発生

する。無痛性の硬い結節を乳腺組織内に形成するので自己触知による早期発見が重要である。しばしば、腋窩（えきか）リンパ節に転移する。

乳　児　児童福祉法及び母子保健法では、満1歳に満たない者を乳児という。一方、発達心理学では、歩く、食べるなどの生物的な自立の基礎が成り立つ時期を乳児期と定義し、満1歳半ぐらいまでをその時期としている。　→少年

乳児死亡率　生後1年未満の死亡について出生1000に対する比率をいう。乳児死亡率は、その地域の衛生状態、生活水準を表す指標の一つと考えられている。平成24年の我が国の乳児死亡率は2.2で世界最低水準にある。日本人の平均寿命が延びたことには、乳児死亡率の減少が大きく貢献している。　→新生児死亡率、周産期死亡率

入所施設　社会福祉施設は、その利用形態によって入所施設、通所施設、利用施設に分けることができる。入所施設は、心身の障害、経済的理由等により居宅で自立した生活ができない人々が入所し、介護・養護・食事・入浴等の施設サービスを利用する施設。特別養護老人ホーム、婦人保護施設、児童養護施設、障害児入所施設等がこれに当たる。

入浴サービス　在宅の要介護者が施設の入浴設備を活用して入浴サービスの提供を受けるものと、移動入浴車を活用して各家庭で行う訪問入浴がある。家族の介護負担の軽減を図り、長期にわたる在宅介護を可能とすることを目的としており、公的施策として行われているものと、民間が独自に行っているものとがある。介護保険制度では訪問入浴介護が居宅サービスの一つに位置づけられ、デイサービス（通所介護）でも引き続き入浴サービスが提供される。

入　浴　台　浴室の洗い場で、浴槽に密着させて設置し、腰かけながら浴槽に出入りする動作を補助する台のこと。

入浴補助用具　シャワーチェア、シャワー用車いす、浴槽の縁にとりつける手すり、入浴用介助ベルトなどがある。介護保険の福祉用具購入費支給対象である。浴室までの移動、脱衣所から浴槽への出入りというような一連の流れを踏まえ、全体の動作が無理なく安全に行えるよう機種を選択する必要がある。

入浴いす　洗体、洗髪、またはシャワー浴などに用いるいすで、一般の浴用いすに比べて座面が高く、高さ調整ができるものが多い。利用者の能力に合わせて、背もたれの有無、ひじ掛けの有無、座面の形状（陰部が洗いやすいように座面が馬蹄形に大きくくり抜かれているか、四角形であるか）などを選択する。

入浴用車いす　居室から浴室までの移動だけでなく、洗い場でも用いることができる、キャスタや車輪が付いているいすのこと。後方が大きく開いており、トイレの便器に合わせられるタイプもある。

尿　生体に不要となった水・電解質・代謝物質（尿素・尿酸など）からなる麦わら色の液体で、無菌である。比重1.015～1.025、95％が水分である。一般に成人で1日1～1.5l、最低500mlの排泄が必要といわれるが、汗をかくと減少する。

尿管皮膚瘻　尿管を腹壁に固定して尿を体外に排泄するようにした尿路変向（更）術の一つ。排出口（ストーマ）が狭窄しないようにカテーテルを挿入する場合と、しない場合がある。カテーテルを挿入する場合は、2～3週ごとに病院で取替える必要がある。カテーテルがない場合は、尿専用の粘着性装具で処理する。身体障害者福祉法に定める障害等級4級以上の適用。→人工膀胱

尿　失　禁　自分で排尿の意識がないのに尿が出てしまうことをいう。尿失禁の原因は、脳・脊髄（せきずい）神経疾患、前立腺（せん）疾患、尿路感染、尿閉などの排尿機能異常によるものと、ADL障害やコミュニケーション障害、認知症などによって排尿動作に支障がある機能性尿失禁とに分けられる。後者は適切な看護・介護により改善できる範疇（はんちゅう）のものである。高齢者によくみられる失禁には、切迫性・溢流性（いつりゅう）・機能性尿失禁がある。

尿処理用装具　人工膀胱保有者のための装

具。多くの種類が市販されている。ストーマの形状や皮膚の状態などによって患者に合った装具を選択する。処理袋（パウチ）に接着剤がついたワンピースタイプと、皮膚に固定する皮膚保護剤のついた粘着部（フランジ）と排泄物を溜める袋（パウチ）とが分かれたツーピースタイプのものがある。パウチ内に溜められる尿の量は限られているため、外出時や夜間は補助袋や補助タンクを使用する。カテーテル使用の尿管皮膚瘻の場合は、カテーテルに接続する専用の蓄尿袋がある。　→補装具

尿素窒素　たんぱく質代謝の終産物であり、尿から排泄される。腎の排泄機能が低下した場合、心疾患、肝疾患、消化管出血などにより血中尿素窒素値（正常値 5 〜 20mg/dl）は上昇する。

尿　糖　尿中に排泄されたブドウ糖。糖尿病、腎性糖尿等の疾患がある場合と、糖の摂取過剰により一過性にみられる場合とが考えられる。

尿毒症　糸球体腎炎等の腎疾患により腎の濾過機能が障害され、ついには体液の恒常性を維持できなくなり、そのために生じる心不全、呼吸不全、胃腸症状、はばたき様振戦等の多彩な神経症状、貧血等を示す臨床症候群のこと。→腎機能障害、腎不全

尿　閉　膀胱内に尿が充満しているにもかかわらず、これを自分で排出できない状態をいう。原因としては、前立腺肥大症、前立腺がん、膀胱頸部硬化症、尿道狭窄等がある。このほか外傷、脳卒中、直腸がんの手術等で膀胱神経に障害が起こり、排尿のコントロールができなくなる神経因性膀胱がある。

尿路感染症　腎から尿道に至る尿路に生じる感染性炎症の総称。起炎菌は大腸菌などのグラム陰性桿菌が多く、腎盂腎炎、膀胱炎が代表的なものである。症状は部位により異なり、前者では発熱、疼痛が、後者では頻尿、排尿障害、局所不快感が起こりやすい。

尿路結石　腎から尿道に至る尿路に存在する結石のこと。存在する部位により腎結石、尿管結石、膀胱結石、尿道結石に分けられる。結石成分としてはカルシウム、シュウ酸が大部分で尿の pH により溶解度が異なる。臨床的には男性に多く、疼痛、血尿、結石排出の既往が三大症状である。

尿路疾患　奇形、感染症、結石、外傷、腫瘍等さまざまな原因により腎から尿道に至る尿路に生じる病変の総称。

二類感染症　感染症法によって定められた、急性灰白髄炎（ポリオ）、ジフテリア、結核、重症急性呼吸器症候群（病原体がベータコロナウイルス属 SARS コロナウイルスであるものに限る）、中東呼吸器症候群（病原体がベータコロナウイルス属 MERS コロナウイルスであるものに限る）、特定鳥インフルエンザをいう。感染力、罹患した場合の重篤性等に基づく総合的な観点から見た危険性が高い感染症である（感染 6 条、平 10 厚生省発健医 346・10 畜 A2227）。

ニルジェ　⇨ベンクト・ニィリエ

任意後見制度　任意後見契約に関する法律に基づき、判断能力が衰えたときに備えて、代理人としての任意後見人をあらかじめ選任する制度。成年後見制度の一つである。精神上の障害により判断能力が不十分な状況における自己の生活、療養看護及び財産管理に関する事務について代理権を付与する委任契約であり、家庭裁判所が任意後見監督人を選任した時から契約の効力が発生する。　→成年後見制度、法定後見制度

任意事業　地域支援事業の一つ。事業の内容と種類は市町村の任意によるが、介護給付等費用適正化事業や家族介護支援事業は任意事業として定められている。

任意入院　精神保健福祉法に基づく入院形態の一つで、精神障害者本人の同意に基づく入院。本人の人権尊重、入院後の治療の好影響等の観点に立った努力規定である。精神科病院の管理者は、精神障害者を入院させる場合においては本人の同意に基づいて入院が行われるように努めなければならないと規定されている。退院についても、原則として本人の意思によるが、精

神保健指定医が、任意入院者の医療及び保護のため入院を継続する必要があると認めたときは、72時間を限度に退院させないことができる。また、緊急その他やむを得ない場合においては、指定医以外の一定の要件を満たす医師の診察により12時間を限度に退院させないことができるとされている（精保福20条・21条）。

人間の基本的欲求 人間が人間らしく生きるためにもたざるを得ない当然の欲求。生命体としての人間のもつ生理的欲求と、それを基盤として"人間らしさ"を求める人格的欲求とに分けられる。後者はさらに知的欲求、社会的欲求、心理的欲求等に分けることができる。これらの基本的欲求を土台にして、人間のさまざまな行動が生み出される。レクリエーションもまた、この欲求に根ざす活動と考えられる。

認知症 一度獲得された知能が、脳の器質的な障害により持続的に低下したり、失われることをいう。これに対して、獲得される以前の障害による知能の障害を知的障害という。一般に認知症は器質障害に基づき、記銘・記憶力、思考力、計算力、判断力、見当識の障害がみられ、知覚、感情、行動の異常も伴ってみられることが多い。記憶に関しては、短期記憶がまるごと失われることが多いが、長期記憶については保持されていることが多い。認知症は状態により、まだらと全般性のものに分けることがある。その症状は、初老期認知症、脳血管性認知症、アルツハイマー型認知症、進行性麻痺、てんかん、脳炎、アルコール依存症などでみられる。なお、従来使用されていた「痴呆」という用語は侮蔑を含む表現であることなどから、「認知症」という表現が使用されることとなった。

認知症介護研究・研修センター 認知症高齢者の介護に関する研究・研修の中核的機関として全国に3か所（東京都杉並区、愛知県大府市、宮城県仙台市）設置されている施設。①認知症介護の専門技術に関する実践的な研究、②専門的な認知症介護を指導・普及する人材の養成研修、③認知症介護に関する情報の収集・提供、④認知症介護の関係者の交流（ネットワーキング）、などを行う。

認知症介護実践研修 介護保険施設・事業所等に従事する介護職員等で、一定の知識・技術・経験を有する者を対象に、認知症介護の技術向上を図り、専門職員を養成し、認知症高齢者への介護サービスの充実を図ることを目的とする研修。全国に3か所ある認知症介護研究・研修センターが実施する認知症介護指導者養成研修を修了した認知症介護指導者が中心となり、都道府県又は指定都市で実施される。認知症介護実践リーダー研修、認知症介護実践者研修があり、認知症介護実践研修は、地域密着型サービスの管理者または計画作成担当者等となるための要件になっている。

認知症介護実践者等養成事業 高齢者介護実務者やその指導者に対し、認知症高齢者介護の実践的研修を実施し、また認知症介護を提供する事業所の管理者等に対し、適切なサービス提供に関する知識を修得させるための研修を実施する事業。実施主体は都道府県又は指定都市。認知症介護実践研修、認知症対応型サービス事業管理者研修、認知症介護指導者養成研修等がある（平18老発0331010）。

認知症ケアパス もともと多職種の連携パスであり、かかりつけ医から専門医、専門医からかかりつけ医、かかりつけ医から介護支援専門員、薬剤師、介護サービスなどと経過を追って、多職種同士が情報の交換をやりとりするための工程表のこと。認知症ケアパスの概念図を作成することは、多職種連携の基礎となる。このケアパスを用いることで、認知症の人が地域で安心して暮らせるために必要な医療と福祉の連携が一目でわかるようになる。標準的な認知症ケアパスの作成・普及を図るため、平成24～25年度に調査・研究を実施、同25～26年度に各市町村でケアパスの作成を推進、同27年度以降、介護保険事業計画（市町村）に反映させることとしている。

認知症ケアマッピング ⇨ＤＣＭ

認知症高齢者 脳の器質的障害により認知症の症状（いったん獲得された知能が持続的に低

下すること)を示している高齢者。認知症には、脳梗塞、脳出血等による脳血管障害の結果生じる脳血管性認知症、原因不明の脳の萎縮によって生じるアルツハイマー型認知症等がある。
→認知症

認知症高齢者グループホーム　⇨認知症対応型共同生活介護、認知症対応型老人共同生活援助事業

認知症高齢者の日常生活自立度判定基準　平成5年10月に発表された認知症高齢者の判定基準。ランクⅠ～ランクⅣ及びランクMの基準が定められており、医学的な認知症の程度ではなく生活の状態像から介護の必要度を示すものである。障害老人の日常生活自立度(寝たきり度)判定基準と併用することによって、障害をもつ高齢者の心身両面の判定ができることになっている(平5老健135)。　→障害老人の日常生活自立度(寝たきり度)判定基準

認知症サポーター　都道府県等が実施主体となる「認知症サポーター養成講座」の受講者で、友人や家族への認知症に関する正しい知識の伝達や、認知症になった人の手助けなどを本人の可能な範囲で行うボランティアをいう。受講者には認知症を支援する目印としてオレンジリングが授与される。講座は厚生労働省が2005(平成17)年度より実施している「認知症を知り地域をつくる10か年」の構想の一環である「認知症サポーター100万人キャラバン」によるもの(平18老計発0712001)。

認知症施策推進5か年計画　厚生労働省が平成24年6月にとりまとめ、9月に公表した計画のことで、通称を「オレンジプラン」という。平成25年度から同29年度までの5か年計画であり、すでにスタートしている。これまでの病院・施設を中心とした認知症ケア施策を、できる限り住み慣れた地域で暮らし続けられる在宅中心の認知症施策へシフトすることを目指し、地域で医療や介護、見守りなどの日常生活支援サービスを包括的に提供する体制づくりを目指し、具体的な方策がまとめられている。

認知症施策等総合支援事業　認知症の早期の段階からの適切な診断と対応、正しい知識と理解に基づく本人や家族への支援などを通し、地域単位で総合的かつ継続的な支援体制を確立していくことが必要であるとの観点に立って実施される認知症施策の総合支援事業。認知症サポート医の養成研修、専門家や経験者等が対応するコールセンターの設置、高齢者権利擁護等推進事業、市民後見推進事業など、認知症の各ステージに対応した様々な対策が実施されている(平26老発0709第3号)。

認知症疾患医療センター　地域における認知症疾患の保健医療水準の向上を図ることを目的に、都道府県及び指定都市において設置され、認知症疾患に関する鑑別診断、周辺症状と身体合併症に対する急性期治療及び専門医療相談等を実施する機関。認知症連携担当者を配置する認知症強化型地域包括支援センターと相互に情報交換を行う(平26老発0709第3号)。

認知症初期集中支援チーム　認知症になっても本人の意思が尊重され、できる限り住み慣れた地域のよい環境で暮らし続けられるために、早期に複数の専門職が家族の訴え等により認知症が疑われる人や認知症の人及びその家族を訪問し、アセスメント、家族支援などの初期の支援を包括的、集中的に行い、自立生活のサポートを行うチームである。支援チームは、地域包括支援センター、認知症疾患医療センター等に配置される。実施主体は市町村(特別区を含む。)である(平18老発0609001)。

認知症対応型共同生活介護　介護保険の給付対象となる地域密着型サービスの一つでグループホームのこと。認知症である要介護者に対して、入居定員5～9人の共同生活住居における家庭的な環境と地域住民との交流の下で入浴、排せつ、食事等の介護その他の日常生活上の世話及び機能訓練を行うことにより、その有する能力に応じ自立した日常生活を営むことができるようにする。認知症である要支援者に対しては、介護予防を目的とする介護予防認知症対応型共同生活介護が行われる(介護8条19項・8条の2　15項)。

認知症対応型通所介護 介護保険の給付対象となる地域密着型サービスの一つ。認知症の要介護者であって、居宅において介護を受ける者について、特別養護老人ホームや老人デイサービスセンター等に通わせ、入浴、排せつ、食事等の介護、生活等に関する相談・助言その他の日常生活上の世話、機能訓練を行うことをいう。なお、認知症の原因となる疾患が急性の状態にある者については、事業所において日常生活を送ることに支障があると考えられることから、対象とはならない。要支援者に対しては、介護予防認知症対応型通所介護が行われる（介護8条17項）。

認知症対応型老人共同生活援助事業 老人福祉法に規定する老人居宅生活支援事業の一つ。65歳以上の者であって、認知症であるために日常生活を営むのに支障があるものに対して、これらの者が共同生活を営むべき住居において入浴、排せつ、食事等の介護その他の日常生活上の援助を行う事業。要介護者等には、介護保険法に基づく認知症対応型共同生活介護又は介護予防認知症対応型共同生活介護として提供されるが、やむを得ない事由により介護保険のサービス利用ができない場合に、措置として提供される（老福5条の2）。　→認知症対応型共同生活介護

認知症地域医療支援事業 認知症施策等総合支援事業として行われる事業の一つ。認知症サポート医養成研修事業とかかりつけ医認知症対応力向上研修等があり、実施主体は都道府県及び指定都市。認知症サポート医養成研修事業は、認知症の診療に習熟し、かかりつけ医への助言や支援、専門医療機関や地域包括支援センター等との連携の推進役となる認知症サポート医（推進医師）の養成等を行い、認知症にかかる地域医療体制の構築を図る事業。かかりつけ医認知症対応力向上研修は、認知症サポート医（推進医師）が都道府県医師会等と連携して地域のかかりつけ医（診療科名は問わない）に対し、認知症診療の知識・技術や、本人や家族支援のための地域資源との連携等について研修を行う（平26老発0709第3号）。　→認知症施策等総合支援事業

認知症地域支援推進員 認知症になっても住み慣れた地域で生活を継続するためには、医療、介護及び生活支援を行うサービスが有機的に連携したネットワークを形成し、認知症になった人への効果的な支援を行うことが重要である。そのために、市町村において医療機関や介護サービス及び地域の支援機関をつなぐコーディネーターとしての役割を担うのが認知症地域支援推進員である。実施主体は、市町村（特別区を含む。）である（平18老発0609001）。

認知症治療病棟 精神症状及び行動異常が特に著しい重度の認知症患者を対象とし、急性期に重点をおいた集中的な入院医療を行うため、その体制等が整備されているものとして認められた精神病棟。ＡＤＬにかかわらず認知症に伴って幻覚、妄想、夜間せん妄、徘徊、弄便、異食等の症状が著しく、その看護が著しく困難な患者が対象となり、生活機能回復のための訓練や指導が実施される。老人性認知症疾患治療病棟の名称であったが、対象患者が老人に限られないことから平成20年度の診療報酬改定時に認知症病棟に、さらに認知症の行動・心理症状（BPSD）や身体合併症への対応などが重要であることから平成22年度の診療報酬改定時に認知症治療病棟に改められた。

認知症の人のためのケアマネジメントセンター方式 認知症の人がいつでもどこでも尊厳ある生（生命・生活・人生）を送るために認知症介護研究・研修センターが中心となり開発されたケアマネジメント方式。①その人らしいあり方、②その人の安心・快、③暮らしのなかでの心身の力の発揮、④その人にとっての安全・健やかさ、⑤なじみの暮らしの継続（環境・関係・生活）、という五つの視点に立ってつくられている。センター方式を使用する一連のシートとして「センター方式シート」（選択式）があり、このシートを用いることにより、ケアマネジメント過程を共同しながら継続的に展開することができる。なお、センター方式シートは「いつ

どこネット」より無償でダウンロードできる。
→認知症介護研究・研修センター、認知症

認知症ライフサポートモデル　医療も介護も生活支援の一部であることを十分に認識し、医療と介護さか相互の役割・機能を理解しながら統合的な支援に結びつけていくことを目指そうとする認知症のケアモデルである。

認知症老人徘徊感知機器　玄関などに設置して、認知症高齢者が屋外に出ようとした時など、センサーにより感知し知らせる機器。介護保険の福祉用具貸与種目の一つである。

認定調査　介護保険制度において、要介護認定又は要支援認定のために行われる調査をいう。調査は、市町村職員や委託を受けた事業者等が被保険者宅を訪問し、受けているサービスの状況、置かれている環境、心身の状況、その他の事項について、全国共通の認定調査票を用いて公正に行われる。また、障害者総合支援法においても障害支援区分の認定の際に同様の調査（障害支援区分認定調査）が行われている（介護27条2項、平21老発0930第5、障総合20条2項）。

認定調査員　介護保険制度において、要介護認定又は要支援認定を受けようとする被保険者を訪問し、その心身の状況、その置かれている環境等について調査する者をいう。市町村職員又は認定調査について市町村から委託を受けた指定市町村事務受託法人、介護保険施設及び指定居宅介護支援事業者等に所属する介護支援専門員等であって、都道府県が実施する認定調査に関する研修を修了した者が当たる（介護27条2項）。また、障害者総合支援法に基づく障害支援区分認定調査を行う者も認定調査員と呼ぶ。

認定調査票　介護保険制度において、要介護認定・要支援認定の申請による認定調査の際に用いられる全国共通の調査票。氏名・住所やサービス利用状況などの現況に関する「概況調査」、身体機能や生活機能、認知機能、社会生活への適応などに関する選択式の質問票である「基本調査」、基本調査の内容を補う記述式の「特記事項」から構成されている。基本調査の結果は一次判定における要介護認定等基準時間の推計に用いられ、特記事項の内容は二次判定の際に用いられる。また、障害者総合支援法における障害支援区分の認定の際にも同様の調査票が用いられる。

認定特定行為業務従事者　喀痰吸引等の研修を修了して都道府県の認定を受けた人。認定の範囲内で、登録認定行為事業者の業務として喀痰吸引等が行える。認定には「不特定の者対象」「特定の者対象」がある。

ぬ

縫い糸　衣服の縫製用には、ミシン糸、手縫い糸、ボタンつけ糸、穴かがり糸、しつけ糸がある。使用される素材は、綿、麻、絹、合成繊維のポリエステル、ナイロン、ビニロン等である。家庭用では、綿、絹、ポリエステルが多い。糸の太さは原糸番手で表示され、ミシン糸では数が大きいほど細いことを意味する。手縫い糸では原糸番手と合糸数で表示され、たとえば「40/2」は40番手単糸2本の諸より糸を示している。

縫い針　目途（針孔）のある針をいう。それぞれ用途によって太さと長さが異なる。手縫い用では和針とメリケン針（洋針）がある。布の厚さによって針の太さと長さが規格化されている。和針では「三ノ三」や「四ノ五」といった表示法を用いていて、最初の数字は太さを示し数が大きいほど細いことを意味し、後の数字は長さを示し数が大きいほど長いことを意味する。メリケン針では、一つの数字で示し、数が小さいものは厚地用で、逆に大きいものは薄地用となる。

ね

ネグレクト〔neglect〕 身体的虐待、性的虐待、心理的虐待、経済的虐待とともに、親及び養育者による子どもへの虐待の一つとして分類される。「保護の怠慢ないし拒否」と訳される場合もある。具体的には、子どもの遺棄・置き去り、子どもの成長に必要な衣食住の環境を提供しない、医療や就学の機会を適切に与えない、同居人による虐待を黙認する等が挙げられる。保護者が自覚せずに行っている場合があったり、その程度の見極めが容易でないことなどから、虐待行為かどうかを判別することの難しさも指摘される。なお、介護拒否などの高齢者虐待、障害者虐待においても用いられる場合がある。　→虐待

寝たきり高齢者　一般に、寝たきりで6か月以上を経過し、日常生活を行ううえで介護を必要とする高齢者をいう。障害老人の日常生活自立度（寝たきり度）判定基準のランクB、Cが該当する。　→障害老人の日常生活自立度（寝たきり度）判定基準

寝たきり症候群　⇨廃用症候群

寝たきり度判定基準　⇨障害老人の日常生活自立度（寝たきり度）判定基準

熱　傷　火、熱湯等の高熱、電気、化学薬品に触れることによって生じる組織損傷。熱傷が表皮のみを1度、真皮に及んでいるものを2度、皮下に至るものを3度と分類する。熱傷の深度と面積が重症度の判定、治療に重要であり、抗生物質・輸液を含む全身管理、合併症の防止に留意する。熱傷面積の算定には9の法則、輸液には $4 \times$ 熱傷面積 $\times$ 体重のバクスターの公式等が用いられる。　→9の法則

熱中症　気温上昇などに伴って発生した高温度の環境において、体温が上昇し、さらに体温調節中枢の機能低下が重なったりして、頭重感、倦怠、めまい等の前駆症状から意識障害が起きたり、死に至ることもある状態。軽い場合は体温冷却を図るため、頭部を高めにして涼しい場所で休ませる。

ネットワーキング〔networking〕　利用者のニーズ充足のためのネットワークづくりの手法のこと。利用者のニーズは多岐にわたることが多いので、サービスやサービス提供者の組み合わせを有機的に行い、利用者にとって最も効果的な輪づくりを促進することが大切である。

ネフローゼ　腎臓糸球体の透過性亢進により、血漿たんぱく質を多量に失うことを主因とする腎障害。通常は炎症性の変化が認められないものを指す。高濃度のたんぱく尿、浮腫、低たんぱく血症、脂質異常症を伴う。

年金保険者（介護保険）　介護保険でいう年金保険者とは、国民年金や厚生年金では日本年金機構、共済年金では各共済組合等のことをいう。介護保険法において、年金保険者の責務は定められていないが、年金保険者は第1号被保険者のうち一定額以上の年金の受給者について、年金支給の際に介護保険料を特別徴収（天引き）し、市町村に納入する事務を行う（介護131条・134条〜141条の2）。

年金保険制度　老齢、障害、死亡を保険事故として、原則として各種の年金給付を行う制度で、被保険者又はその遺族の生活の保障を目的とする長期保険である。我が国の公的年金制度は、すべての国民を対象とする年金制度としての国民年金と被用者を対象とする被用者年金に大別され、被用者年金には、その職域の違いにより、厚生年金保険、国家公務員共済組合、地方公務員等共済組合及び私立学校教職員共済制度に分かれ、合わせて5制度がある。保険給付として、国民年金にはすべての国民に共通する基礎年金（老齢基礎年金、障害基礎年金及び遺族基礎年金）と寡婦年金、付加年金等があり、被用者年金には老齢厚生年金（退職共済年金）、障害厚生（共済）年金、遺族厚生（共済）年金等がある。

捻　挫　関節が正常な可動域を超えた運動

を強制されることにより一時的に脱臼しかかり、靭帯等、周囲の組織を傷つけて、脱臼せずに元の位置に戻った状態。発赤、腫れ、痛み等を伴う。応急処置としては、弾性包帯などを用いて固定し、炎症による症状を抑えるために冷却する。

年少人口 人口構造を三つに区分した場合の、0歳から14歳までの人口をいう。15歳以上65歳未満の生産年齢人口に対して、65歳以上の老年人口と併せて従属人口と呼ばれる。 →従属人口

粘着気質 几帳面、秩序を好み考え方が柔軟性に欠け、鈍重、回りくどい、粘り強いなどの特徴をもつ性格気質。てんかんとの関連があるとされている。

年齢調整死亡率 年齢構成の異なる人口集団の死亡率を比較する場合に、分母に当たるその人口集団の年齢構成を基準人口（昭和60年モデル人口）を用いて補正し、人口千対の数値で表したもの。我が国の平成24年の数値は男5.2、女2.7。死亡の状況の時系列比較や都道府県間の比較に用いると、その差異が明確になる。従来、「訂正死亡率」といわれていたものが、基準人口の改訂とともに名称も変更された。 →死亡率

の

ノイローゼ ⇨神経症

脳 炎 発熱、頭痛、意識障害を主症状とする脳の炎症。大別して日本脳炎等の流行性脳炎と、インフルエンザ等の種々の感染症の経過中もしくは経過後に発症する続発性脳炎に分けられる。

脳下垂体 脳底部で視床下部につながった小指頭大の内分泌器官で、前・中・後葉に分かれ、数種類のホルモンを分泌している。

脳 幹 中脳・橋・延髄（間脳を含める説もある）の総称。生命の維持に重要な、呼吸や心臓の中枢があり、脳死の概念と関連して注目されている部位である。 →脳死

脳器質（性）疾患 脳が細胞・組織レベルで障害されることによって起きる疾患。脳腫瘍、脳感染症、脳血管疾患等をいう。

脳血管疾患 ⇨脳血管障害

脳血管障害 血管の病的変化による脳の障害で、多くは突発的に発症し、脳障害の部位、程度によりさまざまな神経症状を呈する。その基本的病変は、虚血性病変と出血性病変である。脳血管の閉塞で虚血が続けば脳梗塞の過程が進み、脳の軟化が起こる。また、血管が破綻して出血し、脳実質内に血腫をつくるものを脳出血、くも膜下腔に出血するものをくも膜下出血という。必ずしも明らかな発作で発症するわけではないが、急激な脳の局所症状の出現する脳血管発作が基本的な症候群である。近年、高血圧症の治療の進歩、塩分過剰摂取や動物性たんぱく質不足の改善、生活環境の向上等により、脳卒中として発症することの多い脳出血が減少し、脳梗塞が際立っている。脳血管疾患、脳卒中と同義語。

脳血管性認知症 ⇨血管性認知症

脳血栓（症） 脳の血管局所に血栓ができ、血管が詰まって脳の虚血をもたらす疾患。一過性の脳虚血発作、症状の階段状の進行等の特徴がみられ、虚血によって障害された脳の部位により神経症状が異なる。多くの場合、高血圧・糖尿病・脂質異常症等の基礎疾患があり、アテローム（粥状）硬化症とその促進因子が背景にある。 →血栓

脳研式知能検査 知能検査の一つで個人及び集団を対象として行うことのできる検査法。文字による問題がないため、使用対象を幅広くとれることが特徴である。

脳 梗 塞 脳血栓症や脳塞栓症等の脳血流障害により、脳組織に不可逆的変化が起こること。脳軟化ともいう。脳の循環不全により、脳組織への酸素供給量が低下し、脳代謝が障害され、脳神経機能が麻痺し、さらに細胞の壊死により

梗塞に陥る。脳代謝を維持するだけの血流が回復できれば、神経機能の麻痺は回復の見込みもある。

脳挫傷 頭部に対する外力によって脳実質に損傷を受けた状態のこと。

脳死 脳機能の回復不可能な喪失が、心臓死（心臓の停止による死亡）に先立って生じた状態をいう。脳死には、大脳と脳幹がともに不可逆的な機能喪失に陥った「全脳死」、脳幹だけが死んだ「脳幹死」が含まれ、主に脳幹機能だけが保たれている「植物状態」とは区別される。臓器の移植に関する法律施行規則等では、深昏睡、自発呼吸消失、瞳孔散大、脳幹反射消失、平坦脳波の各条件が満たされた後、6時間（6歳未満の者では24時間）以上たっても変化のない場合となっている。臓器の移植に関する法律により、移植の場合に限り脳死基準による死の判定が行われる。　→植物（状態の）人間

脳出血（脳内出血） 種々の原因によって脳の血管が破綻して出血すること。脳実質内に出血する脳内出血とくも膜下腔に出血するくも膜下出血がある。高血圧があり、脳血管に破れやすい因子があるときに起こる高血圧性脳出血が最も多い。くも膜下出血は、動脈瘤破裂、脳動静脈奇形の破綻が原因である。

脳腫瘍 脳細胞に発生する真性の腫瘍のみならず、脳・脳膜・血管・神経から発生するすべての頭蓋内の新生物。頭蓋骨疾患で内部に向かって発育するものも含める。頭痛、嘔吐、うっ血乳頭が三主徴である。病理学的には良性のものも多いが、生体において重要な機能を営む脳の内部にできる腫瘍であるため、臨床的にはさまざまな症状が現れる。

脳神経 末梢神経のうち、脳内に細胞体をもつ次の12対をいう。嗅神経、視神経、動眼神経、滑車神経、三叉神経、外転神経、顔面神経、内耳神経、舌咽神経、迷走神経、副神経、舌下神経。　→末梢神経

脳神経疾患 中枢神経系（脳及び脊髄）ならびに末梢神経の疾患の総称。病理学的には他の部位と同様に、循環障害（出血、梗塞等）、炎症（髄膜炎、神経炎等）、腫瘍（膠芽腫、髄膜腫等）、変性（パーキンソン病等）、奇形等がみられる。

脳性麻痺〔cerebral palsy〕　胎生期、出産時あるいは出生直後に生じた非可逆的な脳障害による運動障害の総称。発生頻度は出生1000人当たり1～2人であり、脳障害の時期は分娩時の脳外傷、異常分娩、未熟児、出産児仮死など出産時の障害や新生児重症黄疸によるものが多い。痙直型、アテトーシス、失調型、強剛型等の多彩な運動障害が認められる。

脳塞栓（症） 心臓内の血栓、大動脈弓や頸部動脈の壁在血栓等が栓子となって血流に乗って脳血管の閉塞を生じ、脳梗塞を起こす。前駆症状もなく、急激に発作が進展し、出血性梗塞に移行すると意識障害が増し、予後も良くない。空気・脂肪・腫瘍細胞による塞栓はまれである。血栓の原因は主にリウマチ性心臓弁膜症、心房細動、壁在血栓を有する心筋梗塞、心内膜炎等である。　→脳梗塞

脳卒中 脳血流の循環障害による急激な反応で、意識障害を呈したり、片麻痺を合併したりする症候群をいう。脳血管障害、脳血管疾患と同義語。以前は脳出血が脳卒中の主体を占めていたため、脳卒中＝脳出血と解されていた。しかし近年、脳出血による死亡率は食生活の改善、生活環境の向上、高血圧症治療の向上等により減少している。　→脳血管障害

脳卒中情報システム 脳卒中等で入院した高齢者等が、退院後に家庭で寝たきりにならないよう、本人・家族等の了承を得て、医療機関から保健所を通じて患者の住所地の市町村に患者情報を提供し、保健師による訪問指導、ベッドや車いすの提供、機能訓練への参加等の必要なサービスが円滑に提供できるようにするシステム。

能動義手 肩などの上肢体及び体幹の動きを力源とし、ケーブルを介して継手、手先具を操作する義手。両側上肢切断者にとっては、これによりはじめて日常生活動作が確立する。　→義肢

脳　波　大脳の神経細胞の活動により生じた電位変動を、頭皮につけた電極を通してとらえ、連続波形として記録したもの。波形によって睡眠・覚醒を区別できる。また、てんかんや脳外傷などでは特有な波形が診断に利用される。

脳波検査　⇨脳波

脳 貧 血　脳の血液循環が悪くなることにより生じる機能障害をさす一般名。脳の小動脈の攣縮（不随意的収縮）や起立性低血圧（立ちくらみ）による血流の減少等から起こる。軽度のめまいなどでは、衣服を緩め、頭部を低くして、安静にする。　→めまい

膿　瘍　化膿性の炎症が限局性に生じ、好中球より産生されるたんぱく分解酵素により局所の組織が融解し、膿が限局的に貯留したもの。膿は主に変性した好中球の集合である。真皮もしくは皮下に膿瘍を形成すれば波動を触れる。脳、肺、肝、腎、皮膚が好発部位である。

能力障害　「WHO国際障害分類」（1980年）では「能力障害とは、人間として正常とみなされる方法や範囲で活動していく能力の、（機能障害に起因する）何らかの制限や欠如である」と定義している。機能障害の結果、食事、排泄、衣服の着脱等の身辺動作や、歩行、コミュニケーション活動等がうまくできないことを意味する。なお、国際障害分類は2001年に国際生活機能分類に改正され、能力障害は「活動」という肯定的表現に変更された。　→国際障害分類、機能障害、社会的不利、国際生活機能分類

ノーマライゼーション〔normalization〕　障害者や高齢者など社会的に不利を負う人々を当然に包含するのが通常の社会であり、そのあるがままの姿で他の人々と同等の権利を享受できるようにするという考え方であり、方法である。障害のある人々に対する取組みが、保護主義や隔離主義など必ずしもその人間性を十分に尊重したものではない状態に陥りがちであったことを反省し、払拭しようとするもので、このノーマライゼーションの思想は、「障害者の権利宣言」の底流をなし、「完全参加と平等」をテーマとした「国際障害者年」にも反映された。身体障害者福祉法第2条（自立への努力及び機会の確保）には、この理念が掲げられている。　→障害者の権利宣言、国際障害者年

ノーマライゼーション７か年戦略　⇨障害者プラン

ノルアドレナリン　副腎髄質から分泌されるホルモンであり、自律神経系の伝達物質でもある。ノルエピネフリンともいう。強力な血圧上昇作用があるほか、アドレナリンとほぼ同様の働きがある。　→アドレナリン、副腎髄質

ノロウイルス〔Norovirus〕　カキなどの貝類による食中毒の原因となるウイルスの一種。感染経路は、ウイルスの蓄積した貝類の生食のほか、感染した人の糞便や吐物等による経口感染がほとんどである。感染した場合は吐き気、嘔吐、下痢、腹痛等の消化器症状が現れ、微熱を伴うこともあるが、1、2日で治癒し、後遺症も残らない。学校や福祉施設等での集団発生が報告されている。

ノンレム睡眠　睡眠時、眠っているにも関わらず、脳波が覚醒時とほとんど同じ所見を示すことがあり、レム睡眠といわれる。また、睡眠脳波を示す時期はノンレム期といわれる。一夜の睡眠にはノンレム期とレム期が交代して出現する。レム期よりもノンレム期が圧倒的に多いが、この割合に異常が起こると睡眠障害を訴えることになりやすい。

は

歯 人体の中で最も硬い組織でエナメル質、象牙質、歯髄、セメント質よりなる。生後6～8か月で生えてくる乳歯（20本）と6歳頃より生え始める永久歯（32本）がある。歯垢が虫歯の原因となり40歳以後は加齢とともに急速に歯を失う。介護に当たっては義歯を手入れし、清潔を保つように注意する。

パーキンソン病 中脳黒質の神経細胞の変性によって、ドーパミンと呼ばれる物質が分泌しなくなるのが主因とされ、進行性疾患である。手足の震えと動作の緩慢、加速歩行、前傾姿勢、仮面様顔貌を特徴とする。　→特定疾病

パーソナリティ〔personality〕　気質、性格、人格、パーソナリティという用語は、明確に区別されずに使用されることが多いが、一般には、気質はその人が持つ心理学的特性のうち生得的なものを指し、性格は気質に生活経験による後天的なものが付け加わったものを指す。人格は、性格に近い用語であるが、知的能力等を加えた全体的人間像を指すことが多い。人格という場合「人格者」という言葉があるように、社会的に認められた立派な人という意味が入ることがあるので、心理学では原語のままパーソナリティという用語を使用することが多い。青年期には自分の性格等を変えたいと思い悩むことが多いが、これらはたやすく変わるものではないことを受容し、小心な性格であればその繊細さや共感性の高さ等プラスの面を活かすことを考えるべきである。　→性格

パーソナリティ障害　パーソナリティの異常。妄想性パーソナリティ障害、非社会性パーソナリティ障害、境界性パーソナリティ障害、強迫性パーソナリティ障害、依存性パーソナリティ障害等がある。従来、「人格障害」という言葉が使われてきたが、差別的印象をもたらしやすいことから「パーソナリティ障害」という呼称が使われることとなった。神経症に比べて治療は困難であり、心理療法に加えて周囲の人や社会の協力を得た対応が必要である。　→神経症

パーソナル・スペース　心理学においては、他者の接近により不快感を感じる距離をパーソナル・スペースと呼ぶが、一般には、個人のために確保された空間あるいは個人の行動空間を指す。　→共有スペース、個室化

パーソナル・ソーシャル・サービス　イギリスの「シーボーム報告」以降に使用されるようになった用語。我が国では「対人福祉サービス」と訳されるのが一般的であるが、原語の「パーソナル」は「対人的」という意味ではなく、個別的な対応を行うソーシャル・サービスという趣旨である。

パーソンセンタードケア　認知症ケアは、認知症の人を中心としたケアであるという考えで、イギリスの臨床心理学者トム・キットウッドが提唱した。認知症の人をケアする人や周囲の関係者が見て理解する姿や状況ではなく、認知症の人から見える姿や状況に重きを置いている。

ハートビル法　⇒高齢者、障害者等の移動等の円滑化の促進に関する法律

ハーネス〔harness〕　能動義手をコントロールし、義手を肩に懸垂するためのたすき。肩をすぼめたり前に出す動作によって義手を操作する。また、盲導犬の胴輪もハーネスという。

パールマン, H.〔Perlman, Helen Harris 1905～2004〕　アメリカの社会福祉研究者。家族ソーシャルワークの実践経験の後、大学でケースワーク（個別援助）の研究教育により、社会福祉援助理論の発展に貢献する。その著『ソーシャル・ケースワーク；問題解決の過程』（1957年）の中で「四つのP」と呼ばれるケースワークに共通する構成要素を挙げ、その関連性を説いている。社会科学理論を基盤にした問題解決アプローチの体系化が大きな功績である。　→問題解決アプローチ、四つのP

バーンアウト・シンドローム ⇨燃えつき症候群

肺　炎　感染、化学物質の吸入、胸壁の外傷等が原因で起こる肺実質の炎症。細菌やウイルス、マイコプラズマ等の感染によるものが多い。侵される範囲は、大葉性、肺分節、肺小葉性のそれぞれであるが、肺小葉性の場合、気管支炎を伴うため気管支肺炎という。　→細菌性肺炎、嚥下性肺炎

徘　徊　認知症によるBPSD（行動・心理症状）の一つ。記憶障害、場所の見当識障害により、歩き回ること。直訳すると「目的もなくうろうろ歩き回る」になるが、本人なりの目的に沿った行動である。

徘徊感知器　認知症の人が徘徊して屋外に出ようとしたとき、または屋内のある地点を通過したときに、センサーがそれを感知し、介護者などに通知するシステムをもつ機器のこと。

肺 活 量　息をできるだけ吸い込んで、吐き出したときの呼気量。成人の男性で3～4ℓ、女性で2～3ℓである。肺疾患や呼吸筋の異常、妊娠などで低下する。また、高齢者でも低下する。

胚 芽 米　胚芽の部分を残して精白した米をいう。特殊な精米工程によってぬかの部分だけを取り除き、ビタミンB_1やB_2、ビタミンEなどを多く含む胚芽の部分は多く残している。また胚芽の部分は取れやすいこともあり、精白米のように何度もとぐ必要はなく、ゴミを落とす程度に洗米するだけでよい。しかし、精白米に比べ保存性が悪く、また炊く時も時間をかけ、ゆっくりと蒸らす必要がある。

肺 が ん　肺にできる悪性新生物（がん）。発生部位の細胞の種類により、腺がん、扁平上皮がんや未分化がん等に分類される。日本肺癌学会病期分類では、Ⅰ期；原発巣のみ、Ⅱ期；原発巣と肺門リンパ節転移、Ⅲ期；原発巣の肺外進展、原発巣と縦隔リンパ節転移、Ⅳ期；遠隔転移に区分される。肺がんは世界的に増加傾向を示すがんの代表で、喫煙が発症に関与する他、大気汚染などと関係があるといわれている。

肺 気 腫　長期間にわたる喫煙などによって、酸素と炭酸ガスの交換の場である肺の肺胞と呼ばれる小さな袋の弾力性が失われて構造が破壊され、徐々にいくつかの肺胞が一緒になって排出されない空気を多く含む肺胞となった結果、本来の働きを失ってガス交換が行えなくなった病態。慢性気管支炎とともに慢性閉塞性肺疾患を構成する疾患であり、喫煙との因果関係が強いことから男性に多い病気である。初期は運動時の息切れがみられ、進行するとともに安静時の呼吸数増加や呼吸困難などを起こすようになり、風邪をきっかけとして症状が悪化しやすくなる。

肺機能低下　肺実質、間質もしくは胸郭の障害のために、肺の主な機能である酸素を血液中に取り込み、炭酸ガスを排出するガス交換作用が低下した状態を指す。肺機能は一般にはスパイロメーター又は血液ガスで見る。臨床症状としては呼吸困難、チアノーゼがみられる。

背景因子　2001年5月にWHOが採択した国際生活機能分類（ICF）のなかの構成要素であり、「背景因子（contextual factors）」は、個人の人生と生活に関する背景全体を表し、「環境因子（environmental factors）」と「個人因子（personal factors）」の二つの構成要素から成り立つ。環境因子は物理的環境、社会的環境、人々の社会的な態度などを意味し、個人的因子は個人の人生や生活の背景であり、健康状態やその人の特徴（性別、人種、年齢、健康状態、ライフスタイル、生育歴、性格など）を意味する。　→国際生活機能分類

肺 結 核　結核菌で起こる感染症を結核というが、そのうち肺に感染し発病したもの。結核は、初期感染のほとんどすべてが肺に起こる。その多くが、石灰化し治癒するが、初感染が強かったり、抵抗力が低下していると発病しやすい。また、BCGワクチン接種を受けて免疫がついていれば発病しにくい。肺結核では、肺に空洞ができ、気管支や消化管等を通って肺や腸に病変が広がる。感染症予防法による管理の対象である。

敗血症 循環血液中の微生物の増殖により生ずる重篤な全身性疾患。組織あるいは臓器に感染巣があり、その病巣から細菌や毒素が血中に侵入し、他組織へ転移巣をつくって進展していく。重篤な基礎疾患があったり、免疫抑制剤の使用などによる抵抗力の低下といった複雑な状況下で発生する敗血症が多い。

背光効果〔halo effect〕 ある点で好ましい評価のある人物に対して、他の点でも良い評価をしたり、あるいは逆に、好ましくない点のある人物に対して他の点でも悪い評価をするという、評価の歪曲化の傾向のこと。ハロー効果、ハロー錯誤ともいう。

配合成分（洗剤の） 洗剤には界面活性剤のほかに種々の成分が配合されているが、その代表的なものとして、界面活性剤の働きを高めるためのビルダー（性能向上剤）、増白剤、漂白剤、酵素等がある。酵素にはたんぱく質分解酵素のプロテアーゼ、脂質分解酵素のリパーゼ、セルロース分子の洗浄性を高めるためのセルラーゼがある。また、芳香成分を加えたものもある。

配食サービス 給食サービスの一種で、高齢者等に弁当を宅配するサービス。1か月に1回の配食による安否確認等を目的としたものから、365日3食提供するタイプまで幅広い形で行われている。介護保険の給付対象サービスには含まれていないが、生活支援サービスとして、食材費等は自己負担するとしても必要に応じてサービスが提供できるよう、ますます展開される必要がある。

バイステックの七つの原則 アメリカの社会福祉研究者であるF.バイステックが示した、個別援助における援助関係の原則。援助者とサービス利用者の間に望ましい援助関係を形成するために、①個別化、②意図的な感情表現、③統制された情緒的関与、④受容、⑤非審判的態度、⑥自己決定、⑦秘密保持、の七つを挙げている。

排泄 生物が、物質代謝の結果生じた不用物を体外に放出すること。狭義には、大小便のみを指す。排泄は生命維持にとって極めて重要なものであるが、生活や精神的影響を受けやすい生理機能である。特に高齢者は、機能低下による排泄障害を起こしやすいので、その回数や性状は健康の指標として重要となる。また、排泄の世話を他人にゆだねざるを得なくなることは自尊心を傷つけるおそれがあり、介護者は細心の注意を払う必要がある。

配膳 配膳の仕方は料理様式や食事形式により異なるが、基本的には料理が食べやすいこと、サービスがしやすいこと、食卓が清潔で美しく、楽しく感じられることが要素となる。たとえば、和食で一汁三菜の場合、一般的には、手前の左側に飯碗、右側に汁物、手前向こうの右側に主菜（例：てんぷら、刺身等）、その左側に副菜（例：煮物等）、中央に副副菜（例：和え物）を配膳する。なお、利き手が左手の場合は、左右を変える場合もある。

バイタルサイン〔vital sign〕 生きていることを表すしるし。生命徴候ともいう。一般にバイタルサインといえば、体温、呼吸、脈拍、血圧を指す（狭義）。広義では、これらのほか、意識・精神状態、食欲、排尿・排便、睡眠、神経反射などを含んでいる。　→脈拍、血圧

梅毒 性行為感染症の一種。梅毒トリポネーマの感染によって生じる疾患。性交等の接触により感染し、皮膚、粘膜その他の臓器を侵し、中枢神経系に達する。初期硬結、バラ疹のみられる1・2期を早期梅毒、ゴム腫、進行麻痺のみられる3・4期を晩期梅毒という。胎児に感染すると先天梅毒児が生まれる。ペニシリン療法が有効。　→性行為感染症

排尿障害 一般には、尿意を感じても尿を容易に出せない状態をいう。膀胱括約筋に異常のある場合と前立腺肥大等の尿路通過障害のある場合に認められる。広義には尿量の異常、尿回数の異常、排尿状態の異常、尿線の異常等が含まれる。　→失禁

背部叩打法 誤嚥したときに、気管内の異物を除去するために用いる方法の一つ。成人や高齢者ではいすの背もたれを利用したり、小さな子どもであれば介護者の大腿や膝を利用して前

屈姿勢をとらせ、背中を強く数回叩いて、異物を吐き出させる。　→ハイムリッヒ法

排便障害　便秘、下痢、便失禁を指す。便秘は、便が大腸内に長時間停滞し、排便が困難な状態をいい、毎日排便があったとしても少量で硬く乾燥している場合も該当する。下痢は、腸内のものがほとんど消化・吸収されず液体状のまま体外に出てしまう状態である。高齢者は脱水症や栄養不良を招き全身状態に影響を及ぼす。便失禁は不随意に便が出てしまう状態である。　→失禁

排便補助具　普通便所で排便が困難な場合に用い、座位排便を容易にするよう機能障害の状況に適合させたもの。障害者総合支援法に基づく補装具として指定されている（平18厚労告528）。　→補装具

ハイムリッヒ法　誤嚥(えん)したときに、気管内の異物を除去するために用いる方法の一つ。介護者は誤嚥した人の背部にまわり、後ろから上腹部に手を回し、両手をしっかりと握り、次にその手で強く急激に上腹部を押し上げる。これにより肺内の空気を一気に吹き出させ、その吹き出す圧を利用して異物を吐き出させる。意識がない場合、1歳未満の子ども、妊婦（明らかにお腹が大きい場合）には禁忌である。　→背部叩打法

廃用症候群　心身の不使用が招くさまざまな機能低下。身体的には筋や骨の萎縮や関節拘縮、起立性低血圧等の循環器機能の低下等（低運動性症候群ともいう）、精神的には意欲の減衰や記憶力低下等がある。高齢者の病気やけがによる寝たきり状態の放置や社会交流の途絶から連鎖的に生じ、寝たきりの固定化につながることが多いことから、寝たきり症候群とも呼ばれ、できる限りの自立、機能活用を図ることが必要である。近年では、「生活不活発病」とも呼ばれている。

廃用性萎縮　寝たきりやけがによるギプス固定等で、筋の活動が長期にわたり行われないことによって起こる筋の縮小。寝たきり状態の固定化につながるため、マッサージ等で防止する。
→廃用症候群

廃用性機能低下　ある器官を使わないことが原因で、その器官のもつ機能が障害されること。長期間の臥床によって筋肉が衰え、起立や歩行ができなくなること等を指す。　→廃用症候群

廃用性拘縮　使用しないために生じる、関節の可動域が制限された状態。関節の可動域の制限が関節包外の軟部組織に原因がある場合を拘縮、関節の構成体である関節包内の骨・軟骨に原因がある場合を強直という。　→廃用症候群

ハヴィガースト，R．〔Havighurst, Robert. 1900〜1991〕　アメリカの教育学者。生涯発達的な観点に立ち、生涯の発達段階を乳幼児期、児童期、青年期、壮年期（成人前期）、中年期、老年期の6段階に分け、それぞれの段階の発達課題を提唱した。発達課題の提唱者とされる。

パウチ〔pouch〕　ストーマなどから不随意に出てくる便や尿を受ける袋のこと。パウチの型には下部開放型、閉鎖型、上部開放型があり、容量も大中小とある。色は透明、不透明などさまざま。また皮膚への付け方で直接型、接合型があり、ストーマのサイズが前もってカットしてあるもの（プレカットパウチ）もある。
→人工肛門、人工膀胱

白杖　視覚障害者の歩行補助具。障害者に情報を伝えることで、防御の手段ともなり、また、白いつえにすることで視覚障害者であることを伝達する等の機能がある。グリップ、シャフト、チップから構成され、2歩先にチップがくるよう、速度・歩幅から長さを合わせる。折畳み式、スライド式、直杖等の種類がある。

白癬　水虫、たむしなどと一般に呼ばれる、白癬菌によって発生する皮膚疾患。湿気が多いと増殖しやすく、爪や指（趾）間、鼠径部、頭部などに丘疹、発赤を伴って発症し、かゆみを伴うことも多い。疑われる部分からとった標本を顕微鏡で調べ、菌体を検出することで診断される。

白内障　眼の水晶体の混濁によって透明性が失われること。先天性のものと後天性のものがある。先天性には、母親の妊娠初期の疾患に

よるもの、原因不明のものがある。後天性には、外傷性白内障、糖尿病性白内障、併発白内障（緑内障等ほかの眼疾患に併発する）等のほか、老化に伴う老人白内障がある。老人白内障は手術の予後も良いが、糖尿病性白内障や併発白内障等は手術の予後はあまり良くない。

HACCP（ハサップ） アメリカのアポロ計画で宇宙食を製造する際に開発された食品の衛生管理手法。我が国では平成8年に衛生管理を行う手法として導入された。厚生労働省は家庭での食中毒を防ぐために、家庭用HACCPを作成しており、①食品の購入、②家庭での保存、③下準備、④調理、⑤食事、⑥残った食品の六つのポイントに分けて注意点をまとめている。

破傷風 破傷風菌が産生する外毒素によって生ずる全身の横紋筋の痙攣を主な病態とする感染症。破傷風菌は土中にいるため古釘の刺傷等の外傷により感染し、死亡率は高い。臨床症状は潜伏期から開口障害を経て、全身性の痙攣が起き回復するまで四期に分けられる。受傷から痙攣までの時間が短いと予後不良である。治療は破傷風免疫ヒトグロブリンや抗生物質を投与する。　→四種混合ワクチン

バスボード 浴槽の上に置き、腰をかけながら浴槽へ出入りする動作を補助する板のこと。

長谷川式認知症スケール（改訂版）〔HDS-R〕 認知症の有無を診断するためのスケール。記憶や見当識などに関する質問から構成され、認知症の重症度の段階評価はしないが、30点満点のうち総得点20点以下では認知症を疑うとされている。

8020（ハチマル・ニイマル）運動 国民の歯の健康づくりを推進していくため、80歳で20本以上の歯を保つことを目標とする運動。平成元年にこの運動が提唱されて以来、その普及啓発と推進体制の整備が図られてきたが、平成15年度からは、歯科保健医療対策事業において、都道府県が都道府県歯科医師会等と協力し、地域の実情を踏まえた創意工夫ある取組みを進めている（平15医政発0404001）。

波長合わせ 本来はグループワークの用語で、利用者同士あるいは利用者と援助者の初対面の際に、それぞれの気持ちを調整することである。近年は社会福祉援助において、援助者が利用者の生活状況、感情、ニーズをあらかじめ理解しておき、利用者への適切な援助を行う準備の総称としても用いられるようになっている。　→集団援助技術

発がん遺伝子　⇨がん遺伝子

発汗障害 発汗は、体温調節のため、また精神的緊張時、味覚刺激によって起こり、発汗中枢と交感神経によって支配されている。汗は汗腺で血液からつくられているが、この経路のいずれかの異常による発汗の障害をいう。

発がん物質 発がん作用をもつ物質。職業性、環境汚染性、食品添加物性発がんで問題とされる。コールタール、すす、石油等に含まれる物質、ある種の化学物質、放射性物質、アスベスト等。

白血球 血液1 mm^{3}中に4000〜9000ある。細菌やその他の異物を取り込んで処理する作用や免疫作用を担っており、形状から顆粒球、単球、リンパ球に大別される。　→免疫、食（菌）作用

発酵 食品に微生物が付着し、増殖してその結果食品の有機化合物が分解して他の化合物になるという微生物の物質代謝現象のうち、その結果が有益な場合をいう。反対に不利や害をもたらす場合を腐敗という。清酒、ビール、ウイスキー等のアルコール飲料やパン、漬物、チーズ、ヨーグルト、納豆といったものは微生物の発酵の作用を工業的に利用したものである。

撥水性 布地が水で濡れることなく、水滴としてはじいてしまう性能をいう。一般に疎水性繊維からできた布は、親水性繊維でできた布より撥水性が大きい。同種の繊維を用いた布では、表面の平滑な布よりも粗の布の方が水をはじきやすく、またパイル地や起毛のある布地は撥水性が大きい。レインコートや雨傘などには、撥水加工をしたり、疎水性繊維を用いて撥水性を与えている。

発達 人の一生における時間的変化を発

達と呼ぶ。身体・動作的発達と精神・言語的発達に大別される。前者は、個体の加齢に伴う形態的変化と密接に関連して、成長期と衰退期が比較的明らかである。後者は衰退が比較的おだやかであり、生涯発達の視点では「人は死ぬまで成長する」すなわち「ある面では衰退しつつも、成長を続ける」と考える。

発達課題 人間が健全で幸福な発達を遂げるために、乳幼児から老年期に至るまでの各段階で達成しておかなければならない課題のこと。次の発達段階にスムーズに移行するために、それぞれの発達段階で習得しておくべき課題があるとされる。教育心理学者のハヴィガーストが最初に提唱し、その後エリクソンなど、さまざまな心理学者がそれぞれの発達課題を提言している。

発達検査 心理検査の一つで、乳幼児の精神発達の程度を測定する検査法。乳幼児期の初期では感覚運動機能の評定をする検査項目が多く取り上げられ、発達段階が進むにつれて学習能力、抽象的思考なども評定できるようになる。
→心理検査

発達障害 発達障害にはさまざまな定義があるが、我が国の発達障害者支援法では、脳機能の障害であって、その症状が通常低年齢において発現するものと規定され、心理的発達障害並びに行動情緒の障害が対象とされている。具体的には、自閉症、アスペルガー症候群（自閉症と同様の特徴をもつが、言語に著しい遅れがない）、その他の広汎性発達障害、注意欠陥多動性障害（不注意と多動性・衝動性を特徴とする）などがこれに含まれる。医学的にはより広く、乳児期・幼児期に発現する精神遅滞（知的障害）、運動能力障害、コミュニケーション障害なども含めて、発達障害としてとらえられることがある。またこれらの障害はしばしば重複・合併して現れ、発達に応じてその状態像も変化する。
→発達障害者支援法、自閉症

発達障害者支援センター 発達障害者支援法に基づく機関で、都道府県又は指定都市が運営する場合と、都道府県又は指定都市が社会福祉法人などの法人に運営を委託する場合がある。業務内容は、①発達障害の早期発見、早期の発達支援等のための発達障害者及びその家族に対する専門的な相談・助言、②発達障害者に対する専門的な発達支援及び就労の支援、③医療、保健、福祉、教育等に関する業務を行う関係機関及び民間団体並びにこれに従事する者に対する発達障害についての情報提供・研修などである（平17障発0708004）。

発達障害者支援法〔平成16年法律167号〕発達障害を早期に発見し、発達障害者の自立や社会参加に資するよう生活全般にわたる支援を図ることにより、その福祉の増進に寄与することを目的とした法律。発達障害を、自閉症、アスペルガー症候群その他の広汎性発達障害、学習障害、注意欠陥多動性障害など脳機能の障害であってその症状が通常低年齢において発現するものと定義している。また、発達障害者支援センターを設置して、発達障害の早期発見、発達障害者本人やその家族への専門的な相談援助や情報提供、就労支援などを行うこと等が定められている。

発達段階 発達をいくつかの区切りをもってとらえると、その区切りごとに独特の特徴が現れる。この区切りを発達段階と呼び、一般に胎生期（受精～誕生）、乳児期（誕生～2歳）、幼児期（2～6歳）、児童期（6～12歳）、青年期（12～22歳）、成人期（22～65歳）、老年期（65歳以上）と区分される。

発達保障 人間は、それぞれ発達の可能性をもっており、その可能性を最大限に引き出し、人格の発達を保障し、その人のニーズを充足させることが、教育や障害児（者）福祉の目的であるとする考え方。例えば、知的障害者は、その発達が緩慢なだけであって、その人なりの発達はあり、その人に個性的な発達、残された能力の成長の可能性を見いだし、その成長に期待をかけ、その個性や特質を全人的に見て、伸ばしていくということである。

パトライト 聴覚障害者のための日常生活補助機器の一つ。来客をブザー等の代わりに回転

灯で知らせるもの。

パニック障害 DSM―Ⅳによる不安障害の一つ。急激に生じる恐慌性発作（不安発作）を中心とする状態をいう。いわゆる不安神経症と同じ病態を指す。発作中に不安とともに呼吸困難、心悸亢進、めまい、手や身体のふるえ、発汗などを伴う。広場恐怖と不可分の関係とされていたが、DSM―5では独立して記載された。

パブリックスペース ユニット型施設などにおける公共的な空間のこと。ロビー、ギャラリー、レストラン、地域の人たちが趣味活動に使えるスペース等がこれに相当する。パブリックスペースは、地域社会に開かれ、地域住民が利用したり、利用者と地域住民が交流したりできる空間である必要がある。

パブロフ ⇨レスポンデント条件づけ

パラメディカルスタッフ ⇨コメディカルスタッフ、医療関係者

パラリンピック 〔Paralympics〕 1948年にイギリスで脊髄損傷者のスポーツ競技大会として開催されたのがきっかけで、1960年のローマオリンピック大会からオリンピックの開催地で開かれるようになった。1964年の東京大会からパラプレジア（paraplegia；脊髄損傷等による下半身麻痺者）のオリンピックという意味で「パラリンピック」と呼ばれるようになった。現在は視覚障害者や切断者も参加する大会となり、もう一つ（パラ）のオリンピックという意味で使われている。

はり 細い金属製の針を体表のいわゆるつぼに刺して、体調の改善や疾病の治癒を図るもので、江戸期までは漢方医学の一部として、明治以後も民間療法として広く行われ、近年は医学的にも効用が見直されている。医師以外の者ではりを業とする者は、あん摩マッサージ指圧師、はり師、きゆう師等に関する法律に基づく国家試験に合格し「はり師免許」を受けなければならない。

バリアフリー 〔barrier free〕 公共の建築物や道路、個人の住宅等において、高齢者や障害者の利用にも配慮した設計のことをいう。具体的には、車いすで通行可能な道路や廊下の幅の確保、段差の解消、警告床材・手すり・点字の案内板の設置等が挙げられる。 →ユニバーサルデザイン

バリアフリー住宅 日常生活に支障を来す物理的な障壁（バリア）を取り除いて建てられた住宅のこと。段差の解消や手すりの設置、廊下などの幅員の確保などが施された住宅は、高齢者等の住宅内事故の防止、介助者の負担の軽減などの効果が期待できる。平成25年の住宅・土地統計調査結果では、高齢者に配慮した住宅設備のある住宅は全体の半数を超え、増加傾向である。

バリアフリー法 ⇨高齢者、障害者等の移動等の円滑化の促進に関する法律

バリアフリーリフォーム融資 住宅金融支援機構等が行う高齢者向け返済特例制度。満60歳以上の高齢者が自ら居住する住宅にバリアフリー工事または耐震改修工事を施すリフォームを行う場合に、返済期間を申込本人（連帯債務者を含む）の死亡時までとし、毎月の返済を利息のみとし、借入金の元金は申込本人（連帯債務者を含む）が死亡したときに相続人が一括して返済する制度。一般財団法人高齢者住宅財団が融資の連帯保証人となる。

バリデーション ナオミ‐フェイルが開発した、認知症高齢者とコミュニケーションを行うための方法。認知症高齢者に対して、尊敬と共感をもってかかわることを基本とし、その人の尊厳を回復し、引きこもりに陥らないように援助するコミュニケーション法である。解決できない人生の問題を、①認知の混乱、②日時、季節の混乱、③繰り返しの動作、④植物状態、という四つのステージで解決することを援助する。例えば、認知症高齢者が徘徊している場合、そのことに「意味がある」としてとらえ、なぜ徘徊するのかを本人の歩んできた人生に照らし合わせて考えたり、共に行動したりする。

バルーンカテーテル 主に泌尿器科で用いるカテーテル（貯留物の排出や薬液注入に用いる管状の器具の総称）。管腔が2本あり、1本が

先端の風船状の袋に通じている。膀胱内に挿入した後、空気又は滅菌水で風船をふくらませ脱落を防止し、もう1本の管で尿を排出させる。

ハル・ハウス〔Hull-House〕 1889年にJ.アダムスによってシカゴに創設された、セツルメント運動の拠点施設。この施設では、移民などに対する教育プログラムを通じてグループワーク的な活動を推進し、また、住民の組織化や公共サービスの改善運動を展開した。創設者のJ.アダムスは、社会改良事業に熱意をもち、また平和運動にも貢献した。　→アダムス, J.

ハロー効果　⇨背光効果

ハローワーク　⇨公共職業安定所

反響症状　他者の行動、表情、言葉等を、自由意志によって取捨選択できず、自動的に模倣してしまう症状。相手の話した単語や短文をおうむ返しにまねる反響言語と、相手の表情をまねる反響動作に分けられる。

バンク-ミケルセン〔Bank Mikkelsen, N.E. 1919～1990〕 デンマークの社会運動家。1940～50年代、デンマークにおける知的障害者施設の処遇の実態に心を痛め、知的障害者をもつ親の会の運動に関わったことが、世界で初めてノーマライゼーションの原理を取り入れた1959年法の制定につながった。そのため、「ノーマライゼーションの父」と呼ばれている。バンク-ミケルセンが唱えたノーマライゼーションの特徴は、障害者（特に知的障害者）も一般市民と同じ条件で援助されるべきであるという点が挙げられる。ノーマライゼーションの理念を世界に普及させ、知的障害者の大型施設を廃止し、地域生活を実現した功績により、ケネディ国際賞が授与された。　→ノーマライゼーション

半合成繊維　セルロースやたんぱく質のような天然の高分子を化学的に変化させ、繊維の形にしたものである。セルロース系にはアセテート、トリアセテート、たんぱく質系にはプロミックス繊維がある。アセテートはセルロースの水酸基をアセチル基に変えたもので、耐水性、熱可塑性がある。プロミックスはたんぱく質とビニル化合物又はアクリル化合物を共重合したもので絹に似て光沢、風合いがよい。

半座位　⇨ファーラー位

伴性遺伝病　性染色体上に存在する遺伝子によって発症する遺伝病。これに対し、性染色体を除いた染色体（常染色体）上に存在する遺伝子によって発症するものを常染色体遺伝病という。遺伝には劣性と優性があるが、伴性遺伝はほとんど劣性であり、赤緑色盲、血友病、デュシャンヌ型筋ジストロフィー等が代表例である。　→性染色体

ハンセン病　癩菌の感染により起こる慢性の伝染性疾患。癩菌の伝播力は弱く、我が国での新規発生はほとんどなくなったが、世界中では1500万人の患者がいると推定されている。我が国では明治40年にらい予防法を制定し強制隔離や差別など人権上の問題が起こっており、平成8年にようやくらい予防法が廃止された。

半側空間無視　左右どちらか半分に対して注意が向かなくなる症状で、網膜にはものが映っていても、脳の損傷によってそのものを認識できないことから生じる。目は見えるのに半側にある人や物を無視したり、ぶつかったりするといった行動を起こす。

ハンチントン病　患者自らの意思では制御が難しいダンスを踊っているかのような不随意運動が現れ、ハンチントン舞踏病とも呼ばれる。ハンチントン病が一般的である。動作困難症状である舞踏様運動や、感情の制御の困難、計画して実行する能力や全体把握能力の低下など認知症症状を伴い、徐々に生活全般において介護が必要となる。原因は常染色体第4染色体にある遺伝子異常の優性遺伝によることが明らかとなっており、大脳基底核や大脳皮質の萎縮がみられる。

ハンディキャップ〔handicap〕　⇨社会的不利

反動形成　適応機制の一つ。容認されにくい欲求とは反対の行動を無意識的にすること。例えば、無意識的に憎んだり、嫌ったりしている人に対して、極端に親切になったり、ていねい

になったりする場合である。　→適応機制

ハンドライティング〔hand writing〕　視覚障害者が、書字用下敷きという補助具を利用しながら手を使って普通の文字を書くこと。晴眼者や弱視者への意思伝達を目的とする。

ハンドリム　車いすの左右の大車輪の外側についている大車輪よりひと回り小さな輪の部分。座席に座った利用者はこの輪を握って回すことにより車いすを腕の力だけで進行させることができる。介助型車いすや電動車いすにはない。　→車いす

販売目的隠匿　国民生活センターの「高齢者の消費者被害」によれば、商品やサービスの販売であることを意図的に隠して消費者に近づき、不意打ち的に契約させようとする販売方法をいう。

ひ

ピア・カウンセリング〔peer counseling〕　障害者が、自らの体験に基づいて、同じ仲間である他の障害者の相談に応じ、問題の解決を図ること。同士カウンセリングともいう。アメリカの自立生活センターでとられている方式として知られる。　→自立生活センター

ＰＳＷ　⇨精神保健福祉士

ＢＳ法　⇨ブレーンストーミング法

ＰＦＣバランス　エネルギー源となる三大栄養素であるたんぱく質（P）、脂質（F）、炭水化物（C）の比率のこと。栄養評価法の一つである。これらの栄養素は、それぞれが異なる役割を果たすと同時に、活動に必要なエネルギーの供給源となっている。PFC バランスはたんぱく質（P）から約 15％、脂質（F）から約 25％、炭水化物（C）から約 60％を摂取するのが現在推奨されるレベルである。

ＢＭＩ〔Body Mass Index〕　肥満の判定で用いられる体格（肥満）指数のこと。算出方法は体重（kg）/ 身長（m）× 身長（m）である。1999 年に世界保健機関（WHO）で基準が発表され、正常範囲は 18.5 〜 25 未満である。18.5 未満はやせ、25 〜 肥満と判定される。25 を超えると脂質異常症や高血圧などの生活習慣病になる確率が高くなり、30 を超えると肥満症として治療を要するとされている。

ＰＬ法　⇨製造物責任法

Ｂ型肝炎　B 型肝炎ウイルスの感染による肝炎。主に血液から感染し、一過性感染と持続感染に分けられる。一過性感染は、急性肝炎を起こし、多くは 2 〜 3 か月で治癒する。持続感染は、無症状のまま経過するか、慢性肝炎に移行して肝硬変や肝がんに発展することもある。B 型肝炎ワクチン、HBs 抗原ヒト免疫プロブリンの接種が行われ減少しつつある。　→ウイルス性肝炎、A 型肝炎、C 型肝炎

ＰＴ　⇨理学療法士

ＰＴＳＤ　⇨心的外傷後ストレス障害

ヒートショック　急激な温度変化によって、血圧が急激に上昇して心臓などに負担がかかり、心疾患や脳血管疾患などを引き起こす変化のこと。例えば、冬に暖かく暖房が効いた居室から寒いトイレや浴室・脱衣室に移動する場合などに起こることが多く、日本ではヒートショックが原因と考えられる浴室での住宅内事故が多い。また、最近では、夏場の暑さ対策として、涼しく冷房が効いた居室から急激に温度の高い室外へ出た場合にも同様の危険があるとされている。室内外の寒暖の差が極端に大きくならないように配慮が必要である。

ＢＰＳＤ〔Behavioral and Psychological Symptoms of Dementia〕　従来、周辺症状といわれていた徘徊や異食、暴力などの行動障害に加えて、抑うつ、強迫、妄想などの心理症状を総じた呼称。以前は認知症の初期には BPSD が出現しないと考えられていたが、現在では初期の段階から特に心理症状が出現することが知られている。

ピープル・ファースト〔People First〕　障害者であるよりも先にまず人間であることを意味

する。知的障害のある人々自身による権利擁護のための運動であり、また、具体的な活動を展開している団体の名称でもある。1960年代後半にスウェーデンで全国大会が開催され、現在は、世界各国の団体と討議をする国際会議が開催されている。

非開胸心臓マッサージ　心臓が停止したときに行う救急処置。板などの上に仰向けにし、胸骨下部を1分間に60回程度押すことで心臓を圧迫し、人工的な血液循環の維持を図る。手術を要する開胸に対する用語。人工呼吸を併行する。

非開放性損傷　深部の組織に生じた創傷で、皮膚、粘膜にはおよんでいないものを指す。表在性の皮下出血、筋肉の断裂、外に骨の出ていない骨折、肝臓や腎臓の破裂、神経の裂傷等の損傷のこと。受傷直後は特に症状を認めないが、数時間後出血のために急激にショックに陥ることがある。　↔開放性損傷

被害妄想　妄想の一種。事実ではないにも関わらず、他人や団体から害を加えられたり、加えられそうになって苦しめられていると確信すること。

日帰り介護　⇨デイサービス

皮革製品　獣皮、魚皮の真皮層の比較的厚い皮をなめして作った天然皮革製品とこれに似せて作った人造皮革製品とがある。天然のものは吸湿性、通気性に優れるが、吸水すると光沢を失い、かびが発生しやすくなる。また日光により脆化する。人造のものには合成皮革と人工皮革とがあり、一般に織物、編物、不織布等に合成樹脂を塗布し凝固させたものである。天然のものに比べ軽く染色性に優れるが、強度、吸湿性に劣る。

皮下注射　皮下組織に薬液を注射する手法。経口薬が不適な場合や、薬効が全身に、正確に、速やかに求められる際に用いられる。一般には、上腕に行う（糖尿病患者のインシュリン注射のように頻回に及ぶ場合は、局所皮膚組織の硬化を避けるため下腹部等数か所に順番に行う）。

非加熱調理　非加熱操作は大きく分けて、水が媒体となる操作と機械的操作の二つがある。水が媒体となる操作としては、洗浄、浸漬、冷却、凍結・解凍がある。機械的操作としては、混合・こねる、撹拌、成形、粉砕、磨砕、圧搾、ろ過がある。

非貨幣的ニード　操作概念の一つで、対人福祉サービスによって充足されるニードを指す。現金給付によって充足される貨幣的ニードの対語として使われる。従来は各種社会福祉施設によって対応していたが、近年においては高齢社会等の社会変動を背景にして、高齢者、障害者への日常生活への援助や相談、助言等の労役的サービスによる在宅型福祉サービスの比重が大きく、非貨幣的ニードの充足に重点が置かれている。　↔貨幣的ニード

光環境　明るさは、照度（光を受ける面の単位面積当たりの光の量、ルクス(lx)）で表す。光には主に、太陽光（太陽の光）と人工照明（人工的に作られた照明）とがある。太陽光は、四季や天候に影響を受けるため、採光（光を取り入れること）用の窓を確保し、不快に感じる直射日光はカーテンなどで遮光するとよい。住宅居室の採光用の窓は、床面積の7分の1以上を必要とすることが建築基準法で定められている。人工照明は、部屋全体を照らす全般照明と作業面を照らす局所照明がある。裁縫などの細かい作業の場合は、局所照明を利用して目の疲れに配慮するなど、作業の内容や時間によって照明の種類を検討する。全般照明は、局所照明による照度の10分の1程度以上がよい。また、照明が直接目に入る直接照明は不快なので、天井や壁などに光を反射させて照らす間接照明も利用するとよい。夜間、トイレに行く場合などは、足元灯（フットライト）や常夜灯などを効果的に利用する。

非言語的コミュニケーション　言葉以外の表現を通じて、思想・感情の伝達をして受容する行為のこと。非言語とは視覚、聴覚、触覚、嗅覚、味覚といった五感や、感情、態度、身振り等である。個別援助など対人的な援助において

は、サービス利用者とのコミュニケーションは最も基本となるが、非言語的なものは見落としがちであり、言語の背後にあるものを理解する必要がある。　↔言語的コミュニケーション　→コミュニケーション

皮　脂　皮膚層に皮脂腺という組織があり、毛根の部分に開口している。この組織から分泌する皮脂は、毛髪や表皮角質層に油分を補給し、これらの柔軟性を維持する。皮脂には、トリグリセリド、スクワレン等が含まれているが、分泌過程で分解された脂肪酸を含むため弱酸性を示し、汗とともに細菌抑制の酸性膜を形成している。これらの皮脂成分は、皮膚の汚れとして肌着に付着する。

鼻出血　鼻腔内（特に鼻中隔前下部に多い）で起こる出血。外傷、腫瘍等の局所的原因と、出血性素因疾患等の全身的原因がある。対処としては、出血部位を心臓より高くし、圧迫及び冷却により止血し安静を保つ。鼻出血の量を確認し、バイタルサインを観察し、最低30分程度は鼻をかまず、口で呼吸させる。出血が止まらない場合は医師の診察を受けさせる。

非審判的態度　個別援助の原則の一つ。援助者が援助を行う上で、自らの倫理観、価値観に基づいて、サービス利用者の行動や態度を批判したり決めつけたりしないことをいう。利用者に対して非審判的態度をとることで、あるがままを受け容れて、利用者を理解することにつながる。　→バイステックの七つの原則、来談者中心療法

ヒステリー〔hysteria〕　心因性による反応性ないし神経症性障害。従来の概念では転換型と解離型に分けられていたが、DSM-Ⅳ-TRでは、ヒステリーの言葉がなくなり、2つの型はそれぞれ転換性障害（身体表現性障害のひとつ）と解離性障害に位置づけられている。　→転換性障害、解離性障害

非専門的マンパワー　原則として無給で行政サービスの提供に協力することを期待されている民間奉仕者のこと。社会福祉においては、民生委員・児童委員、身体障害者相談員、知的障害者相談員、母子保健推進員、里親、職親等がこれに当たる。法に基づいた活動である点が特徴であり、同じ無給であっても任意活動であるボランティアとはその点が異なる。　→ボランティア、福祉マンパワー

脾　臓　腹腔内の左上部で、胃と横隔膜に接する卵円扁平の実質臓器。リンパ組織を持ち、赤血球の破壊、循環血量の調節等の機能を持つ。血液が豊富な臓器で、胎児では造血器官として働くが、生後は手術により摘出しても障害はほとんどないとされる。

ビタミン　五大栄養素の一つで体内の代謝に大きく関与している。体内で合成されないか、されても不十分なため、外からの摂取が必要であり、これを怠るとさまざまな欠乏症を来す。ビタミンは、油に溶ける脂溶性ビタミン（ビタミンA、D、K、E等）と、水に溶ける水溶性ビタミン（ビタミンB、C、ナイアシン等）に分けられる。

ビタミンE　脂溶性ビタミンの一種で、化学名はトコフェロール。人間に対しての効力はまだ明らかでない面もあるが、生体内での抗酸化作用が主要なものと考えられている。特にビタミンEは多価不飽和脂肪酸が酸化するのを抑制する作用があると報告され、多価不飽和脂肪酸の酸化によりできる過酸化脂質の増加が老化現象の基となるともいわれることから、老化防止として注目されている。胚芽油などの植物油や緑黄色野菜などに多く含まれている。

ビタミンA　脂溶性ビタミンの一種で、化学名はレチノール。ビタミンAは動物の肝臓などの動物性食品にのみ含まれるが、緑黄色野菜などの植物性食品に含まれるカロチノイド（カロチン）は、動物の体内でビタミンAに変換される。ビタミンAは視覚の維持、上皮細胞の分化、生育、生殖機能の維持といった多彩な機能を持ち、不足すると夜盲症、角膜乾燥症、細胞の生育異常などが生じる。過剰摂取による副作用としては頭痛、吐き気、骨障害などが知られている。最近は特に、発がんを予防するビタミンとして注目されている。なお、各種ビタミン

A類縁化合物を総称してレチノイドと呼ぶ。

ビタミンK　ビタミンKにはフィロキノンとメナキノンの2種類がある。機能は血液凝固因子のうち、γ─カルボキシグルタミン酸を含む因子の生合成に関与する。ジクマロールやワーファリン、セフェム系の抗生物質で阻害される。

ビタミンC　水溶性ビタミンの一つで化学名はアスコルビン酸。結合組織、軟骨組織等でコラーゲンを生成したり、腸管からの鉄吸収を助けたりする作用がある。還元力が強く酸化しやすく、水、熱にも弱い。新鮮な果実、緑黄色野菜等に多く含まれ、ビタミン類の中で最も大量に必要とされるものでその推奨量は成人男女ともに1日100mgとされている（日本人の食事摂取基準2015年版）。これが不足すると皮下出血、貧血、骨形成不全、老化現象の促進等が起こる。

ビタミンD　脂溶性ビタミンの一つ。作用としては、カルシウムやリンの小腸からの吸収をよくし、副甲状腺ホルモンなどとともにカルシウムやリンの血中濃度の調節に関係し、骨や歯の形成に関与することである。体内にあるデヒドロコレステロールに紫外線が当たることでビタミンDは生成できるので、大人では不足することはほとんどないが、小児の場合は欠乏が重度になると、くる病になったり骨軟化症になったりする。

ビタミンB群　水溶性ビタミンの一群である。ビタミンB群として、①体内で糖質代謝の際それを助ける補酵素としての役割をもつビタミンB_1、②細胞内でさまざまな酸化酵素の手助けをしているビタミンB_2、③アミノ酸やたんぱく質代謝の補酵素であるビタミンB_6、④たんぱく質や核酸の合成に関与しているビタミンB_{12}、などがあり、いずれも欠乏するとさまざまな欠乏症を引き起こす重要な栄養素である。

筆記通訳者　⇨要約筆記者

ピック病〔Pick disease〕　初老期認知症の一つ。初老期に発病し、道徳感情の喪失、行動の逸脱等の人格変化、異常な言動等を主症状とし、比較的速やかに経過する器質性の脳疾患。前頭葉、側頭葉の特異的な萎縮がみられる。

必須アミノ酸　生体が必要とするアミノ酸のうち、生体内で合成することができないか、あるいは合成できても必要量に充たないため食物から摂取しなければならないアミノ酸をいう。不可欠アミノ酸とも呼ばれる。人体では、バリン、ロイシン、イソロイシン、リジン、スレオニン、メチオニン、フェニルアラニン、トリプトファンの8種類のアミノ酸をいうが、最近ではこれにヒスチジンを加えて9種類とすることが多い。これら9種類（もしくは8種類）のアミノ酸の含まれ方のバランスの善し悪しで、その食品のたんぱく質の栄養価が評価される。

筆　談　紙等に文字や図を用いて交信する言語・聴覚障害者のコミュニケーション手段。筆談は言葉を習得していることが必要条件である。集会等でオーバーヘッドプロジェクター（OHP）を用いた要約筆記、ワープロ、パソコンを用いたコミュニケーション、ファクシミリを使うなど、さまざまな機器の発達がさらにこの手段の助けとなっている。

非定型精神病　統合失調症と気分障害の両者と類似しているが、その病像がどちらにも属しえないような非定型な一群をいう。急性に発病し、周期性の経過をとり、統合失調症様の症状を示す。多くは意識障害を伴う。予後は一般には良好といわれている。独立した疾患と考えるか、統合失調症と気分障害の混合状態と考えるかははっきりしていない。

ヒト免疫不全ウイルス〔human immunodeficiency virus；HIV〕　エイズの原因となるウイルス。RNA（リボ核酸）を遺伝子とするレトロウイルス群に属し、免疫をつかさどる血中の白血球の一種であるヘルパーTリンパ球に感染し、細胞性免疫機能を障害する。　→エイズ

ひとり暮らし高齢者　配偶者及び子・孫等の親族、その他と居をともにせず、単身で生活する独居高齢者。平成25年の国民生活基礎調査

による65歳以上のひとり暮らし高齢者は約573万人となっている。

皮内注射 皮内に薬液を注射する手法。皮内は血行が乏しいので、薬効を緩やかに持続させる場合に適する。ツベルクリン反応等、薬剤反応の検査によく用いられる。

ビネー式知能検査 フランスのビネーらによって開発された世界で最初の個別式知能検査。知能の水準と発達の程度を知るための検査法。我が国では日本人向けに改訂され、鈴木―ビネー式知能検査、田中―ビネー式知能検査として使われている。我が国で大規模な母集団によって標準化された質問式の個別知能テストである。鈴木―ビネー式では問題数の正当数を粗点として換算表から知能年齢を見いだしIQを算出する。13歳以上は修正表によって修正年齢を用い、16歳以上はすべて16歳として算出する。

皮膚炎 種々の原因によって生じた皮膚の炎症反応を指す。湿疹と同義語的に用いられることがある。皮膚疾患のなかで最も多く認められ、原因や皮疹の形態により分類される。多くの例で搔痒(そうよう)が認められ、接触性皮膚炎、アトピー性皮膚炎、自家感作性皮膚炎等がある。　→湿疹

被　服 身体を覆う衣服のほか、頭にかぶるもの、足に履くもの、手を覆うもの等、身体各部を覆い包むために「着るもの」を総称して被服という。被服を着る目的には、気候の変化に応じて体温調節を助けること、皮膚面の清浄、活動のしやすさ等の保健衛生的なものと、個性・美意識の表現、社交・儀礼、標識等の社会的なものとがある。これらの被服の目的を考え、形や素材などの適したものを選んで着用する。また、被服は一般的に布製品から作られることから、寝具やカーテン、布製のテーブルウェア等も広義には入り、被服生活とはこれらすべてを入れたものとなる。

被 服 圧　⇨衣服圧
被服気候　⇨衣服気候
被服材料 被服を作るために用いる材料を被服材料という。被服材料としては、平面的な構造をもつ布が大部分を占める。布には、織物・編物・レース・フェルト・不織布等がある。これらは繊維製品であるが、そのほかに皮革やプラスチックフィルムなどもある。また、縫製するための糸や、ボタン・ファスナー・ベルト等の付属具の材料である金属・プラスチック・ゴム・木等も含まれる。

被服地の吸湿性　⇨吸湿性（被服地の）
被服地の吸水性　⇨吸水性（被服地の）
被服の含気量・含気率　⇨含気量・含気率（被服の）
被服の体温調節機能　⇨体温調節機能（被服の）
被服の通気性　⇨通気性（被服の）

皮膚搔痒症 かゆみを主症状とし、発疹などの病変を伴わない皮膚疾患で、さまざまな慢性疾患や薬剤の副作用で出現しやすい。高齢者では皮膚の角質層の水分含量が減少し、湿度の低い時季に起こりやすく、加齢性（老人性）皮膚搔痒症と呼ばれる。

被保険者 保険料を支払い、保険事故が生じたときに保険給付の対象となる者をいう。健康保険と厚生年金保険では、適用事業所に使用される者は強制加入（強制被保険者）となっている。国民健康保険では、健康保険、船員保険等の被用者保険の被保険者とその被扶養者、生活保護世帯等以外を被保険者としている。なお、国民年金においては日本国内に住所を有する20歳以上60歳未満のものを被保険者としている。介護保険は、65歳以上の第1号被保険者と40歳以上65歳未満の医療保険加入者が被保険者である（健保3条、厚年6条・9条、国保5条・6条、国年7条、介護9条）。

肥　満 脂肪が体内に過剰に蓄積した状態。肥満の分類としては、摂取エネルギー量と消費エネルギー量との平衡が崩れたもの（外因性肥満）と代謝や内分泌の異常により起こるもの（内因性肥満）といった分類と、原因疾患のない肥満（単純性肥満）と何らかの疾患によって起こる肥満（症候性又は二次性肥満）といっ

た分類がある。成人期以降の肥満はほとんどが外因性若しくは単純性肥満であり、食事を含めた生活改善が治療となる。

秘密保持 個別援助の原則の一つ。利用者の人権を守るために、援助者が職務上知りえた情報はしっかりとした管理が必要である。利用者が特定できるような秘密、情報を、利用者の許諾なしに他に漏らしてはならない。秘密保持は、利用者の人間としての尊厳、自己実現の尊重といった民主主義の価値観に支えられており、社会福祉専門職だけでなく、すべての専門職活動を支える基本的な倫理である。公務員、介護福祉士、社会福祉士にも秘密保持義務が課せられており、違反した場合の罰則も定められている。　→バイステックの七つの原則、福祉倫理

ひもときシート 認知症介護研究・研修東京センターが、平成20～22年度まで実施した「認知症ケア高度化推進事業」の中で開発した認知症ケアの標準化のためのツール。介護者が抱える「ケア困難事例」に対して、認知症の人の行動の背景にある原因をひもとくことで、提供者本位のケアから本人本位のケアへ思考転換することを目的としている。認知症の人を「評価的理解」「分析的理解」「共感的理解」の3段階でとらえ直しをするワークシートを活用する。

ひやりはっと もともとは製造業や建設現場で使われてきたが、介護や医療の現場でも使われるようになってきた言葉。利用者の身体に危険が及びそうになる、事故が起こりそうになるなどの状況を表現している。多くの介護事故の要因につながるものであり、事故を未然に防止していくためには、ひやりはっとを見逃さないことが大切である。

病　院 医療法に定められている施設で、医師又は歯科医師が、公衆又は特定多数人のため医業又は歯科医業を行う場所であって、20人以上の患者を入院させるための施設を有するものをいう。病院は診療所と異なり、傷病者が科学的でかつ適正な医療を受けることができることを主たる目的として組織運営されるものとする考え方に基づく。また医師、看護師等一定数の医療関係者や、診察室、手術室、エックス線装置、調剤所、給食施設等、所定の施設を有していなければならない。病院は、施設の種類別では、一般病院、精神科病院、結核療養所に分けられるが、機能別では、一般病院、特定機能病院、臨床研究中核病院、地域医療支援病院、救急指定病院、災害拠点病院などに分けられる。療養病床を有する病院は両方の分類に該当する。（医療1条の5・21条）。　→診療所、特定機能病院、療養病床

評　価〔evaluation〕　一連の援助が、利用者の問題解決や成長・発達に対してどの程度貢献したのか、有効であったのか、といった視点で効果測定を行い、その結果を分析検討して次の援助に反映させていくこと。方法としては、観察やインタビュー等によって得られた情報を分析検討していくものが一般的であるが、その情報の精度を高くするためには、観察シート等を使用してデータの客観化に努力することが大切である。

病原大腸菌 大腸菌はヒト腸管内に常在する菌で、糞便中に大量に含まれ、体内で増殖しない限り病原性をもたないが、大腸菌の一部は本来存在する腸管において炎症を引き起こし食中毒の原因となる。これらは腸管病原性大腸菌と総称され、O157の属する腸管出血性大腸菌を含め五つに分類される。汚染された食品や水などが感染源となり、激しい腹痛と下痢を主症状とする。経口感染であることから、二次感染防止のためには手洗いと消毒の励行、及び食品の十分な加熱が必要である。

病　識 自分のもっている疾病について、症状あるいは病全体としての種類や重さを正しく理解していること。統合失調症やアルツハイマー型認知症では病識が欠如していることが多い。

表示基準 食品衛生法において消費者庁長官が公衆衛生の見地から、販売用に供する食品、添加物、器具、容器包装について、名称、消費期限又は賞味期限、製造者名等の事項を表示す

被用者保険　被用者を対象とする社会保険。国民健康保険及び国民年金を除いた保険の総称で、健康保険、厚生年金保険、雇用保険、労働者災害補償保険、船員保険、各種共済がこれに該当する。

標準予防策　1996年にCDC（米国国立疾病予防センター）が設定したガイドラインのこと。その簡便性、合理性から日本においても広く利用されている。なお、厚生労働省より公表されている「高齢者介護施設における感染対策マニュアル」（平成25年3月）においては、標準予防措置策（スタンダード・プリコーション）という用語で用いられている。

氷のう　冷あん法に用いる。市販のゴム製の袋、又はビニール袋を使ってもよい。細かい氷を入れて額等局所に当て、鎮痛、止血、解熱等に役立てる。　→冷あん法

漂白　白い衣類で、通常の洗濯で取り除くことができなかった残留汚れや黄ばみ、黒ずみなどの原因である色素を化学作用により分解し、元の白さにする操作を漂白という。漂白剤には酸化して無色にする酸化漂白剤と、還元して無色にする還元漂白剤がある。酸化漂白剤には塩素系の次亜塩素酸ナトリウムと酸素系の過炭酸ナトリウムがある。還元漂白剤にはハイドロサルファイトがある。いずれも適用繊維と不適用繊維があり、使用方法が異なるので取扱いには注意が必要である。塩素系漂白剤に酸性物質を混合すると、塩素ガスを発生する危険があるため禁止事項（警告表示に注意）になっている。

標本調査　全数調査に対して、調査対象の母集団の中から一部を標本として取り出し調査を実施する方法のこと。標本の抽出は、無作為抽出法を用いることが一般的である。全数調査に対して、①費用の節約、②要求される精度に合わせた調査設計の可能性、③調査員による偏りの防止、などの利点があるが、標本の取り出し方に工夫が必要である。　→全数調査、社会福祉調査法

鼻翼呼吸　呼吸困難に際してみられ、呼吸時に鼻翼が律動的運動をするものをいう。毛細気管支炎、肺炎、心臓弁膜症の代償不全、臨終の際などにみられる。

日和見感染症　免疫力が低下しているために、通常ならば感染しないような感染力の弱い病原体が原因で起こる感染症のこと。免疫力低下の原因には、白血病や悪性腫瘍、AIDSなどの疾患、重症のやけどやけが、臓器移植などがある。

平織　織物の三原組織の一つ。縦糸と横糸が1本ずつ上下に交錯する織物組織で、すべての織物の基本となる。交錯点が多く、糸のずれが起こりにくく丈夫であるため、実用的な織物となる。隙間が多く通気性がよい。代表的な織物にブロード、ポプリン、ギンガム等がある。リネン類には平織のものが多く用いられる。

開かれた質問　「趣味はどのようなことですか？」など、相手に自由を認め、相手が自分自身の選択や決定による答えを見つけられる質問。話の広がりや深まりを促すことができる。一方、理解力や表現力が十分でない場合や、話の焦点を絞ったり、特別な事柄や状況を明確にしようとするときには「閉じられた質問」が多く用いられる。相手の状況や会話の流れに応じて「開かれた質問」と「閉じられた質問」を適切に組み合わせて用いることが大切である。→閉じられた質問

びらん　皮膚がただれた状態。浅い潰瘍の状態。真皮に至らない表皮の部分欠損をいう。出血はないが新鮮紅色を呈し、表面は漿液で潤い、触ると痛みがある。

ピリング　織物や編物の表面の繊維が、着用中や洗濯時の摩擦等によって毛羽立ち、この毛がさらに絡み合い、小さな球状の塊（ピル、毛玉）が生じた状態をいう。羊毛繊維のように弱い繊維では毛玉ができても脱落しやすいが、合

成繊維や混紡品は強いので毛玉が発生しても脱落せず、汚れやすく外観、風合いを損なう。これを防止するために繊維を太くする、糸の撚りを強くする、樹脂加工等の方法が行われている。ポリエステルには強度を弱めた抗ピル繊維がある。

広場恐怖　不安障害の一つ。慣れた場所から離れ、何か起こった場合に逃げたり、助けを求めることが困難である場所にいることに強い恐怖を抱く状態をいう。そのため、デパートなどの雑踏、トンネル、車両、飛行機などの場所を避ける。　→恐慌性障害

貧　　血　単位容積中の赤血球数又は赤血球中の色素（ヘモグロビン）が正常以下に減少した状態をいう。原因には、鉄の摂取不足、出血、骨髄の造血機能の低下、血球の崩壊などが挙げられる。女性に鉄不足性貧血が多く、食物からの鉄分補給が治療の方法の一つとなる。

貧困調査　19世紀後半から20世紀前半にかけてイギリスで行われた貧困者の生活・労働実態調査。貧困原因の社会経済的要因を明らかにし、貧困問題解決にとって社会政策・社会福祉の重要性を示唆し、その後のイギリスの福祉国家形成に大きな影響を与えた。1903年に『ロンドン市民の生活と労働』としてまとめられたブース.Cのロンドン調査や、ラウントリー.B.Sの1899～1950年にわたるヨーク市の貧困状態の調査が有名である。

頻　　尿　排尿の回数が多くなる状態で、昼間8回以上、夜間は2～3回以上をいう。原因は、膀胱炎、尿道炎、前立腺炎等の疾患や、神経症などである。また、一時的なものは精神的緊張や体を冷やした場合にも起こる。疾患によるものでない場合は、緊張を解きほぐす等で対処する。夜間頻尿については、水分摂取時間を指導したり、尿器や移動トイレを利用するのも一法である。

頻　　脈　心拍数が1分間に100以上の状態をいう。生理的なものは、激しい運動や発熱などで生じる。病的なものは、心房や心室に起因するものである。

ふ

ファーストステップ研修　平成16年から平成18年にわたり、全国社会福祉協議会に設置された「介護サービス従事者の研修体系のあり方に関する研究会」において、高齢者の尊厳を支えるケアの実現という観点から、介護職員の能力開発とキャリア開発を支援する研修体系等のシステムのあり方が検討され、そのなかで提案された具体的な研修の一つ。介護福祉士の資格を取得した後、実務経験2～3年程度以上の者が対象となる。小規模チームのリーダーや初任者研修等の指導係として任用されることを前提に、知識・技術・視点を学ぶ研修であり、日本介護福祉士会や全国老人福祉施設協議会などが取り組んでいる。

ファーラー位　半座位ともいい、上半身を約45度起こした体位である。ファーラー位を保つには、背部にバックレストを用いたり、ギャッチベッドを使う。さらに頭部や体側、腕の下などに枕を入れて安楽を保つ。ふだん仰臥位、側臥位などで寝ている人であっても、食事や面会時などはファーラー位をとることが多い。心臓や肺の障害をもった人の中には、仰臥位では呼吸困難が生じるため、ファーラー位で睡眠をとる人もいる。上半身を15～30度起こした状態をセミ・ファーラー位という。　→仰臥位、側臥位

ファイバースコープ〔fiberscope〕　人体内部の観察や処置を目的とした機器で、内視鏡のこと。細い繊維状のガラスを用いて作られており、管腔臓器である気管支、胃、十二指腸、大腸等の検査、診断、治療に用いられる。ファイバースコープは器具の柔軟性もあり、管の内径も細いので、患者の苦痛も少なく、盲点も少ない等の利点がある。

FAST〔Functional Assessment Staging〕

認知症の人の日常生活にみられる行動の観察に基づいて重症度を評価するスケール。認知症の人の生活の様子から、正常、年齢相応、境界状態、軽度認知症、中等度認知症、高度認知症、重度認知症の7段階に分類される。　→CDR、認知症高齢者の日常生活自立度判定基準

ファミリー・アイデンティティ　社会学者の上野千鶴子によって新しく提唱された「自分にとっての家族は誰か」という主観的な概念を表した言葉。例えば、同居の有無や法律上の籍などには関係なく、可愛がっていた姉の子ども（いとこ）を家族というのは、このファミリー・アイデンティティから生じたものといえる。さらに拡大すれば、ペットの猫を家族の一員だというのも、この「ファミリー・アイデンティティ」の考え方で説明することができる。

ファミリー・ライフサイクル（ライフサイクル）　いわゆる家族周期のことである。人間は成長すると結婚をし、やがて子どもが生まれ、子育て期・教育期を経て、子どもは巣立っていき、その後は老夫婦のみの時期が訪れる。しかしながらそれも長くは続かず夫婦のどちらか一方が残され、そして残ったもう一人もやがて亡くなっていく。一つのファミリー・ライフサイクルがそこで終わったということである。このように一昔前までの人々の生活はこのファミリー・ライフサイクルで見ることができたが、今日、人々の生き方は多様になり、このような定型的なものでは捉えることが難しくなってきた。ちなみにこのライフサイクルに対してライフコースの考え方がある。　→ライフコース

不　　安　落ち着かない漠然とした恐れの感情状態。対象がなく内的に起こるもので、神経症の中心的症状としてみられる。不安は動悸、冷汗、ふるえなどの自律神経症状を伴う。誰にでもみられるものであるが、過度の不安が状況に伴わず繰り返し現れると病的なものとされる。

不安障害　神経症の一つ。不安を主症状とするもので、ふるえ、めまい、心悸亢進、過呼吸、呼吸困難、発汗などの不安発作（パニック発作）がみられる。また、再び不安発作が起こるのではないかという予期不安を示し、持続性の不安がみられる。そのため外出や乗物に不安を抱く。

フィラメント　⇨長繊維

フィランソロピー〔philanthropy〕　博愛主義。慈善行為。企業や民間人が行う社会貢献活動又は民間が行う公益活動をいう。　→公益事業

風　　疹　風疹ウイルスによる感染症で、発熱、後頭や後耳介のリンパ節腫脹、孤立性丘疹等がみられる。飛沫感染が多く、伝播力は強い。発疹出現前1週間及び後の1週間は伝染力がある。妊娠中期以前の妊婦が罹患すると、胎芽や胎児に感染し、種々の異常が起こることがある（先天性風疹症候群）。ワクチンの接種により免疫を獲得することが可能。

フードガード　皿の上の食物をこぼさずにすくえるよう、皿に取り付ける囲い。プラスチックやポリエチレン製。

フェイス・シート　社会福祉援助、介護等の記録の一つ。サービス利用者本人及び家族の状況が一覧できるように表したもので、ケース記録の表に（または表紙として）綴じられている。氏名、住所、年齢、職業、性別、家族構成、健康状態等がその主な項目としてある。　→記録

フェニールケトン尿症〔phenylketonuria〕精神発達遅滞を伴う先天性のアミノ酸代謝異常症。常染色体劣性遺伝により発現する。

フォロー・アップ〔follow-up〕　個別援助において、援助の終結後、サービス利用者への援助効果やその後の状況を確認するため追跡し評価することをいう。終結後に再び同じ問題を抱えるおそれがある利用者に対して有効な手段となる。

不感蒸泄　体から失われている水分のうち、皮膚及び肺から呼気内の水蒸気として蒸発する分をいう。健康な成人において水分は1日に2000～2500ml排泄される。内訳は、尿から1000～1500ml、糞便から約100ml、不感蒸泄約900mlである。不感蒸泄は発汗と異なり常

に行われており、暑い部屋では多くなるため脱水の予防のうえで考慮する必要がある。　→脱水

腹圧性尿失禁　笑ったり咳をしたとき、階段の昇り降りなど腹圧が上昇したときに生じる尿失禁のこと。比較的少量の尿を失禁し、安静時や睡眠中など腹圧の上昇がみられない状態では尿失禁は生じない。出産経験の多い中年期以降の女性で頻度が高い。原因は骨盤底筋の弛緩、機能不全によるとされているが、下部尿路の神経系の問題も指摘されている。治療は骨盤底筋訓練法（ケーゲル法）や手術療法、薬物療法などである。　→失禁

幅　員　廊下や出入り口などの幅のこと。従来の木造日本家屋は、全体的に幅員が狭い。これは尺貫法と呼ばれる日本の伝統的な寸法体系に基づいて住宅が建築されているためである。尺貫法では、1尺＝303mm（10/3尺＝1m）と換算し、柱芯と柱芯の間の寸法（910mm）を基準寸法としているため空間の割り付けが狭く安全とは言い難い。例えば、通常の廊下幅は78cm程度で、健常者の通行には支障はないが、車いすなどの利用は困難である。伝い歩きの場合、75〜78cm、JIS規格（日本工業規格）によって形状・寸法が決められている車いすの場合は、自走式で70〜80cm、介助式で85〜90cmは必要となる。また、出入り口では、建具の形状にもよるが、有効な幅員として80cm以上は確保する必要がある。そのため、動作の妨げになるものを除去し、住宅改修などでスペースを広げるなど、安全な動作ができる幅員の検討が必要である。

腹臥位　うつぶせの姿勢をいう。頭部は横に向け窒息しないようにし、頸部、背部は一直線になるようにする。肘関節は軽く曲げ、身体と平行にし、つま先に圧力がかからないように足先が屈曲しない程度の高さの当て物をして尖足を防ぐ。女性は乳房に圧力がかからないようにする。　→仰臥位、側臥位

腹腔鏡検査　内視鏡の一種である腹腔鏡を用いて行う肝臓、卵巣等の腹腔内臓器の検査のこと。開腹術に準じた消毒を行った後、腹壁を穿刺し腹腔鏡を入れ、ガスを注入して腹腔内の諸臓器を見る。肝臓の生検、不妊症の診断・治療・術前検査にも利用される。

複合家族　夫婦と、既婚である2人以上の子の家族が同居している家族をいう。子どもが結婚しても親と同居し続けるため、直系家族のように垂直方向への拡張のみならず水平方向にも拡張されるところにその特徴があり、多人数家族になりやすい。　→核家族、拡大家族

複合型サービス　介護保険の給付対象となる地域密着型サービスの一つ。要介護者であって居宅において介護を受けるものに、訪問サービスと小規模多機能型居宅介護など、居宅サービスと地域密着型サービスを2種類以上組み合わせて提供するサービス（介護8条22項）。

複合型サービス福祉事業　老人福祉法の改正により平成24年4月から加わった老人居宅生活支援事業の一つ。介護保険法に規定する訪問介護、訪問入浴介護、訪問看護、訪問リハビリテーション、居宅療養管理指導、通所介護、通所リハビリテーション、短期入所生活介護、短期入所療養介護、定期巡回・随時対応型訪問介護看護、夜間対応型訪問介護、地域密着型通所介護、認知症対応型通所介護又は小規模多機能型居宅介護を2種類以上組み合わせて提供されるサービスのうち、訪問看護及び小規模多機能型居宅介護の組合せその他の居宅要介護者について一体的に提供されることが特に効果的かつ効率的な組合せによるサービスを提供する事業。対象は65歳以上の者であって、身体上又は精神上の障害があるために日常生活を営むのに支障があり、やむを得ない事由により介護保険法に規定する複合型サービスを利用することが著しく困難な者又は複合型サービスに係る地域密着型介護サービス費の支給に係る者等が対象となる（老福5条の2・10条の4）。

副交感神経　交感神経とともに自律神経系を構成する神経系で、迷走神経系とも呼ばれる。交感神経とは拮抗する作用をもち、身体の消耗を抑制し、回復をはかり、エネルギーを蓄積す

るように作用する。安静時には交感神経よりも副交感神経が優勢となり、アセチルコリンの分泌を介して、心拍数の減少、末梢血管の拡張、唾液や消化液の分泌などが促進される。　→自律神経、交感神経

複雑骨折　骨折部と外界との間に交通がある開放骨折のこと。　→開放骨折

副作用　ある薬が本来目的としている以外の生体に不都合な作用のこと。厚生労働省は「医薬品等の副作用の重篤度分類基準」によって、グレード1：健康に対する影響が軽微な副作用、グレード3：死亡や障害につながる恐れのある重篤な副作用、及びその中間のグレード2の三段階に分類した。副作用の情報は法律によって義務付けられた企業からの報告だけでなく、副作用モニター制度と呼ばれる医療機関から厚生労働省への自発的な報告が果たす役割も大きい。厚生労働省に収集された副作用の情報は当該企業を通じて医療機関に連絡されるとともに、厚生労働省からも直接医療機関に通知される。

副子　打撲、捻挫、外傷、骨折により身体の一部が転位・変形した場合に、局所を固定・支持して修正したり、患部の動きを制限し安静を図る用具をいう。古くは木製のものが多く、「副木」といわれていたが、現在は金属副子、プラスチックの副子、ギプス副子が多い。副子の代用品として、新聞紙、週刊誌、段ボール、板、棒、杖、毛布、座布団等を活用することができる。

福祉〔welfare〕　広くは福利、幸福を表す言葉。宗教的意味では危急からの救い、生命の繁栄を意味する。また、社会福祉と同義に使われたり、社会福祉、公衆衛生、社会保障を包括した概念として使われるなど、必ずしも定義は定まっていないが、社会福祉の目的概念として健康で文化的な最低限度の生活を積極的に表すものとして、現代社会で定着している。　→社会福祉、公衆衛生、社会保障

福祉改革　一般には、21世紀の高齢社会に対応するため、国民に最も身近な市町村において在宅福祉サービスを中心に据えた保健福祉サービスを、総合的、一元的、計画的に提供できる社会福祉の運営実施体制を構築するため、近年行われた福祉の制度改革を指す。　→福祉関係八法の改正、社会福祉基礎構造改革

福祉関係八法の改正　老人福祉法等の一部を改正する法律（平成2年法律58号）により、①老人福祉法、②身体障害者福祉法、③精神薄弱者福祉法（現・知的障害者福祉法）、④児童福祉法、⑤母子及び寡婦福祉法（現・母子及び父子並びに寡婦福祉法）、⑥社会福祉事業法（現・社会福祉法）、⑦老人保健法（現・高齢者の医療の確保に関する法律）、⑧社会福祉・医療事業団法（平成15年10月に廃止）、の八つの福祉関係法が一部改正された。①福祉各法への在宅サービスの位置付け、②老人及び身体障害者の入所措置権の町村移譲、③市町村・都道府県への老人保健福祉計画策定の義務付け、等を改正内容とした。

福祉機器　福祉用具と同意語と考えてよい。平成5年に「福祉用具の研究及び普及の促進に関する法律」において、「福祉用具」が法律用語になった。以後、福祉機器よりも福祉用具のほうが一般的に使われている。　→福祉用具

腹式呼吸　⇨呼吸運動

福祉教育　国、地方公共団体、民間団体、ボランティア等が主に住民を対象として、福祉についての理念や知識の理解、住民参加を促すために、講習、広報等の手段により行う教育。近年においては家族機能の低下、地域の連帯の喪失等の社会状況の変化に伴い、福祉教育の割合は大きくなりつつある。なお、学校においても、児童・生徒に対して福祉教育がなされている。

福祉圏域　介護保険法、老人福祉法等の規定に基づき、都道府県が定める区域で、都道府県介護保険事業支援計画や都道府県老人福祉計画等において、サービスの種類ごとの量の見込みなどを定める単位となる区域。保健医療サービスと福祉サービスの連携を図る観点から、二次医療圏との一致が望ましいとされている。　→都道府県介護保険事業支援計画、都道府県老人

福祉計画、医療圏

福祉公社 地方公共団体の関与の下に、地域住民の参加により在宅福祉サービスを提供する財団法人、第三セクター等をいう。①在宅福祉サービスの供給に住民が参加していること、②適正な料金を払ってでも、望むサービスを受けたいというニーズに応えるものであること、③増大し多様化するニーズに対応するものであること、等の特徴を有し、公的な機関とは異なった、新しい在宅福祉サービスの担い手として注目を集めている。　→第三セクター方式

福祉国家〔welfare state〕 国民全体の福祉を目的とした国家のこと。戦争国家（warfare state）に対していう。歴史的には第二次世界大戦後に社会保障の充実を図ったイギリスが福祉国家と呼ばれたところにはじまる。

福祉コミュニティ 地域住民が地域内の福祉について主体的な関心をもち、自らの積極的な参加により、援助を必要とする人々に対して福祉サービスを提供する地域共同体をいう。福祉コミュニティの形成を目的とした社会福祉援助活動が地域援助活動である。　→地域援助活動

福祉（サービス）供給システム 福祉サービスをフォーマルに供給する主体である公的セクター、民間非営利団体、営利セクターによる供給の方式のこと。そのほかに家庭や近隣などのインフォーマルなセクターがある。近年においては高齢化に伴う福祉ニーズの多様化、増大により、ニーズに見合った多様なサービスの提供が必要となっているが、そのニーズに応えるためサービス供給システムも多元的な展開が要求されている。　→NPO

福祉サービス利用援助事業 精神上の理由により日常生活を営むのに支障がある者に対して、無料又は低額な料金で福祉サービスの利用に関する相談、助言を行うこと、並びに福祉サービスの提供を受けるために必要な手続又は福祉サービスの利用に要する費用の支払に関する便宜を供与することその他の福祉サービスの適切な利用のための一連の援助を一体的に行う事業をいう（社福2条3項12号）。なお、都道府県社会福祉協議会が行う事業について、社会福祉法上に規定が置かれている（社福81条）。また、都道府県社会福祉協議会が行う本事業は、一般に「日常生活自立支援事業」と呼ばれている。　→日常生活自立支援事業

福祉三法 昭和20年代に成立した「生活保護法」「児童福祉法」「身体障害者福祉法」の三法の総称。　→福祉六法

福祉事務所 社会福祉法に基づき地方公共団体に設置される福祉に関する事務所の一般的な呼称。都道府県及び市には、設置義務が課されている。都道府県の福祉事務所は生活保護法、児童福祉法及び母子及び父子並びに寡婦福祉法に定める援護又は育成の措置に関する事務のうち都道府県が処理する事務を行い、市町村の福祉事務所は上記三法に老人福祉法、知的障害者福祉法及び身体障害者福祉法を加えたいわゆる福祉六法に定める援護、育成又は更生の措置に関する事務のうち市町村が処理する事務を行う（社福14条）。　→社会福祉主事

福祉住環境コーディネーター 高齢者や障害者などにとって住みやすい住環境を提案するアドバイザー。住宅の改修や生活環境のあり方について提案したり、福祉用具や施策などの情報を提供する。医療・福祉・建築に関して体系的で幅広い知識を身につけ、各種の専門家と連携をとりながらクライエントに適切な住宅改修プランを作成する。民間資格で、東京商工会議所が行う検定試験（1級～3級）に合格することで認定される。受験資格の制限は特になく、主に建築士や福祉用具専門相談員、介護福祉士の受験者が多い。

福祉人材確保指針 ⇨社会福祉事業に従事する者の確保を図るための措置に関する基本的な指針

福祉専門職 社会生活上、困難な問題を抱える人々を対象に、社会福祉の専門的知識・技術をもって援助に当たる専門職のこと。我が国の福祉専門職資格としては、社会福祉士、精神保健福祉士、介護福祉士、保育士、社会福祉主事（任用資格）等がある。

福祉手当 特別児童扶養手当等の支給に関する法律に基づき、在宅の重度障害者に対する福祉の措置の一環として、精神又は身体に重度の障害があるため日常生活において常時の介護を必要とする者に対して支給されていたが、昭和61年の改正により障害児福祉手当及び特別障害者手当に改編された。これにより昭和61年4月から、福祉手当の受給者は、20歳以上の従来の福祉手当の受給資格者であって、特別障害者手当及び国民年金法による障害基礎年金のいずれも受けることができない者に限られている。障害児福祉手当と同様の支給制限がある。→障害児福祉手当、特別障害者手当

福祉のまちづくり 障害者の生活圏を拡大する運動は、昭和40年代半ば、障害者運動として始まった。その後、国の事業として身体障害者福祉モデル都市事業、障害者福祉都市推進事業、障害者の住みよいまちづくり事業、住みよい福祉のまちづくり事業等が実施された。福祉のまちづくりは障害者や高齢者のみならず、子ども、大人、すべての人々にとって幸せをもたらし、ノーマライゼーションを可能とするまちづくりでなければならない。

福祉避難所 高齢者、障害者、妊産婦、乳幼児、病弱者等、一般的な避難所では生活に支障を来す人たちのために、何らかの特別な配慮がなされた避難所のこと。一般的には、2次避難所として位置付けられ、小学校等の避難所での生活が困難で、福祉避難所の開設が必要と判断した場合に、施設管理者に開設を要請する。

福祉ホーム 住居を求めている障害者に対し、低額な料金で、居室その他の設備を利用させるとともに、日常生活に必要な便宜を供与する施設。対象となる障害者は、家庭環境、住宅事情等の理由により、居宅において生活することが困難な者(常時の介護、医療を必要とする状態にある者を除く)である。同施設の運営は、障害者総合支援法上、市町村地域生活支援事業として位置付けられる(障総合5条26項、平18障発0801002)。

福祉マンパワー 社会福祉援助活動を支える人的資源をいう。社会福祉関係法令に基づく専門職員(社会福祉主事、児童福祉司、保育士等)、法令に基づくが無給の非専門的マンパワー(民生委員、身体障害者相談員等)、任意活動で無給のボランティア、シルバービジネス等有償福祉サービスの従事者の4種に大別できる。

福祉ミックス 従来の政府、市場部門に加え、非営利民間組織等のインフォーマル部門を福祉供給システムの中に位置付けようとする考え方や政策を、一般に「福祉ミックス」という。福祉多元主義の流れの中で、先進諸国で1980年代以降に顕在化してきた考え方、政策である。その背景には、政府部門の肥大化と「政府の失敗」、財政赤字、人口構造の高齢化の進行等がある。

福祉用具 福祉用具の研究開発及び普及の促進に関する法律においては「心身の機能が低下し日常生活を営むのに支障のある老人又は心身障害者の日常生活上の便宜を図るための用具及びこれらの者の機能訓練のための用具並びに補装具」と定義されている。一般的に介護用品、介護用具等ともいわれ、自助具(自らの機能を補う)の側面と、介助具(介助する側の機能を補う)の側面とがある。使用の際には、身体機能・介護者の状況・住環境などの利用者の個々の条件に合わせた適切な選択と調整が求められる。また、住宅改修と併せて使用を検討することも大切である。→福祉用具の研究開発及び普及の促進に関する法律、補装具

福祉用具専門相談員 介護保険法に基づく福祉用具貸与事業及び特定福祉用具販売事業において、福祉用具の専門的知識を有し利用者に適した用具の選定に関する相談を担当する者。事業者は事業所ごとに2人以上福祉用具専門相談員を置くこととされている。専門相談員は保健師、看護師、准看護師、理学療法士、作業療法士、社会福祉士、介護福祉士、義肢装具士、介護職員初任者研修課程修了者、又は福祉用具専門相談員指定講習修了者でなければならない(介護令4条、平11厚令37)。

福祉用具貸与 介護保険の給付対象となる居

宅サービスの一つ。居宅要介護者に対して、日常生活上の便宜を図るための用具や機能訓練のための用具の貸与を行う。貸与の種目として、車いす（付属品を含む）、特殊寝台（付属品を含む）、床ずれ防止用具、体位変換器、手すり、スロープ、歩行器、歩行補助つえ、認知症老人徘徊感知機器、移動用リフト（つり具の部分を除く）、自動排泄処理装置が定められている。福祉用具の選定にあたっては、福祉用具専門相談員から、専門的知識に基づく助言を受けて行われることとされているが、要軽度者（要介護1及び要支援）については、その状態像からみて使用が想定しにくい車いす（付属品を含む）、特殊寝台（付属品を含む）などの種目については、原則として保険給付されない。なお、入浴や排せつのための福祉用具など衛生的配慮から貸与に馴染まない特定福祉用具については購入費が支給される。要支援者に対しては、介護予防福祉用具貸与が行われる（介護8条12項・8条の2 10項）。　→福祉用具、特定福祉用具

福祉用具の研究開発及び普及の促進に関する法律〔平成5年法律38号〕　介護ベッドや車いす、移動用リフトなどの福祉用具の研究開発・普及を促進することを目的とした法律で、福祉用具法と略される。心身の機能が低下し日常生活を営むのに支障のある高齢者や心身障害者の自立の促進及びこれらの者の介護を行う者の負担の軽減を図るため、厚生労働大臣及び経済産業大臣は、福祉用具の研究開発・普及促進のための基本方針を策定し、その上で、①国は研究開発・普及促進のために必要な財政・金融上の措置等を講ずること、②地方公共団体は福祉用具の普及促進のため必要な措置を講ずること、③製造事業者は福祉用具の品質の向上、利用者からの苦情の適切な処理等に努めること、など法律の目的を達成するため国や自治体、民間事業者等の責務を明確にしている。

福祉倫理　社会福祉援助活動に当たり、援助の基盤となる道徳的規範のこと。社会福祉は個人や社会の幸福の追求を目標とするが、そのためには被援助者の基本的人権が尊重されなければならない。援助者は援助過程において、被援助者の生活上の秘密を知り得るが、業務上知り得た秘密を守る義務が課せられる。福祉倫理は社会福祉援助活動を展開する上での重要な要件の一つである。　→秘密保持

福祉レクリエーション　社会福祉領域におけるレクリエーション・サービス。職場レクリエーションや地域レクリエーションと対比して用いられる。社会福祉サービスの利用者はその身体的・社会的条件から、レクリエーションを十分に享受することができにくかった。レクリエーションはすべての人の重要な生活課題であることを基盤として、レクリエーション環境の整備とさまざまなプログラムの開発を行い、高齢者や障害者のレクリエーション生活を充実させることが福祉レクリエーションの課題である。その担い手として、日本レクリエーション協会が養成する「福祉レクリエーションワーカー」が活動している。　→レクリエーションワーカー、日本レクリエーション協会

福祉六法　生活保護法（昭和25年法律144号）、児童福祉法（昭和22年法律164号）、身体障害者福祉法（昭和24年法律283号）、知的障害者福祉法（昭和35年法律37号）、老人福祉法（昭和38年法律133号）及び母子及び父子並びに寡婦福祉法（昭和39年法律129号）の六つの法律をいう。昭和20年代に成立した生活保護法、児童福祉法、身体障害者福祉法を福祉三法と呼んでいたが、昭和30年代に福祉六法体制となった。

副腎髄質　左右の腎の上部にある副腎は、外層の皮質と内層の髄質に分かれた内分泌器官である。副腎髄質はアドレナリン、ノルアドレナリンを分泌する。

副腎皮質　副腎髄質を取り囲む外層の部分。3層に分かれ、電解質コルチコイド、糖質コルチコイド、性ホルモンを分泌している。これらのステロイドホルモンは生体に不可欠で、薬剤としても使用されている。　→副腎髄質

フグ中毒　フグの卵巣と肝臓に多く含まれるテトロドトキシンという毒成分を食すことによ

って起こる中毒。症状は軽度の場合、口唇のしびれや嘔吐、頭痛などがみられ、重度の場合には知覚が麻痺したり、運動が麻痺したり、血圧降下、呼吸麻痺といった症状が出て死亡する。フグ料理の調理資格は都道府県の条例による試験に合格した者に与えられており、資格を有しない者は営業してはならないとされている。

腹痛 腹部、あるいは骨盤内にある臓器に起因する痛み。大別すると、内臓自体の収縮・伸展や発痛物質の刺激による内臓痛、腹膜等の捻転や炎症、発痛物質による体性痛、強度の内臓痛に伴い皮膚に投影される痛みである関連痛の三つに分類される。　→関連痛

含め煮 煮物の一つ。薄味の多量の煮汁で材料に均一に味が浸み込むように時間をかけて弱火で煮ること。煮汁を多めに残るように煮上げる。材料そのものの味を生かし、煮崩れなく煮ることができる。いも類やナスやカボチャ、高野豆腐や麩などを用いることが多い。

服薬管理と食事 飲み薬は胃や腸で溶けた後、主に小腸から体内に吸収されて血液やリンパ液により、その成分が全身に広がり、効果を発揮する。このため、経口摂取する食品の成分に効果が影響されることがある。影響が多くみられるのは、薬が体内に吸収される時と、肝臓で薬が代謝されるときである。高齢者の服薬で多い事例では、高血圧治療薬（カルシウム拮抗剤）に用いられるベニジピン、ニフェジピンが、グレープフルーツ及び果汁により、薬の体内残留時間が長くなり、効き目が強くあらわれる。抗血栓剤であるワルファリンは、ビタミンKを多く含む納豆、クロレラ、ほうれん草などの葉物野菜によって効き目が弱まる。抗ぜんそく剤では、気管支を広げる薬効があるデオフィリンが緑茶やコーヒーなどにより代謝が阻害され、効き目が強くあらわれたり、副作用がみられる。

不潔行為 認知症によるBPSD（行動・心理症状）の一つ。弄便やおむつ外しなどが挙げられる。認知症のある人の場合、中核症状が進み、BPSDが進むにつれて、とっさに起こったことをどう解釈してよいかわからず、より困惑して短絡的な処理をしようとする傾向にある。不潔行為もそうした流れのなかで現れるものである。

撫擦法 マッサージの始めと終わりに必ず行う手法。局所の広さに応じて掌、手指の腹を用いて皮膚を撫でさする。手の圧力の強さによって皮下の組織にも刺激が加えられる。血液の流れをよくするため、末梢から中枢に向かって行う。

父子家庭 ⇨単親家庭

浮腫 細胞間に存在する組織間質液が限局性又は全身性に異常増加した状態で、四肢末端に多くみられ圧迫すると圧痕を認める。浮腫が生じるのは、細胞内液量が増加して細胞内の代謝を妨げたり、循環血液量が増加して心臓への負担を増すことのないよう代償機転が働いた結果でもある。心不全、ネフローゼ症候群や腎不全などの腎機能障害、肝硬変といった疾患や、食塩の過剰摂取、長時間の立位などによって生じる。高齢者では栄養低下による低蛋白血症（低アルブミン血症）を基礎とする血中膠浸透圧の低下が浮腫の引き金になることが多い。高度の全身性の浮腫では腹水や胸水をともなう。治療は原因疾患の治療、利尿剤の投与、ナトリウムの摂取制限などである。　→低たんぱく血症

不織布 織る・編むなどの方法によらず、繊維を平面状に構成した布。製造法の違いにより、乾式不織布、ニードルパンチ法不織布、スパンボンド法不織布等がある。衣料用に使われるものは、主として乾式不織布で、わた状の繊維を薄い膜状に重ね、接着剤で繊維同士を結合したものである。衣料用芯地のほか、産業用・インテリア用、その他使い捨ての衛生材料等にも使われている。

不随意運動 意志によらない運動。自律神経系に支配された平滑筋や心筋等は不随意筋と呼ばれ、意志によらず自律的に調節し機能を果たす。また、骨格筋が運動制御系の障害により意志と無関係に動くことも不随意運動という。
↔随意運動

不正咬合 ⇨咬合異常

不整脈 心拍が不規則でリズムが乱れるもの、あるいは正常のリズム以外の心収縮などを含むものをいう。したがって不整脈には心拍リズムの不規則なものと規則的なものがある。洞性不整脈、期外収縮、房室ブロック、心房細動等さまざまな種類がある。 →心房細動

不全麻痺 わずかな、もしくは部分的な麻痺のこと。麻痺はみられるが、運動機能の一部が残っている状態である。

普通徴収 介護保険第1号保険料の徴収方法の一つ。第1号被保険者のうち一定額（年額18万円）に満たない老齢年金等の受給者については、特別徴収によることが不可能あるいは不適当であることから、市町村が直接、納入通知書を送付し、保険料の納付を求める方式。 →特別徴収

物価 商品（モノやサービス）の価値を貨幣で表したものが「価格」、さまざまな商品の平均的な価格のことを「物価」という。物価には卸売物価、小売物価、消費者物価などがあり、それぞれ指数として示される。そのうち家計にもっとも身近な消費者物価指数は、ある年の家計の消費構造を一定のものに固定（100）し、それと同じ商品を購入したときの物価の変動による変化を指数化（103など）したものである。具体的には、品目のウエイトは、「家計調査」で5年ごとに改定される基準年の平均全世帯1か月1世帯当たりの品目別消費支出金額により算出され、品目は重要度の高いものを中心に選定されている。この結果は、賃金や公共料金など各種の経済施策や、物価スライドされる年金の改定などに利用されている。

フットケア 清潔の保持、入眠促進、リラクゼーションなどを目的とした足元のケア。足浴、爪切り、角質除去、マッサージなどが行われる。立ち上がる、歩くなどの基本的な動作を行えるようにし、生活機能を維持・増進することを目的とする。フットケアに対する自立度を高めることにより、転倒予防や閉じこもりの予防などにもつながる。

物理療法 理学療法の一分野で、身体に障害のある者に対し、主としてその基本的動作能力の回復を図るため、電気、温熱、圧力などの物理的なエネルギーを生体に加えることにより、生体・器官がもともと持っている正常化作用、平衡維持作用等の機能の働きを高める治療法をいう。運動療法の補助的手段として実施され、一般には運動療法の前後に補助的治療として用いられる。 →理学療法、運動療法

ブドウ球菌〔Staphylococcus〕 ブドウの房のような形に集合する性質をもつ細菌で、通常は嫌気性であり球状である。食中毒の原因菌となる黄色ブドウ球菌と病原性をもたない表皮ブドウ球菌とがある。ブドウ球菌は飲食物（特におにぎり、だんご、豆類）中で増殖し、熱に強い毒素（エンテロトキシン）を産生する。この毒素により激しい嘔吐、下痢、腹痛といった中毒症状が引き起こされる。調理従事者の手指の健康・衛生管理が食中毒発生防止には重要。

不登校 何らかの心理的、情緒的、身体的、あるいは社会的要因・背景により、児童生徒が登校しない、あるいはしたくともできない状況にあること（病気や経済的な理由によるものを除く）をいう。不登校は、情緒的な問題をもつ子どもが、学校という場に対してあらわす行動の一つと考えられ、その背景には、悩みや葛藤、両親の養育態度・対応の仕方、学校での問題などが複雑に絡み合っているとされる。従来、「学校恐怖症」「登校拒否」「学校嫌い」などと呼ばれていたものが名称変更された。

ブドウ糖 単糖類の一つで、すべての炭水化物の中で化学的、生理学的に最も重要なもの。水に溶けやすい甘味をもつ糖で、グルコースともいう。ショ糖や乳糖などの二糖類の構成成分であったり、でんぷんやセルロースなどもつくっている。消化吸収の過程では、炭水化物は体内でグルコースまで分解又は転換され、その後エネルギー源となる。特に、脳細胞におけるエネルギー源はグルコースのみである。

部分浴 身体の一部だけを湯につけて洗うこと。温湯により局所の血流を促し、湯の温度

と時間によっては局所だけでなく全身を温めることができ、疲労させないでそう快感を与えることができる。全身清拭の場合でも、足や手は部分浴が比較的容易であり、望ましい。　→清拭

不飽和脂肪酸　脂質を構成する脂肪酸のうち、その炭素間で二重結合をもっているものをいう。二重結合が1個のものをモノ不飽和脂肪酸、2個以上のものを多価不飽和脂肪酸と呼び前者にはオレイン酸、後者にはリノール酸、リノレン酸、アラキドン酸などがある。リノール酸、リノレン酸、アラキドン酸は生体内で生成できないため必須脂肪酸にもなっており、高度不飽和脂肪酸（二重結合5個以上）とともに血中コレステロール低下作用をもつ。

不　眠　睡眠の時間と質の異常。主観的な不眠と客観的な不眠があり、両者は必ずしも一致しない。不眠のタイプには入眠困難型、熟眠困難型、中途覚醒型、早期覚醒型などがある。原因としては機械的不眠、身体疾患に伴う不眠、神経症性不眠、うつ病・統合失調症・躁病などの精神病に伴う不眠、脳器質疾患による不眠などがある。

扶養義務者　民法に定める扶養義務者は、配偶者、直系血族及び兄弟姉妹、並びにそれ以外の三親等内の親族で、家庭裁判所が特に扶養義務を負わせた者である（民法877条）。夫婦相互間及び未成熟の子に対する親の扶養義務を生活保持義務といい、自己の最低生活を害しない限度で扶養する義務を負う。その他の扶養義務は、生活扶助義務といい、社会通念上自己にふさわしいと認められる程度の生活を損なわない限度で扶養する義務を負う。生活保護制度では、要保護者に対して国が必要な保護を行い、その最低生活を保障することになっているが、扶養義務者の扶養を生活保護に優先して行わせることとしている（生保4条）。

プライバシー〔privacy〕　個人の私生活や秘密は、断りなく干渉されないという権利。通信手段の発達、情報化の中で、私事がみだりに公開される危険が大きくなったことから、しだいに一つの基本的人権として確立されるようになった。高齢者や障害者は、生活範囲が限定されたり、羞恥心が少ないと誤解されて、居室等のプライバシーが守られないことが多く、関係者はこの権利にいつも立ち返る必要がある。　→基本的人権、秘密保持

プライバシー空間　病院や施設では共有空間が多く、個室の場合を除き、プライバシーが十分に守られる空間の確保が難しい。患者や入所者のプライバシー空間が侵害されることのないよう、常に、居室の使われ方、見舞者やその他同室者間の人間関係等に注意し、プライバシーの確保に心をくだく必要がある。　→プライバシー

プライベートスペース　ユニット型施設などにおける個人的空間のこと。日常生活の基本となる身の置き所としての居室がこれに相当する。居室では、利用者一人ひとりの個性や生活のリズムを大切にできるしつらえが重要である。また、他人の視線を気にせず、自分らしくいられる居場所があるからこそ、外の世界にも関心が向き、他者との交流が生まれる。

プライマリケア〔primary care〕　医療の高度化・専門化の中で、医療を患者の健康に応じてプライマリケア、二次的医療、三次的医療の3レベルにシステム化することが求められている。プライマリケアは、住居や職場に近い診療所や保健所が行う医療で、各人が自分の健康について基本的なサービスが受けられ、また必要に応じて二次・三次の医療機関に紹介する機能を果たす。二次的医療は、中級程度の病院の設備をもち、ある程度の専門医もおり一般的な入院医療等に対応する。三次的医療は、国立病院や大学病院等高度に専門化された技術による特殊な医療を行う。昭和60年の医療法改正による地域医療計画の中で、二次・三次の医療圏の設定という形で具体化が図られている。なお、医療に限定せず、より広く基本的な保健ケアサービスまで包含したプライマリ・ヘルス・ケア〔primary health care；PHC〕と同義に用いられることもある。

プライマリ・ヘルス・ケア〔primary health care；PHC〕　世界保健機関（WHO）が「すべての人々に健康を」というスローガンの戦略として、プライマリ・ヘルス・ケアを提唱したのが1978年（アルマ・アタ宣言）である。プライマリ・ヘルス・ケアは、住民が主体となった活動であり、その地域の文化や資源にあった方法で行い、住民が平等にサービスが受けられること、また専門家は地域住民への健康教育を含めたサービスをチームで行うこととしている。

フラストレーション　⇨欲求不満

フラッシュベル　⇨電話補助機器

プラットホームクラッチ　肘関節を直角に曲げて前腕を乗せ、前腕全体で体重を支えるつえのこと。関節リウマチにより手指が変形したため、一般的なつえが握りにくい場合に使われることがある。

ブランチング（熱処理）　野菜や果の保存のために冷凍・乾燥食品が製造されるが、その際褐変等に関与する酵素を失活（熱などによって、酵素や化学物質の活性を失わせること）させ保存中の変色を防ぐ目的で行われる熱処理のこと。このブランチングは温度が高いほど酵素の失活の程度が高く、失活のために要する時間も少ない。

プラン・ドゥ・シー〔Plan-Do-See〕　計画・実施・評価のこと。高齢者や障害者の生活支援は、支援計画の作成と実施だけではなく、モニタリング（観察による把握）と評価が大切であることを意味する。　→モニタリング

振り塩法　食品に塩を直接振り掛けること。食品中の水分を脱水させ微生物の発育を抑制することで食品を保存する意味と、生臭みを取り、味をつけるために行う調理操作の意味の場合とがある。保存の場合には10〜20％の食塩濃度、調理の場合には1〜3％の食塩濃度で行うことが一般的である。

プリ・テスト〔pre-test〕　本調査の前に、調査対象者にあらかじめ調査を部分的に実施し、調査票の手直し、調査方法の練り直しが必要かどうかを知る目的で行う。本調査を有意義かつ正確に実施するためには欠かせないステップである。　→社会福祉調査法

不慮の事故（家庭内における）　家庭内において、まったく思いもかけずに起こった事故のこと。例えば、転倒・転落、溺水、窒息、衝突、落下物による事故などがある。なかでも、高齢者にとって転倒・転落は大変危険なものであり、階段や廊下はこうした事故が発生しやすい。　→転倒・転落

プレイセラピー　心理療法の一つ。クライエントに自発性を重視した遊びを誘導し、遊びの中で感情や欲求を自由に表現し、欲求不満や葛藤を発散・解消することを図る。アンナ・フロイトやクラインらの精神分析的遊戯療法、クライエント中心療法の理論を活かしたアックスラインやムスタカスらの児童中心療法等があるが、現在では行う内容にそれほどの違いはみられない。

ブレーンストーミング法〔brainstorming；BS法〕　新しいアイデアを開発しようとする際に用いられる最も代表的な討議の方法の一つ。5〜12人のグループをつくり、その他にリーダーとアシスタントを決める。リーダーは司会を、アシスタントは記録・整理を担当する。基本4原則として、①絶対に相手を批判しない、②自由奔放なアイデアを歓迎する、③なるべく多くのアイデアを出す、④他人のアイデアの改善・結合を求める、がある。

フロイト，S.〔Freud, Sigmund 1856〜1939〕　オーストリアの神経学者、精神分析学の創始者。ブロイラーらの催眠療法に影響を受け、自由連想法によって神経症の治療を行う方法を開発した。その後の精神分析学の出発点となった。

ブロイラー，E.〔Bleuler, Eugen 1857〜1939〕　スイスの精神医学者。Schizophrenie（統合失調症）の名称を初めて用い、症状論を展開した。

ブローカ失語　⇨運動性失語

フローとストック　家計について考える際に重要な概念の一つ。「フロー」とは、ある一定期

間に流れている財・サービスの金額の量のことである。例えば、勤労者世帯の家計であれば、月々入ってくる給料は、この「フロー」にあたることになる。一方「ストック」とは、「フロー」として流れていた金額を貯蓄していたものを、ある一時点でとらえ、預貯金や借入金として把握した総額のことである。家計の全体像を把握しようとするときは、この「フローとストック」の概念が重要で、月々の収入だけでなく、預貯金の現在高や、住宅ローンの残高など、フローとストックの両面から検討していく必要性がある。高齢者世帯のストックでは、他の世代のストックに比べて、定期性預貯金や有価証券の割合が高くなっている。

プログラム説 生理的老化に関する理論の一つ。遺伝子にはもともと老化に関わる情報が組み込まれており、これが次々に発現することによって老化が引き起こされると考える説。

プロセス・レコード〔process record〕 社会福祉援助、介護等の記録の一種類。援助過程における援助者とサービス利用者の間で交わされた言葉や動作が、その場面で、適切であったかどうかを振り返り、よりよいコミュニケーションがとれ、効果的な援助関係がとれるように訓練するための記録である。援助の展開過程を明確にするために活用される。　→記録

プロパンガス 気体燃料には都市ガスと液化石油ガス（LPガス）がある。プロパン・ブタンの名で呼ばれているLPガスとはLiquefied Petroleum gas（液化石油ガス）の略称で、石油製品の一種であり、炭化水素の化合物である。一般に市販されているLPガスはプロパン・ブタン・プロピレン・ブチレンの数種類が混合し、数種類のガスに分類されている。その中の代表的なものがプロパンで、その特性は①液化が容易で輸送や貯蔵に便利、②発熱量が大きい、③理論空気量が大きい、④燃焼範囲が狭い、⑤燃焼速度が遅い、⑥ガス比重が大きい、⑦蒸気潜熱が大きい、⑧溶解性が強いなどである。

文章完成テスト〔Sentence Completion Test；SCT〕 投影法性格検査の一種。「子どもの頃、私は……」「私を不安にするのは……」などの短い刺激文に対して、自由に補わせて文章を作らせ、それを分析して被験者の内面や葛藤・人間関係等を調べるテスト。

へ

平均在院日数 患者が平均で何日入院しているか（あるいは何日入院したか）を示す指標。二つの算出方法があり、一つは一定期間（月間）に退院した患者の平均在院日数、もう一つは年（月）間在院患者延数を年（月）間新入院患者数と年（月）間退院患者数の平均で割ったもの。

平均寿命 0歳を基点として、その対象集団の平均余命を統計的に推計したもの。我が国の平均寿命は、平成25年では男80.21歳、女86.61歳で高い水準にある。　→平均余命

平均余命 それぞれの年齢の人が、平均してあと何年生きられるかを示すもの。0歳児の平均余命を平均寿命と呼ぶ。　→平均寿命

閉　経 加齢により卵巣のホルモン活動の低下・停止が起こり、女性の月経が止まること。この変化は徐々に体内で進行し、この時期を更年期という。閉経に伴う症状や年齢は個人差が大きい。

平衡（機能）障害 人間は、視覚系、内耳の前庭系及び前庭以外の諸知覚系をとおして平衡状態をつかみとり、それにより姿勢の保持や、歩く、走るといったさまざまな動作ができる。これらの器官の障害のほか、脳幹、小脳、脊髄などの中枢に異常があっても平衡機能は崩れる。自覚症状は、めまい、眼前暗黒感、動揺視、乗物酔いの感じなど多彩である。病因は平衡機能検査で分かる。

閉鎖骨折 骨折を骨折部と外界の交通の有無により分けたもので、骨折部を覆う皮膚に損傷がなく、骨折部と外界との間に交通がないものをいう。　↔開放骨折

閉塞性動脈硬化症〔arteriosclerosis obliterans；ASO〕　下肢の末梢動脈に好発する動脈硬化性疾患。動脈の血流低下又は閉塞のため、膝窩動脈や足背動脈を触知せず、症状としては足趾の冷感や疼痛、チアノーゼ、左右の皮膚温の差などがみられる。歩行すると疼痛が悪化し、休むと軽快する間欠跛行が特徴的で、この点は腰部脊柱管狭窄症に似る。薬物療法の効果がみられない中等症以上の場合、血行再建術が必要となる。　→特定疾病

平面計画　⇨ゾーニング

ベヴァリッジ報告〔Beveridge Report〕1942年、ウィリアム・ベヴァリッジの名でイギリス政府に提出された『社会保険および関連サービス』と題する報告書。それまで理念的にとどまっていた社会保障のあり方に具体的内容を与えた点で画期的な意味をもち、戦後イギリスの社会保障体系（ゆりかごから墓場まで）の確立はこの報告の線に沿って行われた。

ペースメーカー〔pacemaker〕　心拍の歩調とりのために、洞房結節や体外的に電気刺激を与え心臓を拍動させる装置を指す。装置は電極とジェネレーターと呼ばれる電気刺激発生部分からなる。房室ブロック等の刺激伝導障害により心拍数が少なくなり、心拍出量が減少する疾患がペースメーカーの適応となる。

ベーチェット病　口腔粘膜・外陰部及び眼部に潰瘍形成を来す疾患。有痛性のアフタ性粘膜潰瘍、虹彩毛様体炎、ブドウ膜炎、結節性紅斑様皮疹などの全身にわたる多彩な病変が再燃と寛解を繰り返しながら、慢性の経過をとる。多くは進行性で失明することがある。

ベッドメーキング　ベッドをきちんと整えること。安眠のためには、寝具やベッドの周りを清潔にし、環境を整えることが大切である。特にシーツのしわは寝心地や動きに影響するとともに、局所を圧迫し、血流を悪くして褥瘡の要因となる危険性もある。

ベビーブーム　第二次世界大戦直後、我が国の出生数が年間260～270万人に及び、この時期をベビーブームと呼んだ。また、この第一次ベビーブーム時に生まれた人たちが出産しはじめ、昭和46～49年の出生数が年間200万人を超えた時期を第二次ベビーブームと呼んだ。

PEM〔Protein Energy Malnutrition〕たんぱく質やエネルギーの低栄養状態をいう。高齢者は必要な量の主食や主菜が摂れないと、たんぱく質、エネルギーをはじめ、ビタミンやミネラルなど各種の栄養素が不足し、体重減少や免疫力の低下を招き、感染症などの疾患にかかりやすくなる。PEMを判断するには、食事状況の調査を行い、食事摂取量や体重の減少、血清アルブミン値（3.5g/dl以下）などがアセスメント（評価）の指標となる。

ヘモグロビン　⇨血色素

ヘレン・ケラー〔Keller, Helen Adams 1880～1968〕　2歳の時、盲、ろう、唖の三重障害者となったが、家庭教師サリヴァン女史の指導と本人の努力により驚異的な学習成果をあげた。リッチモンドは、環境を重視し、それを改善することで人格の発達を促すというサリヴァン女史による方法を、ケースワーク理論構築の有効な手がかりにしたと言われている。障害者のための社会活動を続け、日本にも3度来訪し講演を行うなど、各国の社会福祉活動に影響を与えた。　→リッチモンド,M.

便器　便（ときに尿）を排泄するための容器。排泄環境としてはトイレの利用が望ましいが、排泄障害のある場合はその状況に応じ排泄用具を選ぶ。居室で用便する場合は、ポータブルトイレや、差し込み式の尿器・便器を利用する。排泄用具の注意点は、清潔で破損していないこと、臀部に長時間便器があたるため、褥瘡や傷がある人への使用には配慮が必要である。　→ポータブルトイレ

ベンクト・ニィリエ〔Nirje, Bengt 1924～2006〕　デンマークのニルス・エリク・バンク－ミケルセンによって提唱された「ノーマライゼーション」の理念を原理として普及させたのが、スウェーデンのベンクト・ニィリエである。ニィリエは「ノーマライゼーションの原理とは、生活環境や彼らの地域生活が可能な限り通常の

ものと近いか、あるいは、全く同じようになるように、生活様式や日常生活の状態を、すべての知的障害や他の障害をもっている人々に適した形で、正しく適用することを意味する。」とし、具体的には、①1日のノーマルなリズム、②1週間のノーマルなリズム、③1年間のノーマルなリズム、等を挙げている。　→バンク‐ミケルセン

変形性関節症　関節軟骨の退行変化と骨の反応性増殖が同時に起こり、関節形態が変化する疾患で、関節の運動制限、疼痛が認められる。一次性と二次性のものがあり、前者は加齢現象を基盤に生じる変形性膝関節症などが多く、後者は関節の形態異常を基盤とする先天性股関節脱臼症による変形性股関節症が挙げられる。　→特定疾病

変形性膝関節症　⇨変形性関節症

変形性脊椎症　脊椎の加齢による退行変性が原因と考えられている病気で、腰痛、背部痛、頸腕痛などを起こす。これらの痛みは、起床してしばらくの間痛みがあるが、動き慣れると楽になり、夕方疲れてくるとまた痛みを感じるという性質がある。治療法には腰痛体操、温熱療法、コルセット着用、薬物療法などがある。

変　質　主に糖類や脂肪がその風味を損なうこと。食品が変質する原因としては、光線や水分、温度といった物理的な作用によるもの、酵素やその働きといった化学的作用によるもの、微生物の作用によるものがある。精神医学においては、その偏った傾向ゆえに本人又はその周囲に悪影響を及ぼすような偏異を指していうことがある。

便失禁　排泄のコントロールが障害されることにより起こる、便の漏れのことをいう。便失禁は、炎症や腫瘍、肛門括約筋の障害による解剖学的原因、神経障害による原因、下痢による原因、認知症や意識レベルの低下での失見当識による原因等がある。失禁は心身共に苦痛であり、人としての尊厳を喪失するきっかけとなりうる。また、それは活動レベルや社会参加の低下につながり、結果的に廃用症候群としての悪循環をもたらすこととなる。日常生活においては、心身状態や排泄パターンを把握し、排泄環境の改善、適切な排泄用具の活用が必要である。

便処理用装具　人工肛門保有者が便の処理に用いる装具。粘着性装具をストーマ周囲皮膚に固定して用いる。パウチ（処理袋）に直接粘着剤が塗られているもの（直接型）、パウチと粘着剤がリング状に接合しているもの（接合型）、皮膚保護剤とパウチを組み合わせて用いるもの（組み合わせ型）等がある。ストーマの状態に合わせて用いる。　→補装具

便　秘　長い日数便のない状態をいう。2～3日に1回しか排便がなくても、大便の硬さが普通であり、排便に困難を生じない場合には便秘とはいわず、便秘症と呼ぶ。対処法は適当な運動をして腸の動きを盛んにし、食事も野菜、果物等を多くとるようにする。頑固な便秘や繰り返し起きる場合は、緩下剤の投与や浣腸が行われる。　→排便障害

弁膜異常　⇨心臓弁膜症

ほ

防衛機制　⇨適応機制

放課後子どもプラン推進事業　少子化や核家族化の進行等、子どもを取り巻く環境の変化を踏まえ、放課後等に子どもが安心して活動できる場の確保と、子どもの健全育成を支援することを目的とする事業。放課後や週末に学校の余裕教室等を活用して、地域住民の参画を得て、子どもたちに学習や様々な体験・交流活動の機会を定期的・継続的に提供する「放課後子ども教室推進事業」と、保護者が昼間家庭にいないおおむね10歳未満の子どもに対し、放課後等に余裕教室、児童館等を利用して遊びや生活の場を与える「放課後児童健全育成事業」がある（平19 18文科生587・雇児発0330039）。

放課後等デイサービス 学校通学中の障害児を、放課後や休業日、または夏休み等の長期休暇中において、児童発達支援センター等に通わせ、生活能力向上のための訓練、社会との交流の促進等の支援を継続的に提供する児童福祉法の障害児通所支援の一つ（児福6条の2の2）。運営は市町村。障害児本人への支援のほか、放課後における支援では家族の勤務時間にも配慮される。平成24年4月の障害者総合支援法・児童福祉法の改正で児童デイサービスから移行した。

包括医療 健康の保持・増進、疾病の予防からリハビリテーション、在宅医療まで、広く包括した医療を推進しようという考え方。

包括的・継続的ケアマネジメント支援業務 地域支援事業のうち、包括的支援事業の一つ。被保険者を対象に、保健医療及び福祉の専門家が、居宅サービス計画や施設サービス計画を検証し心身の状況等を定期的に協議するなどの取り組みを通して、被保険者が地域での自立した日常生活を営めるよう包括的かつ継続的な支援を行う事業。例としては、支援困難事例に関するケアマネジャーへの助言、地域のケアマネジャーのネットワークづくりなどが挙げられる。
→包括的支援事業

包括的支援事業 介護保険法に規定する地域支援事業の一事業。①地域の高齢者が安心して暮らしていけるよう地域におけるネットワークの構築や高齢者の生活の実態把握を行う「総合相談支援業務」、②高齢者の成年後見制度の活用促進や高齢者虐待への対応を行う「権利擁護業務」、③地域の介護支援専門員が抱える支援困難な事例に対して、地域包括支援センターの各専門職などによる連携をもとに指導・助言を行う「包括的・継続的ケアマネジメント支援業務」、④在宅医療・介護連携の推進に関する事業、⑤自立した日常生活支援等に係る体制整備に関する事業、⑥認知症施策の推進に関する事業からなる。包括的支援事業にかかる費用は、公費と第1号保険料で賄われている。市町村はその設置する地域包括支援センターに事業を委託す

ることができるが、その場合、事業のすべてにつき一括して委託しなければならない（介護115条の45 2項）。

膀胱 骨盤内の恥骨後面に位置する中空器官で、尿を貯めている。膀胱壁は筋肉でできているので、内容量によって伸縮する。一般に300ml位貯まると、排尿が促され膀胱壁が収縮する。

膀胱訓練 脳卒中による意識障害等で一時的に自立的な排尿ができなくなった患者に対し、膀胱の機能低下や感染を防止するため、留置カテーテル等を用いず、4～6時間ごとに導尿を行う訓練。

膀胱・直腸機能障害 膀胱と直腸はそれぞれ、尿と便の貯蔵と排泄調節の機能を持っている。頸髄損傷等で中枢神経に損傷を負うと、尿意や便意が弱くなったり消失したりする。また、膀胱や肛門の括約筋の緊張・収縮が正常に行われなくなることによって、尿・便失禁、あるいは排尿・排便が行われにくくなるなどの症状を伴うことがある。

膀胱内圧測定 ネラトンカテーテル等を用い、膀胱内に一定速度で蒸留水等を注入しながら、その時の膀胱内の圧力を連続的に記録する。膀胱機能を支配する神経系や膀胱用量の異常の有無の診断に役立つ。正常では150mlで尿意を感じ、400～500ml以上になると急激に膀胱内圧は上昇する。

膀胱瘻 膀胱と皮膚又は近接臓器との交通路を指すが、尿路変更術の一つとして、膀胱瘻設置術が行われる。膀胱頸部以下に尿の通過障害がある、又は、膀胱、前立腺、尿道の手術などで、一時的、あるいは、永久に尿道を通さず、腹壁に穴を開けて膀胱とつなぎ、尿を排泄する方法。　→人工膀胱

報告 介護現場においては、頼まれた仕事が終わったときに責任をもって担当した結果について、仲間や上司に報告を行う。報告する内容には、見たこと、観察したこと、実際にあったことなどの「客観的事実」と、そのことに対する自分の判断を含める。また、口頭による

報告がよいのか、文書による報告がよいのかを検討する。

放射線 物質と作用して、直接あるいは間接に電離を引き起こす性質をもったもの。放射線にはX線やγ線の電磁放射線とα線、β線、電子線、中性子線、陽子線などの粒子線とがある。医学的に最も使われているのはドイツのレントゲンによって発見されたX線で検査や治療に有用である。

法人番号 行政手続における特定の個人を識別するための番号の利用等に関する法律では、「特定の法人その他の団体を識別するための番号として指定されるもの」としている。法人番号は、国税庁長官から通知され、法人番号のほかに法人番号保有者の商号又は名称、本店又は主たる事務所の所在地が国税庁長官により公表される（番号法2条・58条）。　→行政手続における特定の個人を識別するための番号の利用等に関する法律

紡　績 天然繊維である綿や毛の繊維は、短繊維で、長さが数センチメートル程度である。これらの繊維で丈夫な糸を作るには、短繊維を長さの方向に引き揃えて、よりをかけ、繊維同士が離れにくくなるようにして、糸を作る。このようにして糸にすることを紡績という。化学繊維を短く切断して紡績したものは、スフ糸と呼ばれる。

蜂巣織炎（蜂窩織炎） 疎性結合組織に発生したび漫性、進行性の急性化膿性炎症。ブドウ球菌・レンサ球菌により起こることが多く、急速に周囲に拡大する傾向がある。局所の発赤、疼痛を伴い、しばしば悪寒戦慄を伴う高熱を発する。治療は抗生物質の十分な投与、膿瘍形成時には切開排膿を行う。

法定後見制度 判断能力が不十分な者に対し、契約など法律行為の面で保護、支援する制度。成年後見制度の一つで、①判断能力が欠けていることが通常の状態である者を対象とする後見、②判断能力が著しく不十分な者を対象とする保佐、③判断能力が不十分な者を対象とする補助の3つに分かれている。家庭裁判所によって選任された成年後見人、保佐人、補助人が、法律行為について代理・同意・取消を行うことによって、保護、支援する。後見等の申立てをすることができるのは、本人、配偶者、四親等内の親族、検察官などである。（民法7条〜21条）　→成年後見制度、任意後見制度、成年後見人、保佐人、補助人

法定雇用率　→障害者雇用率制度

法定受託事務 地方自治法において、本来国が果たすべき役割に係る事務であって、国においてその適正な処理を特に確保する必要のあるものが法定受託事務とされている。国の地方公共団体への関与の基本原則は、法定主義と必要最小限の原則に基づいている。その内容は、助言又は勧告、資料の提出要求、同意、許可・認可・承認、指示、代執行、協議の7類型である。具体的には、国政選挙、旅券の交付、国の指定統計、国道の管理等がある。　→自治事務

法定相続分 故人の遺言がない場合に、相続人が受け継ぐ相続分のこと。民法において定められており、具体的には子と配偶者が相続人の場合は、子が2分の1、配偶者が2分の1となる。また、父母と配偶者が相続人の場合は、配偶者が3分の2、父母が3分の1となっている。ちなみに戦前の相続は、長子相続が原則で、父親が亡くなった場合、その財産については残った母親に相続権はなく、跡取りの長男がすべて相続した。ただし、その長男は一生、母親の面倒をみることが前提としてあった。

法定代理受領 介護保険の保険者である市町村がサービスを受けた被保険者に代わって、サービス提供事業者にサービス利用に要した費用を支払うことにより、被保険者に保険給付（費用の償還）を行ったとみなす方式。慣例的に代理受領などとも呼ぶ。この方式により、利用者はサービス利用時に1割の利用者負担を行い、残りの費用はサービス提供事業者が直接市町村に請求し、支払がなされることで、被保険者への保険給付が行われたことになる（介護41条6項等）。　→償還払い

方面委員制度 大正7年、大阪府知事と大阪

府社会事業の権威者小河滋次郎が創設した組織的な救済制度。地域に長く住んでいる中流階層の民間人を知事が委嘱し、主として小学校区を受持ち区域として生活困窮者の発見に努めた。民生委員制度の前身といわれている。　→民生委員

訪問介護　介護保険の給付対象となる居宅サービスの一つ。要介護者であって、居宅において介護を受けるものに対し、介護福祉士及び一定の研修を修了した訪問介護員により行われる入浴、排せつ、食事等の介護、調理、洗濯、掃除等の家事、生活等に関する相談及び助言その他の日常生活上の世話をいう。なお、居宅には養護老人ホーム、軽費老人ホーム及び有料老人ホームの居室が含まれることから、これらの施設に入居している者も要介護者に該当すれば、このサービスを受けることができる（介護8条2項）。　→居宅サービス

訪問介護員　介護保険制度において、介護を必要とする高齢者に対して訪問介護を提供する者。ホームヘルパーのこと。具体的には、介護福祉士、介護職員初任者研修修了者、従前の介護職員基礎研修修了者、訪問介護員1級・2級課程修了者等である。

訪問介護計画　居宅サービス計画（ケアプラン）に示された援助目標に沿って、訪問介護事業者が作成する計画。利用者のニーズや状態、家族の状況や希望、想い、周辺環境などの情報を収集したうえで、サービス提供における目標、具体的なサービス内容などが記載される。作成された計画については利用者や家族の同意を得ること、また作成後も要介護状態の変化や目標の達成度に応じて計画の見直しを行っていくことが必要である。

訪問看護　病院、診療所、訪問看護ステーションに所属する看護師、保健師、助産師等が主治医の指示に基づき、利用者の居宅を訪問して療養上の世話や必要な診療の補助を行うサービスをいい、介護保険法、健康保険法、高齢者の医療の確保に関する法律などに基づく給付の対象とされている。なお、介護保険法では、特に、要支援者に対する「介護予防訪問看護」と区別し、要介護者に対するサービス名称として「訪問看護」を定義している。また、介護保険と各医療保険間の適用関係については、介護保険が優先される扱いとなるが、末期の悪性腫瘍、筋萎縮性側索硬化症などの疾病にある場合は、各医療保険の対象とされる（介護8条4項、健保88条、高医78条）。

訪問看護師　看護師、保健師、准看護師などの有資格者で、訪問看護ステーションや医療機関などで訪問看護サービスを提供する者のこと。医師の指示の下、褥瘡処置や在宅酸素療法などの診療の補助、病状観察、清潔、食事、排泄の援助、体位変換などの療養上の世話、リハビリテーション等を行うほか、本人・家族への療養上の指導を行う。

訪問看護ステーション　介護保険法に基づき病院又は診療所以外で訪問看護を行う事業所のこと。専門の看護師等が利用者を訪問し、在宅での療養生活が送れるようにケアやアドバイスを行う。主なサービスに、療養上のケア、病状の観察、ターミナルケア、リハビリテーション、家族支援等がある。管理者は保健師又は看護師でなければならない。訪問看護ステーションには、事業の運営を行うために必要な広さを有する専門の事務室を設けるほか、訪問看護の提供に必要な設備及び備品等を備えなければならない。健康保険法に基づく訪問看護を行う事業所も同じ名称で呼ばれる。

訪問看護療養費　医療保険や後期高齢者医療制度において、居宅において継続して療養を受ける状態にあり、かつ、その病状が安定またはこれに準ずる状態である被保険者が、かかりつけの医師の指示に基づいて訪問看護ステーションの看護師、保健師、理学療法士などから療養上の世話や必要な診療の補助を受けた場合に支給される現物給付（健保88条、国保54条の2、高医78条）。なお、介護保険より同様のサービスが受けられる場合は、介護保険が優先される。

訪問入浴介護　介護保険の給付対象となる居宅サービスの一つ。居宅要介護者に対してその

居宅を訪問して、浴槽を提供して行われる入浴の介護をいい、身体の清潔の保持や心身機能の維持向上を図ることで自立支援を行う。通所サービスによる入浴介護を利用できない場合や自宅の浴槽では訪問介護等による入浴介助が困難な場合に、とくにその機能が期待される。要支援者に対しては、介護予防訪問入浴介護が行われる（介護8条3項・8条の2　2項）。

訪問販売　⇒家庭訪販

訪問面接　生活場面面接の一つであり、利用者の居宅や病院のベッドサイドなどに援助者が訪問をして行う面接のこと。専門職が意図的に居宅などへ訪問して面接を行うケースもあれば、利用者の地理的・身体的条件によって施設や機関への来所が困難な場合に訪問面接を実施するケースもある。利点としては、①利用者の生活環境を実際に観察することができる、②生活を送るうえでのリスクを発見しやすい、③必要に応じて家族とも面接することができる、④利用者が緊張せずに面接に臨める、などが挙げられる。訪問面接を行うにあたっては、利用者の生活や都合に合わせて、落ち着いて面接ができる場所や時間帯を設定することが大切である。　→生活場面面接

訪問リハビリテーション　介護保険の給付対象となる居宅サービスの一つ。病状が安定している居宅要介護者に対して、医師の指示に基づき、理学療法士や作業療法士などがその居宅を訪問し、心身の機能の維持回復を図り、日常生活の自立を助けるために理学療法、作業療法やリハビリテーションを行う。要支援者に対しては、介護予防を目的とする介護予防訪問リハビリテーションが行われる（介護8条4項・8条の2　4項）。　→作業療法、理学療法、リハビリテーション

ポータブルトイレ　室内用の持ち運べる腰掛け便器。トイレまで歩けない、用便が近くて間に合わない、トイレが狭くて介助が難しい、等のときに利用する。形状、便座の暖房、消毒等さまざまに工夫されたものが市販されている。利用時のみ室内に持ち込むのが普通。通常はいす（スツール）に使え、外観上トイレには見えない家具調のものもある。

ホームヘルパー　介護を必要とする高齢者、障害者（児）、難病患者などの居宅を訪問し、入浴、排せつ、食事などの介護、調理、洗濯、掃除などの家事あるいは生活等に関する相談・助言などの日常生活上の世話といったサービスの提供に従事する者。「訪問介護員」ともいう。
→訪問介護員

ホームヘルプサービス　介護を必要とする高齢者、障害者（児）、難病患者などを対象に、その居宅をホームヘルパーが訪問し、入浴、排せつ、食事の介護などの日常生活上の世話や相談・助言を行うことで、利用者ができるだけその居宅で、自立した生活を送れるよう援助を行うサービス。これにあたるものとして、介護保険法による「訪問介護」、障害者総合支援法による「居宅介護」などがある。　→居宅介護、訪問介護

ホームレス　ホームレスの自立の支援等に関する特別措置法では、「都市公園、河川、道路、駅舎その他の施設を故なく起居の場所とし、日常生活を営んでいる者」としている（ホ自立2条）。

ホームレス自立支援法　⇒ホームレスの自立の支援等に関する特別措置法

ホームレスの自立の支援等に関する特別措置法〔平成14年法律105号〕　ホームレスの自立の支援、ホームレスとなることを防止するための生活上の支援等に関し、国等の果たすべき責務を明らかにするとともに、ホームレスの人権に配慮し、かつ、地域社会の理解と協力を得つつ、必要な施策を講ずることにより、ホームレスに関する問題の解決に資することを目的とする法律。厚生労働大臣及び国土交通大臣が策定する基本方針、基本方針に即して都道府県が策定する実施計画、地方公共団体及び民間団体を支援するための財政上の措置等、民間団体の能力の活用等について定めている。　→ホームレス

保温性（衣服の）　環境温度が低いとき、体

温を保つために衣服を着用する。このような衣服により体温の放散を防ぐ性質を保温性という。熱の放散の仕方には、対流・放射・伝導があるが、保温性は主に伝導によるものである。繊維より空気の熱伝導率のほうが小さいので、対流による熱の放散を起こさないような静止した空気を着ると保温の効果が大きい。厚地の布、含気率の大きな布は静止空気を多量に保持することができるので、保温性に優れている。

保温性加工 放射、伝導、対流による熱の移動を小さくし、保温性を高めるためには、羽毛や中綿（なかわた）が用いられるが、嵩張らずに保温効果を上げる加工も行われている。代表的な加工に、布の裏側に微少な凹凸と空孔のあるアルミ層を接着し、人体から出る輻射熱を放散しないように工夫したものがある。また、遠赤外線を放射するセラミックの微粒子を樹脂とともに付着させたり、可視光線を赤外線に変換する化合物を繊維に練り込むなどの方法もある。

ぼ　け 明確な定義のない一般用語であり、疾患としての認知症を指す場合、正常老化による記憶障害を指す場合、両方を指す場合がある。人を見下した呼称ととられる恐れがあるので使用には注意が必要。　→認知症

保険医療機関 健康保険法、国民健康保険法等に基づいて療養の給付を行う病院又は診療所。厚生労働大臣の指定・登録を受けなければならない。指定の効力は6年であり、規則違反等の場合には指定取消しの罰則がある（健保65条等）。

保健医療従事者 保健・医療サービスを供給する高度の専門技術者。医師、看護師、保健師、助産師、歯科医師、薬剤師、診療放射線技師、臨床検査技師、臨床工学技士、理学療法士（PT）、作業療法士（OT）、視能訓練士（ORT）、医療ソーシャルワーカー等の職種。社会福祉士及び介護福祉士は、その業務を行うに当たっては、これら医療専門職との連携を保たなければならない。

保健・医療・福祉の連携 保健・医療・福祉サービスを統合的、包括的に提供することを目的とした理念であり、関係機関の有機的連携のために考案されたシステム、政策を指すこともある。我が国が高齢社会となり、保健医療と福祉の相互の連携がより強化されなければ、国民のニードにあったサービスを提供できなくなっていることから必要とされてきた。保健医療・福祉行政の窓口の一元化、情報の一元化が理想ではあるが、多くの困難がある。

保健機能食品 栄養成分の補給又は特定の保健の用途に資するもの（身体の機能や構造に影響を与え、健康の維持増進に役立つものを含む。）であることについての表示が認められている食品であり、栄養機能食品と特定保健用食品の二つがある。　→栄養機能食品、特定保健用食品

保険給付 保険事故が発生した場合に、被保険者に支給される金銭や提供されるサービス・物品をいう。介護保険制度では介護サービスを指す。介護保険による給付を行ううえで、その基本的理念として、①要介護状態・要支援状態の軽減・悪化防止、②医療との連携への十分な配慮、③被保険者の選択に基づく適切なサービスの総合的・効率的な提供、④多様な事業者・施設によるサービスの提供、⑤居宅での自立した日常生活の重視、が法律上規定されている（介護2条2項～4項）。

保　健　師 厚生労働大臣の免許を受けて、保健師の名称を用いて、保健指導に従事することを業とする者。多くは公的機関である保健所や市町村保健センターに勤務し、地域住民の公衆衛生に必要な保健指導を行う。特定保健指導や介護予防など近年の予防施策における専門職種となっているほか、従来からの母子保健、精神保健、感染症などその業務領域は多種多様にわたる。保健師となるには国家試験に合格し免許を受けなければならない（保助看2条）。

保健師助産師看護師法〔昭和23年法律203号〕　保健師、助産師、看護師、准看護師の免許、試験、業務、罰則などについて定めた法律。一般に略して保助看法と呼ばれることが多い。→保健師、助産師、看護師、准看護師

保健指導 妊産婦、乳幼児、労働者、一般の住民に対して、健康の保持・増進を図るために医師や保健師等により行われる保健上の指導をいう。①母子保健法に基づき、妊産婦やその配偶者、乳幼児の保護者に対して、市町村により勧奨されて行われる妊娠、出産・育児に関する保健指導（母保10条）、②労働安全衛生法に基づき、健康診断の結果、特に健康の保持に努める必要があると認める労働者に対して、事業者の努力義務として行われる保健指導、③高齢者の医療の確保に関する法律に基づき、40歳以上の被保険者等に対して行われる特定健康診査の結果により、健康の保持に努める必要がある者に対して行われる保健指導（特定保健指導）、④健康増進法に基づき、住民の栄養改善、生活習慣の改善に関して、市町村又は都道府県により行われる保健指導（健増17条・18条）、などがある。　→特定健康診査、特定保健指導

保険者 一般的には、保険契約により保険金を支払う義務を負い、保険料を受ける権利を有する者をいう。全国健康保険協会管掌健康保険の保険者は全国健康保険協会、組合管掌健康保険は健康保険組合、国民健康保険は市町村又は国民健康保険組合、各種共済組合は共済組合、国民年金、厚生年金保険は政府である。高齢者医療確保法の保険者は医療保険各法の規定により医療の給付を行う全国健康保険協会、健康保険組合、市町村、国民健康保険組合又は共済組合などである。介護保険の保険者は市町村であり、実施する事務として、被保険者の資格管理、要介護認定・要支援認定、保険給付、地域密着型サービス事業者に対する指定及び指導監督、地域支援事業、市町村介護保険事業計画、保険料等に関する事務が挙げられる。

保健所 地域における公衆衛生の向上及び増進を目的とした行政機関。地域保健法に基づき、地域住民の健康増進、疾病予防、環境衛生、母子・老人・精神保健、衛生上の試験・検査等のさまざまな業務を行っている。都道府県、指定都市、中核市、その他政令で定める市又は特別区に設置されている。身近で頻度の高い保健サービスは市町村保健センターに移管し、保健所は広域的・専門的・技術的拠点としての機能が強化されている（地保健5条～17条）。　→市町村保健センター

保健センター　⇨市町村保健センター

保険料 保険加入者（被保険者）が保険者に支払う料金。健康保険、厚生年金保険は労使折半で負担する。保険料額は標準報酬月額及び標準賞与額に保険料率を乗じて算出される。保険料率は、健康保険は1000分の30～120の間で全国健康保険協会（都道府県単位）、健康保険組合がそれぞれ決定、厚生年金保険は平成29年度までに1000分の183となるよう段階的に引き上げられる（健保156条・160条等、厚年81条）。国民健康保険の保険料は、保険者（市町村）の条例・規約で定めることとされ、保険料の徴収に代えて、国民健康保険税を課すこともできる（国保76条・81条）。国民年金の保険料は平成29年度までに1万6900円となるよう段階的に引き上げられる（国年87条）。介護保険の保険料は、第1号被保険者については国が定める基準に基づき各市町村が条例で設定し、第2号被保険者については加入している医療保険ごとに算定される（介護129条・健保156条等）。

保険料の免除（国民年金）　国民年金法では、保険料を納付することが困難な者には、保険料の納付義務を免除する制度がある。これは、20歳以上60歳未満の者すべてを強制被保険者としていることからの措置で、法律に定める要件に該当すれば届出をするだけで免除となる法定免除（国年89条）と、納付が困難である旨を市町村を通して申請し、厚生労働大臣の承認を受けて免除となる申請免除（国年90条・90条の2・90条の3）がある。法定免除は、①障害基礎年金、障害厚生年金（3級を除く）等の障害を支給事由とする年金給付の受給権者であるとき、②生活保護法による生活扶助その他の援助を受けるとき、③ハンセン病療養所等の施設に入所しているとき、に行われる。申請免除は全額免除、4分の3免除、半額免除、4分の1免

除があり、①所得が少ないとき、②生活扶助以外の扶助その他の援助を受けるとき、③地方税法に定める障害者又は寡婦であって、前年の所得が125万円以下であるとき、④その他天災等で保険料を納付することが著しく困難であると認められるとき、に行われる。また、一定所得以下の学生は平成12年度から保険料の納付を要しない制度が導入されている。免除を受けた保険料は過去10年間は保険料を追納できることとなっている。

歩行器 身体を囲むフレームと長さ調整が可能な四本の脚で構成された、両上肢で操作する歩行補助具。車輪のない機構、または、車輪があっても体重をかけるとロックする機構であり、持ち上げながら歩くフレームが固定されているタイプや、左右の脚を交互に前に振り出すタイプがある。

歩行車 歩行器の構造に車輪が付いたもの。ハンドグリップによって体重を支えるタイプや、サポートテーブルまたは前腕サポートによって体重を支えるタイプがある。

歩行周期 歩行のとき、一方のかかとが接地してから再び同側のかかとが接地するまでの周期。一側の脚に着目して、脚が床面に接している間を立脚期、離れている間を遊脚期といい、一歩行周期を形成する。また両足が同時に床面に接している時期を二重支持期という。　→正常歩行、異常歩行

歩行障害 歩行能力の障害で跛行をも含む。原因は、脳・脊椎の障害から、下肢そのものの損傷や循環障害によるものまでさまざまである。

歩行補助つえ 歩行時の患側下肢にかかる荷重の免荷、歩行バランスの調整、心理的な支えなどを目的として使用される。一般的には握り手部分を把持して体重を支える。介護保険の福祉用具貸与種目の一つであり、また、障害者総合支援法においては、肢体不自由児・者のための補装具として松葉杖、ロフストランド・クラッチ、多点杖など歩行機能を補完するものに限定されている。

保護施設 生活保護法に基づき設置される施設の総称。居宅において一定水準の生活を営むことが困難な者を入所させて保護を行う施設で、救護施設、更生施設、医療保護施設、授産施設及び宿所提供施設の5種の施設がある。施設の設置主体は、事業の公共性から都道府県、市町村、地方独立行政法人、社会福祉法人、日本赤十字社に限定されている。保護施設の義務として、保護の実施機関から保護の委託を受けた場合は正当な理由なくして拒んではならないこと、人種、社会的身分等による差別的、優先的取扱いをしないこと、宗教上の行為や祝典等の行事に強制参加させてはならないこと等が定められている（生保38条〜48条）。

保護の実施機関 生活保護法に基づき保護を行う機関。都道府県知事、市長及び福祉事務所を管理する町村長が保護の実施機関とされているが、実際には保護の決定、実施等に関する権限は福祉事務所長に委任され、福祉事務所が生活保護の第一線の現業機関として機能している（生保19条）。　→福祉事務所

保佐人 精神上の障害により判断能力が著しく不十分であるとして、家庭裁判所により保佐開始の審判を受けた者（被保佐人）を保佐する者。被保佐人は、重要な財産に関する権利の得喪を目的とする行為、遺産分割等の一定の行為をするには、保佐人の同意を得なければならない（民法11条〜14条・876条の4）。　→成年後見制度、法定後見制度、成年後見人、補助人

母子及び寡婦福祉法　⇨母子及び父子並びに寡婦福祉法

母子及び父子並びに寡婦福祉法〔昭和39年法律129号〕　すべての母子家庭等で、児童が心身ともに健全に育成されることと、母子家庭等の親・寡婦の健康で文化的な生活を保障することを目的とする法律。親子一体の福祉の推進を図っていることが特徴であり、母子・父子・寡婦福祉資金の貸付け、日常生活支援事業、住宅・就労等に関する福祉上の措置等が定められている。なお、身近な相談員として母子・父子

自立支援員が福祉事務所に配置されている。

母子福祉資金貸付制度　母子及び父子並びに寡婦福祉法に基づく福祉の措置の一つ。都道府県が、配偶者のない女子で現に児童（20歳未満の者をいう）を扶養している者、その扶養している児童及び母子・父子福祉団体に対し、その経済的自立の助成と生活意欲の助長を図り、児童の福祉を増進するために行う貸付制度。貸付資金の種類は、事業開始資金、事業継続資金、修学資金、技能習得資金、修業資金、就職支度資金、医療介護資金、生活資金、住宅資金、転宅資金、就学支度資金及び結婚資金である（母父福13条～16条、母父福令3条～23条）。なお、父子家庭に対する措置としては、父子福祉資金貸付制度がある。

母子保健　母親の健康の増進と乳幼児の健康の増進と発育の促進のための保健活動のこと。乳幼児の保健は母親との関係が密接なため、こうした親子関係でとらえられている。母子保健法により具体的な対策が組まれている。　→母子保健法

母子保健法〔昭和40年法律141号〕　母性の尊重、乳幼児の健康の保持増進を基本理念とし、保健指導、健康診査、母子健康手帳の交付、医療援護等の母子保健対策について定めた法律。

補助金　特定の事業等を行う者に対し、国又は地方公共団体が当該事業等の遂行の育成、助長等を行うために交付する現金給付をいう。補助金には、法令の規定に基づき交付される場合（法令補助）と、予算の範囲内において行政庁の裁量によって交付される場合（予算補助）がある。育成、助長の意味を強く表す語として助成金、奨励の意味を強く表す語として奨励金という語が用いられることがある。一方、地方公共団体の判断により使途の自由がある国からの給付として地方交付税交付金がある。　→交付税

補助金の一般財源化　国から地方公共団体に給付される補助金を地方交付税交付金化すること。使途が限定された給付金を使途が自由な給付金に変えることになるため、地方自治が促進されると考えられるが、東京都のように地方交付税不交付団体の場合は単純に収入減となる。　→補助金、交付税

補助犬　障害のある人を補助する犬（盲導犬、聴導犬、介助犬）の総称。　→盲導犬、聴導犬、介助犬

補助人　精神上の障害により判断能力が不十分であるとして、家庭裁判所により補助開始の審判を受けた者（被補助人）を補助する者。当事者が申し立てにより選択した「特定の法律行為」について、代理権又は同意権、取消権が付与される。自己決定尊重の観点から、本人の申し立て又は同意を審判の要件とする（民法15条～18条・876条の9）。　→成年後見制度、法定後見制度、成年後見人、保佐人

ホスピス〔hospice〕　治療的効果がこれ以上期待できず、苦痛の強い患者に対して、安らかに死を迎えられるように援助するための施設。がん末期患者が対象となることが多い。　→ターミナルケア

ホスピス・ケア〔hospice care〕　ターミナルケアにおいて、ホスピスの発想に基づいて実施される施設あるいは在宅でのケア。　→ターミナルケア、在宅ホスピス

保清介助　まず入浴を考え、それができない場合は清拭を行う。入浴できない場合は、なぜ入浴不可能なのか原因を調べる。住宅構造、家族の都合等の理由で妨げられている場合もある。改善できるものはその方法を工夫する。

補装具　①障害者等の身体機能を補完、代替し、その身体への適合を図るように製作されたもの、②障害者等の身体に装着することにより、その日常生活や就労・就学のために、同一の製品につき長期間にわたり継続して使用されるもの、③医師等による専門的な知識に基づく意見、診断に基づき使用されることが必要とされるものをいう。義肢、装具、座位保持装置、盲人安全つえ、義眼、眼鏡、補聴器、車椅子、電動車椅子、座位保持椅子、起立保持具、歩行器、頭部保持具、排便補助具、歩行補助つえ、重度障害者用意思伝達装置が障害者総合支援法

に基づく補装具の種目として定められている（障総合5条、障総合則6条の20、平18厚労告528）。

補装具費 障害者総合支援法に基づく自立支援給付の一つ。補装具の購入又は修理に係る費用について市町村が必要であると認めたときに補装具費が支給される。ただし、一定の所得以上の世帯に属する者に対しては対象外となる（障総合76条）。　→補装具

保存料 微生物の繁殖による食品の腐敗、変敗を防止するために使う食品添加物。食品中の腐敗細菌の増殖を抑制し、腐敗までの時間を遅延する目的で使用される。食品のpHに合った保存料を選ぶ必要がある。現在使用が許可されている保存料は安息香酸・安息香酸ナトリウム、ソルビン酸・ソルビン酸カリウム、しらこたん白抽出物、パラオキシ安息香酸エステル類、プロピオン酸・プロピオン酸カルシウム等である。

補聴器 聴覚に障害があって音声を聞きとることが困難な人たちに、外界からの音をより効果的に伝えるための増幅装置。補聴器の種類には携帯用（耳掛型、箱型、挿耳型骨導式など）と、集団用がある。各人に合った機種の選定、装用方法の決定には専門医や聴能訓練士の診断・検査を受け、装用指導などを受けることが望ましい。障害者総合支援法において、聴覚障害者（児）のための補装具として指定されている（平18厚労告528）。　→補装具

発　作 症状が急激に発現し、比較的短時間に消失すること。さまざまな発作があるが、一般にはてんかん発作（けいれん発作、意識消失発作、脱力発作、精神発作、精神運動発作）を指す。ほかに、パニック発作（不安発作）や過呼吸発作などもある。　→てんかん

発　疹 皮膚に生じる丘状に膨隆した病変である。伝染性疾患の可能性がある場合は隔離を検討。かゆみがある場合は、かきむしって二次感染を起こさないように、つめを切り、手指を清潔にし、軽くたたくようにしたり、気を紛らわせる工夫をする。口中に発疹がある場合は、消化がよく水分の多いものを与える。

発　赤 炎症によって皮膚表面にある血管が拡張、充血したため赤色を呈した状態。主に動脈性、毛細血管性のものを指し、動脈性の発赤は鮮紅色でその部分の皮膚温も上昇しているが、静脈性のものでは暗赤色を呈し皮膚温の変化はみられないことが多い。動脈性の発赤の発現には、ブラジキニンなどの血管作動性化学物質による血管拡張や血管透過性の亢進が関与している。炎症の四症候（発赤、腫張、発熱、疼痛）の一つ。

ホットパック〔hot pack〕　局所を加温して治療する温あん法の一種。保温性、吸水性に富む特殊加工物質をキャンバス布で包んだもので、温水中で温めたものをバスタオル等で包んで用いる。

ボツリヌス菌 毒素型食中毒を引き起こす原因菌の一つで嫌気性の桿菌（棒状の形をしている細菌。納豆菌など）に分類される。ボツリヌス菌による食中毒はボツリヌス中毒と呼ばれ、菌自体に病原性はないが、菌体外毒素が経口的に摂取されると、この毒素は中枢神経系に強い親和性をもつ。症状は視力・運動障害などの中枢神経症状や腹痛、脾腫（脾臓が腫大した状態）で、呼吸筋麻痺によって死に至る。原因となる食品は缶詰、ビン詰などでこれらの食品の中で嫌気的に増殖し毒素を発生させる。毒素は煮沸で破壊されるが、芽胞はさらに高温でなければ死滅しない。唯一の治療法は抗毒素血清療法である。

ボディメカニクス〔body mechanics〕　生体力学。人間工学用語で、身体の骨格、筋、内臓等の各系統間の力学的相互関係をいう。ボディメカニクスを良い状態に保つことにより、安全性が得られ、障害を防ぐことができる。

ホメオスタシス〔homeostasis〕　恒常性、安定性。体内が外部環境の変化に左右されず一定に維持されていることをいう。体液のpH、体温、血液中の酸素レベル等多くにホメオスタシスがみられる。暑いときの汗による体温の調節等がこれにあたる。

ボランティア〔volunteer〕 本来は、有志者、志願兵の意味。社会福祉においては、無償性、善意性、自発性に基づいて技術援助、労力提供等を行う民間奉仕者をいう。個人又はグループで、①手話・点訳、学習指導、理美容、電気、大工、茶・華道、演芸（劇）指導等の技術援助、②児童・高齢者などの介護や話し相手、おむつたたみ、施設の清掃等の自己の労力・時間の提供、③一日里親、留学生招待、施設提供、預血・献体、旅行・観劇招待等、の活動を行う。→福祉マンパワー、有償ボランティア

ボランティアコーディネーター 一般には「ボランティア調整担当者」と訳される。ボランティアセンターをはじめ、ボランティア活動の推進に関わる関係機関・団体・施設等に配置されている、有給又はボランタリーな職員をいう。具体的には、ボランティアの需給調整・情報提供・養成教育・調査研究等の役割を果たすことによって、ボランティア活動の活性化を目指す立場にある。近年では、ボランティアの養成教育と同等に、ボランティアコーディネーターの養成が求められてきている。

ボランティアセンター ボランティア活動を支援するために社会福祉協議会に設置されている機関。全国社会福祉協議会に中央ボランティアセンターが設置され、各都道府県社協には都道府県ボランティアセンターが、各市町村社協には市町村ボランティアセンターが設置されている。ボランティア参加の啓発やきっかけづくり、活動の支援や推進基盤の整備、プログラムの開発、地域におけるネットワークづくりなどを役割としている。

ポリープ〔polyp〕 茎をもって皮膚、粘膜、漿膜などの面に突出する限局性の隆起性の腫瘤をポリープという。代表的なものに胃腸ポリープ、子宮ポリープ、膀胱ポリープ等がある。腫瘍性ポリープと炎症性ポリープとに分けられるが、将来、悪性に転じるものと、良性に留まるものとの区別はつけにくいので、非腫瘍性ポリープと判定された場合でも切除することが多い。ポリープが多数発生した状態をポリポーシスという。

ポリウレタン（スパンデックス） 単量体相互の結合部分または基本となる基材重合体相互の結合部分が主としてウレタン結合（-O・CO・NH-）による長鎖状合成高分子からなる合成繊維。スパンデックスとも呼ばれる。ゴム状の伸縮性、弾力性をもつ。ゴムより細い繊維にすることができるほか、各種強度、染色性、耐久性もゴムより優れている。塩素漂白、紫外線に弱く劣化しやすい。ポリウレタンを芯にして他の繊維を巻きつけたカバードヤーンは、単独または他の繊維の糸と交織・交編して、ファウンデーション・水着・肌着・靴下・ストッキングなどの伸縮性衣料や、サポーター・伸縮性包帯などの医療材料に用いられる。綿、レーヨン、ナイロンなどにポリウレタンを交織したストレッチ織物はフィット性の高いジャケット、スカート、スラックスに使用されている。

ポリエステル 単量体相互の結合部分が主としてエステル結合（-CO・O-）による長鎖状合成高分子からなる繊維。摩擦に強く、弾性が大きく、しわになりにくい。薬品、特に酸に強く、かびや虫にも侵されない。吸湿性が少なく乾きは早いが、帯電しやすく汚れがつきやすい。ポリエステルのみ、又は綿、羊毛、レーヨン等と混紡してほとんどの衣料に使われている。又、ふとん綿、カーテン、テーブルクロス、傘、縫い糸などにも使われており、合成繊維中最も需要の多い繊維である。

ポリオ〔acute anterior poliomyelitis〕 急性灰白髄炎。腸管ウイルスであるポリオウイルスⅠ型、Ⅱ型又はⅢ型による感染症。不顕性感染が多いが、病型として不全型、無菌性髄膜炎型、麻痺型（脊髄性小児麻痺）が知られている。不活化ポリオワクチンの定期接種によりほとんどみられなくなっている。感染症法による二類感染症とされている。

ホルムアルデヒド 住宅建築材料の木材や合板、断熱材や接着剤などの新建材から発生する有毒ガス。臭いが強く、目に刺激を与えたり呼吸に支障を来す。シックハウス症候群などの健

康障害を引き起こすことがある。　→シックハウス症候群

ホルモン〔hormone〕　生体内で生成分泌される微量の化学物質で、主として血液を介して標的器官に作用する。生体の恒常性を保つように、種々の調節を行っており、その数は現在わかっているもので30種を超えている。　→ホメオスタシス

本態性高血圧　原因疾患不明の高血圧。高血圧の約9割が本態性高血圧である。遺伝的要因のほか、塩分の過剰摂取や精神的ストレスなどの環境的要因が複雑に関与して発症すると考えられている。　→高血圧、二次性高血圧

ま

マイナンバー法　⇨行政手続における特定の個人を識別するための番号の利用等に関する法律

マグネシウム　人体内には成人で約30g存在し、その約70％が骨に含まれる。細胞膜の透過性と筋収縮神経の興奮伝達に直接作用し、細胞内のミトコンドリアに存在する酵素の補酵素としてエネルギー産生・消費に関与している。日本人の日常食は精製度の高い加工食品への依存度が高く、マグネシウム摂取量が不足しないように気をつけなければいけない。

麻　疹　麻疹ウイルスによる感染症。潜伏期間は7～14日間。発症9～14日前の麻疹患者との接触により感染する。発熱、咳、鼻漏、結膜炎、羞明等の前駆症状がみられ、頬の内側の口腔粘膜にコプリック斑が出る。このカタル期の後、斑状丘疹性赤色皮疹が出はじめる。肺炎等を合併するほか、まれに脳炎を起こすことがある。また、免疫不全患児等では内攻（無疹性重症麻疹）し重篤になる場合がある。γ-グロブリン注射で症状が緩和されることもある。弱毒生ワクチン接種により予防する。五類感染症の一つ。

マズロー, A. H.〔Maslow, Abraham H. 1908～1970〕　⇨欲求の五段階説

まだら認知症　多発梗塞性認知症に生じやすい症状。記憶障害が著しいわりに、人柄・日常的判断力や理解力が比較的保たれている、むらのある知能の侵されかたをいう。　→多発梗塞性認知症

末期の水　末期（まつご）とは死にぎわ、臨終を意味する。人が死のうとするときに新しい筆やガーゼ、綿などに水をしみこませ、口中に含ませる。しにみずともいわれる。現在では息を引き取った後に行う。脱脂綿の代わりに、し

きみや菊の葉を使用することもある。

マッサージ〔massage〕 主に手を用いて、身体の皮膚を通じ組織を刺激することにより、血行促進や疲労回復、廃用性萎縮の予防等を図る技術。撫擦法、柔捻法、叩打法、振戦法等があり、東洋のあん摩法や指圧法も含め被施術者の希望・反応を確かめながら組み合わせて行う。医師以外の者でマッサージを業とする者は、あん摩マッサージ指圧師、はり師、きゅう師等に関する法律に基づく国家試験に合格し「あん摩マッサージ指圧師免許」を受けなければならない。

マッサージ師 マッサージを業として行う者。あん摩マッサージ指圧師、はり師、きゅう師等に関する法律により、医師以外の者でマッサージを業とする者は、厚生労働大臣の行う国家試験に合格し、「あん摩マッサージ指圧師免許」を受けなければならない。　→マッサージ

末梢神経 中枢神経と感覚器官や支配器官を結ぶ神経。解剖学的に脳神経と脊髄神経に分かれる。作用は中枢へ感覚器官からの情報を伝える感覚神経と、中枢から支配器官へ指令を送る運動神経に分かれる。内臓と中枢を結ぶ末梢神経を特に自律神経と呼ぶ。　→脳神経、自律神経

末梢神経性障害 末梢神経の炎症、断裂などによる感覚の麻痺や運動障害をいう。　→末梢神経

末梢動脈閉塞性疾患 ⇨閉塞性動脈硬化症

松葉杖 歩行障害者の歩行補助具。つえの脇当を腋窩前内壁の大胸筋上部を介して腋窩に当て、手掌で支えて歩行する。体重を腋窩で受けるのは正しくない。つえは長すぎると肩が浮き、短すぎると前かがみになる。

間取り ⇨住居平面

麻痺 ⇨片麻痺、下半身麻痺、四肢麻痺

麻薬中毒 アヘン・アルカロイド系（モルヒネ、コカイン等）、コカ・アルカロイド系（コカイン等）、合成麻薬、カンナビノール系（大麻等）の各種麻薬による中毒。麻薬とは、麻薬及び向精神薬取締法に規定されている上記の薬物を指

す。医学的には通常、モルヒネを代表とするアヘン類の依存状態をいう。

マリファナ〔marihuana〕 大麻のことで、我が国では麻薬の一種とされている。花弁や葉を乾燥させタバコのようにして吸ったり、樹脂を経口的に用いることによって酩酊状態となり、多幸的となる。大量に用いると性的興奮を伴い、多幸的幻覚、性的夢想、時間空間体験の変容を生じる。

慢性硬膜下血腫 頭部外傷によって生じた出血が、硬膜とくも膜の間にたまり血腫をつくった状態。受傷後早期に生じる急性硬膜下血腫と3週間以上かけてゆっくり生じる慢性硬膜下血腫がある。前者は緊急手術の対象となるが予後が悪い例も多い。後者は50歳以上に多く外傷の覚えがない例もある。

慢性疾患 病気の経過が長く、症状の急激な変化は少ないが完全に治癒することも困難な疾患。慢性肝炎や慢性胃炎などのように急性期から慢性に移行したものや、関節リウマチのように徐々にではあるが進行する性質をもつ疾患のほか、高血圧症や糖尿病などのように長期にわたる治療を要する疾患もその一つである。後者は食事、運動、飲酒、ライフスタイルなど患者の生活習慣がその背景にあり、生活習慣病の一つでもある。慢性疾患をもつ患者には、薬物療法ばかりでなく、生活指導、食事療法、病気の受容への援助も重要となる。　→生活習慣病

慢性腎不全 ⇨腎不全

慢性閉塞性肺疾患〔Chronic Obstructive Pulmonary Disease；COPD〕 気道系の閉塞変化によって肺の機能障害をもたらす疾患のことで、肺気腫と慢性気管支炎からなる。一般的な症状は、労作時の呼吸困難、咳嗽や喀痰、喘鳴である。原因として最も関係するのは喫煙といわれている。高齢者にとってはありふれた症状で風邪や喘息として見過ごされることが多いので注意が必要である。介護保険法における特定疾病でもある。

マンパワー〔manpower〕 人的資源。人口の高齢化が急速に進展し、保健医療・福祉の需

要が増大する中で、サービスの担い手である保健医療・福祉の分野のマンパワーの果たす役割はますます重要なものとなっており、その質量両面における一層の充実が強く望まれている。　→介護マンパワー、非専門的マンパワー、福祉マンパワー

満腹中枢　脳の間脳の視床下部に存在し、摂取を抑制する神経である。飽食中枢とも呼ばれる。満腹中枢は、血糖の上昇によって刺激を受け興奮し、満腹感を生じさせ食べるのをやめるよう促す。この満腹中枢に何らかの障害が起こると多食になる。　↔摂食中枢

み

ミーンズ・テスト（資力調査）　一般的には公的扶助制度において、我が国の場合は生活保護法に基づいて、申請者の受給資格を判定するために行われる調査のこと。実際にある貯金や債権及び資産活用の能力等が調査の具体的内容となる。その性格上、生活内容に深く立ち入るためスティグマがつきまとうので、調査は民主的な立場の下で、慎重に行われる必要がある。　→スティグマ、生活保護法

味　覚　五感の一つ。甘、酸、苦、塩の基本4種のほか、渋味、辛味、うま味、アルコール味などを知覚する。味は主に舌の味蕾で感受し、脳で認識される。甘味は舌根、酸味、苦味、塩味は舌の中央部、次いで舌の先端が特に感じやすいとされている。

ミキサー食　固形物を摂取できない場合に、食べにくいものをミキサーにかけて供する流動食の一つ。ミキサー食をおいしく食べられるようにするために、最初からミキサーにかけたものを供するのでなく、普通の形態を患者に見せ何を食べるのか確認させた上でミキサーにかけるのが原則である。また、ミキサーにかける際、水分を加えなければならない食品があるため、容量が元の量よりも多くなるので、食事の回数を多くして必要な栄養量を与えるようにすることもある。

未 熟 児　出生時体重2500g以下の低出生体重児のうち、在胎日数満38週未満で出生した児をいう。しかし、一般には低出生体重児を指して未熟児とすることが多い。2501g以上を成熟児、4000g以上を巨大児という。未熟児は、呼吸窮迫、低血糖症、低カルシウム血症、高ビリルビン血症、貧血、低体温、易感染性等の問題を伴いやすい。

みどりの手帳　⇨療育手帳制度

ミニメンタルステート検査　⇨MMSE

ミネラル（無機質）　人体を構成する元素のうち約96％は酸素、炭素、水素、窒素から構成された水やたんぱく質、糖質、脂質、核酸などの有機物質であり、残り4％の通常無機塩として体内に取り込まれたり、存在しているものをいう。生体内においてはカルシウム、リン、カリウム、イオウ、ナトリウム、塩素、マグネシウムの順に多く、これ以外にも鉄や亜鉛なども重要な役割を果たしている。

脈　拍　心臓の拍動により、血液が送り出されることによって生じる動脈の波動。回数、強弱、規則性の変動を測ることで、心臓をはじめ循環系や神経系の不調のきざしをつかむ手がかりとして活用できる。脈拍数は性、年齢、運動等により変動し、個人差もあるが、普通の成人で1分間に60〜80回位である。橈骨動脈など骨の上を通っている動脈に沿った測定部位を触診する。　→バイタルサイン

味　蕾　味物質を受容し、外来情報である味刺激を生体内の情報である味覚シグナルへと変換する組織。ヒトの口腔および喉頭には5000個にもおよぶ味蕾が存在するが、約80％は舌上皮に存在する。高齢になると、味蕾細胞が減少し、塩味や甘味を感じにくくなるため濃い味のものを好むようになる。

民間非営利組織　⇨NPO

民間保険　民間企業等によって運営される任意保険のことで、代表的なものに生命保険、火

災保険、医療保険、地震保険、自動車保険（自賠責以外）、介護保険、個人年金等がある。保障の内容や保障期間等は、個別の契約により決まる。

民生委員　民生委員法に基づき、各市町村の区域に置かれる民間奉仕者。都道府県知事の推薦により厚生労働大臣が委嘱し、任期は3年とされている。職務は、①住民の生活状態を適切に把握すること、②援助を必要とする者が地域で自立した日常生活を営むことができるよう相談・助言・その他の援助を行うこと、③援助を必要とする者が福祉サービスを適切に利用するための情報提供等の援助を行うこと、④社会福祉事業者等と密接に連携し、その事業又は活動を支援すること、⑤福祉事務所その他の関係行政機関の業務に協力すること、が規定されている。なお、民生委員は児童福祉法による児童委員を兼務する（民委1条・5条・10条・14条、児福16条）。　→児童委員

民生委員協議会　民生委員法に基づき設置が義務づけられている民生委員の組織で、民生委員の連絡協議機関。市においてはその区域を数区域に分けて複数の民生委員協議会を、町村においてはその区域を一区域とする単一の民生委員協議会を組織することとされている。民生委員協議会の任務は、①民生委員が担当する区域又は事項を定めること、②民生委員の職務に関する連絡及び調整をすること、③民生委員の職務に関して福祉事務所その他の関係行政機関との連絡に当たること、④必要な資料及び情報を集めること、⑤民生委員に、その職務に関して必要な知識及び技術の修得をさせること、⑥その他民生委員が職務を遂行するのに必要な事項を処理すること、とされている（民委20条・24条）。

む

無　為　統合失調症にみられる意欲障害の一つ。病気の進行とともに意志欲動面での欠如が目立ち、終日何もせずに過ごす状態をいう。

無作為抽出法　調査を全数調査ではなく、標本調査で行う場合、何らかの意図に基づき標本抽出を行う有意抽出法に対して、作為を排した客観的手続によって対象標本を選ぶこと。無作為抽出には、単純無作為抽出法、系統的抽出法（等間隔抽出法）、二段階抽出法、層化抽出法、層化多段抽出法などの具体的な方法があるが、いずれも客観的分析のための抽出法である。→全数調査、標本調査

無床診療所　診療所のうち、患者の入院施設を有しないもの。　⇔有床診療所　→診療所

六つの基礎食品　昭和56年厚生省によって示され提唱されてきた食品群のこと。栄養成分の類似している食品を6群に分類し、バランスのよい栄養素等摂取のために具体的にどのように組み合わせて食べるかを誰もが分かるようにとつくられた。1類は魚、肉、卵、大豆といったたんぱく質源、2類は牛乳、小魚等無機質源、3類はカロチンを多く含む緑黄色野菜類、4類はその他の野菜、果物等のビタミンC源、5類は穀類、いも類といった糖質性エネルギー源、6類は油脂で脂肪性エネルギー源となっている。

無　尿　1日の尿量が50〜100ml以下の異常な状態をいう。腎臓からの尿分泌が完全にとまり膀胱内に尿が全く貯留していない状態。原因には血液量の減少や腎そのものの障害等に分類される。

無料商法　国民生活センターの「高齢者の消費者被害」によれば、「無料サービス」「無料招待」「無料体験」など「無料」であることを強調して勧誘し、最終的に商品やサービスを購入させる商法をいう。

め

明暗順応 暗い場所から明るい場所に出た際に、眼が明るさに慣れること。逆に、暗さに眼が慣れることを暗順応という。

名称独占 国家資格において、その資格の名称を保護することを目的として、登録による有資格者だけがその名称を用いることができるという法的規制。その資格者以外はその業務を行ってはならない業務独占に対して用いられる。社会福祉士、介護福祉士はいずれも名称独占である。　↔業務独占

酩酊 アルコールその他薬物摂取によって生じる急性の中毒状態。単純酩酊と異常酩酊に分類され、異常酩酊はさらに複雑酩酊と病的酩酊に分けられる。病的酩酊はさらに、もうろう型とせん妄型に分けられる。

メタボリックシンドローム〔metabolic syndrome〕 生活習慣病の高血圧症、脂質異常症、糖尿病の共通の原因として内臓脂肪型肥満が注目されている。内臓脂肪型肥満に加えて、高血糖、高血圧、脂質異常のうちいずれか二つ以上を併せもった状態を、メタボリックシンドローム（内臓脂肪症候群）という。メタボリックシンドロームの人は狭心症、心筋梗塞、脳卒中を発症しやすいとされ、その予防が課題となっている。特定健康診査における診断基準では、腹囲が男性 85cm 以上もしくは女性 90cm 以上又は BMI が 25 以上の者で、次のうちのいずれかに該当する場合とされている。①収縮期血圧が 130mmHg 以上又は拡張期血圧が 85mmHg 以上、②血清トリグリセライド（中性脂肪）の量が 150mg/dl 以上又は高比重リポ蛋白コレステロール（HDL コレステロール）の量が 40mg/dl 未満、③空腹時血糖値が 100mg/dl 以上又はヘモグロビン A1c が 5.6%（NGSP 値）以上（平 20 厚労告 6、平 20 厚労告 7、平 20 厚労告 8）。

メチシリン耐性黄色ブドウ球菌 ⇨ MRSA

滅菌 病原体・非病原体を問わず、すべての微生物を死滅または除去すること。例えば、高圧蒸気滅菌、酸化エチレンガス滅菌、乾燥滅菌等の方法がある。

滅裂思考 思考過程の障害の一型。個々の思考間に意味連関がなくなり支離滅裂となること。統合失調症の症状。

メディカル・ソーシャルワーカー〔medical social worker〕 ⇨医療ソーシャルワーカー

めまい 平衡感覚の異常から、自己の空間感覚と実際の外界との不一致が起こり、自分や周囲が回転しているような不快を感じることをいう。内耳あるいは脳の平衡中枢のさまざまな異常によって起こる。脳等、器質性のめまいが疑われる場合、速やかに医師の診察を受ける。

メラミン樹脂 ホルムアルデヒドを用いて製造されるプラスチックの一つ。強度も大きく、熱・水・薬品等に強く、また傷つきにくい。陶器に似ており、ほど良い重量感があることなどから給食用の食器などに広く用いられている。

メリヤス 編物のうち、よこ編の基本組織をメリヤス編という。スペイン語のメディアス（medias）又はポルトガル語のメイアス（meias）が訛ったものといわれ、もとは靴下を意味した。日本では、工業用機による編物をメリヤスということが多い。編物地は、織物に比べて含気性に富み、軽くて、保温性・通気性が大きい。また、たて編のトリコットに比べてよこ編みは伸縮性が大きく、身体の動作に対する追従性があり、高齢者や障害者には、着やすいものとなる。形態安定性が悪く、保形性に乏しいことが欠点である。

メレンゲ 卵白がかくはんされることにより薄い膜を作り、空気を取り込んで安定した泡を形成する性質を利用して、泡立てた卵白に砂糖を加えたものをいう。純白色で光沢に富むため、洋菓子の飾り等に用いられる。砂糖をはじめから加えると、砂糖が水分を吸い取ることで泡が立ちにくくなるので、ある程度泡立ててから加える。

綿 天然の植物繊維の一種。アオイ科ゴシピウムに属する植物の種子毛繊維で、表皮細胞が細長く変形したものである。綿の品種にはシーアイランド綿、エジプト綿、アップランド綿等がある。繊維の断面は中空でゴムホースを押しつぶしたような形をしており側面にはよじれがあるので、含気性、柔軟性、可紡性に優れる。主成分はセルロースであり、吸湿性、吸水性に富む。耐アルカリ性もあり、濡れると強くなる。耐洗濯性、耐光性もあり、下着、日常着、タオル、各種カバー類、パジャマ、ふとん綿などの寝具類に多く用いられる。

免疫 特定の病原菌等（抗原）に対し、生体が反応し、食（菌）作用による病原体の除去や、特異的に反応する抗体の産生によって、その病原体に対する抵抗性をつくり出した状態。これは、生体が自己でないものを認識し、それを除去しようとする防御機構であり、主にリンパ系の働きによる。

免疫抑制剤 免疫力を抑制する作用をもつ薬剤の総称。細菌、ウイルスなど外からの異物の攻撃を防ぐ免疫力は人体の防衛機構として重要であるが、移植臓器に対する拒絶反応の防止やアトピー性皮膚炎など異常免疫反応を示す疾患の治療には免疫力を抑制することが必要となる。代表的な免疫抑制剤としてはアザチオプリンなどの抗がん剤や副腎皮質ホルモンのステロイドがある。また、シクロスポリンが使用されてから臓器移植時の拒絶反応防止効果が飛躍的に改善され、腎移植や骨髄移植の成功率が著しく向上した。

免許 医師法などの法令上で用いられる語で、この場合は許可の意味。法令によって一般に禁止されている行為が、特定の場合許されることによって適法な行為となる。

面接〔interview〕 情報の収集や相談などの目的のために、援助者とサービス利用者が直接会い、主に会話を交わすことをいう。個別援助における中心的な手段である。面接を構成する一般的要素として、①サービス利用者、②援助者、③時間、④場所、⑤コミュニケーションの手段、⑥目的、の六つを挙げることができる。　→個別援助活動

面接技法 個別援助技術（ケースワーク）、カウンセリング、心理療法等には、それぞれ立場の異なる学派がみられるが、それらが共通する面接技法を示している場合もある。例えば、ケースワークにおいては立場は異なっても、バイステックの七つの原則は大いに尊重されている。面接技法は、七つの原則の一つである受容についていえば、反射の技法（クライエントの気持ちをワーカーが鏡のような具合に、反射してクライエントに自覚させる）、迂回の技法（クライエントが行き詰まった時、ワーカーが気分転換のために別の話題を提供する）のように、原則を一段と現実のテクニックに置き換えたものである。　→バイステックの七つの原則、カウンセリング

面接法（社会福祉調査） 社会福祉調査における資料収集方法の一つで、対象者に直接会って面接しながら、そのニーズなどを把握しようとするものである。一定の質問構成に従って進める構造化面接と、対象者の状況や反応に応じて臨機応変に進める非構造化面接がある。

メンタルヘルス〔mental health〕　⇨精神保健（メンタルヘルス）

メンタルヘルス指針　⇨労働者の心の健康の保持増進のための指針

メンテナンス（建物の維持管理） 安全で快適な住宅を出来るだけ長く維持するために必要な手入れのこと。日常的な手入れと定期的な修理や長期的な修繕計画を組み合わせて効率的に行うことが望まれる。さまざまな自然災害への対策も含めた防災や防犯も考慮する必要がある。住宅の所有状況や形態等によって管理責任が異なるため、メンテナンスの仕方も違ってくる。

も

盲 ⇨視覚障害

盲学校 盲者（強度の弱視者を含む）に対して、幼稚園、小学校、中学校又は高等学校に準ずる教育を行い、必要な知識技能を授けることを目的とする学校。平成18年の学校教育法の改正により、「特殊教育」から「特別支援教育」への転換が図られ、盲学校、聾学校及び養護学校は「特別支援学校」に一本化された。現在も校名として「盲学校」の名称であることも多い。
→特別支援学校、特別支援教育

盲人用読書器（オプタコン） 盲人用の光学式読書器。印刷文字を特殊カメラで読み取り、触知盤上のピンの振動に変換させて伝える。使用者は指先でこの振動を触知し、文字の形を読む。訓練を積めば、アルファベット、片仮名、平仮名に加えて漢字や図形も判読が可能である。

妄想 現実と合わない不合理で誤った考えを強く確信し決して訂正しないもの。その内容が全く了解不可能な一次妄想と、ある程度了解可能な二次妄想に分けられる。統合失調症、気分障害やてんかん、薬物中毒等でも生じることがある。妄想には被害妄想、関係妄想、嫉妬妄想、貧困妄想等がある。妄想症をパラノイアという。

妄想反応 ある体験から了解可能な妄想様観念が発生すること。

妄想様観念 ⇨二次妄想

盲導犬 目の不自由な者の道路での通行を補助するため、特別な訓練を受けた犬。特に、路上では白色又は黄色のハーネスを付けることとされる。国家公安委員会の指定法人により必要な訓練が行われ、身体障害者補助犬法に基づき育成が図られている。介助犬、聴導犬とともに、身体障害者補助犬と呼ばれる。

毛嚢炎 毛嚢に生じた炎症。毛嚢は毛根を包む管腔よりなり、ここに脂腺が開口し、起毛筋も付着する。単発の毛嚢炎が進行すると、せうやようになるので、予防や初期に加療することが必要である。

網膜黄斑部変性症 ⇨黄斑部変性症

網膜芽細胞腫 小児の眼内悪性腫瘍の第1位を占め、1歳前後の発症が多く3歳を過ぎると減少する。両眼性のものは、常染色体劣性遺伝である。初発症状は白色瞳孔、斜視、視力不良などである。治療は片眼性の場合は原則として眼球摘出となるが、両眼性の場合は重篤な方を摘出し、1眼は保存して、放射線、光凝固、冷凍術、化学療法などを行う。

網膜出血 血管性、血液性、代謝性、外傷性などによる網膜の出血で、一般に眼底出血と呼ばれる。出血の部位によって、網膜前、網膜浅層、網膜深層、網膜下＝脈絡膜出血とに分けられる。

網膜剥離 網膜の色素上皮層を脈絡膜側に残して網膜が剥離した状態をいう。特発性と続発性とに分けられる。特発性網膜剥離は、網膜に裂孔ができ、硝子体液が網膜下に進入し剥離が起こる。高度近視、加齢性変化で起きる。視野欠損、飛蚊症、変視症が突然出現する。治療はレーザーによる網膜光凝固術や、進行した場合は手術により裂孔を閉鎖し、網膜下液の排除、強膜短縮を行う。続発性網膜剥離は、網膜や脈絡膜の腫瘍、滲出性網膜炎、ブドウ膜炎、増殖性網膜炎の瘢痕収縮により起きる。

盲ろう 視覚と聴覚の両方に障害を有する状態。盲ろうのなかには、①全盲ろう（全く見えず、全く聞こえない）、②全盲難聴（全く見えず、少し聞こえる）、③弱視ろう（少し見えて、全く聞こえない）、④弱視難聴（少し見えて、少し聞こえる）の4種類が含まれる。

もうろう状態 複雑な意識障害の一つ。意識混濁については軽度であるが、意識野が著しく狭められ、意識の向かう方向が限定された状態。

盲老人ホーム 盲人を対象とした老人ホーム。盲老人ホームという呼称は法令に基づく用

語ではないが、昭和47年厚生省社451号厚生事務次官通知「老人保護措置費の国庫負担について」により、養護老人ホームについて一般老人ホームと盲老人ホームとに分けて一般事務費の限度額が示された。これにより初めて盲老人ホームは公的な施設となった。

燃えつき症候群 壮年・中年期に多い適応障害。自らの理想を求めて悩みながら努力してきた結果、不満足感、疲労感、失敗感をもつに至ったもので、自己嫌悪や無力感、人への思いやりの喪失に陥る。　→適応

もく浴剤 もく浴は、浴槽内で全身を洗う入浴法であり、その際に溶かして用いる入浴剤のこと。

モジュール 義肢や車いすにおける個々の構成部品。モジュールは、元来、単位、基準といったような意味。　→モジュラー義肢

モジュラー型車いす モジュラー（modular）型車いすとは車いすの各部品が単元化されており、これらの部品を目的によって選択、調整し組み立てられる車いすを指す。モジュラー車いすの特徴として下腿フレームのスイングアウェイ（フットサポートの着脱）、アームサポートの着脱、アームサポート、フットサポートの高さなど、調整機能のある車いすを指す。

モジュラー義肢 骨格構造義肢のうち、構成部分を機能単位として互換性をもたせた部品（モジュール）を選択することによって短い時間で組み立てたり、分解できるものをいう。

求められる介護福祉士像 平成18年7月、厚生労働省社会・援護局長の私的懇談会として設置された「介護福祉士のあり方及びその養成プロセスの見直し等に関する検討会」報告書のなかで提言されたもの。介護福祉士制度創設以降の変化とこれからの介護ニーズに対応し、介護サービスにおける中心的役割を担える人材として、介護福祉士には次のような人材養成における目標が必要であるとして、具体的に12項目を掲げている。①尊厳を支えるケアの実践、②現場で必要とされる実践的能力、③自立支援を重視し、これからの介護ニーズ、政策にも対応できる、④施設・地域（在宅）を通じた汎用性ある能力、⑤心理的・社会的支援の重視、⑥予防からリハビリテーション、看取りまで、利用者の状態の変化に対応できる、⑦他職種協働によるチームケア、⑧一人でも基本的な対応ができる、⑨「個別ケア」の実践、⑩利用者・家族、チームに対するコミュニケーション能力や的確な記録・記述力、⑪関連領域の基本的な理解、⑫高い倫理性の保持。

モニタリング〔monitoring〕　ケアマネジメントの一過程。ケアプランに照らして状況把握を行い、現在提供されているサービスが十分であるか、あるいは不必要なサービスは提供されていないか等を観察・把握すること。ケアマネジメントにおいては、ケアプランを作成しサービス提供の手配をして終わりと考えるのではなく、特に在宅生活者に対してはケアマネジャー自身の訪問によるモニタリングが重要である。モニタリングされた事項は、ケアチームにおいて評価され、必要に応じてケアプランの変更を検討する。　→ケアマネジメント

物盗られ妄想 認知症の行動・心理症状（BPSD）の一つで、財布や通帳などを保管した場所を忘れて、誰かが盗んだと思い込むこと。

物忘れ 記憶に支障をきたした状態を指す。物忘れには、健康な人の物忘れと病的な物忘れがある。健康な人の物忘れは、出来事を断片的に忘れたり、自分が忘れていることの自覚がある。しかし、病的な物忘れ、特に認知症による物忘れは、出来事がすっぽり抜け落ちる（体験の喪失）。そのため、物忘れに対しての自覚がないのが特徴である。病的な物忘れには、認知症以外に軽度認知機能障害、うつ病、高次脳機能障害などがある。

モルヒネ型依存 代表的な薬物依存の一種。アヘン・アルカロイドの一種であるモルヒネは、初めて少量注射した時は眠気、痛覚鈍麻、吐き気、めまいなどが生じるが、常習すると快感、陶酔状態がみられ、やがて耐性ができて使用をやめると、激しい離脱症状が現れ、その結果薬物を絶えず求め続けることになる。

問題解決アプローチ 個別援助技術（ケースワーク）において、クライエントとケースワーカーが、まず意識的、段階的に当面解決していくべき問題に焦点をしぼりながら、その特定問題の諸事実を明らかにしていくなかで、クライエントの問題の緩和・改善やその解決に向かっていく組織だったアプローチのこと。H.パールマンのケースワークのアプローチをいうが、ケースワーク過程は本質的に問題解決の過程であるとして、独自の体系化を図った。　→個別援助技術、パールマン,H.

問題行動 ⇨行動障害

問題志向記録 医師、看護師、介護職等、専門職がそれぞれ別に記録することによる不合理を解消するため、記録方法を標準化し共同して記録するシステムの一つで、利用者の解決すべき「問題」を中心に整理するもの。①「基礎データ」、②「問題リスト」、③「初期計画」、④「経過記録」、⑤「退院時要約」で構成する。　→介護記録

や

野外レクリエーション 自然環境の中で自然に親しみ、自然を理解し愛好しながら、自然との結びつきの中で展開されるレクリエーション活動。ハイキングやキャンプなどの活動として古くから親しまれてきた。これまでは、自然と人間の関係を人間中心にとらえすぎる傾向が強かったが、今後の野外レクリエーションにおいてはその姿勢を改め、人間もまた自然内の存在であることを謙虚に自覚し、自然との共存・共生を図るような方向性をもつことが望まれる。

夜間せん妄 意識が混濁し、幻覚、大声を上げる、興奮するなどの状態が主に夜間に起こる場合をいう。原因として、環境の変化、体調不良、脱水、薬物副作用などが挙げられる。　→せん妄

夜間対応型訪問介護 介護保険の給付対象となる地域密着型サービスの一つ。要介護者であって居宅で介護を受けるものについて、夜間において、定期的な巡回訪問と随時通報による訪問を組合せ、その者の居宅において介護福祉士及び訪問介護員により行われる入浴、排せつ、食事等の介護、洗濯、掃除等の家事、生活等に関する相談及び助言その他の日常生活上の世話をいう。対象となるのは、一人暮らし高齢者又は高齢者のみの世帯や、中重度の者が中心であるが、限定されてはいない（介護8条16項）。

夜間病院　⇨ナイトホスピタル

夜間副子 四肢の外傷や炎症の際、固定し安静にすることで変形の防止や矯正、支持力の強化を図る副子（副木）のうち、夜間にのみつけるもの。痙攣性のある上下肢や関節リウマチの変形防止、進行性筋ジストロフィーにおける尖足の防止のためなどに使われる。

薬　剤　師 薬剤師法に基づく国家試験に合格し厚生労働大臣の免許を受けて、調剤、医薬品

の供給等薬事衛生をつかさどることを業務とする者。調剤については薬剤師の独占業務であり、同時に調剤応需等の義務を負う。

薬事法 ⇨医薬品、医療機器等の品質、有効性及び安全性の確保等に関する法律

薬物依存 薬物の作用による快感を得るため、又は離脱症状による不快感を避けるために、有害であることを知りながらも薬物を用い続けずにはいられない状態のこと。 →アルコール依存症、依存性薬物、覚せい剤依存

薬物療法 薬物による治療法をいう。精神科領域で画期的な進歩をみせたのは1950年代で、それ以来向精神薬が次々と開発され、精神科治療の主流は次第に薬物療法に代わり今日に至っている。薬物療法で使用されている主な向精神薬は、①統合失調症を対象にする抗精神病薬(主にフェノチアジン系薬物、ブチロフェノン系薬物、非定型抗精神病薬)、②うつ病を対象とする抗うつ薬(主に三環系抗うつ薬、四環系抗うつ薬、SSRI、SNRI)、③神経症を対象とする抗不安薬(ベンゾジアゼピン系薬物)、④その他抗てんかん薬、催眠鎮静薬、躁病に対する炭酸リチウム、などである。これら向精神薬の臨床経験も進みその効果、副作用も明らかとなり、血中濃度を測定しながらの薬物療法が行われている。なお、最近では薬物療法に際して実証的証拠に基づく合理的治療を行う方向に進んでいる。

矢田部―ギルフォード性格検査 ⇨Y―G性格検査

夜盲症 「とりめ」のこと。昼間又は明るいところでは視力が正常であるが、薄暮時から明け方まで物が見えにくくなる。進行すると角膜乾燥症になる。後天性夜盲のうち、ビタミンAの欠乏により生じる夜盲を特発性夜盲と呼ぶ。これはビタミンAの摂取により予防・治療できる。

ゆ

友愛訪問 慈善組織協会による救済を求める貧困者への家庭訪問活動。本当に慈善を受ける価値があるかどうかを調査し、記録に残し(後にこれがケース記録となる)、道徳的助言を与えることが目的だった。しかし失業や低賃金、過酷な労働条件下での病気やケガ、劣悪な生活環境など、道徳的助言では解決できない社会的貧困の現実と、社会改良の必要性を認識し、本来の社会福祉援助活動の在り方を自問することとなった。 →慈善組織協会

誘因 ⇨動機づけ

有機食品表示 有機食品と認定されると有機JASマークが付されることになる。このマークは、有機食品のJAS規格に適合した農産物、加工食品及び畜産物に付されるもので、農林水産大臣が認可した登録認定機関が検査し、その結果、認定されなければ表示することはできない。このマークがない場合、「有機」「オーガニック」などの名称の表示や、これと紛らわしい表示を付けることは禁止されている。

有機農産物・特別栽培農産物 化学肥料、化学農薬の使用を避けることを基本として、播種又は植つけ前2年以上(多年生植物にあっては最初の収穫前3年以上)の間、日本農林規格(JAS規格)に定める肥培管理等に従い生産された農産物をいう。また、農薬の使用回数や化学肥料の分量を減らして栽培された農産物を特別栽培農産物という。

有機溶剤依存 薬物依存のうちトルエン、キシレン、ノルマヘキサン等の有機溶剤に対する依存。陶酔感、多幸感、幻覚が生じることもあるが、乱用を続けるにつれ無気力、無為、抑制欠如等がみられるようになる。

遊戯療法 ⇨プレイセラピー

有床診療所 診療所のうち、19人以下の患者

の入院施設を有するもの。20人以上の患者の入院施設を有する施設は病院と呼ぶ。↔無床診療所　→診療所

有償ボランティア　ボランティアとは自らの意志に基づき無償で福祉活動等を行う者のことを指すが、この場合の有償とは福祉活動等に際して交通費、食費、報酬が保障されていることをいう。どこまでをボランティアとするかは必ずしも定まった見解はなされていない。　→ボランティア

有訴者率　有訴者とは、在宅者で病気やけがなどの自覚症状のあるものをいう。有訴者率とは、人口1000人に対する有訴者数である。厚生労働省の行う国民生活基礎調査においてその割合が示されている。

誘電加熱　電子レンジで加熱することを誘電加熱という。電子レンジではマグネトロンが電磁波（マイクロ波ともいわれる）を発生し、食品内部で発熱する。

誘導加熱　誘導加熱は、金属の熱処理に広く利用される。高周波誘導加熱は電磁調理器に使われている。電磁調理器は15〜30kHzの高周波電流を利用し、磁力を発生させる。その磁力の中に磁性体の鍋（ホーロー鍋、フライパン、ステンレス〈18Cr〉鍋）を置くと鍋底部内に渦電流が流れ、熱が発生する。従来のコンロのように高熱の熱源によって鍋を加熱するのではなく、鍋が発熱するものである。最も高い温度は鍋の底面で、空焚きさえしなければ発火の心配もなく安全である。

有病率　公衆衛生の指標の一つで、ある一時点において、ある集団の中に該当する疾患をもつ人がどのくらいいるか、という割合。通常は百分率の形で表現される。

遊離ホルムアルデヒド　布地の防しわ性を高めるために行う樹脂加工には、加工剤の一部にホルマリンを用いるものがある。このような樹脂加工では、加工処理が不十分であると、保存中あるいは使用中に、残留したホルムアルデヒドが遊離する。この遊離ホルムアルデヒドは、悪臭や眼の刺激、さらにはアレルギー性皮膚刺激の原因になる。被服から検出されるホルムアルデヒド量については、有害物質を含有する家庭用品の規制に関する法律で規制されている。

有料老人ホーム　老人福祉法に定められる居住施設の一つ。老人を入居させ、入浴、排せつ、食事の介護、食事の提供、その他の日常生活上必要な便宜（洗濯、掃除等の家事、健康管理）を供与することを目的とする施設であり、老人福祉施設、認知症対応型老人共同生活援助事業を行う住居等でないものを指す。有料老人ホームは、民間の事業活動として運営されるため、施設の設置主体についての規定はないが、設置者には都道府県知事への事前届出義務がある。サービスの内容や運営については標準指導指針（ガイドライン）が示されており、これに基づいて都道府県によって指導されている（老福29条）。　→有料老人ホーム設置運営標準指導指針

有料老人ホーム協会　有料老人ホームの入居者の保護を図るとともに、有料老人ホームの健全な発展に資することを目的として、有料老人ホームの設置者を会員とする社団法人。有料老人ホーム協会及びその会員については名称独占とされ、会員名簿を公表することが義務付けられている。有料老人ホーム協会の具体的な業務は、会員に対する指導、勧告、入居者からの苦情の解決等である（老福30条〜31条の4）。平成2年の老人福祉法の改正により新たに法定化された。

有料老人ホーム設置運営標準指導指針　有料老人ホームの設置前の指導及び事業開始後のサービス水準や経営の安定性の確保のために都道府県が行う指導について標準的な内容を示した指針。この指針により、有料老人ホームの類型は「介護付」「住宅型」「健康型」に分類されている（平14老発0718003）。

輸血後肝炎　⇨B型肝炎

油脂　動植物に含まれ、中性脂肪を主成分とするもの。慣例的には常温で液体のものを油、固体のものを脂といい、それらをまとめた総称ともいわれる。

ユニット　少数の居室及びその居室に近接して設けられる共同生活室（居宅の入居者が交流し、共同で日常生活を営むための場所）により一体的に構成される場所。介護保険サービスにおいては、ユニットの居室は原則個室であり、1ユニットの入居定員はおおむね10人以下とされている。

ユニット型特別養護老人ホーム　居宅に近い居住環境の下で、居宅における生活に近い日常生活の中でケアを行うこと、すなわち、生活単位と介護単位とを一致させたユニットケアを行う特別養護老人ホーム。入居者の自律的な生活を保障する居室（個室）と、少人数の家庭的な雰囲気の中で生活できる共同生活室により一体的に構成されるユニットを単位として運営される。ユニットの入居定員は、原則10人以下とされている（平11厚令46、平12老発214）。

ユニットケア〔unit care〕　特別養護老人ホームなどにおいて、居室をいくつかのグループに分けて一つの生活単位とし、少人数の家庭的な雰囲気の中でケアを行うもの。生活単位と介護単位とを一致させたケアということもできる。グループ毎に食堂や談話スペースなどの共用部分を設け、また職員の勤務形態もユニット毎に組むなど、施設の中で居宅に近い居住環境を作り出し、利用者一人ひとりの個別性を尊重したケアを行う試みといえる。ユニットケアは建物の構造や職員配置等の整備がなされれば完成というものではなく、そうした環境の中で、暮らしを共に過ごすようなケアが展開されるかが重要である。

ユニバーサルデザイン〔universal design〕　障壁（バリア）となるものを除去するという意味の「バリアフリー」の後に提唱された概念であり、設計段階から障壁のないものを構想し、障害のある人や高齢者等の特別な人々を対象とした物ではなく、すべての人々が共通して利用できるような物や環境を作ることを目指した概念である。障害のある人や高齢者等にも使いやすくするという意味ではバリアフリーもユニバーサルデザインも同じであるが、最初からバリアを作らないということに重点を置いているのがユニバーサルデザインの考え方である。　→バリアフリー

ユニバーサルデザイン政策大綱　平成17年に国土交通省によって示されたもので、ユニバーサルデザインの考え方を踏まえ、国土交通行政を推進していくための基本理念と施策についてまとめた政策大綱。「どこでも、だれでも、自由に、使いやすく」というユニバーサルデザインの考え方に基づいて、可能な限り全ての人がいきいきと安全で豊かに暮らせるように、生活環境や連続した移動環境をハードとソフトの両面から継続して整備・改善していくことを理念としている。この大綱を実現する法制度として、平成18年に「高齢者、障害者等の移動等の円滑化の促進に関する法律」（バリアフリー法）が制定された。

ユニバーサルファッション　すべての人が利用しやすい物や環境を作るといったユニバーサルデザインの考え方を取り入れたファッションのこと。高齢者や障害者だけでなく、あらゆる人を対象に、人が生活していくうえで必要な機能性・快適性・ファッション性を考えたファッションが創造されるようになってきている。ユニバーサルファッション協会が設立され、さまざまなものが考案されている。

指文字　指の形と動きで表現する文字であり、我が国の場合「あ〜ん、濁音、促音、半濁音」がある。通常、手話を補うものとして、人名、地名など手話として定着していない語を表すのに使用する。　→手話

ゆりかごから墓場まで　第二次世界大戦後のイギリスの社会保障制度の構築時に、その目標を端的に表現した言葉、スローガン。W.チャーチルがその演説の中で用いたもので、その後広く一般に普及した。

よ

要介護高齢者のレクリエーション　要介護状態となった高齢者の日常生活の中の楽しみ。衣食住の基礎生活で追求する楽しみや要介護状態以前の趣味の再開などがある。　→在宅レクリエーション

養介護施設　高齢者虐待防止法において施設従事者による虐待防止の対象となる施設で、老人福祉施設（老人デイサービスセンター、老人短期入所施設、養護老人ホーム、特別養護老人ホーム、軽費老人ホーム、老人福祉センター、老人介護支援センター）、有料老人ホーム、地域密着型介護老人福祉施設、介護老人福祉施設、介護老人保健施設、地域包括支援センターをいう。

要介護者　介護保険制度においては、①要介護状態にある65歳以上の者、②要介護状態にある40歳以上65歳未満の者であって、要介護状態の原因である障害が末期のがんなど特定疾病による者をいう。保険給付の要件となるため、その状態が介護認定審査会の要介護認定によって該当するかどうかが客観的に確証される必要がある。したがって、介護給付を受けようとする被保険者は、要介護者に該当すること及びその該当する要介護状態区分について、市町村の認定（要介護認定）を受けなければならないと規定されている（介護7条3項）。　→特定疾病、要介護認定

要介護状態　継続して常時介護を要する状態のうち、要支援状態に該当しない状態をいう。介護保険法では、身体上又は精神上の障害のため、入浴、排せつ、食事等の日常生活における基本的な動作の全部又は一部について、6か月にわたり継続して常時介護を要すると見込まれる状態であって、その介護の必要度に応じて厚生労働省令で定める要介護状態区分のいずれかに該当するもの（要支援状態に該当するものを除く。）とされている。要介護状態は、5段階の要介護状態区分（要介護度）に分けられている（介護7条1項）。　→要介護状態区分、要支援状態

要介護状態区分　介護保険制度において、要介護状態を介護の必要の程度に応じて定めた区分。要介護状態区分としては、部分的介護をする状態から最重度の介護を要する状態まで、要介護1〜5の5区分になっている。要介護1は最も軽く、要介護5は最も重い区分としており、要介護認定等基準時間に基づき、その状態が定められている。広義においては、要支援状態区分も含めた意味でも用いられる（介護7条1項、平11厚令58）。　→要介護状態、要支援状態

要介護度　⇨要介護状態区分

要介護認定　介護給付を受けようとする被保険者が給付要件を満たしているかどうかを確認するために行われる認定。保険者である市町村が、全国一律の客観的基準（要介護認定基準）に基づいて行う。要介護認定の効力は申請のあった日に遡って生じる。要介護認定の手順は、被保険者からの申請を受けた市町村が被保険者に対し認定調査を行うと同時に、被保険者の主治医に意見書を求め、これらの調査結果等を介護認定審査会に通知し、要介護状態への該当、要介護状態区分等について審査・判定を求める。介護認定審査会により、審査・判定が行われその結果が市町村に通知されると、市町村は、その審査・判定結果に基づき要介護認定を行い、結果を被保険者に通知する（介護27条）。　→介護認定審査会、要支援認定

要介護認定等基準時間　介護保険制度において、要介護認定・要支援認定の審査判定基準として用いられる介護の手間を示す指標。介護の必要性を「介護にかかる時間」で表すもの。認定調査票の基本調査の項目の組み合わせをもとに、①直接生活介助、②間接生活介助、③問題行動関連行為、④機能訓練関連行為、⑤医療関連行為の5分野の行為に要する1日当たりの時

間として推計される（平11厚令58）。

要介護認定の審査判定基準 要介護認定についての介護認定審査会による審査・判定のための基準。要介護認定等基準時間により要介護1〜5の五つに区分されており、要介護1は32分以上50分未満である状態（要支援2に該当する状態を除く）、要介護2は50分以上70分未満である状態、要介護3は70分以上90分未満である状態、要介護4は90分以上110分未満である状態、要介護5は110分以上である状態またはこれらに相当すると認められる状態とされている（平11厚令58）。

要介護認定有効期間 要介護認定が効力を有することとなる一定期間のことをいい、歴月単位を基本として定められる。新規認定については6か月を標準とし、要介護者の状態等に応じ、3か月から12か月まで、更新認定については12か月を標準とし、3か月から24か月までの弾力的な設定が可能である（介護28条）。

要介護被保険者 介護保険法に基づく要介護認定を受け、要介護状態区分のいずれかに該当するとされた被保険者をいう（介護41条）。

養　　護 広義には、危険がないように保護し育てること。従来児童福祉の分野で広く使われ、家庭養護が重視されてきたが、高齢化に伴う人口構造の変化、核家族化による家庭機能の変化縮小により、家庭養護から施設でそれを補完する社会的養護へと発展し、その範囲も成人、高齢者、障害者へと広くに及んでいる。養育、療養、矯正教育、リハビリテーション等、事後的保護施策から予防的施策へと概念内容を変えてきている。

養護委託 老人福祉法に規定する福祉の措置の一つ。65歳以上の者であって、養護者がいないか、養護者がいても養護させることが不適当であると認められる者の養護を養護受託者（老人を自己のもとに預って養護することを希望する者であって、市町村長が適当と認めた者）に委託する措置であり、児童についての里親制度に類似するものである（老福11条）。

養護学校 知的障害者、肢体不自由者若しくは病弱者（身体虚弱者を含む）に対して、幼稚園、小学校、中学校又は高等学校に準ずる教育を行い、必要な知識技能を授けることを目的とする学校。平成18年の学校教育法の改正により、「特殊教育」から「特別支援教育」への転換が図られ、盲学校、聾学校及び養護学校は「特別支援学校」に一本化された。現在も校名として「養護学校」の名称であることも多い。　→特別支援学校、特別支援教育

養護者 養護を必要とされる者を、危険のないよう保護し成長及び生活を助ける者をいう。本来養護者は養護を必要とする者の家庭に存在するが、現代社会の家庭機能の変化縮小、核家族化による家庭養護の弱体化により、国・地方公共団体の措置によって支えられる、社会的養護へと、その養護者としての機能は移行し発展している。平成17年に成立した高齢者虐待防止法においては、高齢者を現に養護する者であって、老人福祉施設、介護老人福祉施設、介護老人保健施設等の養介護施設の従事者以外のものと定義された。

養護受託者　⇨養護委託

養護老人ホーム 老人福祉法に基づく老人福祉施設の一種。65歳以上の者であって、環境上の理由及び経済的理由により、居宅において養護を受けることが困難な者を入所させ、養護するとともに、その者が自立した日常生活を営み、社会的活動に参加するために必要な指導や訓練を行うことを目的とする入所施設。設置主体は、都道府県、市町村、地方独立行政法人、社会福祉法人で、市町村及び地方独立行政法人が設置する場合は都道府県知事に対して届出が、社会福祉法人が設置する場合は都道府県知事の認可を受けることが必要である。福祉の措置により施設への入所を行う措置施設で、入所措置の要否の判定は市町村が設置する入所判定委員会で行われる。（老福11条・15条・20条の4、平18老発0331028）。

養護老人ホームの設備及び運営に関する基準〔昭和41年厚生省令19号〕　養護老人ホームは、入所者の処遇計画に基づき、社会復帰の促

進、自立のために必要な指導、訓練等を行うことにより、入所者の有する能力に応じ自立した日常生活を営むことができるようにすることを目指すという基本方針に基づいて、養護老人ホームの規模、設備、職員配置、処遇計画、衛生管理等について規定した基準。平成18年の改正により、介護保険の外部サービス利用型特定施設入居者生活介護の対象となったことに伴い、職員配置、規模等の見直しが行われた。平成23年の改正では、基準は都道府県又は市町村の条例で定められることとされた。

養護老人ホームの入所措置の基準 養護老人ホームへの入所措置を決定するための判定基準。入所措置の基準は、①環境上の理由（健康状態が入院加療を要する病態でないこと及び家族や住居の状況など現在の環境下では在宅において生活することが困難であること）に該当し、かつ、②経済的理由（生活保護を受けているか、前年度の所得による市町村民税の所得割の額がないか、災害その他の事情によって世帯の状態が困窮している場合）の、いずれかに該当することとしている（平18老発0331028）。

葉　酸 水溶性ビタミンであるビタミンB群の一種。新たな細胞が合成される時に、遺伝子情報を持つDNAの合成にかかわり、赤血球の生成など細胞の新生に重要な役割を担っている。近年、葉酸には血液中のホモシステイン（アミノ酸の一種）の濃度を下げて、動脈硬化を予防する働きがあることが明らかとなっている。成人における推奨量は240μg。

要支援者 介護保険法においては、①要支援状態にある65歳以上の者、②要支援状態にある40歳以上65歳未満の者であって、その要支援状態の原因である身体上又は精神上の障害が特定疾病によって生じたものであるものと規定されている。予防給付を受けようとする被保険者は、要支援者に該当すること及びその該当する要支援状態区分（要支援1・2）について市町村の認定（要支援認定）を受けなければならない（介護7条4項）。　→特定疾病、要支援認定

要支援状態 継続して常時介護を要する状態のうち、その状態の軽減・悪化防止に特に役立つ支援を必要とする状態、又は継続して日常生活（身支度、掃除、洗濯、買い物等）を営むのに支障がある状態をいう。介護保険法では、身体上若しくは精神上の障害のため、入浴、排せつ、食事等の日常生活における基本的な動作の全部若しくは一部について6か月にわたり継続して常時介護を要する状態の軽減若しくは悪化の防止に特に支援を要すると見込まれ、又は身体上若しくは精神上の障害のために6か月にわたり継続して日常生活を営むのに支障があると見込まれる状態であって、支援の必要の程度に応じて厚生労働省令で定める要支援状態区分のいずれかに該当するものとされている。要支援状態は、2段階の要支援状態区分（要支援1・2）に分けられている（介護7条2項）。　→要介護状態、要支援状態区分

要支援状態区分 要支援状態を支援の必要の程度に応じて定めた区分。要支援1と要支援2の2つに区分される。要介護認定において、要介護1相当となった者は、追加的な審査・判定が行われ、改善の可能性の高い者については要支援2とされる。なお、広義には要介護状態区分と一体的に用いられる。

要支援認定 介護保険制度において、予防給付を受けようとする被保険者が給付要件を満たしているかどうかを確認するために行われる認定。保険者である市町村が全国一律の客観的基準（要支援認定基準）に基づいて行う。要支援認定の効力は申請のあった日に遡って生じる。要支援認定の手順は基本的には要介護認定と同様である（介護32条）。　→介護認定審査会、要介護認定

要支援認定の審査判定基準 要支援認定についての介護認定審査会による審査・判定のための基準。要介護認定等基準時間により要支援1・2の二つに区分されており、要支援1は25分以上32分未満である状態、要支援2は32分以上50分未満であって、要支援状態の継続見込期間（6か月）にわたり継続して常時介護を

要する状態の軽減または悪化の防止に特に資する支援を要すると見込まれる状態またはこれらに相当すると認められる状態とされている（平11厚令58）。

要支援認定有効期間　要支援認定が効力を有することとなる一定期間のことをいい、暦月単位を基本として定められる。新規認定については6か月を標準とし、要支援者の状態等に応じ、3か月から12か月まで、更新認定については12か月を標準とし、3か月から24か月までの弾力的な設定が可能となっている（介護33条）。

陽性症状　イギリスの神経学者J.H.ジャクソンの説による用語。それまで高次の過程によって統制されていたより低次の機能が解放されて、症状として現れるもののこと。統合失調症における幻覚、妄想、思考障害等。　→陰性症状

腰椎椎間板ヘルニア　下部腰椎の椎間板髄核が椎管内に脱出、膨隆し、神経根を圧迫して腰痛、座骨神経痛を来たしたもの。重い荷物を持ったり、体をねじったりして突然発症する。単純X線撮影や、ミエログラフィーで診断され、治療には安静や牽引療法等の保存的療法と手術療法がある。

腰痛　腰部の痛みの総称。神経性、筋性、骨性などさまざまな原因がある。明確な病変を確認できない腰痛は、腰痛症と呼んでいる。介護労働には腰に負担がかかる動作が多いため、腰痛を訴える人も多い。予防としては、中腰での作業や重いものを持ち上げる時にはボディメカニクスを考慮して腰への負担を減らすようにする。また良い姿勢を保つこと、肥満を予防すること、体操などで腹筋や背筋を鍛えることも大切である。

腰痛予防　腰痛の予防と再発防止のためには、ふだんの日常生活から正しい姿勢をとるように心がける。仕事の場面では、ボディメカニクスの原則に基づき、腰への負担が少ない姿勢をとることが大切である。また、スライディングマットやスライディングボードといった福祉用具の活用も、移乗や体位変換をスムーズにする。　→ボディメカニクス、スライディングマット、スライディングボード

羊毛　天然繊維の一種で、羊の体毛から得られる動物繊維。羊毛は、たんぱく質のケラチン分子から形成され、吸湿性に富むが、繊維の表面は鱗状のキューティクル細胞で覆われ、撥水性があり、洗濯やアルカリ処理でフェルト化しやすい。また、繊維は捲縮しているため、保温性に優れた布地を作りやすいこと、弾性回復率が大きく弾力性が持ちするなどの特徴がある。アルカリに弱く、洗剤は中性洗剤を用いる。塩素漂白剤で黄変劣化するため取り扱いに注意を要する。

要約記録　社会福祉援助の記録の一種で、日々の援助過程を一定期間毎に要点にまとめて記録したものである。サマリーとも言われる。利用者にどのような援助をした結果どのような変化があり、現状はどうであるかなど日々の実践内容を一定の期間で見直し、評価する際に用いる。　→記録、プロセス・レコード

要約体　記録の文体の一つであり、不必要に記録が長くなるのを避けるために、要点を整理してまとめるときに用いる。要約体は、問題のポイントが明記されたものでなければならない。表題別や問題別に小見出しをつけて要約すると、より理解がしやすくなる。

要約筆記者　要約筆記は、話し手のことばを筆記して聴覚障害者に伝える方法であり、聴覚障害者が1人か2人の場合には、メモ用紙に書いて示し、多人数の場合は、透明シートに書いてオーバーヘッドプロジェクター（OHP）でスクリーンに提示する。最近はパソコンにより大型画面に即時表示される要約筆記方法が主流となっている。要約筆記者の養成は、専門性が高いことから都道府県が行うこととしている。具体的には、要約筆記者の養成講習を修了した者に対して、登録試験を行い、合格すると要約筆記者としての登録を行うこととなる。

養老院　民間の慈善事業のなかでも生活困難な高齢者を収容する救済事業として展開され、明治5年に東京に養育院、聖ヒルダ養老院

（明治25年）、神戸養老院（明治32年）、大阪養老院（明治35年）などが設立された。昭和4年に制定された救護法では、孤児院（現在の児童養護施設）、病院とともに「救護施設」に指定された。戦後、養老院は、昭和21年に制定された（旧）生活保護法で被保護者を対象とする「保護施設」として位置づけられ、昭和25年に制定された生活保護法では、「養老施設（老衰のため独立して日常生活を営むことのできない要保護者を収容して、生活扶助を行うことを目的とする施設）」として規定された。そして、昭和38年の老人福祉法の制定により、養老院は、養護老人ホーム、特別養護老人ホーム、軽費老人ホームに分かれ、養老院という呼称は用いられなくなった。

余暇 ⇨レジャー

余暇時間 生活時間から睡眠・食事などの生理的時間、労働時間を差し引いた残余の時間。人間らしい暮らしを楽しみ、自らの可能性を拡大するために重要な意味をもっている。工場労働を中心とする近代社会では、労働時間を制限して余暇時間を拡大することが、労働運動の重要な目標となった。欧米先進国では1日の労働時間の制限、週休制の確立、長期休暇の設定によって相当量の余暇時間が確保されているが、日本ではいずれの面でも立ち遅れが目立つ。高齢社会が到来し、労働生活後の余暇生活時間が飛躍的に多くなってくることを背景に、勤労者の余暇時間を充実することが国民の重要な福祉課題として浮上してきた。　→レジャー

余暇生活 余暇の視点から見た生活のあり方。従来、生活の3要素とされた「衣食住」に加えて、余暇もまた日常生活の主要なテーマとされるようになってきた。内閣府の世論調査によっても、近年は食生活や衣生活に比べて余暇生活を重視する人が多くなっている。余暇生活は独立した領域と見るだけでなく、食生活の「余暇化」のように衣食住全体を楽しみ、遊び化する方向で考える必要がある。

余暇（生活）設計 余暇の多様な可能性を十全に開花するための時間デザイン。何をしてもよい、しなくてもよい時間を自らの個性や人生目標にかなう充実した時間とするための自立的な計画づくり。その手順は、余暇の現状を点検し、新たな目標を確立することを基盤に、目標を実現するための行動プランを仕上げていく。ワークシートを活用して個人で行う方法や、グループワークを通じて集団で検討していく方法がある。

余暇（生活）相談 余暇生活に関わる相談サービス。その内容は、余暇生活の現状をチェックする余暇診断、個人の意思を土台に余暇生活を新たにデザインする余暇設計、そして余暇活動の充実を目指す多様な情報サービスの三つに分けられる。労働生活から余暇生活に転換する退職後の人生設計の中で、余暇相談は重要な位置を占めている。また高齢者や障害者の生活支援の大きな課題ともなっている。

余暇政策 余暇を課題とする社会政策のこと。1920年代以降、余暇の大衆化が進むとともに各国は国民の余暇を善導する余暇政策を推進しはじめた。アメリカのレクリエーション運動や、戦前の日本の厚生運動はその現れである。戦後の日本では1970年代以来、中央政府や自治体が総合的な余暇政策を推進しはじめるが、オイルショックで後退した。80年代の後半から高齢社会に対応した余暇政策が検討されている。

余暇の善用 民衆の余暇のあり方に対して為政者の側からいわれた標語。その土台にある考え方は「小人閑居して不善を為す＝民衆の余暇は悪に走りがちである」という認識であった。余暇は望ましいものではなく、たとえ暇ができてもそれを悪用しないように心がけねばならないとされた。余暇の拡大に伴って、こうした余暇の罪悪視はしだいに後退し、余暇は個性を伸ばす意義ある時間とみる見方が定着してきている。　→レジャー

余暇問題 余暇を社会問題として見る視点。余暇自体は古くから存在するが、余暇が社会問題となったのは産業社会が成立し、その初期に過酷な長時間労働が存在したことによる。余暇

の獲得は労働運動の課題となり、長い抗争の果てにILO（国際労働機関）が成立し、労働時間の制限や休暇制度が確立していく。その後、余暇の大衆化（マス・レジャー）が進展するに及んで、余暇産業や余暇政策のあり方が問われるようになった。さらに、寿命の延びが高齢社会を生み出すに及んで、人生の後半期における膨大な余暇時間の活用が重要な社会問題として浮かび上がってきた。

抑　圧　一般的には、無理に押さえつけること。心理学では、精神分析において最も重要な考えの一つ。自我にとって危険が生じたとき、無意識に抑えつける自己防衛で、不安や自責を起こさないように、自我に統合できない衝動を追い返すこと。抑圧されたものは、無意識のうちに残り、神経症症状として現れたり、言いまちがい、夢などに現れるとS.フロイトは示している。　→適応機制

抑うつ状態　元気がなく、気分が沈み込み、生きているのがむなしいといった抑うつ気分や、何をするのもおっくうという行動抑制、思考抑制がみられ、えん世的、希死念慮をもつ症状群をいう。内因性うつ病に典型的に現れるが、統合失調症や神経症でも認められることがある。また、脳器質障害や中毒性疾患など身体的原因によってもみられる。この症状は１日のうちで変動があり、朝方悪く、夕方軽くなることが多い。身体的症状としては、睡眠障害、食欲不振、頭痛、体重減少、疲労感、便秘、頻尿、発汗などを伴う。

抑うつ神経症　うつ状態を主な症状とする神経症。内因性のうつ病に比べ症状は軽いが、不安症状が強く、対象（愛する他者や支えとなっていたものごと等）の喪失をめぐって発病しやすい。ICD―10、DSM―Ⅳでは気分変調症と呼ばれている。DSM―5では慢性大うつ病性障害に統合された。　→うつ病

浴室の住環境整備　入浴は身体の清潔を保持するだけではなく、気分転換や爽快感を得るなどのリラクゼーション効果も期待される。そのため、安全に動作できるよう、脱衣室及び浴室の整備が必要である。特に、他の空間との温度差が大きくならないようにする。脱衣室と浴室の間の段差解消や、脱衣室での安定した衣服の着脱、浴槽への出入りや浴室内での移動に必要な手すりの設置が望ましい。また、下肢筋力の弱化した高齢者などは浴槽の出入りの際にバランスを崩しやすい。一般的な浴槽の深さは、50〜55cmなので、床を少し埋め込み、洗い場から浴槽の縁までの高さを40〜45cmにするとまたぎやすい。ただし、立位が危険な場合は、座位の方が望ましく、身体状況や使用する福祉用具の大きさ、介助を必要とする場合のゆとりを十分検討する必要がある。一般的に、間口160cm、奥行き160cm（内法寸法）の広さがあると福祉用具の使用や介助がしやすい。

浴　比　洗濯物の重量（kg）と洗濯液の液量（L）との比をいう。洗濯物１kgを水30Lで洗う場合、浴比は１：30である。浴比が小さいと布の動きが妨げられ、浴比が大きいと布同士の摩擦の機会が減少し洗浄力が低下する。効果的に洗濯するためには渦巻き型洗濯機を用いた場合、強水流で１：15〜20、弱水流で１：20〜30、手洗いの場合は１：20の浴比が適当である。現代の洗濯機には、洗濯量と液量とが記載されている。

予　後　病気の結果を予測すること。病気の経過を前もって告げること。疾病にかかった者について、その病気の経過や結果に関する医学上の見通しというように個別の判断として用いられる場合と、ある疾病に関して、一般に予後が良いというように、一般的な見通しとしての医学的見解に用いられる場合がある。また、ある治療や手術の適用に先立ってなされる、その有効性の予測についての判断や意見も指す。例えば義歯の予後などがある。また社会福祉援助においては、サービス利用者の抱えている問題を把握することで、総合的な視点に立って援助を予測することをいう。

横出しサービス　介護保険制度では、保険給付の対象となる居宅サービスの種類が法律上定められており、例えば、給食や移送といった生

活支援を中心としたサービスは含まれていない。このような介護保険給付対象外のサービスについては横出しサービスと呼ばれる。介護保険制度内で市町村特別給付や保健福祉事業による給付を行う、一般財源による福祉施策としてサービス提供を図るなどの方策が考えられる。
→市町村特別給付、上乗せサービス

四次予防 従来からいわれてきた予防の分類（疾病予防を一次、早期発見を二次、リハビリテーションを三次とする）に、新たに、生活習慣病時代に対応させる意味から病気になった者がそれを悪化させない、又は医療の対象にならないようにするという再発防止の概念をいう。

欲　　求 人間や動物を行動に駆り立てる心理的緊張感。食べる、飲む、眠る、排泄する、苦痛を回避するなどの生理的欲求は、生命の維持そのものに関わるものである。欲求が十分に満たされないと、それを獲得するための行動が生まれる。これらに加え、人間には社会的欲求が存在する。これは愛情を得る、地位や名誉を得る、共に協力するなど、社会生活の基盤となる欲求である。

欲求の五段階説 A.H.マズローによる人間の行動の動機づけに関する仮説で、個人の欲求は以下の優先順位で満たされていくという説。①生理的欲求、②安全欲求、③所属・愛情欲求、④自尊の欲求、⑤自己実現の欲求という五段階に分類し、この順序で満たされなければならないとしている。なお、現実には、食欲や安全欲よりも自己実現を優先させた行動がとられることもあり、下位の欲求が満たされなければ必ずしも上位の欲求は出現しないというわけではない。

欲求不満〔frustration〕　ある要求に基づいて実行途上にある目標行動が、外的あるいは内的障害によって阻止されたときの状態をいう。外的障害には物理的なものや、他の人物からの禁止、妨害、拘束等があり、内的なものとしては自分の能力の不足や他の要求との衝突等が考えられる。

四つの食品群 栄養的な役割を考慮して、似ている食品群を四つにしたもの。1群を乳・乳製品と卵、2群を魚・肉、豆・豆製品、3群を野菜、いも、果物、4群を穀類、砂糖、油脂とした香川式をはじめとし、赤・青・黄・緑の4色を用いているものなど、分類方法はいくつかある。一般には食品群の数はあまり多くないほうが分かりやすいといわれ、よく用いられている。

四つのP アメリカの社会福祉研究者H.パールマンが個別援助に共通する構成要素として挙げたものの略称。パールマンはその構成要素として、①援助を必要とする人（person）、②その人と社会環境との間の調整を必要とする問題（problem）、③個別援助が具体的に展開される場所（place）、④援助者とサービス利用者との間の援助過程（process）、の四つを挙げている。　→パールマン,H.

予防医学 治療医学と対立的に用いられる。疾病の原因を除去する等の働きかけを行い、病気の発生を未然に防ぐことを目的とする医学を指す。疾患の病原が明らかになり、診断法、特異的な治療法、予防法が確立したことにより成立した。対象としては従来単一病因である感染症が主であったが、最近は多病因の生活習慣病が問題となっている。　→生活習慣病

予防給付 介護保険における要支援認定を受けた被保険者に対する保険給付であり、要介護状態にならないよう予防することを目的とする。①介護予防サービスの利用（介護予防サービス費・特例介護予防サービス費）、②地域密着型介護予防サービスの利用（地域密着型介護予防サービス費・特例地域密着型介護予防サービス費）、③特定介護予防福祉用具の購入（介護予防福祉用具購入費）、④住宅の改修（介護予防住宅改修費）、⑤介護予防支援の利用（介護予防サービス計画費・特例介護予防サービス計画費）、⑥定率1割の自己負担の合計額が高額になった場合の払い戻し（高額介護予防サービス費・高額医療合算介護予防サービス費）、⑦低所得者に対する食費・居住費の自己負担額の軽減（特定入所者介護予防サービス費・特例特定入所者

介護予防サービス費)について、保険給付が行われる。⑤、⑥、⑦以外は、サービス種類ごとに定める基準額の9割が保険給付され、残りの1割が利用者の自己負担となる(介護18条・52条～61条の4)。なお、平成27年8月1日より、所得が一定以上である第1号被保険者については、2割が自己負担となる。　→介護給付

予防接種　疾病に対して免疫の効果を得させるため、疾病の予防に有効であることが確認されているワクチンを、人体に注射し、又は接種すること。予防接種を行う疾病は、予防接種法によって規定されており、インフルエンザやジフテリア、百日せき、結核などが対象となっている(予接2条)。65歳以上の高齢者に対してはインフルエンザの定期予防接種が行われている。　→予防接種法

予防接種法〔昭和23年法律68号〕　伝染のおそれがある疾病の発生及びまん延を予防するために公衆衛生の見地から予防接種の実施その他必要な措置を講ずることにより、国民の健康の保持に寄与するとともに、予防接種による健康被害の迅速な救済を図ることを目的とした法律。予防接種の対象疾病は、集団予防を図る必要があるA類疾病として、ジフテリア、百日せき、急性灰白髄炎、麻しん、風しん、日本脳炎、破傷風、結核、Hib感染症、肺炎球菌感染症(小児がかかるものに限る)、ヒトパピローマウイルス感染症、痘そう、水痘を規定しており、個人予防目的に比重を置いたB類疾病として、インフルエンザ、肺炎球菌感染症(高齢者がかかるものに限る)を規定している。なお、A類疾病の予防接種については、予防接種対象者又はその保護者に接種の努力義務が規定されている。予防接種によって健康被害を受けた場合は、その程度に応じて医療費や障害年金などの給付金が支給される。

四種混合ワクチン　従来の百日咳、ジフテリア、破傷風の予防接種に用いられる三種混合ワクチンに加え、平成24年からポリオワクチンを追加した四種混合ワクチンが行われるようになった。副作用がほとんどなく、効果が大きい。乳幼児期に接種する。　→ワクチン、ジフテリア、破傷風

四類感染症　感染症法によって定められた、E型肝炎、A型肝炎、黄熱、Q熱、狂犬病、鳥インフルエンザ(特定鳥インフルエンザを除く。)、マラリア等をいう。既に知られている感染症の疾病であって、動物又はその死体、飲食物、衣類、寝具その他の物件を介して人に感染し、国民の健康に影響を与えるおそれがある感染症である(感染6条、感染令1条)。

ら

来談者中心療法 人間は本来、自ら成長していく力をもっているとの前提に立ち、来談者に指示・教示することで相談・援助を行うのではなく、来談者を受容した非指示的なリードにより相談・援助を行う方法。C.ロジャーズによって提唱され、カウンセリングの分野で発達した。→自己決定

来談面接 利用者やその家族などが、施設や機関の面接室（相談室）に出向いて行われる面接のこと。来談面接にあたっては、援助者に面接技術が求められることはもちろんであるが、面接室の広さ、明るさ、設備等にも配慮し、来談者に精神的な安定感と、秘密が守られるという安心感を与えられるような工夫が望まれる。

ライチャード, S.〔Reichard, S.〕 引退後の男性高齢者を対象とした調査を行い、老化への適応の観点から、円熟型、安楽椅子（ロッキングチェア）型、装甲（自己防衛）型、憤慨（外罰）型、自責（内罰）型の五つのパーソナリティに分類した。老年期への移行がスムーズな円熟型、受け身的ではあるが満足している安楽椅子型、活動性を保ち不安を打ち消している装甲型は老化に適応的であるとされ、過去に否定的であり不満が高い憤慨型と自責型は老化に不適応的だとされている。

ライフコース 人生で生じる就学、就職、結婚、出産など、さまざまなライフイベントを選択した結果、描かれる人生の軌跡のことで、"人生行路（航路）"ともいわれている。一方、戦争などの社会的に大きな出来事を同世代で経験した人々は、その後似たような人生行路をたどるとしたライフコース理論が提唱されている。このことは、介護現場で利用者のアセスメントをする際に、利用者理解のための基礎知識として、一つの示唆を与えてくれるものである。

ライフサポートアドバイザー〔LSA〕 シルバーハウジングに居住している高齢者に対し、必要に応じ、生活指導・相談、安否の確認、一時的な家事援助、緊急時対応等のサービスを行う者。生活援助員ともいう（平13老発114・国住備発51）。→シルバーハウジング・プロジェクト

ライフサポートワーク 地域密着型サービスの小規模多機能型居宅介護、認知症対応型共同生活介護などで開発されたケアマネジメントツール。従来の居宅介護支援計画で使用されている標準様式1～7表に準じたツール。

ライブ・スーパービジョン〔live supervision〕 スーパーバイジーが実際に経験した「なまの」場面を演技することによって、スーパーバイザーの援助や助言を得るスーパービジョンの方法。記録や記憶している事実によらず実際の場面を演ずるなかで、深い助言やスーパーバイジー自身の自己覚知をもたらすことのできる場合が多い。→スーパービジョン、スーパーバイザー、スーパーバイジー

ライフレビュー 回想法には、厳密にいうと、ライフレビューと一般的回想法の二つの方法がある。ライフレビューは、利用者のライフヒストリーを人生の発達段階に沿って系統的に聴き、利用者が人生を再評価し、その生きてきた意味を見つけ出すことを通じて、今と未来に活かし、人格の統合を目指そうとするものである。ライフレビューには必ず評価や人生の意味づけが含まれており、一方の一般的回想法より狭義の概念であるとされる。→回想法

ラッサ熱 ナイジェリアのラッサで初めて認められた流行性出血性熱で、致死率が高い。ラッサウイルスが原因で、高熱、咽頭痛、筋肉の激痛、出血を伴う発疹、頭痛、腹痛、嘔吐、下痢を特徴とする。多乳房ラットが保有宿主。ヒトからヒトへの伝染もよくある。日本には常在していない国際伝染病で、感染症予防法による一類感染症とされている。

ラポール（ラポート）〔rapport〕 ⇒信頼関係

ランゲルハンス島 膵臓の消化液を分泌する細胞の中に、種類の異なる細胞の集まりが点在している。これをランゲルハンス島（膵島）といい、血糖調節に関わるホルモンを分泌する内分泌器官である。　→インシュリン

乱　視 眼の経線により屈折力が異なり、外界の1点から出た光線が眼内、眼外をとわずに1点に結像しない眼の屈折状態をいう。正乱視と不正乱視に大別でき、正乱視は眼の屈折系における屈折面の対称的歪みにより生じ、その経線によって屈折力が異なる状態で円柱レンズにより矯正される。一方、不正乱視は、同じ経線上でさえも屈折面が不規則で、いかなる種類の円柱レンズでも矯正不能である。

卵　巣 女性の性腺。子宮の両側にある拇指頭大の臓器。卵子を成熟させ排卵するほか内分泌器官として卵胞ホルモン・黄体ホルモンを分泌する。

ランドリー　⇨湿式洗濯

ランドルト環〔Landolt ring〕 視力測定の際に用いられる国際標準視標。環の太さと切れ目の幅が外径の5分の1になっており、通常5mの距離をおく。外径7.5mm、太さと切れ目の幅がそれぞれ1.5mmの環の切れ目が判別できる視力が1.0である。

卵胞ホルモン 卵巣には卵子をいれた卵胞があり、卵が成熟する過程で卵胞から分泌されるホルモンをいう。女子の第二次性徴を現し、子宮粘膜を増殖させる働きがあり、月経周期を黄体ホルモンとともにつかさどっている。　→黄体ホルモン

り

リアリティ・オリエンテーション〔reality orientation；RO〕 グループ・アプローチのテクニックの一つ。認知症高齢者の見当識障害を正しい方向へ導くことにより現実認識を深めさせることを目的としている。一般には、認知症が同程度の4名位のメンバーで1日1～2回（計16回）会合して、名前、年齢、時間、場所、日時、人物や物の名称等を繰り返し質問され、自分と自分の生活状況を認識できるように訓練される。ただし、この方法は、参加者に"できない自分"をつきつけることにもなるので注意が必要である。　→グループ・アプローチ、見当識、再動機づけ、回想法

リーダーシップ〔leadership〕 人間が集団を形成するときに必然的に現れる機能で、集団の目標を設定したり、集団の成員を一致協力させる働きを指す。はじめは個々バラバラのメンバーが、互いに集団意識をもって活動するようになる過程でリーダーシップが大きな役割を果たす。リーダーシップは特定の人に専有されるのではなく、互いに補い合う何人かのリーダーに分有されたほうが、民主的で活力のある集団をつくることができる。

リーチャー フックなどによって手の届かない場所にあるものを操作する器具のこと。

リイ・モティベーション　⇨再動機づけ

理解促進研修・啓発事業 障害者等が日常生活及び社会生活を営む上で生じる社会的障壁を除去するため、住民に対して障害者等への理解を深めるための研修・啓発を行う事業で、市町村地域生活支援事業の必須事業の一つ。障害者等の理解を深めるための教室等の開催、事業所訪問、イベント開催、広報活動などの形式によって実施することとされている（平18障発0801002）。

理学療法〔physical therapy；PT〕 身体に障害のある者に対し、主としてその基本的動作能力の回復を図るために、治療体操その他の運動を行わせるとともに、電気刺激、マッサージ、温熱その他の物理的手段を加えることをいう。整形外科的の手術、矯正又は固定ギプス包帯法等といった整形外科的治療とは区別される。理学療法は、運動療法や日常生活活動訓練が主に用いられるが、温熱、電気刺激等を加える物理療法についても、血液循環をよくしたり、疼痛を

和らげるために用いられることが多い。　→運動療法、ADL訓練、物理療法

理学療法士〔physical therapist；PT〕　理学療法士及び作業療法士法に定められた国家試験に合格し、厚生労働大臣の免許を受けた者で、医師の指示の下に、理学療法を行うことを業とする者。理学療法士の活躍する領域は、病院や診療所、リハビリテーションセンターなどの医療関連施設のほか、介護老人保健施設、障害者支援施設、スポーツセンターなど、医療、保健、福祉、スポーツ分野の広範囲にわたっている。→理学療法

理学療法士及び作業療法士法〔昭和40年法律137号〕　医学的リハビリテーションの専門技術者として理学療法士及び作業療法士の資格を定めてその資質の向上を図るとともに、その業務が適正に運用されるように規律し、もって医療の普及及び向上に寄与することを目的とする法律。理学療法士及び作業療法士に関する免許、試験、業務、理学療法士作業療法士試験委員、罰則等について定めている。　→理学療法士、作業療法士

リクライニング型車いす　背もたれ部分を後方へ倒すことができる車いすのこと。車いすが後方へ倒れることを防ぐため、後輪の車軸位置を後方へ移動させたり、転倒防止バーを装着したりしている。

離　床　ベッド上で生活していた人が、徐々にベッドから離れて生活機能・範囲を拡大していくことをいう。離床が進むことにより食事、排泄、清潔などの日常生活を自立して行うことが可能になる。また交流も広がるため、知的・精神的活動も活発化することが期待できる。

利殖商法　国民生活センターの「高齢者の消費者被害」によれば、「値上がり確実」「必ず儲かる」など、利殖になることを強調して投資や出資を勧誘する方法のことをいう。

離人症　自我意識の障害の一型。外界や自分自身についての現実感が感じられなくなる障害。自分がしているという能動性の意識が障害されるときにみられる。離人神経症、うつ病などでみられるほか、統合失調症の初期にもみられる。

リスクマネジメント〔risk management〕　「リスク」には、「損失」「事故」「損失・事故の危険性」「危険性そのもの」などの意味がある。リスクマネジメントは、マネジメント領域の一分野で、組織がその資産や活動へ及ぼすリスクの影響から組織を守るためのプロセスである。実際は、リスクマネジメント委員会やリスクマネジャーの設置、リスク情報の定期的分析とフィードバックの実施などにより行われる。介護現場におけるリスクマネジメントには、主に利用者の介護事故の予防（事前対応）と事故対策（事後対応）の二つの柱があり、それ以外にも事業の管理手法として、さまざまな事業環境に対するリスク対応も含まれる。リスク情報は、事故情報やひやりはっと情報、苦情・クレーム、業務フロー分析結果などから、潜在的リスクを抽出することが重要である。

離脱症状　アルコール、薬物の嗜癖者がそれらから離脱したときに起こる症状。モルヒネでは発汗、心悸亢進、不眠、嘔吐、下痢、悪寒などの自律神経系の症状を主とするが、アルコールや睡眠薬の慢性中毒では手指の振戦、全身けいれん発作、幻覚、せん妄状態が現れることもある。離脱後数日で起こるが、嗜癖物質によって症状は異なる。

離脱理論　老化の社会学的側面に関する理論の一つ。老化によって社会的関係が縮小するのは発達的に避けられないことであり、高齢者自身も社会からの離脱を望んでいるので、それを受容することが老化への良い適応であるという考え方。　↔活動理論

立　位　まっすぐ立った姿勢。正しい立位姿勢は、両足に体重が等分にかかり、左右の腸骨稜、両肩のレベルが同じでなければならない。骨盤が前傾しすぎていると腰椎も前彎になり、腹部が前出し、正しい立位姿勢がとれない。立位は頸部、背部、腰部、腹部、臀部の筋等多くの筋の緊張によって保たれる姿勢であるため、疲れやすい。

リッチモンド，M.〔Richmond, Mary E. 1861～1928〕 19世紀後半から20世紀初期の、アメリカの慈善組織協会運動の指導者。その功績は、活動の主な方法であった友愛訪問を専門的な水準まで高め、ケースワークとして理論化・体系化した点である。「ケースワークの母」と呼ばれ、理論の転換期には「リッチモンドに帰れ」といわれた点からもその偉業がしのばれる。代表的な著作として『社会診断論』（1917年）があり、医学モデルの体系化、社会環境要因の重視の理論が説かれている。 →慈善組織協会、友愛訪問

離島等相当サービス 指定サービスや基準該当サービスの確保が著しく困難な離島や中山間地などに住所を有する被保険者が、指定サービス及び基準該当サービス以外のサービスまたはこれに相当するサービスを受けた場合に、市町村の個別判断により介護保険給付の対象とすることができるもの。居宅サービス、地域密着型サービス（地域密着型介護老人福祉施設入所者生活介護を除く）、居宅介護支援、介護予防サービス、地域密着型介護予防サービス、介護予防支援について認められている（介護42条等）。

リネン類 リネンとは本来「亜麻布」のことであるが、現在はテーブルクロス、シーツ、タオルなどの繊維製品の総称としてリネン類が用いられている。これらの製品は、現代では綿が多く用いられているが、綿以前は亜麻が用いられていたこともあり、リネン類という言葉が残されている。

リバース・モーゲージ〔Reverse Mortgage〕 現在の住居に住み続けながら、その住宅・宅地等の不動産を担保に融資を受け、死後に不動産を売却して融資の返済にあてる制度。昭和56年に東京都武蔵野市が初めて導入した。生活福祉資金の不動産担保型生活資金の貸付制度もこれにあたる。遺産相続上の問題等から利用者は伸び悩んでいるものの、近年改めて注目されている。

リハビリテーション〔rehabilitation〕 心身に障害のある者の全人間的復権を理念として、障害者の能力を最大限に発揮させ、その自立を促すために行われる専門的技術をいう。リハビリテーションには、医学的、教育的、職業的、社会的分野等があるが、障害者の全人間的復権を図るためには、それら諸技術の総合的推進が肝要である。

リハビリテーション医学 主として運動障害と高次脳機能障害を対象として、その障害の状態と治療法を研究する医学の分野をいう。広義の運動障害を対象とすることから、その領域は整形外科、脳外科、神経内科、内科、精神科等の各専門分野と重なり、横断的でもある。運動機能とその障害、機能障害に影響を及ぼす合併症、その治療法を主な研究対象とするが、障害部位の機能代行（義肢・装具等）に関する研究もこの分野の領域である。

リハビリテーション・インターナショナル ⇒国際リハビリテーション協会

リハビリテーション・カウンセラー〔rehabilitation counselor〕 リハビリテーションの過程で、心理学の臨床技術であるカウンセリングの技法を用いて、対象者の発見、適応指導、評価等の業務に携わる者をいう。障害者職業カウンセラーのようにリハビリテーション計画の作成、リハビリテーションサービスの確保、就職援助、就職後のフォロー、広報啓蒙活動等の業務に幅広く関わる場合もある。

リハビリテーション計画 対象者のリハビリテーションの目標を実現するため、医学的・教育的・職業的・社会的の各分野ごと、あるいは全体を通じての援助過程に応じて設定される個別の計画。

リハビリテーション工学 工学の知識・技術を応用し、電子工学、流体力学、光学、放射線学などからリハビリテーション機器の開発・研究を図る分野。義肢・装具、自助具の製作や、視覚障害者の感覚代行機器、筋の神経信号を捉え義手・義足を動かす筋電前腕義肢等の開発、また今日では環境制御装置の実用化といった方面にも研究が及んでいる。 →義肢、装具、自助具、感覚代行機器

リハビリテーションセンター〔rehabilitation center〕　障害者の機能回復訓練から社会復帰までの一貫した援助サービスを行う施設の通称。来談者の受理、診断・評価、心理的援助、リハビリテーションへの意欲の促進、適応能力開発訓練、グループワーク等を通じて、自立性・共存性の向上を図る。また、センターの立地する地域の中で、障害者のノーマライゼーションのための啓発・促進を図り、他施設・機関との連携を図るといった役割をもつ。

リハビリテーション・ソーシャルワーカー〔rehabilitation social worker；RSW〕　リハビリテーションの過程で、社会福祉援助活動を行う者をいう。まだ限定された職種ではなく、ソーシャルワーカー、生活相談員、医療ソーシャルワーカー、カウンセラー等と称される職種が関わっている。

リハビリテーションチーム〔rehabilitation team〕　障害者（児）のリハビリテーションの過程では、対象者のニーズを探りだし、その人の適性に合ったプログラムが立てられ訓練が施される。このため医学的、職業的、社会的な各側面において、またはこれら全過程を通じて、多くの専門職がチームを組んで一貫して一人の障害者（児）を援助する必要があり、そのような専門職のグループをリハビリテーションチームという。

リビング・ウィル　単なる延命治療を拒否し、終末期に入り意思の確認がとれない場合は延命治療をやめる、という本人の意思。

リフォームヘルパー　高齢者や障害者が生活しやすい住まいになるように、住宅改良に対して相談・助言を行う関係職種をいう。主に社会福祉士、介護福祉士等の福祉関係職種、理学療法士、作業療法士等の保健・医療関係職種、建築士、設計士等の建築関係職種などが連携して支援を行う。

リフト　福祉用具の一つであり、部屋から部屋・部屋から浴槽へと移動する天井走行リフト、床走行リフト、ベッドから車いす等へ移動・移乗させるためのリフト、車いすを低い位置から高い位置へ移動させるためのリフト等がある。

リフトバス　障害者の送迎を行うために、車体の後部や側部に車いす用のリフト（上下移動装置）を設置した改造バス。

流行性耳下腺炎　俗称おたふくかぜ。ムンプスウイルス感染症。潜伏期間は14〜21日で、本症患者との接触により感染する。不顕性感染も多い。耳下腺や顎下唾液腺の有痛性腫脹を主症状とする。無菌性髄膜炎や脳炎、膵炎、睾丸炎を伴うことがある。一般に予後は良く、性腺炎により不妊になる例はまれである。脳炎の後遺症として聾、顔面神経炎等がみられることがある。

留置カテーテル　カテーテル（管）を体内に挿入したままにすることをいう。膀胱留置カテーテルは、自然排尿が困難で定期的に導尿することが困難な人や、失禁が強くおむつやその他の方法では著しい問題が生じる人に挿入し、直接尿を外に導き出す。原則的には自然排尿が望ましく、これは一時的な目的達成のための処置と考えるべきで、留置期間が長くなれば、尿路感染を招きやすく、膀胱の拡張・収縮機能も弱まり、抜去後の自然排尿に困難を来す可能性がある。

流動食　かまずに摂取できる流動状のものか、固形であっても口の中で容易に流動状になる食事のことで、消化器疾患や嚥下障害などがある場合に供する治療食の一つ。牛乳や果汁、おも湯、くず湯、卵、スープなどを用いて作られる。刺激の強い調味は避ける。しかし、流動食だけを長く続けると栄養不足を生じるため、高エネルギーの濃厚流動食や軟菜食などとの併用が望ましい。

流動性知能　情報を吸収したり、新しい事柄を学習することによって、従来とは異なった行動様式を身につける能力。一般的には、20歳位までに急上昇し、40〜50歳位まで上昇を続け、60歳代で低下しはじめ、70歳代で急激に低下するといわれている。

療　育　「肢体不自由児の父」といわれる

高木憲次の造語であり、療は医療を、育は養育・保育・教育を意味し、「療育とは、時代の科学を総動員して、肢体不自由をできるだけ克服し、自活の途が立つよう育成することである」と定義された。

療育手帳制度 知的障害児（者）に対して療育手帳を交付することにより、一貫した指導・相談を行うとともに、各種の援助措置（特別児童扶養手当、税の減免、公営住宅の優先入居、NHK受信料の免除、旅客鉄道株式会社等の旅客運賃の割引など）を受けやすくすることを目的とした制度。地方自治体によっては、みどりの手帳、愛の手帳などの名でも呼ばれる（昭48厚生省発児156、昭48児発725）。

両価性（アンビバレンス） 愛と憎しみのように、相反する感情が同時に存在すること。
→アンビバレンス

両眼視機能 外界の物体よりうける両眼の印象を一つに統合し、視空間内における物体の局在方向、距離、奥行等を感じる能力をいう。両眼同時視、両眼単一視（同時同一視）、空間視（立体視）よりなる。両眼の視機能に著しい差があるときは、両眼視の困難なことが多い。

良肢位 日常生活動作を行う上で、支障の少ない関節角度をとった肢位。

利用者主体 人間の生活とは、非常に個別性の高いものであり、生活の主体者はその人自身でなければならない。このことは、どんなに心身の機能が衰え、日常生活のすべての面において他者の援助を必要とする状態になったとしても変わらない、普遍的なものである。そのため、介護サービスにおいて求められるのは、利用者主体の生活支援である。介護とは、介護従事者の主観や都合によって行われるものではない。生活の主体者である利用者本人の意思を尊重することが、介護の大前提であり、大原則である。

利用者負担 福祉サービスなどを利用した際に、サービスに要した費用のうち、利用者が支払う負担分。介護保険法においては応益負担が原則とされ、その負担割合はサービスに要した費用の1割である。なお、平成27年8月より、一定以上の所得のある第1号被保険者の自己負担額は2割に引き上げられる。障害者総合支援法においては負担能力に応じた負担（応能負担）が原則となっている。なお、施設入所などにおける食費や居住費（滞在費）については、全額利用者負担となっている。また、利用者負担の軽減を図るため、高額介護サービス費や高額障害福祉サービス等給付費などの軽減措置が講じられている。

良性腫瘍 周囲の正常組織に浸潤したり、転移したりしない腫瘍。通常、線維性被膜をもつ。
→悪性腫瘍

療養 病気を治すため治療し養生することをいう。快適に安心して生活が送れるように、適切な医療機関への受診や服薬の管理、寝たきりにさせない介護、褥瘡予防の介護、安楽への介護などの医療と介護の双方が必要であり、援助者は連携を密にして、利用者の自立に向けた援助を行う。

療養介護 主として昼間、病院において行われる機能訓練、療養上の管理、看護、医学的管理の下における介護及び日常生活上の世話を行う障害者総合支援法の給付対象サービス。対象は病院における機能訓練、療養上の管理、看護、介護等が必要な障害者であって、常時介護を要するものである。介護給付に分類される。なお、療養介護のうち医療に係るものは、特に「療養介護医療」と呼ばれる（障総合5条6項）。

療養通所介護 難病等を有する重度要介護者又はがん末期の者であって、サービス提供にあたり常時看護師による観察が必要なものを対象者とする通所介護。医療機関や訪問看護サービス等との連携体制や安全かつ適切なサービス提供のための体制を強化し、療養通所介護計画に基づき、入浴、排せつ、食事等の介護その他の日常生活上の世話及び機能訓練を行う。

療養の給付 健康保険、国民健康保険等の医療保険制度において、被保険者（組合員）の業務外の疾病又は傷病に対して行われる医療の給付。給付の範囲は、①診察、②薬剤又は治療材料の支給、③処置、手術その他の治療、④居宅

における療養上の管理、世話及び看護、⑤病院又は診療所への入院、世話及び看護、となっている。被保険者（組合員）が保険医療機関から現物給付として医療を受け、保険医療機関が保険者から診療報酬を受ける。75歳以上（一定の障害状態は65歳以上）の者は、後期高齢者医療制度より同様の給付がなされる（健保63条、国保36条、高医64条等）。

療養病床 医療法に規定されている病床の種別の一つ。主として高齢者など、長期にわたり療養を必要とする患者のための一群の病床として、病院又は診療所の病床の中から都道府県知事の許可を受けたもの。長期療養患者に適した員数の医師、看護師等を配置し、機能訓練室、談話室等を設置することとされている。療養病床には、医療保険で提供する医療療養病床と介護保険で提供する介護療養病床があるが、平成30年3月31日をもって介護療養病床は廃止されることになっている。

緑黄色野菜 カロチン含有量が比較的多い野菜の総称として便宜的に定めたもの。一般には色の濃い野菜とされており、可食部100g当りカロチン含有量600μg以上のものをいう。また、厚生労働省は果肉の部分が緑色や黄色、赤色等、色の濃い野菜を栄養指導上の観点から緑黄色野菜として分類している。これによりトマトなどはカロチン含有量390μg/100gであるが、緑黄色野菜として取扱われている。

緑内障 眼内圧上昇、視神経内板の変形・変性、視野の弓形欠損を起こす視神経線維束の障害を特徴とする眼疾患。眼内の前房にある房水の流出が制限されたために起こり、失明の原因となる。

リラクセーション リラクゼーションともいう。リラックスすること。手法的にはさまざまなものがあるが、身体的あるいは心的緊張を低下させ、脱力したゆったりと気持ちのよい状態になること。　→安眠

リロケーションダメージ 自宅からグループホームや施設に入所した際など、なじみのない環境へと生活の場が変わることにより心理的な不安や混乱が高まり、それまでになかった行動・心理症状などが生じること。特に認知症の場合は、ダメージを受けやすいため、本人のなじみのものなどを配置したり、居場所づくりなどが大切である。

リ　ン 人体では体重の1％を占め、成人では80％がカルシウムと結合して骨格や歯牙の硬組織を形成している。10％は筋肉内、残りは脳、神経、肝臓、肺の順に存在し、リン酸化を必要とするエネルギー代謝に必須である。主に十二指腸、空腸、回腸で吸収され、大腸や胃でも吸収される。排泄は尿中にされる。また、リンはカルシウム代謝と関係が深い。食品添加物として各種リン酸塩が加工食品に使われており、摂取過多が問題である。

臨　終 死に臨むこと。死に際。末期（まつご）。死の直前から死の瞬間までの間で用いられる。本人や家族の希望を尊重するとともに安らかに別れの時を迎えることができるように見守り、支えることが大切である。

臨床検査技師 厚生労働大臣の免許を受けて、医師又は歯科医師の指示の下で臨床検査を行うことを業とする者。臨床検査技師が行う臨床検査には、微生物学的検査、血清学的検査、血液学的検査、病理学的検査、寄生虫学的検査、生化学的検査のほか、心電図検査、脳波検査など厚生労働省令で定める生理学的検査がある。

臨床検査技師等に関する法律〔昭和33年法律76号〕　臨床検査技師の資格、免許、試験、業務、罰則などについて定めた法律。

臨床工学技士 臨床工学技士法に定められた国家試験に合格し厚生労働大臣の免許を受けた者で、医師の指示の下に、生命維持管理装置の操作及び保守点検を行う専門技術を備えた者。医療機器の進歩等に伴い、医師、看護師等と専門技術者によるチーム医療の一員として臨床現場を支えている。生命維持管理装置の操作を行えるのは臨床工学技士を含め、医師、看護師、准看護師等に限られている。　→生命維持管理装置

臨床工学技士法〔昭和62年法律60号〕　医

療機器の著しい進歩に伴って高度複雑化する人工透析装置、人工心肺装置、人工呼吸装置等の生命維持管理装置の操作及び保守点検を遂行するため、医学的かつ工学的知識を兼ね備えた専門技術者である臨床工学技士について規定し、その資格、免許、試験、業務、罰則などについて定めた法律。

臨床心理学 医療、教育、福祉等の現場において心理学的援助技術に基づく専門的援助実践を行う学問。こころの障害や支障の理解、心理査定（アセスメント）、心理的面接、心理療法等を扱う。

臨床心理技術 臨床心理学は人間の心理的諸問題の診断及び治療に関わる心理学の一領域である。臨床心理学の方法・技術である臨床心理技術としては、知能や性格を測定する心理検査、心理療法、カウンセリング、行動療法、認知療法、家族療法、自律訓練、感受性訓練等、さまざまな技術がある。これらの技術は、臨床心理士やカウンセラーによって実施される。

臨床心理士〔clinical psychologist ; CP〕（公財）日本臨床心理士資格認定協会の認定による臨床心理学の専門家。協会が指定する大学院で心理学の修士課程を修了するか又は修了後1年以上の心理臨床経験を有する者等が、資格審査に合格した場合に認定される。心理学的技法によりクライエントをアセスメント・面接し、心理的援助を行う。近年、医療機関、保健所、学校の相談室、児童相談所、家庭裁判所など保健医療、教育、福祉、司法・矯正の各分野で需要が高まっている。　→スクールカウンセラー

リンパ（液） 細胞間隙を流れる間質液の一部はリンパ毛細管に吸収され、リンパ節を通過してリンパ管に入る。ここを流れるわずかに黄色を帯びた透明な体液をリンパ（液）という。リンパ球が多数含まれ、最終的には血液に合流する。

リンパ球 ⇨白血球、リンパ（液）

リンパ行性転移 悪性腫瘍の広がり方の一つ。悪性腫瘍の転移に際して腫瘍細胞がリンパ液に乗って移動し、他の組織で増殖すること。所属リンパ節はリンパ行性転移の起こる頻度が高い。

リンパ節炎 リンパ節の炎症のこと。局所に生じた炎症が波及し、その起炎細菌や毒素あるいは化学物質が所属リンパ管を通りリンパ節に炎症が生じる。

倫　理 ⇨福祉倫理

倫理綱領 専門職者がその業務を遂行するに当たり、その価値観を明確にして職業方針を示したもの。福祉専門職に限らず、全ての専門職は専門的知識、技術とともに高い倫理・価値を持つことが求められ、それらには一般に倫理綱領等といった形で明文化されている。社会福祉においては、対人サービスという性格から、サービス利用者の人権を尊重したものが要求される。その代表的なものとして、海外ではアメリカ・ソーシャルワーカー協会倫理綱領（1951年）、イギリス・ソーシャルワーカー協会倫理綱領（1975年）があり、我が国ではソーシャルワーカーの倫理綱領（2005年）や日本介護福祉士会倫理綱領（1995年）などが挙げられる。

る

涙　器 涙腺と涙道からなる。涙腺から分泌された涙液は眼球前面の結膜、角膜の乾燥を防ぎ、これらの組織の物質代謝や、表面のほこりの清拭をして、涙湖に集まる。そして涙点より涙小管、涙嚢、鼻涙管を経て鼻腔に排出される。

累積性疲労 仕事などによって生じた疲労は、適切な栄養補給と休養により、通常、1日ごとに回復させることが望まれるが、この一部が翌日に持ち越されたまま就労すると、回復されなかった疲労が重なって累積性疲労となる。これは健康を害し病気の原因となりやすいので、疲労の早期回復が必要である。

ル　ウ〔roux〕小麦粉（主に薄力粉）を

バターで弱火でゆっくりと炒めたもの。ソースやスープに濃度をつけ、滑らかさを与えるために用いられる。加熱の温度と時間の程度により、白色のルウ、淡黄色のルウ、茶色のルウがあり、目的によって使い分ける。炒めるほどソースの粘度はさらりとしてくる。

れ

冷あん法 氷枕や氷のう、冷湿布等を用いて、患部に寒冷刺激を与え、痛みを和らげたり、沈静化させたりすること。 ↔温あん法

冷汗 通常、汗は体温が上がったときに発生するが、皮膚温は冷たいにもかかわらず発生する汗を冷汗という。各種のショックの場合あるいは低血糖発作の場合にみられる。

冷湿布 冷あん法の一つ。局所を皮膚から冷やし、循環を抑えることによって、消炎、鎮痛を図る療法。冷水に浸した布を皮膚表面に当て、上から油紙等で防水する。熱を吸ったら交換する。 ↔温湿布

レクリエーション〔recreation〕 レクリエーションはラテン語が語源とされ、英語では元気回復や滋養等が古い用例としてあり、日本の初期の訳語では復造力や厚生などがある。現在では生活の中にゆとりと楽しみを創造していく多様な活動の総称となっている。介護福祉領域などでは、人間性の回復などの理解もみられる。

レクリエーション運動〔Recreation Movement〕 レクリエーションを人間らしい生活に欠かせないものととらえ、その充実・発展を目指し、レクリエーションのための環境づくりを進める社会運動。19世紀の末にアメリカで興った「遊び場運動（Playground Movement）」をその起源とする。現在は各国に推進組織をもち、レジャーの拡大、レクリエーション施設の整備、レクリエーション指導者の養成、レジャー教育の推進などを課題に運動が進められている。 →世界レジャー・レクリエーション協会、日本レクリエーション協会

レクリエーション援助者 ⇨レクリエーションワーカー

レクリエーション援助者の役割 レクリエーション援助者の役割は、レクリエーション実現のための諸条件を整備・充実することである。プログラムの計画立案及び展開、ワーカーの編成、グループ育成、施設の整備など広い視野に立ってその任務を進めていく必要がある。ややもすればプログラムの実践指導ばかりに気をとられがちになるが、より広範に、条件整備を含めた総合的な援助業務を進めて、はじめて、レクリエーション援助者の任務・役割が果たされているといえよう。

レクリエーション援助体系 1980年、日本レクリエーション協会は、レクリエーションの援助体系を①集団を介した支援、②個人への直接的支援、③レクリエーションのための社会システムの整備とした。レクリエーション援助は、不特定のグループへのゲーム等の支援を行うイメージが強いが、援助の主体は個人であり、そのための3つの援助体系である。

レクリエーション援助目標 レクリエーション援助が最終的に目指すものは、「レクリエーションの自立」である。高齢者や障害者が、そのハンディキャップを受容しながら、自分のレクリエーション欲求を可能な限り自分の責任において満足させることができるよう、さまざまな援助を展開する。「レクリエーションの自立」のあり方は、全く支援を必要としなくなった状況だけを示すものではなく、援助対象の障害等の状況に応じて、支援を享受しながらの自立もある。

レクリエーション活動 ⇨レクリエーション財

レクリエーション（活動）援助 人間らしい生活を実現するために欠かせないレクリエーションについて、その自立を目指して行われる総合的な支援のこと。生活の質（QOL）の向上につながるように、レクリエーション活動自体を

楽しむための援助や、活動を行った結果、機能回復の効果を期待する援助などがある。

レクリエーション（活動）援助とチームアプローチ　レクリエーション活動援助は、施設等によっては専門の福祉レクリエーション・ワーカーが行う場合もみられるが、介護職やボランティア等が協力して援助を行う。

レクリエーション活動の効果　レクリエーション活動は「身体的」「知的」「情緒的」「社会的」の四つの要素から構成されており、それぞれの要素を意図的に活用することで、リハビリテーション的な効果が期待できる。また、レクリエーション活動自体を主体的な生活行動の一部とすることで、生活の質の向上への効果が期待できる。

レクリエーション行事　多様なレクリエーション・プログラムの中で比較的大規模で組織的に実施されるものを指す。季節の行事をはじめ、施設や団体の節目となる活動として広く行われている。レクリエーション行事は活動をとおした人間交流の促進や、生活にメリハリをもたらす等、新たな活力を生み出す。

レクリエーション・サービス・システム（レクリエーション支援システム）〔recreation service system〕　福祉・医療施設などで、レクリエーション援助を行う場合の組織的な取り組みの体系のことをいう。このサービスシステムに必要な要因は、レクリエーション援助を実施するための人的、物的、財政的などのマネジメント体制と実施過程等の構築である。

レクリエーション・サービスの評価　レクリエーション・サービスの目標について評価するもの。レクリエーション援助対象のレクリエーション自立や、レクリエーション活動の選択や決定などに関係する評価視点が挙げられる。アセスメント、計画、実施、評価の援助過程の一つである。

レクリエーション財　レクリエーションを実践するときに必要となるさまざまな文化財の総称。レクリエーション活動の素材となるもの。一般的には、音楽や演劇などの芸術・文化活動、収集活動、手作り・物づくり活動、スポーツ・身体活動、アウトドア活動、学習・自己啓発活動、社交的活動、ボランティア活動、旅行、賭け事などの娯楽に分けられる。レクリエーション活動とほぼ同じ意味である。　→レクリエーションの分類

レクリエーション資源　個人またはグループが地域で利用できるレクリエーションの施設やサービスを指す。指導者の派遣に関する事柄やプログラムの依頼や相談業務、利用する施設・設備・用具等の貸出業務やサークル・クラブの紹介業務や交通関係など、レクリエーション・サービスに関係するすべての業務も、レクリエーション活動を実施するに当たっての資源になる。

レクリエーション指導　従来のレクリエーション指導概念は、「健全な遊びへ善導する」というニュアンスを強く感じさせるものであり、「指導」という言葉のもつ「方向を示し導く」ことが強調されてきた。それに対して今日の考え方は、「指導」という言葉を使ったとしても、その実質的な意味は「自己決定に基づいたレクリエーションの実現を支援する」ということに変わってきている。あくまでもレクリエーションを行う人を主体と考え、これを支援する行為として概念規定されるようになった。　→レクリエーション（活動）援助

レクリエーション指導者　「指導」という概念は、いまや「支援」あるいは「援助」と解釈されるようになっている。したがって、「指導者」という概念も、「支援者」あるいは「援助者」というほうが適切である。このようなニュアンスを自然に表現する言葉として「レクリエーション・ワーカー」という言葉が多用されるようになり、特に医療・保健・福祉等の分野では、そうした職種の人も出てきている。　→レクリエーションワーカー

レクリエーション主体　レクリエーション活動を行う個人のこと。レクリエーションは自由で主体的な行為であり、他からの強制を受けるべきものではない。レクリエーション行為者の

主体性は最大限尊重されなくてはならないという立場から、行為者を「レクリエーション主体」ととらえる見方が生まれた。レクリエーション援助対象と同じ意味である。

レクリエーション相談 ⇨余暇（生活）相談

レクリエーション組織 レクリエーションを行うための組織。個人的なレクリエーションでも、趣味のクラブのように情報交換や趣味を通じての親睦を図るために組織が作られる。スポーツや文化活動の中には、レクリエーションをすること自体が集団を必要とするものが少なくない。それらのレクリエーション集団を連ねて、レクリエーション活動の充実・発展を目指す組織が作られる。　→日本レクリエーション協会

レクリエーションの意義 レクリエーションは、個人にとっても社会にとっても大きな意義をもつものである。個人に対しては、①生理的な面で、疲労の回復や健康の増進に役立ち、②心理的な面で、やすらぎ、楽しさを通じて心理的安定や生きがいづくりにつながる。③社会に対しては、社会成員相互のコミュニケーションを促進し、共同で行うことの喜びをつくり出す上で効果がある。

レクリエーションの概念 レクリエーションの概念には、余暇に行う自発的な活動としてのレクリエーションと活動から得られる楽しみ感を核とする満足感や、達成感などの建設的な心のあり方としてのレクリエーションがある。レクリエーションのもともとの意味には元気の回復や滋養、復造力、つくり直すなどの意味がある。

レクリエーションの環境づくり レクリエーションを行うための施設・環境を整えること。この環境のうちには、人工的な施設とともに自然環境の保全と利用が含まれる。また、レクリエーションを行うための支援組織の整備のような人間的環境を含めていう場合もある。

レクリエーションの生活化 レクリエーションを毎日の暮らしの中に明確に位置付けて、日常的にレクリエーションが楽しまれるようにすること。レクリエーション活動が日々の生活の中で継続的に行われるようになることを「生活化が進む」というように表現している。

レクリエーションの素材 ⇨レクリエーション財

レクリエーションの分類 多様なレクリエーションを分類する試みはさまざまに行われてきた。個人的―集団的、静的―動的、受動的―能動的などの活動の特性によって分類する考え方や、芸術文化、スポーツ、旅行などのように活動のカテゴリーによって分類するものがある。さらには、のんびりする、満足する、気が晴れる、人と親しくなる、のようにレクリエーションから得られる感覚の違いによって分類する試みも行われている。　→レクリエーション財

レクリエーション費 余暇活動、レクリエーション活動を実行、実践するための経費。個人の趣味にかかる費用から行事、イベントにかかる費用、福利厚生で行われるレクリエーション支援の費用などのこと。

レクリエーション・プログラム〔recreation program〕　レクリエーション・プログラム・サービスのためのメニュー。レクリエーションすなわち「人間がよりいきいきすること」を可能にする確率の高い活動を、その具体的目標に沿って時間軸の中に組み込んだもの。社会福祉施設等では、入所者がよりいきいきとした生活を営むための年間のレクリエーション計画、その計画の細部、さらには一つの種目をどのように進めるかというプログラム等がある。

レクリエーション・プログラム・サービス〔recreation program service〕　レクリエーション・サービス・システムの中の直接的サービスの根幹をなすサービスで、具体的にはさまざまなレクリエーション活動や行事を計画し実践していくサービスである。行事等は大規模なものばかりを指しているのではなく、日常的でささやかな楽しみを援助するようなプログラムもこのサービスの範疇である。

レクリエーション・マネージメント・サービス〔recreation management service〕　人々の

レクリエーションが実現するためには、諸々の関係機関・団体からの援助が必要である。マネージメント・サービスとはそうした援助を総括し、管理・運営・調整する仕事のことである。老人福祉施設などを例にとると、年間計画・予算、設備、レクリエーション・ワーカーの確保、運営委員会の設置などを総合的に行う業務がそれに該当する。アメリカの一部の州では「アクティビティ・ディレクター」の名のもとに、この業務が行われている。

レクリエーション論　レクリエーションを学問的研究の対象として論じたもの。本格的なレクリエーション論は、遊びの心理的説明の一つとして1920年代にアメリカのカークパトリックが提起している。アメリカではレクリエーション運動と行政の整備につれて、1930年代以降レクリエーション研究が盛んになった。我が国では戦前は厚生運動の中で論じられ、戦後はアメリカの影響を受けたレクリエーション研究が活発になった。

レクリエーションワーカー〔recreation worker〕　レクリエーション活動の援助者または推進者。自由で主体的なレクリエーション活動をより充実させるために、活動の指導、進め方の相談、仲間づくり、環境の整備などの総合的な支援活動を提供する。専門職からボランティアまでさまざまなレクリエーションワーカーが地域や職場で活動しているが、社会福祉領域では日本レクリエーション協会が養成する「福祉レクリエーション・ワーカー」が存在する。→福祉レクリエーション、日本レクリエーション協会

レジデンシャル・ワーク〔residential work〕　社会福祉施設での入所者への援助において、施設の生活を通常の在宅での生活に近いものにすることを目的とした援助活動をいう。施設内での援助だけでは、一般社会と隔絶したものになるため、近隣の社会活動に積極的に参加することで社会的に適応させ社会復帰を図ろうとするものである。

レシピエント〔recipient〕　臓器受容者。臓器移植に際し、臓器の提供を受ける人。　↔ドナー

レジャー〔leisure〕　余暇。労働時間や生理的必要時間（睡眠、食事等）以外の、各人が自由に処理することのできる時間とそこで行われる活動。レジャーはかつては支配階級の専有物であったが、産業社会の成熟とともに大衆もまたレジャーをもてるようになり（マス・レジャー）、その意義も単に余った時間というだけでない積極的な価値が主張されるようになってきた。福祉領域でもレジャーの創造的活用を支援することが大きな課題となっている。

レジャー憲章〔Charter for Leisure〕　国際レクリエーション協会が1970年にジュネーブでの会議を経て制定した、国際的レクリエーション運動の目標となる文書。全部で7条からなり、レジャーとレクリエーションが基本的人権に属するものであることを宣言し、レジャーの自由、レクリエーション資源の保全、レジャー教育の重要性、自治体・専門家の支援的役割等について触れている。

レスパイト・ケア〔respite care〕　介護者を要する高齢者や障害者の家族が、ショートステイやデイサービス等を利用して、一時的に介護から離れて、心身のリフレッシュを図ること。家族の介護負担を軽減するために地域の社会資源を活用することも大切である。

レスポンデント条件づけ　古典的条件づけとも呼び、I.P.パブロフによって基礎づけられたタイプの条件づけをいう。刺激に対して、反射的な新しい反応が受動的に生じるような型の条件づけである。不安や恐れなどの情動反応の条件づけはこのタイプの条件づけであるといわれている。涎が出る等の生理的な（受動的）反応が本来その反応を生起させる刺激以外の刺激と条件づけられることがオペラント条件づけとの違いである。　→条件反射、オペラント条件づけ

レセプト〔独：rezept〕　診療報酬明細書のこと。医療機関が診療報酬を請求する場合は、診療報酬請求書に診療報酬明細書を添えて、社

劣等感　他人との比較において自分が劣っていると感じること。適度な劣等感はむしろ人間を進歩・向上させる原動力になることもあるが、過度の劣等感は人間関係からの回避、引っ込み思案など行動にブレーキがかけられてしまう。劣等感は優越感の裏返しであり、自己要求水準が高い人ほど劣等感を持ちやすく、自分の優れた部分については高い優越感（プライド）を持つ。なお、精神分析学者のA.アドラーは、身体の器官の故障や障害からくる劣等感を特に器官劣等感と呼んだ。

劣等処遇の原則〔principle of less-eligibility；レス・エリジビリティの原則〕　救貧事業による救済の水準は、自力で生活している最下層の労働者の労働・生活状態より、実質・外見ともに低いものでなければならないとする原則。1834年に制定されたイギリスの新救貧法に示されたところにはじまる。　→新救貧法

レット症候群〔Rett syndrome〕　生後6か月までは正常な発達を示すが、その後、筋緊張の低下、運動機能の退行、自閉傾向を発症する。手もみと呼ばれる特有の常同運動（水道の蛇口の下で手を洗うような動作）、過呼吸、息止め、てんかん、独特の歩行障害等がみられる。病因は不明で、ほとんどが女児に発症する。

レトルト食品　昭和40年代から缶詰に代わって現れてきた袋詰（パウチ）の調理食品につけられた名称。熱に強いポリエステル等の外層フィルム、アルミニウム箔等の中層フィルム、ポリオフィン系の内層フィルムからなる容器に食品を入れ、レトルト（加圧加熱殺菌釜）で殺菌処理をしたものをいう。空気・水・光線等の遮断性や密封性に優れ、加熱殺菌時間も短くて済むことから食品の品質もよいため普及が著しい。

レビー小体型認知症　アルツハイマー型認知症、脳血管性認知症と同様に脳の器質性疾患による認知症で、大脳皮質を含む脳全体にレビー小体と呼ばれる異常物質の沈着がみられる。パーキンソン症状と、現実的で具体的な幻視の特徴があり、症状の日内変動がみられることもある。比較的進行が早く、日本ではアルツハイマー型認知症、脳血管性認知症と合わせて三大認知症といわれている。向精神病薬に対する強度の感受性が亢進を示すこともよく知られている。

レミニッセンス〔reminiscence〕　⇨回想法

レム睡眠〔rapid eye movement；REM（急速眼球運動）睡眠〕　睡眠の状態をポリグラフ法（脳波、顎筋筋電図、眼球運動を同時記録）で観察すると、初めの1〜2分のまどろみ状態から次第に深く寝入り、外来刺激に対し覚醒しにくくなる。この状態をノンレム睡眠（non REM睡眠）という。しかしその後顎筋は弛緩し続け、深く寝ている状態であるにも関わらず、覚醒時と同じような脳波と急速な眼球運動が15分間くらいみられる。この状態をレム睡眠あるいは逆説睡眠という。続いて再びノンレム睡眠状態に入る。これを繰り返し、遂にレム睡眠状態が長くなって目覚める。　→逆説睡眠

レントゲン線検査　⇨X線検査

連　絡　介護現場における連絡の意義と目的は、連携を強めることにある。連絡する内容には、5W2H（いつ：When、どこで：Where、誰が：Who、何を：What、なぜ：Why、どのように：How、いくら：How much）を頭におくようにする。連絡をとったときは、相手から得た情報や相手の反応などについてメモや記録に残しておく。最近では「誰のために：Whom」を加えて6W2Hという場合もある。

ろ

ろうあ　聴覚と音声言語の障害者。聴覚欠如の結果、言語習得不能又は既習言語忘却によ

って口もきけなくなった状態。

老化 成年期以降加齢とともに不可逆的に起こる心身機能の変化をいう。疾病とは本質的に異なるが、老化が進むことにより疾病にかかりやすく、また治りにくくなる。老化には個人差があり、一律に評価することはできないが、一般的に、①行動能力の低下、②予備力の減少、③防衛機能の低下、④回復力の低下、⑤適応力の減退、等の特徴が挙げられる。　→老衰

聾学校 聾者（強度の難聴者を含む）に対して、幼稚園、小学校、中学校又は高等学校に準ずる教育を行い、必要な知識技能を授けることを目的とする学校。平成18年の学校教育法の改正により、「特殊教育」から「特別支援教育」への転換が図られ、盲学校、聾学校及び養護学校は「特別支援学校」に一本化された。現在も校名として「聾学校」の名称であることも多い。
→特別支援学校、特別支援教育

老化の遺伝説 個体の変化に重点をおく老化説の一つで、精神機能や行動に現れる老化現象は、遺伝的要因を中心として決定されるという説。遺伝研究、例えば家系研究、双生児研究、染色体研究などによって説明しようとする考え方。　→老化の写し説、老化の行動説

老化の写し説 個体の変化に重点をおく老化説の一つで、老化の特徴は発育期に現れている特徴の写しであるという説。生活体は発育期においてさまざまな淘汰を受け、淘汰を受けた性質が成熟後以後の時期の特徴として現れるのであり、成長後に現れる変化はすでに発育期の終わりには現れているという考え方。　→老化の遺伝説、老化の行動説

老化の行動説 個体の変化に重点をおく老化説の一つで、成長した生活体の行動が年齢によって変化する現象を説明しようとする説。年齢に伴って感覚・知覚機能、記憶、思考、学習能力、動機づけ、欲求、パーソナリティなどに変化が起こる。これらの変化が老化であり、年齢的にみた人間の行動の変化に大きな影響を及ぼしており、これらの加齢による変化によって老人の行動の特徴が生じるという考え方。　→老化の遺伝説、老化の写し説

老化の離脱説 個人と社会との関係に重点をおく老化説の一つで、個人と社会の相互の離脱のために起こる現象を老化とする説。年齢とともに、所属している社会において、他の人々との相互関係が弱くなる過程が老化であるという考え方。

老眼 老視。加齢に伴ってレンズの役割をする水晶体が弾性を失って硬くなり、近距離での調節力を失うこと。老眼鏡（凸レンズ眼鏡）を用いて調整する。

老眼鏡 老眼すなわち、水晶体の弾力の欠乏により近距離作業に要する眼の調節機能が衰える状態の補正のために用いられる凸レンズの眼鏡。

老健局 厚生労働省の内部部局。総務課、介護保険計画課、高齢者支援課、振興課、老人保健課の五つの課で構成されている。老人の福祉の増進、保健の向上、それらのための施設整備、介護保険事業、福祉用具の研究・開発と普及の促進などについての事務をつかさどり、老人福祉制度、介護保険制度等の施策を実施する局である（厚労組令12条・112条～117条）。

瘻孔 深部組織あるいは臓器と外部の間に生じた病的な管状の連絡で、体内の臓器と連絡する内瘻と、皮膚と通じる外瘻がある。胆嚢・十二指腸瘻、食道瘻、痔瘻などがある。

労作時狭心症 運動時狭心症ともいい、運動負荷や精神興奮で誘発される狭心症。　⇔安静時狭心症　→狭心症

老視 年齢が進むことによって起こる眼の調節力の生理的変化。眼筋の調節力や水晶体の弾力性が減少するために調節力が低下し、明視の近点が目から遠ざかる。近点が22cm（9インチ）以上になったときがその始まりとされる。

老人 ⇨高齢者

老人憩の家 市町村の地域において、老人に対し、教養の向上、レクリエーション等のための場を与え、老人の心身の健康の増進を図ることを目的とする利用施設。設置及び運営主体は

市町村。利用者は原則として60歳以上の者で、利用料は無料となっている（昭40社老88）。

老人介護支援センター　⇨在宅介護支援センター

老人休養ホーム　景勝地、温泉地等の休養地において、高齢者に対して低廉で健全な保健休養の場を与え、心身の健康の増進を図ることを目的とする利用施設。設置及び運営主体は地方公共団体で、利用者はおおむね60歳以上の者及びその付添人となっている（昭40社老87）。

老人居宅介護等事業　老人福祉法に規定する老人居宅生活支援事業の一つ。65歳以上の者であって、身体上又は精神上の障害があるために日常生活を営むのに支障があるものに対して、その者の居宅において、入浴、排せつ、食事等の介護、調理、洗濯、掃除等の家事、生活に関する相談・助言等の便宜を供与する事業又は介護予防を目的とした日常生活上の支援を行う事業。要介護者等には、介護保険法に基づく訪問介護、定期巡回・随時対応型訪問介護看護、夜間対応型訪問介護等として提供されるが、やむを得ない事由により介護保険法によるサービスを受けられない場合に措置として提供される（老福5条の2）。　→訪問介護

老人居宅生活支援事業　老人福祉法に規定する要援護高齢者の居宅生活を支援するための事業の総称。①老人居宅介護等事業、②老人デイサービス事業、③老人短期入所事業、④小規模多機能型居宅介護事業、⑤認知症対応型老人共同生活援助事業、⑥複合型サービス福祉事業の6事業からなる（老福5条の2）。　→居宅サービス

老人クラブ　地域を基盤とする高齢者の自主的な組織。高齢者自らの生きがいを高め健康づくりを進める活動や、ボランティア活動をはじめとした地域を豊かにする各種活動を行う。会員の年齢は60歳以上とされているが、60歳未満の加入が妨げられることはない。介護保険制度の導入により、介護予防という観点からその活動と役割が期待されている（平13老発390）。

老人健康保持事業　老人の心身の健康の保持に資するための教養講座、レクリエーションその他広く老人が自主的かつ積極的に参加することができる事業をいう（老福13条）。老人の社会参加を促すいわゆる生きがい対策事業をいい、国庫補助事業としては、①高齢者の生きがいと健康づくり推進事業、②老人クラブ活動等事業、等がある。

老人週間　国民の間に広く老人の福祉についての関心と理解を深めるとともに、老人に対し自らの生活の向上に努める意欲を促すため、老人週間が設けられている。9月15日から21日までが老人週間として定められており、国及び地方公共団体は、老人週間において、老人の団体などによってその趣旨にふさわしい行事が実施されるよう奨励しなければならないとされている（老福5条）。

老人性高血圧　老化に伴う大動脈の弾力性低下による収縮期性高血圧。日本高血圧学会の基準によれば収縮期血圧140mmHg以上、かつ/または拡張期血圧90mmHg以上を高血圧としているが、老人性高血圧では拡張期血圧が高くなく、特に収縮期血圧が高い。　→高血圧

老人性難聴　加齢とともにみられる聴力障害で、低音域の聴力は保たれる一方、1kHz以上の高音域の聴力が障害されるという特徴がある。進行すると聴力は全周波数領域で低下する。原因は感覚受容器のある内耳の感覚細胞数の減少であると考えられている。大脳皮質にある聴覚中枢の神経細胞数の減少も関与している可能性がある。

老人性認知症疾患デイ・ケア施設　精神症状や問題行動が激しい認知症である老人に対し、デイ・ケアを実施し、生活機能を回復させるための訓練及び指導、家族に対する介護指導等を実施する施設。地域に開かれた施設として、在宅の認知症である老人やその家族に対する支援、通院医療の普及、認知症治療病棟から退院した患者の継続的医学管理の確保と退院の円滑化等を図ることを目的としている（昭63健医発785）。

老人性認知症疾患療養病棟　主として認知症

である老人を入院させることを目的とした病棟。精神症状及び行動異常が特に著しい重度の患者や急性の状態にある患者は対象にならない。認知症の心身の特性に応じた適切な看護が行われるよう、一定の人員基準や看護体制に関する基準に適合しなければならない。短期入所療養介護又は介護療養型医療施設として介護保険法の適用を受けるほか、精神科病院に併設されるため、精神保健及び精神障害者福祉に関する法律の制約も受ける。介護保険施設などでは認められない患者の隔離や身体拘束といった行為が、患者の安全や身体を守るため、また他の者に危害を加えないようにするために、法令に則って行われることがある。 →介護療養型医療施設

老人世帯向公営住宅 老人世帯で住宅に困窮しているものを優先的に入居させる公営住宅。60歳以上の老人夫婦世帯、老人と18歳未満の児童又は身体障害者、知的障害者からなる世帯等を対象とし、設備等の面で老人の生活に適するよう配慮してある（昭39厚生省社発166・建設省住発92）。

老人大学校 高齢者を対象に教養講座を実施するとともに、レクリエーション等による社会活動の促進を図り、高齢者の心身の健康保持に資することを目的として、各都道府県の明るい長寿社会づくり推進機構が実施している事業。

老人短期入所事業 老人福祉法に規定する老人居宅生活支援事業の一つ。65歳以上の者であって、養護者の疾病その他の理由により、居宅において介護を受けることが一時的に困難となったものを老人短期入所施設、特別養護老人ホームに短期間入所させ養護を行う事業。要介護者等には介護保険法に基づく短期入所生活介護、介護予防短期入所生活介護として提供されるが、やむを得ない事由により介護保険法によるサービスを受けられない場合に措置として提供される（老福5条の2）。 →短期入所生活介護

老人短期入所施設 老人福祉法に基づく老人福祉施設の一つ。①65歳以上で養護者の疾病等の理由により居宅において介護を受けることが一時的に困難な者や、②介護保険法に規定する短期入所生活介護又は介護予防短期入所生活介護の利用者などを短期間入所させ、養護することを目的とする。介護保険法の短期入所生活介護の指定を受けることができる施設とされる（老福20条の3）。 →老人短期入所事業、短期入所生活介護

老人デイサービス事業 老人福祉法に規定する老人居宅生活支援事業の一つ。65歳以上の者であって身体上又は精神上の障害があるために日常生活を営むのに支障があるもの及びその養護者を老人デイサービスセンター等に通わせ、入浴、排せつ、食事等の介護、機能訓練、介護方法の指導その他の便宜を供与する事業又は介護予防を目的とした日常生活上の支援又は機能訓練を行う事業。要介護者等には、介護保険法に基づく通所介護、地域密着型通所介護、認知症対応型通所介護、介護予防認知症対応型通所介護等として提供されるが、やむを得ない事由により介護保険によるサービスを受けられない場合に措置として提供される（老福5条の2）。 →通所介護

老人デイサービスセンター 老人福祉法に基づく老人福祉施設の一種。65歳以上の者であって、身体上又は精神上の障害があるために日常生活を営むのに支障があるもの及びその養護者を通わせ、入浴、排せつ、食事等の介護、機能訓練、介護方法の指導等の便宜を供与することを目的とする施設。なお、介護保険ではこれらのサービスは通所介護、地域密着型通所介護として、居宅要介護者等に提供されることになっており、老人デイサービスセンターはこのサービスを提供することを目的とする施設となる（老福20条の2の2）。 →老人デイサービス事業、通所介護

老人日常生活用具給付等事業 おおむね65歳以上の要援護高齢者及びひとり暮らし高齢者に対し、日常生活用具を給付又は貸与することにより、日常生活の便宜を図ることを目的とする。実施主体は市町村（特別区を含む）。対象

品目としては、電磁調理器、火災警報器、自動消火器、老人用電話（貸与）がある（老福10条の4、平5厚告101）。また、介護保険制度では、車いす、特殊寝台、体位変換器などについて福祉用具貸与及び福祉用具購入費が支給される。
→福祉用具貸与、特定福祉用具

老人の日　国民の間に広く老人の福祉についての関心と理解を深めるとともに、老人に対し自らの生活の向上に努める意欲を促すため、老人の日が設けられている。9月15日が老人の日として定められ、国は、老人の日においてその趣旨にふさわしい事業を実施するよう努めるものとされている（老福5条）。

老人斑　脳組織片を銀染色した時に、顕微鏡下でみられる褐色ないし黒色に染め出される脳実質内の円形ないし不定型の小斑。腫大した変性神経突起とアミロイド核から成っており、アミロイド斑ともいう。加齢変化の一つと考えられ、アルツハイマー型認知症でも多くみられる。

老人福祉　広義には、高齢者の心身の健康を保持し、生活の安定を図り、さらに社会参加を促進するための保健、医療、所得保障、雇用、住宅等の制度及び施策を総称していう。狭義には、老人福祉法に基づく諸施策、及びその趣旨に基づく公私の活動をいう。その基本的理念は、老人福祉法第2条及び第3条に示されるように、老人に対する敬愛と、生きがいを持てる健全で安らかな生活の保障、さらに老人の自助努力による心身の健康の保持、希望と能力に応じた就業及び社会参加の機会の確保をすることにある。

老人福祉計画　老人福祉法に基づき策定する計画で、市町村が策定する市町村老人福祉計画と、都道府県が策定する都道府県老人福祉計画がある。市町村老人福祉計画には、当該市町村の区域において確保すべき老人福祉事業の量の目標を定め、都道府県老人福祉計画には、当該都道府県が定める区域ごとの当該区域における養護老人ホーム及び特別養護老人ホームの必要入所定員総数その他老人福祉事業の量の目標を定めることとなる。計画は3年を1期とし、3年ごとに見直しを行う。なお、介護保険法で規定されている市町村介護保険事業計画及び都道府県介護保険事業支援計画とそれぞれ一体のものとして作成されなければならない（老福20条の8・20条の9、平24老発0329第4号）。
→市町村老人福祉計画、都道府県老人福祉計画

老人福祉施策　広義には、保健、医療、所得保障、雇用、住宅など、高齢者の心身の健康を保持し、生活の安定を図り、さらに社会参加を促進するための諸施策。狭義には、老人福祉法を中心とした国及び地方公共団体による高齢者向けサービス等の施策をいう。後者について大別すると老人ホームへの入所等の施設福祉対策、ホームヘルプサービス、デイサービス、ショートステイ等の在宅福祉対策、老人クラブ助成等の社会活動促進対策等に分けることができる。

老人福祉施設　老人福祉法に基づき設置される高齢者の福祉を図る施設の総称。老人デイサービスセンター、老人短期入所施設、養護老人ホーム、特別養護老人ホーム、軽費老人ホーム、老人福祉センター及び老人介護支援センターの7種がある。設置主体は、都道府県、市町村、社会福祉法人等。これらのうち、養護老人ホーム及び特別養護老人ホームは、福祉の措置により入所する措置施設であるが、軽費老人ホームは入所者と施設との契約により入所する契約施設である。これらの他に高齢者の福祉を図る施設として、有料老人ホーム、老人憩の家、老人休養ホーム等があるが、老人福祉法上は老人福祉施設とされていない（老福5条の3・20条の2の2〜20条の7の2）。

老人福祉施設付設作業所　老人の多年にわたる経験と知識を生かし、その希望と能力に応じた作業等社会的活動を行う場所を提供し、老人の心身の健康と生きがいの増進を図ることを目的に、老人福祉施設に付設する作業所。老人福祉センターの目的とする老人の福祉を増進するための総合的な便宜の供与を果たすものであり、老人福祉センターとして取り扱われる。工

芸品の製作、編物、手芸等の作業に必要な場所や、即売の場所の提供が行われる。利用者は原則として60歳以上で、作業に必要な原材料等の実費は利用者負担となっている（昭52社老48）。

老人福祉指導主事 老人福祉法により福祉事務所に設置が義務付けられている社会福祉主事をいい、福祉事務所の所員に対し、老人の福祉に関する技術的指導を行い、また、老人の福祉に関する情報提供、相談、調査、指導のうち専門的技術を必要とする業務を行うこととされている（老福6条）。

老人福祉センター 老人福祉法に基づく老人福祉施設の一種。無料又は低額な料金で地域の高齢者に対して、各種の相談に応じるとともに、健康の増進、教養の向上及びレクリエーションのための便宜を総合的に供与するための施設。設置される場所、目的等によって特A型、A型、B型の3種がある。特A型は市区町村が運営し、生活・健康相談、健康増進に関する指導、生業及び就労の指導、機能回復訓練の実施等の事業を行う。A型、B型は地方公共団体又は社会福祉法人が運営し、A型は特A型とほぼ同じ事業を、B型はA型の機能を補完する事業を行う（老福20条の7、昭52社老48）。

老人福祉相談員 老人クラブ、民生委員などの中から適任者を選んで委嘱される。主にひとり暮らし老人等の話し相手になる等、老人の悩みの相談相手として老人家庭を訪問する。

老人福祉法〔昭和38年法律133号〕 老人の福祉に関する原理を明らかにするとともに、老人に対し、その心身の健康の保持及び生活の安定のために必要な措置を講じ、もって老人の福祉を図ることを目的とする法律。福祉の措置として、居宅における介護等のための老人居宅生活支援事業の実施、老人福祉施設への入所、老人健康保持事業の実施、また老人福祉計画、有料老人ホーム等について規定している。介護保険サービスに関して、同法に一部規定を置いている。

老人ホーム 老人福祉施設の一形態で、養護老人ホーム、特別養護老人ホーム、軽費老人ホーム、有料老人ホームがある。前二者は老人福祉法に定められた措置施設であり、軽費老人ホームは法に定められた契約施設、有料老人ホームは純然たる民間の契約施設である。

老人ホーム入所判定基準 ⇨特別養護老人ホームの入所措置の基準、養護老人ホームの入所措置の基準

老人保健法 ⇨高齢者の医療の確保に関する法律

老　衰 老いて人体の各機能が衰弱した状態をいう。生物学的には老化と同義的に用いられる。老化は遺伝因子によって制御され、加齢に伴ってみられる現象のなかで退縮期に認められる特徴的変化で、経過とともに連続的に進行する不可逆的な機能減退である。　→老化

老性自覚 自分が老人だと自覚すること。「老人」というラベルを受け入れることによる、主観的な老化の判断をいう。しわや白髪等の外見、健康が保たれなくなること、移動する能力の低下や喪失等によって老性自覚をする傾向がみられる。

労働安全衛生法〔昭和47年法律57号〕 職場における労働者の安全と健康を確保するとともに、快適な職場環境の形成を促進することを目的とした法律。労働災害防止計画、安全衛生管理体制、労働者の危険又は健康障害を防止するための措置、健康の保持増進のための措置（健康診断等義務づけ）等が規定されている。平成8年の改正では産業医の専門性の確保、健康診断結果の通知の義務化等、平成11年の改正では深夜従事者の健康管理対策の充実等、平成17年の改正では長時間労働者に対する医師による面接指導の実施義務化等、平成26年の改正では労働災害を未然に防ぐための仕組みの充実が図られた。

労働基準法〔昭和22年法律49号〕 労働条件の最低条件を定めた法律。均等待遇、男女同一賃金の原則を規定した総則に続き、労働契約、賃金、労働時間・休憩・休日及び年次有給休暇、安全及び衛生、女性・年少者に対する保護、な

ど使用者が遵守すべき基準を規定している。この法律で定める基準に達しない労働条件を定める労働契約は、その部分については無効とされ、この場合において、無効となった部分は、この法律で定める基準によるとされている。平成20年の改正では、労働以外の生活のための時間を確保しながら働くことができるようにするため、①一定時間を超える時間外労働についての割増賃金率の引き上げ、②時間を単位とした年次有給休暇の取得に関する事項が改正された。

労働時間 労働者が使用者に雇用されて労働する時間。労働基準法は1日8時間、1週40時間を限度と定めている。

労働者災害補償保険法〔昭和22年法律50号〕業務上の事由又は通勤による労働者の負傷、疾病、障害又は死亡に対して迅速かつ公正な保護をするため、必要な保険給付を行い、あわせて、労働者の社会復帰の促進、当該労働者及びその遺族の援護、労働者の安全及び衛生の確保等を図り、労働者の福祉の増進に寄与することを目的とする法律。公務員には適用されない。保険料は、保険の加入者である事業主の負担で、労働者の負担はない。保険給付として、療養補償給付、休業補償給付、障害補償給付、遺族補償給付、葬祭料、傷病補償年金及び介護補償給付、二次健康診断等給付等がある。

労働者の心の健康の保持増進のための指針（メンタルヘルス指針） 労働者の心の健康の保持増進のための措置（メンタルヘルスケア）が適切かつ有効に実施されるよう、厚生労働省が労働安全衛生法に基づいて定めた指針。労働者を使用する事業者は、メンタルヘルスケアの実施に当たって、①教育研修・情報提供、②職場環境等の改善、③メンタルヘルス不調への対応、④職場復帰のための支援が円滑に行われるようにする必要がある。

労働保険 労働者災害補償保険と雇用保険の総称。保険給付は両保険制度で別個に行われるが、保険料の納付等については一体のものとして取り扱われる。労働者（パート・アルバイト含む）を一人でも雇用している事業主は労働保険に加入することが義務付けられている。 →社会保険

労働力人口 就業実態を示す指標の一つであり、何らかの仕事に就くことが可能な人口をいう。労働力調査では、15歳以上であって、調査期間中に賃金、給料等の収入を得る仕事を1時間以上した者（従業者）、勤め先はあるが休んでいる者（休業者：従業者と休業者をあわせて就業者という）、収入になる仕事を全くしなかった者のうち仕事に就くことが可能であって積極的に仕事を探していた者（完全失業者）、をあわせた人口を労働力人口と定義している。

老年学 老化と高齢者に関する諸問題を科学的に研究する学問で、老化に関する生物学、生理学、医学、心理学、経済学、社会学等、統合化した学際的領域である。

老年化指数 年少人口（0歳から14歳までの人口）に対する老年人口（65歳以上人口）の比率。

老年人口 人口構造を三つに区分した場合の、65歳以上の人口をいう。15歳以上65歳未満の生産年齢人口に対して、0歳から14歳までの年少人口と併せて従属人口とも呼ばれる。→従属人口

老年人口指数 生産年齢人口（15歳以上65歳未満の人口）に対する老年人口（65歳以上の人口）の比率。 →生産年齢人口、老年人口

老年人口比率 総人口に占める65歳以上人口（老年人口）の割合。高齢化率ともいう。→老年人口

老年痴呆〔senile dementia；SD〕 老年期に発病する原因不明の脳萎縮性疾患をいう。今日では初老期に発病するアルツハイマー病と同一の疾患といわれ、アルツハイマー型認知症の晩発型（それ以前はアルツハイマー型老年痴呆）と呼ばれている。症状は記憶力障害を中心とした認知症、人格変化のほか随伴精神症状（夜間せん妄、妄想、作話、抑うつ状態など）がみられる。脳の組織病理所見としては脳の萎縮、老人斑、神経原線維変化が認められる。歴史的意義をもつ用語として「認知症」ではなく、「痴呆」

のまま使用される。　→アルツハイマー型認知症、アルツハイマー病

老年病　老年期において特に問題となる病気の総称。老年期は慢性疾患が多く、複数の病気を併せもち、個人差が大きく、非定型的な症状、経過を示すなどの特徴がある。

弄便（ろうべん）　認知症によるBPSD（行動・心理症状）の一つ。大便を弄（もてあそ）ぶと書くが、失禁等による便の処理を自分で行うことができずに、大便をこねたり、塗りつけたりするといった行動をとる。　→BPSD、不潔行為、失見当識

老齢基礎年金　国民年金の給付の中で、全被保険者（全国民）に共通する基礎年金の一つ。資格期間が25年（平成27年10月から10年に短縮予定）以上ある者が65歳に達した時に支給される。ただし、本人の希望により60歳以降から繰り上げて支給を受けることも、65歳以降に繰り下げて支給を受けることもできる。保険料未納期間があれば、その期間分減額される（国年26条～29条）。平成27年10月から、資格期間が25年から10年に短縮されることとなっている。

老齢厚生年金　厚生年金保険の給付の一つ。老齢基礎年金の受給資格期間を満たした時（65歳以上）に、老齢基礎年金に上乗せして支給される。厚生年金保険の被保険者期間が1年以上であり、老齢基礎年金の受給要件を満たしている60歳以上65歳未満の者には老齢厚生年金の特別支給が行われる。ただし、この特別支給は受給権者が在職している場合は一部または全部が支給停止される。なお特別支給の開始年齢が定額部分については平成13年度から、報酬比例部分については平成25年度から段階的に引き上げられ、前者は平成25年度から、後者は平成37年度から65歳支給開始となる（厚年42条～46条）。

ローカル・オプティマム　地方公共団体が条例等で地域独自のサービスを設定することで作られる、その地域の最適状態のこと。介護保険では、国が定める最低生活水準（ナショナル・ミニマム）である介護給付と予防給付のほかに、市町村特別給付として行う、独自の区分支給限度基準額の上乗せ（上乗せサービス）や介護保険給付対象外の独自の種類のサービスの追加（横だしサービス）などを行った場合などが当てはまる。　→ナショナル・ミニマム

ロービジョン　弱視のこと。視覚障害は盲、弱視という分類をすることが多い。一般には、普通文字の使用が著しく困難であるか不可能である両眼矯正視力0.02未満のものを盲と呼ぶ。また、両眼の矯正視力が0.04以上0.3未満で拡大鏡等によって普通文字の使用が可能なものを軽度弱視と呼ぶ。両眼矯正視力が0.02以上0.04未満のものを重度弱視と呼び、普通文字を読むのに非常に時間がかかるので点字を用いた方がよい場合が多い。　→視覚障害

ロールシャッハ・テスト〔Rorschach test〕投影法による性格検査の最も代表的なもの。H.ロールシャッハによって考案された。左右がほぼ対称のインクのしみ様の図版を被験者に見せ、そこからの連想によって被験者の深層心理や病理を理解するもの。　→性格検査

ロールプレイ　役割演技。劇はすべて役割演技ということができ、また、我々は日常生活においてもかなりの役割演技を行っている。一般にロールプレイという場合は、そのために設定された場で、多くは2人の者が対話する形式で、与えられた役割に沿って行動・会話し、自分の行動を振り返ったり、とるべき行動方法を学習するものを指す。効果的な演習方法として、養成教育や現任者研修等で活用されている。

六大栄養素　人間が必要とする栄養素であり、糖質（炭水化物）、たんぱく質、脂質、ビタミン、ミネラル（無機質）、水又は食物繊維をいう。

肋間筋　上下の肋骨の間にある筋肉。肋骨を上下させ胸郭の容積を変えることで、胸式呼吸をつかさどる。内外二層あり、外肋間筋は吸気、内肋間筋は呼気時に働く。　→呼吸運動

肋間神経痛　胸部に生じる神経痛の代表的なもので胸部前側面など肋間神経の分布に沿って痛みが生じる。痛みは通常片側性で、体動時や

咳によって悪化する。肋骨や脊椎の炎症、心疾患や胸膜炎が背景にあることもある。しばしば帯状疱疹の発疹、水疱出現にともなって、あるいはそれに先行して肋間神経痛がみとめられることがある。　→神経痛

ロフストランドクラッチ　前腕部分に体重を受けるカフを設けたつえのこと。脳性麻痺によって歩行の安定性を確保することが難しい人などが用いる。

ＲＯＭ　⇨関節可動域

ＲＯＭ検査（テスト）　⇨関節可動域テスト

わ

ワーカーズ・コレクティブ〔worker's collective〕　日本では生活協同組合を基盤として1982年に横浜市で始まった草の根ビジネス。労働者生産協同組合ともいわれるが、ワーコレと略されることも多い。共同出資、共同経営の事業体で、自分たちで資金を持ち寄り、生活環境の向上、福祉の充実など社会的に価値のあることに関わる自主管理の事業を行う。組織を形成する人が、それぞれ労働者であり経営者であり出資者であるという平等と分担を理念としている。具体的な事業内容としては、無農薬野菜の販売、弁当の宅配、ベビーシッター、介護サービス、不要品のリサイクル等がある。

ワーカビリティ〔workability〕　援助者が援助関係を通じて提供するサービスを活用して問題解決に向かう能力のこと。具体的には、情緒的・知的・身体的能力及び社会福祉サービスを自発的に活用しようとする被援助者への動機づけが挙げられる。　→動機づけ

ワーキングプア　貧困労働者。仕事についているが、生活するための十分な収入が得られない人々をさす。現在、我が国において議論されているワーキングプアの用法は多様であり、たんに低賃金労働者をさす場合や、生活保護水準以下で働く労働者と定義する場合などがある。

ワークショップ〔workshop〕　社会福祉援助技術（ソーシャルワーク）の理論や技術は、単に講義形式だけでは受講生に伝わらないため、役割演技法（ロールプレイ）等を取り入れた格好でなされることが多い。ワークショップでは、講義も行われるが、受講生がプログラムに積極的に参加し、いろいろな役割を体験しながら、少しずつ技術を身につけていく体験学習といえる。　→社会福祉援助技術、ロールプレイ

ワークハウス〔work house〕　一般的に労役

場と訳される。17世紀末、イギリスの救貧法による救貧事業の出費が多くなり、その対策として設立された有能（労働能力のある）貧民の収容施設をいう。「貧困は個人の怠惰による罪」という考え方から、強制労働をさせる「見せしめ場」的な性格が強かった。　→エリザベス救貧法

ワークライフバランス　仕事と生活の調和。平成19年に我が国で策定された「仕事と生活の調和（ワーク・ライフ・バランス）憲章」によれば、ワークライフバランスが実現した社会とは、①就労による経済的自立が可能な社会、②健康で豊かな生活のための時間が確保できる社会、③多様な働き方・生き方が選択できる社会、とされている。

YMCA〔Young Men's Christian Association〕　産業革命下のイギリスで、機械に従属させられた過酷な労働で疲れ果て、ともすれば夢を失いそうになる若者たちのために始められたキリスト教信仰をベースとした地域青少年活動を行う組織。1844年にロンドンで設立され、多彩なボランティア活動やバレーやバスケットなどのさまざまなスポーツ、キャンプを始めとするレクリエーションプログラムを開発し、社会教育領域での集団援助技術のルーツとなっている。

Y－G性格検査　質問紙法性格検査の一つ。J.P.ギルフォードの性格検査をモデルに矢田部達郎が作成した検査。質問項目に対して「はい」「？」「いいえ」の三つから選択して答えていく。結果は、12の性格特性尺度から情緒安定や社会的適応、向性などをみることができる。　→性格検査

ワイマール憲法　1919年、ワイマールで開かれた国民議会で制定されたドイツ共和国憲法の通称。国民主権、男女平等の普通選挙の承認に加えて、世界の憲法史上初めて生存権（社会権）の保障について定めた。具体的には、婚姻・家庭・母性の保護、貧者の進学の保護、個人の経済活動の保障などが規定されている。

ワクチン〔vaccine〕　弱毒化あるいは不活化した微生物の浮遊液。これを接種することにより、その疾病に特異的な免疫を与えることができ、感染症の予防や治療に用いる。ポリオ生ワクチン、BCGワクチン、狂犬病ワクチン等。　→予防接種

ワンセットプラン　⇨コンビネーションシステム

七訂 介護福祉用語辞典

1989年9月5日	初　版　発　行	
1993年7月5日	改　訂　版　発　行	
2000年2月25日	三　訂　版　発　行	
2006年2月25日	三訂増補版発行	
2007年2月10日	四　訂　版　発　行	
2010年3月5日	五　訂　版　発　行	
2012年2月20日	六　訂　版　発　行	
2015年2月10日	七　訂　版　発　行	
2025年1月10日	七訂版第11刷発行	

編　　集	中央法規出版編集部
発行者	荘村　明彦
発行所	中央法規出版株式会社
	〒110-0016　東京都台東区台東3-29-1　中央法規ビル
	TEL 03-6387-3196
	https://www.chuohoki.co.jp/
印刷・製本	株式会社太洋社
装　幀	松田行正＋日向麻梨子

ISBN978-4-8058-5094-7

本書のコピー、スキャン、デジタル化等の無断複製は、著作権法上での例外を除き禁じられています。また、本書を代行業者等の第三者に依頼してコピー、スキャン、デジタル化することは、たとえ個人や家庭内での利用であっても著作権法違反です。

定価はカバーに表示してあります。

落丁本・乱丁本はお取り替えいたします。

本書の内容に関するご質問については、下記URLから「お問い合わせフォーム」にご入力いただきますようお願いいたします。

https://www.chuohoki.co.jp/contact/